ŒUVRES
DE
WALTER SCOTT.

TOME XXVII.

IMPRIMERIE DE E. DUVERGER,
rue de Verneuil, n. 4.

CHARLES
LE TÉMÉRAIRE,

OU

ANNE DE GEIERSTEIN

LA FILLE DU BROUILLARD.

(Anne of Geierstein.)

TRADUCTION

DE M. DEFAUCONPRET,

AVEC DES ÉCLAIRCISSEMENS ET DES NOTES HISTORIQUES.

PARIS.

FURNE, LIBRAIRE-ÉDITEUR,

QUAI DES AUGUSTINS, N° 39.

M DCCC XXX.

CHARLES
LE TÉMÉRAIRE

ou

ANNE DE GEIERSTEIN

LA FILLE DU BROUILLARD.

(𝔄𝔫𝔫𝔢 𝔬𝔣 𝔊𝔢𝔦𝔢𝔯𝔰𝔱𝔢𝔦𝔫.)

CHAPITRE PREMIER.

« Ces vapeurs bouillonnant tout autour des glaciers,
« Au-dessous de mes pieds s'élèvent en spirale :
« Ces nuages épais dont la blancheur égale
« Celle qu'offre à nos yeux l'Océan écumant,
« Quand son sein se soulève, agité par le vent...
« Ah ! la tête me tourne !
                            MANFRED.

Près de quatre siècles se sont écoulés depuis que les événemens qui vont être rapportés dans cet ouvrage se passèrent sur le continent. Les documens qui contenaient l'esquisse de cette histoire, et qu'on pourrait invoquer comme les preuves de son authenticité, furent long-temps conservés dans la superbe bibliothèque de Saint-Gall ; mais ils ont été détruits, ainsi que la plupart des trésors littéraires de ce couvent, quand il fut pillé par les armées révolutionnaires de la France. La date historique de ces événemens nous reporte au milieu du quinzième siècle, époque importante où la chevalerie brillait encore d'un dernier rayon qui devait être bientôt totalement éclipsé, dans quelques pays par l'établissement d'institutions libres, dans d'autres par celui du pouvoir arbitraire, ce qui rendait également inutile l'intervention de ces redresseurs de torts, dont l'autorité n'était appuyée que sur le glaive.

Au milieu de la lumière générale qui s'était récemment répandue sur l'Europe, plusieurs pays, tels que la France, la Bourgogne, l'Italie, et plus particulièrement l'Autriche, avaient appris à connaître le caractère d'un peuple dont jusqu'alors ils avaient à peine soupçonné l'existence. Il est vrai que les habitans de ces contrées situées dans les environs des Alpes, cette immense barrière, n'ignoraient pas que malgré leurs aspects déserts et sauvages, les vallées isolées qui serpentaient entre ces montagnes gigantesques nourrissaient une race de chasseurs et de bergers ; ces montagnards vivant dans un état de simplicité primitive, arrachant au sol par de pénibles travaux des moyens de subsistance, poursuivant le gibier sur les montagnes les plus inaccessibles et à travers les forêts de pins les plus épaisses, conduisaient leurs bestiaux où ils pouvaient trouver quelque pâture, même dans le voisinage des neiges éternelles. Mais l'existence d'un tel peuple, ou plutôt d'un certain nombre d'agrégations d'hommes réduits presque tous aux mêmes travaux et à la même pauvreté, avait peu occupé l'attention des princes riches et puissans des environs. C'est ainsi que les troupeaux majestueux qui paissent dans de fertiles prairies s'inquiètent peu que quelques chèvres sauvages trouvent une nourriture précaire sur les flancs des rochers.

Ces montagnards commencèrent pourtant à exciter la

surprise et l'attention vers le milieu du quatorzième siècle, lorsque la renommée parla de plusieurs combats sérieux dans lesquels la chevalerie allemande voulant réprimer des insurrections parmi ses vassaux des Alpes, avait essuyé plusieurs sanglantes défaites, quoiqu'elle eût pour elle le nombre, la discipline et l'avantage de l'équipement militaire. On fut étonné que la cavalerie, force principale des armées féodales, eût été mise en déroute par des fantassins, et que des guerriers complètement couverts d'acier eussent été terrassés par des hommes qui ne portaient aucune armure défensive, et qui pour attaquer n'étaient qu'irrégulièrement armés de piques, de hallebardes et de bâtons. Par-dessus tout, on regarda comme une espèce de miracle que des chevaliers et des nobles eussent été vaincus par des paysans et des bergers. Mais les victoires réitérées que les Suisses remportèrent à Laupen, à Sempach, et sur d'autres champs de bataille moins célèbres, indiquèrent clairement qu'un nouveau principe d'organisation civile et de mouvemens militaires avait pris naissance dans les régions orageuses de l'Helvétie.

Cependant, quoique les victoires décisives qui assurèrent la liberté des cantons suisses, aussi bien que l'esprit de résolution et de sagesse avec lequel les membres de cette petite confédération s'étaient maintenus contre les plus grands efforts de l'Autriche, eussent répandu leur renommée dans tous les pays des environs; quoiqu'ils eussent le sentiment intime de la force que leur avaient acquise des victoires répétées, néanmoins, jusqu'au milieu du quinzième siècle et même encore plus tard, ils conservèrent en grande partie la sagesse, la modération et la simplicité de leurs anciennes mœurs. Ceux même à qui le commandement des troupes de la république était confié pendant la guerre avaient coutume de reprendre la houlette du berger quand ils déposaient le bâton de commandement : comme les dictateurs romains, ils se confondaient avec leurs concitoyens, et n'étaient plus que leurs égaux quand ils descendaient du rang auquel leurs éminens talens et la voix de leur patrie les avaient élevés.

C'est donc dans les cantons des Forêts, de la Suisse, et pendant l'automne de 1474, que notre histoire commence.

Deux voyageurs, l'un étant déjà bien loin du printemps de la vie, l'autre paraissant avoir vingt-deux à vingt-trois ans, avaient passé la nuit dans la petite ville de Lucerne, capitale du canton de ce nom, située magnifiquement sur le lac des Quatre-Cantons. Leur apparence et leur costume semblaient annoncer des marchands de la première classe ; et tandis qu'ils allaient à pied, manière de voyager que la nature du pays rendait le plus facile, un jeune paysan, venu du côté des Alpes qui domine l'Italie, les suivait avec une mule de somme sur laquelle il montait quelquefois, mais que plus souvent il conduisait par la bride.

Ces voyageurs étaient des hommes de bonne mine, tels qu'on en voit peu communément, et ils semblaient unis par les liens d'une proche parenté. Probablement c'était le père et le fils; car dans la petite auberge où ils avaient passé la soirée précédente, la grande déférence et le respect du plus jeune pour le plus âgé avaient excité l'attention des naturels du pays qui, de même que tous les êtres vivant loin du monde, étaient d'autant plus curieux qu'ils avaient moins de moyens d'apprendre. Ils remarquèrent aussi que les marchands, sous prétexte qu'ils étaient pressés, refusèrent d'ouvrir leurs balles et d'entrer en trafic avec les habitans de Lucerne, alléguant pour excuse qu'ils n'avaient aucunes marchandises qui pussent leur convenir. Les femmes de la ville furent d'autant plus piquées de la réserve des marchands voyageurs, qu'on leur avait donné à entendre que la cause véritable en était que les marchandises qu'ils avaient à vendre étaient trop chères pour trouver des acheteurs dans les montagnes helvétiques ; car il avait transpiré, grace au babil du jeune paysan qui accompagnait ces étrangers, qu'ils avaient été à Venise, et qu'ils y avaient acheté beaucoup de marchandises précieuses importées de l'Inde et de l'Égypte dans cette cité célèbre, marché général de tout l'Occident et même de l'Europe. Or les jeunes Helvétiennes étaient d'autant plus contrariées qu'elles avaient fait la découverte depuis peu que les riches étoffes et les pierres précieuses étaient agréables à la vue ; et quoique sans espoir de se procurer de pareils ornemens, elles éprouvaient le désir assez naturel de voir le riche assortiment des marchands et de toucher des objets si rares.

On remarqua aussi que quoique ces étrangers fussent polis, ils n'avaient pas ce désir empressé de plaire que montraient les marchands colporteurs de la Lombardie ou de la Savoie qui rendaient visite de temps en temps aux habitans des montagnes, et qui y faisaient des tournées plus fréquentes depuis que la victoire avait procuré quelque richesse aux Suisses et leur avait fait connaître de nouveaux besoins. Ces autres marchands étaient civils et empressés, comme leur profession l'exigeait; mais ces nouveau-venus semblaient pleins d'indifférence pour leur commerce, ou du moins pour le profit qu'ils auraient pu faire dans la Suisse.

La curiosité était encore excitée par la circonstance qu'ils se parlaient l'un à l'autre une langue qui n'était certainement ni l'allemand, ni l'italien, ni le français; mais qu'un vieux domestique de l'auberge, qui avait été autrefois jusqu'à Paris, supposa être l'anglais. Tout ce qu'on savait des Anglais se bornait à peu de chose. C'était, disait-on, une race d'hommes fiers, habitant une île, en guerre avec les Français depuis des siècles, et dont un corps nombreux avait autrefois envahi les cantons des Forêts et subi une défaite signalée dans la vallée de Russwil, comme s'en souvenaient fort bien les vieillards de Lucerne, à qui cette tradition avait été transmise par leurs pères.

Le jeune homme qui accompagnait ces étrangers était du pays des Grisons, comme on le reconnut bientôt; et il leur servait de guide, aussi bien que le lui permettait la connaissance qu'il avait des montagnes. Il dit qu'ils avaient dessein d'aller à Bâle, mais qu'ils semblaient désirer de s'y rendre par des chemins détournés et peu fréquentés. Les circonstances que nous venons de rapporter augmentèrent encore le désir général de mieux connaître ces voyageurs et de voir leurs marchandises. Cependant pas une balle ne fut ouverte, et les marchands, quittant Lucerne le lendemain matin, continuèrent leur fatigant voyage, préférant un chemin plus long et de mauvaises routes à travers les cantons paisibles de la Suisse plutôt que de s'exposer aux exactions et aux rapines de la cavalerie pillarde d'Allemagne, dont les membres s'érigeant en souverains, faisaient la guerre au gré de leur bon plaisir, et levaient des taxes et des droits sur tous ceux qui passaient sur leurs domaines d'un mille de largeur avec toute l'insolence d'une tyrannie subalterne.

Après leur départ de Lucerne, les deux marchands continuèrent leur voyage heureusement pendant quelques heures. La route, quoique escarpée et difficile, était rendue intéressante par ces brillans phénomènes qu'aucun pays ne déploie d'une manière plus étonnante que cette Helvétie, où le défilé des rochers, la vallée verdoyante, le grand lac et le torrent fougueux se distinguent des autres pays de montagnes par les magnifiques et effrayantes horreurs des glaciers.

Ce n'était pas dans ce siècle que les beautés et la grandeur d'un paysage faisaient beaucoup d'impression sur l'esprit du voyageur ou de l'habitant du pays. Ces objets, quelque importans qu'ils fussent, étaient familiers aux derniers; leurs habitudes journalières et leurs travaux les y avaient accoutumés; les autres, en traversant un pays sauvage, y éprouvaient peut-être plus de terreur qu'ils n'y remarquaient de beautés, et ils étaient plus empressés d'arriver en sûreté à l'endroit où ils comptaient passer la nuit que de s'extasier sur la grandeur des scènes qui s'offraient à leurs yeux avant qu'ils eussent gagné leur gîte. Cependant nos marchands, tout en continuant leur route, ne purent s'empêcher d'être vivement frappés du paysage qui les entourait. Leur route suivait les bords du lac, tantôt s'élevant à une grande hauteur sur les flancs de la montagne et serpentant le long de rochers aussi perpendiculaires que le mur d'un château-fort. Quelquefois elle présentait à l'œil des aspects plus doux, des coteaux couverts d'une verdure délicieuse, des vallées profondes et retirées, des pâturages et des terres labourables; ensuite un hameau de chaumières construites en bois avec sa petite église de forme fantastique et son clocher; enfin des vergers et des coteaux couverts de vignes, et par intervalle le cours d'un ruisseau qui allait se jeter dans le lac.

— Ce ruisseau, Arthur, dit le plus âgé des deux voyageurs qui s'étaient arrêtés d'un commun accord pour contempler un paysage semblable au dernier que je viens de décrire; ce ruisseau ressemble à la vie d'un homme vertueux et heureux.

— Et ce torrent qui se précipite de cette montagne éloignée, et dont le cours est marqué par une ligne d'écume blanche, demanda Arthur, à quoi ressemble-t-il?

— A la vie d'un homme brave et infortuné, répondit son père.

— A moi le torrent, dit Arthur; un cours impétueux que nulle force humaine ne peut arrêter, et peu importe qu'il soit aussi court que glorieux.

— C'est la pensée d'un jeune homme, répliqua son père; mais je sais qu'elle est tellement enracinée dans votre cœur, que la main cruelle de l'adversité pourra seule l'en arracher.

— Les racines tiennent encore, reprit le jeune homme, et cependant il me semble que l'adversité y a déjà assez porté la main.

— Vous parlez de ce que vous ne comprenez guère, mon fils, lui dit son père. Apprenez que jusqu'à ce qu'on ait passé le milieu de la vie, on sait à peine distinguer le vrai bonheur de l'adversité; ou plutôt on recherche comme des faveurs de la fortune ce qu'on devrait regarder comme des marques de son courroux. Voyez là-bas cette montagne dont le front sourcilleux porte un diadème de nuages qui tantôt s'élèvent, tantôt s'abaissent, suivant que le soleil les frappe, mais que ses rayons ne peuvent disperser. — Un enfant pourrait croire que c'est une couronne de gloire; — un homme y voit l'annonce d'une tempête.

Arthur suivait la direction des yeux de son père, qui se fixaient sur le sommet sombre et noir du Mont Pilate.

— Le brouillard qui couvre cette montagne sauvage est-il donc d'un si mauvais augure? demanda le jeune homme.

— Demandez-le à Antonio, lui répondit son père; il vous racontera la légende.

Arthur s'adressa au jeune Suisse qui les accompagnait, et lui demanda le nom de cette sombre montagne qui de ce côté semble le monarque de toutes celles qu'on voit dans les environs de Lucerne.

Le jeune homme fit un signe de croix avec dévotion, et raconta la légende populaire, qui prétend que le coupable proconsul de la Judée avait terminé en cet endroit sa vie impie; qu'après avoir passé plusieurs années dans les retraites solitaires de cette montagne qui porte encore son nom, ses remords et son désespoir, plutôt que sa pénitence, l'avaient précipité dans le lac sinistre qui en occupe le sommet. L'eau se refusa-t-elle au supplice de ce misérable, ou, son corps ayant été noyé, son esprit continua-t-il à hanter le lieu où le suicide avait été commis, c'est ce qu'Antonio ne se chargea pas d'expliquer. Mais on voyait souvent, ajouta-t-il, une forme humaine sortir de cette eau sombre, et imiter les gestes d'un homme qui se lave les mains. Quand cela arrivait, des masses épaisses de brouillard se rassemblaient d'abord tout autour du Lac Infernal (car tel est le nom qu'il portait autrefois), et couvrant ensuite de ténèbres toute la partie supérieure de la montagne, annonçaient une tempête ou un ouragan qui ne tardait jamais à arriver. Il ajouta que cet esprit malfaisant était pareillement courroucé de l'audace des étrangers qui osaient gravir la montagne pour contempler le théâtre de son châtiment, et qu'en conséquence les magistrats avaient défendu que qui que ce soit approchât du Mont Pilate, sous peine d'une punition sévère. Antonio fit encore le signe de la croix en finissant sa relation, et cet acte de dévotion fut imité par ses auditeurs, trop bons catholiques pour douter de la vérité de son histoire.

— Comme le maudit païen semble nous menacer! dit le jeune marchand tandis que des nuages noirs s'accumulaient sur le sommet du Mont Pilate. — *Vade retrò !* — Nous te défions, pécheur !

Un vent qui se faisait entendre plutôt que sentir, commença à rugir ainsi qu'aurait pu le faire un lion expirant, comme si l'esprit du criminel puni eût voulu accepter le défi téméraire du jeune Anglais. On vit descendre le long des flancs escarpés de la montagne de lourdes vapeurs qui, roulant à travers ses larges crevasses, semblaient des torrens de laves se précipitant du haut d'un volcan. Les rochers arides qui formaient les bords de ces immenses ravins montraient leurs pointes rocailleuses au-dessus du brouillard, comme pour diviser ces torrens de vapeurs qui se précipitaient autour d'eux ; et pour offrir un contraste à cette scène sombre et menaçante, la chaîne plus éloignée des montagnes de Righi brillait sous les rayons d'un beau soleil d'automne.

Tandis que les voyageurs contemplaient un tableau qui ressemblait aux préparatifs d'un combat entre les puissances de la lumière et celle des ténèbres, leur guide en son jargon mêlé d'italien et d'allemand les engagea à doubler le pas. — Le village où il se proposait de les conduire, leur dit-il, était encore éloigné, la route était mauvaise et difficile à trouver ; et si l'esprit malfaisant, ajouta-t-il en jetant un coup d'œil sur le Mont Pilate et en faisant encore un signe de croix, couvrait la vallée de ses ténèbres, le chemin deviendrait de plus en plus incertain et dangereux. Ainsi avertis, les voyageurs fermèrent le collet de leurs manteaux, enfoncèrent avec un air de résolution leurs toques sur leurs sourcils, serrèrent la large ceinture qui à l'aide d'une boucle retenait leur manteau sur leur corps, et chacun d'eux tenant en main le bâton garni d'un fer pointu dont on se sert sur ces montagnes, ils continuèrent à marcher avec vigueur.

A chaque pas qu'ils faisaient la scène semblait changer autour d'eux. Chaque montagne, comme si la forme en eût été flexible et changeante comme celle du nuage dont les contours varient sans cesse, offrait un aspect différent, suivant les mouvemens et la marche des étrangers à qui le brouillard découvrait les rochers et les vallées, ou les cachait sous son manteau de vapeurs. Leur chemin n'était qu'un sentier serpentant le long des sinuosités de la vallée, et tournant souvent autour de rochers et d'autres obstacles qu'il était impossible de surmonter ; ce qui ajoutait à la variété agreste d'une marche pendant laquelle les voyageurs finirent par perdre entièrement les idées vagues qu'ils avaient pu avoir sur la direction de leur route.

— Je voudrais, dit le plus âgé, que nous eussions cette aiguille mystérieuse dont la pointe, disent les marins, regarde toujours le nord, et qui les met en état de retrouver leur chemin en pleine mer quand il n'y a ni cap, ni promontoire, ni soleil, ni lune, ni étoiles, ni aucun signe sur la terre ou dans le ciel pour leur indiquer de quel côté ils doivent se diriger.

— Elle ne nous serait probablement pas d'une grande utilité au milieu de ces montagnes, répondit le plus jeune, car quoique cette aiguille merveilleuse puisse maintenir sa pointe tournée vers le nord quand elle se trouve sur une surface plate comme la mer, on ne doit pas supposer qu'elle conserverait le même pouvoir quand ces énormes montagnes s'élèveraient comme des murailles entre l'acier qui la compose et l'objet qui exerce sur elle une force de sympathie.

— Notre guide, dit le père, est devenu de plus en plus stupide depuis qu'il a quitté la vallée où est son domicile ; je crains qu'il ne nous soit aussi inutile pour nous conduire que vous supposez que le serait la boussole parmi les montagnes de cette contrée sauvage. — Mon garçon, continua-t-il en adressant la parole à Antonio en mauvais italien, croyez-vous que nous soyons sur le chemin que nous avions dessein de suivre ?

— S'il plaît à saint Antoine, répondit le guide, évidemment trop embarrassé pour faire une réponse plus directe.

— Et cette eau à demi cachée sous les vapeurs, et qu'on voit briller à travers le brouillard au pied de cette énorme montagne noire, fait-elle encore partie du lac de Lucerne, ou en avons-nous rencontré un autre depuis que nous avons gravi la dernière montagne?

Tout ce que put répondre Antonio fut qu'ils devaient encore être près du lac de Lucerne, et qu'il espérait que ce qu'on voyait là-bas ferait partie de la nappe d'eau qui s'étendait de ce côté. Mais il ne pouvait rien dire avec certitude.

— Chien d'Italien! s'écria le jeune voyageur, tu mériterais d'avoir les os brisés pour t'être chargé de fonctions que tu es aussi hors d'état de remplir que tu l'es de nous guider vers le ciel!

— Paix, Arthur, lui dit son père; si vous effrayez ce drôle il s'enfuira, et nous perdrons le faible avantage que peuvent nous procurer ses connaissances locales. Si vous employez contre lui le bâton, il se servira contre vous du couteau. Car telle est l'humeur vindicative du Lombard. De toute manière vous augmentez notre embarras au lieu de nous en tirer.

— Ecoute, mon enfant, continua-t-il en s'adressant au guide dans son mauvais italien, ne crains rien de ce jeune étourdi, je ne souffrirai pas qu'il te fasse le moindre mal. Peux-tu m'apprendre le nom des villages où nous devons passer aujourd'hui?

Rassuré par le ton de douceur du vieux voyageur, le guide qui avait été un peu alarmé du ton dur et des expressions menaçantes du jeune homme, prononça en son patois plusieurs noms dans lesquels les sons gutturaux de l'allemand formaient un mélange singulier avec le doux accent de l'italien, mais qui ne donnèrent au vieillard aucun renseignement intelligible sur l'objet de sa question, de sorte qu'il fut enfin forcé de s'écrier : — Marchez donc en avant, au nom de Notre-Dame, ou de saint Antoine, si vous le préférez; car je vois que nous ne faisons que perdre du temps en cherchant à nous entendre l'un et l'autre.

Ils se remirent en chemin comme auparavant, avec cette

différence que le guide, tenant le mulet par la bride, marchait le premier au lieu de suivre les deux autres, dont il avait dirigé les mouvemens jusqu'alors en leur indiquant par derrière la direction qu'ils devaient suivre. Cependant les nuages s'épaississaient sur leurs têtes, et le brouillard qui n'avait d'abord été qu'une légère vapeur commença à tomber en forme de petite pluie ou comme des gouttes de rosée sur les manteaux des voyageurs. On entendit dans les montagnes éloignées des sons semblables à des gémissemens, comme ceux par lesquels l'esprit malfaisant du Mont Pilate avait semblé annoncer la tempête. Le guide pressa de nouveau les deux voyageurs de doubler le pas, mais il y mettait obstacle lui-même par la lenteur et l'indécision qu'il montrait en les conduisant.

Après avoir fait ainsi trois à quatre milles, pendant lesquels l'incertitude doublait leur fatigue, ils se trouvèrent enfin sur un sentier fort étroit au sommet d'une montagne taillée à pic, au pied de laquelle était de l'eau qu'ils voyaient briller chaque fois que les coups de vent qui devenaient assez fréquens chassaient le brouillard; mais était-ce le même lac sur les bords duquel ils avaient commencé leur voyage le matin, ou une autre nappe d'eau de même espèce? était-ce une grande rivière ou un large torrent? c'était ce qu'il leur devenait impossible de distinguer. La seule chose dont ils fussent sûrs, c'était qu'ils n'étaient pas sur les bords du lac de Lucerne dans un endroit où il a sa largeur ordinaire, car les mêmes coups de vent qui leur faisaient voir l'eau presque sous leurs pieds, leur permettaient d'apercevoir la rive de l'autre côté; mais cette vue n'étant que momentanée, ils ne pouvaient juger bien exactement à quelle distance se trouvait cette rive, quoiqu'elle fût assez voisine pour leur permettre d'y entrevoir de grands rochers sur lesquels s'élevaient des pins, tantôt réunis en groupe, tantôt croissant solitairement.

Jusqu'alors le chemin, quoique raboteux et escarpé, était indiqué assez clairement par des traces qui prouvaient que des voyageurs à pied et des chevaux y avaient passé. Mais tout à coup à l'instant où Antonio, conduisant son mulet, venait d'atteindre le sommet d'une éminence faisant saillie, et sur laquelle le sentier les avait conduits en tournant, il s'arrêta tout court en poussant son exclamation ordinaire, adressée à son saint patron. Arthur crut voir que le mulet partageait la terreur du guide, car il recula d'un pas, plaça ses pieds de devant à quelque distance l'un de l'autre, et prit une attitude qui indiquait à la fois l'horreur, l'effroi, et la détermination de résister à toutes les invitations qu'on pourrait lui faire d'avancer.

Arthur doubla le pas, non-seulement par curiosité mais pour s'exposer au péril, s'il en existait, avant que son père arrivât pour le partager. En moins de temps que nous n'en avons mis à écrire les lignes qui précèdent, il se trouva à côté d'Antonio et du mulet sur la plate-forme du rocher, où le sentier qui les y avait conduits semblait se terminer tout à coup, et au bas de laquelle devant lui était un précipice dont le brouillard empêchait de distinguer la profondeur, mais qui avait certainement plus de trois cents pieds.

Le regard des voyageurs annonçait l'alarme et le désappointement qu'ils éprouvaient de cet obstacle inattendu, et à ce qu'il paraissait, insurmontable. Le père qui arriva quelques instans après ne donna à ses compagnons aucun motif d'espérance ou de consolation. A son tour il contempla le gouffre couvert de brouillard qui s'ouvrait sous leurs pieds, et il porta ses regards tout autour de lui, mais inutilement, pour chercher la continuation d'un sentier qui bien certainement n'avait pu être pratiqué dans l'origine pour aboutir dans un tel lieu. Comme ils ne savaient quel parti prendre, le fils tâchant en vain de découvrir quelque moyen d'avancer, le père étant sur le point de proposer de retourner par le même chemin qu'ils étaient venus, le sifflement du vent se fit entendre dans la vallée avec plus de force encore. Chacun d'eux connaissant le danger qu'il courait dans sa situation précaire, s'accrocha à des buissons ou à quelque pointe de rocher, et le pauvre mulet lui-même sembla s'affermir sur ses jarrets pour pouvoir résister à l'ouragan. Il ne tarda pas à éclater, et ce fut avec une telle fureur que les voyageurs crurent sentir trembler le rocher sous leurs pieds; ils en auraient été enlevés comme des feuilles desséchées, sans la précaution qu'ils avaient prise pour prévenir cette catastrophe. Cependant la violence de ce coup de vent ayant écarté complètement pendant trois ou quatre minutes le voile de brouillard que ceux qui l'avaient précédé n'avaient fait que rendre plus transparent ou entr'ouvrir un seul instant, ils reconnurent la nature et la cause de l'interruption qu'avait éprouvée leur marche.

Par un coup d'œil rapide mais assuré, Arthur fut alors en état de remarquer que le sentier par lequel ils étaient parvenus à cette plate-forme se continuait autrefois plus loin dans la même direction sur une couche profonde de terre. Mais dans une de ces affreuses convulsions de la nature qui ont lieu dans ces régions sauvages, toute la terre détachée des rochers avec les buissons, les arbres, et tout ce qui la couvrait s'était précipitée au fond de l'abîme et dans la rivière qui y coulait; car il était évident alors que cette eau, aperçue à plus de trois cents pieds, en était une, et non un lac ou une branche de lac, comme ils l'avaient supposé jusqu'alors.

La cause immédiate de ce bouleversement pouvait avoir été un tremblement de terre, phénomène qui n'est pas rare dans ce pays. Cette couche de terre qui n'était plus alors qu'une masse confuse de ruines offrait encore quelques arbres qui y croissaient dans une position horizontale; d'autres avaient été brisés dans leur chute, et quelques-uns avaient leur cime plongée dans la rivière dont les eaux avaient autrefois réfléchi leur ombre. Les rochers qui restaient par derrière, semblables au squelette de quelque monstre énorme, formaient la muraille d'un abîme effrayant qu'on eût pu prendre pour une carrière nouvellement exploitée, mais d'un aspect d'autant plus lugubre, que la nature n'avait pas encore eu le temps d'y placer les germes de la végétation, qui couvre promptement la surface des rochers les plus arides.

Indépendamment de ces signes qui tendaient à prouver que la destruction du sentier était toute récente, Arthur remarqua aussi de l'autre côté de la rivière, plus haut dans la vallée et s'élevant au sein d'une forêt de pins entrecoupée par des rochers, un édifice carré d'une hauteur considérable, semblable aux ruines d'une tour gothique. Il montra cet objet à Antonio, en lui demandant s'il le connaissait ; car il pensait avec raison que la situation particulière de ce bâtiment en faisait un point qu'il était impossible d'oublier quand on l'avait vu une seule fois. Le jeune guide le reconnut promptement et avec plaisir, et lui dit que cet endroit se nommait Geierstein, c'est-à-dire, comme il l'expliqua, le Rocher des Vautours. Il le reconnaissait, dit-il, non-seulement par la tour, mais encore par le pinacle d'un énorme rocher voisin, presque en forme de clocher, sur le haut duquel un *lammer-geier,* ou vautour des agneaux, un des plus grands oiseaux de proie connus, avait autrefois emporté l'enfant d'un ancien seigneur du château. Pendant qu'Antonio racontait le vœu qu'avait fait à Notre-Dame-d'Einsiedlen le chevalier de Geierstein, le château, les rochers, les bois, les montagnes disparurent à leurs yeux, et furent de nouveau cachés par le brouillard. Mais comme il terminait sa relation merveilleuse par le miracle qui remit l'enfant entre les bras de son père, il s'écria tout à coup : — Prenez garde à vous ! l'ouragan ! l'ouragan ! Le vent à l'instant même chassa encore devant lui le brouillard, et rendit aux voyageurs la vue des horreurs magnifiques dont ils étaient entourés.

— Oui, dit Antonio d'un air triomphant quand le vent eut cessé de souffler, le vieux Ponce n'aime guère à entendre parler de Notre-Dame-d'Einsiedlen ; mais elle protégera contre lui ceux qui ont confiance en elle. *Ave Maria.*

— Cette tour semble inhabitée, dit le jeune voyageur. Je

n'y aperçois aucune fumée, et les créneaux des murailles tombent en ruine.

— Il y a bien long-temps que personne n'y demeure, reprit le guide ; mais avec tout cela je voudrais y être. L'honnête Arnold Biederman, le landamman [1] du canton d'Underwald, demeure tout auprès ; et je vous réponds que partout où il est le maître, ce qui se trouve de mieux dans sa cave et dans son garde-manger est toujours au service de l'étranger.

— J'ai entendu parler de lui, dit le vieux voyageur qu'Antonio avait appris à nommer signor Philipson, comme d'un homme vertueux et hospitalier, et qui mérite le crédit dont il jouit auprès de ses concitoyens.

— Vous lui rendez justice, signor, répondit le guide, et je voudrais que nous puissions gagner son logis, où vous seriez sûr d'être bien accueilli et de recevoir de bons avis pour votre voyage de demain. Mais comment pourrions-nous arriver au château des Vautours sans avoir des ailes comme un vautour ? c'est une question difficile à résoudre.

Arthur y répondit par une proposition hardie, que le lecteur trouvera dans le chapitre suivant.

---

(1) Premier magistrat du canton. — Aut.

CHAPITRE II.

―――

« L'horizon s'obscurcit. — Appuyez-vous sur moi.
« Mettez le pied ici, — puis là ; — d'une main sûre,
« Saisissez cet arbuste. — Allez avec mesure. —
« Courage ! — Servez-vous de ce bâton ferré. —
« Donnez-moi votre main. — Bien ! — Soyez assuré
« Que nous serons rendus au châlet dans une heure. »
LORD BYRON. *Manfred*.

Après avoir examiné cette scène de désolation aussi exactement que le permettaient les sombres nuages de l'atmosphère : — Dans tout autre pays, dit le jeune voyageur, je dirais que la tempête commence à se passer ; mais ce serait une témérité de vouloir prédire à quoi l'on doit s'attendre dans ces régions sauvages. Si l'esprit apostat de Pilate est réellement porté sur les ailes de l'ouragan, les sifflemens du vent, qui ne se font plus entendre que dans le lointain, semblent indiquer qu'il retourne au lieu de son châtiment. Le sentier a disparu avec le terrain sur lequel il avait été tracé ; mais j'en vois la continuation au fond de cet abîme ; il marque comme par une bande d'argile cette masse de terre et de pierres. Avec votre permission, mon père, je crois qu'il me serait possible de me glisser le long de la rampe de ce rocher, jusqu'à ce que je sois en vue de l'habitation dont Antonio nous parle. Si elle existe, il doit y avoir un moyen d'y arriver, et si je ne puis en découvrir le chemin, je pourrai du moins faire un signal à ceux qui demeurent dans les environs de ce château des Vautours, et obtenir d'eux le secours d'un guide.

— Je ne puis consentir que vous couriez un tel risque, lui dit le père; que ce jeune homme y aille s'il le peut et s'il le veut. Il est né dans les montagnes, et je le récompenserai généreusement.

Mais Antonio refusa obstinément cette proposition. — Je suis né dans les montagnes, répondit-il, mais je ne suis pas un chasseur de chèvres. Je n'ai pas des ailes pour me porter de rocher en rocher, comme un corbeau : la vie vaut mieux que tout l'or du monde.

— Et à Dieu ne plaise, dit le signor Philipson, que je veuille vous engager à estimer l'une au poids de l'autre! Allez donc, mon fils, allez, je vous suis.

— Avec votre permission, mon père, vous n'en ferez rien, s'écria le jeune homme. C'est bien assez de risquer la vie d'un de nous, et suivant toutes les règles de la sagesse comme de la nature, c'est la mienne, comme moins précieuse, qui doit être hasardée la première.

— Non, Arthur, répliqua son père d'un ton déterminé; non, mon fils. J'ai survécu à bien des pertes, je ne survivrais pas à la vôtre.

— Je ne crains pas le résultat de cette tentative, mon père, si vous me permettez de la faire seul. Mais je ne puis, je n'ose entreprendre une tâche si dangereuse, si vous persistez à vouloir la partager. Tandis que je chercherais à faire un pas en avant, je serais toujours à regarder en arrière pour voir si vous êtes arrivé au point que je viendrais de quitter. Songez d'ailleurs, mon père, que ma perte ne serait que celle d'un être qui serait oublié à l'instant; qui n'a pas plus d'importance que les arbres détachés de ce rocher qu'ils couvraient naguère; mais vous, si le pied vous glissait, si la main vous manquait, songez-vous à toutes les suites qu'aurait votre chute?

— Vous avez raison, mon fils; j'ai encore des liens qui m'enchaîneraient à la vie, quand même je devrais perdre en vous tout ce que j'ai de plus cher. Que Notre-Dame et le chevalier de Notre-Dame vous bénissent et vous protégent, mon fils! votre pied est jeune, votre main est vigoureuse. Ce n'est pas en vain que vous avez gravi le Plynlimmon[1]. Soyez hardi, mais prudent. Souvenez-vous qu'il existe un homme qui, s'il est privé de vous, n'a plus qu'un dernier devoir qui l'attache à la terre, et qui après l'avoir accompli ne tardera pas à vous suivre.

Arthur se prépara à son expédition. Il se dépouilla de son pesant manteau. Ses membres bien proportionnés étaient encore couverts d'un justaucorps de drap gris qui les dessinait parfaitement. La résolution dont son père s'était armé l'abandonna quand son fils se tourna vers lui pour lui faire ses adieux. Il lui refusa la permission de tenter cette épreuve, et lui ordonna d'un ton péremptoire de rester près de lui. Mais sans écouter sa défense Arthur descendait déjà de la plateforme sur laquelle il était. A l'aide des branches d'un vieux frêne qui croissait dans une fente du rocher, le jeune homme put gagner une étroite saillie au bord même du précipice le long de laquelle il espérait pouvoir se glisser en rampant, jusqu'à ce qu'il pût se faire voir ou se faire entendre de l'habitation dont Antonio lui avait appris l'existence. Tandis qu'il exécutait ce dessein audacieux, sa situation paraissait si précaire, que le guide salarié osait à peine lui-même respirer en le regardant. La saillie sur laquelle il se traînait semblait dans l'éloignement devenir si étroite qu'elle disparaissait aux yeux tandis qu'il continuait à avancer, le visage tourné tantôt du côté du rocher, tantôt vers le ciel, mais jamais vers l'abîme ouvert, de crainte que cette vue effrayante ne lui causât des vertiges. Aux yeux de son père et d'Antonio, dont les regards suivaient les progrès qu'il faisait, sa marche était moins celle d'un homme qui avance à la manière ordinaire et dont les pieds sont assurés sur la terre, que celle d'un insecte qui rampe le long d'un mur perpendiculaire et dont on voit les mouvemens progressifs sans qu'on puisse apercevoir les moyens qui le soutiennent. Le père désolé regretta alors

---

(1) Cette montagne, appelée aussi le Snowdon, est la plus élevée de la chaîne du pays de Galles. — Éd.

amèrement, bien amèrement, de n'avoir pas persisté dans le dessein qu'il avait conçu un instant de retourner à l'auberge où il avait passé la nuit précédente, quelque contrariante, quelque périlleuse même qu'eût été cette mesure. Il aurait du moins partagé le destin du fils qu'il aimait si tendrement.

Cependant Arthur s'était armé de tout son courage. Il retenait son imagination qui en général était assez active, et il refusait de se livrer même un seul instant à ces horribles idées qui ne font qu'augmenter un véritable danger; il cherchait à réduire les périls qui l'entouraient, d'après l'échelle de la raison, le meilleur soutien du vrai courage. — Cette saillie de rocher est étroite, se disait-il, mais assez large pour me permettre d'y passer; ces pointes de rochers et ces crevasses sont petites et distantes les unes des autres, mais les unes assurent un appui à mes pieds, et mes mains peuvent profiter des autres aussi bien que si j'étais sur une plate-forme d'une coudée de largeur et que j'eusse le bras appuyé sur une balustrade de marbre. Ma sûreté dépend donc de moi-même. Si j'avance avec résolution, que je marche avec fermeté, et que je sache profiter de tout ce qui peut m'aider, qu'importe que je sois sur le bord d'un abîme?

Calculant ainsi l'étendue et la réalité du danger d'après le bon sens, se répétant ensuite que ce n'était pas la première fois qu'il avait gravi des rochers et qu'il en était descendu, le brave jeune homme continua sa marche dangereuse, allant pas à pas, et avançant avec une précaution, un courage et une présence d'esprit qui le préservèrent d'une mort certaine. Enfin il gagna un endroit où un roc faisant saillie formait l'angle du rocher, jusqu'au point où il avait pu le voir de la plate-forme. C'était donc là l'instant critique de son entreprise. Ce roc s'avançait en saillie de plus de six pieds au-dessus du torrent qu'Arthur entendait rouler à environ cinquante toises sous ses pieds avec un bruit semblable à celui d'un tonnerre souterrain. Il examina cet endroit avec le plus grand soin, et y voyant de l'herbe, des arbrisseaux, et même quelques arbres rabougris, il en conclut que l'éboulement ne s'était pas étendu plus loin, et que s'il pouvait avancer au-delà, il y trouverait la continuation du sentier dont une partie avait été détruite par quelque étrange convulsion de la nature. Mais la saillie de ce roc était telle qu'il était impossible de passer dessous, ou d'en faire le tour; et comme il s'élevait de plusieurs pieds au-dessus de la position qu'Arthur occupait, ce n'était pas chose facile de le gravir. Ce fut pourtant le parti auquel il s'arrêta, comme étant le seul moyen de surmonter ce qu'il croyait pouvoir regarder comme le dernier obstacle de son voyage. Un arbre croissait tout à côté : il y monta, et à l'aide de ses branches, il sauta sur le sommet du roc. Mais à peine y avait-il appuyé le pied, à peine avait-il eu un instant pour se féliciter en découvrant au milieu d'un chaos de forêts et de rochers les ruines sombres de Geierstein, et une fumée qui s'élevant par derrière indiquait l'existence d'une habitation, que, à son extrême terreur, il sentit le roc énorme sur lequel il était trembler sous ses pieds et pencher lentement en avant par un mouvement graduel. Ne tenant à la montagne que par un seul point, ce roc en saillie avait résisté au tremblement de terre qui avait changé la face des environs; mais l'équilibre en avait été détruit, et il n'avait fallu que le poids additionnel du corps du jeune homme pour le rompre entièrement.

Dans cet instant critique, Arthur, par cet instinct qui porte à saisir tout moyen de salut, sauta sur l'arbre qui l'avait aidé à monter sur ce roc, et tourna la tête en arrière, poussé comme par une force irrésistible pour suivre des yeux la chute de l'énorme masse de pierre qu'il venait de quitter. Le roc chancela deux ou trois secondes, comme s'il n'eût su de quel côté tomber; et si sa chute eût pris une direction latérale, il aurait brisé l'arbre, écrasé le jeune aventurier, ou l'aurait entraîné avec lui dans le torrent. Après un moment d'horrible incertitude, la force de gravitation détermina la chute en avant. L'énorme fragment de rocher, qui devait peser au moins quatre mille quintaux [1], descendit en écrasant

(1) **Vingt tonneaux.** Le tonneau est un poids de 2000 livres.

les buissons et les arbres qui se trouvaient sur son passage, et tomba enfin dans le torrent avec un bruit égal à la décharge de cent pièces d'artillerie. Ce bruit fut propagé par tous les échos, de montagne en montagne, de rocher en rocher, et le tumulte ne fit place au silence que lorsqu'il se fut élevé jusqu'à la région des neiges éternelles qui, insensibles aux sons qui partent de la terre, entendirent cet horrible fracas dans leur solitude majestueuse, et le laissèrent mourir sans trouver une voix pour y répondre.

Quelles furent alors les pensées du malheureux père, qui vit tomber cette lourde masse, mais qui ne put voir si elle avait entraîné son fils dans sa chute? Son premier mouvement fut de courir vers le bord du précipice, dans le dessein d'y descendre comme l'avait fait Arthur, et lorsque Antonio le retint en lui entourant le corps de ses bras, il se retourna vers lui avec la fureur d'une ourse à qui l'on a dérobé ses petits.

— Laisse-moi, vil paysan, s'écria-t-il, ou tu vas périr à l'instant même!

— Hélas! s'écria le pauvre guide en se jetant à genoux devant lui, et moi aussi j'ai un père!

Cet appel à la nature pénétra dans l'ame du voyageur; il lâcha le jeune homme, et levant vers le ciel les yeux et les mains, il s'écria du ton de l'angoisse la plus profonde, mais mêlée d'une pieuse résignation : — *Fiat voluntas tua!* C'était mon dernier espoir; le plus aimable des enfans, le plus aimé, le plus digne de l'être! et je vois planer sur la vallée les oiseaux de proie qui vont se repaître de ses restes! Mais je le verrai encore une fois, ajouta le malheureux père, tandis que des vautours passaient sur sa tête; je reverrai mon Arthur avant que l'aigle et le loup le déchirent Je verrai tout ce qui reste encore de lui sur la terre. Ne me retenez pas. Restez ici et suivez-moi des yeux. Si je péris, comme cela est probable, je vous charge de prendre les papiers cachetés que vous trouverez dans ma valise, et de les porter à la personn à qui ils sont adressés, dans le plus court délai possible. Il y a dans ma bourse assez d'argent pour me faire enterrer ains que mon pauvre Arthur, et pour faire dire des messes pour le repos de mon ame et de la sienne; il vous restera encore une riche récompense pour votre voyage.

L'honnête Helvétien, d'une intelligence assez bornée, mais naturellement sensible et fidèle, versa des larmes pendant que le vieux voyageur lui parlait ainsi. Cependant craignant de l'irriter en s'opposant de nouveau à sa volonté, et même en lui faisant des remontrances, il le vit en silence s'apprêter à descendre dans le fatal précipice sur le bord duquel le malheureux Arthur semblait avoir subi un destin que son père, poussé par le désespoir de la tendresse paternelle, était déterminé à partager.

Tout à corp de l'angle d'où s'était détachée cette masse de pierre sous les pieds téméraires d'Arthur, on entendit partir les sons rauques et prolongés d'une de ces cornes de l'*Urus,* ou bœuf sauvage de Suisse, qui dans les anciens temps donnaient aux montagnards le signal de la charge, et leur tenaient lieu dans les batailles de tous les instrumens de musique guerrière.

—Écoutez, signor, écoutez! s'écria le Grison, c'est un signal de Geierstein. Quelqu'un va venir à notre aide dans un instant, et nous montrera le chemin le plus sûr pour chercher votre fils. Et regardez, regardez cet arbre dont on voit briller la verdure à travers le brouillard; saint Antonio me protége! j'y vois déployé quelque chose de blanc. C'est précisément derrière l'endroit d'où le quartier de rocher est tombé.

Le père chercha à fixer ses regards sur le lieu indiqué; mais ses yeux se remplissaient de larmes, et il ne put distinguer l'objet que son guide lui montrait.

—Tout est inutile, dit-il en passant sa main sur ses yeux; je ne verrai plus de lui que des restes inanimés.

—Vous le reverrez, vous le reverrez bien portant; saint Antoine le veut ainsi. Tenez! ne voyez-vous pas comme ce linge blanc est agité?

—Quelque reste de ses vêtemens, quelque misérable souvenir de son cruel destin. Non, mes yeux ne le voient pas. Ils ont vu la chute de ma maison. Je voudrais que les vautours de ces montagnes les eussent arrachés de leurs orbites.

—Mais regardez encore! Ce linge n'est pas accroché à un buisson. Je vois distinctement qu'il est placé au bout d'un bâton et qu'on l'agite à droite et à gauche. C'est votre fils qui fait un signal pour vous apprendre qu'il est en sûreté.

—Et si cela est, dit le voyageur en joignant les mains, bénis soient les yeux qui le voient! bénie soit la langue qui le dit! Si nous retrouvons mon fils, si nous le retrouvons vivant, ce jour sera heureux pour toi aussi, Antonio.

—Tout ce que je vous demande, c'est d'attendre avec patience, de ne pas fermer l'oreille aux bons avis, et je me trouverai bien payé de mes services. Seulement, si un honnête garçon laissait périr les gens par suite de leur propre entêtement, cela ne lui ferait pas honneur. Car après tout c'est toujours sur le guide que retombe le blâme, comme s'il lui était possible d'empêcher le vieux Ponce de secouer les brouillards qui lui couvrent le front, la terre de s'ébouler du haut d'un rocher dans le fond d'une vallée, un jeune écervelé de marcher sur une langue de pierre qui n'est pas plus large que la lame d'un couteau, ou des fous, que leurs cheveux gris devraient rendre plus sages, de tirer le poignard comme des spadassins de Lombardie.

Le guide disait ainsi tout ce qui lui venait à l'esprit, et il aurait pu continuer long-temps sur le même ton, car le signor Philipson ne l'entendait pas. Toutes les pensées de son cœur se dirigeaient vers l'objet qu'Antonio lui avait fait envisager comme un signal annonçant que son fils était en sûreté. Il vit enfin flotter ce linge blanc, et il fut convaincu que le mouvement qui l'agitait ne pouvait lui être imprimé que par une main humaine. Aussi prompt à se livrer à l'espérance qu'il l'avait été à s'abandonner au désespoir, il se prépara de nouveau à s'avancer vers son fils, afin de l'aider s'il était possible à gagner un lieu de sûreté; mais les prières et les remontrances réitérées d'Antonio le déterminèrent à attendre.

— Êtes-vous ce qu'il faut être pour marcher sur un pareil rocher? lui dit-il; êtes-vous en état de répéter votre *Credo* et votre *Ave,* sans déplacer un mot, sans en oublier un? car sans cela nos anciens vous diront que vous périrez vingt fois, eussiez-vous vingt vies à perdre. Avez-vous l'œil clair et le pied ferme? Je crois que l'un coule comme une fontaine, et que l'autre frémit comme la feuille du tremble qui vous couvre la tête. Restez tranquille ici jusqu'à ce que vous voyiez arriver des gens qui seront plus en état que vous et moi de donner du secours à votre fils. A en juger par le son de ce cornet, je pense que c'est celui du brave homme de Geierstein, Arnold Biederman. Il a vu le danger de votre fils, et il prend en ce moment même des mesures pour sa sûreté et pour la nôtre. Il y a des occasions où l'aide d'un étranger qui connaît bien le pays est plus utile à un homme que celle de trois de ses frères qui ne le connaissent pas.

— Mais si ce cornet a réellement fait entendre un signal, comment se fait-il qu'Arthur n'y ait pas répondu?

— Et s'il y a répondu, comme cela est probable, comment l'aurions-nous entendu? Au milieu du tumulte du vent et de ce torrent, le son même de ce cornet ne s'est fait entendre à nous que comme la musette d'un jeune berger; comment donc le cri d'un homme serait-il arrivé jusqu'à nos oreilles?

— Il me semble cependant qu'au milieu de tout le fracas des élémens j'entends quelque chose qui ressemble à la voix humaine; mais ce n'est pas celle d'Arthur.

— Je le crois bien, car c'est la voix d'une femme. Les jeunes filles conversent ensemble de cette manière d'un rocher à l'autre pendant un ouragan et un orage, quand elles seraient à un mille de distance l'une de l'autre.

— Graces soient rendues au ciel du secours que sa providence nous envoie! j'espère encore que nous verrons cette fatale journée se terminer sans mlheur. Je vais crier pour répondre.

Il essaya de crier de toute la force de ses poumons; mais ne connaissant pas l'art de se faire entendre dans ces contrées, sa voix, qui se mit à l'unisson avec les mugissemens des vagues et du vent, n'aurait pu être distinguée à cinquante pas de distance, et elle se confondit avec le bruit tumultueux de la guerre que se livraient les élémens. Antonio sourit de la tentative infructueuse du signor Philipson, et élevant la voix, à son tour, il poussa un cri perçant, aigu et prolongé, qui, quoique produit en apparence avec beaucoup moins d'efforts que celui de l'Anglais, était un son distinct des bruits du vent et des eaux, et qu'on pouvait vraisemblablement entendre à une distance considérable. D'autres cris analogues y répétèrent dans le lointain, se répétèrent en s'approchant, et firent naître un nouvel espoir dans le cœur inquiet du voyageur.

Si la détresse du père rendait sa situation digne de compassion, son fils au même instant se trouvait dans une position des plus périlleuses. Nous avons déjà dit qu'Arthur Philipson avait d'abord marché le long de l'étroite saillie du rocher, avec le sang-froid, le courage et la résolution inébranlables qui étaient nécessaires pour accomplir une tâche où tout devait dépendre de la fermeté des nerfs; mais l'accident qui avait arrêté sa marche était d'une nature si formidable qu'il lui fit sentir toute l'amertume d'une mort soudaine, horrible, et a ce qu'il lui avait paru, inévitable. Il avait senti le roc trembler et s'affaisser sous ses pieds, et quoique par un effort de l'instinct plus que de la volonté il se fût préservé de la mort affreuse qui l'attendait s'il fût resté une seconde de plus sur cette masse de pierre chancelante, il lui semblait que la meilleure partie de lui-même, la force de son corps et la fermeté de son ame avaient été brisées par la chute de ce roc lorsqu'il tomba avec un bruit semblable aux éclats du tonnerre, et au milieu d'un nuage de poussière, dans le torrent impétueux qui coulait au fond du précipice. En un mot, le marin précipité par une vague du pont d'un vaisseau naufragé devenu le jouet des flots et poussé contre les écueils qui bordent le rivage, ne diffère pas plus de ce même marin qui au commencement de la tempête se tenait sur le tillac de son navire favori, fier de sa propre dextérité et de la force de son bâtiment, qu'Arthur en commençant son expédition ne différait du même Arthur embrassant le tronc à demi desséché d'un vieil arbre, suspendu entre le ciel et la terre, après avoir vu s'écrouler le quartier de rocher dont il avait été si près de partager la chute. La terreur agissait sur ses sens comme sur son ame, car il voyait mille couleurs lui passer devant les yeux; sa tête était attaquée de vertiges, et il ne pouvait plus commander à ses membres qui l'avaient jusqu'alors si bien servi. Ses bras et ses mains qui semblaient ne plus obéir qu'à une impulsion étrangère, tantôt s'accrochaient aux branches de l'arbre avec une ténacité qu'il lui eût été impossible de modérer, tantôt tremblaient comme désarticulés, de manière à lui faire craindre de ne pouvoir se soutenir dans sa position.

Un incident bien peu important en lui-même ajouta encore à la détresse de cette singulière agitation. Des volées de hiboux, de chauves-souris et d'autres oiseaux de ténèbres effrayés par le bruit de la chute du roc s'étaient répandues dans les airs, puis s'étaient hâtées de retourner dans les lierres et dans les crevasses des rochers voisins qui leur servaient de refuge pendant le jour. Parmi ces oiseaux de mauvais augure se trouvait un *lammer-geier*, ou vautour des Alpes, oiseau plus grand et plus vorace que l'aigle même, et qu'Arthur n'avait pas été accoutumé à voir, ou du moins qu'il n'avait jamais vu de très près. Avec l'instinct de la plupart des oiseaux de proie, l'usage de celui-ci, quand il est gorgé de nourriture, est de se retirer en quelque endroit inaccessible, et d'y rester stationnaire et immobile jusqu'à ce que le travail de la digestion soit accompli, après quoi il retrouve son activité avec son appétit. Troublé dans un repos semblable qu'il goûtait sur la montagne à laquelle les habitans ont donné son nom, un de ces oiseaux terribles prenant son essor avait décrit un grand cercle dans les airs en battant nonchalamment des ailes, et était venu s'abattre sur une pointe de rocher qui n'était pas à plus de deux toises de l'arbre sur lequel Arthur occupait une situation si précaire. Quoique encore plongé dans une sorte de stupeur, le vautour, d'après l'état d'immobilité du jeune homme, semblait le supposer mort ou mourant, et il le regardait fixement sans montrer aucun signe de cette crainte qu'éprouvent ordinairement les animaux les plus féroces quand ils se trouvent à la proximité de l'homme.

Tandis qu'Arthur faisait des efforts pour bannir la terreur subite qu'avait fait naître en lui la chute du rocher, il leva les yeux pour regarder autour de lui peu à peu et avec précaution, et rencontra ceux de cet oiseau vorace et sinistre que sa tête et son cou sans plumes, ses yeux entourés d'un iris d'un jaune brunâtre, et sa position plus horizontale que droite, distinguent de l'aigle aux formes nobles et au regard audacieux, comme le loup, maigre, hideux et féroce quoique lâche, est au-dessous du lion à l'air majestueux.

Les yeux du jeune Philipson restaient fixés sur cet oiseau sinistre, sans qu'il fût en son pouvoir de les en détourner, comme s'il eût été fasciné par un charme. La crainte d'un péril imaginaire et de dangers réels pesait sur son esprit affaibli par suite de la situation dans laquelle il se trouvait. Le voisinage d'une créature aussi odieuse à l'espèce humaine lui semblait d'aussi mauvais augure qu'extraordinaire. Pourquoi cet oiseau farouche le regardait-il avec tant de persévérance, le corps avancé de son côté comme s'il eût voulu fondre sur lui? Ce *lammer-geier* était-il le génie du lieu qui portait son nom? venait-il se repaître de la joie que devait lui causer la vue d'un étranger attiré imprudemment dans ses domaines, et exposé aux périls dont ils sont semés, presque sans espoir de salut? Si ce n'était qu'un vautour habitant ces montagnes, son instinct lui faisait-il prévoir que le voyageur téméraire était destiné à devenir bientôt sa proie? Cet oiseau dont on assure que les sens sont si vifs, pouvait-il d'après toutes les circonstances calculer la mort prochaine d'un étranger, et comme le corbeau et la corneille qui épient un mouton mourant, attendait-il l'instant de commencer son banquet barbare? était-il possible que lui, Arthur, fût condamné à sentir le bec et les serres cruelles de ce vautour, avant que son cœur eût cessé de battre? avait-il déjà perdu la dignité de la forme humaine qui inspire à toutes les créatures d'un ordre inférieur une crainte respectueuse de l'être formé à l'image du Créateur?

De semblables craintes firent plus que la raison pour rendre quelque élasticité à l'esprit du jeune homme; en usant de la plus grande précaution dans tous ses mouvemens, il parvint en agitant son mouchoir à faire partir le vautour du poste qu'il occupait. L'oiseau prit son essor en poussant un cri aigre et lugubre, et étendant ses ailes, alla chercher quelque autre lieu où son repos ne serait pas troublé, tandis que le jeune imprudent se réjouissait d'avoir été délivré de sa présence odieuse.

Plus maître alors de ses idées, Arthur, qui de l'endroit où il était pouvait apercevoir une partie de la plate-forme sur laquelle il avait laissé son père, chercha à l'informer de sa situation en agitant le plus haut possible le mouchoir à l'aide duquel il avait chassé le vautour. De même que son père, il entendit aussi, mais à moins de distance, le son de la corne des montagnes qui semblait lui annoncer un secours peu éloigné. Il y répondit en criant et en agitant encore le mouchoir pour indiquer l'endroit vers lequel devaient se diriger ceux qui se proposaient de venir à son aide : puis rappelant ses facultés qui l'avaient presque abandonné, il chercha à faire rentrer l'espérance dans son cœur, et à retrouver ses forces avec son courage.

Fidèle catholique, il fit une prière pour se recommander à Notre-Dame-d'Ensiedlen. — Notre-Dame pleine de graces, finit-il par s'écrier, si mon destin est de perdre la vie comme un renard chassé au milieu de cette région sauvage, parmi des rochers chancelans, rendez-moi du moins la patience et le courage dont j'étais doué, et ne souffrez pas que celui qui a vécu en homme, quoique pécheur, meure comme un lièvre timide.

S'étant pieusement recommandé à cette protectrice dont les légendes de l'église catholique tracent un si aimable portrait, Arthur, quoique tremblant encore de l'agitation violente qu'il avait éprouvée, dirigea toutes ses pensées vers les moyens de se tirer de sa position dangereuse. Mais en regardant autour de lui, il s'aperçut de plus en plus qu'il était complètement épuisé par les fatigues et les inquiétudes qu'il venait d'éprouver. Tous les efforts dont il était capable ne purent fixer ses yeux égarés sur les objets qui l'entouraient. Les arbres, les rochers, tout ce qui se trouvait entre lui et le château en ruines de Geierstein, lui semblaient danser en rond; et telle était la confusion de ses idées que, s'il ne lui était resté assez de présence d'esprit pour sentir que ce serait un trait de véritable folie, il se serait jeté à bas de l'arbre comme pour prendre part à la danse étrange qu'avait créée son imagination en délire.

— Que le ciel me protége! s'écria le malheureux jeune homme en fermant les yeux, dans l'espoir qu'en cessant de voir ce qui augmentait la terreur de sa situation, ses idées pourraient prendre un cours plus calme; mes sens m'abandonnent.

Il fut encore plus convaincu de la vérité de cette dernière pensée quand il crut entendre, à assez peu de distance, une voix de femme, ou plutôt un cri perçant, quoique l'accent en fût mélodieux, et qui semblait lui être adressé. Il rouvrit les yeux, leva la tête, et porta ses regards du côté d'où le son paraissait partir, quoiqu'il pût à peine croire que ce ne fût pas encore un effet du délire de son imagination. L'apparition qui se montra à ses yeux le confirma presque dans l'idée qu'il avait le cerveau dérangé, et qu'il ne pouvait plus compter sur l'exactitude du rapport de ses sens.

Sur le sommet d'un rocher de forme pyramidale qui

s'élevait du fond de la vallée, parut une femme, mais tellement enveloppée de brouillard, que l'œil ne pouvait l'apercevoir qu'imparfaitement. Sa taille, se dessinant en relief sur le firmament, présentait l'idée indéfinie d'un esprit aérien plutôt que d'une mortelle ; car elle semblait aussi légère et presque aussi transparente que les vapeurs qui entouraient le piédestal élevé sur lequel elle était placée. Arthur fut d'abord porté à croire que la Vierge avait exaucé ses prières, et était venue en personne pour le secourir. Il allait réciter un *Ave*, quand la même voix lui fit entendre de nouveau cette étrange mélopée qui met les habitans des Alpes en état de se parler d'une montagne à une autre, à travers des ravins d'une largeur et d'un profondeur considérables.

Tandis qu'il réfléchissait à la manière dont il s'adresserait à cette apparition inattendue, elle disparut du point qu'elle occupait d'abord, et se remontra bientôt sur la pointe du rocher au pied duquel croissait horizontalement l'arbre sur lequel Arthur s'était réfugié. Son air et son costume prouvaient que c'était une habitante de ces montagnes qui en connaissait les sentiers dangereux. En un mot, il voyait devant lui une jeune et belle femme qui le regardait avec un mélange de compassion et de surprise.

— Étranger, lui dit-elle enfin, qui êtes-vous ? d'où venez-vous ?

— Je suis étranger comme vous le dites, jeune fille, répondit Arthur en levant la tête vers elle aussi bien qu'il le pouvait ; j'ai quitté Lucerne ce matin avec mon père et un guide ; je les ai laissés à environ un demi-mille d'ici. Vous serait-il possible de leur donner avis que je suis en sûreté ? car je sais que mon père est dans une cruelle inquiétude.

— Bien volontiers, répondit la jeune fille ; mais je crois que mon oncle ou quelques-uns de mes parens les auront déjà trouvés, et leur serviront de guides. — Ne puis-je vous aider ? — Êtes-vous blessé ? Nous avons été alarmés par le bruit de la chute d'un rocher. — Oui, le voilà là-bas, et c'est une masse d'une taille peu ordinaire.

Tout en parlant ainsi la jeune Helvétienne s'approcha si près du bord du précipice et regarda au fond du gouffre avec un air si indifférent, que la force de la sympathie qui unit en pareilles occasions celui qui agit et celui qui regarde, occasionna de nouveaux vertiges à Arthur; il s'accrocha plus fortement que jamais à son arbre en poussant une sorte de gémissement.

— Êtes-vous blessé? lui demanda une seconde fois la jeune fille qui le vit pâlir; quel mal éprouvez-vous?

— Aucun, jeune fille, si ce n'est quelques légères meurtrissures; mais la tête me tourne, et le cœur me manque en vous voyant si près de cet abîme.

— N'est-ce que cela? Sachez, étranger, que je ne me trouve pas plus tranquille dans la maison de mon oncle que sur le bord de précipices en comparaison desquels celui-ci n'offre qu'un obstacle qu'un enfant pourrait franchir. Mais si j'en juge par les traces que je remarque, vous êtes venu ici le long de la saillie du rocher dont la terre s'est éboulée récemment; vous devriez donc être bien au-dessus d'une pareille faiblesse, puisque, vous aussi, vous avez le droit de vous dire montagnard.

— J'aurais pu me donner ce nom il y a une demi-heure, mais je crois que désormais je n'oserai plus le prendre.

— Ne vous découragez pas pour un saisissement de cœur passager qui peut ébranler le courage et obscurcir la vue de l'homme qui a le plus de bravoure et d'expérience. Levez-vous, marchez hardiment sur le tronc de cet arbre, et quand vous serez au milieu vous n'aurez plus qu'un saut à faire pour vous trouver sur la petite plate-forme où vous me voyez. Après cela vous ne rencontrerez plus ni obstacle ni danger qui méritent qu'on en parle à un jeune homme dont les membres sont robustes, et aussi courageux que leste.

— Mes membres sont robustes, répondit le jeune homme, mais je rougis en pensant combien le courage me manque. Cependant je ne souffrirai pas que vous ayez honte de l'intérêt que vous avez pris à un malheureux voyageur en écoutant plus long-temps des craintes qui jusqu'à ce jour n'avaient jamais trouvé d'accès dans mon cœur.

La jeune fille le regarda avec beaucoup d'intérêt et non sans quelque inquiétude, tandis qu'il se levait avec précaution et qu'il descendait le long du tronc de l'arbre, qui s'élançait d'une crevasse du bas du rocher sur lequel elle se trouvait, dans une position presque horizontale, et dont la partie sur laquelle il était tremblait sous lui. Le saut qu'il avait à faire pour arriver sur la plate-forme où était la jeune fille n'eût été rien sur un terrain ferme et uni, mais il s'agissait ici de passer sur un abîme profond au fond duquel un torrent mugissait avec fureur. Les genoux d'Arthur battaient l'un contre l'autre, et ses pieds, devenus lourds, semblaient lui refuser tout service. Il éprouvait à un plus fort degré que jamais cette influence de la crainte que ceux qui l'ont éprouvée dans une situation si dangereuse ne peuvent jamais oublier, et que ceux qui, heureusement pour eux, ne l'ont jamais connue, peuvent avoir quelque peine à comprendre.

La jeune fille vit son émotion, et en prévit les conséquences. Ne voyant qu'un seul moyen pour lui rendre de la confiance, elle sauta légèrement du rocher sur le tronc d'arbre, où elle resta avec autant d'aisance et de tranquillité qu'un oiseau, et par un second saut se retrouva presque au même instant sur la plate-forme. Étendant alors le bras vers Arthur : — Mon bras n'est qu'une faible balustrade, lui dit-elle, mais avancez avec résolution, et vous le trouverez aussi ferme que les murailles de Berne.

La honte l'emportait alors tellement sur la terreur dans l'esprit d'Arthur, que refusant l'aide qu'il n'aurait pu accepter sans se dégrader à ses propres yeux, il fit de nécessité vertu, exécuta avec succès le saut redoutable, et se trouva sur la plate-forme à côté de la jeune fille.

Son premier mouvement fut naturellement de lui prendre la main et de la porter à ses lèvres avec respect et reconnaissance ; et elle n'aurait pu l'en empêcher sans affecter une sorte de pruderie qui n'était nullement dans son caractère ;

c'eût été donner lieu à un débat cérémonieux sur un objet bien peu important, et sur un théâtre qui n'y convenait guère, une plate-forme de rochers d'environ cinq pieds de longueur sur trois de largeur.

CHAPITRE III.

> « Maudits l'or et l'argent dont l'attrait nous invite
> « A trafiquer au loin pour faire un gain licite !
> « La paix, au teint de lis, brille plus que l'argent;
> « L'or, bien moins que la vie, est un besoin urgent;
> « Et pourtant, à travers des déserts si stériles,
> « L'intérêt nous conduit dans ces marchés des villes. »
> COLLINS. *Hassan, ou le Conducteur de chameaux.*

ARTHUR PHILIPSON et Anne de Geierstein dans cette situation éprouvèrent un léger degré d'embarras; le jeune homme, sans doute dans la crainte de passer pour poltron aux yeux de celle qui l'avait secouru, et la jeune fille peut-être par suite des efforts qu'elle avait faits, ou parce qu'elle se voyait si soudainement placée en contact presque immédiat avec le jeune homme à qui elle avait probablement sauvé la vie.

— Maintenant, lui dit Arthur, il faut que je retourne près de mon père. La vie que je dois à votre secours n'a de prix pour moi qu'en ce qu'il m'est permis à présent de courir à son aide.

Il fut interrompu par le son d'un autre cornet qui semblait partir du côté de l'endroit où Philipson père et son guide avaient été laissés par leur entreprenant compagnon. Mais la plate-forme dont il n'apercevait qu'une partie, de l'arbre sur lequel il avait été perché, était tout-à-fait invisible du lieu où il se trouvait alors.

— Il me serait bien aisé, dit la jeune fille, de passer sur cet arbre, et de voir de là-bas si je pourrais découvrir vos amis; mais je suis convaincue qu'ils ont maintenant de meilleurs guides que vous ou moi ne pourrions l'être; car le son de ce cornet annonce que mon oncle ou quelques-uns de mes jeunes parens sont arrivés près d'eux. Ils sont maintenant en marche vers Geierstein, et si vous le trouvez bon, je vais vous y conduire; car vous pouvez être assuré que mon oncle Arnold ne souffrira pas que vous alliez plus loin aujourd'hui, et nous ne ferions que perdre du temps en cherchant à rejoindre vos amis, qui de l'endroit où vous dites que vous les avez laissés doivent être rendus à Geierstein bien avant nous. Suivez-moi donc, ou je supposerai que vous êtes déjà las de me prendre pour guide.

— Supposez plutôt que je suis las de la vie que vous m'avez probablement conservée, répondit Arthur en se préparant à la suivre. Il examina en même temps le costume, la taille et les traits de sa jeune conductrice, examen qui confirma la satisfaction qu'il avait en la suivant, quoiqu'il ne pût le faire en ce moment avec un détail aussi circonstancié que celui que nous allons prendre la liberté de mettre sous les yeux de nos lecteurs.

Son vêtement de dessus n'était ni assez serré pour dessiner ses membres, ce qui était défendu par les lois somptuaires du canton, ni assez large pour gêner ses mouvemens quand elle marchait ou gravissait les rochers; il couvrait une tunique d'une couleur différente, et lui descendait jusqu'à mi-jambes, dont la partie inférieure restait exposée à la vue dans toutes ses belles proportions. Ses sandales se terminaient en pointe recourbée, et les bandelettes croisées au-dessus de la cheville pour les y attacher étaient garnies d'anneaux d'argent. Sa taille était serrée par une ceinture de soie de diverses couleurs, ornée de fils d'or faisant partie du tissu. Sa tunique, ouverte par-devant, qui laissait voir un cou élégant et d'une pure blancheur, permettait même à l'œil de pénétrer encore plus bas. Cette blancheur contrastait un peu avec son visage légèrement bruni par l'air et le soleil, non pas au point de diminuer sa beauté, mais seulement assez pour prouver qu'elle possédait cette santé dont on est redevable à l'habitude de l'exercice. Ses longs cheveux blonds tombaient en tresses nombreuses sur ses tempes ; ses yeux bleus, ses traits aimables, et leur expression pleine de dignité et de simplicité, indiquaient en même temps le caractère de douceur, de confiance et de résolution d'une ame trop vertueuse pour soupçonner le mal, et trop fière pour le craindre. Sur ses cheveux, l'ornement naturel de la beauté et celui qui lui sied le mieux, ou plutôt devrais-je dire, au milieu de ses cheveux était placée une petite toque, qui d'après sa forme était moins destinée à protéger sa tête qu'à prouver le goût de la jeune fille, qui n'avait pas manqué, suivant la coutume des montagnes, de la décorer d'une plume de héron, et y avait ajouté, luxe encore peu commun à cette époque, une petite chaîne d'or fort mince, assez longue pour en faire quatre à cinq fois le tour, et dont les deux bouts étaient assurés sous un large médaillon de même métal.

Il me reste seulement à ajouter que la taille de cette jeune personne s'élevait au-dessus de la stature commune, et que tous les contours de ses formes, sans rien avoir de masculin, lui donnaient l'air de Minerve plutôt que la beauté fière de Junon ou les grâces voluptueuses de Vénus. Un front noble, des membres souples et bien formés, un pas ferme et léger en même temps, sa modestie virginale, et surtout son air ouvert et son assurance ingénue, tels étaient les charmes de la jeune Helvétienne, digne en effet d'être comparée à la déesse de la sagesse et de la chasteté.

La route que le jeune Anglais suivait alors sous sa conduite était difficile et raboteuse, mais on ne pouvait dire qu'elle fût dangereuse, surtout en la comparant avec le chemin qu'il venait de faire sur les rochers. C'était dans le fait la continuation du sentier, et l'éboulement de terre dont il a été si souvent parlé en avait détruit une partie. Quoiqu'il eût été endommagé en divers endroits à l'époque du tremblement de terre, on y voyait des marques indiquant qu'il avait déjà été grossièrement réparé, de manière à le rendre praticable pour des gens qui attachent aussi peu d'importance que les Suisses à avoir des chemins de communication unis et bien nivelés. La jeune fille apprit aussi à Arthur que la route actuelle faisait un circuit pour aller joindre celle que ses compagnons et lui avaient suivie dans la matinée, de sorte que s'ils avaient tourné au point de jonction de ce nouveau chemin avec l'ancien, ils auraient évité le danger qu'ils avaient couru en s'approchant du précipice.

Le sentier sur lequel ils marchaient alors était plus loin du torrent, quoiqu'on en entendît encore le tonnerre souterrain dont les éclats avaient augmenté tant qu'ils avaient monté parallèlement à son cours. Mais tout à coup le sentier tournant à angle droit se dirigea en ligne directe vers le vieux château, et ils eurent sous les yeux un des tableaux les plus splendides et les plus imposans de ces montagnes.

L'ancienne tour de Geierstein, quoiqu'elle ne fût ni très considérable ni distinguée par des ornemens d'architecture, avait un air de dignité et de terreur qu'elle devait à sa position sur le bord de la rive opposée du torrent qui, précisément à l'angle du rocher sur lequel les ruines sont situées, forme une cascade d'environ cent pieds de hauteur, et se précipite du défilé dans un bassin formé dans le roc vif, et que ses eaux ont peut-être creusé depuis le commencement des temps. En face de ces eaux éternellement mugissantes et coulant à ses pieds, s'élevait la vieille tour construite si près du bord du rocher que les arcs-boutans que l'architecte avait employés pour en fortifier les fondations semblaient faire partie du roc, et s'élevaient ainsi que lui en ligne perpendiculaire. Comme c'était l'usage dans toute l'Europe aux temps de la féodalité, la principale partie du bâtiment formait un carré massif, dont le sommet alors en ruines était rendu pittoresque par les tourelles de différentes formes et de diverses hauteurs qui le flanquaient, les unes étant rondes, les autres angulaires, plusieurs étant en ruine, quelques-unes encore presque entières; ce qui variait la vue en perspective de cet édifice, qui se dessinait sur un ciel orageux.

Une poterne en saillie, à laquelle on descendait de la tour par un escalier, avait autrefois conduit à un pont qui donnait accès du château à l'autre côté du torrent où se trouvaient alors Arthur Philipson et sa belle conductrice. Une seule arche, ou pour mieux dire le côté d'une arche, consistant en grosses pierres, subsistait encore et se montrait sur le torrent, précisément en face de la chute d'eau. Jadis cette arche avait servi à soutenir un pont-levis en bois, d'une largeur convenable, mais d'une telle longueur et d'un tel poids qu'il était indispensable qu'il reposât, en se baissant, sur quelque fondation solide. Il est vrai qu'il en résultait un inconvénient: même quand le pont-levis était levé, il y avait possibilité d'approcher de la porte du château par le moyen des pierres destinées à en recevoir les côtés; mais comme ce passage n'avait pas plus de dix-huit pouces de largeur, et que l'ennemi audacieux qui aurait osé le traverser n'aurait pu arriver qu'à une entrée régulièrement défendue par une herse flanquée de tourelles et de remparts d'où l'on pouvait lancer des pierres et des traits, et verser du plomb fondu ou de l'eau bouillante sur l'ennemi, on ne regardait pas la possibilité de cette tentative comme préjudiciable à la sûreté du château.

Dans le temps dont nous parlons, le château étant entièrement ruiné et démantelé, la porte, la herse et le pont-levis n'existaient plus, le passage voûté sous lequel la porte avait été placée, et les pierres étroites qui unissaient encore les deux côtés de la rivière, servaient de moyen de communication entre les deux rives pour les habitans des environs que l'habitude avait familiarisés avec les dangers d'un tel passage.

Pendant ce court trajet, Arthur Philipson, comme un bon arc nouvellement tendu, avait repris l'élasticité de corps et d'esprit qui lui était naturelle. A la vérité ce ne fut pas avec une tranquillité parfaite qu'il suivit sa conductrice, tandis qu'elle marchait légèrement sur cet étroit passage formé de pierres raboteuses, mouillées, et rendues continuellement glissantes par les vapeurs de la cascade voisine. Ce ne fut pas sans appréhension qu'il accomplit ce fait périlleux à si peu distance de la chute d'eau, dont il ne pouvait s'empêcher d'entendre le bruit assourdissant, quoiqu'il eût grand soin de ne pas tourner la tête de ce côté, de peur d'éprouver de nouveaux vertiges en voyant les eaux se précipiter du haut du rocher dans un abîme qui paraissait sans fond. Mais malgré son agitation intérieure, la honte naturelle de laisser voir de la crainte quand une jeune et belle femme montrait tant de calme, et le désir de réparer sa réputation aux yeux de sa conductrice, empêchèrent Arthur de s'abandonner à l'émotion qui l'avait accablé bien peu de temps auparavant. Marchant avec fermeté, mais se soutenant avec précaution de son bâton ferré, il suivit les pas légers de la jeune Helvétienne le long de ce mont redoutable; il passa après elle par la poterne en ruines, et monta l'escalier qui était dans un semblable état de délabrement.

Ils se trouvèrent alors dans un espace couvert de ruines, ayant été autrefois une cour en face de la tour qui s'élevait avec une sombre dignité au milieu des débris d'ouvrages de fortification et des bâtimens destinés à divers usages. Ils traversèrent rapidement ces ruines, sur lesquelles la nature avait jeté un manteau sauvage de mousse, de lierre et d'autres plantes grimpantes, et ils en sortirent par la porte principale du château, pour entrer dans un de ces endroits que la nature embellit souvent de ses charmes les plus délicieux, même au milieu des contrées en apparence arides et désolées.

Le château s'élevait aussi de ce côté beaucoup au-dessus du sol des environs; mais l'élévation du site, produite du côté du torrent par un rocher perpendiculaire, offrait de ce côté-ci une pente rapide qui avait été formée en talus comme un glacis moderne pour mettre l'édifice en sûreté. Ce terrain était alors couvert de jeunes arbres et de buissons, au milieu desquels la tour s'élevait avec toute la dignité d'une belle ruine. Au-delà de ces bosquets en pente, la vue présentait un caractère tout différent. Une étendue de terre de plus de cent acres était entourée de rochers et de montagnes qui, tout en conservant l'aspect sauvage de la contrée que nos voyageurs avaient traversée le matin, environnaient et en quelque sorte défendaient un petit canton où la nature était plus fertile et se montrait sous des traits plus doux. La surface de ce domaine était extrêmement variée, mais en général la terre y suivait une pente douce vers le sud.

Une grande maison construite en bois, sans le moindre égard pour la régularité ou la symétrie, mais indiquant par la fumée qui en sortait comme par le nombre et la grandeur des bâtimens de toute nature qui l'environnaient, et par les champs bien cultivés qu'on voyait tout à l'entour, que c'était le séjour sinon de la splendeur du moins de l'aisance. Un verger rempli d'arbres fruitiers en plein rapport s'étendait au sud de la maison. Des groupes de noyers et de châtaigniers croissaient majestueusement ensemble, et un vignoble de trois ou quatre acres prouvait même que la vigne y était cultivée avec intelligence et succès. Cette dernière culture est maintenant universellement répandue dans toute la Suisse ; mais dans le temps dont nous parlons elle n'occupait qu'un petit nombre de propriétaires assez heureux pour avoir le rare avantage d'unir l'intelligence à la richesse ou du moins à l'aisance.

Dans de riches pâturages paissaient un grand nombre de bestiaux de cette belle race qui fait l'orgueil et la richesse des montagnards suisses. On les avait retirés des contrées plus montagneuses où ils avaient passé l'été, pour qu'ils fussent plus près de l'abri dont ils auraient besoin à l'époque des orages d'automne. Dans quelques endroits choisis, les agneaux tondaient tranquillement l'herbe de belles prairies ; dans d'autres, de grands arbres, produit naturel du sol, croissaient sans craindre la hache, jusqu'à ce qu'on eût besoin d'en abattre quelqu'un pour se procurer du bois de construction, et donnaient un aspect de verdure et de bois à un tableau de culture agricole. Un petit ruisseau serpentait à travers ce paradis ceint de montagnes, tantôt réfléchissant les rayons du soleil qui avait alors dissipé le brouillard, tantôt indiquant sa course par des rives élevées couvertes de grands arbres, et tantôt la cachant sous des buissons d'aubépines et de noisetiers. Ce ruisseau, après maints détours qui semblaient indiquer sa répugnance à quitter ce séjour paisible, sortait enfin de ce domaine écarté, et semblable à un jeune homme abandonnant les simples jeux de l'adolescence pour entrer dans la carrière d'une vie active et agitée, allait s'unir au torrent impétueux qui, descendant avec fracas des montagnes, venait frapper le rocher sur lequel s'élevait l'ancienne tour de Geierstein, et se précipitait ensuite dans le défilé sur les bords duquel notre jeune voyageur avait été sur le point de perdre la vie.

Quelque impatient que fût Arthur de rejoindre son père, il ne put s'empêcher de s'arrêter un moment, tant il était surpris de trouver tant de beautés champêtres au milieu d'une pareille scène d'horreur; et il jeta un regard en arrière sur la tour de Geierstein et sur le rocher escarpé qui lui avait donné son nom, comme pour s'assurer, par la vue de ces objets remarquables, qu'il était réellement dans les environs de ce désert sauvage où il avait éprouvé tant de dangers et de terreur. Cependant les limites de cette ferme bien cultivée étaient si bornées, que ce coup d'œil en arrière était à peine nécessaire pour convaincre le spectateur que cet endroit où l'industrie humaine avait trouvé les moyens de se déployer, et qui semblait avoir été mis en valeur par suite de travaux considérables, était en bien faible proportion avec la nature agreste et sauvage de la contrée environnante. Ici, de hautes montagnes formaient des murailles de rochers; là, revêtues de forêts de pins et de mélèzes dont l'existence remontait peut-être à celle du monde. Au-dessus de ces montagnes et de l'éminence sur laquelle la tour était située, on pouvait voir la nuance presque rosée d'un immense glacier frappé par les rayons du soleil; et encore plus haut, sur la surface brillante de cette mer de glace, s'élevaient avec une dignité silencieuse les pics de ces montagnes innombrables, couronnées de neiges éternelles.

Ce qu'il nous a fallu quelque temps pour décrire n'occupa le jeune Philipson qu'une minute ou deux ; car sur une pelouse en pente douce qui était en face de la ferme, comme on pouvait nommer la maison, il aperçut de loin cinq à six hommes, dans le premier desquels, à sa marche, à son costume et à la forme de sa toque, il lui fut aisé de reconnaître son père, ce père qu'il espérait à peine revoir.

Il suivit donc avec empressement sa conductrice, pendant qu'elle descendait la colline escarpée au haut de laquelle était la vieille tour. Ils s'approchèrent du groupe qu'ils avaient aperçu ; le vieux Philipson doubla le pas pour joindre son fils, accompagné d'un homme d'un âge avancé, d'une taille presque gigantesque, et qui par son air simple et majestueux en même temps semblait le digne concitoyen de Guillaume Tell, de Staufbacher, de Winkelried, et d'autres Suisses célèbres, dont le cœur ferme et le bras vigoureux avaient, le siècle précédent, défendu avec succès contre des armées innombrables, leur liberté personnelle et l'indépendance de leur pays.

Avec une courtoisie naturelle et comme pour éviter au père et au fils le désagrément d'avoir en présence de témoins une entrevue qui devait leur causer de l'émotion à tous deux, le Landamman, en s'avançant avec le vieux Philipson, fit signe à ceux qui le suivaient et qui tous semblaient être des jeunes gens, de rester en arrière. Ils s'arrêtèrent donc à quelques pas et parurent interroger Antonio sur les aventures des étrangers. Anne, conductrice d'Arthur, avait à peine eu le temps de lui dire : — Ce vieillard est mon oncle, Arnold Biederman, et ces jeunes gens sont mes parens, quand le Landamman et le vieux Philipson arrivèrent. Avec la même délicatesse qu'il avait déjà montrée, Arnold prit sa nièce à part ; et tout en lui demandant compte de l'expédition qu'elle venait de faire, il examina le père et le fils pendant leur entrevue avec autant de curiosité que la civilité lui permettait d'en montrer. Elle se passa tout différemment qu'il ne s'y était attendu.

Le vieux Philipson avait la plus vive tendresse pour son fils : nous l'avons vu prêt à courir à la mort quand il avait eu à craindre de l'avoir perdu; et l'on ne peut douter de sa joie quand il fut rendu à son affection. On aurait donc pu s'attendre à voir le père et le fils se précipiter dans les bras l'un de l'autre, et telle était probablement la scène dont Arnold Biederman avait cru qu'il allait être témoin.

Mais le voyageur anglais, comme un grand nombre de ses compatriotes, cachait des sentimens vifs et profonds sous une apparence de froideur, et il aurait regardé comme une faiblesse de s'abandonner sans réserve aux émotions les plus douces et les plus naturelles. Il avait été dans sa jeunesse ce qu'on peut appeler un homme bien fait, et sa physionomie encore belle à un âge plus avancé, avait une expression qui annonçait un homme peu disposé à céder lui-même à ses passions ou à encourager trop de confiance dans les autres. Il avait doublé le pas en apercevant son fils, par suite du désir naturel qu'il avait de se trouver près de lui; mais il le ralentit en s'en approchant, et quand ils furent en présence, il lui adressa avec un ton de réprimande plutôt que d'affection ce reproche inspiré par la tendresse paternelle : — Arthur, que tous les saints vous pardonnent le chagrin que vous m'avez causé aujourd'hui!

— *Amen!* répondit le jeune homme; je dois avoir besoin de pardon, puisque je vous ai causé du chagrin. Croyez pourtant que j'ai agi pour le mieux.

— Il est heureux, Arthur, qu'en agissant pour le mieux, et en n'écoutant que votre volonté, il ne vous soit rien arrivé de pire.

— C'est à cette jeune personne que j'en suis redevable, lui répondit son fils avec un ton de patience et de soumission, en lui montrant Anne qui se tenait à quelques pas de distance, désirant peut-être ne pas entendre des reproches qui pouvaient lui paraître déraisonnables et inopportuns.

— Je lui ferai mes remerciemens quand je pourrai savoir de quelle manière je dois les lui adresser : mais croyez-vous, Arthur, qu'il soit honorable, qu'il soit convenable que vous ayez reçu d'une femme des secours qu'il est du devoir d'un homme d'accorder au sexe le plus faible?

Arthur baissa la tête, et ses joues se couvrirent de rougeur. Arnold Biederman s'en aperçut, et voulant venir à son secours, il s'approcha d'eux et prit part à la conversation.

— Jeune homme, lui dit-il, ne rougissez pas d'avoir reçu des avis ou des secours d'une fille d'Underwald. Apprenez que la liberté de ce pays est due à la sagesse et à la fermeté de tous ses enfans, de ses filles aussi bien que de ses fils. Et vous, mon vieil hôte, vous qui à ce qu'il paraît avez vu bien des années et plusieurs contrées, vous devez avoir trouvé bien des exemples qui prouvent que souvent le plus fort est sauvé par le secours du plus faible, le plus fier par l'aide du plus humble.

— J'ai du moins appris, répondit l'Anglais, à ne pas débattre une question sans nécessité avec l'hôte qui m'a accueilli avec bonté. Et après avoir jeté sur son fils un regard qui semblait briller de la plus vive affection, il reprit, tandis qu'on retournait vers la maison, la conversation qu'il avait commencée avec sa nouvelle connaissance avant qu'Arthur et sa conductrice fussent arrivés.

Arthur, pendant ce temps, eut le loisir d'examiner l'air et les traits de leur hôte, qui dans leur caractère mâle et sans affectation offraient un mélange de simplicité antique et de dignité agreste. Ses vêtemens, quant à la forme, ne différaient guère de ceux de la jeune fille dont nous avons déjà fait la description. Ils consistaient en une espèce de fourreau presque de même forme que la chemise moderne, seulement ouvert sur la poitrine et porté par-dessus une tunique. Mais son vêtement de dessus était beaucoup plus court que celui de sa fille, et ne lui descendait qu'au bas des cuisses, comme le *kilt*[1] du montagnard écossais. Des espèces de bottes lui remontaient au-dessus du genou, et achevaient ainsi de couvrir toute sa personne. Une toque de peau de martre garnie d'un médaillon en argent était la seule partie de son costume qui montrât quelque ornement. Une large ceinture de peau de buffle qui lui serrait la taille était attachée par une boucle de cuivre.

Cependant la taille et les traits de celui qui portait des vêtemens si simples, où il n'entrait presque que la laine des moutons de ses montagnes et les dépouilles des animaux tués à la chasse, auraient commandé le respect partout où il se serait présenté, surtout dans ce siècle belliqueux où l'on jugeait des hommes d'après leur vigueur apparente. Arnold Biederman avait la taille, les formes, les larges épaules et les muscles fortement prononcés d'un Hercule. Mais ceux qui dirigeaient principalement leur attention sur sa physionomie voyaient dans ses traits pleins de sagacité, dans son front découvert, dans ses grands yeux bleus et dans la résolution qu'ils exprimaient quelque chose qui ressemblait davantage au roi des dieux et des hommes de la fable. Il était entouré de plusieurs de ses fils et de ses jeunes parens au milieu desquels il marchait, et dont il recevait comme un tribut légitime les marques du respect et de l'obéissance qu'un troupeau de daims rend à celui qu'il reconnaît pour monarque.

Tandis qu'Arnold Biederman marchait à côté du vieux Philipson et s'entretenait avec lui, les jeunes gens semblaient examiner Arthur de très près, et de temps en temps ils adressaient à Anne une question à demi-voix. Elle leur répondait brièvement et avec un ton d'impatience; mais ses réponses ne faisaient qu'exciter leur gaîté; ils s'y livraient sans contrainte, et le jeune Anglais ne pouvait s'empêcher de croire qu'ils riaient à ses dépens. Se sentir exposé à la dérision était un désagrément qui n'était nullement adouci par la réflexion que, dans une telle société, on traiterait probablement de même quiconque ne serait pas en état de marcher sur le bord

(1) Jupon. — Éd.

d'un précipice d'un pas aussi ferme et aussi tranquille que s'il était dans les rues d'une ville. Être tourné en ridicule, quelque mal à propos que ce puisse être, paraît toujours fort triste ; mais cette épreuve est encore plus pénible pour un jeune homme quand il y est soumis en présence de la beauté. Arthur trouvait pourtant quelque consolation à penser que les plaisanteries des jeunes gens ne paraissaient nullement goûtées par sa belle conductrice, qui par son air et ses paroles semblait leur reprocher leur manque de courtoisie ; mais il craignait que ce fût uniquement par sentiment d'humanité.

— Elle doit aussi me mépriser, pensa-t-il, quoique la politesse, que ne connaissent pas ces rustres malappris, l'ait mise en état de cacher son mépris sous les dehors de la piété. Elle ne peut me juger que d'après ce qu'elle a vu, si elle me connaissait mieux (et cette pensée n'était pas sans fierté), elle m'accorderait peut-être un plus haut rang dans son estime.

En arrivant chez Arnold Biederman, les voyageurs entrèrent dans un appartement qui servait en même temps de salle à manger et de salon de réception, et où l'on avait fait tous les préparatifs pour un repas où régnaient en même temps l'abondance et la simplicité. Autour de cette salle étaient appendus aux murailles des armes pour la chasse et divers instrumens d'agriculture. Mais les yeux du vieux Philipson se fixèrent sur un corselet de cuir, une longue et lourde hallebarde, et un sabre à deux mains, qui semblaient placés comme une sorte de trophée. Tout à côté était un casque à visière, comme en portaient les chevaliers et les hommes d'armes ; mais il avait été négligé, et au lieu d'être bien fourbi il était couvert de poussière. La guirlande d'or en forme de couronne qui y était entrelacée, quoique ternie par le temps, indiquait un rang distingué ; et le cimier (c'était un vautour de l'espèce qui avait donné son nom au vieux château et à la montagne) fit naître diverses conjectures dans l'esprit du vieil Anglais ; connaissant assez bien l'histoire de la révolution de la Suisse, il ne douta guère que cette portion d'armure ne fût un trophée de la guerre qui avait eu lieu jadis entre les habitans de ces montagnes et le seigneur féodal à qui elles avaient appartenu.

L'avertissement de se mettre à table dérangea le cours des réflexions du marchand anglais; et une compagnie nombreuse, composée indistinctement de tous ceux qui demeuraient sous le toit de Biederman, s'assit autour d'une table, au haut bout de laquelle était un plat de venaison de chamois; des plats abondans de chair de chèvre, de poisson, de fromage, et de laitage apprêté de différentes manières, composaient le reste du festin. Le Landamman fit les honneurs de sa table avec une hospitalité simple et franche, et engagea les étrangers à prouver par leur appétit qu'ils se trouvaient aussi bien reçus qu'ils le désiraient. Pendant le repas il s'entretint avec le plus âgé de ses hôtes, pendant que les jeunes gens et les domestiques mangeaient modestement et en silence. Avant qu'on eût fini de dîner, on vit passer quelqu'un devant une grande fenêtre qui éclairait cet appartement, ce qui parut exciter une vive sensation parmi ceux qui s'en aperçurent.

— Qui vient de passer? demanda Biederman à ceux qui étaient assis en face de la croisée.

— C'est notre cousin Rodolphe de Donnerhugel, répondit un des fils d'Arnold avec empressement.

Cette nouvelle parut faire grand plaisir à tous les jeunes gens qui se trouvaient dans la salle, et surtout aux fils du Landamman. Le chef de la famille se contenta de dire d'une voix grave et calme : — Votre cousin est le bienvenu ; allez le lui dire, et faites-le entrer.

Deux ou trois de ses fils se levèrent aussitôt, comme jaloux de faire les honneurs de la maison à ce nouvel hôte qui arriva quelques momens après. C'était un jeune homme de très grande taille, bien fait, et ayant un air d'activité. Ses cheveux, tombant en boucles, étaient d'un brun foncé, et ses moustaches presque noires. Sa chevelure était si épaisse que sa toque paraissait trop petite pour la couvrir, et il la portait de côté. Ses vêtemens étaient de la même coupe que ceux d'Arnold, mais d'un drap beaucoup plus fin des fabriques d'Allemagne, et richement orné. Une de ses manches était d'un vert foncé, galonnée et brodée en argent; le reste de son habit était écarlate. La ceinture, qui serrait autour de sa taille son vêtement de dessus, servait aussi à soutenir un poignard dont le manche était en argent. Pour que rien ne manquât à l'élégance de son costume, il portait des bottes qui se terminaient par une longue pointe recourbée, suivant une mode du moyen âge. Une chaîne d'or suspendue à son cou soutenait un grand médaillon de même métal.

Ce jeune homme fut entouré à l'instant par tous les fils de Biederman, comme le modèle sur lequel la jeunesse suisse devait se former, et dont la démarche, la mise, les manières et les opinions devaient être adoptées par quiconque voulait suivre la mode du jour, sur laquelle il était reconnu qu'il régnait, et dont personne ne songeait à lui disputer l'empire.

Arthur Philipson crut pourtant remarquer que deux personnes de la compagnie accueillaient ce jeune homme avec des marques d'égard moins distinguées que celles que lui prodiguaient d'un commun accord tous les jeunes gens présens à son arrivée. Du moins ce ne fut pas avec beaucoup de chaleur qu'Arnold Biederman lui-même dit au jeune Bernois qu'il était le bienvenu; car tel était le pays de Rodolphe. Le jeune homme tira de son sein un paquet cacheté qu'il remit au Landamman avec de grandes démonstrations de respect; et il semblait attendre qu'Arnold, après en avoir rompu le cachet et lu le contenu, lui dît quelques mots à ce sujet; mais le patriarche se borna à l'inviter à s'asseoir et à partager leur repas, et Rodolphe prit à côté d'Anne de Geierstein une place qu'un des fils d'Arnold s'empressa de lui céder avec politesse.

Il parut aussi au jeune observateur anglais que le nouveau venu était reçu avec une froideur marquée par cette jeune fille, à qui il s'emblait empressé de rendre ses hommages, près de laquelle il avait réussi à à se placer à table, et à qui il paraissait songer à plaire plutôt qu'à faire honneur aux mets qu'on lui servait. Il vit Rodolphe lui dire quelques mots à demi-voix en le regardant. Anne lui répondit très brièvement, mais un des fils de Biederman qu'il avait pour voisin de l'autre côté fut probablement plus communicatif, car les deux jeunes gens se mirent à rire; Anne parut déconcertée, et rougit de mécontentement.

— Si je tenais un de ces fils des montagnes, pensa le jeune Philipson, sur trois toises de gazon bien nivelé, s'il est possible de trouver dans ce pays autant de terrain plat, je crois qu'au lieu de leur apprêter à rire je pourrais leur en faire passer l'envie. Il est aussi étonnant de trouver ces rustres suffisans sous le même toit qu'une jeune fille si courtoise et si aimable, qu'il le serait de voir un de leurs ours velus danser un rigodon avec une jeune personne semblable à la fille de notre hôte. Au surplus qu'ai-je besoin de m'inquiéter plus que de raison de sa beauté et de leur savoir-vivre, puisque demain matin je dois les quitter pour ne jamais les revoir?

Pendant que ces réflexions se présentaient à l'esprit d'Arthur, le maître de la maison demanda du vin, invita les deux étrangers à lui faire raison en envoyant à chacun d'eux une coupe de bois d'érable d'une taille remarquable, et il en fit porter une semblable à Rodolphe Donnerhugel. — Mais vous, cousin, lui dit-il, vous êtes habitué à un vin plus savoureux que celui qui est le produit des raisins à demi mûrs de Geierstein. Le croirez-vous, monsieur? ajouta-t-il en s'adressant à Philipson, il y a des bourgeois à Berne qui tirent le vin qu'ils boivent de France et d'Allemagne.

— Mon parent le désapprouve, dit Rodolphe; mais on n'a pas le bonheur d'avoir partout des vignobles tel que celui de Geierstein, qui produit tout ce que le cœur et les yeux peuvent désirer. En parlant ainsi il jeta un coup d'œil sur sa belle voisine, qui eut l'air de ne pas comprendre ce compliment. Mais nos riches bourgeois, ajouta l'envoyé de Berne, ayant quelques écus de trop, ne croient pas commettre une extravagance en les échangeant pour du vin meilleur que celui que nos montagnes peuvent produire. Nous serons plus économes quand nous aurons à notre disposition des tonneaux de vin de Bourgogne qui ne nous coûteront que la peine de les transporter.

— Que voulez-vous dire par là, cousin Rodolphe? demanda Arnold Biederman.

— Il me semble, mon respectable parent, répondit le Bernois, que vos lettres doivent vous avoir appris que notre diète va probablement déclarer la guerre à la Bourgogne.

— Ah! s'écria Arnold, vous connaissez donc le contenu de mes lettres? C'est encore une preuve que les temps sont bien changés à Berne et dans notre diète. Depuis quand sont morts tous ces hommes d'état à cheveux gris, puisqu'elle appelle à ses conseils de jeunes gens dont la barbe n'est pas encore poussée?

— Le sénat de Berne et la diète de la confédération, répondit le jeune homme un peu confus, et voulant justifier ce qu'il avait avancé, permettent aux jeunes gens de connaître leurs résolutions, puisque ce sont eux qui doivent les exécuter. La tête qui réfléchit peut accorder sa confiance au bras qui frappe.

— Non pas avant que le moment de frapper soit arrivé, jeune homme, répliqua Arnold Biederman d'un ton austère. Quelle espèce de conseiller est celui qui parle indiscrètement d'affaires d'état devant des femmes et des étrangers? Allez, Rodolphe, et vous tous, jeunes gens, allez vous occuper des exercices qui conviennent à votre âge, afin d'apprendre ce qui peut être utile à votre patrie, au lieu de juger des mesures qu'elle croit devoir prendre. Cela ne s'adresse pas à vous, jeune homme, ajouta-t-il en regardant Arthur qui s'était levé, vous n'êtes pas habitué à voyager sur les montagnes, et vous avez besoin de repos.

— Non pas, monsieur, avec votre permission, dit le vieux Philipson. Nous pensons en Angleterre que lorsqu'on est fatigué par un genre quelconque d'exercice, le meilleur moyen de se délasser est de se livrer à quelque autre; comme, par exemple, si l'on est las d'avoir marché, on se reposera mieux en montant à cheval que si l'on se couchait sur un lit de duvet. Si vos jeunes gens le trouvent bon, mon fils partagera leurs exercices.

— Il trouvera en eux des compagnons un peu rudes, répondit l'Helvétien; mais cependant, comme il vous plaira.

Les jeunes gens sortirent de la maison, et se rendirent sur la pelouse qui était en face. Anne de Geierstein et quelques femmes de la maison s'assirent sur un banc pour juger qui obtiendrait la supériorité ; et les deux vieillards, restés tête à tête, entendirent bientôt le bruit, les acclamations et les éclats de rire des jeunes gens occupés de leurs jeux. Le maître de la maison reprit le flacon de vin, remplit la coupe de son hôte et versa le reste dans la sienne.

— Digne étranger, dit-il, à l'âge où le sang se refroidit et où les sensations sont plus difficilement émues, le vin pris avec modération ranime l'imagination et rend aux membres de la souplesse. Cependant je voudrais presque que Noé n'eût jamais planté la vigne, quand je vois depuis quelques années mes concitoyens se gorger de vin comme des Allemands, au point de se rendre aussi incapables d'agir et de penser que de vils pourceaux.

— J'ai remarqué que ce vice devient plus commun dans votre pays, où j'ai entendu dire qu'il était totalement inconnu il y a un siècle.

— Il y était inconnu parce qu'on y faisait très peu de vin, et que jamais on n'y en importait d'aucun autre pays; car personne n'avait le moyen d'acheter ce que nos vallées ne produisent pas. Mais nos guerres et nos victoires nous ont acquis de la richesse comme de la renommée, et suivant l'humble opinion d'un Suisse du moins, nous nous serions bien passés de l'une et de l'autre si nous n'avions obtenu la liberté en même temps. Cependant c'est quelque chose que le commerce envoie quelquefois dans nos montagnes retirées un voyageur sensé, comme vous, mon digne hôte, que vos discours me font regarder comme un homme doué de sagacité et de discernement ; car, quoique je ne voie pas avec plaisir ce goût toujours croissant pour les babioles et les colifichets que vous introduisez parmi nous, vous autres marchands, je reconnais pourtant que de simples montagnards comme nous puisent plus de connaissance du monde dans leurs entretiens avec des hommes semblables à vous, qu'il ne leur serait possible de s'en procurer par eux-mêmes. Vous allez à Bâle, dites-vous, et de là au camp du duc de Bourgogne ?

— Oui, mon digne hôte ; c'est-à-dire pourvu que je puisse faire ce voyage en sûreté.

— Et vous pourrez le faire sans aucun risque, mon digne ami, si vous voulez passer ici deux ou trois jours ; car alors je dois faire moi-même ce voyage ; et avec une escorte suffisante pour être à l'abri de tout danger. Vous trouverez en moi un guide aussi sûr que fidèle, et vous m'apprendrez sur les autres pays bien des choses dont il m'importe d'être mieux informé que je ne le suis. Est-ce un marché conclu ?

— Cette proposition m'est trop avantageuse pour que je la refuse ; mais puis-je vous demander le motif de votre voyage ?

— Je viens de gronder ce jeune homme pour avoir parlé des affaires publiques sans réflexion et devant toute la famille ; mais il est inutile de cacher à un homme prudent comme vous les nouvelles que je viens de recevoir et la cause de mon voyage ; d'ailleurs le bruit public ne tarderait pas à vous en instruire. Vous avez sans doute entendu parler de la haine mutuelle qui existe entre Louis XI roi de France, et Charles duc de Bourgogne, qu'on surnomme le Téméraire. Ayant vu ces deux pays comme votre conversation me l'a appris, vous connaissez sans doute les divers motifs d'intérêts différens qui, indépendamment de la haine personnelle de ces deux souverains, en font des ennemis irréconciliables. Or Louis qui n'a pas son égal dans le monde entier pour l'adresse et l'astuce, emploie toute son influence en distribuant de grandes sommes d'argent parmi quelques-uns des conseillers de nos voisins de Berne, en en versant d'autres dans la trésorerie même de cet État, en excitant la cupidité des vieillards, et en encourageant l'ardeur des jeunes gens, pour décider les Bernois à faire la guerre au duc. D'une autre part, Charles agit à son ordinaire précisément comme Louis le voudrait. Nos voisins et alliés de Berne ne se bornent pas, comme nous autres des Cantons des Forêts, à nourrir des bestiaux et à cultiver la terre; mais ils font un commerce considérable que le duc de Bourgogne a interrompu en bien des occasions par les exactions et les actes de violence de ses officiers dans les villes frontières, comme vous le savez certainement.

— Sans contredit. Leur conduite est généralement regardée comme vexatoire.

— Vous ne serez donc pas surpris que sollicités par l'un de ces souverains et mécontens de l'autre, fiers de nos victoires passées et désirant augmenter encore notre pouvoir, Berne et les Cantons des Villes dont les représentans, d'après leur richesse supérieure et leur meilleure éducation, ont toujours plus de choses à dire à la diète de notre Confédération que nous autres des Cantons des Forêts, soient portés à la guerre dont le résultat a été jusqu'ici que la République a toujours obtenu des victoires, des richesses, et une augmentation de territoire.

— Oui, mon digne hôte, et dites aussi une nouvelle gloire, dit Philipson, l'interrompant avec quelque enthousiasme. Je ne suis pas étonné que les braves jeunes gens de vos cantons soient disposés à entreprendre de nouvelles guerres, puisque leurs victoires passées ont été si brillantes et ont fait tant de bruit.

— Vous n'êtes pas un marchand prudent, mon digne ami, si vous regardez le succès obtenu dans une entreprise téméraire comme un encouragement à un nouvel acte de témérité. Faisons un meilleur usage de nos victoires passées. Quand nous combattions pour notre liberté, Dieu a béni nos armes; mais en fera-t-il autant si nous combattons pour nous agrandir ou pour l'or de la France?

— Vous avez raison d'en douter, répondit le marchand d'un ton plus rassis ; mais supposez que vous tiriez l'épée pour mettre fin aux exactions vexatoires du duc Bourgogne ?

— Écoutez-moi, mon cher ami, il peut se faire que nous autres des Cantons des Forêts nous fassions trop peu de cas de ces affaires de commerce qui excitent tellement l'attention des bourgeois de Berne. Cependant nous n'abandonnerons pas nos voisins et nos alliés dans une juste querelle, et il est presque arrangé qu'une députation sera envoyée au duc de Bourgogne pour obtenir réparation. La diète générale, actuellement assemblée à Berne, demande que je fasse partie de cette ambassade, et telle est la cause du voyage dans lequel je vous propose de m'accompagner.

— J'aurai beaucoup de satisfaction à voyager en votre compagnie, mon digne hôte ; mais, sur ma foi, d'après votre port et votre taille, vous ressemblez à un porteur de défi plutôt qu'à un messager de paix.

— Et je pourrais dire aussi, mon digne hôte, que vos discours et vos sentimens paraissent sentir le glaive plus que l'aune.

— J'ai appris à manier le fer avant d'avoir pris l'aune en main, répondit Philipson en souriant, et il peut se faire que j'aie encore plus de goût pour mon ancien métier que la prudence ne le permettrait.

— C'est ce que je pensais. Mais vous avez probablement combattu sous les bannières de votre pays contre des étrangers, des ennemis de votre nation, et je conviendrai que la guerre en ce cas a quelque chose qui élève l'ame et qui fait oublier les maux qu'elle inflige de part et d'autre à des êtres créés à l'image de Dieu. Mais la guerre à laquelle j'ai pris part n'avait pas cette noble cause : c'était la misérable guerre de Zurich, où des Suisses dirigeaient leurs piques contre le sein de leurs propres compatriotes, où l'on demandait quartier et où on le refusait dans la même langue. Les souvenirs de vos guerres ne vous rappellent probablement pas de pareilles horreurs.

Le marchand baissa la tête sur sa poitrine, et porta une main à son front comme un homme en qui les pensées les plus pénibles s'éveillaient tout à coup.

— Hélas! dit-il, je mérite de sentir la blessure que m'infligent vos paroles. Quelle nation peut connaître toute l'étendue des maux de l'Angleterre sans les avoir éprouvés! Quels yeux peuvent les apprécier sans avoir vu un pays divisé, déchiré par la querelle de deux factions acharnées, des batailles livrées dans chaque province, des plaines couvertes de morts, le sang coulant sur les échafauds! même dans vos vallées paisibles, vous avez dû entendre parler des guerres civiles de l'Angleterre?

— Je crois avoir entendu dire que l'Angleterre a perdu ses possessions en France pendant des années de guerres intestines et sanglantes pour la couleur d'une rose, n'est-ce pas cela? mais elles sont terminées.

— Quant à présent, à ce qu'il paraît, répondit Philipson.

Tandis qu'il parlait on frappa à la porte. — Entrez, dit le maître de la maison; et Anne de Geierstein se présenta avec l'air de respect que dans ces contrées pastorales les jeunes personnes savent qu'elles doivent aux vieillards.

CHAPITRE IV.

> « Sa main tenait cet arc qu'il connaissait si bien.
> « Il le tourne en tout sens, avec soin l'examine,
> « Tandis qu'à ses dépens plus d'un railleur badine.
> « — Comme il tourne cet arc! — Sans doute ailleurs qu'ici
> « Il en a vu quelqu'un pareil à celui-ci,
> « Ou peut-être il en vend, — ou bien il en fabrique,
> « — Ou veut-il le voler? »
>
> HOMÈRE.

La belle Anne s'approcha avec l'air à demi timide et à demi important qui sied si bien à une jeune maîtresse de maison, quand elle est en même temps fière et honteuse des devoirs graves qu'elle a à remplir, et elle dit quelques mots à l'oreille de son oncle.

— Et ces cerveaux éventés ne pouvaient-ils faire leur commission eux-mêmes? Que veulent-ils donc, puisqu'ils n'osent le demander et qu'ils vous envoient à leur place? Si c'eût été quelque chose de raisonnable, j'aurais entendu quatre voix me le corner aux oreilles, tant nos jeunes Suisses sont modestes aujourd'hui. Anne se baissa de nouveau et lui dit encore quelques mots à demi-voix, tandis qu'il passait la main avec un air d'affection sur ses cheveux bouclés.

— L'arc de Buttisholz, ma chère! s'écria-t-il; à coup sûr ils ne sont pas devenus plus robustes que l'année dernière; aucun d'eux n'a été en état de le tendre. Au surplus, le voilà suspendu à la muraille avec ses trois flèches. Et quel est le sage champion qui veut essayer ce qu'il ne pourra exécuter?

— C'est le jeune étranger, mon oncle; ne pouvant le disputer à mes cousins à la course, au saut, au palet et au jet de la barre, il les a défiés à la course à cheval et au long arc anglais.

— La course à cheval serait difficile dans un endroit où il n'y a pas de chevaux, et où, quand il y en aurait, il ne se trouve pas de terrain convenable pour une course. Mais il y aura un arc anglais, puisque nous en avons un. Portez-le à ces jeunes gens avec ces trois flèches, ma nièce, et dites-leur de ma part que celui qui le tendra fera plus que Guillaume Tell et le renommé Stauffacher n'auraient pu faire.

Tandis qu'Anne détachait l'arc suspendu à la muraille au milieu d'un faisceau d'armes que Philipson avait déjà remarqué, le marchand anglais dit à son hôte que si les ménestrels de son pays assignaient une occupation semblable à une si charmante fille, ce ne serait que pour lui faire porter l'arc du petit dieu aveugle Cupidon.

— Laissons là le dieu aveugle Cupidon, dit Arnold avec vivacité, quoique souriant à demi en même temps. Nous avons été étourdis des sottises des ménestrels et des *minnesingers*[1], depuis que ces vagabonds ont appris qu'ils pouvaient recueillir quelques sous parmi nous. Une fille de la Suisse ne doit chanter que les ballades d'Alber Ischudi, ou le joyeux lai de la sortie des vaches pour se rendre sur les pâturages des montagnes, et celui de leur retour dans l'étable[2].

Tandis qu'il parlait, Anne avait pris parmi les armes un arc d'une force extraordinaire, de plus de six pieds de longueur, et trois flèches de plus de trois pieds. Philipson demanda à voir ces armes, et les examina avec soin. — C'est un excellent bois d'if, dit-il, et je dois m'y connaître, car j'en ai manié plus d'un semblable de mon temps. A l'âge d'Arthur j'aurais bandé cet arc aussi aisément qu'un enfant courbe une branche de saule.

— Nous sommes trop vieux pour nous vanter comme des

---

[1] Ménestrels allemands. — Tr.
[2] Connu sous le nom de ranz des vaches. — Tr.

jeunes gens, dit Arnold Biederman à son compagnon en le regardant d'un air qui semblait lui reprocher trop de jactance. Portez cet arc à vos cousins, Anne, et dites-leur que celui qui pourra le courber aura battu Arnold Biederman. En parlant ainsi il jeta les yeux sur le corps maigre mais nerveux du vieil Anglais, et les porta ensuite sur ses membres robustes.

—Il faut vous souvenir, mon cher hôte, dit Philipson, que le maniement des armes dépend moins de la force que de l'adresse et de la légèreté des mains. Ce qui m'étonne le plus, c'est de voir ici un arc fait par Mathieu de Doncaster qui vivait il y a au moins cent ans, ouvrier célèbre par la dureté du bois qu'il employait, et par la force des armes qu'il fabriquait; un archer anglais aujourd'hui est même à peine en état de manier un arc de Mathieu de Doncaster.

—Comment êtes-vous assuré du nom du fabricant?

—Par la marque qu'il mettait à toutes ses armes, et par les lettres initiales de ses noms que j'ai vues gravées sur cet arc. Je ne suis pas peu surpris de trouver ici une telle arme et si bien conservée.

—L'arc a été régulièrement ciré, huilé et tenu en bon état, parce qu'on le conserve comme trophée d'une victoire mémorable. Vous ne seriez pas charmé d'entendre l'histoire de cette journée, car elle a été fatale à votre pays.

—Mon pays, dit l'Anglais avec un air calme, a remporté tant de victoires, que ses enfans peuvent sans rougir entendre parler d'une défaite. Mais j'ignorais que les Anglais eussent jamais fait la guerre en Suisse.

—Non pas précisément comme nation; mais du temps de mon grand-père il arriva qu'un corps nombreux de soldats, composé d'hommes de presque tous les pays, et principalement d'Anglais, de Normands et de Gascons, se répandit dans l'Argovie et dans les districts voisins. Ils avaient pour chef un guerrier célèbre nommé Enguerrand de Couci, qui prétendait avoir quelques réclamations à faire contre le duc d'Autriche, et qui pour les faire valoir ravagea indifféremment le territoire autrichien et celui de notre Confédération. Ses soldats étaient des bandes mercenaires. Ils prenaient le nom de Compagnies Franches, semblaient n'appartenir à aucun pays, et montraient autant de bravoure dans les combats que de cruauté dans leurs déprédations. Un intervalle survenu dans les guerres constantes entre la France et l'Angleterre avait laissé sans occupation une grande partie de ces bandes, et la guerre étant leur exercice habituel, ils l'apportèrent dans nos vallées. L'air semblait en feu par l'éclat de leurs armures, et le soleil était obscurci par le nombre de flèches qu'ils décochaient. Ils nous firent beaucoup de mal, et nous perdîmes plus d'une bataille; mais enfin nous les rencontrâmes à Buttisholz, et le sang de bien des cavaliers nobles, comme on le disait, se mêla à celui de leurs chevaux. Le monticule qui couvre les ossemens des guerriers et des coursiers se nomme encore la *Sépulture des Anglais*.

Philipson garda le silence une minute ou deux, et répondit ensuite : — Qu'ils reposent en paix! S'ils ont eu un tort, ils l'ont payé de leur vie, et c'est toute la rançon qu'on puisse exiger d'un mortel pour ses fautes. Que le ciel leur pardonne!

—*Amen!* dit le Landamman, ainsi qu'à tous les hommes braves. Mon aïeul était à cette bataille, il passa pour s'y être comporté en bon soldat; et cet arc a été conservé avec soin depuis ce temps dans notre famille. Il y a une prophétie à ce sujet, mais je ne crois pas qu'elle mérite qu'on en parle.

Philipson allait en demander davantage, mais il fut interrompu par un grand cri de surprise qui partit du dehors.

— Il faut que j'aille voir ce que font ces jeunes étourdis, dit Arnold. Autrefois les jeunes gens de ce pays n'osaient prononcer sur rien avant que la voix du vieillard se fût fait entendre; mais ce n'est plus la même chose aujourd'hui.

Il sortit de la maison, suivi de son hôte. Tous ceux qui avaient été témoins des jeux des jeunes gens parlaient, criaient et se disputaient en même temps, tandis qu'Arthur Philipson était à quelques pas des autres, appuyé sur l'arc détendu avec un air d'indifférence. A la vue du Landamman le silence se rétablit.

— Que veulent dire ces clameurs inusitées? dit-il, faisant entendre une voix que chacun était habitué à écouter avec respect. Rudiger, ajouta-t-il en s'adressant à l'aîné de ses fils, le jeune étranger a-t-il bandé l'arc?

— Oui, mon père, oui, répondit Rudiger, et il a atteint le but. Jamais Guillaume Tell n'a tiré trois coups d'arc semblables.

— Hasard, pur hasard! s'écria le jeune Suisse venu de Berne. Nul pouvoir humain n'aurait pu en venir à bout; comment donc aurait pu le faire un faible jeune homme qui n'a réussi dans rien de ce qu'il a essayé avec nous?

— Mais qu'a-t-il fait? demanda le Landamman. — Ne parlez pas tous à la fois! Anne de Geierstein, vous avez plus de bon sens et de raison que ces jeunes gens, dites-moi ce qui est arrivé.

La jeune fille parut un peu confuse, elle baissa les yeux, et cependant elle répondit avec calme :

— Le but était, suivant l'usage, un pigeon attaché à une perche. Tous les jeunes gens, à l'exception de l'étranger, avaient tiré sur l'oiseau à l'arc et à l'arbalète sans le toucher. Lorsque j'apportai l'arc de Buttisholz je l'offris d'abord à mes cousins, mais aucun d'eux ne voulut le prendre, et ils dirent tous que ce que vous n'aviez pu faire était certainement une tâche au-dessus de leurs forces.

— C'est bien parler; mais l'étranger a-t-il bandé l'arc?
— Oui, mon oncle, mais d'abord il a écrit quelque chose sur un morceau de papier qu'il m'a mis dans la main.
— Et il a bandé l'arc et touché le but?
— D'abord il a placé la perche à cinquante toises plus loin.
— Chose singulière! c'est le double de la distance.
— Alors il a bandé l'arc, et décoché l'une après l'autre, avec une rapidité incroyable, les trois flèches qu'il avait passées dans sa ceinture. La première fendit la perche, la se-

conde rompit le lien, la troisième tua le pauvre pigeon qui prenait son vol dans les airs.

— Par sainte Marie d'Einsiedlen! dit le Landamman avec l'air de la plus grande surprise, si vos yeux ont vu tout cela, ils ont vu ce qu'on ne vit jamais dans les Cantons des Forêts.

— Je réponds à cela, s'écria Rodolphe Donnerhugel dont le dépit était évident, que ce n'est que l'effet du hasard, si ce n'est une illusion et de la sorcellerie.

— Et vous, Arthur, dit Philipson en souriant, qu'en dites-vous? votre succès est-il dû au hasard ou à l'adresse?

— Je n'ai pas besoin de vous dire, mon père, que je n'ai fait qu'une chose fort ordinaire pour un archer anglais, et je ne parle pas pour satisfaire ce jeune homme ignorant et orgueilleux; mais je réponds à notre digne hôte et à sa famille. Ce jeune homme m'accuse d'avoir fait illusion aux yeux, ou d'avoir atteint le but par hasard. Quant à l'illusion, voilà la perche fendue, le lien brisé, l'oiseau percé; on peut les voir et les toucher. Ensuite si l'aimable Anne de Geierstein veut lire le papier que je lui ai remis, elle pourra vous assurer qu'avant même de bander l'arc, j'avais désigné les trois buts que je me proposais de toucher.

— Montrez-moi ce papier, ma nièce, dit Biederman, cela mettra fin à la controverse.

— Avec votre permission, mon bon hôte, dit Arthur, ce ne sont que quelques mauvais vers, qui ne peuvent trouver grace qu'aux yeux d'une dame.

— Et avec votre permission, monsieur, dit le Landamman, ce qui peut tomber sous les yeux de ma nièce peut aussi me passer par les oreilles.

Il prit le papier qu'Anne lui remit en rougissant. L'écriture en était si belle que le Landamman surpris s'écria :

— Nul clerc de Saint-Gall n'aurait pu mieux écrire! il est étrange qu'une main capable de tirer de l'arc avec tant d'adresse puisse aussi tracer de pareils caractères. Ah! oui vraiment, des vers, par Notre-Dame! Quoi! avons-nous ici des ménestrels déguisés en marchands? Et il lut ce qui suit :

> « Si j'atteins tour à tour perche, lien, oiseau,
> L'archer n'aura-t-il pas accompli sa promesse?
> Mais un seul trait, partant d'un œil si beau,
> Ferait plus que ma triple adresse. »

—Voilà des vers précieux, mon jeune hôte, dit le Landamman en secouant la tête ; d'excellens vers pour faire tourner la tête à de jeunes folles. Mais ne cherchez pas à vous excuser; c'est la mode de votre pays, et ici nous savons quel cas en faire. Et sans faire aucune autre allusion aux deux derniers vers, dont la lecture avait déconcerté le poète aussi bien que la belle qui en était l'objet, il ajouta d'un ton grave : — Maintenant, Rodolphe Donnerhugel, vous devez convenir que l'étranger se proposait réellement d'atteindre les trois buts qu'il a touchés.

— Il est évident qu'il les a touchés, répondit le jeune Bernois; mais quel moyen a-t-il employé pour cela, c'est ce qui me paraît douteux, s'il est vrai qu'il existe dans le monde de la sorcellerie et de la magie.

— Fi! Rodolphe, fi! s'écria le Landamman ; est-il possible que le dépit et l'envie puissent exercer quelque influence sur un homme aussi brave que vous, qui devriez donner à mes fils des leçons de modération, de prudence et de justice, comme de courage et de dextérité!

Cette réprimande fit rougir le Bernois, et il n'essaya pas d'y répondre.

— Continuez vos jeux jusqu'au coucher du soleil, mes enfans, ajouta Biederman ; pendant ce temps, mon digne ami et moi, nous ferons une promenade, car la soirée y est favorable maintenant.

— Il me semble, dit le marchand anglais, que je serais charmé d'aller voir les ruines de ce vieux château situé près de la chute d'eau. Une pareille scène a une dignité mélancolique qui nous fait supporter les malheurs du temps où nous vivons, en nous prouvant que nos ancêtres, qui étaient peut-être plus intelligens ou plus puissans, ont aussi éprouvé des soucis et des chagrins semblables à ceux qui nous font gémir.

— Volontiers, mon digne ami, lui répondit son hôte, et chemin faisant nous aurons le temps de nous entretenir de choses dont il est bon que je vous parle.

Les pas lents des deux vieillards les éloignèrent peu à peu de la pelouse, où une gaîté bruyante ne tarda pas à renaître. Le jeune Philipson, content du succès qu'il devait à son arc, oublia qu'il n'en avait pas obtenu autant dans les exercices du pays ; il fit de nouveaux efforts pour y mieux réussir, et il obtint des applaudissemens. Les jeunes gens qui avaient été disposés à le tourner en ridicule commencèrent à le regarder comme un homme méritant d'être respecté, et pouvant servir de modèle, tandis que Rodolphe Donnerhugel voyait avec ressentiment qu'il n'était plus sans rival dans l'opinion de ses cousins, ni peut-être même dans celle de sa cousine. Le jeune Suisse orgueilleux réfléchit avec amertume qu'il avait encouru le mécontentement du Landamman, qu'il ne jouissait plus de la même réputation auprès de ses compagnons qui l'avaient toujours pris pour exemple, et ce qui ajoutait à sa mortification, ce qui gonflait son cœur de courroux, c'était la pensée qu'il le devait à un jeune étranger sans nom, sans renommée, qui n'osait s'avancer d'un rocher à un autre sans y être encouragé par une jeune fille.

Dans cet état d'irritation il s'approcha du jeune Anglais, et tandis qu'il lui parlait tout haut de quelques circonstances relatives aux amusemens dont on continuait à s'occuper, il lui tenait à voix basse des propos d'un genre tout différent. Frappant sur l'épaule d'Arthur avec un air de franchise montagnarde, il lui dit à haute voix :

— Ce trait d'Ernest a fendu l'air avec la rapidité d'un faucon qui fond sur sa proie ; et il ajouta en baissant la voix :

— Vous autres marchands, vous vendez des gants, trafiquezvous aussi des gantelets? en vendez-vous un seul, ou faut-il acheter la paire ?

— Je ne vends pas de gant seul, répondit Arthur le comprenant sur-le-champ, et assez piqué lui-même des regards dédaigneux que le jeune Bernois avait jetés sur lui pendant le dîner, et de l'insolence avec laquelle il avait attribué au hasard ou à la sorcellerie le succès qu'il avait obtenu en tirant de l'arc ; je ne vends pas de gant seul, monsieur, mais je ne refuse jamais d'en échanger un.

— Je vois que vous m'entendez, reprit Rodolphe ; mais regardez les joueurs pendant que je vous parle, sans quoi ils se douteront de l'objet de notre entretien... Vous avez l'intelligence plus ouverte que je ne m'y attendais. Mais si nous échangeons nos gants, comment chacun de nous redemandera-t-il le sien ?

— A la pointe de sa bonne épée.

— Avec une armure, ou comme nous sommes?

— Comme nous sommes. Je ne prendrai ni armure, ni aucune autre arme que mon épée, et je crois qu'elle me suffira. Nommez le lieu et l'heure.

— Le lieu sera la cour du vieux château de Geierstein.
— L'heure, demain matin au lever du soleil. — Mais on nous examine. — J'ai perdu ma gageure, ajouta Rodolphe en parlant plus haut avec un ton d'indifférence, car Ulrich a jeté la barre plus loin qu'Ernest. Voici mon gant, en signe que je n'oublierai pas le flacon de vin.

— Et voici le mien, en signe que je le boirai volontiers avec vous.

Ce fut ainsi, au milieu des amusemens paisibles quoique bruyans de leurs compagnons, que ces deux jeunes gens à tête ardente se livrèrent en secret à leur animosité, en se donnant un rendez-vous dans des intentions hostiles.

CHAPITRE V.

> — « J'étais un de ces gens
> « Qui n'aiment que les bois, et les prés, et les champs;
> « Du simple villageois le costume et la vie;
> « Sa demeure rustique à l'abri de l'envie,
> « Où l'on trouve la paix et le contentement
> « Que les palais dorés offrent si rarement.
> « Croyez-moi, ce n'est point une coupe d'érable
> « Qu'on choisit pour servir le poison sur la table. »
> ANONYME.

Laissant les jeunes gens occupés de leurs amusemens, le Landamman d'Underwald et Philipson s'avançaient vers le but de leur promenade en causant principalement des relations politiques de la France, de l'Angleterre et de la Bourgogne. Leur conversation changea d'objet quand ils entrèrent dans la cour du vieux château de Geierstein, où s'élevait la tour solitaire et démembrée entourée des ruines des autres bâtimens.

— Cette habitation a dû être dans son temps d'une force remarquable, dit Philipson.

— Et la race qui l'occupait était fière et puissante, répondit Arnold ; l'histoire des comtes de Geierstein remonte jusqu'aux temps des anciens Helvétiens ; et l'on dit que leurs exploits ne démentaient pas leur noblesse. Mais toute grandeur terrestre a sa fin. Des hommes libres foulent aux pieds aujourd'hui les ruines de ce château féodal, à la vue duquel les serfs étaient obligés d'ôter leurs bonnets d'aussi loin qu'ils en apercevaient les tourelles, à peine d'être punis comme des rebelles insolens.

— Je remarque gravé sur une des pierres de cette tourelle ce que je regarde comme le cimier de cette famille, un vautour perché sur un rocher, expression symbolique, si je ne me trompe, du nom de Geierstein.

— Oui, c'est l'ancienne devise de cette famille, et comme vous le dites, elle exprime le nom du château, qui est le même que celui des chevaliers qui l'ont si long-temps occupé.

— J'ai remarqué aussi dans la salle où nous avons dîné un casque surmonté du même cimier. C'est sans doute un trophée d'une victoire remportée par les paysans suisses sur les nobles seigneurs de Geierstein, comme on conserve l'arc anglais en souvenir de la bataille de Buttisholz?

— Et je m'aperçois, mon cher monsieur, que d'après les préjugés de votre éducation, vous ne verriez pas de meilleur œil cette seconde victoire que la première. Il est bien étrange que le respect pour le rang soit tellement enraciné dans l'esprit même de ceux qui n'ont pas le droit d'y prétendre. — Mais éclaircissez votre front, mon digne hôte, et soyez assuré que quoique plus d'un château appartenant à un orgueilleux baron ait été pillé et détruit par la juste vengeance du peuple, quand la Suisse secoua le joug de l'esclavage féodal, tel ne fut pas le sort de Geierstein. Le sang des anciens propriétaires de ce domaine coule encore dans les veines de celui qui en occupe les terres.

— Que voulez-vous dire, sire Landamman? n'est-ce pas vous-même qui les occupez?

— Et vous croyez probablement que parce que je vis comme les autres bergers de ce pays, que je porte une étoffe grise dont la laine a été filée chez moi, et que je conduis moi-même ma charrue, je ne puis descendre d'une ligne d'anciens nobles. On trouve en Suisse un grand nombre de paysans de noble race, sire marchand, et il n'existe pas de noblesse plus ancienne que celle dont on rencontre encore des restes dans mon pays natal. Mais les nobles ont volontairement renoncé à tout ce qu'il y avait d'oppressif dans leur pouvoir féodal, ils ne sont plus regardés comme des loups au milieu du troupeau, mais comme des chiens fidèles qui veillent sur lui en temps de paix, et qui sont prêts à le défendre quand il est menacé d'une attaque.

— Mais, dit le marchand qui ne pouvait encore s'habituer à l'idée que son hôte, en qui il ne voyait rien qui le distinguât d'un simple paysan, fût un homme de haute naissance, vous ne portez pas le nom de vos ancêtres, mon digne hôte. Ils étaient, dites-vous, comtes de Geierstein, et vous êtes...

— Arnold Biederman, à votre service : mais sachez, si cela peut vous faire plaisir et présenter à vos yeux plus de dignité, que je n'ai besoin que de mettre sur ma tête le vieux casque que vous avez vu, ou, sans prendre tant de peine, d'attacher à ma toque une plume de faucon, pour pouvoir m'appeler Arnold, comte de Geierstein, sans que personne puisse me donner un démenti. Cependant, conviendrait-il que monseigneur le Comte conduisît ses bestiaux dans leurs pâturages, et Son Excellence le haut et le puissant seigneur de Geierstein pourrait-il sans déroger ensemencer ses champs et faire sa récolte? ce sont des questions qu'il faudrait décider au préalable... Je vois que vous êtes étonné de me trouver dégénéré, mais je vous aurai bientôt expliqué la situation de ma famille.

Mes hauts et puissans ancêtres gouvernaient ce domaine de Geierstein, qui de leur temps était fort étendu, à peu près comme les autres barons féodaux ; c'est-à-dire qu'ils se montraient quelquefois les protecteurs et les défenseurs de leurs vassaux, et plus souvent ils en étaient les oppresseurs. Mais du temps de mon aïeul Henry de Geierstein, non-seulement il se joignit aux confédérés pour repousser Enguerrand de Couci et ses maraudeurs, comme je vous l'ai déjà dit, mais lorsque la guerre contre l'Autriche se renouvela et qu'un grand nombre de nobles joignirent l'armée de l'empereur Léopold, il prit le parti opposé, combattit dans les premiers rangs de la Confédération, et contribua par sa valeur et son expérience au gain de la bataille décisive de Sempach dans laquelle Léopold perdit la vie, et où la fleur de la cavalerie autrichienne tomba autour de lui. Mon père, le comte de Williewald, suivit la même conduite, tant par inclination que par politique. Il s'unit étroitement avec l'État d'Underwald, et se distingua tellement qu'il fut élu Landamman de la république. Il eut deux fils, dont je suis l'aîné et le second se nomme Albert. Se trouvant à ce qu'il lui semblait investi en quelque sorte d'un double caractère, il désirait peut-être peu sagement, s'il m'est permis de blâmer les desseins d'un père qui n'existe plus, qu'un de ses fils lui succédât dans sa seigneurie de Geierstein, et que l'autre occupât le rang moins brillant, quoique à mon avis non moins honorable, de citoyen libre d'Underwald, et possédât parmi ses égaux dans le Canton l'influence acquise par les services de son père et par ceux qu'il pourrait rendre lui-même. Albert n'avait que douze ans quand mon père nous fit faire avec lui un court voyage en Allemagne, où le cérémonial, la pompe et la magnificence que nous vîmes poduisirent une impression toute différente sur l'esprit de mon frère et sur le mien. Ce qui parut à Albert le comble de la splendeur terrestre n'offrit à mes yeux qu'un étalage fastidieux de formalités fatigantes et inutiles. Quand notre père nous expliqua ensuite ses intentions, il me destina, comme étant son fils aîné, le domaine considérable de Geierstein, en exceptant seulement une portion des terres les plus fertiles suffisantes pour rendre mon frère un des citoyens les plus opulens d'un pays où l'on croit être riche quand on a de quoi vivre honorablement. Les larmes coulèrent des yeux d'Albert. — Faut-il donc, s'écria-t-il, que mon frère soit un noble comte, respecté de ses vassaux, ayant une suite nombreuse, et que je vive en misérable paysan au milieu des bergers à barbe grise d'Underwald! Non, mon père, je respecte votre volonté, mais je ne ferai pas le sacrifice de mes priviléges. Geierstein est un fief qui relève de l'Empire et les lois me donnent droit à une part égale dans ce domaine. Si mon frère est comte de Geierstein, je n'en suis pas moins le comte Albert de Geierstein, et j'en appellerai à l'Empereur plutôt que de souffrir que la volonté d'un de mes aïeux, quoique ce soit mon père, me prive du rang et des priviléges que cent ancêtres m'ont transmis. Mon père fut grandement courroucé. — Allez, jeune orgueilleux, lui dit-il, invoquez la décision d'un prince étranger contre le bon plaisir de votre père ; donnez à l'ennemi de votre pays un prétexte pour intervenir dans ses affaires intérieures ; allez, mais ne vous présentez jamais devant moi, et craignez ma malédiction éternelle.

Albert allait répondre avec violence, quand je le conjurai de se taire et de me laisser parler. — J'ai toujours préféré les montagnes aux plaines, dis-je alors à mon père ; l'exercice du cheval me plaît moins que la marche ; je suis plus fier de disputer à nos bergers le prix de leurs jeux que je ne le serais d'entrer en lice avec des nobles ; une danse dans notre village me fait plus de plaisir que toutes les fêtes brillantes d'Allemagne ; si vous voulez m'épargner mille soucis, permettez donc que je sois citoyen de la république d'Underwald, et que mon frère porte la couronne de comte de Geierstein et jouisse de tous les honneurs attachés à ce rang.

Après quelque discussion mon père consentit enfin à ma proposition, afin d'exécuter le projet qu'il avait à cœur. Mon frère fut déclaré héritier de son rang et de son domaine sous le titre d'Albert, comte de Geierstein ; je fus mis en possession de ces champs et de ces prés fertiles au milieu desquels ma maison est située, et mes voisins m'appellent Arnold Biederman.

— Et si le mot Biederman signifie, comme je le crois, un homme plein d'honneur, de franchise et de générosité, dit le marchand, je ne connais personne qui ait plus de droits que vous à le porter. Cependant je dois vous avouer que je donne des éloges à une conduite que je n'aurais pas eu la force d'imiter si j'avais été à votre place ; mais continuez, je vous prie, l'histoire de votre famille, si le récit ne vous en est pas pénible.

— J'ai peu de chose à y ajouter. Mon père mourut peu de temps après avoir réglé, comme je viens de vous l'expliquer, les affaires de sa succession. Mon frère avait d'autres possessions en Souabe et en Westphalie ; il vint rarement dans le château de ses ancêtres, où résidait un sénéchal, homme qui se rendit si odieux aux vassaux de ma famille, que si mon voisinage n'avait été sa protection on l'aurait arraché à son nid de vautour et on l'aurait traité avec aussi peu de cérémonie que s'il eût été lui-même un de ces oiseaux. Pour dire même la vérité, les visites que mon frère faisait de loin en loin à Geierstein ne procuraient pas beaucoup de soulagement à ses vassaux, et ne lui acquéraient guère de popularité parmi eux. Il ne voyait et n'entendait que par les yeux et les oreilles de son sénéchal aussi intéressé que cruel, Ital Schreckenwald. Refusant même d'écouter ou mes avis ou mes représentations, il se conduisait toujours envers moi avec un air d'affection, mais je crois véritablement qu'il me regardait comme un pauvre rustre, sans énergie, sans noblesse d'ame, qui avait déshonoré sa haute naissance pour se livrer à de vils penchans. En toute occasion il affichait du mépris pour les préjugés de ses concitoyens, et particulièrement en portant constamment en public une plume de paon et en obligeant tous les gens de sa suite à en faire autant, quoique ce fût l'emblème de la maison d'Autriche, emblème si détesté en ce pays, que plus d'un homme y a perdu la vie sans autre motif que de l'avoir porté. Cependant j'avais épousé Berthe, qui est maintenant une sainte dans le ciel, et j'en avais eu six garçons, dont cinq étaient assis à ma table aujourd'hui. Albert se maria aussi, et il épousa une dame de haut rang en Westphalie ; mais son lit nuptial ne fut pas aussi fécond, il n'eut jamais qu'une seule fille, Anne de Geierstein. Vint alors la guerre entre la ville de Zurich et les Cantons des Forêts, dans laquelle on répandit tant de sang, et où nos frères de Zurich furent assez mal-avisés pour faire alliance avec l'Autriche. L'empereur fit les plus grands efforts pour profiter de l'occasion favorable que lui offrait la désunion des Suisses, et engagea tous ceux sur qui il avait de l'influence à le seconder. Il ne réussit que trop bien auprès de mon frère. Non-seulement Albert prit les armes pour l'empereur, mais il reçut dans la forteresse de

Geierstein une troupe de soldats autrichiens, à l'aide desquels le détestable Ital Schreckenwald dévasta tous les environs, à l'exception de mon petit patrimoine.

— C'était une circonstance bien pénible pour vous, mon digne hôte, car vous étiez obligé de prendre parti pour votre pays ou pour votre frère.

— Je n'hésitai pas. Mon frère était dans l'armée de l'empereur, et par conséquent je n'étais pas réduit à la nécessité de me trouver les armes à la main en face de lui : mais je fis la guerre aux brigands et aux scélérats dont Schreckenwald avait rempli le château de mon père. La fortune ne m'y fut pas toujours favorable. Le sénéchal, en mon absence, brûla ma maison et tua le plus jeune de mes fils qui défendait l'habitation paternelle. Mes terres furent dévastées, tous mes troupeaux détruits; mais enfin, à l'aide d'un corps de paysans d'Underwald, je pris d'assaut le château de Geierstein. La Confédération m'en offrit la propriété, mais je ne voulais pas souiller la cause pour laquelle j'avais pris les armes en m'enrichissant aux dépens de mon frère ; et d'ailleurs, demeurer dans une pareille forteresse aurait été une pénitence pour un homme dont la maison, depuis tant d'années, n'avait eu d'autre défense qu'un loquet, d'autre garnison qu'un chien de berger. Je refusai donc cette offre; le château fut démantelé comme vous le voyez, par ordre du Canton ; et je crois même, lorsque je réfléchis à l'usage auquel il avait servi trop souvent, que je vois avec plus de plaisir les ruines de Geierstein, que je ne voyais ce château quand il était bien fortifié et qu'il semblait imprenable.

— Je comprends et j'honore vos sentimens ; mais je le répète, ma vertu n'aurait peut-être pu s'éloigner tellement du cercle de mes affections de famille. Et que dit votre frère de votre conduite patriotique?

— Il fut, à ce que j'appris, cruellement courroucé, croyant sans doute que j'avais pris son château dans la vue de m'approprier ses dépouilles. Il jura même qu'il renonçait à me considérer comme un frère ; qu'il me chercherait dans les batailles, et que je périrais de sa propre main. Nous étions tous deux à celle de Freyenbach; mais il ne put exécuter un projet inspiré par la vengeance, car il fut blessé par une flèche au commencement de l'action, et l'on fut obligé de l'emporter hors de la mêlée. J'assistai ensuite au sanglant et triste combat de Mont-Herzel, et à l'affaire de la Chapelle de Saint-Jacob qui mit à la raison nos frères de Zurich, et qui réduisit encore une fois l'Autriche à faire la paix avec nous. Après cette guerre de treize ans la diète rendit une sentence de bannissement à vie contre mon frère Albert, et tous ses biens auraient été confisqués sans les égards qu'on crut devoir à mes services. Quand cette sentence fut signifiée au comte de Geierstein il y répondit avec un air de bravade; mais une circonstance singulière prouva il n'y a pas long-temps qu'il conservait de l'attachement pour son pays, et que malgré son ressentiment contre moi il rendait justice à l'affection véritable que j'ai pour lui.

—Je garantirais sur mon crédit de marchand que ce qui va suivre a rapport à cette charmante fille, votre nièce.

—Vous ne vous trompez pas. Depuis quelque temps nous avions appris, quoique sans beaucoup de détails, car comme vous ne l'ignorez pas nous avons peu de communications avec les étrangers, que mon frère était en grande faveur à la cour de l'empereur; mais nous sûmes ensuite que tout récemment il y était devenu suspect; et que par suite d'une de ces révolutions si communes dans les cours des princes, il en avait été exilé. Peu de temps après cette nouvelle, et il y a, je crois, à présent plus de sept ans, je revenais de chasser de l'autre côté de la rivière, et ayant passé sur les pierres qui nous servent de pont, je traversais la cour de l'ancien château pour rentrer chez moi lorsque j'entendis une voix me dire en allemand :

—Mon oncle, ayez compassion de moi! Je me retournai, et je vis sortir du milieu des ruines une petite fille d'environ dix ans qui m'aborda d'un air timide, se jeta à mes pieds, et me dit : — Mon oncle, épargnez ma vie, en levant ses petites mains comme pour implorer ma pitié, tandis qu'une terreur mortelle était peinte sur tous ses traits.

— Suis-je votre oncle, jeune fille? lui dis-je; si je le suis, pourquoi me craignez-vous?

— Parce que vous êtes le chef de méchans paysans qui se plaisent à répandre le sang noble, me répondit-elle avec un courage qui me surprit.

— Comment vous nommez-vous? lui demandai-je, et quel est celui qui, vous ayant inspiré une idée si peu favorable de votre oncle, vous a amenée ici pour vous faire voir s'il ressemble au portrait qu'on vous en a fait?

— C'est Ital Schreckenwald qui m'a conduite ici, me répondit-elle, ne comprenant qu'à demi la nature de ma question.

— Ital Schreckenwald! répétai-je, hors de moi en entendant prononcer le nom d'un scélérat que j'avais tant de motifs de détester. Une voix partant du milieu des ruines, semblable au sombre écho d'une voûte sépulcrale, répondit : — Ital Schreckenwald! — et le misérable, sortant de l'endroit où il était caché, se montra devant moi avec cette indifférence pour le danger qui est un des attributs de son caractère atroce. J'avais en main mon bâton armé d'un fer pointu; que devais-je faire? qu'auriez-vous fait dans les mêmes circonstances?

— Je lui aurais fendu la tête! je la lui aurais brisée comme si elle eût été de verre! s'écria l'Anglais avec force.

— Je fus sur le point de le faire, mais il était sans armes, il m'était envoyé par mon frère, et par conséquent je ne pouvais faire tomber sur lui ma vengeance. Sa conduite intrépide et audacieuse contribua aussi à le sauver.

— Que le vassal du très haut et très puissant comte de Geierstein, dit l'insolent, écoute les ordres de son maître et qu'il ait soin d'y obéir. Découvre ta tête et écoute; car quoique ce soit ma voix qui parle, ce sont les paroles du noble comte que je répète.

— Dieu et les hommes savent si je dois hommage ou respect à mon frère, répliquai-je, et c'est déjà beaucoup si par égard pour lui je ne traite pas son messager comme il l'a si bien mérité. Achève ce que tu as à me dire, et délivre-moi de ton odieuse présence.

—Albert, comte de Geierstein, ton maître et le mien, continua Schreckenwald, ayant à s'occuper de guerres et d'autres affaires importantes, t'envoie sa fille la comtesse Anne de Geierstein, et te fait l'honneur de t'en confier le soin jusqu'à ce qu'il juge à propos de te la redemander. Il désire que tu appliques à son entretien les revenus et produits des terres de Geierstein que tu as usurpées sur lui.

—Ital Schreckenwald, répondis-je, je ne m'abaisserai pas à te demander si la manière dont tu me parles est conforme aux intentions de mon frère ou si elle t'est dictée par ton insolence ; je te dirai seulement que si les circonstances ont privé ma nièce de son protecteur naturel, je lui servirai de père, et il ne lui manquera rien que je puisse lui donner. Les terres de Geierstein ont été confisquées au profit de l'état ; le château est ruiné comme tu le vois, et c'est par suite de tes crimes que la maison de mes pères est dans cet état de désolation. Mais en quelque lieu que je demeure, Anne de Geierstein y trouvera un asile, elle y sera reçue comme mes propres enfans, et je la traiterai en tout comme ma fille. Et maintenant que tu t'es acquitté de ton message, retire-toi si tu tiens à la vie ; car il est dangereux de parler au père quand on a les mains teintes du sang du fils ! Le misérable se retira sur-le-champ, mais il prit congé de moi avec son insolence ordinaire.

—Adieu, me dit-il, comte de la herse et de la charrue ! adieu, noble compagnon de méprisables bourgeois !

—Il disparut, et me délivra de la forte tentation de faire couler son sang dans les lieux qui avaient été témoins de ses cruautés et de ses crimes.

—Je conduisis ma nièce chez moi, et je la convainquis bientôt que j'étais son ami sincère. Je l'habituai, comme si elle eût été ma fille, à tous les exercices de nos montagnes : elle l'emporta à cet égard sur toutes les jeunes filles de ce district; mais on voit briller en elle de temps en temps des étincelles d'esprit et de courage, mêlées d'une délicatesse qui, je dois l'avouer, n'appartiennent pas aux simples habitans de ces montagnes sauvages, et annoncent une tige plus noble et une éducation d'un genre plus relevé. Ces qualités sont si heureusement mélangées de simplicité et de bonté, qu'Anne de Geierstein est regardée avec raison comme l'orgueil du canton, et je ne doute pas que si elle voulait choisir un époux digne d'elle, l'état ne lui accordât en dot une partie considérable des biens qui ont appartenu à son père; car il n'est pas dans nos principes de punir les enfans des fautes de leurs parens.

— J'ai une bien forte raison pour joindre ma voix à toutes celles qui font l'éloge de votre aimable nièce; et je suppose que vous désirez qu'elle fasse un mariage tel que l'exigent sa naissance, ses espérances, et surtout son mérite.

— C'est un objet qui a souvent occupé mes pensées. Une trop proche parenté met obstacle à ce qui aurait été mon premier désir, son union avec un de mes fils. Le jeune Rodolphe Donnerhugel est plein de courage et jouit de l'estime de ses concitoyens; mais il a plus d'ambition, plus de désir d'être distingué des autres, que je ne le désirerais dans celui qui en ma nièce doit trouver un compagnon pour toute sa vie. Au surplus il est probable que je vais être désagréablement délivré de tout ceci à ce sujet, car mon frère, après avoir paru oublier Anne pendant plus de sept ans, me demande par une lettre que j'en ai reçue récemment de la lui renvoyer. Vous savez lire, mon cher monsieur, car votre profession l'exige. Voici cette lettre; lisez-la. Les termes en sont un peu froids, mais non pas insolens comme le message peu fraternel d'Ital Schreckenwald. Lisez-la tout haut, je vous prie.

Le marchand lut ce qui suit :

« Au comte Arnold de Geierstein, dit Arnold Biederman.

« Mon frère, je vous remercie du soin que vous avez pris

de ma fille, car elle a été en sûreté, quand autrement elle se serait trouvée en péril; et elle a été traitée avec bonté, quand elle aurait eu à lutter contre le sort. Je vous prie maintenant de me la renvoyer; j'espère la revoir douée des vertus qui conviennent à une femme dans toutes les conditions, et disposée à oublier les habitudes d'une villageoise de la Suisse, pour prendre les graces d'une jeune personne de haut rang. Adieu, je vous réitère mes remerciemens de vos soins, et je voudrais les reconnaître si cela était en mon pouvoir; mais vous n'avez besoin de rien que je puisse donner, ayant renoncé au rang pour lequel vous étiez né, et vous étant établi dans un lieu d'où vous voyez les orages passer bien au-dessus de votre tête. Je suis votre frère.

« GEIERSTEIN. »

— Je vois, ajouta le marchand, qu'un *post-scriptum* vous prie d'envoyer votre nièce à la cour du duc de Bourgogne. Au total, ce billet me paraît écrit du style d'un homme hautain, flottant entre le souvenir qu'il conserve d'une ancienne offense et la reconnaissance d'un service récemment rendu. Les propos de son messager étaient ceux d'un subalterne insolent, cherchant à exhaler son dépit sous prétexte d'exécuter les ordres de son maître.

— Je pense comme vous.

— Et avez-vous dessein de remettre cette jeune personne aimable et intéressante entre les mains d'un père opiniâtre, comme il le paraît, sans savoir dans quelle situation il se trouve et quels sont ses moyens pour la protéger?

— Le lien qui unit le père à l'enfant, répondit vivement le Landamman, est le premier et le plus saint de tous les nœuds que connaisse la race humaine. La difficulté de faire faire ce voyage à ma nièce sans aucun danger est le seul motif qui m'ait fait différer à accomplir les intentions de mon frère. Mais puisqu'il est probable que je vais moi-même me rendre à la cour de Charles, j'ai décidé qu'Anne m'y accompagnera. En conversant avec mon frère, que je n'ai pas vu depuis bien des années, j'apprendrai quels sont ses projets pour sa fille, et il est possible que je le détermine à trouver bon qu'elle continue à rester confiée à mes soins. Et maintenant, monsieur, vous ayant appris toutes mes affaires de famille plus au long peut-être qu'il n'était nécessaire, je m'adresse à vous comme à un homme sage pour vous prier de faire attention à ce qui me reste à vous dire. Vous savez que les jeunes gens des deux sexes sont naturellement portés à causer, à rire, à badiner les uns avec les autres, et qu'il en résulte souvent de ces attachemens sérieux qu'on appelle aimer par amour. J'espère que si nous devons voyager ensemble vous donnerez à votre fils les avis nécessaires pour lui faire sentir qu'Anne de Geierstein ne peut convenablement devenir l'objet de ses pensées ou de ses attentions.

Le marchand rougit, soit de ressentiment, soit de quelque autre émotion du même genre.

— Je ne vous ai pas demandé votre compagnie, sire Landamman, s'écria-t-il ; c'est vous-même qui me l'avez proposée. Si mon fils et moi nous sommes devenus depuis ce temps, sous quelque rapport que ce soit, les objets de votre méfiance, nous sommes très disposés à voyager séparément.

— Ne vous fâchez pas, mon digne hôte, nous autres Suisses nous ne nous livrons pas facilement aux soupçons, et pour ne pas être dans le cas d'en concevoir, nous parlons des circonstances qui peuvent en faire naître plus franchement qu'il n'est d'usage de le faire dans les pays plus civilisés. Quand je vous ai proposé de faire ce voyage avec moi, je vous dirai la vérité, quoiqu'elle puisse déplaire à l'oreille d'un père ; je regardais votre fils comme un jeune homme doux et simple, trop timide et trop modeste pour gagner l'estime et l'affection d'une fille ; mais il vient de se montrer sous des traits tout différens, et qui ne peuvent manquer d'intéresser en sa faveur le cœur d'une femme. Il a réussi à bander l'arc de Buttisholz, fait qu'on avait long-temps regardé comme impossible, et auquel un bruit populaire attache une sotte prophétie. Il a assez d'esprit pour faire des vers, et il possède sans doute encore d'autres talens qui exercent beaucoup d'empire sur le cœur des jeunes personnes, quelque peu d'importance qu'y attachent des hommes dont la barbe commence à grisonner comme la vôtre et la mienne, ami marchand. Or vous devez sentir que puisque mon frère ne me pardonne pas d'avoir préféré la liberté d'un citoyen suisse à la condition servile et avilissante d'un courtisan allemand, il trouverait fort mauvais que sa fille devînt l'objet des vœux d'un homme qui n'aurait pas l'avantage d'être issu d'un sang noble, ou qui, comme il le dirait, l'aurait dégradé en s'occupant de commerce, d'agriculture, en un mot de quelque profession utile. Si votre fils aimait Anne de Geierstein, il se préparerait des dangers et un désappointement certain. Maintenant vous savez tout, et je vous demande si nous voyagerons ensemble.

— Comme il vous plaira, sire Landamman, répondit Philipson avec un ton d'indifférence. Quant à moi, tout ce que je puis dire, c'est qu'un attachement tel que celui dont vous parlez serait aussi contraire à mes désirs qu'à ceux de votre frère et aux vôtres, à ce que je suppose. Arthur Philipson a des devoirs à remplir qui ne lui permettent nullement de s'amuser à faire l'amour à une jeune fille de Suisse, et même d'Allemagne, dans quelque rang de la vie qu'elle soit née. D'ailleurs c'est un fils plein de soumission ; il n'a jamais désobéi à l'un de mes ordres, et j'aurai l'œil ouvert sur lui.

— Il suffit, mon digne ami, il suffit, dit le Landamman. En ce cas nous voyagerons ensemble, et je serai charmé d'accomplir mon premier projet, car votre entretien me plaît et j'y puise de l'instruction.

Changeant alors de conversation il demanda au marchand s'il croyait que l'alliance formée entre le roi d'Angleterre et le duc de Bourgogne fût durable.

— Nous entendons beaucoup parler, ajouta-t-il, de l'immense armée avec laquelle le roi Edouard se propose de reconquérir les provinces que l'Angleterre possédait en France.

— Je sais parfaitement, répondit Philipson, que rien ne

pourrait être si populaire en mon pays qu'une invasion en France, et une tentative pour recouvrer la Normandie, le Maine et la Gascogne, anciens apanages de la couronne d'Angleterre. Mais je doute beaucoup que l'usurpateur voluptueux qui prend le titre de roi puisse compter sur le secours du ciel pour réussir dans une pareille entreprise. Edouard IV est brave sans doute ; il a gagné toutes les batailles dans lesquelles il a tiré l'épée, et le nombre n'en est pas peu considérable ; mais depuis qu'il a atteint par un chemin ensanglanté le but de son ambition, on n'a plus vu en lui qu'un débauché livré aux plaisirs des sens, au lieu d'un vaillant chevalier ; je crois que la chance de recouvrer les beaux domaines que l'Angleterre a perdus pendant les dernières guerres civiles excitées par sa maison ambitieuse ne sera pas même pour lui une tentation suffisante pour le décider à quitter son lit voluptueux de Londres, ses draps de soie, ses oreillers de duvet, et les sons langoureux du luth qui appelle pour lui le sommeil, et à aller coucher sur la dure en France, pour être éveillé par le son des trompettes donnant l'alarme.

— Tant mieux pour nous si cela est ainsi, répliqua le Landamman ; car si l'Angleterre et la Bourgogne démembraient la France, comme cela est presque arrivé du temps de nos pères, le duc Charles aurait alors tout le loisir de faire tomber sur notre Confédération la vengeance qu'il nourrit depuis si long-temps.

Tout en conversant de cette manière ils se trouvèrent sur la pelouse en face de la maison de Biederman ; et aux exercices de corps qui avaient d'abord eu lieu avait succédé une danse à laquelle prenaient part les jeunes gens des deux sexes. Anne de Geierstein et le jeune étranger étaient à la tête des danseurs ; c'était un arrangement assez naturel, puisque l'un était un étranger et que l'autre représentait la maîtresse de la maison. Cependant le Landamman et Philipson se jetèrent un coup d'œil, comme si cette circonstance leur eût rappelé une partie de la conversation qu'ils venaient d'avoir.

Mais dès que son oncle et le vieux marchand furent de retour, Anne saisit la première pause qui eut lieu pour se retirer de la danse. Elle s'approcha de son oncle, le prit à part, et lui parla comme si elle lui eût rendu compte des affaires intérieures de la maison dont elle était chargée. Philipson remarqua que son hôte écoutait sa nièce d'un air sérieux et attentif, et que lui faisant un signe de tête avec sa manière franche, il semblait lui promettre de prendre en considération ce qu'elle venait de lui dire.

On ne tarda pas à avertir toute la famille que le souper était servi. Il consistait principalement en excellent poisson pêché dans les rivières et les lacs des environs. Une grande coupe contenant ce qu'on appelait *der schaftrunk*, c'est-à-dire le breuvage du sommeil, fit ensuite le tour de la table. Le maître de la maison en but le premier, sa nièce y mouilla ses lèvres, on la présenta ensuite aux deux étrangers, et elle fut vidée par le reste de la compagnie. Telle était alors la sobriété des Suisses, mais les choses changèrent bien par la suite quand ils eurent plus de relations avec des nations plus adonnées au luxe. On conduisit les étrangers dans leur appartement, où Philipson et Arthur occupèrent le même lit, et tous les habitans de la maison ne tardèrent pas à être ensevelis dans un profond repos.

CHAPITRE VI.

> « Notre combat sera celui de deux torrens,
> « Ou de deux vents partis de deux points différens;
> « Nous serons deux bûchers, dont la flamme ennemie
> « Pour s'entre-dévorer s'élance avec furie. —
> « Quand un démon voudrait, pour souffler la terreur,
> « Des élémens en guerre exciter la fureur,
> « L'homme dans son courroux est encor plus terrible.»
> FRENAUD.

Le plus âgé de nos deux voyageurs, quoique vigoureux et habitué à la fatigue, dormit plus profondément et plus long-temps que de coutume le matin du jour qui commençait alors à paraître; mais son fils Arthur avait l'esprit occupé d'une idée qui interrompit son repos même avant la fin de la nuit.

La rencontre qui devait avoir lieu entre lui et le hardi Bernois, homme d'élite parmi une race de guerriers renommés, était un engagement qui d'après l'opinion de l'époque où il vivait ne devait pas se différer, et auquel on ne pouvait manquer. Il se leva en prenant toutes les précautions possibles pour ne pas éveiller son père, quoique cette circonstance n'eût pu donner aucun soupçon à celui-ci, qui savait que son fils était accoutumé à se lever de bonne heure pour veiller aux préparatifs du départ, voir si le guide était prêt, si la mule avait eu sa provende, en un mot pour s'occuper de tous les détails qui auraient pu donner quelque embarras à son père. Mais le vieillard fatigué de l'exercice de la veille dormait, comme nous l'avons déjà dit, plus profondément que de coutume; et Arthur s'étant armé de sa bonne lame, se rendit sur la pelouse en face de la maison du Landamman, par une belle matinée d'automne, dans les montagnes de la Suisse.

Le soleil allait alors frapper de son premier rayon le sommet du colosse le plus gigantesque de cette race de Titans alpins, quoique l'ombre couvrît encore l'herbe, qui en craquant sous les pieds du jeune homme indiquait une légère gelée. Mais Arthur n'accorda pas un seul regard au paysage d'alentour, quelques attraits qu'il offrît au moment où le premier rayon du soleil allait le faire briller de tout son éclat. Il ajusta le ceinturon auquel était suspendue son épée, et il n'avait encore fait que quelques pas vers le lieu du rendez-vous qu'il avait déjà serré la boucle du fourreau.

C'était aussi la coutume dans ce siècle militaire de regarder un défi accepté comme un engagement sacré, l'emportant sur tous ceux qui auraient pu être contractés antérieurement. Quelque sentiment secret de répugnance que la nature pût opposer aux ordres de la mode, il fallait l'étouffer, et le champion devait se rendre sur le lieu désigné d'un pas aussi leste et aussi dégagé que s'il eût été à une noce. Je ne puis dire si Arthur Philipson éprouvait cette ardeur, mais dans le cas contraire son air et sa démarche gardaient bien le secret.

Ayant traversé à la hâte les champs et les bosquets qui séparaient la demeure du Landamman du vieux château de Geierstein, il entra dans la cour du côté opposé au torrent, et presque au même instant son antagoniste, d'une taille gigantesque, et qui à la lumière encore pâle du matin paraissait même plus grand et plus robuste qu'il ne l'avait paru la soirée précédente, se montra sur les pierres qui servaient de pont pour traverser la rivière, étant venu à Geierstein par un autre chemin que celui que l'Anglais avait suivi.

Le jeune Bernois portait une de ces énormes épées dont la lame avait cinq pieds de longueur, et qu'on appelait épée à deux mains parce qu'il fallait employer les deux mains pour la manier. On s'en servait presque universellement en Suisse, car indépendamment de l'effet que de telles armes produisaient sur l'armure des hommes d'armes allemands, impénétrable pour des glaives plus légers, elles convenaient parfaitement pour défendre les défilés des montagnes; la force et l'agilité de ceux qui les portaient permettaient aux combattans de s'en servir utilement et avec beaucoup d'adresse, malgré leur poids et leur longueur. Un de ces glaives gigantesques était suspendu au cou de Rodolphe, de manière que la pointe lui battait sur les talons, et que la poignée s'élevait sur son épaule gauche bien au-dessus de sa tête ; il en portait en main un second.

—Tu es exact, cria-t-il à Arthur d'une voix qui se fit entendre distinctement au milieu du tumulte assourdissant de la chute d'eau; mais je me doutais que tu arriverais ici sans épée à deux mains, et je t'ai apporté celle de mon cousin Ernest. A ces mots il jeta par terre devant Arthur l'épée qu'il tenait en main, la poignée dirigée du côté du jeune Anglais.

—Etranger, songe à ne pas déshonorer ce fer, ajouta-t-il, car Ernest ne me le pardonnerait jamais. Si tu préfères le mien, je te laisse le choix.

L'Anglais regarda cette arme avec quelque surprise, car il ne savait pas s'en servir.

—Dans tous les pays où l'on connaît les lois de l'honneur, répondit-il, celui qui est défié a le choix des armes.

—Celui qui combat sur une montagne de la Suisse doit combattre avec une arme suisse, répliqua Rodolphe. Crois-tu que nos mains soient faites pour manier un canif?

—Et les nôtres ne le sont pas pour manier une faux, dit Arthur. Et tout en regardant l'énorme épée que le Suisse persistait à lui offrir, il murmura entre ses dents, *usum non habeo :* je ne connais pas le maniement de cette arme.

—Te repens-tu du marché que tu as fait? s'écria le Suisse ; si cela est, avoue ta lâcheté, et va-t'en sans rien craindre. Parle clairement, au lieu de cracher du latin comme un clerc ou un moine tonsuré.

—Non, jeune orgueilleux, répondit l'Anglais, je ne te demande aucun quartier. Je pensais seulement à un combat qui a eu lieu entre un jeune berger et un géant, et dans lequel

Dieu accorda la victoire à celui dont les armes étaient encore plus inégales que les miennes. Je combattrai comme tu me vois. Mon épée me suffira comme elle m'a déjà suffi plus d'une fois.

— Soit ! reprit le montagnard, mais tu n'as pas le droit de me faire aucun reproche puisque je t'ai offert égalité d'armes. Et maintenant, écoute-moi. Notre combat est un combat à mort ; le bruit de ce torrent est le glas de la cloche funèbre pour l'un de nous. Il y a long-temps qu'il n'a entendu le bruit des armes.... Regarde-le bien, car si tu succombes, je jeterai ton corps dans ses eaux.

— Et si je suis vainqueur, Suisse orgueilleux, répondit Arthur, et je compte que ta présomption te conduira à ta perte, je te ferai enterrer dans l'église d'Einsiedlen, et je ferai dire des messes pour le repos de ton ame ; ton épée sera placée sur ton tombeau, et une inscription dira aux passans : — Ci-gît un ourson de Berne tué par Arthur l'Anglais.

— La Suisse ne manque pas de montagnes, dit Rodolphe avec dédain, mais il ne s'y trouve pas une pierre sur laquelle tu puisses graver cette inscription. Prépare-toi au combat.

Arthur jeta un coup d'œil avec calme et réflexion sur le lieu qui allait être le théâtre du combat. On sait que c'était une grande cour dans laquelle étaient des amas de ruines plus ou moins considérables, et dispersés çà et là.

— Il me semble, se dit-il à lui-même, qu'un homme qui connaît son arme, qui n'a pas oublié les instructions qu'il a reçues de Bottaforma de Florence, qui a le cœur pur, une bonne lame, et la main ferme, peut bien ne pas craindre deux pieds d'acier de plus dans la main de son ennemi.

Tout en faisant ces réflexions et en gravant dans son esprit, aussi bien que le moment le permettait, les localités dont il pouvait tirer quelque avantage pendant le combat, il prit position au milieu de la cour qui offrait en cet endroit un espace qui n'était pas embarrassé de décombres, et jetant à bas son manteau il tira son épée du fourreau.

Rodolphe avait d'abord cru que son antagoniste était un

jeune efféminé à qui il ferait mordre la poussière du premier coup de sa lame redoutable. Mais l'attitude ferme et attentive que prit Arthur fit songer le Suisse à quelque désavantage que pouvait lui donner une arme difficile à manier, et il résolut d'éviter toute précipitation qui pourrait offrir une occasion favorable à un ennemi qui paraissait aussi déterminé que prudent. Il tira du fourreau son énorme épée par-dessus son épaule gauche, opération qui exigea quelque temps et qui aurait donné à son antagoniste un avantage redoutable si les sentimens d'honneur d'Arthur lui eussent permis de commencer l'attaque avant que son ennemi fût en défense. L'Anglais resta ferme dans sa position jusqu'au moment où le Suisse faisant briller sa lame aux rayons du soleil, la brandit trois ou quatre fois comme pour en montrer le poids et prouver la facilité avec laquelle il la maniait. Alors il se tint ferme, à portée du fer de son adversaire tenant son arme des deux mains un peu en avant de son corps, et la pointe dirigée en haut. Arthur, au contraire, tenait son arme de la main droite dans une position horizontale, à la hauteur de sa tête, de manière à être prêt, soit à parer, soit à frapper d'estoc ou de taille.

— Frappe donc, Anglais! dit le Suisse après qu'ils furent restés ainsi en face l'un de l'autre environ une minute.

— C'est au fer le plus long à frapper le premier, répondit Arthur.

A peine avait-il prononcé ce mot, que l'épée de Rodolphe se leva et descendit avec une rapidité qui, vu le poids et la longueur de cette arme, paraissait effrayante. Nulle parade, quelque adroite qu'elle eût été, n'aurait pu empêcher la chute terrible de cette lame pesante dont le Bernois avait espéré qu'un seul coup serait le commencement et la fin du combat. Mais le jeune Philipson n'avait pas compté en vain sur la justesse de son coup d'œil et sur l'agilité de ses membres. Avant que le glaive eût eu le temps de descendre, un saut léger fait de côté le mit à l'abri de ce coup formidable; et avant que le Suisse eût pu relever son épée, il le blessa au bras gauche, quoique très légèrement. Courroucé de cette blessure et surtout de n'avoir pas mieux réussi, le Bernois leva son épée une seconde fois, et employant une force qui répondait à son arme, il porta à son adversaire une suite de coups de taille et d'estoc, de haut en bas, de bas en haut et des deux côtés avec tant de vivacité, qu'Arthur eut besoin de toute son adresse pour éviter en parant, en sautant, en se penchant à droite ou à gauche, un orage dont chaque coup semblait suffisant pour fendre un rocher. Le jeune Anglais fut même obligé de rompre la mesure de son ennemi en faisant quelques pas tantôt de côté, tantôt en arrière, et quelquefois en prenant position derrière quelques ruines. Mais pendant tout ce temps il attendait avec le plus grand sang-froid que les forces de son ennemi furieux commençassent à s'épuiser, ou qu'un coup porté imprudemment lui fournît l'occasion de l'attaquer à son tour avec avantage. Cette occasion se présenta, car en portant un coup avec fureur le Suisse heurta du pied une pierre, et avant qu'il eût eu le temps de se remettre en garde il reçut sur la tête un coup terrible qui aurait pu avoir des suites fatales si sa toque n'eût été garnie d'une doublure d'excellent acier. Il ne fut donc pas blessé, et se redressant de toute sa hauteur, il renouvela le combat avec la même fureur, quoique Arthur crût remarquer qu'il respirait plus péniblement et qu'il portait ses coups avec plus de circonspection.

Ils combattaient avec une fortune égale, quand une voix sévère se faisant entendre au-dessus du cliquetis des lames et des mugissemens du torrent, s'écria d'un ton imposant : — A bas les armes à l'instant!

Les deux combattans baissèrent aussitôt la pointe de leurs épées, n'étant peut-être fâchés ni l'un ni l'autre de l'interruption apportée à un combat qui, sans cela, ne se serait probablement terminé que par la mort de l'un d'eux. Ils tournèrent la tête du côté d'où la voix était partie, et virent le Landamman s'avancer vers eux, le front et les sourcils annonçant le courroux.

— Comment, jeunes gens! s'écria-t-il, vous êtes les hôtes d'Arnold Biederman, et vous déshonorez sa maison par des actes de violence qui conviendraient mieux aux loups des montagnes qu'à des êtres que le Créateur a formés à son image, et auxquels il a donné une ame immortelle qu'ils doivent sauver par le repentir et la pénitence!

— Arthur, dit à son fils le vieux Philipson, qui était arrivé avec le Landamman, que signifie cette frénésie? Les devoirs que vous avez à remplir vous paraissent-ils assez légers, assez peu importans pour vous laisser le loisir de vous quereller et de vous battre avec le premier rustre fanfaron et dur que vous pouvez rencontrer?

Les jeunes gens dont le combat avait cessé à l'arrivée de ces spectateurs inattendus, se regardaient l'un l'autre, chacun d'eux appuyé sur son épée.

— Rodolphe Donnerhugel, dit le Landamman, donne-moi ton épée, à moi, propriétaire de ce terrain, chef de cette famille, premier magistrat de ce canton.

— Et ce qui est encore plus, répondit Rodolphe avec soumission, à vous qui êtes Arnold Biederman, à l'ordre duquel tous les habitans de ces montagnes tirent leurs épées du fourreau, ou les y font rentrer.

Il remit son fer au Landamman.

— Sur ma parole, dit Arnold, c'est celle avec laquelle ton père combattit si glorieusement à Sempach, à côté de l'illustre de Winkelried. C'est une honte de l'avoir tirée contre un étranger qui reçoit de nous l'hospitalité. Et vous, jeune homme, continua-t-il en se tournant vers Arthur, — mais Philipson l'interrompit en disant à son fils: — Mon fils, remettez votre épée au Landamman.

— C'est inutile, monsieur, répondit Arthur: car quant à moi, je regarde notre querelle comme terminée. Ce jeune homme plein de bravoure m'a appelé ici, à ce que je présume, pour faire l'essai de mon courage: je rends justice complète à sa valeur et à son habileté, et je me flatte qu'il n'a rien à dire qui puisse me faire rougir. Je crois que notre combat a duré assez long-temps pour le motif qui y avait donné lieu.

— Trop long-temps pour moi, dit Rodolphe avec un ton de franchise ; la manche verte de mon habit, couleur que j'ai choisie par affection pour les Cantons des Forêts, est devenue aussi cramoisie qu'aurait pu la rendre le meilleur teinturier d'Ypres et de Gand. Mais je pardonne de bon cœur à l'étranger qui a fait cette métamorphose ; il m'a donné une leçon que je n'oublierai pas très promptement. Si tous les Anglais avaient ressemblé à votre hôte, mon digne parent, je crois que le monticule de Buttisholz ne se serait pas élevé si haut.

— Cousin Rodolphe, dit le Landamman dont le front commença à se dérider tandis que le Bernois parlait ainsi, je vous ai toujours regardé comme étant aussi généreux que vous êtes étourdi et querelleur ; et vous, mon jeune hôte, vous pouvez compter que quand un Suisse dit que la querelle est terminée, elle ne se renouvellera jamais. Nous ne sommes pas comme les habitans des vallées du côté de l'Orient, qui nourrissent la vengeance dans leur sein comme un enfant favori. Allons, donnez-vous la main, mes enfans, et que cette sotte querelle soit oubliée.

— Voici ma main, brave étranger, dit Donnerhugel ; vous venez de me donner une leçon d'escrime ; quand nous aurons déjeuné nous irons faire un tour dans la forêt si cela vous convient, et je tâcherai de vous en donner une dans l'art de la chasse. Quand votre pied aura acquis la moitié de l'expérience qu'a votre main, et que votre œil aura gagné une partie de la fermeté de votre cœur, il ne se trouvera guère de chasseurs qu'on puisse vous comparer.

Arthur, avec toute la confiance de la jeunesse, accepta une proposition qui était faite d'un ton si franc ; et tout en retournant à la maison ils se mirent à causer sur la chasse avec autant de cordialité que s'ils avaient toujours été les meilleurs amis du monde.

— Voilà comme cela doit être, dit le Landamman. Je suis toujours disposé à pardonner à la fougue impétueuse de nos jeunes gens, pourvu qu'ils soient francs et sincères en se réconciliant, et qu'ils aient le cœur sur les lèvres, comme doit l'avoir un vrai Suisse.

— Quoi qu'il en soit, dit Philipson, ces deux jeunes fous auraient pu faire de mauvaise besogne si vous n'aviez appris leur rendez-vous, mon digne hôte, et si vous ne m'aviez appelé pour vous aider à interrompre leurs projets. Puis-je vous demander comment vous en avez été instruit?

— J'en ai été informé par ma fée domestique, qui semble née pour le bonheur de toute ma famille, répondit Biederman ; c'est-à-dire par ma nièce Anne, qui avait vu ces deux braves échanger leurs gants, et qui avait entendu les mots Geierstein et lever du soleil. Oh! monsieur, on n'a pas d'idée de la vivacité de l'intelligence d'une femme! Il se serait passé bien du temps avant qu'aucun de mes fils à tête dure eût conçu un pareil soupçon.

— Je crois que j'aperçois notre aimable protectrice qui nous regarde du haut de cette éminence, dit Philipson ; mais on dirait qu'elle désire nous voir sans être vue.

— Oui, dit le Landamman ; elle cherche à s'assurer qu'il n'est arrivé aucun malheur. Et maintenant je réponds que la jeune folle est honteuse d'avoir montré un degré d'intérêt si louable dans une pareille affaire.

— Je serais charmé de faire en votre présence mes remerciemens à une aimable jeune personne à qui j'ai de si grandes obligations, reprit l'Anglais.

— Il n'y a rien de tel que le moment présent, dit le Landamman. Et il prononça le nom d'Anne de Geierstein avec ce ton ou plutôt ce cri perçant dont nous avons déjà parlé.

Comme Philipson l'avait remarqué, Anne s'était postée sur une hauteur à quelque distance, bien cachée, à ce qu'elle croyait, derrière un buisson. Elle tressaillit en entendant la voix de son oncle, mais elle se rendit sur-le-champ à son ordre ; et évitant les deux jeunes gens qui marchaient en avant, elle prit un sentier détourné pour aller joindre le Landamman et Philipson.

— Mon digne ami désire vous parler, Anne, dit Biederman à sa nièce après qu'ils se furent dit bonjour, car ils ne s'étaient pas encore vus de la matinée. Les joues et même le front de la jeune Helvétienne se couvrirent de rougeur tandis que Philipson, avec une grace qui semblait au-dessus de sa profession, lui disait ce qui suit :

— Il nous arrive quelquefois à nous autres marchands, ma jeune et belle amie, d'être assez malheureux pour ne pas avoir le moyen de payer nos dettes sur-le-champ ; mais nous regardons avec raison comme le plus vil des hommes celui qui ne les reconnaît pas. Recevez donc les remerciemens d'un père dont le fils a dû la vie hier à votre courage, et vient d'être tiré en ce moment d'un grand danger par votre prudence. Ne me mortifiez pas en refusant de porter ces pendans d'oreilles, ajouta-t-il en lui présentant un petit écrin qu'il ouvrit. Ce ne sont que des perles, à la vérité, mais elles ont été regardées comme n'étant pas indignes d'orner les oreilles d'une comtesse, et...

— Et par conséquent, dit le Landamman, elles seraient déplacées à celles d'une jeune fille du canton d'Underwald ; car ma nièce Anne n'est pas autre chose, tant qu'elle demeurera dans nos montagnes. Il me semble, maître Philipson, que vous avez manqué de jugement, car il faut proportionner ses présens au rang des personnes à qui on les destine ; d'ailleurs comme marchand vous deviez vous rappeler que faire de grands présens c'est le moyen de rendre les profits plus petits.

— Pardon, mon cher hôte, répondit l'Anglais ; mais permettez-moi de vous dire que j'ai du moins consulté le sentiment profond de la reconnaissance que j'éprouve ; et j'ai choisi parmi les objets qui sont à ma libre disposition ce que j'ai jugé pouvoir mieux l'exprimer. Je me flatte qu'un hôte que j'ai trouvé jusqu'à présent si plein de bonté n'empêchera pas sa nièce d'accepter ce qui du moins ne messiéra point au rang pour lequel elle est née. Vous me jugeriez mal si vous pensiez que je suis capable de vous faire injure, ou de me nuire à moi-même, en offrant un gage de ma gratitude qui serait au-dessus de mes moyens.

Le Landamman prit l'écrin des mains du marchand.

— Je me suis toujours élevé, dit-il, contre la mode de ces bijoux coûteux, qui chaque jour nous éloignent de plus en plus de la simplicité de nos pères. Et cependant, ajouta-t-il en souriant avec un air de bonne humeur, et en approchant une des boucles d'oreilles de la joue de sa nièce, cet ornement lui sied à merveille, et l'on dit qu'une jeune fille trouve plus de plaisir à porter de pareils colifichets qu'un homme à barbe grise ne peut le comprendre. Ainsi, ma chère Anne, comme vous avez mérité plus de confiance dans des affaires plus importantes, je laisse entièrement à votre sagesse le soin de décider si vous devez accepter le riche présent de notre ami, et si vous devez le porter.

— Puisque vous me laissez toute liberté à cet égard, mon cher oncle, répondit Anne en rougissant, je ne mortifierai pas un hôte estimable en refusant ce qu'il me presse si vivement d'accepter : mais, avec votre permission et la sienne, je consacrerai ces magnifiques pendans d'oreilles à Notre-Dame d'Einsiedlen, en témoignage de notre reconnaissance à tous pour la protection qu'elle nous a accordée pendant les terreurs de l'orage d'hier, et pendant les alarmes causées aujourd'hui par la discorde.

— Par Notre-Dame! elle parle avec bon sens, s'écria le Landamman, et elle fait un sage emploi de votre présent, mon cher hôte, en le destinant à obtenir des prières pour votre famille et la mienne, et pour la paix de tout le canton d'Underwald. Soyez tranquille, Anne, vous aurez un collier de jais à la prochaine fête de la tonte des moutons, si les toisons se vendent bien au marché.

CHAPITRE VII.

> « Celui qui ne veut pas la paix qu'on lui présente,
> « Mérite tous les maux qu'alors la guerre enfante ;
> « Et puisqu'à l'amitié ton âme est sans accès,
> « Tu l'annonces toi-même ennemi de la paix. »
> Le Tasse.

La confiance qui régnait entre le Landamman et le marchand anglais parut s'accroître pendant le peu de jours qui s'écoulèrent jusqu'à leur départ pour se rendre à la cour de Charles, duc de Bourgogne. Il a déjà été fait allusion à l'état de l'Europe et à celui de la Confédération Helvétique ; mais pour faire bien comprendre notre histoire, il est peut-être à propos d'en tracer ici un court aperçu.

Pendant une semaine que les voyageurs passèrent à Geierstein, on tint plusieurs diètes, tant des cantons des villes que de ceux des forêts, dans toute la Confédération. Les premiers, mécontens des taxes imposées sur leur commerce par le duc de Bourgogne, et qui devenaient encore plus insupportables par suite des actes de violence que se permettaient les agens qu'il employait pour cette oppression, désiraient ardemment la guerre, dans laquelle ils avaient constamment trouvé jusqu'alors victoire et richesses. Plusieurs d'entre eux y étaient aussi excités sous main par les largesses de Louis XI, qui n'épargnait ni l'or ni les intrigues pour amener une rupture entre ces intrépides confédérés et son ennemi formidable, Charles le Téméraire.

D'une autre part, il paraissait impolitique de la part de la

Suisse, pour plusieurs raisons, de s'engager dans une guerre contre un des princes les plus riches, les plus puissans et les plus opiniâtres de l'Europe, car tel était sans contredit Charles, duc de Bourgogne, sans quelque motif bien fort qui intéressât son honneur et son indépendance. Chaque jour on entendait se confirmer la nouvelle qu'Édouard IV, roi d'Angleterre, avait conclu une alliance étroite et intime, offensive et défensive avec le duc de Bourgogne, et que le projet du roi anglais, renommé par ses victoires nombreuses sur la maison de Lancastre, rivale de la sienne, victoires qui après différens revers lui avaient obtenu la possession paisible du trône, était de faire valoir ses droits sur les provinces de France si long-temps le domaine de ses ancêtres. Il semblait que cela seul manquât à sa gloire, et qu'ayant vaincu ses ennemis dans l'intérieur de son pays, il songeât alors à reconquérir ces possessions précieuses que l'Angleterre avait perdues sous le règne du faible Henri VI et pendant les guerres civiles qui déchirèrent si cruellement ce royaume lors des dissensions de la Rose Blanche et de la Rose Rouge. On savait partout que toute l'Angleterre regardait la perte des provinces françaises comme une tache faite à l'honneur national, et que non-seulement la noblesse qui avait été privée des fiefs considérables qu'elle possédait en Normandie, en Gascogne, dans le Maine et dans l'Anjou, mais tout ce qui tenait à la profession des armes, habitué à acquérir des richesses et de la renommée aux dépens de la France, et même les simples archers dont les arcs avaient si souvent décidé la victoire, étaient aussi empressés de se mettre en campagne que leurs ancêtres l'avaient été à Crécy, à Poitiers et à Azincourt de suivre leur souverain sur les champs de bataille auxquels leurs exploits avaient donné un renom immortel.

Les nouvelles les plus récentes et les plus authentiques annonçaient que le roi d'Angleterre était sur le point de passer en France en personne, invasion facile, puisqu'il était en possession de Calais, avec une armée plus nombreuse et mieux disciplinée que ne le fut aucune de celles qu'un monarque anglais eût jamais conduites dans ce royaume; que tous les préparatifs d'hostilité étaient terminés, qu'on pouvait attendre à chaque instant l'arrivée d'Édouard, et que la coopération puissante du duc de Bourgogne, et l'aide d'un grand nombre de seigneurs français mécontens, dans les provinces qui avaient été si long-temps soumises à la domination anglaise, faisaient croire que l'issue de cette guerre serait fatale à Louis XI, quelque prudent, quelque sage et quelque puissant que fût ce prince.

Dans le moment où Charles, duc de Bourgogne, formait ainsi une alliance contre son formidable voisin, contre son ennemi héréditaire et personnel, une sage politique aurait dû le porter à éviter toute cause de querelle avec la Confédération Helvétique, peuple pauvre, mais belliqueux, à qui des succès réitérés avaient déjà appris que son infanterie intrépide pouvait quand il le fallait combattre avec égalité et même avec avantage la fleur de cette chevalerie qui avait été considérée jusqu'alors comme formant la principale force des armées européennes. Mais toutes les mesures de Charles, que la fortune opposait au monarque le plus astucieux et le plus politique de son temps, lui étaient dictées par ses passions et par son premier mouvement, plutôt que par la considération judicieuse des circonstances dans lesquelles il se trouvait. Hautain, fier et absolu dans ses volontés, quoiqu'il ne manquât ni de générosité ni d'honneur, il méprisait et haïssait ces viles associations de bergers et de vachers unis à quelques villes qui devaient principalement leur existence au commerce, et au lieu de courtiser les Cantons suisses, comme le faisait son ennemi plus adroit, ou du moins de ne leur donner aucun prétexte spécieux de querelle, il ne laissait échapper aucune occasion de témoigner le mépris qu'il avait conçu pour leur importance toute récente, il laissait percer son désir secret de venger tout le sang noble qu'ils avaient répandu, et d'obtenir une compensation pour les succès nombreux qu'ils avaient remportés sur les seigneurs féodaux, dont il s'imaginait qu'il était destiné à devenir le vengeur.

Les possessions du duc de Bourgogne en Alsace lui offraient de grands moyens pour faire sentir son déplaisir à la Confédération suisse. La petite ville et le château de la Férette, à dix ou onze milles de Bâle, servaient de passage à tout le commerce de Berne et de Soleure, les deux principales villes de la ligue. Le duc y établit un gouverneur ou sénéchal qui était en même temps administrateur des revenus publics, et qui semblait né pour être la peste et le fléau des républicains ses voisins.

Archibald Von Hagenbach était un noble allemand dont les domaines étaient en Souabe, et on le regardait généralement comme un des hommes doués du caractère le plus féroce et le plus arbitraire parmi ces nobles des frontières, connus sous les noms de Chevaliers-Brigands et de Comtes-Brigands. Ces dignitaires, parce que leurs fiefs relevaient du Saint-Empire romain, prétendaient à une entière souveraineté dans leur territoire d'un mille carré, aussi bien qu'aucun prince régnant d'Allemagne dans ses Etats plus étendus. Ils levaient des droits et des taxes sur les étrangers, et jetaient en prison, mettaient en jugement et faisaient exécuter ceux qui, comme ils l'alléguaient, avaient commis quelque crime dans leurs petits domaines. En outre, et pour mieux exercer leurs priviléges seigneuriaux, ils guerroyaient les uns contre les autres, aussi bien que contre les villes libres de l'Empire, attaquaient et pillaient sans merci les caravanes, c'est-à-dire ces longues files de charriots par le moyen desquels se faisait tout le commerce intérieur de l'Allemagne.

Une suite d'injustices faites et souffertes par Archibald Von Hagenbach, qui avait été un de ceux qui avaient usé avec le plus d'étendue de ce privilége de *Faustrecht*[1], ou comme on pourrait le dire, de droit du plus fort, avait fini par l'obliger, quoique à un âge déjà un peu avancé, de quitter un pays où sa vie était à peine assurée, et il était entré au service du duc de Bourgogne. Ce prince l'employa d'autant plus volontiers que c'était un homme de haute naissance

---

(1) Littéralement, « droit du poing. »

et d'une valeur éprouvée, et peut-être encore plus parce qu'il était sûr de trouver dans un homme du caractère hautain, féroce et rapace d'Hagenbach un ministre qui exécuterait sans scrupule tous les actes de sévérité que le bon plaisir de son maître pourrait lui enjoindre.

Les négocians de Berne et de Soleure firent à haute voix les plus vives plaintes des exactions d'Hagenbach. Les droits levés sur les marchandises qui traversaient le district de la Férette, n'importe où on les transportait, furent arbitrairement augmentés, et les marchands et commerçans qui hésitaient à payer sur-le-champ ce qu'on exigeait d'eux étaient exposés à l'emprisonnement, et même à un châtiment corporel. Les villes commerçantes d'Allemagne se plaignirent au duc de la conduite inique du gouverneur de la Férette, et le prièrent de destituer Von Hagenbach; mais le duc traita leurs plaintes avec mépris. La Confédération helvétique prit un ton plus haut, et demanda qu'on fît justice du gouverneur de la Férette comme ayant violé la loi des nations; mais sa demande n'obtint pas plus d'attention.

Enfin la diète de la Confédération résolut d'envoyer au duc la députation solennelle dont il a déjà été parlé. Un ou deux de ces envoyés adoptèrent les vues calmes et prudentes d'Arnold Biederman, dans l'espoir qu'une démarche si solennelle pourrait ouvrir les yeux de Charles sur l'injustice criminelle de son représentant; d'autres qui n'avaient pas des intentions si pacifiques avaient résolu d'ouvrir la porte à la guerre par cette remontrance vigoureuse.

Arnold Biederman était l'avocat déclaré de la paix, tant qu'elle était compatible avec l'indépendance de son pays et l'honneur de la Confédération : mais le jeune Philipson découvrit bientôt que le Landamman était le seul individu de toute sa famille qui nourrît ces sentimens de modération. L'opinion de ses enfans avait été séduite et dirigée par l'éloquence irrésistible de Rodolphe Donnerhugel, qui par quelques traits particuliers de bravoure personnelle, et par suite de la considération due aux services de ses ancêtres, avait acquis dans les conseils de son canton et auprès de toute la jeunesse de la Confédération un crédit que ces sages républicains n'étaient pas dans l'habitude d'accorder à un homme de son âge. Arthur, que tous ces jeunes gens accueillaient alors avec plaisir comme compagnon de leurs parties de chasse et de leurs autres amusemens, ne les entendait parler que de l'espoir de la guerre, qu'embellissait l'espoir du butin, et auquel se joignait la perspective de la nouvelle renommée que les Suisses allaient acquérir. Les exploits de leurs ancêtres contre les Allemands avaient réalisé les victoires fabuleuses des romans, et puisque la nouvelle génération n'était ni moins robuste ni moins valeureuse, ils s'attendaient aux mêmes succès. Quand ils parlaient du gouverneur de la Férette, ils le désignaient sous le nom du *chien d'attache du duc de Bourgogne*, ou du *mâtin d'Alsace;* et ils disaient ouvertement que si son maître ne réprimait pas ses actions sur-le-champ, et s'il ne s'éloignait pas lui-même des frontières de la Suisse, Archibald Von Hagenbach verrait que sa forteresse ne pourrait le protéger contre l'indignation des habitans de Soleure, et surtout des habitans de Berne.

Arthur fit part à son père du désir de la guerre, manifesté par les jeunes Suisses, et celui-ci fut un moment incertain s'il ne ferait pas mieux de braver les inconvéniens et les dangers qu'il pouvait éprouver en voyageant seul avec son fils, que de courir le risque d'être impliqué dans quelque querelle par la conduite désordonnée de ces jeunes et fiers montagnards quand ils auraient passé leurs frontières. Un tel événement aurait été contraire à tous les motifs de son voyage; mais Arnold Biederman étant respecté par sa famille et par tous ses compatriotes, le marchand anglais en conclut, au total, que son influence suffirait pour réprimer l'ardeur de ses compagnons, jusqu'à ce que la grande question de la paix et de la guerre fût décidée, mais surtout jusqu'à ce qu'ils eussent obtenu une audience du duc de Bourgogne, et qu'ils se fussent acquittés de leur mission. Après cela il serait séparé de

7

leur compagnie et il ne pourrait être regardé comme responsable de leurs mesures ultérieures.

Après environ dix jours de délai la députation chargée de faire des remontrances au duc sur les actes d'agression et d'exaction d'Archibald Von Hagenbach se rassembla enfin à Geierstein, d'où les membres qui la composaient devaient partir ensemble. Ils étaient au nombre de trois, sans compter le jeune Bernois et le Landamman d'Underwald. L'un d'eux était, comme Arnold, un propriétaire des Cantons des Forêts, portant un costume qui n'était guère que celui d'un simple berger, mais remarquable par la taille et la beauté de sa longue barbe argentée ; il se nommait Nicolas Bonstetten. Melchior Sturmthal, porte-bannière de Berne, homme de moyen âge et guerrier distingué par sa bravoure, avec Adam Zimmerman, bourgeois de Soleure, qui était beaucoup plus âgé, complétaient le nombre des envoyés.

Chacun d'eux s'était costumé de son mieux ; mais quoique le regard austère d'Arnold Biederman trouvât à redire à deux boucles de ceinturon en argent et à une chaîne de même métal qui décorait l'embonpoint des bourgeois de Soleure, il semblait qu'un peuple puissant et victorieux, car les Suisses devaient alors être envisagés sous ce point de vue, n'avait jamais été représenté par une ambassade d'un caractère si patriarcal. Les députés voyageaient à pied, le bâton ferré à la main, comme des pèlerins allant visiter quelque lieu de dévotion. Deux mulets chargés de leur petit bagage étaient conduits par des jeunes gens, fils ou cousins des membres de l'ambassade, qui avaient obtenu de cette manière la permission de voir ce qu'ils pourraient de la partie du monde qui se trouvait au-delà de leurs montagnes.

Mais quelque peu nombreux que fût leur cortége, soit pour donner de l'apparat à leur mission, soit pour pourvoir à leurs besoins personnels, ni les circonstances dangereuses du temps, ni les troubles qui régnaient au-delà de leur territoire ne permettaient à des hommes chargés d'affaires si importantes de voyager sans escorte. Le danger même des loups, qui aux approches de l'hiver descendent souvent des montagnes et entrent en troupe dans les villages qui ne sont pas défendus par des murailles, comme ceux dans lesquels les envoyés pourraient avoir à faire halte, rendait cette précaution nécessaire ; et le nombre des déserteurs des troupes de différentes puissances, organisés en bandes de brigands sur les frontières de l'Alsace et de l'Allemagne, achevait de la rendre indispensable.

En conséquence une vingtaine de jeunes gens choisis dans les divers cantons de la Suisse, et parmi lesquels se trouvaient Rudiger, Ernest et Sigismond, les trois fils aînés d'Arnold, servirent d'escorte à la députation. Cependant ils ne marchèrent pas en ordre militaire, ni à la suite ou en avant du corps patriarcal. Au contraire, ils se divisaient en troupes de chasseurs de cinq à six qui reconnaissaient les bois, les montagnes et les défilés par où la députation devait passer. La marche lente des envoyés donnait aux jeunes gens agiles, qui étaient accompagnés de gros chiens, tout le temps de tuer des loups et des ours, et quelquefois de chasser un chamois sur les rochers ; tandis que les chasseurs, même en poursuivant leur gibier, avaient soin d'examiner tous les endroits qui auraient pu cacher une embuscade, et ils veillaient ainsi à la sûreté de ceux qu'ils escortaient plus efficacement que s'ils les avaient suivis pas à pas. Un son particulier de la corne du bœuf des montagnes dont nous avons déjà parlé était le signal convenu pour se réunir si quelque danger se présentait. Rodolphe Donnerhugel, bien plus jeune que ses collègues dans cette mission importante, prit le commandement de cette garde, qu'il accompagnait ordinairement dans ses parties de chasse. Ils étaient bien armés, car ils avaient des épées à deux mains, de longues pertuisanes, des javelines, des arcs, des arbalètes, des coutelas et des couteaux de chasse. Mais les plus lourdes de ces armes, qui auraient gêné leur marche, étaient portées avec les bagages pour être reprises à la première alarme.

Arthur Philipson, comme son ancien antagoniste, préférait naturellement la compagnie et les amusemens des jeunes gens à la conversation grave et au pas lent des pères conscrits de la République helvétienne. Il avait pourtant une propension à jouer le rôle de traîneur avec les bagages ; en effet quelque chose aurait pu porter le jeune Anglais à oublier les parties de chasse des jeunes Suisses et à endurer la conversation grave et le pas lent des vieillards : — Anne de Geierstein, accompagnée d'une jeune Suissesse à son service, voyageait à la suite de la députation.

Elles étaient montées sur des ânes dont la marche lente pouvait à peine suivre les mulets chargés des bagages ; et l'on peut présumer avec raison qu'Arthur Philipson, pour s'acquitter des services importans que cette belle et intéressante jeune personne lui avait rendus, ne se serait pas cru trop à plaindre de lui offrir son aide de temps en temps dans le cours du voyage, et de jouir de l'avantage de son entretien pour alléger l'ennui de la route ; mais il n'osa pas avoir pour elle des attentions que les usages du pays ne semblaient pas permettre, puisqu'il ne lui voyait rendre aucuns soins ni par ses cousins, ni même par Rodolphe Donnerhugel, qui certainement avait paru jusqu'alors ne négliger aucune occasion de se faire valoir aux yeux de sa belle cousine. D'ailleurs Arthur était assez réfléchi pour être convaincu qu'en cédant aux sentimens qui le portaient à cultiver la connaissance de cette aimable personne, il encourrait le déplaisir certainement sérieux de son père, et probablement aussi celui du Landamman, dont ils avaient reçu l'hospitalité, et dans la compagnie duquel ils voyageaient maintenant à l'abri de tout danger.

Le jeune Anglais prit donc part aux amusemens qui occupaient les autres jeunes gens ; faisant seulement en sorte, aussi fréquemment que les haltes le permettaient, d'accorder à cette jeune fille des marques de politesse qui ne pouvaient donner lieu ni à une remarque, ni à la censure. Sa réputation comme chasseur étant alors bien établie, il se permettait quelquefois, même pendant que les autres poursuivaient le gibier, de rester en arrière sur le bord du sentier, d'où il pouvait du moins apercevoir le voile gris d'Anne de Geierstein agité par le vent, et les contours des formes élégantes qu'il couvrait. Ses compagnons ne semblaient pas interpréter défavorablement cette indolence, qu'ils attribuaient à l'indifférence pour un genre de chasse n'offrant aucun danger; quand il s'agissait de poursuivre un loup, un ours, ou quelque autre animal de proie, nul individu de la compagnie, pas même Rodolphe Donnerhugel, n'était plus prompt qu'Arthur à saisir sa javeline, son arc ou son coutelas.

Pendant ce temps les réflexions du vieux marchand étaient d'une nature plus sérieuse. Comme on a déjà dû le remarquer, c'était un homme qui avait une grande connaissance du monde où il avait joué un rôle tout différent de celui dont il s'acquittait en ce moment. D'anciennes idées se réveillèrent en lui en voyant des divertissemens semblables à ceux de ses jeunes années. Les aboiemens des chiens retentissant sur les montagnes et dans les forêts épaisses qu'ils traversaient; la vue de ces jeunes chasseurs poursuivant leur gibier sur des rochers escarpés qui semblaient inaccessibles au pied de l'homme, et sur le bord de précipices profonds; le son des cornets suisses qui se répétait de montagne en montagne; tout cela l'avait tenté plus d'une fois de prendre part à un amusement noble, quoique hasardeux, qui après la guerre était alors dans la plupart des contrées de l'Europe la plus sérieuse occupation de la vie. Mais ce désir ne se faisait sentir à lui que momentanément, et il prenait un intérêt plus profond à étudier les mœurs et les opinions de ses compagnons de voyage.

Tous avaient la simplicité droite et franche qui caractérisait Arnold Biederman; mais aucun d'eux n'offrait une égale dignité dans ses pensées, ni une sagacité si profonde. En parlant de la situation politique de leur pays il n'affectait aucun mystère; et quoique, à l'exception de Rodolphe, les jeunes gens ne fussent point admis dans leurs conseils, cette exclusion ne semblait avoir lieu que pour maintenir la jeunesse dans un esprit de subordination, et non parce qu'on jugeait nécessaire d'avoir des secrets pour elle. Ils s'entretenaient librement en présence du vieux marchand des prétentions du duc de Bourgogne, des moyens qu'avait leur pays de soutenir son indépendance, et de la ferme résolution où était la ligue helvétique de braver toutes les forces que le monde entier pourrait lui opposer plutôt que de souffrir la plus légère insulte. Sous d'autres rapports leurs vues paraissaient sages et modérées, quoique le porteur de bannière de Berne et l'important bourgeois de Soleure parussent regarder les conséquences d'une guerre sous un jour moins sérieux que le prudent Landamman d'Underwald et son vénérable compagnon Nicolas Bonstetten qui adoptait toutes les opinions d'Arnold.

Il arrivait fréquemment qu'oubliant ce sujet de conversation ils faisaient rouler l'entretien sur des objets qui avaient moins d'attrait pour leur compagnon de voyage. Les pronostics du temps, la comparaison des dernières moissons, la manière la plus avantageuse de cultiver leurs vergers, les moyens à employer pour obtenir de bonnes récoltes, tout cela, quoique fort intéressant pour les montagnards, ne l'était guère pour Philipson. Le digne meinherr Zimmerman de Soleure aurait volontiers conversé avec lui de commerce et de marchandises; mais l'Anglais qui ne trafiquait qu'en objets de grande valeur et de peu de volume, et qui faisait pour son négoce de longs voyages par terre et par mer, ne pouvait trouver que peu de sujets à discuter avec le Suisse, dont le commerce ne s'étendait pas au-delà des cantons voisins de la Bourgogne et de l'Allemagne, et dont les marchandises ne consistaient qu'en gros draps de laine, en futaine, en pelleterie et autres objets du même genre.

Mais tandis que les Suisses discutaient de petits intérêts de commerce, décrivaient quelque procédé grossier d'agriculture, et parlaient de la nielle des grains ou de la clavelée des moutons avec l'exactitude minutieuse de petits marchands ou de petits fermiers qui se rencontrent à une foire, souvent quelque endroit bien connu rappelait le nom et l'histoire d'une bataille dans laquelle au moins l'un d'entre eux avait combattu, car il n'y en avait pas un parmi eux qui n'eût porté les armes plusieurs fois. Les détails militaires, qui dans les autres pays n'étaient à la portée que des chevaliers et des écuyers qui y avaient joué leur rôle ou des savans clercs qui travaillaient à en perpétuer le souvenir, étaient dans cette étrange contrée un sujet familier et favori de discussions entre des gens que leurs occupations paisibles semblaient placer à une distance immense de la profession de soldat. Cette circonstance rappela à l'esprit de l'Anglais les anciens habitans de Rome qui abandonnaient si souvent la charrue pour l'épée, et la culture des terres pour l'administration des affaires publiques. Il parla de cette ressemblance entre les deux peuples au Landamman. Celui-ci fut naturellement flatté du compliment fait à son pays, mais il y répondit : — Puisse le ciel conserver parmi nous les vertus simples des Romains, et nous préserver de leur soif de conquêtes et de leur passion pour les objets d'un luxe étranger !

La marche lente des voyageurs et diverses causes de délai qu'il est inutile de détailler firent qu'ils passèrent deux nuits en route avant d'arriver à Bâle. Les petites villes et les villages où ils logèrent les reçurent avec autant de respect et d'hospitalité qu'ils le pouvaient, et leur arrivée était le signal d'une petite fête que leur offraient les principaux habitans.

En ces occasions, tandis que les vieillards du pays recevaient les députés de la Confédération, la jeunesse en faisait les honneurs aux jeunes gens de l'escorte; on leur procurait le plaisir de la chasse, on les y accompagnait, et on leur faisait connaître les endroits où il y avait du gibier.

Ces fêtes ne conduisaient jamais à aucun excès, et les mets les plus recherchés étaient du chevreau, de l'agneau, et du gibier tué sur les montagnes. Cependant Arthur et son père remarquèrent que le porte-bannière de Berne et le bourgeois de Soleure prisaient les avantages de la bonne chère plus que le Landamman leur hôte, et le député de Schwitz. On ne commettait aucun excès, comme nous l'avons déjà dit, mais les deux députés que nous venons de nommer les premiers avaient évidemment appris l'art de choisir les meilleurs morceaux, et étaient connaisseurs en vins étrangers, dont ils avaient soin de ne pas se laisser manquer. Arnold était trop prudent pour critiquer ce qu'il n'avait pas l'espoir de corriger, et il se contentait de donner l'exemple de la sobriété en ne mangeant presque que des légumes, et en ne buvant guère que de l'eau ; en quoi il était soigneusement imité par le vieux Nicolas Bonstetten, qui semblait se faire un point d'honneur de suivre en tout l'exemple du Landamman.

Ce fut, comme nous l'avons déjà dit, dans le cours de la troisième journée qui suivit leur départ que les députés suisses arrivèrent près de Bâle, alors une des plus grandes villes du sud-ouest de l'Allemagne, où ils se proposaient de passer la nuit, ne doutant pas qu'ils n'y fussent reçus en amis. A la vérité cette ville ne faisait pas encore partie de la Confédération suisse, dans laquelle elle n'entra qu'environ trente ans après, en 1501 ; mais c'était une ville libre impériale, liée avec Berne, Soleure, Lucerne et d'autres villes de la Suisse, par des intérêts mutuels et des relations constantes. Le but de la députation était de négocier s'il était possible une paix qui devait être aussi utile à la ville de Bâle qu'à la Suisse même, vu l'interruption de commerce qui résulterait nécessairement d'une rupture entre le duc de Bourgogne et les Cantons, et dans ce cas cette ville étant située entre les deux puissances belligérantes devait trouver un grand avantage à conserver sa neutralité.

Les envoyés s'attendaient donc à recevoir des autorités de la ville de Bâle un accueil aussi amical que celui qui leur avait été fait partout dans le territoire de la Confédération, puisqu'elle était intéressée à voir réussir leur mission. Le chapitre suivant apprendra comment leur attente se réalisa.

CHAPITRE VIII.

> — « Leurs yeux virent enfin
> « Cette belle cité que traverse le Rhin,
> « Quand ce fleuve orgueilleux descend de ses montagnes,
> « Comme autrefois la Gaule a vu dans ses campagnes,
> « Quittant de ses rochers la stérile grandeur,
> « Le fier Orgétorix s'élancer en vainqueur.
> HELVETIA.

Les yeux du voyageur anglais, fatigués de l'aspect continuel de montagnes sauvages, se reposèrent avec plaisir sur une contrée dont la surface à la vérité était encore irrégulière et montagneuse, mais qui était susceptible de culture et ornée de champs de blé et de vignobles. Le Rhin, grand et large fleuve, roulait ses eaux à travers les campagnes et divisait en deux parties la ville de Bâle qui est située sur ses rives. La partie méridionale de cette cité offrait à leurs regards sa célèbre cathédrale avec la terrasse magnifique qui y fait face, et semblait rappeler à nos voyageurs qu'ils approchaient alors d'un pays dans lequel les ouvrages de l'homme pouvaient se faire distinguer parmi les œuvres de la nature au lieu d'être perdus, comme ce fut toujours le sort des plus glorieux travaux, au milieu de ces montagnes énormes entre lesquelles leur route les avait conduits jusqu'alors.

Les envoyés étaient encore à un mille de l'entrée de la ville quand ils rencontrèrent un des magistrats, accompagné de deux ou trois citoyens, tous montés sur des mulets dont les housses de velours annonçaient l'opulence et la qualité des cavaliers. Ils saluèrent d'un air respectueux le Landamman et ses compagnons, qui se préparèrent à écouter l'invitation hospitalière à laquelle il était assez naturel qu'ils s'attendissent, et à y répondre convenablement.

Le message de la ville de Bâle fut pourtant l'opposé de ce qu'ils s'étaient figuré qu'il devait être. Le fonctionnaire qui leur adressa la parole parla en hésitant, presque d'un air confus, et l'on pouvait voir qu'en s'acquittant de sa mission il ne la regardait pas comme la plus honorable dont il eût jamais été chargé. L'orateur de la ville de Bâle commença par des protestations d'affection sincère et fraternelle pour les villes de la Confédération helvétique, avec lesquelles celle de Bâle était unie d'intérêts. Mais il finit par annoncer qu'attendu certaines raisons puissantes et urgentes qui seraient expliquées d'une manière satisfaisante plus à loisir, la ville libre de Bâle ne pouvait recevoir ce soir dans ses murs les députés grandement respectés qui par ordre de la diète helvétique se rendaient à la cour du duc de Bourgogne.

Philipson remarqua avec beaucoup d'intérêt l'effet que cette annonce très inattendue produisit sur les membres de l'ambassade. Rodolphe Donnerhugel, qui s'était joint à eux en approchant de Bâle, parut moins surpris que ses collègues: il garda pourtant un profond silence, et montra plus d'envie de pénétrer dans leurs sentimens que d'exprimer les siens. Ce n'était pas la première fois que la pénétration du marchand anglais avait remarqué que ce jeune homme hardi et impétueux pouvait, quand ses desseins l'exigeaient, opposer une forte contrainte à la fougue naturelle de son caractère. Quant aux autres, le front du porteur de bannière se rembrunit; le visage du bourgeois de Soleure devint enflammé comme la lune quand elle se lève au nord-ouest; le député à barbe grise de Schwitz regarda Biederman avec un air d'inquiétude, et le Landamman lui-même sembla plus ému que son calme habituel n'aurait permis de le présumer. Enfin il répondit au fonctionnaire de Bâle, d'une voix un peu altérée par son émotion :

— C'est un étrange message que celui que vous apportez de la part des citoyens de Bâle, que nous avons toujours traités en amis et qui prétendent encore l'être, aux députés de la Confédération suisse, chargés d'une mission amiable. L'abri de leurs toits, la protection de leurs murailles, l'accueil hospitalier d'usage, c'est ce que les habitans d'un pays ami n'ont pas le droit de refuser à ceux d'un autre.

— Et ce n'est pas volontairement que la ville de Bâle vous en fait le refus, digne Landamman, répondit le magistrat. Les citoyens de Bâle désireraient vous accueillir, non-seulement vous et vos dignes collègues, mais votre escorte, et jusqu'à vos bêtes de somme, avec toute l'hospitalité qui est en leur pouvoir; mais nous agissons par contrainte.

— Et cette contrainte, qui peut l'exercer? s'écria avec colère le porteur de bannière de Berne. L'empereur Sigismond a-t-il assez peu profité de l'exemple de ses prédécesseurs, pour...

— L'empereur, répliqua le délégué de Bâle interrompant le Bernois, est un monarque paisible et bien intentionné, comme il l'a toujours été; mais des troupes bourguignonnes se sont avancées récemment dans le Sundgau, et des messages nous ont été envoyés par le comte Archibald Von Hagenbach.

— Il suffit, dit le Landamman; n'écartez pas davantage le voile qui couvre une faiblesse dont vous rougissez. Je vous comprends parfaitement; Bâle se trouve trop près de la citadelle de la Férette, pour qu'il soit permis à ses citoyens de consulter leur inclination. Mon frère, nous voyons en quoi consiste votre embarras; nous vous plaignons; nous vous pardonnons votre manque d'hospitalité.

— Mais écoutez-moi jusqu'à la fin, digne Landamman, répliqua le magistrat. Il y a près d'ici un ancien pavillon de chasse des comtes de Falkenstein, appelé Graff's-lust[1], qui, quoique en ruines, peut encore offrir un abri où vous serez mieux logés qu'en plein air, et qui même est susceptible de quelque défense; et cependant, à Dieu ne plaise que personne ose y aller troubler votre repos! Mais écoutez-moi encore,

(1) Littéralement, « le plaisir du comte. » — Tr.

mes dignes amis ; si vous y trouvez quelques rafraîchissemens, comme vin, bière, etc., etc., faites-en usage sans scrupule, car ils vous sont destinés.

— Je ne refuse pas d'occuper une place où nous puissions trouver quelque sécurité, dit le Landamman, car, quoique le fait de nous faire fermer les portes de Bâle puisse n'être que le résultat d'un méprisable esprit d'insolence et d'animosité, qui peut savoir s'il ne se rattache pas aussi à quelque projet de violence? Nous vous remercions de vos provisions, mais nous ne vivrons pas, de mon consentement, aux dépens des gens qui n'osent se montrer nos amis qu'à la dérobée.

— Un mot de plus, digne Landamman, reprit le magistrat. Vous êtes accompagnés d'une dame, qui, je crois, est votre fille. Des hommes ne se trouveront pas trop bien logés dans l'endroit où vous allez, et par conséquent une femme y serait encore moins commodément, quoique nous ayons tout disposé à cet égard de notre mieux. Permettez donc que votre fille nous accompagne à Bâle ; ma femme sera pour elle comme une mère, et demain matin je la reconduirai près de vous. Nous avons promis de fermer nos portes aux citoyens de la Confédération suisse, mais il n'a été fait aucune mention des femmes.

— Les habitans de Bâle sont des casuistes subtils, répondit le Landamman ; mais sachez que depuis le temps où les Helvétiens descendirent de leurs montagnes pour marcher contre César, nos femmes ont fait leur séjour dans le camp de leurs pères, de leurs frères et de leurs maris, et n'ont cherché d'autre sûreté que celle que pouvait leur procurer le courage des êtres qui leur étaient si chers. Nous avons assez de bras pour protéger nos femmes ; ma nièce restera avec nous et partagera le destin que le ciel nous réserve.

— Adieu donc, mon digne ami, dit le magistrat de Bâle ; je suis fâché de me séparer de vous de cette manière, mais un sort fâcheux le veut ainsi. Cette avenue en gazon vous conduira au vieux pavillon ; et fasse le ciel que vous y passiez la nuit tranquillement ; car indépendamment des autres risques il court de mauvais bruits sur ces ruines. Mais ne permettrez-vous pas à votre nièce, puisque telle est la qualité de cette jeune personne, de venir passer la nuit à Bâle?

— Si notre repos est troublé par des êtres semblables à nous, répondit Arnold Biederman, nous avons des bras vigoureux et de bonnes pertuisanes ; si comme vos paroles semblent le donner à entendre nous avons affaire à des êtres d'une autre nature, nous avons ou nous devons avoir de bonnes consciences et de la confiance dans le ciel. Mes amis, mes collègues en cette mission, ai-je énoncé vos sentimens comme les miens?

Les autres députés suisses donnèrent leur assentiment à tout ce qu'avait dit le Landammnan d'Underwald, et les citoyens de Bâle prirent poliment congé des étrangers, s'efforçant à force de civilités apparentes de couvrir leur manque réel d'hospitalité. Après leur départ Rodolphe fut le premier à exprimer ce qu'il pensait de leur conduite pusillanime. — Les chiens de lâches! s'écria-t-il ; puisse le boucher de Bourgogne leur arracher jusqu'à la peau par ses exactions, pour leur apprendre à méconnaître d'anciennes liaisons d'amitié, plutôt que de s'exposer au moindre souffle du courroux d'un tyran!

— Et d'un tyran qui n'est pas même leur maître, ajouta un autre jeune homme ; car presque toute l'escorte s'était alors rassemblée autour des députés pour apprendre quel accueil on devait attendre à Bâle.

— Sans doute, s'écria Ernest, un des fils d'Arnold Biederman ; ils ne prétendent pas avoir reçu des ordres de l'empereur ; mais un seul mot du duc de Bourgogne qui ne devrait être pour eux qu'une brise légère venant de l'occident, suffit pour les faire manquer à tous les devoirs de l'hospitalité. Nous devrions marcher sur la ville et en forcer les habitans à la pointe de l'épée à nous y recevoir.

Un murmure d'applaudissement qui s'éleva parmi les jeunes gens éveilla le mécontentement d'Arnold Biederman.

— Est-ce un de mes fils que je viens d'entendre? s'écria-t-il; n'est-ce pas plutôt un lansquenet brutal qui ne rêve que batailles et actes de violence? Qu'est devenue la retenue des jeunes Suisses, qui avaient coutume d'attendre pour agir que les vieillards du canton eussent jugé à propos de leur en donner le signal; qui étaient doux comme de jeunes filles, jusqu'à ce que la voix de leurs patriarches les eût rendus aussi audacieux que des lions?

— Je n'avais pas de mauvaises intentions, mon père, dit Ernest déconcerté de cette réprimande; j'avais encore bien moins dessein de manquer à ce que je vous dois; mais je dirai que....

— Ne dites pas un mot, mon fils, répliqua Arnold; mais quittez notre camp demain à la pointe du jour, et en retournant sur-le-champ à Geierstein comme je vous l'ordonne, souvenez-vous que celui qui ne peut commander à sa langue devant ses propres concitoyens et en présence de son père, n'est pas fait pour voyager en pays étranger.

Le porteur de bannière de Berne, le bourgeois de Soleure, et même le député à longue barbe de Schwitz, intercédèrent pour le coupable et tâchèrent de faire révoquer la sentence qui le condamnait au bannissement; mais leurs efforts furent inutiles.

— Non, mes chers amis, non, mes frères, répondit Arnold, ces jeunes gens ont besoin d'un exemple; et quoique je sois fâché dans un sens que la faute ait été commise par un membre de ma famille, je suis charmé sous un autre rapport que le délinquant soit un jeune homme sur qui je puis exercer une pleine autorité sans être suspect de partialité. Ernest, vous avez entendu mon ordre; retournez à Geierstein demain au point du jour, et que je vous trouve dans de meilleures dispositions quand j'y serai de retour.

Le jeune Suisse, quoique évidemment piqué de cet affront public, mit un genou en terre et baisa la main de son père. Arnold sans le moindre signe de ressentiment lui donna sa bénédiction, et Ernest sans lui adresser un mot de remontrance, se retira à l'arrière-garde. La députation entra alors dans l'avenue qui lui avait été indiquée, et au bout de laquelle on voyait les ruines massives de Graff's-lust ; mais il ne faisait plus assez jour pour en reconnaître exactement la forme. Quand ils en furent plus près et que l'obscurité augmenta, ils virent briller des lumières à trois ou quatre croisées tandis que le reste de la façade était couvert de profondes ténèbres. Lorsqu'ils y furent arrivés ils reconnurent que le pavillon était entouré d'un fossé large et profond, sur la surface duquel se réfléchissait quoique faiblement la lumière qu'on voyait à travers quelques fenêtres.

CHAPITRE IX.

FRANCISCO.
« Je vous souhaite le bonsoir. »
MARCELLUS.
« Adieu, brave soldat : qui vous a relevé de garde ? »
FRANCISCO.
« C'est Bernardo. Je vous souhaite le bonsoir. »

SHAKSPEARE.

Le premier soin de nos voyageurs fut de chercher le moyen de traverser le fossé, et ils ne furent pas long-temps sans découvrir la tête du pont, c'est-à-dire la culée sur laquelle reposait autrefois le pont-levis quand on le baissait. Ce pont était tombé en ruines depuis long-temps, mais on en avait construit un provisoire, et à ce qu'il paraissait, tout récemment avec des troncs d'arbres et des planches, par le moyen duquel ils arrivèrent aisément à l'entrée du pavillon qui était une espèce de château. En y entrant ils trouvèrent un guichet qui s'ouvrait sous le passage voûté, et guidés par la lumière ils arrivèrent dans une salle qu'on avait évidemment préparée pour les recevoir aussi bien que les circonstances le permettaient.

Un grand feu de bois sec brûlait dans la cheminée : il y avait été entretenu si long-temps qu'on respirait un air doux et tempéré dans cet appartement, malgré son étendue et son délabrement. Dans un coin était un amas de bois qui aurait suffi pour nourrir le feu pendant une semaine. Deux ou trois longues tables avaient été préparées, et l'on trouva aussi plusieurs grands paniers contenant des rafraîchissemens de toute espèce. Les yeux du bon bourgeois de Soleure brillèrent de plaisir quand il vit les jeunes gens s'occuper à placer sur les tables les provisions qui étaient dans les paniers.

— Après tout, dit-il, ces pauvres gens de Bâle ont sauvé leur réputation, car s'ils ne nous ont pas fait l'accueil le plus obligeant, du moins ils ne nous laissent pas manquer de bonne chère.

— Ah! mon cher ami, dit Arnold Biederman, l'absence de l'hôte diminue considérablement le prix du festin. La moitié d'une pomme reçue de la main de votre hôte vaut mieux qu'un repas de noces sans compagnie.

— Nous leur en avons moins d'obligation de leur banquet, dit le porte-bannière de Berne. Mais d'après le langage équivoque que nous venons d'entendre, je crois qu'il est à propos de nous tenir cette nuit sur nos gardes, et qu'il conviendrait même que quelques-uns de nos jeunes gens fissent de temps en temps une patrouille dans les environs. Cette place est forte, susceptible d'être défendue, et à cet égard nous devons des remerciemens à ceux qui ont été nos quartiers-maîtres. Cependant avec votre permission, mes honorables collègues, nous examinerons l'intérieur de la maison, après quoi nous organiserons une garde et des patrouilles. A votre devoir, jeunes gens; et faites une perquisition exacte dans toutes ces ruines. Il est possible qu'il s'y trouve d'autres personnes que nous, car nous sommes maintenant dans le voisinage d'un homme qui, comme un renard voleur, marche plus volontiers la nuit que le jour, cherchant sa proie dans les lieux écartés et au milieu des ruines plutôt qu'en plein champ.

La proposition fut unanimement adoptée. Les jeunes gens prirent des torches dont on avait trouvé une bonne quantité dans la salle, et firent une reconnaissance exacte.

La plus grande partie du château était dans un état de ruine et de dégradation beaucoup plus complet que la portion que les citoyens de Bâle semblaient avoir destinée pour le logement de l'ambassade. Le toit en était écroulé de différens côtés, et l'ensemble offrait un tableau de guerre. L'éclat des lumières, celui des armes, le son de la voix humaine, le bruit des pas des jeunes gens effrayèrent dans leurs sombres retraites les chauves-souris, les hiboux et les autres oiseaux de mauvais augure, habitans ordinaires des édifices détruits par le temps; ils prirent leur vol dans les différentes chambres, la plupart sans porte, et jetèrent parmi ceux qui les entendaient sans les voir une alarme qui fit place à des éclats de rire quand la cause en fut connue. Le fossé entourait complètement le château, et par conséquent on y était en sûreté, puisqu'on ne pouvait y être attaqué du dehors que par la grande entrée; il était facile de la barricader et d'y placer des sentinelles.

Ils s'assurèrent aussi par une perquisition faite avec soin, que s'il était possible qu'un individu fût caché parmi de tels monceaux de ruines, du moins il ne l'était pas qu'il s'y trouvât un nombre d'hommes suffisant pour les attaquer sans qu'ils les eussent découverts. On fit un rapport de ces détails au porte-bannière de Berne, qui ordonna à Rodolphe Donnerhugel de prendre sous ses ordres un détachement de six jeunes gens qu'il choisirait lui-même pour faire des patrouilles au dehors dans tous les environs jusqu'au premier chant du coq, et de revenir alors au château pour être relevés par d'autres qui rempliraient les mêmes fonctions jusqu'aux premiers rayons de l'aurore, et qui seraient alors remplacés à leur tour. Rodolphe annonça son intention de rester de garde toute la nuit, et comme il était renommé par sa vigilance autant que par son courage et sa force, on pensa que rien ne manquerait à la garde extérieure du château. Enfin il fut convenu qu'en cas de rencontre imprévue le son du cornet suisse donnerait l'alarme, ce qui servirait de signal pour envoyer du renfort à la patrouille.

La même prudence dicta des précautions analogues dans l'intérieur. Une sentinelle qu'on devait relever toutes les heures fut placée à la porte, et deux autres furent postées de l'autre côté du château, quoique le fossé parût une défense suffisante.

Toutes ces mesures ayant été prises, on se mit à table. Les députés occupèrent le haut bout de la salle, et l'escorte se plaça modestement dans la partie inférieure. Une grande quantité de paille et de foin qui avait été empilée dans le vestibule servit à l'usage auquel les citoyens de Bâle l'avaient sans doute destinée, et à l'aide d'habits et de manteaux on en fit des lits qui parurent excellens à des hommes endurcis qui en avaient souvent eu de plus mauvais, soit à la guerre, soit à la chasse.

L'attention des citoyens de Bâle avait même été jusqu'à préparer pour Anne de Geierstein un logement plus commode que celui de ses compagnons de voyage. C'était un appartement qui avait probablement autrefois servi d'office, dont une porte donnait dans la salle où les Suisses étaient alors réunis, et où se trouvait aussi une baie sans porte donnant sur un passage qui conduisait dans les ruines. Cette baie avait été bouchée avec soin, quoique évidemment à la hâte, avec de grosses pierres prises dans les ruines, empilées les unes sur les autres, sans mortier ni ciment d'aucune espèce, mais si bien assurées par leur propre poids qu'une tentative pour les déplacer aurait donné l'alarme, non-seulement dans cette chambre, mais encore dans la salle voisine et dans tout le château. Le petit appartement arrangé ainsi avec soin, et mis à l'abri de toute surprise, contenait deux lits de camp, et un bon feu allumé dans la cheminée y répandait la chaleur. La religion n'avait même pas été oubliée, car un petit crucifix de bronze et un bréviaire avaient été déposés sur une table.

Ceux qui avaient découvert les premiers cette petite retraite vinrent en faire part aux députés en se répandant en louanges sur la délicatesse des citoyens de Bâle, qui en songeant à ce qui était nécessaire aux étrangers qui allaient arriver, n'avaient pas oublié de pourvoir séparément aux besoins particuliers de leur compagne de voyage.

Arnold Biederman fut sensible à leur attention obligeante. — Nous devons avoir compassion de nos amis de Bâle, dit-il, au lieu de nourrir du ressentiment contre eux. Ils nous ont fait un aussi bon accueil que le leur permettaient leurs craintes personnelles; et ce n'est pas peu dire en leur faveur, mes maîtres, car il n'est aucune passion qui soit aussi égoïste que la peur. Anne, vous êtes fatiguée, ma chère, retirez-vous dans la chambre qui vous est destinée; Lisette choisira parmi nos provisions abondantes ce qu'elle croira le plus convenable pour votre souper.

A ces mots il conduisit lui-même sa nièce dans sa chambre à coucher, autour de laquelle il jeta un coup d'œil de satisfaction; et comme il allait se retirer, il lui souhaita une bonne nuit; mais il y avait sur le front de la jeune fille un nuage qui semblait annoncer que les souhaits de son oncle ne seraient pas accomplis. Depuis le moment où elle avait quitté la Suisse, elle avait eu l'air soucieux; elle causait plus rarement avec ceux qui s'approchaient d'elle, et elle ne leur répondait que par monosyllables; en un mot elle semblait en proie à une secrète inquiétude, ou à un chagrin inconnu. Son oncle s'en était aperçu, mais il l'attribuait assez naturellement au déplaisir qu'elle éprouvait en se voyant obligée de se séparer de lui, ce qui probablement ne devait pas tarder, et au regret qu'elle avait de quitter le séjour paisible où elle avait passé tant d'années de sa jeunesse.

Mais dès qu'Anne de Geierstein fut entrée dans son appartement tous ses membres tremblèrent, la pâleur couvrit ses joues, et elle se laissa tomber assise sur le bord d'un des deux lits. Les coudes appuyés sur ses genoux et sa tête reposant sur ses mains, elle semblait accablée par une affliction profonde ou attaquée de quelque maladie sérieuse, plutôt que fatiguée du voyage et ayant besoin de quelques rafraîchissemens. Arnold n'était pas très clairvoyant sur toutes les causes qui peuvent agiter le cœur d'une femme. Il vit que sa nièce souffrait, mais il ne l'attribua qu'aux motifs dont nous avons déjà parlé, et il la blâma avec douceur d'avoir déjà perdu le caractère d'une fille de la Suisse quand elle pouvait encore sentir le vent qui arrivait de ce pays.

— Il ne faut pas, lui dit-il, que vous fassiez croire aux dames d'Allemagne et de Flandre que nos filles ne sont plus ce qu'étaient leurs mères ; sans quoi nous aurons à livrer encore les batailles de Sempach et de Laupen pour convaincre l'empereur et cet orgueilleux duc de Bourgogne que les Suisses de nos jours ont encore le même courage que leurs ancêtres. Quant à notre séparation, je ne la crains pas ; mon frère est comte de l'Empire, à la vérité, et par conséquent il veut être sûr que tous ceux à qui il a droit de commander sont à ses ordres. Il vous mande près de lui pour prouver qu'il a droit de le faire ; mais je le connais bien : dès qu'il aura vu que ses désirs sont une loi pour vous, il ne s'inquiétera plus de vous. Hélas ! pauvre fille ! en quoi pourriez-vous l'aider dans ses intrigues de cour et dans ses plans ambitieux ? Non, non, vous n'êtes pas en état de servir les projets du comte, et il faudra vous résoudre à retourner régner sur la laiterie de Geierstein, et à continuer d'être le bijou du vieux paysan votre oncle.

— Plût au ciel que nous y fussions maintenant ! s'écria Anne avec un accent de détresse qu'elle chercha vainement à cacher ou à réprimer.

— Cela serait difficile avant que nous ayons rempli la mission pour laquelle nous sommes en marche, répondit le Landamman qui prenait tout à la lettre. Mais suivez mon conseil, Anne, mangez un morceau, buvez trois gouttes de vin, reposez-vous ensuite, et vous vous éveillerez demain aussi gaie qu'un jour de fête en Suisse, quand la musette sonne le réveillé.

Anne se trouva alors en état d'alléguer un violent mal de tête qui ne lui permettait de prendre aucune nourriture, et souhaita le bonsoir à son oncle. Elle dit ensuite à Lisette d'aller chercher ce qu'il lui fallait à elle-même pour son souper, et lui recommanda de ne faire aucun bruit en revenant, et de ne pas interrompre son repos si elle avait le bonheur de s'endormir. Arnold Biederman embrassa sa nièce, et alla rejoindre ses collègues qui l'attendaient avec impatience pour attaquer les provisions dont la table était chargée. Les jeunes gens de l'escorte, dont le nombre était diminué par le départ de la patrouille et par le placement de trois sentinelles à leurs postes respectifs, n'étaient pas en moins bonne disposition que les personnages plus graves et plus importans qu'ils accompagnaient.

Le signal de l'attaque fut donné par le député de Schwitz, le plus âgé de toute la compagnie, qui prononça le bénédicité d'une manière patriarcale. Les voyageurs commencèrent alors leurs opérations avec une vivacité qui prouvait que l'incertitude du souper et le temps qu'ils avaient passé à faire des arrangemens préliminaires avaient considérablement aiguisé leur appétit. Le Landamman lui-même, dont la tempérance approchait quelquefois de l'abstinence, parut cette nuit plus disposé qu'à l'ordinaire à se livrer aux plaisirs de la table. Son ami de Schwitz, suivant son exemple, mangea, but et parla plus que de coutume. Les deux autres députés firent tout ce qu'ils pouvaient faire sans risquer de se laisser accuser de changer le repas en orgie. Le vieux Philipson regardait cette scène d'un œil attentif, et n'emplissait son verre que lorsque la politesse exigeait qu'il fît raison aux santés qui étaient portées. Dès le commencement du banquet son fils était sorti de l'appartement de la manière que nous allons rapporter.

Arthur s'était proposé de se joindre aux jeunes gens qui devaient faire des patrouilles au dehors ou remplir les fonctions de sentinelles dans l'intérieur du château ; il avait même déjà pris quelques arrangemens à ce sujet avec Sigismond, troisième fils du Landamman. Mais avant d'offrir ses services comme il se le proposait, ayant jeté un dernier regard pour ce soir sur Anne de Geierstein, il remarqua sur son front une expression si solennelle qu'il ne lui fut pas possible de penser à autre chose qu'à deviner les motifs qui pouvaient avoir donné lieu à un tel changement. Son front ordinairement serein et ouvert, ses yeux qui exprimaient l'innocence qui est sans crainte, ses lèvres qui, secondées par un regard aussi franc que ses discours, semblaient toujours prêtes à énoncer avec confiance et bonté ce que son cœur lui dictait ; tout en elle avait en ce moment changé de caractère et d'expression à un degré et d'une manière qui faisaient croire qu'on ne pouvait expliquer ce changement en l'attribuant à des causes ordinaires. La fatigue pouvait avoir fait pâlir les roses de ses joues, un mal subit pouvait avoir terni l'éclat de ses yeux et chargé son front d'un nuage ; mais l'air d'accablement profond avec lequel ses yeux se fixaient quelquefois sur la terre, les regards effrayés qu'elle jetait de temps en temps autour d'elle devaient avoir leur source dans une cause différente. Ni la fatigue, ni la maladie ne pouvaient expliquer la manière dont elle contractait ses lèvres, en personne déterminée à voir ou à faire quelque chose qui l'effraie; il y avait une autre cause à ce tremblement presque insensible qui agitait parfois tous ses membres, et qu'elle semblait ne pouvoir maîtriser que par un violent effort. Ce changement remarquable devait avoir sa cause dans le cœur, une cause affligeante et pénible. — Quelle pouvait-elle être ?

Il est dangereux pour la jeunesse de voir la beauté parée de tous ses charmes et armée du désir de faire des conquêtes ; mais il l'est encore bien davantage de la voir dans ses instans d'aisance et de simplicité, cédant sans affectation à l'aimable caprice du moment et cherchant ce qui peut lui plaire autant qu'à plaire elle-même. Il existe des hommes dont le cœur est encore plus vivement ému en voyant la beauté plongée dans le chagrin, et en éprouvant cette douce pitié, ce désir de consoler une belle affligée que le poète décrit comme un assentiment bien voisin de l'amour. Mais sur un esprit d'une tournure romanesque comme on en voyait souvent dans le moyen âge, la vue d'une jeune personne charmante, en proie à la terreur et à la souffrance sans aucune cause visible, devait peut-être faire encore plus d'impression que la beauté dans son éclat, dans sa tendresse, ou dans l'affliction. Il faut se rappeler que ces sentimens n'existaient pas seulement dans les rangs élevés, et qu'ils se trouvaient dans toutes les classes de la société au-dessus du paysan et de l'artisan. Le jeune Philipson regardait donc Anne de Geierstein avec une curiosité si ardente, mêlée de tant de compassion et de tendresse, que la scène active qui se passait autour de lui semblait disparaître à ses yeux, et le laisser, dans une salle où régnait tant de bruit, seul avec l'objet qui l'intéressait.

Quelle pouvait donc être la cause qui accablait ainsi un esprit dont l'équilibre était si parfait, un courage qui était au-dessus de son sexe, tandis que sous la protection d'une escorte composée des hommes peut-être les plus braves qu'on eût pu trouver dans toute l'Europe, et dans un château fortifié, la femme même la plus timide aurait pu être sans inquiétude? Sûrement si une attaque avait lieu, le bruit du combat ne devrait être guère plus effrayant pour elle que les mugissemens des cataractes qu'il l'avait vue mépriser. Du moins, pensait-il, elle doit songer qu'il existe un homme que l'affection et la reconnaissance obligent à combattre pour sa défense jusqu'à la mort. — Plût à Dieu, continua-t-il en se livrant toujours à sa rêverie, que je pusse l'assurer autrement que par signes ou par paroles de ma résolution invariable de la défendre au risque des plus grands périls !

Tandis que ces pensées se succédaient rapidement dans son esprit, Anne, dans un de ces accès de tremblement momentané qui semblaient l'accabler, leva les yeux, les porta tout autour de la salle avec un air de crainte comme si elle se fût attendue à voir au milieu de ses compagnons de voyage, qu'elle connaissait tous, quelque apparition étrange et funeste ; et enfin ils rencontrèrent ceux d'Arthur qui la regardait avec attention. Elle les baissa aussitôt vers la terre, et sa rougeur prouva qu'elle sentait que ses manières étranges avaient été remarquées par le jeune Anglais.

De son côté Arthur sentit qu'il ne rougissait pas moins que la jeune fille, et il se retira à l'écart pour qu'elle ne pût s'en apercevoir. Mais quand Anne se leva et que son oncle la conduisit dans sa chambre comme nous l'avons déjà rapporté, il sembla au jeune Philipson qu'elle l'avait laissé dans le sombre crépuscule d'une salle funéraire. Il continuait à réfléchir sur le sujet qui l'occupait si vivement, quand la voix mâle de Donnerhugel se fit entendre à son oreille.

— Eh bien ! camarade, notre marche d'aujourd'hui vous a-t-elle fatigué au point que vous allez vous endormir tout debout ?

— A Dieu ne plaise ! Hauptman, répondit le jeune Anglais sortant de sa rêverie, et donnant à Rodolphe le titre que les jeunes gens composant l'escorte lui avaient unanimement conféré et qui signifie chef ou capitaine. A Dieu ne plaise que je dorme, si le vent apporte quelque chose qui mérite qu'on veille !

— Où vous proposez-vous d'être au premier chant du coq ?

— Où mon devoir, où votre expérience m'appelleront, Hauptman. Mais avec votre permission, j'ai dessein de monter la garde sur le pont jusqu'au chant du coq, en place de Sigismond. Il se ressent encore de l'entorse qu'il s'est donnée en courant après un chamois, et je lui ai conseillé de prendre un repos non interrompu comme le meilleur moyen de recouvrer ses forces.

— Il fera donc bien de ne pas s'en vanter, car le vieux Landamman n'est pas homme à regarder un si léger accident comme une excuse pour se dispenser de son devoir. Ceux qui sont sous ses ordres doivent avoir aussi peu de cervelle qu'un bœuf, des membres aussi vigoureux que ceux d'un ours, et être aussi insensibles que le fer et le plomb à tous les événemens de la vie, et aussi inaccessibles à toutes les faiblesses de l'humanité.

— J'ai été quelque temps l'hôte du Landamman, et je n'ai pas vu d'exemple d'une discipline si rigoureuse.

—Vous êtes étranger, et le vieillard est trop hospitalier pour vous imposer la moindre contrainte ; quelque part qu'il vous plaise de prendre à nos amusemens ou à nos devoirs militaires, vous êtes parmi nous un volontaire. Ainsi donc quand je vous propose d'être de la seconde patrouille au premier chant du coq, c'est uniquement dans le cas où cette proposition pourrait vous être agréable.

— Je me regarde comme sous vos ordres en ce moment. Mais pour ne pas faire assaut de politesse, je vous dirai que je serai relevé de garde sur le pont, au chant du coq, et que je serai charmé de pouvoir me promener alors sur un terrain plus étendu.

— N'est-ce pas vous exposer sans nécessité à plus de fatigue qu'il ne convient peut-être à vos forces?

— Je n'en aurai pas plus que vous ! Ne vous proposez-vous pas de veiller toute la nuit?

— Sans doute, mais je suis Suisse.

—Et moi, je suis Anglais, répliqua Philipson avec vivacité.

— Je n'entendais pas ce que je disais dans le sens que vous le prenez, dit Rodolphe en riant ; je voulais seulement dire que je suis naturellement plus intéressé en cette affaire que vous ne pouvez l'être, vous qui êtes étranger à la cause à laquelle nous sommes personnellement attachés.

— Je suis un étranger sans doute, mais un étranger qui a reçu chez vous l'hospitalité, et qui par conséquent a droit, tant qu'il sera avec vous, de partager vos travaux et vos dangers.

— Soit ! j'aurai fini ma première patrouille à l'heure où les sentinelles du château seront relevées, et je serai prêt à en commencer une seconde en votre bonne compagnie.

— D'accord ; et maintenant je vais me rendre à mon poste,

car je soupçonne Sigismond de m'accuser déjà d'avoir oublié ma promesse.

Ils allèrent ensemble à la porte, et Sigismond céda les armes et son poste au jeune Anglais à la première sommation, confirmant ainsi l'opinion qu'on avait de lui en général, qu'il était le plus indolent et le moins actif de tous les enfans de Biederman. Rodolphe ne put cacher son mécontentement.

— Que dirait le Landamman, lui demanda-t-il, s'il te voyait céder ainsi tes armes et ton poste à un étranger?

— Il dirait que j'ai bien fait, répondit Sigismond sans s'intimider, car il nous recommande toujours de laisser faire à l'étranger tout ce que bon lui semble, et Arthur est sur ce pont de sa propre volonté; je ne le lui ai pas demandé. Ainsi donc, mon bon Arthur, puisque vous préférez un air froid et le clair de lune à du foin bien chaud et à un bon sommeil, j'y consens de tout mon cœur. Maintenant écoutez votre consigne. Vous devez arrêter quiconque entrera ou voudra entrer dans le château, à moins qu'il ne vous donne le mot d'ordre. Mais vous laisserez sortir ceux de nos amis que vous connaissez, sans les questionner et sans donner l'alarme, parce que la députation peut avoir besoin d'envoyer des messagers au dehors.

— Que la peste t'étouffe, fainéant! s'écria Rodolphe, tu es le seul paresseux de tous tes frères.

— En ce cas, je suis le seul qui soit sage. Ecoutez, brave Hauptman : vous avez soupé ce soir, n'est-ce pas?

— C'est une preuve de sagesse, sot hibou, que de ne pas aller à jeun dans la forêt.

— Si c'est une sagesse de manger quand on a faim, répliqua Sigismond, ce ne peut être une folie de dormir quand on a sommeil. A ces mots la sentinelle relevée, après avoir bâillé deux ou trois fois, rentra dans le château en boitant, prouvant ainsi la réalité de l'entorse dont elle se plaignait.

— Il y a pourtant de la force dans ces membres indolens, dit Rodolphe, et cet esprit lent et engourdi ne manque pas de courage. Mais tandis que je critique les autres j'oublie qu'il est temps que je commence moi-même ma tâche. Ici, camarades, ici !

Le Bernois accompagna ces mots d'un coup de sifflet qui fit sortir du château six jeunes gens qu'il avait désignés pour le suivre, et qui ayant soupé à la hâte n'attendaient que son signal. Ils avaient avec eux deux grands limiers qui, quoique principalement dressés à la chasse, étaient excellens pour découvrir les embuscades, et c'était pour cet objet qu'on les emmenait. Un de ces animaux était tenu en lesse par un jeune homme qui, formant l'avant-garde, marchait à environ trente ou quarante pas en avant des autres ; le second appartenait à Donnerhugel, et obéissait à tous ses ordres avec une docilité sans égale. Trois de ses compagnons suivaient Rodolphe, et les deux autres se tenaient à quelques pas en arrière, l'un d'eux portant une corne suisse pour donner l'alarme en cas de besoin. Ce petit détachement traversa le fossé par le moyen du pont qu'on y avait jeté tout récemment, et s'avança vers la forêt voisine du château, et dont la lisière devait probablement cacher les embuscades si l'on avait à en craindre. La lune était alors levée et presque dans son plein, et de la hauteur sur laquelle le château était situé Arthur, à la faveur de la lueur argentée de cet astre, put suivre des yeux leur marche lente et circonspecte, jusqu'au moment où ils disparurent dans les profondeurs de la forêt.

Lorsque cet objet eut cessé d'attirer ses regards, ses pensées pendant sa faction solitaire se reportèrent sur Anne de Geierstein, et sur la singulière expression de chagrin et de crainte qui s'était répandue sur ses beaux traits pendant cette soirée ; et la rougeur qui avait fait disparaître un instant de sa physionomie la pâleur de l'affliction et de la terreur, au moment où leurs yeux s'étaient rencontrés, était-ce terreur, modestie, quelque sentiment plus doux et plus tendre? Le jeune Philipson, qui comme l'écuyer d'un des contes de Chaucer était aussi modeste qu'une jeune fille, n'osait interpréter ce symptôme d'émotion d'une manière aussi favorable que l'aurait fait sans scrupule un galant plus rempli d'amour-propre. Ni le lever ni le coucher du soleil n'avaient jamais offert à ses yeux des teintes aussi douces que celles qui avaient orné les joues de la jeune Helvétienne, et qui étaient encore présentes à son imagination. Il ne cessait de multiplier les interprétations des signes d'intérêt qu'avait montrés la physionomie d'Anne de Geierstein. Jamais visionnaire, jamais poète ne prêta autant de formes bizarres aux nuages.

Cependant au milieu de ces réflexions une pensée soudaine se présenta à son esprit. Que lui importait de connaître la cause du trouble dont elle était agitée? Il n'y avait pas encore bien long-temps qu'ils s'étaient vus pour la première fois; ils devaient avant peu se séparer pour toujours; il ne devait être pour elle que le souvenir d'une charmante vision; et il ne devait conserver une place dans sa mémoire que comme un étranger qui avait passé quelques jours chez son oncle pour n'y plus reparaître. Quand cette pensée se présenta à la suite des idées romanesques qui l'occupaient, ce fut comme le coup de harpon qui fait sortir la baleine de son état de torpeur et lui imprime tout à coup un mouvement violent. Le passage cintré sous lequel il était en faction lui parut subitement trop étroit pour lui; il traversa le pont de bois à la hâte, et courut se placer sur le terrain en face de la tête du pont qui en soutenait l'extrémité.

Là, sans s'écarter du poste sur lequel en sa qualité de sentinelle il était de son devoir de veiller, il se promena rapidement et à grands pas, comme s'il eût fait vœu de prendre le plus d'exercice possible sur un terrain si limité. Cette marche, continuée quelque temps, produisit l'effet de calmer son esprit et de le faire rentrer en lui-même; il se rappela les nombreuses raisons qui devaient l'empêcher d'accorder son attention et surtout son affection à cette jeune personne, quelque séduisante qu'elle fût.

— Il me reste certainement assez de bon sens, se dit-il à lui-même en ralentissant le pas et en appuyant sur son épaule sa lourde pertuisane, pour me souvenir de ma situation et de mes devoirs, pour songer à mon père à qui je tiens lieu de tout, pour penser au déshonneur dont je me couvrirais si j'étais capable de chercher à gagner l'affection d'une jeune fille dont le cœur est plein de franchise et de confiance, et à qui je ne pourrais consacrer ma vie en retour de ses sentimens. Mais non, elle m'oubliera bientôt, et je tâcherai de ne me ressouvenir d'elle que comme d'un songe agréable qui a embelli un instant une nuit pleine de périls, telle que ma vie semble destinée à l'être.

En parlant ainsi il s'arrêta tout à coup, et tandis qu'il s'appuyait sur son arme, une larme s'échappa de ses yeux sans être essuyée. Mais il combattit cet accès de sensibilité, comme il avait lutté autrefois contre des passions plus fières et plus ardentes. Secouant l'accablement d'esprit et l'abattement qu'il sentait se glisser dans son cœur, il reprit l'air et l'attitude d'une sentinelle attentive, et fixa ses idées sur les devoirs qu'il avait à remplir, et qu'au milieu du tumulte de son agitation il avait presque oubliés. Mais quel fut son étonnement quand, levant les yeux, il vit au clair de la lune passer devant lui, sortant du château, se dirigeant vers la forêt, un être vivant qui lui offrit l'image d'Anne de Geierstein.

CHAPITRE X.

« Qui sait s'il dort, ou s'il est éveillé ?
« Un songe clair, distinct, bien détaillé,
« Quand nous dormons, à tel point nous abuse,
« Que nous croyons que c'est la vérité ;
« Et nous avons, en veillant, quelque excuse
« Pour ne pas croire à la réalité
« De plus d'un fait que notre œil incrédule
« Juge impossible, absurde, ridicule. »

Anonyme.

L'apparition d'Anne de Geierstein passa devant son amant, ou son admirateur du moins, en moins de temps que nous ne pouvons le dire à nos lecteurs ; à l'instant même où le jeune Anglais faisait un effort pour sortir de son accablement, et qu'il levait la tête avec l'air de vigilance convenable à une sentinelle, elle venait de traverser le pont, et passant à quelques pas du factionnaire, sans jeter même un regard sur lui, elle s'avança d'un pas ferme et rapide vers la lisière du bois.

Quoique Arthur eût pour consigne de n'empêcher personne de sortir du château, et de n'arrêter que ceux qui se présenteraient pour y entrer, il aurait été assez naturel, ne fût-ce que par civilité, qu'il eût adressé quelques mots à la jeune fille qui venait de passer devant son poste ; mais elle avait paru devant ses yeux si subitement qu'il en perdit un moment le mouvement et la parole. Il lui semblait que son imagination avait évoqué un fantôme présentant à ses sens la forme et les traits de celle qui occupait ses pensées, et il garda le silence, en partie au moins dans l'idée que l'être qu'il voyait était immatériel et n'appartenait pas à ce monde.

Il n'aurait pas été moins naturel qu'Anne de Geierstein eût témoigné par un signe quelconque qu'elle reconnaissait le jeune homme qui avait passé avec elle un temps assez considérable sous le toit de son oncle ; avec qui elle avait dansé bien des fois, et qui avait été son compagnon dans tant de promenades ; mais elle ne donna pas la moindre marque qu'elle le reconnût, elle ne le regarda même pas en passant ; ses regards étaient fixés vers le bois, et elle s'avançait de ce côté d'un pas ferme et agile ; enfin elle était cachée par les arbres avant qu'Arthur eût recouvré assez de présence d'esprit pour prendre un parti sur ce qu'il devait faire.

Son premier mouvement fut de se reprocher de l'avoir laissée passer sans la questionner, quand il pouvait le faire, sur les motifs qui lui faisaient entreprendre une course si extraordinaire à une pareille heure, et dans un lieu tel qu'il eût été en état de lui donner des secours ou du moins des avis. Ce sentiment l'emporta tellement d'abord sur toute autre considération, qu'il courut vers l'endroit où il avait vu disparaître le bout de sa robe ; et l'appelant aussi haut que le lui permettait la crainte qu'il avait de jeter l'alarme dans le château, il la supplia de revenir et de l'écouter un seul instant. Il ne reçut aucune réponse ; et quand les branches des arbres commencèrent à se croiser sur sa tête et à refuser un passage aux rayons de la lune, il se souvint enfin qu'il oubliait son poste, et qu'il exposait ses compagnons de voyage, comptant sur sa vigilance, au danger d'une surprise.

Il retourna donc à la hâte près du pont, plongé dans un dédale plus inextricable de doute et d'inquiétude, qu'il ne l'avait été auparavant. Il se demanda vainement dans quel dessein une jeune fille si modeste, dont les manières étaient si franches, dont la conduite lui avait toujours paru si délicate et si réservée, sortait seule à minuit, comme une demoiselle errante d'un roman de chevalerie, tandis qu'elle se trouvait dans un pays étranger et dans un voisinage suspect. Cependant il repoussait comme un blasphème toute interprétation qui aurait pu jeter du blâme sur Anne de Geierstein ; il la jugeait incapable de rien faire qui dût faire rougir un ami. Mais rapprochant l'état d'agitation dans lequel il l'avait vue pendant la soirée du fait extraordinaire de son excursion hors du château, seule, sans aucune défense, à une pareille heure, il en conclut nécessairement qu'elle devait avoir eu pour agir ainsi quelque motif très puissant et probablement désagréable.

— J'épierai son retour, se dit-il intérieurement, et si elle m'en donne l'occasion, je l'assurerai qu'il existe auprès d'elle un cœur fidèle et sincère, qui par honneur et par reconnaissance verserait jusqu'à la dernière goutte de son sang pour lui épargner le moindre désagrément. Ce n'est point un vain transport romanesque que le bon sens aurait droit de me reprocher, ce n'est que ce que je dois faire, ce qu'il faut que je fasse, si je veux mériter le titre d'homme d'honneur.

Cependant à peine Arthur se crut-il bien affermi dans une résolution à laquelle il ne trouvait aucune objection, que ses idées prirent un autre cours. Il réfléchit qu'Anne avait pu désirer d'aller à Bâle, suivant l'invitation qui lui en avait été faite la soirée précédente, son oncle ayant des amis dans cette ville. A la vérité, c'était choisir une heure singulière pour exécuter ce dessein; mais il savait qu'en Suisse les jeunes filles ne craignaient pas de marcher seules, même pendant la nuit; et que pour aller voir une amie malade, ou dans quelque autre intention, Anne aurait été seule au clair de la lune, au milieu de ses montagnes, à une distance bien plus considérable que celle qui existait entre le pavillon de chasse et la ville de Bâle. La forcer de le prendre pour confident pouvait donc être un acte d'impertinence et non une preuve d'affection. D'ailleurs elle avait passé presque à son côté sans faire la moindre attention à sa présence; il était donc évident qu'elle n'avait pas dessein de lui accorder sa confiance, et probablement elle ne courait aucun danger que son aide pût détourner. En un tel cas ce que devait faire un homme d'honneur, c'était de la laisser rentrer au château comme elle en était sortie, sans avoir l'air de la voir, sans lui faire aucune question, et de la laisser maîtresse de lui parler ou non, comme elle le jugerait à propos.

Une autre idée enfantée par le siècle dans lequel il vivait lui passa aussi par l'esprit, mais sans y faire beaucoup d'impression. Cette forme si parfaitement semblable à Anne de Geierstein pouvait être une illusion de ses yeux, ou une de ces apparitions dont on racontait tant d'histoires dans tous les pays, et dont la Suisse et l'Allemagne avaient leur bonne part; le sentiment secret et indéfinissable qui l'avait empêché de lui parler, comme il aurait été naturel qu'il le fît, s'expliquait aisément en supposant que les sens d'un mortel s'étaient refusés à une rencontre avec un être d'une nature différente. Quelques expressions du magistrat de Bâle tendaient aussi à faire croire que le château était hanté par des êtres d'un autre monde. Mais quoique la croyance générale aux apparitions des esprits empêchât Arthur d'être tout-à-fait incrédule sur ce sujet, les instructions de son père, homme aussi distingué par son bon sens que par son intrépidité, lui avait appris à n'attribuer à une intervention surnaturelle rien de ce qui pouvait s'expliquer par des causes ordinaires. Il bannit donc sans difficulté tout sentiment de crainte superstitieuse qui s'attachât un instant à cette aventure nocturne. Enfin il résolut de ne plus se livrer à des conjectures dans lesquelles il ne puisait que de nouveaux motifs d'inquiétude, et d'attendre avec fermeté, sinon avec patience, le retour de sa belle vision ; retour qui, s'il n'expliquait pas complètement le mystère, semblait du moins le seul moyen d'y jeter quelque jour.

Ayant adopté cette résolution, il continua de se promener à son poste, les yeux toujours fixés sur la partie du bois où il avait vu disparaître cette forme chérie, oubliant un instant qu'il était en faction pour autre chose que pour épier le moment de son retour. Il sortit de cette rêverie en entendant du côté de la forêt un bruit qui lui parut un cliquetis d'armes. Rappelé sur-le-champ au sentiment de ses devoirs, dont il sentait l'importance pour son père et ses compagnons de voyage, Arthur se posta sur le pont, assez étroit pour qu'on pût y faire quelque résistance, et mit toute son attention à s'assurer si quelque danger menaçait le château. Le bruit des pas et des armes approchait ; il vit briller au clair de lune sur la lisière du bois des casques et des javelines ; mais la grande taille de Rodolphe Donnerhugel, qui marchait en tête de ses compagnons, fit reconnaître à notre sentinelle que c'était la patrouille qui rentrait. Lorsqu'elle approcha du pont, le qui-vive, le mot d'ordre, en un mot toutes les formes d'usage, furent observés. Rodolphe fit défiler sa troupe sur le pont, et donna ordre qu'on éveillât sur-le-champ ceux qui devaient composer la seconde patrouille, et qu'on fît relever de garde Arthur Philipson, le temps de sa faction étant alors expiré, comme l'eût attesté au besoin l'horloge de la cathédrale de la ville de Bâle, dont le son se prolongeant à travers les champs et par-dessus la forêt, fit entendre les douze heures de minuit.

— Et maintenant, camarade, dit Rodolphe à Arthur, l'air froid et une longue faction vous ont peut-être donné l'envie de prendre quelque nourriture et de vous reposer. Êtes-vous encore dans l'intention de faire une ronde avec nous?

Au fond du cœur, Arthur aurait préféré rester où il était, afin de voir revenir Anne de Geierstein de son excursion mystérieuse ; mais il ne lui était pas facile d'en trouver le prétexte, et il ne voulait pas donner au fier Donnerhugel le moindre soupçon qu'il fût moins robuste et moins en état d'endurer la fatigue qu'aucun des grands montagnards dont il était en ce moment le compagnon. Il n'hésita donc pas un instant, et remettant sa pertuisane à l'indolent Sigismond qui arriva en bâillant et en étendant les bras comme un homme dont le sommeil vient d'être interrompu à son grand regret, au moment où il jouissait du repos le plus doux et le plus profond, il répondit à Rodolphe qu'il était toujours disposé à faire avec lui une reconnaissance. Les jeunes gens qui devaient former la patrouille ne tardèrent pas à arriver. Parmi eux se trouvait Rudiger, fils aîné du Landamman d'Underwald. Le champion bernois se mit à leur tête, et lorsqu'ils furent arrivés près de la lisière de la forêt, il ordonna à trois de ses gens de suivre Rudiger.

— Vous ferez votre ronde du côté gauche, dit Rodolphe à Rudiger ; je ferai la mienne par la droite, et nous nous rejoindrons gaîment à l'endroit convenu. Prenez un des chiens avec vous ; je garderai Wolf-Fanger ; il courra sur un Bourguignon aussi bien que sur un ours.

Rudiger avec ses trois hommes partit du côté gauche, suivant l'ordre qu'il venait de recevoir, et Rodolphe ayant envoyé en avant un des deux jeunes gens qui lui restaient et placé l'autre en arrière, forma avec Arthur le corps du centre. Ayant eu soin de les placer à une assez grande distance pour qu'il pût converser librement avec son compagnon, Rodolphe lui adressa la parole avec le ton de familiarité que permettait leur amitié récente.

— Eh bien! roi Arthur, que pense Sa Majesté d'Angleterre de nos jeunes Helvétiens? croyez-vous, noble prince, qu'ils puissent remporter un prix dans une joute ou dans un tournoi ? faut-il les ranger parmi les chevaliers couards de Cornouailles ?

— S'il s'agit de joutes et de tournois, dit Arthur, je ne puis vous répondre, car je n'ai jamais vu aucun de vous monté sur un palefroi et tenant une lance en arrêt. Mais s'il faut prendre en considération des membres robustes et des cœurs intrépides, je dirai que vos braves Suisses peuvent faire face à qui que ce soit, dans tout pays où l'on fait cas de la force ou de la valeur.

— C'est bien parler, jeune Anglais, reprit Rodolphe ; mais sachez que nous n'avons pas moins bonne opinion de vous, et je vous en donnerai la preuve tout à l'heure. Vous venez de parler de chevaux ; je ne m'y connais guère, mais je présume que vous n'achèteriez pas un coursier que vous n'auriez vu que sous ses harnais et chargé d'une selle et d'une bride, et que vous voudriez le voir à nu et dans son état naturel de liberté.

— Oui, bien certainement, répondit Arthur ; vous parlez comme si vous étiez né dans le comté d'York, qu'on appelle la plus joyeuse partie de la joyeuse Angleterre.

— En ce cas, je vous dirai, ajouta Donnerhugel, que vous n'avez encore vu qu'à demi nos jeunes Suisses, puisque vous ne les avez encore vus que comme des êtres aveuglément soumis aux volontés des vieillards de leurs Cantons, ou tout au plus dans leurs amusemens sur leurs montagnes. Vous avez donc pu remarquer leur force et leur agilité, mais vous ne pouvez connaître le courage et la fermeté d'esprit qui dirigent cette force et cette agilité dans les grandes entreprises.

Le Suisse en faisant ces remarques avait peut-être dessein d'exciter la curiosité du jeune Anglais ; mais Arthur avait trop constamment présentes à sa pensée l'image et la forme d'Anne de Geierstein, telle qu'il l'avait vue passer devant lui pendant qu'il était en faction, pour se livrer volontairement à un sujet d'entretien totalement étranger aux idées qui l'occupaient. Il eut donc besoin de faire un effort sur lui-même pour répondre en peu de mots avec civilité qu'il n'avait nul doute que son estime pour les Suisses, jeunes gens ou vieillards, n'augmentât encore à mesure qu'il les connaîtrait mieux.

Il n'en dit pas davantage, et Donnerhugel trompé peut-être dans son attente en voyant qu'il n'avait pas réussi à exciter sa curiosité, marcha en silence à côté de lui. Arthur pendant ce temps réfléchissait s'il parlerait à son compagnon de la circonstance qui occupait exclusivement son esprit, dans l'espoir que le parent d'Anne de Geierstein, l'ancien ami de toute sa famille, pourrait jeter quelque jour sur ce mystère.

Il éprouvait pourtant une répugnance invincible à s'entretenir avec le jeune Suisse d'un sujet qui concernait Anne de Geierstein. Que Rodolphe eût des prétentions à ses bonnes graces, c'était ce dont il était presque impossible de douter ; et quoique Arthur, si la question en eût été faite, eût dû pour être d'accord avec lui-même déclarer qu'il n'avait pas dessein d'entrer en rivalité avec lui, cependant il ne pouvait supporter l'idée qu'il fût possible que son rival réussît, et ce n'aurait même été qu'avec un mouvement d'impatience qu'il aurait entendu le nom d'Anne sortir de sa bouche.

Peut-être était-ce par suite de cette irritabilité secrète qu'Arthur éprouvait encore un éloignement invincible pour Rodolphe Donnerhugel, quoiqu'il fît tous ses efforts pour cacher ce sentiment, et même pour le vaincre. La familiarité franche mais un peu grossière du jeune Suisse était jointe à un certain air de hauteur et de protection qui ne convenait nullement à la fierté de l'Anglais. Il répondait aux avances du Bernois avec une égale franchise, mais il était souvent tenté de réprimer le ton de supériorité dont elles étaient accompagnées. L'événement de leur combat n'avait pas donné à Rodolphe le droit de prétendre aux honneurs du triomphe, et Arthur ne se regardait pas comme compris dans le nombre des jeunes gens que Rodolphe commandait en ce moment par suite de leur consentement unanime. Philipson aimait si peu cette affectation de supériorité, que le titre de roi Arthur qu'on lui donnait en plaisantant, et qui lui était parfaitement indifférent dans la bouche des enfans de Biederman, lui paraissait presque offensant quand Rodolphe prenait la liberté de le lui appliquer. Il se trouvait donc dans la situation peu agréable d'un homme intérieurement mécontent, et qui n'a aucun prétexte pour laisser percer son mécontentement. Sans doute la source de cette antipathie secrète était un sentiment de rivalité; ce sentiment, quoique Arthur craignît de se l'avouer à lui-même, eut cependant assez de force pour l'empêcher de parler à Rodolphe de l'aventure nocturne qui l'intéressait tellement. Comme il avait laissé tomber la conversation entamée par le jeune Suisse, ils marchèrent quelque temps en silence, la barbe sur l'épaule, comme disent les Espagnols, c'est-à-dire regardant sans cesse à droite et à gauche, et s'acquittant ainsi avec vigilance des devoirs qu'ils avaient à remplir.

Enfin, après qu'ils eurent fait environ un mille à travers les champs et dans la forêt en décrivant autour des ruines de Graff's-lust un segment de cercle assez étendu pour s'assurer qu'il ne pouvait exister aucune embuscade entre le château et l'endroit où ils se trouvaient, le vieux chien conduit par la vedette qui était en avant s'arrêta tout à coup et gronda sourdement.

— Eh bien! Wolf-Fanger, dit Rodolphe en s'approchant de lui, qu'y a-t-il donc, vieux coquin? est-ce que tu ne sais pas distinguer les amis des ennemis? Voyons, réfléchis-y une seconde fois; il ne faut pas perdre ta réputation à ton âge. Allons, sens-tu quelque piste?

Le chien leva le nez en l'air, comme s'il eût parfaitement compris ce que lui disait son maître, en secouant la tête et en remuant la queue comme pour lui répondre.

— Tu le vois bien à présent, dit Donnerhugel en lui passant la main sur le dos; les secondes pensées valent de l'or. Tu vois que c'est un ami, après tout.

Le chien remua encore la queue, et se remit à marcher en

avant sans montrer plus d'inquiétude. Rodolphe revint près de son ami.

— Je présume que nous allons rencontrer nos compagnons, dit Arthur; et les sens du chien plus parfaits que les nôtres l'en avertissent.

— Il serait difficile que ce fût déjà Rudiger, répondit le Bernois, car la portion de terrain qu'il doit reconnaître autour du château a une circonférence plus étendue que celle que nous venons de parcourir. Cependant il y a quelqu'un dans les environs, car j'entends encore gronder Wolf-Fanger. Regardez bien de tous côtés.

Tandis que Rodolphe recommandait à son compagnon d'être sur le qui-vive, ils entraient dans une grande clairière où étaient épars à une distance considérable les uns des autres quelques vieux pins d'une taille gigantesque, et dont la cime étalant au clair de lune de larges branches faisait paraître leurs troncs plus gros et plus noirs qu'ils ne l'étaient réellement. — Ici, dit Rodolphe, nous avons du moins l'avantage de voir distinctement tout ce qui pourra s'approcher de nous. Mais je présume, ajouta-t-il après avoir jeté un coup d'œil autour de lui, qu'un daim ou un loup a passé ici, et que c'est sa piste que le chien a sentie. Attendez, le voilà qui s'arrête; oui, oui, il faut que ce soit cela; il se remet en marche.

Le chien continua effectivement à marcher, après avoir donné quelques signes d'incertitude, et même d'alarmes. Cependant il parut se rassurer, et ne montra plus aucun symptôme d'inquiétude.

— Cela est étrange, dit Arthur, et cependant il me semble que je viens de voir remuer quelque chose près de ce buisson, là-bas, où quelques épines et quelques noisetiers, autant que j'en puis juger, croissent autour de trois ou quatre grands arbres.

— J'ai eu les yeux fixés sur ce buisson depuis cinq minutes, et je n'ai rien aperçu.

— Quoi que ce puisse être, je suis sûr d'y avoir vu quelque

chose, pendant que vous vous occupiez du chien. Avec votre permission, j'irai reconnaître ce buisson.

— Si vous étiez tout-à-fait sous mes ordres, je vous le défendrais; car si ce sont des ennemis, il est important de ne pas nous séparer. Mais vous êtes un volontaire, et par conséquent maître de vos mouvemens.

— Je vous remercie, répondit Arthur, et il s'élança en avant.

Il sentait pourtant qu'en agissant ainsi il ne suivait ni les règles de la politesse comme particulier, ni peut-être celles de la subordination comme soldat, et qu'il aurait dû obéir au chef de la troupe dans laquelle il s'était enrôlé quoique volontairement. Mais d'une autre part, l'objet qu'il avait vu, quoique de loin et imparfaitement, lui avait paru ressembler à Anne de Geierstein, telle qu'elle avait disparu à ses yeux une ou deux heures auparavant sur la lisière de la forêt; et une curiosité irrésistible le portant à vouloir s'assurer si c'était véritablement elle, ne lui permit d'écouter aucune autre considération.

Avant que Rodolphe eût eu le temps de lui répliquer, Arthur était à mi-chemin du buisson. Il n'était composé, comme il en avait jugé de loin, que de quelques arbustes peu élevés, et derrière lesquels on n'aurait pu se cacher qu'en s'accroupissant par terre. Tout objet blanc ayant la taille et la forme humaine devait donc se faire aisément découvrir à travers le feuillage peu épais de ces arbrisseaux. A ces observations se mêlaient d'autres pensées. Si c'était Anne de Geierstein qu'il avait vue une seconde fois, il fallait qu'elle eût quitté le chemin plus découvert, probablement dans le dessein de ne pas être aperçue; et quel droit, quel titre avait-il pour attirer sur elle l'attention de la patrouille? Il croyait avoir remarqué qu'en général cette jeune personne, bien loin d'encourager les attentions de Rodolphe Donnerhugel, semblait chercher à s'y soustraire, et qu'elle ne faisait que les endurer quand la politesse ne lui permettait pas de les rejeter entièrement. Était-il donc convenable qu'il la troublât dans une excursion secrète que l'heure et le lieu rendaient fort étrange, mais que pour cette raison même elle ne désirait peut-être que davantage de cacher à un homme qui lui était désagréable? N'était-il pas même possible que Rodolphe trouvât un moyen de faire valoir ses prétentions, dans la connaissance qu'il aurait acquise de ce que cette jeune personne désirait couvrir du voile du secret?

Tandis que ces pensées occupaient son esprit, Arthur s'arrêta, les yeux toujours fixés sur le buisson dont il n'était plus alors qu'à une cinquantaine de pas, et quoiqu'il l'examinât avec toute l'attention que lui inspiraient ses doutes et ses inquiétudes, un autre mouvement le portait à penser que le parti le plus sage qu'il pût prendre était de retourner vers ses compagnons, et de dire à Rodolphe que ses yeux l'avaient trompé.

Mais pendant qu'il était encore indécis sur ce qu'il devait faire, l'objet qu'il avait déjà vu se montra de nouveau à côté du buisson, s'avança vers lui en ligne droite, et lui offrit comme la première fois les traits et le costume d'Anne de Geierstein. Cette vision, car le temps, le lieu et la vue subite de cette apparition lui firent prendre cet objet pour une illusion plutôt que pour une réalité, frappa Arthur d'une surprise qui allait presque jusqu'à la terreur : elle passa à quelques pas de lui, sans qu'il eût la force ou la présence d'esprit de lui adresser la parole, et sans qu'elle eût l'air de le reconnaître ou de le voir; et dirigeant sa marche sur la droite de Rodolphe et de ses deux compagnons, elle disparut de nouveau dans les arbres.

Des doutes de plus en plus inexplicables assaillirent l'esprit du jeune Anglais, et il ne sortit de l'état de stupeur dans lequel il était tombé, qu'en entendant la voix de Rodolphe, qui lui disait :

— Eh bien! roi Arthur, dormez-vous, êtes-vous blessé?

— Ni l'un ni l'autre; je suis seulement au comble de la surprise.

— De la surprise! et pourquoi, très royal...

— Trêve de plaisanteries, s'écria Arthur avec quelque impatience, et répondez-moi très sérieusement. L'avez-vous vue? ne l'avez-vous pas rencontrée?

— Vu! rencontré! Je n'ai vu ni rencontré personne, et j'aurais juré que vous pouviez en dire autant; car j'ai toujours eu les yeux sur vous, excepté un instant ou deux. Mais si vous avez vu quelqu'un, pourquoi n'avez-vous pas donné l'alarme?

— Parce que ce n'était qu'une femme, répondit faiblement Arthur.

— Une femme! répéta Donnerhugel avec un ton de mépris; sur ma parole, roi Arthur, si je n'avais vu jaillir de vous de bonnes étincelles de valeur, je serais porté à croire que vous n'avez vous-même que le courage d'une femme. Il est bien étrange qu'une ombre pendant la nuit, un précipice pendant le jour, fassent trembler un esprit aussi audacieux que celui que vous avez montré quand...

— Et que je montrerai toujours quand l'occasion l'exigera, s'écria l'Anglais, recouvrant sa présence d'esprit; mais je vous jure que si vous m'avez vu un instant déconcerté, ce n'est la crainte d'aucun objet terrestre qui y a donné lieu.

— Remettons-nous en marche, dit Rodolphe; nous ne devons pas négliger la sûreté de nos amis. Ce dont vous parlez pourrait bien n'être qu'une ruse pour nous interrompre dans l'exécution de notre devoir.

Ils traversèrent la clairière éclairée par la lune. Une minute de réflexion suffit pour rétablir l'équilibre dans l'esprit du jeune Philipson, et pour lui faire sentir avec peine qu'il venait de jouer un rôle ridicule et indigne de lui, en présence du dernier homme qu'il aurait voulu avoir pour témoin de sa faiblesse.

Il se rappela les relations qui existaient entre lui, Donnerhugel, le Landamman, sa nièce, et le reste de cette famille, et malgré la résolution qu'il avait formée quelques instants auparavant, il resta convaincu qu'il était de son devoir de faire part au chef sous lequel il s'était placé de l'étrange circonstance dont il avait été deux fois témoin dans le cours de cette nuit. Il pouvait y avoir des raisons de famille, l'exécution d'un vœu, par exemple, ou quelque motif semblable qui expliquassent aux yeux de ses parens la conduite d'Anne de Geierstein. D'ailleurs il était en ce moment soldat, ayant des devoirs à remplir, et tout ce mystère pouvait couvrir des dangers qu'il était prudent de prévoir et de prévenir. Dans l'un ou dans l'autre cas, son compagnon avait droit d'être instruit de ce qu'il avait vu. On doit bien croire qu'Arthur adopta cette nouvelle résolution dans un moment où le sentiment de son devoir et la honte de la faiblesse qu'il avait montrée l'emportaient sur l'intérêt personnel qu'il prenait à Anne de Geierstein, intérêt qui pouvait aussi être refroidi par l'incertitude mystérieuse que les événemens de cette nuit avaient répandue comme un épais nuage autour de celle qui en était l'objet.

Tandis que les pensées du jeune Anglais prenaient cette direction, son capitaine ou son compagnon, après quelques minutes de silence, lui adressa enfin la parole.

— Je crois, mon cher camarade, lui dit-il, qu'étant en ce moment votre officier, j'ai quelque droit à entendre de vous le rapport de ce que vous venez de voir; car il faut que ce soit quelque chose de très important pour avoir pu agiter si vivement un esprit aussi ferme que le vôtre. Si pourtant vous pensez que la sûreté générale permet de le différer jusqu'à notre retour au château, et que vous préfériez le faire au Landamman lui-même, vous n'avez qu'à m'en informer, et je ne vous presserai pas de m'accorder votre confiance, quoique je me flatte de ne pas en être indigne; je vous autoriserai même à nous quitter sur-le-champ, et à retourner au château.

Cette proposition toucha celui à qui elle était faite, précisément à l'endroit sensible. Une demande péremptoire de sa confiance aurait peut-être essuyé un refus, mais le ton de modération conciliante de Rodolphe se trouva à l'unisson avec les propres réflexions d'Arthur.

— Je sens parfaitement, Hauptman, lui dit-il, que je dois vous informer de ce que j'ai vu cette nuit ; mais la première fois mon devoir n'exigeait pas que je le fisse ; et depuis que j'ai vu le même objet une seconde fois, j'ai été comme étourdi par une telle surprise, qu'à peine puis-je encore trouver des paroles pour l'exprimer.

— Comme je ne puis me figurer ce que vous avez vu, il faut que je vous prie de vous expliquer. Nous autres, pauvres Suisses, nous avons le crâne trop épais pour savoir deviner des énigmes.

— Ce que j'ai à vous rapporter, Rodolphe Donnerhugel, en est pourtant une véritable, et une énigme dont il m'est absolument impossible de trouver l'explication. Tandis que vous faisiez votre première patrouille autour des ruines, continua Arthur quoique non sans hésiter, et pendant que j'étais en faction, une femme sortit du château, traversa le pont, passa à quelques pas de moi sans me dire un seul mot, et disparut au milieu des arbres.

— Ah ! s'écria Donnerhugel sans ajouter un mot de plus.

— Il y a cinq minutes, continua Arthur, cette même femme sortit de derrière ce petit buisson et ce groupe d'arbres, passa encore à peu de distance de moi sans me parler, et disparut de même dans la forêt sur votre droite. Sachez en outre que cette apparition avait la forme, la marche, les traits et le costume de votre parente, d'Anne de Geierstein.

— Cela est assez singulier, dit Rodolphe avec un ton d'incrédulité ; mais je présume que je ne dois pas douter de ce que vous me dites, car je vous ferais sans doute une injure mortelle, tel est votre esprit de chevalerie dans le Nord. Cependant vous me permettrez de vous dire que j'ai des yeux comme vous, et je ne crois pas vous avoir perdu de vue une minute. Nous n'étions guère qu'à cent pas de l'endroit où je vous ai trouvé plongé dans une stupeur profonde, comment se fait-il donc que nous n'ayons pas vu de même ce que vous dites et ce que vous croyez avoir vu ?

— C'est une question à laquelle je ne puis répondre. Peut-être vos yeux n'étaient-ils pas tournés vers moi pendant le peu d'instans que j'ai vu cette forme humaine : peut-être aussi, comme on dit que cela arrive quelquefois lors des apparitions surnaturelles, n'était-elle visible que pour une seule personne.

—Vous supposez donc que cette apparition était imaginaire, surnaturelle ?

— Que vous dirai-je ? L'Église nous apprend que cela peut arriver ; et certes il est plus naturel de croire que cette apparition est une illusion, que de supposer qu'Anne de Geierstein, jeune fille modeste et bien élevée, soit à courir dans les bois, seule et à une pareille heure, quand le soin de sa sûreté et les convenances doivent l'obliger à rester dans sa chambre.

—Il y a du vrai dans ce que vous dites ; et cependant il court des bruits, quoique peu de gens se soucient d'en parler, qui semblent prouver qu'Anne de Geierstein n'est pas tout-à-fait ce que sont les autres jeunes filles, et qu'on l'a rencontrée, en corps et en esprit, dans des endroits où elle n'aurait guère pu arriver sans un secours étranger.

— Quoi ! s'écria Arthur ; si jeune, si belle, et déjà liguée avec l'ennemi du genre humain !

— Je ne dis pas cela, répondit le Bernois, mais je n'ai pas le temps en ce moment de m'expliquer plus clairement. En retournant au château je pourrai trouver l'occasion de vous en dire davantage. Mon principal but en vous engageant à m'accompagner dans cette patrouille, a été de vous présenter à quelques amis que vous serez charmé de connaître, et qui désirent faire votre connaissance ; et c'est ici que je dois les trouver.

A ces mots, il tourna autour d'une pointe de rocher, et une scène inattendue se présenta aux yeux du jeune Anglais.

Dans un coin ou réduit abrité par la saillie du rocher, brillait un grand feu autour duquel étaient assis ou couchés une quinzaine de jeunes gens portant le costume suisse, mais décoré d'ornemens et de broderies qui réfléchissaient la lumière du feu, de même que les gobelets d'argent circulant de main en main et les flacons qui déjà commençaient à être vides. Arthur remarqua aussi les restes d'un banquet auquel il paraissait qu'on avait fait honneur tout récemment.

Les joyeux convives se levèrent avec empressement en voyant arriver Donnerhugel, que sa taille faisait aisément reconnaître, et ses compagnons. Ils le saluèrent, en lui donnant le titre d'Hauptman, avec toutes les démonstrations d'une vive affection, mais en s'abstenant avec soin de toute acclamation bruyante. Leur chaleureuse amitié annonçait que Rodolphe était le bienvenu parmi eux, tandis que leur précaution prouvait qu'il y venait en secret, et qu'il devait être reçu avec mystère.

Au bon accueil général qu'il reçut, il répondit : — Je vous remercie, mes braves camarades. Avez-vous vu Rudiger?

— Vous voyez qu'il n'est pas encore venu, brave capitaine, répondit un des jeunes gens; autrement nous l'aurions retenu jusqu'à votre arrivée.

— Il est en retard, dit le Bernois. Nous aussi nous avons éprouvé un délai, et cependant nous voici arrivés avant lui. Je vous amène, camarades, l'Anglais plein de bravoure dont je vous ai parlé comme d'un compagnon que nous devons désirer de nous associer dans notre projet audacieux.

— Il est le bienvenu, trois fois le bienvenu, dit un jeune homme à qui son costume d'un bleu d'azur richement brodé donnait un air d'autorité; encore mieux venu, s'il nous apporte un cœur et un bras disposés à prendre part à notre noble projet.

— Je vous réponds de lui sous les deux rapports, dit Donnerhugel; versez-nous du vin, et buvons au succès de notre glorieuse entreprise, et à la santé de notre nouvel associé.

Tandis qu'on remplissait les coupes d'un vin d'une qualité fort supérieure à tous ceux qu'Arthur avait bus jusqu'alors dans ce pays, il jugea à propos, avant de s'engager plus avant, de savoir quel était l'objet secret de l'association qui paraissait désirer de le compter parmi ses membres.

— Avant de vous offrir mes faibles services, messieurs,

dit-il, puisque vous voulez bien y attacher quelque prix, vous me permettrez de vous demander le but et le caractère de l'entreprise à laquelle je dois prendre part.

— Devais-tu l'amener ici, dit le cavalier en bleu à Rodolphe, sans lui avoir donné tous les renseignemens nécessaires à ce sujet?

— Que cela ne t'inquiète pas, Lawrence, répondit Donnerhugel; je connais mon homme. Sachez donc, mon cher ami, continua-t-il en s'adressant à Arthur, que mes camarades et moi nous sommes déterminés à proclamer sur-le-champ la liberté du commerce, et à résister jusqu'à la mort s'il le faut à toutes exactions illégales de la part de nos voisins.

— Je comprends cela, dit Arthur, et je sais que la députation actuelle se rend près du duc de Bourgogne pour lui faire des remontrances à ce sujet.

— Ecoutez-moi, reprit Rodolphe; il est probable que la question sera décidée par les armes, long-temps avant que nous ne voyions les traits augustes et gracieux du duc de Bourgogne. Qu'on ait employé son influence pour nous fermer les portes de Bâle, ville neutre et faisant partie de l'empire germanique, c'est ce qui nous donne le droit de nous attendre au plus mauvais accueil quand nous arriverons sur ses domaines. Nous avons même tout lieu de croire que nous aurions déjà ressenti les effets de sa haine si nous n'avions eu la précaution de faire bonne garde. Des cavaliers venant du côté de la Férette sont venus reconnaître nos postes cette nuit, et il n'y a nul doute que nous eussions été attaqués s'ils ne nous avaient trouvés si bien sur nos gardes. Mais il ne suffit pas de leur avoir échappé aujourd'hui, il faut prendre garde à demain; et c'est pour cette raison qu'un certain nombre des plus braves jeunes gens de la ville de Bâle, indignés de la pusillanimité de leurs magistrats, ont résolu de se joindre à nous pour effacer la honte dont la lâcheté et le manque d'hospitalité de ceux qui ont l'autorité en main ont couvert le lieu de leur naissance.

— C'est ce que nous ferons avant que le soleil qui va se lever dans deux heures disparaisse du côté de l'occident, dit le jeune homme en bleu, et un murmure général annonça l'assentiment de tous ceux qui l'entouraient.

— Mes chers messieurs, dit Arthur, profitant de l'instant où le silence se rétablit, permettez-moi de vous rappeler que l'ambassade est partie dans des vues pacifiques, et que ceux qui composent son escorte doivent éviter tout acte qui pourrait tendre à aigrir les esprits quand il s'agit de les concilier. Vous ne pouvez vous attendre à de mauvais procédés dans les domaines du Duc, puisque le caractère d'envoyé est respecté dans tous les pays civilisés; et je suis sûr que vous ne voudrez vous-mêmes vous en permettre que de louables.

— Nous pouvons être exposés à des insultes, quoi qu'il en soit, s'écria Rodolphe; et cela à cause de vous et de votre père Arthur Philipson.

— Je ne vous comprends pas.

— Votre père est marchand et il porte avec lui des marchandises qui occupent peu de place, mais qui sont d'un grand prix.

— Sans doute, mais qu'en résulte-t-il?

— Morbleu! je veux dire que si l'on n'y prend garde, le chien d'attache du duc de Bourgogne héritera d'une bonne partie de vos soieries, de vos satins et de vos joyaux.

— Soieries, satins, joyaux! s'écria un des jeunes gens de Bâle, de telles marchandises ne passeront pas sans payer de droits dans une ville où commande Archibald Von Hagenbach.

— Mes chers messieurs, dit Arthur après un moment de réflexion, ces marchandises sont la propriété de mon père et non la mienne; c'est à lui et non à moi qu'il appartient de décider quelle partie il peut en sacrifier sous forme de péage plutôt que d'occasionner une querelle qui pourrait être aussi fâcheuse pour les compagnons qui l'ont reçu dans leur société que pour lui-même; tout ce que je puis dire, c'est qu'il a des affaires importantes à la cour de Bourgogne et qui doivent lui faire désirer d'y arriver en paix avec tout le monde. Je suis même convaincu que plutôt que d'encourir le danger d'une querelle avec la garnison de la Férette, il sacrifierait volontiers toutes les marchandises qu'il a en ce moment avec lui. Je vous demande donc, messieurs, le temps de consulter son bon plaisir à ce sujet, vous assurant que si sa volonté est de se refuser au paiement des droits exigés au nom du duc de Bourgogne, vous trouverez en moi un homme bien déterminé à combattre jusqu'à la dernière goutte de son sang.

— Fort bien, roi Arthur, dit Rodolphe, vous êtes fidèle observateur du quatrième commandement, et vous obtiendrez de longs jours sur la terre. Ne croyez pas que nous négligions d'obéir au même précepte, quoique en ce moment nous nous regardions comme obligés, avant tout, à consulter les intérêts de notre patrie, qui est la mère commune de nos pères, comme de nous-mêmes. Mais comme vous connaissez notre respect pour le Landamman, vous ne devez pas craindre que nous l'offensions volontairement en commettant des hostilités inconsidérées et sans quelque puissant motif; et une tentative de piller son hôte trouverait en lui une résistance capable d'aller jusqu'à la mort. J'avais espéré que vous et votre père vous seriez disposés à vous offenser d'une pareille injure. Cependant si votre père trouve à propos de présenter votre toison pour être tondue par Archibald Von Hagenbach, dont il verra que les ciseaux savent la couper d'assez près, il serait inutile et impoli à nous d'offrir notre intervention. En attendant vous avez l'avantage de savoir que si le gouverneur de la Férette ne se contente pas de la toison et qu'il veuille aussi votre peau, vous avez à votre portée des gens en plus grand nombre que vous ne le pensiez, que vous trouverez disposés à vous donner de prompts secours et en état de le faire.

— A ces conditions, dit Arthur, je fais mes remerciemens à ces messieurs de la ville de Bâle, ou de quelque autre endroit qu'ils soient venus; et je bois fraternellement à notre plus ample et plus intime connaissance.

—Santé et prospérité aux Cantons-Unis et à leurs amis! s'écria le jeune homme en bleu; et mort et confusion à tous autres!

On remplit toutes les coupes, et au lieu d'acclamations et d'applaudissemens, les jeunes gens témoignèrent leur dévouement à la cause qu'ils avaient embrassée, en se serrant la main et en brandissant leurs armes, mais sans faire le moindre bruit.

— Ce fut ainsi, dit Rodolphe Donnerhugel, que nos illustres ancêtres, les fondateurs de l'indépendance de la Suisse, se réunirent dans le champ immortel de Rutli, entre Uri et Underwald. Ce fut ainsi qu'ils se jurèrent l'un à l'autre, sous la voûte azurée du ciel, qu'ils rendraient la liberté à leur pays opprimé; et l'histoire nous apprend comment ils tinrent parole.

—Et elle apprendra un jour, ajouta le jeune homme en bleu, comment les Suisses actuels ont su conserver la liberté conquise par leurs pères. Continuez votre ronde, mon cher Rodolphe, et soyez sûr qu'au premier signal de l'Hauptman, les soldats ne seront pas bien loin. Rien n'est changé à nos arrangemens, à moins que vous n'ayez de nouveaux ordres à nous donner.

— Écoutez-moi un instant, Lawrenz, lui dit Rodolphe. Il le tira un peu à l'écart, mais Arthur l'entendit dire à son compagnon : — Ayez soin qu'on ne fasse aucun excès avec ce bon vin du Rhin. Si vous en avez une trop grande provision, cassez-en quelques flacons, comme par accident. Un mulet peut faire un faux pas, comme vous le savez. Méfiez-vous de Rudiger à cet égard; il a pris le goût du vin depuis qu'il s'est joint à nous. Nos bras doivent être comme nos cœurs, prêts à tout pour demain.

Ils continuèrent à causer quelques instans, mais si bas qu'Arthur n'entendit plus rien de leur conversation. Enfin ils se dirent adieu et se serrèrent de nouveau la main comme pour se donner un gage solennel d'union intime.

Rodolphe et ses compagnons se remirent en marche; mais

à peine avaient-ils perdu de vue ceux qu'ils venaient de quitter, que la vedette qui marchait en avant donna un signal d'alarme. Arthur sentit son cœur battre vivement. — C'est Anne de Geierstein, pensa-t-il.

— Mon chien est tranquille, dit Rodolphe ; ceux qui s'approchent ne peuvent être que nos compagnons.

C'étaient effectivement Rudiger et son détachement. Les deux partis firent halte à quelques pas l'un de l'autre, et le mot d'ordre fut demandé et reçu pour la forme, tant les Suisses avaient déjà fait de progrès dans la discipline militaire, qui était encore presque inconnue par l'infanterie dans d'autres parties de l'Europe. Arthur entendit Rodolphe reprocher à son ami Rudiger de ne pas être arrivé à temps au rendez-vous convenu. — Votre arrivée va encore les faire boire, dit-il, et il faut que le jour de demain nous trouve froids et fermes.

— Froids comme la glace, noble Hauptman, répondit le fils du Landamman, et fermes comme le rocher auquel elle est suspendue.

Rodolphe lui recommanda de nouveau la tempérance, et le jeune Biederman lui promit de suivre ses avis. Les deux détachemens se séparèrent en se donnant des signes muets d'amitié, et ils furent bientôt à une distance considérable l'un de l'autre.

Le pays était plus découvert du côté du château où étaient alors Rodolphe et Arthur, qu'en face du pont conduisant à la principale porte. Les clairières du bois étaient vastes, il ne se trouvait que quelques arbres dispersés çà et là sur les pâturages, et l'on n'y voyait ni buissons, ni ravins, ni rien qui pût servir à placer une embuscade. La vue, à la faveur du clair de lune, commandait une grande étendue de terrain.

— Nous pouvons nous juger ici assez en sûreté pour causer, dit Rodolphe. Ainsi donc puis-je vous demander, roi Arthur, maintenant que vous nous avez vus de plus près, ce que vous pensez des jeunes Suisses? Si vous en avez appris moins que je le désirais, il faut vous en prendre à votre humeur peu communicative, qui nous a empêchés de vous accorder une confiance pleine et entière.

— Vous ne m'en avez privé qu'en tant que je n'aurais pu y répondre, et par conséquent je n'y avais nul droit. Quant au jugement que je me crois en état de porter, le voici en peu de mots : Vos projets sont nobles et élevés comme vos montagnes; mais l'étranger qui a toujours vécu dans la plaine n'est pas habitué aux sentiers tortueux que vous suivez pour les gravir. Mes pieds ont toujours été accoutumés à marcher en droite ligne sur un terrain uni.

— Vous me parlez en énigmes.

— Point du tout : je veux dire que je crois que vous devriez instruire les députés, qui sont, du moins de nom, les chefs de ces jeunes gens qui paraissent disposés à ne prendre d'ordres que d'eux-mêmes; ne devez-vous pas les prévenir que vous vous attendez à une attaque dans le voisinage de la Férette, et que vous espérez avoir le secours de quelques habitans de Bâle?

— Oui vraiment, et qu'en résulterait-il? le Landamman ferait halte jusqu'au retour d'un messager qu'il enverrait au duc de Bourgogne pour en obtenir un sauf-conduit; et s'il était accordé, adieu tout espoir de guerre.

— C'est la vérité; mais le Landamman arriverait à son but principal et remplirait le seul objet de sa mission, qui est l'établissement de la paix.

— La paix! la paix! s'écria le Bernois avec vivacité. Si j'étais le seul dont les désirs soient opposés à ceux d'Arnold Biederman, je connais si bien son honneur et sa foi, j'ai un tel respect pour sa valeur et son patriotisme, qu'à sa voix je ferais rentrer ma lame dans le fourreau, quand même mon plus mortel ennemi serait devant moi. Mais mes désirs ne sont pas ceux d'un seul homme; tout mon Canton, tout celui de Soleure, sont déterminés à la guerre. Ce fut par une guerre, par une noble guerre que nos ancêtres secouèrent le joug d'une servitude insupportable. Ce fut par une guerre heureuse et glorieuse qu'une race à laquelle on croyait à peine devoir penser autant qu'aux bœufs qu'elle conduisait, obtint sa liberté, acquit de l'importance, et fut honorée parce qu'on la craignait autant qu'elle était méprisée quand elle n'offrait aucune résistance.

— Tout cela peut être très vrai ; mais suivant moi, l'objet de votre mission a été déterminé par votre diète ou chambre des communes. Elle a résolu de vous envoyer avec d'autres comme des messagers de paix, et vous soufflez secrètement le feu de la guerre : tandis que tous vos collègues plus âgés, ou du moins la plupart d'entre eux, vont partir demain dans l'attente d'un voyage paisible, vous vous préparez au combat et vous cherchez même les moyens d'y donner lieu.

— Et n'ai-je pas raison de m'y préparer? Si nous recevons un accueil pacifique sur le territoire de Bourgogne, comme vous dites que les autres députés s'y attendent, mes précautions deviendront inutiles, mais du moins elles ne peuvent faire aucun mal. Cependant si le contraire arrive, elles serviront à préserver de grands malheurs mes collègues, mon parent Arnold Biederman, ma belle cousine Anne, vous-même et votre père, en un mot nous tous qui voyageons joyeusement ensemble.

— Il y a dans tout ceci, dit Arthur en secouant la tête, quelque chose que je ne comprends pas, et que je ne chercherai pas à comprendre. Je vous prie seulement de ne pas chercher dans les affaires et les intérêts de mon père un motif pour rompre la paix. Vous m'avez donné à entendre que cela pouvait impliquer le Landamman dans une querelle qu'autrement il aurait pu éviter ; je suis sûr que mon père ne le pardonnerait jamais.

— J'ai déjà donné ma parole à ce sujet ; mais si l'accueil qu'il recevra du chien d'attache du duc de Bourgogne lui plaisait moins que vous ne semblez le croire, il n'y a pas de mal que vous sachiez qu'il peut au besoin être soutenu par des amis fermes et actifs.

— Je vous suis très obligé de cette assurance.

— Et vous-même, mon cher ami, vous ferez bien de profiter de ce que vous avez entendu. On ne se trouve pas à une noce couvert d'une armure, ni dans une querelle vêtu d'un pourpoint de soie.

— Je me préparerai à ce qui peut arriver de pire, et en conséquence je mettrai un léger haubert d'acier bien trempé qui est à l'épreuve de la flèche et de la javeline. Je vous remercie de votre avis amical.

— Vous ne me devez pas de remerciemens : je ne mériterais pas d'être Hauptman si je ne faisais pas connaître à ceux qui doivent me suivre, et surtout à un homme aussi brave que vous l'êtes, le moment où il faut endosser l'armure et se préparer aux coups.

La conversation cessa pendant quelques instants, aucun des deux interlocuteurs n'étant parfaitement content de son compagnon, quoique ni l'un ni l'autre ne voulût faire aucune remarque à ce sujet.

Le Bernois jugeant les marchands d'après les sentimens de ceux de son propre pays, s'était regardé comme presque assuré que l'Anglais, se trouvant puissamment soutenu par la force, aurait saisi l'occasion de se refuser au paiement des droits exorbitans dont il était menacé dans la ville voisine ; ce qui, sans que Rodolphe parût y contribuer, aurait sans doute déterminé Arnold Biederman lui-même à rompre la paix, et amené sur-le-champ une déclaration de guerre. D'une autre part le jeune Philipson ne pouvait ni comprendre ni approuver la conduite de Donnerhugel qui, membre lui-même d'une députation pacifique, ne semblait animé que du désir de trouver une occasion d'allumer le feu de la guerre.

Occupés de ces diverses réflexions, ils marchèrent quelque temps à côté l'un de l'autre sans parler. Enfin Rodolphe rompit le silence.

— L'apparition d'Anne de Geierstein n'excite donc plus votre curiosité, sire Anglais? dit-il à Arthur.

— Il s'en faut de beaucoup ; mais je ne voulais pas vous fatiguer de questions pendant que vous êtes occupé des devoirs de votre patrouille.

— Nous pouvons la regarder comme terminée, car il n'y a pas dans les environs un seul buisson en état de cacher un coquin de Bourguignon ; et un coup d'œil autour de nous de temps en temps est tout ce qu'il faut pour éviter une surprise. Ainsi donc écoutez bien une histoire qui n'a jamais été chantée ni racontée dans une tour ou dans un château, et qui commence à me paraître tout au moins aussi croyable que celle des chevaliers de la table ronde, que les anciens troubadours et les *minne-singers* nous donnent comme des chroniques authentiques du monarque fameux dont vous portez le nom.

— J'ose dire, continua Rodolphe, que vous avez suffisamment entendu parler des ancêtres d'Anne dans la ligne paternelle. Vous savez qu'ils demeuraient entre leurs vieilles murailles à Geierstein, près de la cascade ; tantôt opprimant leurs vassaux, pillant leurs voisins moins puissans et dévalisant les voyageurs que leur mauvaise étoile conduisait à portée du nid des vautours ; tantôt fatiguant tous les saints en leur demandant le pardon de leurs crimes, distribuant aux prêtres une partie de leurs richesses mal acquises, et faisant des pèlerinages, partant pour une croisade, enfin allant visiter la Terre-Sainte à titre de réparation des iniquités qu'ils avaient commises sans le moindre remords de conscience.

— J'ai compris que telle était l'histoire de la maison de Geierstein jusqu'au moment où Arnold, ou son père, je crois, quitta la lance pour prendre la houlette.

— Mais on dit qu'ils étaient des nobles bien différens, les riches et puissans barons d'Arnheim, de Souabe, dont la seule descendante devint la femme du comte Albert de Geierstein, et fut la mère de cette jeune personne que les Suisses appellent simplement Anne, mais que les Allemands nomment la comtesse Anne de Geierstein. Ils ne se bornaient pas à pécher et à se repentir alternativement, à piller de pauvres paysans, à engraisser des moines paresseux ; ils se distinguaient autrement qu'en construisant des châteaux avec des cachots et des chambres de torture, et en fondant des monastères avec des dortoirs et des réfectoires.

Ces barons d'Arnheim étaient des hommes qui cherchaient à reculer les bornes des connaissances humaines. Ils avaient changé leur château en une espèce de collége, où il y avait plus d'anciens livres que les moines n'en ont empilé dans la bibliothèque de l'abbaye de Saint-Gall ; et leurs études ne se bornaient pas aux livres. Enfoncés dans leurs laboratoires, ils acquéraient des secrets dont la connaissance était ensuite transmise du père au fils, et qu'on supposait approcher de bien près des mystères les plus profonds de l'alchimie. Le bruit de leur science et de leurs richesses arriva souvent jusqu'au pied du trône impérial ; et dans les fréquentes querelles que les empereurs eurent autrefois avec les papes, on dit que les premiers furent encouragés par les conseils des barons d'Arnheim qui prodiguaient leurs trésors pour la cause de ces monarques. Ce fut peut-être ce système politique, joint aux études mystérieuses et extraordinaires auxquelles la maison d'Arnheim se livrait depuis si long-temps, qui fit naître l'opinion généralement reçue qu'ils étaient aidés dans leurs recherches de connaissances au-dessus de la portée de l'homme par des secours surnaturels. Les prêtres ne manquèrent pas de propager ce bruit contre des hommes qui n'avaient peut-être d'autre tort que d'être plus savans qu'eux.

—Voyez, disaient-ils, voyez quels hôtes sont reçus dans le château d'Arnheim ; qu'un chevalier chrétien blessé par les Sarrasins se présente sur le pont-levis, on lui donne une croûte de pain, un verre de vin, et on l'engage à passer son chemin ; qu'un pèlerin en odeur de sainteté, venant de visiter les lieux saints, chargé de reliques qui sont la preuve et la récompense de ses fatigues, s'approche de ces murailles profanes, la sentinelle bande son arbalète et le portier ferme la porte comme si le saint homme apportait la peste avec lui de la Palestine. Mais s'il arrive un Grec à barbe grise, à langue bien pendue, avec des rouleaux de parchemins dont les yeux chrétiens ne peuvent même déchiffrer l'écriture ; s'il vient un rabbin juif avec son Talmud et sa Cabale ; un Maure à visage basané qui puisse se vanter d'avoir appris le langage des astres dans la Chaldée, berceau de l'astrologie; le vagabond, l'imposteur, le sorcier est placé au haut bout de la table du baron d'Arnheim; il partage avec lui les travaux de l'alambic et du creuset; il apprend de lui des connaissances mystiques semblables à celles qu'acquirent nos premiers parens pour la ruine de leur race; et il s'en acquitte en lui donnant des leçons plus terribles que celles qu'il reçoit, jusqu'à ce que son hôte impie ait ajouté à son trésor de sciences sacrilèges tout ce que le païen peut lui communiquer. Et tout cela se passe en Allemagne dans le pays qu'on appelle le Saint-Empire romain, où tant de prêtres ont le rang de princes! et l'on ne met pas au ban de l'Empire, on ne frappe pas même d'un monitoire une race de sorciers qui de siècle en siècle triomphent par la nécromancie !

Tels étaient les argumens qu'on répétait dans les salons des abbés comme dans les cellules des anachorètes; et cependant ils paraissent avoir fait peu d'impression sur le conseil de l'empereur; mais ils servirent à exciter le zèle de bien des barons et des comtes de l'Empire qui apprirent ainsi à regarder une querelle ou une guerre avec les barons d'Arnheim comme à peu près semblable à une croisade contre les ennemis de la foi, et devant leur procurer les mêmes immunités; et une attaque contre ces potentats vus de si mauvais œil, comme un moyen sûr de régler leurs comptes avec l'église chrétienne. Mais quoique les barons d'Arnheim ne cherchassent querelle à personne, ils n'en étaient pas moins belliqueux et ils savaient fort bien se défendre. Quelques individus de cette race étaient aussi vaillans chevaliers, aussi intrépides hommes d'armes que savans habiles. D'ailleurs ils étaient riches, soutenus par de grandes alliances, sages et prudens à un degré éminent; et ceux qui les attaquèrent l'apprirent à leurs dépens.

Les ligues qui se formèrent contre les barons d'Arnheim furent dissoutes; les attaques que leurs ennemis méditaient furent prévenues et déconcertées; et ceux qui en vinrent à des actes d'hostilité effectifs furent vaincus et essuyèrent de grandes pertes. Enfin l'impression qui en résulta et qui se répandit dans tout leur voisinage fut que, vu les informations exactes qu'ils recevaient des attaques projetées contre eux, et la manière uniforme dont ils réussissaient toujours à y résister et à en triompher, il fallait qu'ils eussent recours à des moyens de défense que nulle force purement humaine n'était capable de vaincre. Ils devinrent donc aussi redoutés qu'ils étaient haïs, et pendant la dernière génération on renonça à les inquiéter. C'était d'autant plus sage que les vassaux nombreux de cette grande maison étaient satisfaits de leurs seigneurs, disposés à prendre leur défense et portés à croire que, soit que leurs maîtres fussent sorciers ou non, ils ne gagneraient rien à en avoir un autre, que ce fût un des croisés de cette guerre sainte ou un des prélats qui en soufflaient le feu. La ligne masculine de ces barons s'éteignit à la mort d'Herman Von Arnheim, aïeul maternel d'Anne de Geierstein. Il fut enterré avec son casque, son épée et son bouclier, comme c'est la coutume en Allemagne à la mort du dernier descendant mâle d'une famille noble.

Mais il laissa une fille unique, Sibylle d'Arnheim, qui hérita d'une portion considérable de ses domaines, et je n'ai jamais ouï dire que la cruelle accusation de sorcellerie portée contre sa maison ait empêché des hommes de la première distinction de l'empire germanique de solliciter de l'empereur, son tuteur légal, la main de la riche héritière. Albert de Geierstein quoiqu'il ne fût qu'un banni, obtint la préférence. Il était galant et bien fait, ce qui fut pour lui une recommandation auprès de Sibylle ; et l'empereur qui se repaissait alors du vain projet de recouvrer son autorité sur les montagnes de la Suisse, désirait se montrer généreux à l'égard d'Albert qu'il regardait comme une victime d'un dévouement loyal à sa cause. Vous voyez donc, très noble roi Arthur, qu'Anne de Geierstein, seul rejeton de ce mariage, ne descend pas d'une race ordinaire, et que les circonstances qui peuvent la concerner ne doivent pas s'expliquer et se juger aussi facilement et d'après les mêmes raisonnemens que s'il s'agissait de toute autre personne.

— Sur mon honneur, sire Rodolphe de Donnerhugel, dit Arthur faisant un violent effort sur lui-même pour maîtriser ses sentimens, tout ce que je vois, tout ce que je comprends, d'après votre récit, c'est que parce qu'il y a en Allemagne comme en d'autres pays des fous qui regardent comme sorciers et magiciens ceux qui possèdent des connaissances et de la science, vous êtes disposé à diffamer une jeune personne qui a toujours été chérie et respectée de tous ceux qui l'entourent, et à la représenter comme disciple d'un art qui, comme je le crois, est aussi peu commun qu'illicite.

Quelques instans se passèrent avant que Rodolphe répondît.

— J'aurais désiré, dit-il enfin, que vous vous fussiez contenté des traits généraux du caractère de la famille maternelle d'Anne de Geierstein, comme offrant quelques circonstances qui peuvent expliquer jusqu'à un certain point ce que d'après votre propre rapport vous avez vu cette nuit; et il me répugne véritablement d'entrer dans des détails plus particuliers. La réputation d'Anne de Geierstein ne peut être plus chère à personne qu'à moi. Après la famille de son oncle, je suis son plus proche parent. Si elle était restée en Suisse, ou si elle y revenait, comme cela est assez probable, peut-être pourrions-nous être unis par des nœuds encore plus étroits. Dans le fait, le seul obstacle qui s'y soit opposé est venu de certains préjugés de son oncle sur l'autorité paternelle et sur notre parenté, qui n'est pourtant pas assez proche pour que nous ne puissions obtenir une dispense. Je ne vous en parle que pour vous prouver que je dois nécessairement attacher plus de prix à la réputation d'Anne de Geierstein que vous ne pouvez le faire, vous qui êtes un étranger, qui ne la connaissez que depuis quelques jours, et qui êtes sur le point de la quitter pour toujours, à ce qu'il paraît.

La tournure de cette espèce d'apologie causa tant de dépit à Arthur, qu'il fallut toutes les raisons qui lui ordonnaient de le cacher pour le mettre en état de répondre avec sang-froid.

— Je n'ai nul motif, sire Hauptman, lui dit-il, pour contredire l'opinion que vous pouvez avoir d'une jeune personne à laquelle vous êtes lié d'aussi près que vous paraissez l'être à Anne de Geierstein. Je suis seulement surpris qu'ayant autant d'égards pour elle que votre parenté doit le faire supposer, vous soyez disposé, d'après des traditions populaires, à adopter une croyance injurieuse à votre parente, et surtout à une jeune personne à laquelle vous annoncez le désir d'être uni par des nœuds encore plus étroits. Songez-vous que dans tout pays chrétien l'imputation de sorcellerie est la plus odieuse qu'on puisse se permettre contre un homme ou contre une femme ?

— Et je suis si loin de vouloir porter une telle accusation contre elle, s'écria Rodolphe, que si quelqu'un osait laisser échapper une telle pensée, par la bonne épée que je porte, je le défierais au combat, et sa mort ou la mienne en serait le résultat. Mais la question n'est pas de savoir si elle pratique elle-même la sorcellerie ; quiconque le prétendrait, ferait aussi bien de creuser sa fosse et de songer au salut de son ame. Le doute est de savoir si, descendant d'une famille qui a eu comme on l'assure des relations très intimes avec le monde invisible, elle n'est pas exposée à voir des esprits aériens, des êtres d'une nature différente de la nôtre, prendre sa ressemblance, et tromper les yeux de ceux qui la connaissent ; enfin s'il leur est permis de jouer des tours à ses dépens, quand ils ne peuvent en faire autant à l'égard des autres mortels dont les ancêtres ont toujours été pendant leur vie fidèles observateurs de l'Église, et sont morts régulièrement dans sa communion. Et comme je désire sincèrement conserver votre estime, je vous communiquerai sur sa généalogie des circonstances qui confirment cette idée. Mais je dois vous prévenir que c'est un acte de confiance personnelle, et que j'attends de vous un secret inviolable, sous peine de tout mon déplaisir.

— Le secret sera gardé, répondit le jeune Anglais, cachant avec peine les sentimens qui l'agitaient. Jamais il ne sortira de ma bouche un mot qui puisse nuire à la bonne renommée d'une jeune personne à qui je dois tant de respect. Mais la crainte du déplaisir de qui que ce soit ne saurait rien ajouter à la garantie de mon honneur.

— Soit! répliqua Rodolphe; je n'ai nulle envie de vous causer le moindre mécontentement. Mais je désire, tant pour conserver votre bonne opinion à laquelle j'attache grand prix que pour expliquer plus clairement ce qui a pu vous paraître obscur, vous communiquer des choses que sans cela j'aurais préféré passer sous silence.

— Vous devez juger vous-même de ce qui est nécessaire et convenable à cet égard, répondit Philipson; mais souvenez-vous que je ne vous demande pas de me communiquer aucune chose qui doive rester secrète, et surtout quand il s'agit d'une jeune dame.

— Vous en avez déjà trop vu et trop entendu, Arthur, répondit Rodolphe après une minute de silence, pour qu'il ne soit pas nécessaire que vous sachiez tout, du moins tout ce que je sais moi-même sur ce sujet mystérieux. Il est impossible que les circonstances dont nous nous sommes entretenus ne se représentent pas quelquefois à votre souvenir, et je désire que vous possédiez tous les renseignemens nécessaires pour les comprendre aussi bien que la nature des faits le permet. Nous avons encore, en côtoyant ce marécage, environ un mille de chemin avant d'avoir terminé le tour du château. Ce temps me suffira pour le récit que j'ai à vous faire.

— Parlez, je vous écoute, dit le jeune Anglais, partagé entre le désir de savoir tout ce qu'il lui était possible d'apprendre relativement à Anne de Geierstein, et la répugnance qu'il avait à entendre prononcer son nom par un homme qui annonçait des prétentions semblables à celles de Donnerhugel; car il sentait renaître en lui ses premières préventions contre le Suisse à taille gigantesque, dont les manières, respirant toujours une franchise qui allait presque à la grossièreté, semblaient alors marquées par un air de présomption et de supériorité. Cependant il écouta avec attention son récit étrange, et l'intérêt qu'il y prit l'emporta bientôt sur tout autre sentiment.

CHAPITRE XI.

> — « L'adepte, en sa doctrine,
> « Nous peint les élémens peuplés d'esprits divers.
> « Le Sylphe, fils du ciel, voltige dans les airs :
> « Le Gnome vit caché dans les grottes profondes ;
> « La Naïade construit son palais dans les ondes ;
> « Et le feu si terrible, élément destructeur,
> « Est pour la Salamandre un séjour de bonheur. »
> ANONYME.

—Je vous ai déjà informé, dit Rodolphe à Arthur, que les barons d'Arnheim, quoique s'occupant de père en fils d'études secrètes, étaient pourtant comme les autres nobles allemands, belliqueux et amateurs de la chasse. Tel était particulièrement le caractère d'Herman d'Arnheim, aïeul maternel d'Anne de Geierstein, qui se faisait gloire d'avoir un superbe haras, et possédait le plus noble coursier qu'on eût jamais vu dans les Cercles de l'Allemagne. Je renonce à vous faire la description d'un tel animal ; je me bornerai à dire qu'il était noir comme le jais, sans un seul poil blanc sur la tête ni à ses pieds. Pour cette raison, et attendu son caractère fougueux, son maître l'avait nommé Apollyon, ce qu'on regardait en secret comme tendant à confirmer les mauvais bruits qui couraient sur la maison d'Arnheim, puisque le baron, disait-on, donnait à son cheval favori le nom d'un démon.

Il arriva, un jour de novembre, que le baron était allé chasser dans la forêt, et qu'il ne rentra chez lui qu'après la nuit venue. Il ne se trouvait aucun étranger au château, car comme je vous l'ai donné à entendre, les barons n'y recevaient guère que ceux dont ils pouvaient espérer d'obtenir de nouvelles connaissances. Le baron était seul, assis dans son salon éclairé par des torches et des lampes. D'une main il tenait un livre dont les caractères auraient été inintelligibles pour tout autre que lui ; l'autre était appuyée sur une table de marbre sur laquelle était placé un flacon de vin de Tokai. Un page était placé dans une attitude respectueuse au fond de cette grande salle où il ne régnait qu'un demi-jour, et l'on n'entendait d'autre son que celui du vent de la nuit qui semblait soupirer sur un ton lugubre en passant à travers les cottes-de-mailles rouillées et les bannières en lambeaux, tapisserie guerrière de cet appartement féodal. Tout à coup on entendit quelqu'un monter l'escalier à la hâte et comme en tremblant ; la porte s'ouvrit avec violence, et l'effroi peint sur tous ses traits, Gaspard, chef des écuries du baron ou son grand-écuyer, accourut vers la table devant laquelle son maître était assis, en s'écriant :

— Monseigneur ! monseigneur ! il y a un diable dans l'écurie.

— Que signifie cette folie ? demanda le baron en se levant, surpris et mécontent d'être interrompu d'une manière si inusitée.

— Je me soumets à tout votre déplaisir, dit Gaspard, si je ne vous dis pas la vérité. Apollyon...

Il s'interrompit un instant.

— Parle donc, fou que tu es ! s'écria le baron ; la frayeur te fait-elle perdre la tête ? — Mon cheval est-il malade ? lui est-il arrivé quelque accident ?

Tout ce que put faire le grand-écuyer fut de répéter : — Apollyon !

— Eh bien ! dit le baron, quand Apollyon lui-même serait ici en personne, il n'y aurait pas de quoi effrayer un homme brave.

— Le diable est à côté d'Apollyon, s'écria le chef des écuries.

— Fou ! s'écria le baron en saisissant une torche, qui peut t'avoir tourné l'esprit ? Des gens comme toi, nés pour nous servir, devraient avoir plus d'empire sur leur tête, par égard pour nous, si ce n'est pour eux-mêmes.

Tout en parlant ainsi il traversa la cour du château pour se rendre dans ses écuries qui en occupaient toute l'extrémité intérieure, et où cinquante beaux coursiers étaient rangés des deux côtés. Près de chacun d'eux étaient placées les armes offensives et défensives d'un homme d'armes, aussi brillantes et en aussi bon état qu'il était possible, et la cotte de buffle qui formait le vêtement de dessous du soldat. Le baron y entra avec deux domestiques qui l'avaient suivi, étonnés de cette alarme extraordinaire. Il marcha à grands pas entre ces deux rangs de chevaux, et s'approcha de son coursier favori qui était à l'autre extrémité de l'écurie du côté droit. L'animal ne hennit point, ne secoua point la tête, ne battit pas du pied, enfin ne donna aucun de ces signes par lesquels il avait coutume de témoigner sa joie quand il voyait arriver son maître. Il ne parut le reconnaître que par une sorte de gémissement qui semblait implorer son assistance.

Herman leva sa torche, et vit un grand homme qui avait la main appuyée sur l'épaule du cheval.

— Qui es-tu? que fais-tu ici? lui demanda le baron.

— Je cherche refuge et hospitalité, répondit l'étranger, et je te le demande par l'épaule de ton cheval et par le tranchant de ton épée; et puissent-ils ne jamais te manquer au besoin!

— Tu es donc un frère du Feu Sacré? dit le baron d'Arnheim. Je ne puis te refuser ce que tu me demandes d'après les rites des Mages persans. Contre qui et pour combien de temps me demandes-tu ma protection?

— Contre ceux qui viendront me chercher avant que le coq chante, répondit l'étranger, et pour l'espace de temps d'un an et un jour à compter de ce moment.

— Mon serment et mon honneur ne me permettent pas de te refuser. Je te protégerai donc un an et un jour; ta tête aura l'abri de mon toit, tu t'assiéras à ma table et tu boiras de mon vin. Mais toi aussi, tu dois obéir aux lois de Zoroastre. De même qu'il dit : « Que le plus fort protége le plus faible, » il est dit aussi : « Que le plus sage instruise celui qui a moins de connaissances. » Je suis le plus fort, et tu seras en sûreté sous ma protection; mais tu es le plus sage, et tu dois m'instruire dans les plus secrets mystères.

— Vous voulez vous amuser aux dépens de votre serviteur; mais si Dannischemend sait quelque chose qui puisse être utile à Herman, ses instructions seront pour lui comme celles d'un père pour son fils.

— Sors donc de ta place de refuge. Je te jure par le Feu Sacré qui vit sans alimens terrestres, par la fraternité qui existe entre nous, par l'épaule de mon cheval et par le tranchant de mon épée, que je garantirai ta sûreté pendant un an et un jour, autant que mon pouvoir y suffira.

L'étranger sortit de l'écurie, et ceux qui virent son extérieur singulier ne furent pas très surpris que Gaspard eût été effrayé en le trouvant dans l'écurie sans savoir comment il avait pu s'y introduire. Quand il fut entré dans le salon, où le baron le conduisit comme il y aurait conduit un hôte respectable accueilli avec plaisir, la clarté des torches fit voir que c'était un homme de grande taille et ayant un air de dignité. Il portait le costume asiatique, c'est-à-dire un caftan, ou longue robe noire semblable à celle que portent les Arméniens, et un grand bonnet carré, couvert de la laine noire des moutons d'Astracan. Tout ce qui composait ses vêtemens était noir, ce qui faisait ressortir une longue barbe blanche qui lui tombait sur la poitrine. Sa robe était retenue autour de sa taille par une ceinture en filet de soie noire, dans laquelle au lieu de poignard et de cimeterre étaient passés un étui d'argent et un rouleau de parchemin. Le seul ornement qu'il portât était un rubis d'une grosseur peu commune, et dont l'éclat était tel que lorsque la lumière le frappait, il semblait darder les rayons qu'il ne faisait que réfléchir. Le baron lui offrit alors des rafraîchissemens, mais l'étranger lui répondit :

— Je ne puis rompre le pain, ni faire passer une goutte

d'eau entre mes lèvres jusqu'à ce que le vengeur soit arrivé devant votre porte.

Le baron donna ordre qu'on remît de l'huile dans les lampes, et qu'on allumât de nouvelles torches; il dit à tous ses gens d'aller se reposer, et resta seul avec l'étranger. A minuit les portes du château furent ébranlées comme par un ouragan, et l'on entendit une voix comme celle d'un héraut demander qu'on lui remît son prisonnier, Dannischemend, fils d'Ali. Le gardien de la porte entendit alors ouvrir une fenêtre, et reconnut la voix de son maître parlant à la personne qui venait faire cette sommation. Mais la nuit était si obscure qu'il ne put voir aucun des interlocuteurs, et la langue qu'ils parlaient lui était inconnue, ou du moins leurs discours étaient mêlés de tant de mots étrangers qu'il ne put en comprendre une syllabe. Cinq minutes s'étaient à peine écoulées quand celui qui était dehors éleva de nouveau la voix, et dit en allemand : — J'ajourne donc l'exercice de mes droits à un an et un jour ; mais quand je reviendrai à cette époque, ce sera pour exiger ce qui m'est dû, et ce qui m'est dû ne me sera plus refusé.

Depuis ce moment le Persan Dannischemend resta constamment au château d'Arnheim, et jamais pour quelque motif que ce fût il n'en passa le pont-levis. Ses amusemens ou ses travaux semblaient concentrés dans la bibliothèque et dans le laboratoire, où le baron travaillait souvent avec lui plusieurs heures de suite. Les habitans du château ne trouvaient aucun reproche à faire au Mage ou Persan, si ce n'est qu'il semblait se dispenser de tout exercice de religion, puisqu'il n'allait ni à la messe ni à confesse, et qu'il n'assistait à aucune cérémonie religieuse. Le chapelain à la vérité se disait satisfait de l'état de la conscience de l'étranger ; mais on soupçonnait depuis long-temps que le digne ecclésiastique n'avait obtenu une place qui n'était pas très pénible, qu'à la condition fort raisonnable qu'il approuverait les principes de tous ceux à qui il plairait au baron d'accorder l'hospitalité, et qu'il les déclarerait orthodoxes.

On remarqua pourtant que Dannischemend était fort exact

dans la pratique de sa dévotion privée. Il ne manquait jamais de se prosterner au premier rayon du soleil levant, et il avait fabriqué une lampe en argent des plus belles proportions qu'il plaça sur un piédestal de marbre, en forme de colonne tronquée, et sur la base duquel il avait sculpté des hiéroglyphes. Personne, à l'exception peut-être du baron, ne savait avec quelles essences il alimentait la flamme de cette lampe; mais elle était plus pure, plus brillante qu'aucune lumière qu'on eût jamais vue, excepté celle du soleil; et l'on croyait généralement qu'elle était l'objet du culte secret de Dannischemend en l'absence de cet astre glorieux. Ce qu'on observa en lui encore fut que ses mœurs paraissaient sévères, sa gravité extrême, sa manière de vivre dictée par la tempérance, et ses jeûnes très fréquens. Si ce n'est en quelques occasions particulières, il ne parlait jamais qu'au baron; mais comme il ne manquait pas d'argent et qu'il était libéral, il était regardé par les domestiques avec respect, mais sans crainte et sans éloignement.

Le printemps succéda à l'hiver, l'été fit naître ses fleurs, l'automne produisit ses fruits, et ils commençaient à mûrir et à tomber quand un page qui accompagnait quelquefois son maître dans le laboratoire entendit le Persan dire au baron d'Arnheim :

— Vous ferez bien, mon fils, de faire attention à mes paroles, car les leçons que je vous donne tirent à leur fin, et nul pouvoir sur la terre ne peut retarder plus long-temps mon destin.

— Hélas! mon maître, dit le baron, faut-il donc que je perde l'avantage de vos leçons, quand votre main habile me devient nécessaire pour me placer sur le pinacle du temple de la Sagesse!

— Ne vous découragez pas, mon fils, répondit le sage; je léguerai à ma fille le soin de vous perfectionner dans vos études, et elle viendra ici dans ce dessein. Mais souvenez-vous que si vous voulez voir se perpétuer votre nom, vous ne devez la regarder que comme une aide dans vos études. Si la beauté d'une jeune fille vous fait oublier qu'elle ne doit que vous instruire, vous serez enterré avec votre épée et votre bouclier, comme le dernier descendant mâle de votre maison, et croyez-moi, d'autres maux en résulteront ; car de telles alliances n'ont jamais un résultat heureux. J'en offre en ma personne un exemple. — Mais silence ! on nous observe.

Tous ceux qui composaient la maison du baron d'Arnheim n'ayant que peu d'objets de réflexions, n'en observaient que plus attentivement tout ce qui se passait sous leurs yeux. Lorsqu'ils virent approcher l'époque à laquelle le Persan devait cesser de trouver un abri au château, les uns en sortirent sous divers prétextes suggérés par la terreur, les autres s'attendirent en tremblant à quelque catastrophe terrible. Rien de semblable ne survint pourtant, car lorsque le jour en fut arrivé et long-temps avant l'heure redoutable de minuit, Dannischemend termina son séjour dans le château d'Arnheim, en sortant à cheval, comme un voyageur ordinaire. Le baron, son élève, avait pris congé de lui avec beaucoup de marques de regret et même de chagrin. Le sage persan le consola en lui parlant assez long-temps à voix basse, mais on entendit cette dernière phrase :

— Elle sera près de vous au premier rayon du soleil. Ayez pour elle de l'affection, mais ne la portez pas trop loin.

A ces mots il partit, et jamais on ne le revit ; jamais on n'en entendit parler dans les environs du château d'Arnheim.

Pendant toute la journée qui suivit le départ de l'étranger, on remarqua sur les traits du baron une mélancolie particulière. Contre son usage il resta dans le grand salon, et n'entra ni dans la bibliothèque ni dans le laboratoire, où il ne pouvait plus jouir de la compagnie de son maître. Le lendemain matin, au point du jour, il appela son page ; et quoiqu'il fût ordinairement peu soigneux de son costume, il y apporta le plus grand soin. Comme il était dans le printemps de la vie et qu'il avait l'air noble et distingué, il eut tout lieu d'être satisfait de son extérieur. Ayant fini sa toilette, il attendit que le disque du soleil se montrât au-dessus de l'horizon, et prenant alors sur la table la clef du laboratoire, que le page croyait y être restée toute la nuit, il s'y rendit suivi de ce serviteur.

Le baron s'arrêta à la porte et sembla réfléchir un instant s'il devait renvoyer son page, puis hésiter à ouvrir la porte, comme aurait pu le faire quelqu'un qui se serait attendu à voir quelque chose d'étrange. Enfin, s'armant de résolution, il fit tourner la clef dans la serrure, ouvrit la porte et entra. Le page suivit les pas de son seigneur, et fut saisi d'une surprise qui allait jusqu'à l'effroi, en voyant un objet qui, quoique extraordinaire, n'avait pourtant rien que d'aimable et de flatteur à la vue.

La lampe d'argent n'était plus sur son piédestal, et l'on y voyait figurer en place une jeune et belle femme portant le costume persan, et dont le cramoisi était la couleur dominante. Elle ne portait ni turban, ni aucune autre espèce de coiffure ; ses cheveux, d'un châtain clair, n'étaient retenus que par un ruban bleu attaché au-dessus du front par une agrafe d'or dans laquelle était enchâssée une superbe opale qui, parmi les couleurs changeantes particulières à cette pierre, faisait jaillir une légère teinte de rouge qu'on aurait prise pour une étincelle de feu.

Cette jeune personne était à peine de moyenne taille, mais parfaitement formée. Le costume oriental, avec les larges pantalons noués à la cheville, laissait voir les plus jolis petits pieds qu'on pût se figurer ; et sous les plis de sa robe on apercevait des bras et des mains d'une symétrie parfaite ; sa physionomie avait de la vivacité et de l'expression. L'intelligence et l'esprit paraissaient y dominer ; et son œil vif et noir avec ses sourcils bien arqués semblaient un présage des remarques malicieuses que ses lèvres de roses, souriant à demi, paraissaient prêtes à faire entendre.

Le piédestal sur lequel elle était debout et en quelque sorte perchée, aurait paru une base peu sûre pour une personne d'un poids plus considérable ; mais de quelque manière qu'elle y eût été transportée, elle semblait y reposer aussi légèrement et avec la même sécurité qu'une linote qui vient de descendre du haut des airs sur la branche flexible d'un rosier. Le premier rayon du soleil levant pénétrant à travers une croisée qui était précisément en face du piédestal, ajoutait à l'effet de cette belle statue vivante, qui restait aussi immobile que si elle eût été de marbre. Elle ne montra qu'elle s'apercevait de la présence du baron que par les mouvemens plus fréquens de sa respiration, accompagnée d'une vive rougeur et d'un léger sourire.

Quelque raison que pût avoir le baron d'Arnheim pour s'attendre à voir quelque objet de la nature de celui qui frappait ses yeux, les charmes dont cette jeune personne était ornée surpassaient tellement son attente, qu'il resta un moment immobile et pouvant à peine respirer. Cependant il parut se rappeler tout à coup qu'il était de son devoir de faire un accueil hospitalier à la belle étrangère qui arrivait dans son château, et de la tirer de la situation précaire qu'elle occupait. Il s'avança donc vers elle, les lèvres prêtes à prononcer qu'elle était la bienvenue chez lui, et les bras étendus pour la faire descendre du piédestal qui avait plus de cinq pieds de hauteur; mais la vive et agile étrangère n'accepta que le secours de la main du baron, et sauta sur le plancher aussi légèrement et sans se faire plus de mal que si elle eût été un être aérien. Ce ne fut que par la pression momentanée de sa petite main que le baron d'Arnheim put s'apercevoir que c'était un être de chair et de sang qui le touchait.

— Je suis venue comme j'en ai reçu l'ordre, dit-elle en jetant un regard autour d'elle. Vous devez vous attendre à trouver en moi une maîtresse exacte, et j'espère que vous me ferez honneur en vous montrant un disciple laborieux et attentif.

Après l'arrivée de cet être singulier et charmant au château d'Arnheim, divers changemens eurent lieu dans l'intérieur de la maison. Une dame de haut rang et de peu de fortune, veuve respectable d'un comte de l'empire, qui était parente du baron, accepta l'invitation que lui fit celui-ci de venir présider aux affaires domestiques de son parent, et d'écarter par sa présence les soupçons injurieux auxquels aurait pu donner lieu le séjour d'Hermione : c'était le nom de la belle Persane.

La comtesse Waldstetten portait la complaisance au point d'être presque toujours présente quand le baron d'Arnheim recevait des leçons de la jeune et belle maîtresse qui avait été substituée d'une manière si étrange au vieux mage, et quand il étudiait avec elle, soit dans la bibliothèque, soit dans le laboratoire. Si l'on peut ajouter foi au rapport de cette dame, leurs travaux étaient d'une nature très extraordinaire, et ils produisaient quelquefois des effets qui lui causaient autant de crainte que de surprise ; mais elle soutint toujours fermement qu'ils ne s'occupaient jamais de sciences illicites, et qu'ils se renfermaient dans les bornes des connaissances permises à la nature humaine.

Un meilleur juge en pareilles matières, l'évêque de Bamberg lui-même, fit une visite au château d'Arnheim, afin de pouvoir juger de la science d'une femme qui faisait tant de bruit dans toutes les contrées arrosées par le Rhin. Il eut un entretien avec Hermione, et il la trouva profondément pénétrée des vérités de la religion. Elle en connaissait si bien tous les dogmes, qu'il dit que c'était un docteur en théologie portant le costume d'une danseuse de l'Orient. Quand on lui demanda ce qu'il pensait des connaissances qu'elle avait acquises dans les langues et dans les sciences, il répondit qu'il avait été à Arnheim pour juger de la vérité de tout ce qu'il avait entendu dire à ce sujet, et qui lui avait paru exagéré ; mais qu'en en revenant il devait avouer qu'on ne lui en avait pas encore dit assez de moitié.

D'après ce témoignage irrécusable, les bruits sinistres auxquels avait donné lieu l'arrivée extraordinaire de la belle étrangère finirent par cesser d'avoir cours, d'autant plus que ses manières aimables forçaient tous ceux qui s'approchaient d'elle à lui accorder leur affection.

Cependant un grand changement commença à se faire remarquer dans les entrevues de l'aimable maîtresse et de son élève. Elles avaient toujours lieu avec la même réserve, et jamais, autant qu'on pouvait le savoir, sans que la comtesse de

Waldstetten ou quelque autre personne respectable y fût présente. Mais le lieu de ces entrevues n'était plus exclusivement la bibliothèque ou le laboratoire; on cherchait des amusemens dans les jardins et les bosquets ; on faisait des parties de chasse et de pêche ; on passait les soirées à danser ; et tout cela semblait annoncer que l'étude des sciences cédait en ce moment à l'attrait du plaisir. Il n'était pas difficile de deviner ce que signifiait ce changement, quoique le baron d'Arnheim et sa belle étrangère pussent s'entretenir en une langue que personne ne comprenait, et par conséquent avoir des entretiens particuliers au milieu du tumulte des plaisirs qui les entouraient, et personne ne fut surpris quand au bout de quelques semaines il fut formellement annoncé que la belle Persane allait devenir baronne d'Arnheim.

Les manières de cette jeune personne étaient si séduisantes et si aimables, sa conversation si animée, son esprit si brillant, mais plein de douceur et de modestie, que quoique son origine fût inconnue, sa bonne fortune excita moins d'envie qu'on n'aurait pu s'y attendre dans un cas si singulier. Par-dessus tout sa générosité étonnait généralement et lui gagnait les cœurs de toutes les jeunes personnes qui approchaient d'elle. Sa richesse paraissait sans bornes, et elle distribua tant de bijoux à ses belles amies, qu'on ne concevait pas qu'il lui restât assez de joyaux pour se parer. Ses bonnes qualités, sa libéralité surtout, la simplicité de son caractère, formant un beau contraste avec la profondeur des connaissances qu'on savait qu'elle possédait, enfin l'absence complète de toute ostentation, faisaient que ses compagnes lui pardonnaient sa supériorité. On remarquait pourtant en elle quelques singularités, peut-être exagérées par l'envie, qui semblait tirer une ligne de séparation entre la belle Hermione et les simples mortelles parmi lesquelles elle vivait.

Dans la danse elle était sans rivale pour la légèreté et l'agilité, et l'on aurait pu la prendre pour un être aérien. Elle pouvait se livrer à ce plaisir sans paraître éprouver la plus légère fatigue, au point de lasser le danseur le plus intrépide.

Le jeune duc de Hochspringen qui passait dans toute l'Allemagne pour être infatigable, ayant dansé avec elle une demi-heure, fut obligé d'interrompre la danse, et se jeta sur un sofa complètement épuisé, en disant qu'il venait de danser non avec une femme, mais avec un feu-follet.

On disait aussi tout bas que lorsqu'elle jouait dans le labyrinthe ou dans les bosquets du jardin avec ses jeunes amies à des jeux qui exigeaient de l'agilité, elle devenait animée de cette légèreté surnaturelle dont elle paraissait inspirée en dansant. A l'instant où elle était au milieu de ses jeunes compagnes on la voyait disparaître et franchir les haies, les treillages, les barrières, avec une telle rapidité que l'œil le plus attentif ne pouvait découvrir de quelle manière elle se trouvait de l'autre côté ; et quand on la croyait bien loin derrière quelque barricade, ceux qui la regardaient la retrouvaient près d'eux l'instant d'après.

Dans de pareils momens, quand ses yeux étincelaient, que ses joues devenaient plus vermeilles et que tout son extérieur était animé, on prétendait que l'opale enchâssée dans l'agrafe qui attachait le ruban bleu retenant sa belle chevelure, ornement qu'elle ne quittait jamais, lançait avec plus de vivacité l'espèce d'étincelle ou de langue de feu qui en sortait toujours. De même, si le soir dans le salon la conversation d'Hermione devenait plus animée que de coutume, on croyait voir cette pierre devenir plus brillante et faire jaillir un rayon de lumière qu'elle produisait d'elle-même, et sans qu'il fût, comme c'est d'ordinaire, réfléchi par un autre corps lumineux. Ses suivantes disaient aussi que lorsque leur maîtresse éprouvait un mouvement passager de colère, seul défaut qu'on ait jamais remarqué en elle, on voyait un éclat d'un rouge vif jaillir de ce joyau mystérieux, comme s'il eût partagé les émotions de celle qui le portait. Les femmes qui l'aidaient à sa toilette assuraient en outre qu'elle ne quittait jamais ce bijou que pour quelques instants, pendant qu'on lui arrangeait les cheveux ; que pendant ce temps elle gardait le silence et avait l'air plus pensif que de coutume, et que surtout elle témoignait de la crainte quand on en approchait un liquide quelconque. On remarqua même que lorsqu'elle prenait de l'eau bénite à la porte de l'église, elle ne portait jamais la main à son front pour faire le signe de la croix, de peur, comme on le supposait, qu'une goutte d'eau ne touchât au joyau dont elle faisait tant de cas.

Ces bruits singuliers n'empêchèrent pas le mariage du baron d'Arnheim d'avoir lieu. Il fut célébré avec toutes les formes d'usage, et le jeune couple parut commencer une vie de bonheur telle que la terre en présente rarement. Au bout de douze mois l'aimable baronne accoucha d'une fille, à qui l'on résolut de donner le nom de Sibylle qui était celui de la mère du baron d'Arnheim. Mais comme la santé de l'enfant était excellente, on retarda la cérémonie jusqu'à ce que la mère fût en état d'y assister. Des invitations furent faites dans tous les environs, et le château à cette époque se trouva rempli d'une compagnie nombreuse.

Parmi les personnes qui y avaient été invitées, était une vieille dame connue pour jouer dans la société le rôle que les ménestrels dans leurs contes assignent à une fée méchante. C'était la baronne de Steinfeldt, fameuse dans tous les environs pour sa curiosité insatiable et par son orgueil insolent. Elle avait à peine passé quelques jours dans le château que déjà, à l'aide d'une suivante chargée de chercher des alimens à sa curiosité, elle savait tout ce que l'on savait, tout ce qu'on disait, tout ce qu'on soupçonnait relativement à la baronne Hermione. Le matin du jour fixé pour le baptême, tandis que toute la compagnie était réunie dans le salon et n'attendait plus que la maîtresse de la maison pour se rendre dans la chapelle, il s'éleva entre la dame à humeur aigre et hautaine dont nous venons de parler et la comtesse Waldstetten une violente querelle sur un droit de préséance qu'elles se disputaient. Le baron d'Arnheim, choisi pour arbitre, prononça en faveur de la comtesse. Madame de Steinfeldt ordonna sur-le-champ qu'on lui amenât son palefroi et que toute sa suite montât à cheval.

— Je quitte un château dans lequel une bonne chrétienne n'aurait jamais dû entrer, s'écria-t-elle. Je quitte une maison dont le maître est un sorcier, la maîtresse un démon qui n'ose se mouiller le front d'eau bénite, et la dame de compagnie une femme qui pour un vil intérêt a joué le rôle d'entremetteuse entre un magicien et un diable incarné.

Elle partit sur-le-champ, la rage peinte sur la figure, et le cœur rongé de dépit.

Le baron fit quelques pas en avant, et demanda si parmi les chevaliers et les seigneurs qui étaient réunis il s'en trouvait quelqu'un qui voulût tirer l'épée pour soutenir les infâmes mensonges que la baronne venait de vomir contre lui, contre son épouse et contre sa parente.

Chacun refusa de prendre la défense de la baronne de Steinfeldt dans une si mauvaise cause, et déclara qu'il était convaincu qu'elle avait parlé avec calomnie et fausseté.

— Que ses paroles soient donc regardées comme autant de mensonges, dit le baron d'Arnheim, puisque nul homme d'honneur ne veut en soutenir la vérité. Mais tous ceux qui sont ici ce matin verront si la baronne Hermione accomplit les devoirs du christianisme.

La comtesse Waldstetten lui faisait des signes avec un air d'inquiétude, pendant qu'il parlait ainsi; et quand la foule lui permit d'approcher de lui, ses voisins l'entendirent lui dire à demi-voix : — Soyez prudent! ne faites pas d'épreuve téméraire; il y a quelque chose de mystérieux dans cette opale, dans ce talisman. Soyez circonspect, et ne songez plus à ce qui vient de se passer.

Le baron était alors plus en colère que n'aurait dû le permettre la sagesse à laquelle il prétendait. Peut-être avouera-t-on pourtant qu'un pareil affront, reçu en de telles circonstances, suffisait pour ébranler la prudence de l'homme le plus patient et la philosophie du plus sage; il lui répondit brièvement et avec humeur : — Êtes-vous aussi une folle? et il n'en persista pas moins dans le projet qu'il avait formé.

La baronne d'Arnheim entra dans ce moment. Son accouchement encore récent lui avait laissé ce qu'il fallait de pâleur pour rendre son charmant visage plus intéressant que jamais, quoique moins animé. Ayant salué la compagnie avec une politesse pleine de grace, elle commençait à demander où était madame de Steinfeldt quand son mari l'interrompit pour inviter la compagnie à passer dans la chapelle, et chacun s'étant mis en marche, il donna le bras à son épouse pour l'y conduire à la suite des autres. Cette brillante compagnie remplissait presque toute la chapelle, et tous les yeux se fixèrent sur le baron et la baronne quand ils y arrivèrent, précédés par quatre jeunes personnes qui portaient l'enfant sur une petite litière splendidement décorée.

En entrant dans la chapelle le baron plongea son doigt dans le bénitier, et offrit de l'eau bénite à son épouse, qui l'accepta, suivant l'usage, en lui touchant le doigt du sien. Mais alors, comme pour réfuter les calomnies de la méchante baronne de Steinfeldt, et avec un air de familiarité enjouée que le lieu et le temps auraient peut-être dû lui interdire, il secoua vers le beau front d'Hermione les gouttes d'eau bénite qui restaient suspendues à son doigt. Une de ces gouttes tomba sur l'opale. Cette pierre lança un feu brillant, comme une étoile qui tombe, et le moment d'après perdit tout son éclat, toutes ses couleurs, et devint semblable au caillou le plus commun. Au même instant, la belle baronne tomba sur le marbre de la chapelle, en poussant un profond soupir d'angoisse. Les spectateurs effrayés se pressèrent autour d'elle ; on la releva, et on la porta dans sa chambre : mais pendant ce court intervalle il survint un tel changement dans tous ses traits, et son pouls devint si faible, que tous ceux qui la voyaient la regardèrent comme une femme près d'expirer. Dès qu'elle fut dans son appartement, elle demanda qu'on la laissât seule avec son mari. Il resta une heure avec elle, et quand il sortit de sa chambre, il ferma la porte à double tour. Il retourna alors dans la chapelle, et y demeura plus d'une heure prosterné au pied de l'autel.

Cependant la plupart des personnes invitées au baptême

étaient déjà parties, frappées de consternation. Il n'en resta qu'un très petit nombre, les unes par politesse, les autres par curiosité. Chacun sentait qu'il ne convenait nullement qu'on laissât une femme malade, seule et enfermée dans son appartement; mais quoiqu'on fût alarmé des circonstances qui avaient donné lieu à sa maladie, personne n'osait troubler le baron dans ses dévotions. Enfin des médecins qu'on avait envoyé chercher arrivèrent, et la comtesse de Waldstetten prit sur elle de demander au baron la clef de la chambre. Elle eut besoin de lui faire plusieurs fois cette demande avant qu'il fût en état de l'entendre, ou du moins de la comprendre. Enfin il lui donna la clef, d'un air sombre, en lui disant que tout secours était inutile, et qu'il désirait que tous les étrangers sortissent du château.

Peu d'entre eux eurent envie d'y rester quand, après avoir ouvert la chambre dans laquelle on avait transporté Hermione environ deux heures auparavant, on ne put y découvrir aucune trace d'elle, si ce n'est qu'on trouva sur le lit où on l'avait placée, une poignée de cendres grisâtres et légères telles que celles qu'aurait produites du papier brûlé. Cependant on lui fit un service solennel, on accomplit tous les rites religieux et l'on chanta des messes pour le repos de l'ame de très haute et très noble dame Hermione, baronne d'Arnheim.

Trois ans après, le même jour, le baron lui-même fut enseveli dans le caveau sépulcral de la chapelle d'Arnheim, avec son épée, son casque et son bouclier, comme étant le dernier rejeton mâle de sa famille. —

Ici se termina le récit de Donnerhugel, et ils étaient alors à peu de distance du pont conduisant au château de Graff's-Lust.

CHAPITRE XII.

« Oui, croyez-moi, monsieur, il a de fort beaux traits ;
« Mais ce n'est qu'un esprit. »
SHAKSPEARE.

Il y eut quelques instans de silence après que le Bernois eût fini son récit singulier. L'attention d'Arthur Philipson avait été peu à peu complètement captivée par une histoire qui était trop d'accord avec les idées reçues dans ce siècle pour qu'on l'écoutât avec cette incrédulité qu'on y aurait opposée dans un temps plus moderne et plus éclairé.

Il fut aussi très frappé de la manière dont elle avait été racontée par son compagnon, qu'il n'avait regardé jusqu'alors que comme un chasseur grossier, un soldat ignorant, tandis qu'il se trouvait maintenant obligé de lui accorder plus de connaissance générale du monde et de ses manières qu'il ne lui en avait supposé auparavant. Le Suisse gagna donc dans son opinion, comme homme de talent ; mais il ne fit pas le moindre progrès dans son affection.

— Ce fier-à-bras, se dit Arthur à lui-même, ne manque pas plus de cervelle que d'os et de chair, et il est plus digne de commander aux autres que je ne l'avais cru jusqu'ici. Se tournant alors vers son compagnon, il le remercia d'un récit dont l'intérêt lui avait fait paraître le chemin plus court.

— Et c'est de ce singulier mariage, continua-t-il, qu'Anne de Geierstein tire son origine ?

— Sa mère, répondit le Suisse, fut Sibylle d'Arnheim ; ce même enfant dont la mère mourut, disparut, devint tout ce que vous voudrez supposer, lors de son baptême; et la baronnie d'Arnheim, étant un fief attribué à la ligne masculine, retourna à l'empereur. Le château n'a jamais été habité depuis la mort du dernier baron, et j'ai entendu dire qu'il commence à tomber en ruines. Les occupations de ses anciens maîtres, et surtout la catastrophe du dernier, font que personne ne se soucie d'y résider.

— Et remarqua-t-on jamais quelque chose de surnaturel à l'égard de la jeune baronne qui épousa le frère du Landamman?

— J'ai entendu raconter à ce sujet d'assez étranges histoires. On dit que la nourrice de l'enfant vit pendant la nuit Hermione, baronne d'Arnheim, debout et pleurant à côté du berceau de sa fille, et l'on rapporte beaucoup d'autres choses du même genre. Mais ici je vous parle d'après des renseignemens moins sûrs que ceux qui m'ont servi pour vous faire mon premier récit.

— Mais puisqu'on doit accorder ou refuser sa croyance à une histoire peu vraisemblable en elle-même, d'après les preuves sur lesquelles elle est appuyée, puis-je vous demander sur quelle autorité votre confiance est fondée?

— Je vous le dirai bien volontiers. Théodore Donnerhugel, page favori du dernier baron d'Arnheim, était frère de mon père. A la mort de son maître, il revint à Berne, sa ville natale, et il passa ensuite une partie de son temps à m'enseigner le maniement des armes et tous les exercices militaires usités tant en Allemagne qu'en Suisse, car il les connaissait tous parfaitement. Il avait vu de ses propres yeux et entendu de ses propres oreilles la plupart des événemens tristes et mystérieux que je viens de vous rapporter. Si jamais vous allez à Berne, vous pourrez y voir ce bon vieillard.

— Et vous croyez donc que l'apparition que j'ai vue cette nuit a quelque rapport au mariage mystérieux de l'aïeul d'Anne de Geierstein?

— Ne croyez pas que je puisse vous donner une explication positive sur une chose si étrange. Tout ce que je puis dire, c'est qu'à moins de douter du témoignage que vous rendez à l'apparition que vous avez vue deux fois aujourd'hui, je ne connais aucun moyen de l'expliquer qu'en me rappelant qu'on pense qu'une partie du sang qui coule dans les veines de cette jeune personne ne puise pas son origine dans la race d'Adam, mais dérive plus ou moins directement d'un de ces esprits élémentaires dont on a tant parlé dans les temps anciens et modernes. Au surplus, je puis me tromper. Nous verrons comment elle se trouvera ce matin, et si elle a l'air pâle et fatigué d'une femme qui a passé la nuit. Dans le cas contraire, nous pourrons être autorisés à penser, ou que vos yeux vous ont étrangement trompé, ou que l'apparition qu'ils ont vue est celle d'un être qui n'appartient pas à ce monde.

Le jeune Anglais n'essaya pas de répondre, et il n'en eut pas même le temps, car la voix de la sentinelle qui était en faction sur le pont se fit entendre en ce moment.

Sigismond cria deux fois : Qui va là, et deux fois on lui répondit d'une manière satisfaisante avant qu'il pût se décider à laisser passer la patrouille sur le pont.

— Ane, mulet, s'écria Rodolphe, pourquoi donc ce délai?

— Ane et mulet toi-même, Hauptman, dit le jeune Suisse, en réponse à ce compliment; j'ai déjà été une fois surpris à mon poste cette nuit par un esprit, et j'ai acquis assez d'expérience à ce sujet pour ne pas l'être une seconde si aisément.

— Et quel esprit, sot que tu es, reprit Rodolphe, serait assez imbécile pour vouloir s'amuser aux dépens d'un pauvre animal comme toi?

— Tu es aussi bourru que mon père, Hauptman, car il m'appelle sot et imbécile à chaque mot que je prononce. Et cependant j'ai, pour parler, des lèvres, des dents et une bouche, tout aussi bien qu'un autre.

— Nous n'aurons pas de contestation à ce sujet, Sigismond. Il est certain que si tu diffères des autres, c'est en un point sur lequel il est difficile de s'attendre que tu puisses le reconnaître ou l'avouer. Mais au nom de ta simplicité, qu'est-ce qui t'a donc alarmé à ton poste?

— Je vais vous le dire, Hauptman. J'étais un peu fatigué, voyez-vous, à force d'avoir regardé la lune, et je me demandais de quoi elle pouvait être faite, et comment il pouvait arriver qu'on la vît aussi bien d'ici que de Geierstein, quoiqu'il y ait tant de milles de distance. Ces réflexions et d'autres non moins embarrassantes m'avaient fatigué, vous dis-je, de sorte que je tirai mon bonnet sur mes oreilles, car je vous réponds que le vent était piquant; je me plantai ferme sur mes pieds, une jambe un peu avancée ; je plaçai ma pertuisane droite devant moi, l'empoignant des deux mains pour m'y appuyer, et je fermai les yeux.

— Fermer les yeux quand tu étais de garde ! s'écria Donnerhugel.

— Ne vous inquiétez pas, j'avais les oreilles ouvertes. Cependant je n'en fus guère plus avancé, car j'entendis quelque chose marcher sur le pont d'un pas aussi léger que celui d'une souris. A l'instant où cela était près de moi j'ouvris les yeux en tressaillant, je regardai, et devinez ce que je vis.

— Quelque sot comme toi, dit Rodolphe en pressant le pied de Philipson pour l'engager à faire attention à ce qu'allait répondre Sigismond. Mais Arthur n'avait pas besoin de cet avis muet, car il attendait cette réponse avec la plus vive agitation.

— Par saint Marc, dit Sigismond, c'était notre cousine, Anne de Geierstein.

— Impossible ! s'écria le Bernois.

— C'est ce que j'aurais dit comme vous; car j'étais allé voir sa chambre à coucher avant qu'elle y entrât, et sur ma foi elle était arrangée comme pour une reine ou pour une princesse. Pourquoi donc aurait-elle quitté un si bon appartement, où elle avait autour d'elle tous ses amis pour la garder, et irait-elle courir dans la forêt?

— Peut-être était-elle venue jusqu'au bord du pont pour voir quelle nuit il faisait.

— Point du tout. Elle venait du côté de la forêt, et je l'ai vue entrer sur le pont. J'étais même sur le point de lui donner un bon coup de ma pertuisane, croyant que c'était le diable qui avait pris sa ressemblance ; mais je me suis rappelé à temps que cette arme n'était pas une houssine propre à châtier des enfans et des jeunes filles ; et si c'eût été Anne que j'eusse blessée, vous auriez tous poussé de beaux cris contre moi : pour dire la vérité, j'en aurais été bien fâché moi-même ; car quoiqu'elle plaisante de temps en temps à mes dépens, notre maison serait bien triste, si nous perdions Anne.

— Et as-tu parlé à cette forme, à cet esprit, comme tu l'appelles, âne que tu es ?

— Non vraiment, savant capitaine. Mon père me reproche toujours de parler sans penser, et dans ce moment penser m'était impossible ; je n'en avais pas même le temps, car elle a passé devant moi comme un flocon de neige emporté par un ouragan. Cependant je la suivis dans le château, en l'appelant si haut par son nom, que j'éveillai tous ceux qui dormaient ; chacun courut aux armes, et il y eut autant de confusion que si Archibald Von Hagenbach était arrivé armé d'un sabre et d'une hallebarde. Et que vis-je sortir de la chambre d'Anne, s'il vous plaît ? Anne elle-même, qui avait l'air aussi effrayée qu'aucun de nous. Elle protesta qu'elle n'était pas sortie de sa chambre de toute la nuit ; et ce fut moi, moi Sigismond Biederman, qui supportai tout le blâme, comme si je pouvais empêcher les esprits de se promener pendant la nuit. Mais je lui dis bien son fait quand je vis que tout le monde était contre moi. Cousine Anne, lui dis-je, on sait fort bien de quelle race vous descendez, et après vous avoir donné cet avis, si vous m'envoyez encore un double de votre personne, qu'il ait soin de se couvrir la tête d'un bonnet de fer, car sous quelque forme que ce double se présente, je lui ferai sentir le poids et la longueur d'une hallebarde suisse. Tout le monde se mit à crier, fi ! fi ! et mon père me renvoya à mon poste sans plus de cérémonie que si j'eusse été un chien de basse-cour qui serait venu se coucher auprès du feu.

Le Bernois lui répondit avec un air de froideur qui approchait du mépris : — Vous vous êtes endormi à votre poste,

Sigismond, ce qui est une grande faute contre la discipline militaire ; et vous avez rêvé en dormant. Vous êtes bien heureux que le Landamman ne se soit pas douté de votre négligence, car au lieu de vous renvoyer comme un chien de basse-cour paresseux, il vous aurait fait repartir, bien fustigé, pour votre chenil, à Geierstein, comme il y a renvoyé Ernest pour une faute bien moins grave.

— Ernest, il n'est pas encore parti, quoi qu'il en soit ; et je crois bien qu'il pourra entrer en Bourgogne tout aussi avant qu'aucun de nous. Cependant, Hauptman, je vous prie de me traiter en homme et non en chien, et d'envoyer quelqu'un pour me relever, au lieu de rester à bavarder ici à l'air froid de la nuit. Si nous avons de la besogne demain, comme je suppose que nous pourrons en avoir, une bouchée de nourriture et une minute de sommeil sont nécessaires pour s'y préparer, et voilà plus de deux mortelles heures que je suis en faction ici.

A ces mots le jeune géant bâilla d'une manière prodigieuse, comme pour prouver que sa demande était bien fondée.

— Une bouchée ! une minute ! répéta Rodolphe, un bœuf rôti et une léthargie semblable à celle des Sept Dormans suffiraient à peine pour te donner l'usage de tes sens ; mais je suis votre ami, Sigismond, et vous pouvez être sûr que je ne ferai aucun rapport qui vous soit défavorable ; je vais vous faire relever sur-le-champ, afin que vous puissiez vous livrer au sommeil, et j'espère qu'il ne sera plus troublé par des rêves. Passez, jeunes gens, dit-il à ses autres compagnons qui arrivaient en ce moment, allez vous reposer ; Arthur et moi nous rendrons compte de notre patrouille au Landamman et au porte-bannière.

La patrouille entra dans le château, et ceux qui la composaient allèrent rejoindre leurs compagnons endormis. Rodolphe Donnerhugel saisit le bras d'Arthur à l'instant où ils allaient entrer dans le vestibule, et lui dit à l'oreille :

— Voilà des événemens étranges ! croyez-vous que nous en devions faire rapport à la députation ?

— C'est à vous qu'il appartient d'en décider, répondit Arthur, puisque vous êtes le commandant de la patrouille ; j'ai fait mon devoir en vous disant ce que j'ai vu ou ce que je crois avoir vu. C'est à vous de juger jusqu'à quel point il convient d'en faire part au Landamman ; j'ajouterai seulement que comme c'est une affaire qui concerne l'honneur de sa famille, je pense que c'est à lui seul que le rapport doit en être fait.

— Je n'en vois pas la nécessité, dit précipitamment le Bernois ; cette circonstance ne peut influer en rien sur notre sûreté ; mais je pourrai saisir quelque occasion pour en dire un mot à Anne.

Cette dernière idée contraria Arthur autant que la proposition de garder le silence sur une affaire si délicate lui avait fait plaisir. Mais le mécontentement qu'il éprouvait était d'une telle nature qu'il jugea à propos de le dissimuler. Il répondit donc avec autant de calme qu'il lui fut possible d'en montrer :

— Vous agirez, sire Hauptman, comme vous l'inspireront le sentiment de votre devoir et votre délicatesse. Quant à moi, je garderai le silence sur ce que vous appelez les événemens étranges de cette nuit, et que le rapport de Sigismond Biederman rend doublement surprenans.

— Et vous le garderez aussi sur ce que vous avez vu et entendu de nos auxiliaires de Bâle ? dit Rodolphe.

— Certainement ; si ce n'est que j'ai dessein de parler à mon père du risque qu'il court de voir son bagage visité et saisi à la Férette.

— Cela est inutile ; je réponds sur mon bras et sur ma tête de la sûreté de tout ce qui lui appartient.

— Je vous en remercie en son nom ; mais nous sommes des voyageurs paisibles, et nous désirons éviter toute querelle plutôt que d'en exciter une, quand même nous serions sûrs d'en sortir avec les honneurs du triomphe.

— Ce sont les sentimens d'un marchand, et non d'un soldat, dit Rodolphe d'un ton froid et mécontent. Au surplus, c'est votre affaire, et vous devez agir en cela comme vous le jugerez à propos. Songez seulement que si vous allez sans nous à la Férette, vos marchandises et votre vie seront également en danger.

Comme il achevait ces mots, ils entrèrent dans la salle où étaient leurs compagnons de voyage. Ceux qui venaient de faire la patrouille étaient déjà étendus à côté de leurs camarades endormis à une extrémité de l'appartement. Le Landamman et le porte-bannière de Berne entendirent le rapport que leur fit Donnerhugel que la patrouille avait fait sa ronde en sûreté et sans avoir rien rencontré qui pût donner lieu de craindre ou de soupçonner aucun danger. Le Bernois s'enveloppant ensuite de son manteau, se coucha sur la paille avec cette heureuse indifférence pour un bon lit, et cette promptitude à saisir un moment de repos qu'on doit à une vie dure et laborieuse. Au bout de quelques minutes il dormait profondément.

Arthur resta debout quelques instans de plus, pour jeter un coup d'œil sur l'appartement d'Anne de Geierstein, et pour réfléchir sur les événemens singuliers de cette soirée; mais c'était pour lui un chaos mystérieux dont il lui était impossible de percer l'obscurité, et la nécessité d'avoir sur-le-champ un entretien avec son père changea le cours de ses pensées. Voulant que cet entretien fût secret, il fut obligé de prendre des précautions. Il se coucha donc à côté de son père pour qui, avec cette hospitalité dont il avait eu tant de preuves depuis qu'il avait fait connaissance avec le digne et bon Landamman, on avait arrangé un lit de paille dans le coin qui avait paru le plus commode de l'appartement, et à quelque distance des autres. Il dormait profondément, mais il s'éveilla en sentant son fils se coucher près de lui, et celui-ci lui dit à voix basse et en anglais, pour plus de précaution, qu'il avait des nouvelles importantes à lui communiquer en particulier.

—Attaque-t-on le poste? demanda Philipson; faut-il prendre nos armes?

—Pas à présent; ne vous levez pas, ne donnez pas l'alarme; l'affaire dont je veux vous parler ne concerne que nous.

— De quoi est-il question? dites-le-moi sur-le-champ, mon fils; vous parlez à un homme trop accoutumé aux dangers pour en être effrayé.

— C'est une affaire sur laquelle vous aurez à réfléchir avec prudence. Pendant que je faisais une patrouille j'ai appris que le gouverneur de la Férette saisira indubitablement votre bagage et vos marchandises, sous prétexte de se faire payer les droits dus au duc de Bourgogne. J'ai aussi été informé que les jeunes Suisses composant l'escorte de la députation ont résolu de résister à cette exaction, et qu'ils croient avoir la force et les moyens nécessaires pour y réussir.

— Par saint George, cela ne doit pas être! s'écria Philipson; ce serait reconnaître bien mal l'hospitalité du bon Landamman, que de fournir à ce prince impétueux un prétexte pour commencer une guerre que cet excellent vieillard désire si vivement éviter, s'il est possible. Je me soumettrai volontiers à toutes les exactions possibles; mais la saisie des papiers que je porte sur moi serait une ruine complète. J'avais quelques craintes à cet égard, et c'était ce qui me faisait hésiter à me joindre au Landamman. Il faut maintenant nous en séparer. Ce gouverneur rapace n'arrêtera sûrement pas une députation protégée par la loi des nations, et qui se rend près de son maître; mais je vois aisément qu'il pourra trouver dans notre présence avec eux le prétexte d'une querelle qui conviendrait également à sa cupidité et à l'humeur de ses jeunes gens qui ne cherchent qu'une occasion de se croire offensés : ce n'est pas nous qui la leur fournirons. Nous nous séparerons des députés, et nous resterons en arrière jusqu'à ce qu'ils soient passés plus avant. Si ce Von Hagenbach n'est pas le plus déraisonnable des hommes, je trouverai le moyen de le contenter en ce qui nous concerne personnellement. Cependant je vais éveiller le Landamman, car je veux lui apprendre sur-le-champ notre intention.

Philipson n'était pas lent à accomplir ses résolutions. En

moins d'une minute il était debout à côté d'Arnold Biederman, qui, appuyé sur le coude, écouta ce qu'il avait à lui communiquer; tandis que par-dessus l'épaule du Landamman s'élevaient le bonnet fourré et la longue barbe du député de Schwitz, fixant ses grands yeux bleus sur l'Anglais, mais jetant un coup d'œil de temps en temps sur son collègue, pour voir quelle impression faisaient sur lui les discours de l'étranger.

—Mon cher ami, mon digne hôte, dit Philipson, nous avons appris de manière à n'en pouvoir douter que nos pauvres marchandises seront assujéties à des droits, peut-être même confisquées, lorsque nous passerons par la Férette; et je voudrais éviter toute cause de querelle, tant pour vous que pour nous-mêmes.

—Vous ne doutez pas que nous n'ayons le pouvoir et la volonté de vous protéger, répondit le Landamman. Je vous dis, Anglais, que l'hôte d'un Suisse est aussi en sûreté à côté de lui qu'un aiglon sous l'aile de sa mère. Nous quitter parce que le danger approche, ce serait faire un pauvre compliment à notre courage et à notre fermeté. Je désire la paix; mais le duc de Bourgogne lui-même ne ferait pas une injustice à un de mes hôtes s'il était en mon pouvoir de l'en empêcher.

En entendant ces mots le député de Schwitz serra le poing et l'allongea par-dessus les épaules de son ami.

—C'est précisément pour éviter cela, mon digne hôte, que j'ai dessein de quitter votre compagnie amicale plus tôt que je ne l'aurais désiré et que je ne me proposais de le faire. Songez, mon brave et digne ami, que vous êtes un ambassadeur qui tend à conclure la paix, et que je suis un marchand qui cherche à faire du gain. La guerre, ou une querelle qui pourrait l'amener, serait également la ruine de vos projets et des miens. Je vous dirai très franchement que je suis disposé à payer une forte rançon, et que je suis en état de le faire; et j'en négocierai le montant après votre départ. Je resterai dans la ville de Bâle jusqu'à ce que j'aie fait des conditions raisonnables avec Archibald Von Hagenbach; et quand même il mettrait dans ses exactions toute la cupidité qu'on lui suppose, il modérera ses prétentions avec moi, plutôt que de risquer de tout perdre en me voyant retourner sur mes pas et prendre une autre route.

— Vous parlez sagement, sire Anglais; je vous remercie d'avoir rappelé mes devoirs à mes souvenirs. Mais il ne faut pourtant pas que vous soyez exposé à des dangers. Dès que nous nous serons remis en marche le pays va être ouvert de nouveau aux dévastations des soldats bourguignons et des Lansquenets, qui balaieront les routes dans tous les sens. Les habitans sont malheureusement trop craintifs pour vous protéger; ils vous livreraient au gouverneur à la première demande; et quant à la justice et à l'humanité, vous pourriez vous attendre à en trouver en enfer autant qu'en Hagenbach.

— On dit, mon cher hôte, qu'il y a des conjurations qui peuvent faire trembler l'enfer même, et j'ai les moyens de me rendre favorable ce Von Hagenbach lui-même, pourvu que je puisse avoir avec lui un entretien particulier. Mais j'avoue que tout ce que j'ai à attendre de ses soldats et Lansquenets, c'est d'être massacré, quand ce ne serait que pour la valeur de l'habit que je porte.

— En ce cas, et s'il faut que vous vous sépariez de nous, mesure en faveur de laquelle je ne nierai pas que vous n'ayez allégué de sages et fortes raisons, pourquoi ne partiriez-vous pas d'ici deux heures avant nous? les routes seront sûres, puisqu'on attend notre escorte; et en partant de bonne heure vous aurez probablement l'avantage de voir Hagenbach avant qu'il soit ivre, et aussi capable qu'il peut jamais l'être d'écouter la raison, c'est-à-dire d'apercevoir son véritable intérêt. Mais quand il a fait passer son déjeuner à force de vin du Rhin, ce qu'il fait tous les matins avant d'entendre la messe, sa fureur rend sa cupidité même aveugle.

— La seule chose qui me manque pour exécuter ce projet, c'est un mulet pour porter mon bagage qui a été placé dans les vôtres.

— Prenez la mule; elle appartient à mon frère de Schwitz que voici, et il vous la donnera bien volontiers.

— De tout mon cœur, et quand même elle vaudrait vingt couronnes, du moment que mon camarade Arnold le désire, dit la vieille barbe blanche.

— J'en accepterais le prêt avec reconnaissance, répondit l'Anglais; mais comment pourrez-vous vous en passer? Il ne vous restera qu'un seul mulet.

— Il nous sera facile de nous en procurer un autre à Bâle, dit le Landamman. Le petit délai qui en résultera sera même utile à vos projets. J'ai annoncé que nous partirions une heure après la pointe du jour; nous retarderons notre départ d'une heure, ce qui nous donnera assez de temps pour trouver un mulet ou un cheval, et vous facilitera le moyen d'arriver avant nous à la Férette, où j'espère que, ayant arrangé vos affaires avec Hagenbach à votre satisfaction, vous pourrez encore nous accorder votre compagnie pour le reste de notre voyage.

— Si nos projets réciproques permettent que nous voyagions ensemble, digne Landamman, je m'estimerai très heureux d'être encore votre compagnon de voyage. Et maintenant goûtez le repos que j'ai interrompu.

— Que Dieu vous protége, sage et digne homme! dit le Landamman en se levant pour embrasser l'Anglais. S'il arrivait que nous ne nous revissions plus, je me souviendrai toujours du marchand qui a repoussé toute idée de gain pour marcher dans le sentier de la sagesse et de la droiture. Je n'en connais pas un autre qui n'eût risqué de faire répandre un lac de sang pour épargner cinq onces d'or. Adieu aussi, brave jeune homme. Vous avez appris parmi nous à marcher d'un pied ferme sur les rochers escarpés de l'Helvétie, mais personne ne peut vous apprendre aussi bien que votre père à suivre le bon chemin au milieu des marécages et des précipices de la vie humaine.

Il embrassa ses deux amis, et leur fit ses adieux avec toutes les marques d'une amitié sincère. Son collègue de Schwitz imita son exemple, effleura de sa longue barbe les deux joues des deux Anglais, et leur répéta que sa mule était à leur service. Chacun d'eux ne songea plus alors qu'à prendre un peu de repos avant le jour.

CHAPITRE XIII.

> « Qui fait naître entre nous la haine et la discorde ?
> « Votre duc, qui, suivant les conseils des méchans,
> « A proscrit sans pitié tant de pauvres marchands
> « Qui, n'ayant pas d'écus pour racheter leur vie,
> « Ont au prix de leur sang scellé sa tyrannie. »
>
> SHAKSPEARE. *Comédie des Erreurs.*

Le premier rayon de l'aurore commençait à peine à poindre à l'horizon lointain, quand Arthur Philipson se leva pour faire avec son père les préparatifs de son départ, qui, comme on en était convenu la nuit précédente, devait avoir lieu deux heures avant celle où la députation suisse se proposait de quitter le château en ruines de Graff's-Lust. Il ne lui fut pas difficile de trouver les paquets bien arrangés du bagage de son père au milieu de ceux dans lesquels étaient placés sans soin les effets appartenant aux Suisses. Les premiers avaient été faits avec l'adresse et le soin de gens habitués à des voyages longs et dangereux, les autres avec la gauche insouciance d'hommes qui quittaient rarement leur logis, et qui n'avaient aucune expérience comme voyageurs.

Un domestique du Landamman aida Arthur à porter les malles de son père, et à les placer sur la mule appartenant au député barbu de Schwitz. Il en reçut aussi quelques renseignemens sur la route de Graff's-Lust à la Férette, et elle était trop directe et trop facile pour qu'il fût probable qu'ils courussent le risque de se perdre, comme cela leur était arrivé au milieu des montagnes de la Suisse. Dès que les préparatifs furent terminés, le jeune Anglais éveilla son père, et l'avertit que tout était prêt pour leur départ. Il s'approcha ensuite de la cheminée, tandis que Philipson, suivant son usage journalier, récitait l'oraison de saint Julien, patron des voyageurs, et rajustait ses vêtemens.

On ne sera pas surpris si nous ajoutons que pendant que le père s'acquittait de ses pratiques de dévotion et s'équipait pour son voyage, le fils, le cœur plein de tout ce qu'il avait vu d'Anne de Geierstein depuis quelque temps et des incidens de la nuit précédente, eut toujours les yeux fixés sur la porte de la chambre dans laquelle il l'avait vue entrer la dernière fois qu'elle avait paru à ses yeux; c'est-à-dire, à moins que la forme pâle et fantastique qui avait passé deux fois devant lui d'une manière si étrange ne fût un esprit élémentaire et errant : sa curiosité à ce sujet était si ardente, que ses regards semblaient s'efforcer de pénétrer à travers la porte et la muraille jusque dans la chambre de la belle endormie, et y découvrir si ses yeux ou ses joues offraient quelque indice qu'elle eût passé une bonne partie de la nuit à veiller et à se promener.

— Mais c'était la preuve à laquelle Rodolphe en appelait, se dit-il à lui-même; et Rodolphe seul aura l'occasion d'en remarquer le résultat. Qui sait quel avantage il pourra tirer pour ses prétentions à cette aimable personne, de ce que je lui ai appris? Et que devra-t-elle penser de moi? Ne me regardera-t-elle pas comme un homme qui ne sait ni réfléchir ni retenir sa langue; à qui il ne peut rien arriver d'extraordinaire, sans qu'il aille en jaser aux oreilles du premier venu? Je voudrais que ma langue eût été paralysée avant que j'eusse dit un seul mot à ce fier-à-bras aussi rusé qu'orgueilleux. Je ne la verrai plus; cela peut être regardé comme certain, et par conséquent je n'obtiendrai jamais l'explication du mystère qui l'entoure. Mais penser que mon bavardage peut tendre à donner de l'influence sur elle à ce paysan sauvage, c'est un reproche que je me ferai toute ma vie.

Il fut tiré de sa rêverie par la voix de son père. — Eh bien, mon fils! Êtes-vous bien éveillé, Arthur? ou le service que vous avez fait la nuit dernière vous a-t-il fatigué au point de vous faire dormir debout?

— Non, mon père, répondit Arthur revenant à lui sur-le-champ; je suis peut-être un peu engourdi, mais grace à l'air frais du matin, bientôt il n'y paraîtra plus.

Marchant avec précaution à travers les groupes de dormeurs étendus çà et là dans l'appartement, Philipson, quand ils furent à la porte, se retourna et jeta un coup d'œil sur le lit de paille occupé par le Landamman et son compagnon le député de Schwitz, et que le premier rayon de l'aurore commençait à éclairer; la barbe blanche de celui-ci lui fit aisément distinguer celui des deux qui était Arnold Biederman, et ses lèvres murmurèrent un adieu involontaire.

— Adieu, miroir d'ancienne foi et d'intégrité, dit-il; adieu, noble Arnold; adieu, ame pleine de candeur et de vérité, à qui la lâcheté, l'égoïsme et la fausseté sont également inconnus!

— Adieu, pensa son fils, la plus aimable, la plus franche, et pourtant la plus mystérieuse des femmes! Mais cet adieu, comme on peut bien le croire, ne fut pas comme celui de son père, exprimé par des paroles.

Ils furent bientôt hors du vieux château. Le domestique suisse fut libéralement récompensé et chargé de faire de nouveaux adieux au Landamman de la part de ses hôtes anglais, en lui disant qu'ils emportaient l'espoir et le désir de le rejoindre bientôt sur le territoire de la Bourgogne. Arthur prit alors en main la bride de la mule, et tandis qu'il la conduisait à un pas modéré, son père marchait à son côté.

Après quelques minutes de silence, Philipson dit à son fils:

— Je crains que nous ne revoyions plus le digne Landamman. Les jeunes gens qui l'accompagnent sont décidés à s'offenser à la première occasion, et je crois bien que le duc de Bourgogne ne manquera pas de la leur fournir. La paix que cet excellent homme désire assurer au pays de ses ancêtres sera troublée avant qu'il arrive en présence du duc; et quand même il en serait autrement, comment le prince le plus fier de toute l'Europe prendra-t-il les remontrances de bourgeois et de paysans? car c'est ainsi que Charles de Bourgogne nommera les amis que nous venons de quitter. C'est une question à laquelle il n'est que trop facile de répondre. Une guerre fatale aux intérêts de toutes les parties, à l'exception de ceux de Louis, roi de France, aura certainement lieu, et le choc sera terrible si les rangs de la chevalerie bourguignonne rencontrent ces fils d'airain des montagnes qui ont fait si souvent mordre la poussière à tant de nobles autrichiens.

— Je suis tellement convaincu de la vérité de ce que vous me dites, mon père, répondit Arthur, que je crois même que cette journée ne se passera pas sans que la paix soit violée. J'ai déjà mis une cotte-de-mailles dans le cas où nous rencontrerions mauvaise compagnie d'ici à la Férette, et je voudrais que vous prissiez la même précaution. Cela ne retardera pas notre voyage, et je vous avoue que moi du moins j'en voyagerai avec plus de confiance et de sécurité si vous y consentez.

— Je vous comprends, mon fils, reprit Philipson. Mais je suis un voyageur paisible dans les domaines du duc de Bourgogne, et je ne veux pas supposer que tandis que je suis sous l'ombre de sa bannière, je dois me mettre en garde contre les bandits comme si j'étais dans les déserts de la Palestine. Quant à l'autorité de ses officiers et à l'étendue de leurs exactions, je n'ai pas besoin de vous dire que dans les circonstances où nous sommes, ce sont des choses auxquelles nous devons nous soumettre sans chagrin et sans murmures.

Laissant nos deux voyageurs s'avancer à loisir vers la Férette, il faut que je transporte mes lecteurs à la porte orientale de cette petite ville qui, étant située sur une éminence, commandait sur tous les environs et principalement du côté de Bâle. A proprement parler elle ne faisait point partie des domaines du duc de Bourgogne, mais elle avait été placée entre ses mains comme gage du remboursement d'une somme considérable due au duc Charles par l'empereur Sigismond d'Autriche, à qui appartenait la suzeraineté de cette place. Cependant la ville était située si favorablement pour gêner le commerce de la Suisse, et pour donner des marques de malveillance à un peuple qu'il haïssait et qu'il méprisait; que l'opinion générale était que le duc de Bourgogne n'écouterait jamais aucunes propositions de rachat, quelque équitables, quelque avantageuses qu'elles pussent être, et qu'il ne consentirait jamais à rendre à l'empereur un poste avancé aussi important que l'était la Férette pour satisfaire sa haine.

La situation de cette petite ville était forte en elle-même, mais les travaux de fortification qui l'entouraient suffisaient à peine pour repousser une attaque soudaine, et étaient hors d'état de résister long-temps à un siége en règle.

Les rayons du soleil brillaient depuis plus d'une heure sur le clocher de l'église, quand un vieillard grand et maigre, enveloppé d'une robe de chambre autour de laquelle était bouclé un large ceinturon soutenant d'un côté une épée et un poignard de l'autre, s'avança vers la redoute de la porte située au levant. Sa toque était ornée d'une plume, ce qui de même qu'une queue de renard était un emblème de noblesse dans toute l'Allemagne, emblème dont faisaient grand cas tous ceux qui avaient droit de le porter.

Le petit détachement qui avait été de garde la nuit précédente et qui avait fourni des sentinelles pour la porte et des soldats pour les patrouilles à l'extérieur, prit les armes en voyant arriver cet individu, et se rangea en bon ordre comme une troupe qui se dispose à recevoir avec les honneurs militaires un officier d'importance. Archibald Von Hagenbach, car c'était le gouverneur lui-même, avait alors cette physionomie qui exprime cette humeur morose et bourrue qui accompagne le lever d'un débauché valétudinaire. Les artères de sa tête battaient violemment, il avait le pouls fiévreux et ses joues étaient pâles, symptômes qui annonçaient que suivant sa coutume il avait passé la nuit précédente entre les verres et les flacons. A en juger d'après la hâte avec laquelle les soldats formèrent leurs rangs, et d'après le silence respectueux qui régnait parmi eux, il paraissait qu'ils étaient habitués à sa mauvaise humeur en pareille occasion, et qu'ils la redoutaient. Il jeta sur eux un regard perçant et mécontent, comme s'il eût cherché sur qui faire tomber son humeur, et enfin il demanda où était ce chien de paresseux Kilian.

Kilian arriva presque au même instant. C'était un homme d'armes robuste, mais ayant une physionomie sinistre, Bavarois de naissance, et remplissant les fonctions d'écuyer près de la personne du gouverneur.

— Quelles nouvelles de ces paysans suisses, Kilian? demanda Archibald. D'après leurs habitudes mesquines, il y a deux heures qu'ils devraient être en route. Ces manans se permettent-ils de singer les manières des gentilshommes? ont-ils caressé la boutcille jusqu'au chant du coq?

— Sur ma foi, cela est très possible, répondit Kilian; car les bourgeois de Bâle leur ont donné de quoi faire une orgie complète.

— Quoi! ont-ils osé donner l'hospitalité à ces bouviers suisses, après les ordres contraires que je leur avais envoyés?

— Non; ils ne les ont pas reçus dans la ville, mais j'ai appris par des espions sûrs qu'ils leur ont procuré les moyens de se loger à Graff's-Lust, et fourni force jambons et pâtés, pour ne rien dire des barils de bière, des flacons de vin du Rhin, et des bouteilles de liqueurs fortes.

— Les Bâlois me rendront compte de leur conduite, Kilian. S'imaginent-ils que je doive toujours me placer entre eux et le bon plaisir du duc pour leur être utile? Ces gros porchers ont trop de présomption depuis que nous avons accepté d'eux quelques cadeaux, plutôt pour leur faire plaisir que pour l'avantage que nous pouvions tirer de leurs misérables présens. N'était-ce pas le vin venu de Bâle que nous avons été obligés de boire dans des gobelets tenant une pinte, de peur qu'il ne fût aigre le lendemain?

— Il a été bu, et dans des gobelets tenant une pinte; c'est tout ce dont je me souviens.

— Eh bien! sois tranquille, j'apprendrai à ce bétail de Bâle que je n'ai aucune obligation de pareils présens, et que le souvenir du vin que je bois ne dure pas plus long-temps que le mal de tête qu'il me laisse chaque matin depuis trois ans, grace aux drogues qui le frelatent.

— Votre Excellence fera donc un sujet de querelle entre le duc de Bourgogne et la ville de Bâle, des secours indirects qu'elle a donnés à la députation suisse?

— Oui, sur ma foi, je le ferai, à moins qu'il ne s'y trouve des gens assez sages pour me donner de bonnes raisons pour les protéger. Oh! les Bâlois ne connaissent pas notre noble duc ni le talent qu'il a pour châtier les chétifs habitans d'une ville libre. Tu peux leur dire, aussi bien que qui que ce soit, comme il traita les vilains de Liége, quand ils voulurent raisonner[1].

— Je le leur apprendrai quand l'occasion s'en présentera, et j'espère que je les trouverai disposés à cultiver votre honorable amitié.

— S'ils ne s'en inquiètent pas, je m'en inquiète encore moins, Kilian; cependant il me semble qu'un gosier sain et entier vaut un certain prix, quand ce ne serait que pour y faire passer du boudin et de la bière, pour ne rien dire des jambons de Westphalie et du vin de Nierenstein. Je te dis qu'un gosier fendu n'est plus bon à rien, Kilian.

— Je ferai comprendre à ces gras bourgeois le danger qu'ils courent et le besoin qu'ils ont de s'assurer un protecteur. A coup sûr je n'en suis plus à apprendre comment faire tomber la balle sur les genoux de Votre Excellence.

— C'est bien parler. Mais pourquoi ne me dis-tu rien de ces Suisses? J'aurais cru qu'un vieux routier comme toi leur aurait arraché quelques plumes des ailes pendant qu'ils étaient à faire ripaille.

— Il m'aurait été aussi facile de prendre un porc-épic en colère avec la main nue. J'ai été moi-même reconnaître Graff's-Lust. Il y avait deux sentinelles sur les murailles, une autre sur le pont, et une patrouille faisait des rondes dans les environs. Il n'y avait rien à faire; sans quoi, connaissant l'ancienne

---

[1] *Voyez Quentin Durward.*

querelle de Votre Excellence, j'en aurais tiré aile ou patte, sans qu'ils eussent jamais su qui avait fait le coup.

— Eh bien! ils n'en vaudront que mieux la peine d'être dégraissés en arrivant. Ils viennent en grand apparat sans doute, avec tous les bijoux, les chaînes d'argent de leurs femmes, leurs médaillons, leurs bagues de plomb ou de cuivre. Les vils goujats! ils ne méritent pas qu'un homme de sang noble les débarrasse de leurs guenilles.

— Il se trouve quelque chose de mieux avec eux, si mes informations ne m'ont pas trompé. Il y a des marchands....

— Fi, Kilian, fi! des bêtes de somme de Berne et de Soleure chargées de leurs marchandises de rebut! des draps trop gros pour en faire des couvertures à de bons chevaux, et des toiles semblables à un tissu de crin plutôt que de chanvre! Je les en dépouillerai pourtant, quand ce ne serait que pour vexer ces drôles. Quoi! ils ne se contentent pas de vouloir être traités comme un peuple indépendant, d'envoyer des députations et des ambassades; ils s'imaginent encore que le privilége des ambassadeurs couvrira l'introduction de leurs marchandises de contrebande! ils osent ainsi insulter le noble duc de Bourgogne, et le piller en même temps! Mais Hagenbach consent à n'être regardé ni comme chevalier ni comme gentilhomme, s'il les laisse passer impunément.

— La chose en mérite la peine plus que Votre Excellence ne le suppose, car ils ont avec eux des marchands anglais qui voyagent sous leur protection.

— Des marchands anglais! s'écria Archibald les yeux étincelans de joie; des marchands anglais, Kilian! on parle du Cathay et des Indes, où il y a des mines d'argent, d'or et de diamans; mais, foi de gentilhomme! je crois que ces brutes d'insulaires ont tous les trésors du monde dans les antres de leurs pays de brouillards. Et la variété de leurs riches marchandises! Dis-moi, Kilian, y a-t-il une longue suite de mulets? un train nombreux? Par le gant de Notre-Dame! je crois déjà entendre leurs clochettes, et c'est une musique plus agréable à mon oreille que le son des harpes et tous les *minne singers* d'Heilbron.

— Votre Excellence se trompe. Il n'y a que deux marchands, à ce que j'ai appris, et tout leur bagage ne forme pas la charge d'un mulet; mais on dit que le bagage se compose de marchandises d'une valeur infinie, de soieries, de tissus d'or et d'argent, de dentelles, de fourrures, de perles, de joyaux, de parfums de l'Orient et de bijoux d'or de Venise.

— Extase du Paradis! s'écria le rapace Hagenbach. N'en dis pas davantage, Kilian, tout cela est à nous! sur ma foi, c'est d'eux que j'ai rêvé deux fois par semaine, tout le mois dernier. Oui, deux hommes de moyenne taille, et même au-dessous; ayant bonne mine, le visage rond et lisse; des estomacs aussi dodus que des perdreaux, et des bourses aussi dodues que leurs estomacs. Ah! que dis-tu de mon rêve, Kilian?

— J'en dirai seulement que, pour bien vous instruire, il aurait dû vous montrer avec eux une vingtaine de jeunes géans aussi vigoureux qu'aucun de leurs compatriotes qui ait jamais gravi un rocher, ou qui ait fait siffler une flèche contre un chamois; avec un assortiment complet d'épées, d'arcs, de javelines, et de ces lourdes pertuisanes qui brisent un bouclier comme si c'était un gâteau de farine d'avoine, et qui font résonner les casques comme les cloches d'une église.

— Tant mieux, drôle, tant mieux! s'écria le gouverneur en se frottant les mains; des colporteurs anglais à piller, des rodomonts suisses à battre pour leur donner une leçon de soumission! Je sais que nous ne pouvons avoir de ces pourceaux de Suisses que leurs soies hérissées, mais il est heureux qu'ils nous amènent ces deux moutons à tondre. Allons, préparons nos épieux à sanglier et nos ciseaux de tonte. Holà! lieutenant Schonfeldt!

Un officier s'avança.

— Combien d'hommes avons-nous ici?

— Une soixantaine, répondit l'officier. Une vingtaine sont en faction de côté et d'autre, et il y en a de quarante à cinquante dans la caserne.

— Qu'ils se mettent tous sous les armes à l'instant même ! mais écoutez-moi ; qu'on ne les appelle pas au son du cor ou de la trompette ; qu'on les avertisse de vive voix de prendre les armes aussi tranquillement que possible, et de se rendre ici, à la porte de l'Orient. Dites aux drôles qu'il y a du butin à faire, et qu'ils en auront leur part.

— Avec un tel leurre, dit Schonfeldt, vous les feriez marcher sur une toile d'araignée sans effrayer l'insecte qui l'aurait filée. Je vais les rassembler sans perdre un instant.

— Je te dis, Kilian, continua le commandant transporté de joie en s'adressant à son confident, que le hasard ne pouvait nous amener rien de plus à propos qu'une pareille escarmouche. Le duc Charles désire faire un affront aux Suisses. Je ne veux pas dire qu'il veuille donner des ordres directs pour qu'on agisse envers eux d'une manière qu'on pourrait appeler une violation de la foi publique à l'égard d'une ambassade pacifique ; mais le brave serviteur qui épargnera à son prince le scandale d'une telle affaire, et dont la conduite pourra être appelée une erreur ou une méprise, sera regardé, je t'en réponds, comme lui ayant rendu un service signalé. Peut-être recevra-t-il en public une légère réprimande, mais en secret le duc saura quel cas il doit en faire. Eh bien ! pourquoi restes-tu silencieux ? Que signifie cet aspect lugubre ? Tu n'as pas peur de vingt enfans suisses quand nous avons à nos ordres une si belle troupe de javelines ?

— Les Suisses donneront et recevront de bons coups, dit Kilian, mais je ne les crains pas. Cependant je ne voudrais pas me fier si aveuglément au duc Charles. Qu'il soit charmé d'abord d'apprendre que ces Suisses ont été bien étrillés, c'est ce qui est assez vraisemblable ; mais si comme Votre Excellence vient de me le donner à entendre il juge à propos ensuite de désavouer cette conduite, il est homme à faire pendre les acteurs de cette scène pour donner une couleur plus vive à son désaveu.

— Bon, bon ! Je sais sur quel terrain je marche. Louis de France pourrait jouer un pareil tour, rien n'est plus probable ;

mais cela n'est pas dans le caractère de notre Téméraire de Bourgogne. Mais que diable as-tu donc? Tu fais des grimaces comme un singe qui tient entre ses doigts un marron trop chaud.

—Votre Excellence a autant de sagesse que de courage, et il ne me convient pas de critiquer ses desseins. Mais cette ambassade pacifique, ces marchands anglais! Si Charles fait la guerre à Louis comme le bruit en court, ce qu'il doit le plus désirer, c'est la neutralité de la Suisse et l'assistance de l'Angleterre, dont le roi traverse la mer à la tête d'une grande armée. Or, sire Archibald Von Hagenbach, il est possible que ce que vous allez faire ce matin décide les Cantons Confédérés à prendre les armes contre Charles, et lui donne pour ennemis les Anglais qui sont ses alliés.

— Je m'en soucie fort peu. Je connais l'humeur du Duc. Lui qui est le maître de tant de belles provinces, s'il consent à les risquer pour faire un coup de tête, que doit faire Archibald Von Hagenbach qui n'a pas un pouce de terre à perdre?

— Mais vous avez votre vie, monseigneur.

— Oui, ma vie; un misérable droit d'exister que j'ai été prêt à hasarder tous les jours pour quelques dollars ou pour quelques kreutzers! Et crois-tu que j'hésiterai à l'aventurer pour des doublons, pour des marchandises de l'Orient, pour des bijoux d'or de Venise? Non, Kilian, non; il faut soulager ces Anglais du poids de leurs balles, pour qu'Archibald Von Hagenbach puisse boire un vin plus généreux que leur piquette de la Moselle, et porter du brocard au lieu de ce velours rapé. Il n'est pas même moins nécessaire que Kilian ait un justaucorps neuf plus brillant, et une bourse de ducats suspendue à sa ceinture.

—Sur ma foi, ce dernier argument désarme tous mes scrupules, et je renonce à mes objections, car il ne m'appartient pas d'être d'un autre avis que Votre Excellence.

— En besogne donc! Mais un moment; il faut d'abord mettre l'Église de notre bord. Le prêtre de Saint-Paul a eu de l'humeur depuis quelque temps; il a dit d'étranges choses dans sa chaire : il a parlé de nous comme si nous n'étions guère que des bandits et des pillards ; il a même eu deux fois l'insolence de me donner un avertissement, comme il l'appelle, en termes fort audacieux. Le mieux serait de fendre la tête chauve de ce mâtin grondeur ; mais comme le Duc pourrait le prendre en mauvaise part, le parti le plus sage est de lui jeter un os à ronger.

— Ce peut être un ennemi dangereux, dit l'écuyer hochant la tête, il a beaucoup d'influence sur l'esprit du peuple.

— Bon, bon! je sais comment désarmer ce crâne tonsuré. Qu'on me l'envoie, qu'on lui dise de venir me parler ici. En attendant, que toutes nos forces soient sous les armes; que la redoute et la barrière soient garnies d'archers; qu'on en place d'autres dans les maisons de chaque côté de la rue ; qu'on la barricade avec des charriots bien enchâssés ensemble, mais comme par l'effet du hasard; qu'on place une troupe de gaillards déterminés dedans et par derrière ces charriots. Aussitôt que les marchands et les mulets seront entrés, car c'est le point principal, qu'on lève le pont-levis, qu'on baisse la herse, et qu'on envoie une volée de flèches à ceux qui seront en dehors s'ils font les mutins; enfin qu'on désarme et qu'on arrête ceux qui seront entrés dans la ville. Et alors, Kilian...

— Et alors, dit l'écuyer, en vraies compagnies franches, nous enfoncerons nos mains jusqu'au poignet dans les valises des Anglais.

— Et comme de joyeux chasseurs, nos bras jusqu'au coude dans le sang des Suisses.

— Ils feront bonne contenance, quoi qu'il en soit. Ils ont à leur tête ce Donnerhugel dont nous avons entendu parler, et qu'on a surnommé le Jeune Ours de Berne; ils se défendront bien.

— Tant mieux; aimerais-tu mieux tuer des moutons que de chasser des loups? Fi, Kilian! tu n'étais pas habitué à avoir tant de scrupules.

— Je n'en ai pas le moindre. Mais ces pertuisanes et ces épées à deux mains des Suisses ne sont pas des jouets d'enfans.

Et si vous employez toute la garnison à cette attaque, à qui Votre Excellence confiera-t-elle la défense des autres portes et de toute la circonférence des murailles ?

— Ferme les portes, tire les verrous, place les chaînes, et apporte-moi les clefs ici. Personne ne sortira de la ville avant que cette affaire soit terminée. Fais prendre les armes au nombre de bourgeois nécessaire pour garder les murailles, et qu'ils aient soin de bien s'en acquitter, ou je prononcerai contre eux une amende que je saurai leur faire payer.

— Ils murmureront. Ils disent que n'étant pas sujets du Duc, quoique la ville lui ait été donnée en gage, ils ne lui doivent aucun service militaire.

— Ils en ont menti, les lâches coquins! s'écria Archibald. Si je ne les ai guère employés jusqu'ici, c'est que je méprise leur aide; et je n'y aurais pas recours en ce moment s'il s'agissait d'un service plus sérieux que de monter une garde et de regarder droit devant eux. Qu'ils songent à m'obéir, s'ils ont quelque égard pour leurs biens, pour leurs personnes et pour leurs familles.

— J'ai vu le méchant dans sa puissance fleurir comme le laurier, mais quand je suis revenu il n'existait plus; je l'ai cherché et je ne l'ai pas trouvé, dit une voix forte derrière lui, en prononçant avec emphase ces paroles de la sainte Ecriture.

Archibald Von Hagenbach se tourna brusquement, et rencontra le regard sombre et sinistre du prêtre de Saint-Paul, portant le costume de son ordre.

— Nous sommes en affaires, mon père, et nous vous écouterons sermonner une autre fois.

— Je viens ici par votre ordre, sire gouverneur, sans quoi je ne m'y serais pas présenté pour sermonner, comme vous le dites, sans aucune utilité.

— Ah! pardon, révérend père, s'écria Hagenbach; oui, je vous ai envoyé chercher pour vous demander vos prières et votre intercession auprès de Notre-Dame et de saint Paul, pour obtenir leur protection dans une affaire qu'il est vraisemblable que nous allons avoir ce matin, et dans laquelle je prévois, comme dit le Lombard, *roba di guadagno*[1].

— Sire gouverneur, répondit le prêtre d'un ton calme, j'espère que vous n'oubliez pas la nature des saints admis dans le séjour de la gloire, au point d'appeler leur bénédiction sur des exploits tels que ceux dont vous vous êtes occupé trop souvent depuis votre arrivée ici, événement qui par lui-même était un signe de la colère divine. Vous me permettrez même d'ajouter, tout humble que je suis, que la décence aurait dû vous empêcher de proposer à un serviteur des autels de faire des prières pour le succès du vol et du pillage.

— Je vous comprends, mon père, et je vais vous le prouver. Tant que vous êtes sujet du Duc vous devez, par suite des fonctions que vous remplissez, prier pour qu'il réussisse dans toutes ses entreprises conduites avec justice. Vous reconnaissez cette vérité; je le vois à la manière dont vous inclinez votre tête vénérable. Eh bien ! je serai aussi raisonnable que vous l'êtes. Nous désirons l'intercession des saints et la vôtre, vous pieux orateur, dans une affaire à laquelle il faut arriver par un chemin un peu détourné, une affaire dont la nature est un peu équivoque, si vous le voulez ; mais croyez-vous que nous nous imaginions que nous avons le droit de vous donner, ainsi qu'à eux, tant de peine et d'embarras sans aucune marque de reconnaissance ? non sûrement. Je fais donc le vœu solennel que si la fortune m'est favorable ce matin, saint Paul aura un devant d'autel et un bassin d'argent plus ou moins grand, suivant que mon butin le permettra ; Notre-Dame une pièce de satin pour une robe, et un collier de perles pour les jours de fête: et vous, révérend père, une vingtaine de pièces d'or d'Angleterre pour vous récompenser d'avoir agi comme entremetteur entre les saints et nous, nous reconnaissant indigne de négocier directement avec eux en notre personne profane. Et maintenant, sire prêtre, nous entendons-nous? Parlez, car je n'ai pas de temps à perdre. Je sais parfaitement

---

(1) Du butin à gagner. — Tr.

ce que vous pensez de moi ; mais vous voyez que, après tout, le diable n'est pas tout-à-fait aussi noir qu'on le représente.

— Si nous nous entendons l'un l'autre? répéta le prêtre de Saint-Paul, hélas non! et je crains bien que nous ne nous entendions jamais. N'as-tu jamais ouï les paroles adressées par le saint ermite Berchtold d'Offringen à l'implacable reine Agnès, qui avait vengé avec une sévérité si terrible l'assassinat de son père l'empereur Albert?

— Non, sur ma foi ; je n'ai étudié ni les chroniques des empereurs, ni les légendes des ermites. C'est pourquoi, sire prêtre, si ma proposition ne vous convient pas, n'en parlons plus. Je ne suis pas habitué à prier qu'on veuille bien accepter mes faveurs, ni à avoir affaire à des prêtres qui ont besoin d'être pressés quand on leur offre un présent.

— Ecoutez pourtant les paroles de ce saint homme, sire gouverneur. Le temps peut venir, et cela avant peu, où vous entendriez bien volontiers ce que vous rejetez maintenant avec mépris.

— Parle donc, mais sois bref ; et sache que quoique tu puisses effrayer ou cajoler la canaille, tu parles en ce moment à un homme ferme dans ses résolutions, et que toute ton éloquence ne peut ébranler.

— Apprends donc qu'Agnès, fille d'Albert, assassinée après avoir versé des flots de sang pour venger le meurtre de son père, fonda enfin la riche abbaye de Kœnigsfeldt ; et que pour donner à ce monastère plus de droits à un renom de sainteté, elle fit elle-même un pèlerinage à la cellule du saint ermite, et le pria d'honorer son abbaye en y fixant sa résidence. Mais quelle fut la réponse de l'anachorète? — Retire-toi, femme impie ; Dieu ne veut pas être servi par des mains sanglantes, et il rejette les dons qui sont le fruit de la violence et du pillage. Le Tout-Puissant aime la merci, la justice et l'humanité, et il ne veut avoir pour adorateurs que ceux qui pratiquent ces vertus! Et maintenant, Archibald Von Hagenbach, tu as été averti une fois, deux fois, trois fois. Vis donc comme un homme contre qui une sentence de condamnation a été prononcée, et qui doit s'attendre à la voir mettre à exécution.

Après avoir dit ces mots avec l'air et le ton de la menace, le prêtre de Saint-Paul tourna le dos au gouverneur et se retira. Le premier mouvement d'Archibald fut d'ordonner qu'on l'arrêtât; mais se rappelant les suites sérieuses que pouvait avoir un acte de violence exercé contre un membre du clergé, il le laissa partir en paix, sachant qu'une tentative de vengeance serait une témérité imprudente, attendu la haine qu'il avait inspirée aux habitans. Il demanda donc une large coupe de vin de Bourgogne qu'il vida jusqu'à la dernière goutte, comme pour ensevelir en même temps son ressentiment dans son sein. Il venait de rendre la coupe à Kilian quand le soldat qui était de garde au haut de la tour sonna du cor, signal qui annonçait l'arrivée de quelques étrangers à la porte de la ville.

CHAPITRE XIV.

« Avant de me soumettre à cet affront, il faut
« Qu'on ait mis mon courage et ma force en défaut. »
SHAKSPEARE.

— Ce cor a sonné bien faiblement, dit Archibald Von Hagenbach en montant sur les remparts, d'où il pouvait voir ce qui se passait de l'autre côté de la porte. Eh bien! Kilian, qui nous arrive?

Le fidèle écuyer accourait à lui pour lui porter la nouvelle.

— Deux hommes avec un mulet, Votre Excellence. Des marchands, à ce que je présume.

— Marchands! Morbleu, drôle, tu veux dire des portes-balles. A-t-on jamais entendu parler de marchands anglais, voyageant à pied, sans plus de bagage qu'il n'en faut pour charger un mulet? Ce sont des mendians bohémiens, ou de ces gens que les Français nomment Écossais. Les misérables ! leur estomac sera aussi vide en cette ville que le sont leurs bourses.

— Que Votre Excellence ne juge pas trop à la hâte ; de petites valises peuvent contenir des objets de grand prix. Mais qu'ils soient riches ou pauvres, ce sont nos gens ; du moins ils répondent au signalement qu'on m'en a fait. Le plus âgé, d'assez bonne taille, visage basané, paraissant avoir environ cinquante-cinq ans, et barbe grisonnante ; le plus jeune environ vingt-deux ans, taille plus grande que son compagnon, bien fait, moustaches brun-clair, point de barbe au menton.

— Qu'on les fasse entrer, dit le gouverneur en se préparant à descendre du rempart, et qu'on les amène dans la *Folter-kammer*[1] de la douane.

Il se rendit lui-même sur-le-champ dans le lieu désigné. C'était un appartement situé dans la grande tour qui défendait la porte de l'Orient, et dans lequel étaient déposés divers instrumens de torture, dont le gouverneur aussi cruel que rapace faisait usage contre les prisonniers dont il voulait tirer du butin ou des informations. Il entra dans cette chambre dans laquelle un demi-jour seulement pouvait pénétrer, et qui était couverte d'un toit gothique très élevé qu'on ne voyait qu'imparfaitement, mais où étaient suspendues des cordes dont le bout se terminait par un nœud coulant, et qui étaient en rapport effrayant avec divers instrumens de fer rouillé, attachés le long des murs ou jetés çà et là sur le plancher.

Un faible rayon de lumière pénétrant à travers une des barbacanes qui formaient les seules croisées de cet appartement tombait sur un homme de haute taille, à visage basané, assis dans ce qui aurait été sans cet éclair de clarté un coin obscur de cette chambre. Il portait un costume de drap écarlate, avait la tête nue, et couverte d'une forêt de cheveux noirs que le temps commençait à blanchir. Il était occupé à fourbir un sabre à deux mains, d'une forme particulière, et dont la lame était plus large et beaucoup plus courte que celle des

(1) Chambre de torture. — Tr.

armes de même espèce dont se servaient les Suisses, comme nous l'avons dit. Sa tâche absorbait tellement toutes ses idées, qu'il tressaillit quand la porte pesante s'ouvrit en criant sur ses gonds. Son sabre lui échappa des mains, et tomba sur le carreau avec grand bruit.

— Ah! *Scherfrichter*[1], dit le gouverneur en entrant, tu te prépares à remplir tes fonctions?

— Il conviendrait mal au serviteur de Votre Excellence d'être trouvé sans y être prêt. Mais le prisonnier n'est pas loin, à en juger par la chute de mon sabre, ce qui annonce toujours la présence de celui qui doit en sentir le tranchant.

— Il est vrai que les prisonniers ne sont pas loin, Francis; mais ton présage t'a trompé. Ce sont des misérables pour qui une bonne corde suffira, car ton sabre n'a soif que de sang noble.

— Tant pis pour Francis Steinernherz! j'espérais que Votre Excellence, qui a toujours été pour moi un bon maître, aurait fait de moi aujourd'hui un noble.

— Un noble! as-tu perdu l'esprit? Toi noble!

— Et pourquoi non, sire Archibald Von Hagenbach? Je crois que le nom de Francis Steinernherz *Von* Blutacker[2] étant bien et légitimement gagné, convient à la noblesse tout aussi bien qu'un autre. Ne me regardez pas avec cet air surpris. Quand un homme de ma profession a rempli ses fonctions à l'égard de neuf individus de noble naissance, avec la même arme, et sans donner plus d'un coup à chaque patient, n'a-t-il pas droit à une exemption de toutes taxes et à des lettres de noblesse?

— La loi le dit ainsi; mais c'est plutôt par dérision que sérieusement, je crois, car on n'a jamais vu personne en réclamer l'application.

— Cela n'en sera que plus glorieux pour celui qui sera le premier à demander les honneurs dus à un sabre bien affilé et à un poignet vigoureux et adroit. Moi, Francis Steinernherz,

---

[1] Exécuteur des hautes œuvres. — Tr.
[2] François Cœur-de-Pierre de Champ-de-Sang. — Tr.

je serai le premier noble de ma profession quand j'aurai dépêché encore un chevalier de l'Empire.

— Tu as toujours été à mon service, n'est-il pas vrai?

— Sous quel autre maître aurais-je trouvé l'avantage de pouvoir m'entretenir la main par une pratique si constante? J'ai exécuté vos sentences de condamnation depuis que je suis en état de manier les verges, de lever une barre de fer et de brandir cette arme fidèle. Qui peut dire que j'aie jamais manqué ma besogne du premier coup; que j'aie été une seule fois obligé d'en frapper un second? Tristan de l'Hospital et ses fameux aides, Petit-André et Trois-Eschelles[1] ne sont que novices comparés à moi dans le maniement du noble sabre; car, morbleu! quant au poignard et à la corde qu'on emploie dans les camps et en campagne, je serais honteux de descendre à leur niveau; ces exploits-là ne sont pas dignes d'un chrétien qui veut s'élever aux honneurs de la noblesse.

— Tu es un drôle qui ne manque pas d'adresse, je ne le nierai pas. Mais il n'est pas possible, je l'espère du moins, que tandis que le sang noble devient rare dans le pays, et que des manans orgueilleux veulent dominer sur les chevaliers et les barons, j'en aie fait répandre moi seul une si grande quantité.

— Je vais faire à Votre Excellence l'énumération de mes patiens par leurs noms et qualités, dit Francis prenant un rouleau de parchemin, et accompagnant sa lecture d'un commentaire. 1° Le comte Guillaume d'Elvershoe : ce fut mon coup d'essai. Charmant jeune homme, et qui mourut en excellent chrétien.

— Je m'en souviens, il avait fait la cour à ma maîtresse.

— Il mourut le jour de saint Jude, l'an de grace 1445.

— Continue, mais dispense-toi des dates.

— Sire Miles de Stockenbourg.

— Il avait volé mes bestiaux.

— Sire Louis de Riesenfeld.

(1) Fameux personnages qui jouent un rôle dans le *Quentin Durward* de sir Walter Scott. — Éd.

— Il faisait l'amour à ma femme.

— Les trois iung-herrn[1] de Lammerbourg. Vous avez fait perdre au comte leur père tous ses enfans en un seul jour.

— Et il m'a fait perdre toutes mes terres; partant c'est un compte réglé. — Tu n'as pas besoin d'en dire davantage; j'admets l'exactitude de ton compte, quoiqu'il soit écrit en lettres un peu rouges. Mais je ne comptais ces trois jeunes gens que pour une exécution.

— Votre Excellence me faisait grand tort, il m'en a coûté trois bons coups de mon bon sabre.

— A la bonne heure, et que leurs ames soient avec Dieu! Mais il faut que ton ambition dorme encore quelque temps, Scherfrichter, car ce qui nous arive aujourd'hui n'est bon que pour le cachot ou la corde, peut-être un tantinet de torture; il n'y a pas d'honneur à acquérir.

— Tant pis pour moi! j'avais certainement rêvé que Votre Excellence devait me rendre noble aujourd'hui. Et puis la chute de mon sabre....

— Bois un flacon de vin et oublie tes augures.

— Avec votre permission, je n'en ferai rien. Boire avant midi, ce serait risquer de me rendre la main moins sûre.

— Eh bien! garde le silence et songe à ton devoir.

Francis prit son sabre, en essuya la lame avec un soin révérencieux, se retira dans un coin de la chambre, et y resta debout les deux mains appuyées sur la poignée de l'arme fatale.

Presque au même instant, Kilian arriva à la tête de six soldats conduisant les deux Philipson auxquels on avait lié les mains avec des cordes.

— Approchez-moi une chaise, dit le gouverneur; et il s'assit gravement devant une table sur laquelle était placé tout ce qu'il fallait pour écrire. Qui sont ces deux hommes, Kilian, et pourquoi sont-ils garottés?

— S'il plaît à Votre Excellence, dit Kilian avec un air de profond respect tout différent du ton presque familier avec

[1] Jeunes messieurs. — Tr.

lequel il parlait à son maître quand ils étaient tête à tête, nous avions cru convenable que ces deux étrangers ne parussent pas armés en votre présence ; et quand nous les avons requis de nous remettre leurs armes à la porte comme c'est l'usage en cette place, ce jeune homme a fait résistance. Je conviens pourtant qu'à l'ordre de son père il a rendu son arme.

— Cela est faux ! s'écria Arthur ; mais Philipson lui fit signe de garder le silence, et il obéit sur-le-champ.

— Noble seigneur, dit le père, nous sommes étrangers, et nous ne pouvons connaître les réglemens de cette citadelle ; nous sommes Anglais, et par conséquent peu accoutumés à souffrir une insulte personnelle ; nous espérons donc que vous nous trouverez excusables quand vous saurez que nous nous sommes vus rudement saisis à l'improviste, nous ne savions par qui. Mon fils, qui est jeune et irréfléchi, porta la main à son épée, mais il ne songea plus à se défendre au premier signe que je lui fis, et bien loin d'en frapper un seul coup, il ne la fit pas même entièrement sortir du fourreau. Quant à moi, je suis marchand, accoutumé à me soumettre aux lois et coutumes des pays dans lesquels je fais mon commerce. Je suis sur le territoire du duc de Bourgogne, et je sais que ses lois et réglemens ne peuvent être que justes et raisonnables. Il est l'allié puissant et fidèle de l'Angleterre, et quand je me trouve à l'ombre de sa bannière je ne crains rien.

— Hem ! hem ! dit Hagenbach un peu déconcerté par le sang-froid de l'Anglais, et se rappelant peut-être que Charles de Bourgogne, à moins que ses passions ne fussent excitées comme c'était le cas à l'égard des Suisses qu'il détestait, désirait avoir la réputation d'un prince juste, quoique sévère ; — ce sont de bonnes paroles, mais elles ne peuvent justifier de mauvaises actions. Vous avez tiré l'épée en rébellion contre les soldats du Duc, tandis qu'ils exécutaient leur consigne.

— Sûrement, noble seigneur, répondit Philipson, c'est interpréter bien sévèrement une action toute naturelle. Mais en un mot, si vous êtes disposé à la rigueur, le fait d'avoir tiré l'épée, ou pour mieux dire d'avoir fait un geste pour la tirer, dans une ville de garnison, n'est punissable que par une amende pécuniaire, et nous sommes disposés à la payer si telle est votre volonté.

— Sur ma foi, dit Kilian à l'exécuteur des hautes œuvres à côté duquel il s'était placé un peu à part des autres, voilà un sot mouton qui offre volontairement sa toison pour qu'on la tonde.

— Je doute qu'elle serve de rançon à son cou, sire écuyer, répondit Francis Steinernherz; car j'ai rêvé la nuit dernière, voyez-vous, que notre maître me faisait noble, et la chute de mon sabre m'a appris que c'est cet homme qui doit m'élever à la noblesse. Il faut qu'il donne aujourd'hui même de l'occupation à mon bon sabre.

— Comment, fou, ambitieux! cet homme n'est pas noble; ce n'est qu'un colporteur; rien de plus qu'un bourgeois anglais.

— Tu te trompes, sire écuyer. Tu n'as jamais fixé les yeux sur les hommes qui sont prêts à mourir.

— Tu crois cela? N'ai-je donc pas été présent à cinq batailles rangées, sans compter des escarmouches et des embuscades innombrables?

— Ce n'est pas là l'épreuve du courage. Tous les hommes combattront quand ils se trouveront rangés les uns en face des autres. Les plus misérables roquets, les coqs élevés sur le fumier en feront tout autant. Mais celui-là est brave et noble qui peut regarder le bloc et l'échafaud, le prêtre qui lui donne l'absolution et l'exécuteur dont le bon sabre va l'abattre dans toute sa force, comme il regarderait la chose la plus indifférente; et l'homme que tu vois est de cette trempe.

— A la bonne heure, Francis; mais cet homme n'a pas sous les yeux un appareil si formidable. Il ne voit que notre illustre maître Archibald Von Hagenbach.

— Et celui qui voit Archibald Von Hagenbach, si c'est un homme de bon sens et de discernement, comme celui-ci l'est indubitablement, ne voit-il pas l'exécuteur et son sabre? Assurément ce prisonnier le sent très bien, et le calme qu'il montre malgré cette conviction est une preuve qu'il est de sang noble, ou puissé-je n'obtenir jamais les honneurs de la noblesse.

— Je présume que notre maître en viendra à un compromis avec lui. Voyez, il le regarde en souriant.

— Si cela arrive, dit l'exécuteur, ne comptez jamais sur mon jugement; il y a dans l'œil de notre patron un regard qui annonce le sang, aussi sûrement que l'étoile du Grand-Chien prédit la peste.

Tandis que ces deux serviteurs d'Hagenbach parlaient ainsi à part, leur maître faisait aux prisonniers une foule de questions insidieuses sur leurs affaires en Suisse, sur leur liaison avec le Landamman, et sur les motifs qui les conduisaient en Bourgogne. Philipson avait répondu à toutes les parties de cet interrogatoire d'une manière claire et précise, à l'exception de la dernière. Il allait en Bourgogne, dit-il, pour les affaires de son commerce. Ses marchandises étaient à la disposition du gouverneur; il pouvait en prendre une partie, même la totalité, suivant qu'il voudrait en être responsable à son maître. Mais son affaire avec le Duc était d'une nature privée, ayant rapport à des intérêts de commerce particuliers, et qui concernaient d'autres personnes indépendamment de lui-même. Il déclara qu'il ne communiquerait cette affaire qu'au Duc seul, et ajouta d'un ton ferme que s'il souffrait quelque mauvais traitement en sa personne ou celle de son fils, le mécontentement très sérieux du Duc en serait la suite inévitable.

La fermeté du prisonnier mettait évidemment Hagenbach dans un grand embarras, et plus d'une fois il consulta sa bouteille, son oracle infaillible dans des cas très difficiles. Philipson lui avait remis à sa première réquisition la liste ou facture de toutes ses marchandises, et elles avaient quelque chose de si séduisant que le gouverneur semblait déjà s'en emparer des yeux.

Après avoir été plongé quelques instants dans de profondes réflexions, il leva la tête, et parla ainsi qu'il suit:

— Vous devez savoir, sire marchand, que le bon plasir du Duc est qu'aucunes marchandises suisses ne passent sur son territoire. Cependant vous avez de votre propre aveu séjourné quelque temps dans ce pays, et vous êtes venu ici en compagnie de certaines gens qui se disent députés suisses. Je suis donc autorisé à croire que ces marchandises précieuses leur appartiennent plutôt qu'à un homme qui a l'air aussi pauvre que vous; et si je voulais demander une satisfaction pécuniaire, trois cents pièces d'or ne seraient pas une amende trop forte pour une conduite aussi audacieuse que la vôtre, après quoi vous pourriez aller rôder où vous voudriez, avec le reste de vos marchandises, pourvu que ce ne fût pas en Bourgogne.

— Mais c'est précisément la Bourgogne qui est le but de mon voyage, dit Philipson; c'est en présence du Duc que je dois me rendre. Si je ne puis y aller, mon voyage est inutile, et le mécontentement du Duc tombera certainement sur ceux qui pourront y mettre obstacle; car je dois informer Votre Excellence que le Duc est déjà instruit de mon voyage, et il fera une stricte enquête pour savoir dans quel lieu et par quelles personnes j'aurai été mis dans l'impossibilité de le continuer.

Le gouverneur garda encore le silence, cherchant le moyen de satisfaire sa rapacité sans compromettre sa sûreté personnelle. Après quelques minutes de réflexion, il s'adressa de nouveau au prisonnier.

— Tu racontes ton histoire d'un ton fort positif, l'ami, mais l'ordre que j'ai reçu d'empêcher le passage des marchandises suisses ne l'est pas moins. Que feras-tu si je mets en fourrière ton bagage et ton mulet?

— Je ne puis résister au pouvoir de Votre Excellence. Faites tout ce qu'il vous plaira. En ce cas je me transporterai jusqu'au pied du trône du Duc pour lui rendre compte de la commission dont je suis chargé, et de ma conduite.

— Et de la mienne aussi, n'est-ce pas? c'est-à-dire que tu

iras porter une plainte au Duc contre le gouverneur de la Férette pour avoir exécuté ses ordres trop strictement?

— Sur ma vie et sur mon honneur, je ne lui ferai aucune plainte. Laissez-moi seulement mon argent comptant, sans lequel il me serait bien difficile de me rendre à la cour du duc, et je ne songerai pas plus à ces marchandises que le cerf ne songe aux bois qu'il a jetés l'année précédente.

Le gouverneur secoua la tête d'un air qui annonçait qu'il conservait encore des soupçons.

— On ne peut avoir confiance en des hommes qui sont dans ta situation, et ce serait folie de croire qu'ils le méritent. Les marchandises que tu dois remettre au Duc en mains propres, en quoi consistent-elles?

— Elles sont sous un sceau, répondit l'Anglais.

— Elles sont de grande valeur, sans doute?

— Je ne puis le dire; je sais que le Duc y met beaucoup de prix; mais Votre Excellence sait que les grands hommes attachent quelquefois une immense valeur à des bagatelles.

— Les portes-tu sur toi? Prends bien garde à la manière dont tu vas me répondre. Regarde ces instrumens qui sont autour de toi, ils ont le pouvoir de rendre la parole à un muet, et songe que j'ai celui d'en essayer l'influence sur toi.

— Et sachez que j'aurai le courage de souffrir toutes les tortures auxquelles vous pourrez me soumettre, répondit Philipson avec le même sang-froid imperturbable qu'il avait montré pendant tout cet interrogatoire.

— Souviens-toi aussi que je puis faire fouiller ta personne aussi exactement que tes malles et tes valises.

— Je me souviens que je suis entièrement en votre pouvoir; et pour ne vous laisser aucun prétexte d'en venir à des voies de fait contre un voyageur paisible, je vous dirai que le paquet destiné au Duc est sur ma poitrine, dans une poche de mon pourpoint.

— Remets-le-moi.

— J'ai les mains liées, et par l'honneur, et par vos cordes.

— Arrache-le de son sein, Kilian; voyons ce dont il parle.

— Si la résistance m'était possible, s'écria Philipson, vous m'arracheriez plutôt le cœur. Mais je prie tous ceux qui sont ici de remarquer que le sceau en est entier et intact au moment où on me l'enlève par violence.

En parlant ainsi, il jeta un coup d'œil sur les soldats qui l'avaient amené, et dont Hagenbach avait oublié la présence.

— Comment, chien! s'écria Archibald s'abandonnant à sa colère; veux-tu exciter mes hommes d'armes à la mutinerie? Kilian, fais sortir les soldats.

En parlant ainsi, il plaça à la hâte sous sa robe de chambre le petit paquet, scellé avec grand soin, que son écuyer venait de prendre au marchand. Les soldats se retirèrent, mais à pas lents, et en jetant un regard en arrière comme des enfans qui regardent des marionnettes, et qu'on emmène avant que le spectacle soit fini.

— Eh bien! drôle, reprit Hagenbach, nous voici plus en particulier à présent : veux-tu me parler plus franchement, et me dire ce que contient ce paquet et qui te l'a remis?

— Quand toute votre garnison serait assemblée dans cette chambre, je ne pourrais que vous répéter ce que je vous ai déjà dit. Je ne sais pas précisément ce que contient ce paquet. Quant à la personne qui m'en a chargé, je ne la nommerai pas; j'y suis déterminé.

— Ton fils sera peut-être plus complaisant.

— Il ne peut vous dire ce qu'il ne sait pas.

— La torture vous fera peut-être retrouver vos langues à tous deux. Nous commencerons par ce jeune drôle, Kilian; tu sais que nous avons vu des hommes fermes faiblir en voyant disloquer les membres de leurs enfans, tandis qu'ils auraient laissé arracher leur vieille chair de leurs os sans sourciller.

— Vous pouvez en faire l'épreuve, dit Arthur, le ciel me donnera de la force pour l'endurer.

— Et à moi du courage pour en être témoin, ajouta Philipson.

Pendant tout ce temps le gouverneur tournait et retournait dans sa main le petit paquet, en examinant chaque pli avec curiosité, et regrettant sans doute en secret que quelques gouttes de cire empreintes d'un sceau, jetées sur une enveloppe de satin cramoisi retenue par un fil de soie, empêchassent ses yeux avides de voir le trésor qu'il contenait, comme il n'en doutait pas. Enfin il fit appeler les soldats, leur ordonna d'emmener les prisonniers, de les enfermer dans des cachots séparés, et de veiller sur eux avec le plus grand soin, et surtout sur le père.

— Je vous prends tous à témoin, s'écria Philipson, méprisant les signes menaçans d'Archibald, que le gouverneur m'a enlevé par force un paquet adressé à son seigneur et maître le duc de Bourgogne.

Hagenbach écuma de rage.

— Et ne devais-je pas l'enlever? s'écria-t-il d'une voix que la fureur rendait inarticulée. Un paquet suspect trouvé sur la personne d'un homme qui l'est encore plus ne peut-il pas couvrir quelque infâme tentative contre la vie de notre très gracieux souverain? N'avons-nous jamais entendu parler de poisons qui opèrent par l'odorat? Nous qui gardons en quelque sorte la porte des domaines du duc de Bourgogne, y laisserons-nous introduire ce qui peut priver l'Europe de la fleur de la chevalerie, la Bourgogne de son prince, la Flandre de son père? Non! soldats, emmenez ces deux mécréans; qu'on les jette dans les cachots les plus profonds, qu'ils soient séparés, et qu'on veille sur eux avec une grande attention. C'est une trahison tramée de complicité avec Berne et Soleure.

Archibald Von Hagenbach s'abandonnant à tout son emportement, continua à crier ainsi à voix haute et le visage enflammé, jusqu'au moment où l'on cessa d'entendre le bruit des pas et le cliquetis des armes des soldats qui se retiraient avec les prisonniers. Alors son teint devint plus pâle que de coutume, il fronça les sourcils, l'inquiétude rida son front, il baissa la voix, parut hésiter, et enfin dit à son écuyer:

— Kilian, nous marchons sur une planche glissante, et nous avons sous nos pieds un torrent furieux. Que devons-nous faire?

— Morbleu! avancer d'un pas ferme mais prudent, répondit l'astucieux écuyer. Il est fâcheux que ces soldats aient vu ce paquet, et aient entendu ce que vient de dire ce marchand à nerfs d'acier. Mais ce malheur est arrivé, et ce paquet ayant été vu dans les mains de Votre Excellence, vous aurez tout l'honneur de l'avoir ouvert quand même vous le rendriez avec le sceau aussi intact que lorsque vous l'avez reçu. On supposerait seulement que vous avez eu assez d'adresse pour ouvrir le paquet sans le rompre ou pour le remplacer artistement. Voyons donc ce qu'il contient avant de décider ce qu'il faut faire du contenu. Ce doit être quelque chose de grande valeur, puisque ce coquin de marchand consentait à abandonner toutes ses riches marchandises pourvu que ce précieux paquet pût passer sans être examiné.

— Il est possible, répondit Hagenbach, qu'il contienne des papiers relatifs aux affaires politiques. De semblables pièces, et de haute importance, voyagent souvent entre Richard d'Angleterre et le Duc notre maître.

— Si ce sont des papiers importans pour le Duc, nous pouvons les envoyer à Dijon. Ils peuvent même être de telle nature que Louis, roi de France, les paierait volontiers leur poids d'or.

— Fi donc! Kilian! voudrais-tu que je vendisse les secrets de mon maître au roi de France? J'aimerais mieux placer ma tête sur le bloc.

— Vraiment? cependant Votre Excellence ne se fait pas scrupule de...

L'écuyer n'acheva pas sa phrase, probablement de crainte d'offenser son patron en parlant de ses manœuvres d'une manière trop franche et trop intelligible.

— De piller le Duc, veux-tu dire, imprudent coquin? dit Hagenbach. En parlant ainsi tu te montrerais aussi sot que tu l'es ordinairement. Je prends ma part du butin fait sur les étrangers par ordre du Duc, et rien n'est plus juste. Le chien et le faucon prennent la leur de la proie qu'ils ont attaquée, et même la part du lion, à moins que le chasseur et le fauconnier ne soient trop près. Ce sont les profits de mon rang, et le Duc qui m'a placé ici pour satisfaire son ressentiment et rétablir ma fortune, n'en fait pas un reproche à son fidèle serviteur. Et dans le fait, dans toute l'étendue du territoire de la Férette je suis le représentant du Duc, ou comme on peut le dire, *alter ego*[1]. Et c'est pourquoi j'ouvrirai ce paquet qui, lui étant adressé, m'est par conséquent également adressé à moi-même.

Ayant ainsi parlé, comme pour se convaincre de son autorité, il coupa les fils de soie qui entouraient le paquet, déploya le satin qui en formait l'enveloppe, et y trouva une très petite boîte de bois de sandal.

— Il faut que ce contenu soit d'une grande valeur, dit-il, car il occupe bien peu de place.

A ces mots il pressa un ressort, et la boîte s'ouvrant laissa voir un collier de brillans remarquables par leur éclat et leur grosseur, et paraissant d'une valeur extraordinaire. Les yeux du gouverneur rapace et ceux de son confident non moins intéressé furent tellement éblouis par l'éclat inusité de ces bijoux, que pendant quelque temps ils ne purent exprimer que la joie et la surprise.

— Morbleu! s'écria Kilian, l'obstiné vieux coquin avait de bonnes raisons pour être si opiniâtre. J'aurais moi-même subi une minute ou deux de torture avant de livrer de pareils bijoux. Et maintenant Votre Excellence permet-elle à son fidèle serviteur de lui demander comment ce butin sera partagé entre le Duc et son gouverneur, suivant les règles usitées dans les villes de garnison?

— Sur ma foi, Kilian, nous supposerons la ville prise d'assaut; et dans une ville prise d'assaut, comme tu le sais, celui qui trouve quelque chose prend la totalité, sans oublier pourtant ses fidèles serviteurs.

— Comme moi, par exemple, dit Kilian.

— Et comme moi, par exemple, répéta une autre voix qui

(1) Un autre lui-même. — Tr.

semblait l'écho de celle de l'écuyer, et qui partait du coin le plus obscur de l'appartement.

— Par la mort! quelqu'un nous écoutait! s'écria le gouverneur en tressaillant et en portant la main à son poignard.

— Seulement un fidèle serviteur, comme le disait Votre Excellence, reprit l'exécuteur des hautes œuvres en s'avançant à pas lents.

— Misérable! comment oses-tu m'épier ainsi? s'écria le gouverneur.

— Que Votre Excellence ne s'en inquiète pas, dit Kilian. L'honnête Steinernherz n'a de langue pour parler et d'oreilles pour entendre que suivant le bon plaisir de Votre Excellence. D'ailleurs nous avions besoin de l'admettre dans nos conseils, car il faut dépêcher ces marchands, et sans délai.

— Vraiment! dit Hagenbach; j'avais cru qu'on pouvait les épargner.

— Pour qu'ils aillent dire au duc de Bourgogne de quelle manière le gouverneur de la Férette tient compte à son trésorier du produit des droits perçus et des confiscations prononcées à la douane?

— Tu as raison, Kilian. Les morts n'ont ni dents ni langues; ils ne peuvent ni mordre ni rien rapporter. *Scherfritchter*, tu auras soin d'eux.

— Bien volontiers, répondit l'exécuteur, mais à condition que si ce doit être une exécution secrète, ce que j'appelle pratique de cave, mon droit de réclamer la noblesse me sera expressément réservé, et que l'exécution sera déclarée aussi valable, quant à mes droits, que si elle eût eu lieu sur la place publique et par le tranchant honorable de mon sabre officiel.

Hagenbach le regarda d'un air qui semblait annoncer qu'il ne le comprenait pas; et Kilian, s'en apercevant, lui expliqua que le *Scherfrichter* s'était persuadé, d'après la conduite ferme et intrépide du plus âgé des deux prisonniers, que c'était un homme de sang noble, et que par conséquent sa décollation lui procurerait tous les avantages promis à l'exécuteur qui aurait rempli ses fonctions sur neuf hommes d'illustre naissance.

— Il pourrait avoir raison, dit Archibald, car voici un morceau de parchemin sur lequel on recommande au Duc le porteur de ce collier, et on le prie d'accepter ce bijou comme un gage qui lui est envoyé par quelqu'un dont il est bien connu, et de donner au porteur pleine croyance en tout ce qu'il lui dira de la part de ceux qui l'envoient.

— Par qui est signé ce billet, si je puis prendre la liberté de vous faire cette question? demanda Kilian.

— Il n'y a pas de signature. Il faut supposer que la vue du collier, ou peut-être le caractère de l'écriture, doit apprendre au Duc quel est celui qui lui écrit.

— Et il est probable qu'il n'aura pas tout à l'heure l'occasion d'exercer son imagination sur l'un ni sur l'autre.

Hagenbach jeta un coup d'œil sur les diamans, en souriant d'un air sombre. L'exécuteur des hautes œuvres, encouragé à continuer un ton de familiarité qu'il avait en quelque sorte forcé le gouverneur à souffrir, en revint à son sujet favori, et insista sur la noblesse du prétendu marchand. Il soutint qu'il était impossible qu'on eût confié à un homme de basse naissance des bijoux si précieux, et qu'on lui eût donné une lettre de créance si illimitée.

— Tu te trompes, fou que tu es, dit Hagenbach. Les rois aujourd'hui emploient les instrumens les plus vils pour les fonctions les plus élevées. Louis en a donné l'exemple en faisant faire par son barbier et par ses valets de chambre ce dont étaient chargés autrefois les ducs et pairs; et d'autres monarques commencent à penser que dans le choix de leurs agens pour leurs affaires importantes, il vaut mieux consulter la qualité de la cervelle des hommes que celle de leur sang. Quant à l'air de fermeté et de hardiesse qui distingue ce vieux drôle à tes yeux, ignorant que tu es, il appartient à son pays et non à son rang. Tu t'imagines qu'il en est de l'Angleterre comme de la Flandre, où un bourgeois de Gand, un citadin de Liége ou d'Ypres est un animal aussi différent d'un chevalier du Hainaut, que l'est un cheval de trait de Flandre d'un genêt d'Espagne. Mais tu es dans l'erreur. L'Angleterre possède maint marchand qui a le cœur aussi fier, le bras aussi prompt qu'aucun noble né dans son riche et fertile sein. Mais ne te décourage pas, archifou; fais ta besogne comme il faut avec ces marchands; nous aurons bientôt entre nos mains le Landamman d'Underwald : il est paysan par choix, mais il est noble de naissance, et sa mort bien méritée t'aidera à te laver de la crasse dont tu es las d'être encroûté.

—Votre Excellence ne ferait-elle pas mieux d'ajourner le destin de ces marchands, demanda Kilian, jusqu'à ce que nous ayons appris quelque chose sur le compte des prisonniers suisses que nous allons avoir tout à l'heure en notre pouvoir?

—Comme tu le voudras, dit Hagenbach en secouant le bras, comme pour écarter de lui quelque tâche désagréable; mais que cela finisse, et que je n'en entende plus parler.

Les satellites farouches saluèrent en signe d'obéissance, et le conclave sanguinaire se sépara; le chef emportant soigneusement les bijoux précieux qu'il voulait s'approprier au prix d'une trahison envers le souverain au service duquel il était entré, et du sang de deux hommes innocens. Cependant, avec cette faiblesse d'esprit qui n'est pas très rare chez les grands criminels, il cherchait à effacer de son souvenir l'idée de sa bassesse et de sa cruauté, ainsi que le sentiment du déshonneur dont le couvrait sa conduite en chargeant de l'exécution immédiate de ses ordres atroces des agens subalternes.

CHAPITRE XV.

> « Et ce sont nos aïeux
> « Qui pour l'homme ont construit ce cachot ténébreux!»
> *Ancienne Comédie.*

La prison dans laquelle on conduisit Arthur Philipson était un de ces cachots ténébreux qui accusent l'inhumanité de nos ancêtres. On dirait qu'ils étaient presque incapables de distinguer entre l'innocence et le crime, puisqu'une simple accusation avait de leur temps des conséquences bien plus sévères que ne l'est aujourd'hui cette espèce d'emprisonnement prononcé comme la punition expresse du crime.

Le cachot d'Arthur était d'une longueur assez considérable, mais étroit, obscur, et creusé dans le roc sur lequel s'élevait la tour. Une petite lampe lui fut laissée, comme une grace sans conséquence, mais il resta garotté; et quand il demanda un peu d'eau, un des satellites farouches qui l'avaient conduit en ce lieu lui répondit brusquement que pour le temps qu'il avait à vivre, il pouvait bien souffrir la soif. Cette sombre réponse fut pour lui un augure que sa soif durerait autant que sa vie, mais pour finir promptement l'une et l'autre. A la faible lueur de sa lampe, Arthur s'était avancé vers un banc grossièrement taillé dans le roc, et ses yeux s'étant accoutumés peu à peu à l'obscurité du cachot, il aperçut dans la pierre qui en formait le plancher une espèce de large fente ressemblant assez à l'ouverture d'un puits, mais de forme irrégulière, et paraissant plutôt celle d'un gouffre creusé d'abord par la nature et agrandi par le travail des hommes.

—Voici donc mon lit de mort, se dit-il à lui-même, et ce gouffre est peut-être la tombe destinée à mes restes! j'ai même entendu dire que des prisonniers avaient été précipités tout vivans dans de semblables abîmes, pour y mourir lentement froissés de leur chute, sans que personne entendît leurs gémissemens ou plaignît leur destin!

S'approchant de cette sinistre cavité, il entendit, à une grande profondeur, un son qui lui parut celui d'une eau souterraine dont le sombre murmure semblait demander sa victime. La mort est effrayante à tout âge; mais dans le printemps de la vie, quand on sent le prix de tous les plaisirs qu'elle offre, être arraché violemment au banquet auquel on vient à peine de s'asseoir, c'est alors que la mort est déjà pleine d'amertume, même quand elle arrive d'après le cours ordinaire de la nature. Mais être assis, comme l'était Arthur, sur le bord d'un abîme souterrain ; chercher, avec une horrible incertitude, sous quelle forme elle allait s'approcher de lui, c'était une situation capable d'abattre le courage de l'homme le plus brave, et l'infortuné prisonnier se trouva hors d'état de retenir le torrent de larmes qui coulaient de ses yeux, et que ne pouvaient essuyer ses mains garottées. Nous avons déjà dit que quoique ce jeune homme fût intrépide dans les périls que peut combattre et surmonter la force de l'ame, il avait une imagination ardente et susceptible de se prêter à toutes les exagérations qui exaltent dans une situation pénible et incertaine celui qui ne peut plus qu'attendre le malheur en victime dévouée.

Cependant les sentimens d'Arthur n'avaient rien d'égoïste. Ses pensées se reportaient sur son père dont le caractère noble et juste était fait pour attirer le respect, comme ses soins constans et son affection paternelle devaient exciter l'amour et la reconnaissance. Il était aussi entre les mains de scélérats inaccessibles aux remords, et déterminés à recourir au meurtre pour cacher le vol. Ce bon père, qui avait montré un tel courage dans tant de dangers, une telle résolution dans tant de rencontres, il était comme lui garotté, sans défense, exposé aux coups de l'être le plus vil qui voudrait le poignarder.

Arthur se rappela aussi la cime du rocher voisin de Geierstein, et le vautour farouche qui semblait le réclamer comme sa proie. Mais dans ce cachot il ne verrait pas un ange sortir comme d'un nuage pour venir lui indiquer les moyens de salut. Ici les ténèbres étaient souterraines et éternelles ; elles ne lui permettaient que de voir briller à la lueur de la lampe l'acier de l'arme dont un scélérat viendrait lui porter un coup fatal. Cette angoisse se prolongea au point qu'elle lui devint insupportable. Il se leva, et fit de grands efforts pour se délivrer de ses liens, qui lui semblaient devoir se rompre comme ceux dont avait été chargé le Fort d'Israël. Mais les cordes étaient trop solides, et après de furieuses tentatives qui les faisaient presque entrer dans sa chair, il perdit l'équilibre et tomba à la renverse, à deux pas du gouffre, avec la crainte horrible d'y être précipité.

Il échappa heureusement au danger qu'il craignait, mais il s'en fallut de si peu qu'il ne tombât réellement dans cet abîme, que sa tête frappa contre un rebord peu élevé qui en entourait en partie l'ouverture. Il resta quelques instants étourdi et immobile, et quand il revint à lui, il se trouva dans une obscurité complète, sa chute ayant renversé et éteint la lampe. En ce moment il entendit la porte de son cachot crier sur ses gonds.

— Les voici ! voici les meurtriers ! Notre-Dame de merci ! Dieu compatissant ! pardonnez-moi mes fautes !

Il tourna les yeux vers la porte, et fut un instant ébloui par la clarté d'une torche portée par un homme vêtu en noir qui s'avançait vers lui, et qui tenait en main un poignard. S'il fût venu seul, le malheureux prisonnier aurait pu le regarder comme l'assassin qui venait mettre fin à ses jours ; mais une autre personne l'accompagnait. La lumière de la torche fit distinguer à Arthur la robe blanche d'une femme, et lui fit même entrevoir des traits qu'il ne pouvait oublier et qui se montraient à lui lorsqu'il s'y attendait le moins. Son étonnement fut tel qu'il en oublia même sa situation dangereuse. — De telles choses sont-elles possibles? se demanda-t-il à lui-même. A-t-elle réellement le pouvoir d'un esprit élémentaire? a-t-elle conjuré du fond de la terre ce démon noir, pour le faire coopérer avec elle à ma délivrance?

Sa conjecture sembla se réaliser ; car l'homme vêtu en noir, donnant la torche à Anne de Geierstein, ou du moins à l'être qui en avait pris la parfaite ressemblance, se pencha sur le prisonnier, et coupa avec tant de dextérité la corde qui lui liait les bras qu'elle sembla tomber dès qu'il l'eût touchée. La première tentative que fit Arthur pour se relever ne lui réussit pas. A la seconde, ce fut la main d'Anne de Geierstein, une main palpable aussi bien que visible, qui l'aida à se soutenir comme elle l'avait déjà fait quand un torrent mugissait sous leurs pieds. Ce contact produisit sur lui un effet bien plus puissant que le peu d'aide que pouvait lui donner la force d'une jeune fille : il fit rentrer le courage dans son cœur, la vie et la force dans ses membres engourdis et froissés ; tant l'esprit a d'influence sur le corps, tant il l'élève au-dessus de la faiblesse de la nature humaine quand il est armé de toute son énergie. Arthur allait adresser à Anne les accens de la plus profonde reconnaissance, mais la parole expira sur ses lèvres quand il vit cette jeune fille mystérieuse mettre un doigt sur sa bouche pour lui faire signe de garder le silence, et en même temps de la suivre. Il obéit, plongé dans une surprise silencieuse. Sortis du fatal cachot ils traversèrent divers corridors formant une sorte de labyrinthe, et taillés les uns dans le roc, les autres bordés de murailles construites de grosses pierres tirées des flancs du même rocher, et conduisant probablement à d'autres cachots semblables à celui où Arthur était détenu quelques instans auparavant.

L'idée que son père pouvait être enfermé dans quelque horrible prison comme celle qu'il venait de quitter, fit qu'Arthur s'arrêta quand ils arrivèrent au bas d'un petit escalier en limaçon qui semblait conduire au faîte de cette partie du bâtiment.

— Chère Anne, dit-il à demi-voix, guidez-moi pour le délivrer ; je ne puis abandonner mon père.

Elle secoua la tête avec un air d'impatience et lui fit signe d'avancer.

— Si votre pouvoir ne va pas jusqu'à sauver mon père, je resterai pour le sauver ou mourir avec lui.

Elle ne répondit rien, mais son compagnon lui dit d'une voix creuse, assez analogue à son extérieur :

— Jeune homme, parle à ceux à qui il est permis de te répondre, ou plutôt garde le silence et suis mes conseils. C'est le seul moyen d'assurer la liberté et la vie de ton père.

Ils montèrent l'escalier, Anne de Geierstein marchant la première. Arthur qui la suivait ne put s'empêcher de penser que cette forme légère produisait une partie de la lumière empruntée de la torche et qui se reflétait sur sa robe blanche. C'était probablement l'effet des idées superstitieuses qu'avait fait naître en son esprit l'histoire de l'aïeule d'Anne que Rodolphe lui avait raconté, idées qui se trouvaient confirmées par son apparition inattendue dans un pareil lieu. Il n'eut pourtant que quelques instans bien courts pour faire ces réflexions, car elle monta l'escalier tournant d'un pas si rapide qu'il fut impossible à Arthur de la suivre de près, et il ne la vit plus quand il arriva sur le palier. Avait-elle miraculeusement disparu, était-elle entrée dans quelque autre corridor? il n'eut pas un moment de loisir pour décider cette question avec lui-même.

—Voici votre chemin, lui dit son guide noir. Puis éteignant sa torche, il prit Arthur par le bras et le fit entrer dans un long corridor obscur. Notre jeune homme ne fut pas à l'abri d'un moment d'inquiétude en se rappelant l'air sinistre de son conducteur, et le poignard qu'il pouvait lui plonger tout à coup dans le sein ; mais il ne put se résoudre à croire capable d'une trahison un homme qu'il avait vu avec Anne de Geierstein, à qui il demanda pardon du fond du cœur du mouvement de crainte qu'il avait éprouvé.

Il se laissa donc conduire par son compagnon, qui avançait à grands pas mais sans le moindre bruit, et qui lui dit à l'oreille de prendre la même précaution.

— Ici se termine notre voyage, ajouta enfin son guide.

Comme il parlait ainsi, une porte s'ouvrit, et ils entrèrent dans une chambre gothique, autour de laquelle étaient des tablettes en bois de chêne chargées de livres et de manuscrits. Les yeux d'Arthur furent éblouis par la clarté subite du grand jour, dont il avait été privé depuis quelque temps, et s'étant retourné il ne vit plus la porte par laquelle ils étaient entrés dans cet appartement. Il n'en fut pourtant pas très surpris, parce qu'il jugea qu'elle était couverte de tablettes semblables à celles qui tapissaient tout l'appartement et qui empêchaient qu'on ne la distinguât, ce qui arrivait quelquefois à cette époque, et ce qu'on voit encore fréquemment aujourd'hui. A la lumière du jour son libérateur ne lui parut plus qu'un ecclésiastique dont les traits et le costume n'avaient rien de cette expression d'horreur surnaturelle que lui avaient prêtée la lueur d'une torche et la terreur d'un cachot.

Le jeune Philipson respira plus librement, comme un homme qui s'éveille après avoir fait un songe affreux. Les idées superstitieuses qu'avait fait naître dans son imagination la vue si inattendue d'Anne de Geierstein commencèrent à s'évanouir, et il dit à son libérateur :

— Pour savoir où je dois adresser les témoignages de ma juste reconnaissance, mon révérend père, permettez-moi de vous demander si Anne de Geierstein...

— Parle de ce qui concerne ta maison et ta famille, répondit le prêtre aussi brièvement qu'auparavant. As-tu déjà oublié le danger de ton père ?

— Non, de par le ciel, non! s'écria Arthur; dites-moi ce que j'ai à faire pour le délivrer, et vous verrez comment un fils peut combattre pour un père.

— C'est bien, car cela est nécessaire, dit le prêtre. Couvre-toi de ces vêtemens, et suis-moi.

Les vêtemens qu'il lui présenta étaient le froc et le capuchon d'un novice.

— Abaisse le capuchon sur ton visage, dit le prêtre, et qui que ce soit que tu rencontres, ne lui réponds pas. Je dirai que tu as fait vœu de silence. Puisse le ciel pardonner à l'indigne tyran qui nous force à cette dissimulation profane! Suis-moi de très près, et surtout ne parle point.

Le déguisement fut bientôt terminé. Le prêtre de Saint-Paul, car c'était lui, marcha le premier, et Arthur le suivit pas à pas, prenant autant qu'il le pouvait l'air humble et modeste d'un novice. En sortant de la bibliothèque ou du cabinet d'étude du prêtre, ils descendirent un petit escalier, et se trouvèrent ensuite dans une rue de la Férette. Une tentation irrésistible porta le jeune homme à jeter un coup d'œil en arrière, mais à peine eut-il le temps de voir que la maison dont il venait de sortir était un petit bâtiment gothique situé entre l'église de Saint-Paul et la grande tour qui défendait la porte de la ville.

— Suivez-moi, Melchior, dit la voix grave du prêtre, tandis que ses yeux perçans se fixaient sur le prétendu novice avec une expression qui rappela sur-le-champ à Arthur le danger de sa situation.

Ils continuèrent à marcher, personne ne faisant attention à eux, si ce n'est pour saluer le prêtre, soit en silence, soit en lui adressant quelques mots en passant. Enfin étant arrivés au milieu de la ville, le prêtre prit une petite rue qui se dirigeait vers le nord, et à l'extrémité de laquelle ils montèrent un escalier. Suivant l'usage des villes fortifiées, cet escalier conduisait sur le rempart qui, à la manière gothique, était flanqué à tous les angles et de distance en distance, de tours de diverses formes et de différente grandeur.

Il y avait des sentinelles sur les murailles, mais la garde y était montée par des bourgeois armés d'épées et de javelines, et non par des soldats de la garnison. Le premier près duquel ils passèrent dit au prêtre à demi-voix : — Notre projet tient-il ?

— Oui, répondit le prêtre de Saint-Paul ; *Benedicite Domino*.

— *Deo gratias!* répliqua le citoyen armé, et il continua sa faction sur le rempart.

Les autres factionnaires semblaient les éviter ; car lorsque Arthur et son compagnon en approchaient, ou ils disparaissaient, ou ils passaient à côté d'eux sans les regarder, et sans avoir l'air de les voir. Enfin ils arrivèrent devant une vieille tourelle qui s'élevait au-dessus de la muraille, et dans le mur de laquelle était percée une porte donnant sur le rempart. Elle était placée dans un coin séparé de tous les angles des fortifications, et rien ne la commandait. Dans une forteresse bien gardée, un point si important aurait dû être surveillé tout au moins par une sentinelle, cependant il ne s'en trouvait aucune.

— Maintenant écoutez-moi bien, dit le prêtre, car la vie de votre père, et peut-être celle de bien d'autres, dépendent de votre attention et de votre promptitude. Vous savez courir ? vous êtes en état de sauter ?

— Je ne sens plus de fatigue depuis que vous m'avez rendu la liberté, mon père ; et les daims que j'ai si souvent chassés ne me gagneraient pas de vitesse en pareille occasion.

— Faites donc bien attention. Cette tourelle dans laquelle je vais vous faire entrer renferme un escalier qui conduit à une poterne de sortie. Cette poterne est barricadée à l'extérieur, mais elle n'est pas fermée à clef. En l'ouvrant vous arriverez au fossé qui est presque à sec. Quand vous l'aurez traversé, vous vous trouverez près du rempart extérieur. Vous pourrez y voir des sentinelles, mais elles ne vous verront pas. Ne leur parlez pas, et passez le mieux que vous pourrez par-dessus la palissade. Je suppose que vous pourrez gravir un rempart qui n'est pas défendu ?

— J'en ai gravi un qui l'était... Et que dois-je faire ensuite... Tout cela est fort aisé.

— Vous verrez à quelque distance un petit bois, ou pour mieux dire un taillis. Gagnez-le avec toute la vitesse dont vous êtes capable. Quand vous y serez, tournez vers l'orient, mais alors prenez bien garde de ne pas vous laisser voir par les soldats bourguignons qui sont de garde sur cette partie des murailles, car s'ils vous aperçoivent, une décharge de flèches et la sortie d'un détachement de cavalerie pour vous poursuivre en seront la conséquence infaillible, et ils ont les yeux de l'aigle qui voit sa proie de loin.

— J'y mettrai tous mes soins, mon père.

— De l'autre côté de ce petit bois vous trouverez un chemin, ou plutôt un sentier tracé par les moutons, qui s'éloignant insensiblement des murs de la ville va rejoindre la route de la Férette à Bâle. Courez à la rencontre des Suisses qui s'avancent ; dites-leur que les heures de la vie de votre père sont comptées, et qu'il faut qu'ils se pressent s'ils veulent le sauver. Surtout ne manquez pas de dire à Rodolphe Donnerhugel que le prêtre de Saint-Paul l'attend à la poterne du côté du nord pour lui donner sa bénédiction. — M'avez-vous bien compris ?

— Parfaitement, répondit Arthur.

Le prêtre ouvrit la petite porte de la tourelle, et y entra avec Arthur qui allait descendre rapidement l'escalier qu'il y trouva.

— Attendez un instant! lui dit le prêtre; ôtez ces vêtemens de novice, ils ne feraient que vous gêner.

En un clin d'œil Arthur se débarrassa du froc et du capuchon, et il se disposait de nouveau à partir.

— Encore un moment, reprit le prêtre. Ce froc pourrait déposer contre nous. Aidez-moi à ôter ma robe.

Quoique brûlant d'impatience, Arthur reconnut la nécessité d'obéir à son guide, et lorsque le vieillard eut quitté sa longue robe noire, il parut aux yeux du jeune homme en soutane de serge noire convenable à sa profession. Cette soutane était fixée sur sa taille non par une ceinture telle qu'en portent les ecclésiastiques, mais par un ceinturon très peu canonique en peau de buffle, soutenant un sabre fort court et à double tranchant, propre à frapper d'estoc et de taille.

— Donnez-moi maintenant le costume de novice, dit le vénérable prêtre, et je mettrai ensuite ma robe par-dessus. Puisque je porte en ce moment quelque chose qui sent le laïque, il est à propos que je double mes vêtemens de clerc.

En parlant ainsi il sourit d'un air sinistre, et ce sourire avait quelque chose de plus effrayant que le froncement de sourcils qui lui était habituel, et qui convenait mieux à ses traits.

— Qu'attend maintenant ce jeune insensé, dit-il, quand la vie ou la mort dépendent de sa promptitude?

Arthur n'attendit pas un second avis de partir, et il descendit l'escalier ou plutôt le franchit. La poterne, comme l'avait dit le prêtre, n'était fermée que par des barres de fer qui ne lui offrirent d'autre résistance que celle que la rouille pouvait opposer. Ayant réussi à l'ouvrir, il se trouva sur le bord du fossé marécageux dont la surface était verdâtre, et sans examiner quelle pouvait en être la profondeur, sans songer à la boue gluante qui retenait ses pieds à chaque pas, il le traversa et arriva sur l'autre rive sans attirer l'attention de deux dignes bourgeois de la Férette, chargés de la garde de cette barrière. L'un d'eux était profondément occupé à lire, soit une chronique profane, soit une légende religieuse; l'autre examinait le fossé avec attention, comme s'il y eût cherché des anguilles ou des grenouilles, car il portait un petit panier qui semblait destiné à recevoir quelque butin de cette espèce.

Voyant que, comme le prêtre le lui avait prédit, il n'avait rien à craindre de la vigilance des sentinelles, Arthur courut vers la palissade dans l'espoir qu'en saisissant le haut des pieux il pourrait la franchir d'un seul saut. Mais, ou il avait trop présumé de ses forces, ou son emprisonnement, les liens dont il avait été chargé et la chute qu'il avait faite les avaient diminuées; il ne put en atteindre le haut, retomba en arrière, et en se relevant il vit un soldat en uniforme jaune et bleu, couleurs qui étaient celles d'Hagenbach, accourir vers lui en criant aux factionnaires négligens et paresseux : — Alarme! alarme! arrêtez le fuyard, chiens de fainéans, ou vous êtes morts tous deux!

Le bourgeois qui pêchait jeta par terre son trident à anguilles, tira son épée, la fit brandir sur sa tête, et s'avança vers Philipson d'un pas qui n'annonçait pas une précipitation inconsidérée. Celui qui lisait fut encore plus malheureux, car il mit une telle hâte à fermer son livre et à s'occuper de ses devoirs qu'il se jeta sur le chemin du soldat, à coup sûr sans en avoir l'intention. Celui-ci qui courait de toutes ses forces heurta le citoyen de la Férette, et le choc fut si violent qu'ils furent tous deux renversés; mais le bourgeois étant un homme d'un poids et d'un embonpoint respectables, resta immobile à l'endroit où il était tombé, tandis que le soldat plus léger, et s'attendant peut-être moins à cette rencontre, fit encore un pas ou deux en tombant, et roula jusqu'au fossé, au fond duquel il resta étendu tout de son long, se débattant dans la fange épaisse. Le pêcheur et le lecteur, sans trop se presser, allèrent offrir leurs secours au compagnon de garde qu'ils n'avaient ni attendu ni désiré. Pendant ce temps Arthur stimulé par le danger qu'il courait réunit toutes ses forces et toute son adresse pour sauter une seconde fois, et il réussit à franchir la palissade. Il courut alors à la hâte vers les arbres qui lui avaient été indiqués et qui n'étaient pas à une très grande distance, et il y arriva sans avoir entendu aucun cri d'alarme sur les murailles. Il sentait pourtant que sa situation était devenue extrêmement précaire, puisque sa fuite était connue au moins d'un soldat qui ne manquerait pas d'en donner avis dès qu'il aurait pu se tirer de la boue du fossé, quoique Arthur soupçonnât les deux citoyens de vouloir se donner tout juste l'air de l'aider. Ces pensées qui se présentaient à son esprit ajoutèrent à son agilité naturelle, et en moins de temps qu'on n'aurait pu le croire possible il atteignit l'extrémité du petit bois, d'où il pouvait voir la tour de la porte de l'Orient et le rempart couvert de soldats portant les armes.

Il eut besoin de toute son adresse pour se tenir à couvert sous le peu de buissons qui protégeaient encore sa fuite, afin d'éviter d'être vu par ceux qu'il voyait lui-même si distinctement. Il s'attendait à chaque instant à entendre le son d'un cor, et à voir parmi les soldats sur le rempart un mouvement tumultueux qui annoncerait une sortie. Rien de tout cela n'arriva pourtant, et suivant le sentier dont le prêtre lui avait parlé, il perdit enfin de vue les tours de la Férette, et rejoignit bientôt la grande route par laquelle il était arrivé dans cette ville quelques heures auparavant avec son père. Bientôt un petit nuage de poussière, à travers lequel il vit briller quelques armes, lui fit reconnaître qu'il approchait d'un détachement d'hommes armés, et il en conclut que c'était l'avant-garde de la députation suisse.

Au bout de quelques minutes il rencontra ce petit corps qui était composé de dix hommes, ayant à leur tête Rodolphe Donnerhugel. La vue du jeune Philipson, couvert de boue et même de sang, car il s'était fait une légère blessure en tombant dans son cachot, excita l'étonnement de tous les Suisses, qui s'attroupèrent autour de lui pour savoir ce qu'il allait leur apprendre. Rodolphe seul ne montra ni empressement ni curiosité ; il avait la tête large et forte, une physionomie semblable à celles des anciennes statues d'Hercule, et dont l'expression calme, indifférente, et presque sombre, ne changeait de caractère que dans des momens de violente agitation.

Arthur qui pouvait à peine respirer lui apprit que son père avait été jeté dans un cachot et condamné à mort. Cette nouvelle fut entendue sans émotion.

— Ne deviez-vous pas vous y attendre? dit le Bernois avec froideur. N'aviez-vous pas été averti? Il aurait été bien facile de prévoir et de prévenir ce malheur.

— J'en conviens! j'en conviens! s'éria Arthur en se tordant les mains; vous étiez prudent, et nous avons agi follement. Mais, je vous en conjure, ne songez pas à notre folie dans ce moment d'extrême danger! Montrez le courage et la générosité que tous vos Cantons vous accordent. Venez à notre secours dans ce malheur terrible.

— Mais comment? de quelle manière? dit Rodolphe, paraissant encore hésiter. Nous avons congédié les Bâlois, qui étaient disposés à nous prêter main-forte, tant l'exemple de vos sentimens de soumission a eu d'influence sur nous. Nous ne sommes guère qu'une vingtaine d'hommes; comment voulez-vous que nous attaquions une ville de garnison protégée par des fortifications, et défendue par six fois notre nombre d'hommes bien armés?

— Vous avez des amis dans l'intérieur, répondit Arthur, j'en suis sûr. Écoutez un mot à l'oreille! Le prêtre de Saint-Paul m'a chargé de vous dire, à vous, Rodolphe Donnerhugel, qu'il vous attend à la poterne du côté du nord pour vous donner sa bénédiction.

— Sans doute, dit Rodolphe en résistant aux efforts d'Arthur pour l'engager dans une conversation particulière, et en parlant assez haut pour que tous ceux qui les entouraient l'entendissent; je n'en doute guère, je trouverai à la poterne du nord un prêtre pour me confesser et me donner l'absolution, et après cela un billot, un glaive et un exécuteur pour séparer ma tête de mon corps. Mais j'y regarderai à deux fois avant de faire courir un pareil risque au fils de mon père. S'ils assassinent un colporteur anglais qui ne les a jamais offensés, à quoi doit s'attendre le Jeune Ours de Berne qui a déjà fait sentir ses griffes et ses dents à Archibald Von Hagenbach?

A ces mots le jeune Philipson joignit les mains en les levant vers le ciel, en homme qui n'attend plus de secours que de lui. Des larmes sortirent de ses yeux, il serra les poings, grinça les dents, et tourna brusquement le dos aux Suisses.

— Que signifie cette colère? demanda Rodolphe. Où allez-vous à présent?

— Sauver mon père, ou mourir avec lui, répondit Arthur. Et il allait se mettre en course pour retourner à la Férette, quand il se sentit serrer le bras par une main vigoureuse, mais dont l'étreinte avait quelque chose d'amical.

— Attendez un moment que j'aie noué ma jarretière, lui dit Sigismond Biéderman, et j'irai avec vous, roi Arthur.

— Vous? s'écria Rodolphe, vous, idiot, et sans ordre?

— Écoutez donc, cousin Rodolphe, répondit Sigismond en continuant avec le plus grand calme à attacher sa jarretière, qui suivant la mode du pays devait être nouée d'une manière un peu compliquée; vous êtes toujours à nous dire que nous sommes Suisses et libres; mais quel avantage y a-t-il d'être libre, si l'on ne peut pas faire ce qu'on veut? Vous êtes mon Hauptman aussi long-temps que je le voudrai, voyez-vous, mais pas un instant de plus.

— Et pourquoi me quitterais-tu à présent, fou que tu es? demanda le Bernois, pourquoi en ce moment plutôt qu'en tout autre?

— Écoutez-moi, répondit le soldat insubordonné; il y a près d'un mois que je chasse avec Arthur, et je lui suis attaché. Jamais il ne m'a appelé ni fou ni idiot, quoique mes pensées viennent peut-être un peu moins vite que celles des autres. Et j'aime aussi son père; c'est lui qui m'a fait présent de ce baudrier et de cette corne, dont je réponds qu'il a donné plus d'un bon kreutzer. Il m'a dit de ne pas me décourager, parce que si je n'avais pas assez d'esprit pour penser vite, j'avais assez de bon sens pour penser juste, et que cela valait mieux. Et le bon vieillard est maintenant enfermé dans la tuerie de ce boucher d'Hagenbach! mais nous le sauverons, Arthur, si deux hommes peuvent en venir à bout. Vous me verrez combattre tant que cette lame d'acier tiendra à ce manche de frêne.

En parlant ainsi, il agitait sa lourde pertuisane, qui tremblait dans sa main comme si c'eût été une branche de saule. Dans le fait, si l'iniquité devait être terrassée comme un bœuf, personne dans cette troupe d'élite ne paraissait plus en état que Sigismond de faire un tel exploit; car quoiqu'il fût d'une taille un peu moins grande que celle de ses frères, et qu'il eût moins de fougue et d'impétuosité, ses larges épaules et ses muscles vigoureux en faisaient un athlète disposé au combat; et quand il était une fois animé, ce qui n'arrivait pas fréquemment, Rodolphe lui-même, en ne parlant que des forces physiques, aurait pu trouver quelque difficulté à lui résister.

L'expression énergique d'un sentiment véritable produit toujours de l'effet sur des caractères naturellement généreux. Plusieurs des jeunes gens qui les entouraient commencèrent à s'écrier que Sigismond avait raison; que si le vieillard s'était mis en danger c'était parce qu'il avait pensé au succès de leur négociation plus qu'à sa propre sûreté; qu'il avait renoncé à leur protection pour ne pas les impliquer dans quelque querelle à cause de lui.

— Nous n'en sommes que d'autant plus obligés de veiller à ce qu'il ne lui arrive aucun malheur, ajoutèrent-ils; et c'est ce que nous ferons.

— Silence, bavards! s'écria Rodolphe en regardant autour de lui avec un air de supériorité. Et vous, Arthur, allez trouver le Landamman qui est à peu de distance en arrière. Vous savez qu'il est notre commandant en chef, qu'il est aussi l'ami sincère de votre père; tout ce qu'il pourra ordonner en sa faveur, vous nous trouverez tous prêts à l'exécuter.

Ses compagnons parurent approuver cet avis, et le jeune

Philipson vit lui-même qu'il ne pouvait se dispenser de le suivre. Au fond du cœur, quoiqu'il soupçonnât Rodolphe d'avoir plus de moyens de le servir en cette conjoncture, par suite de ses intrigues avec la jeunesse de Suisse et de Bâle, et des intelligences qu'il avait dans la ville même de la Férette comme on pouvait le présumer d'après le message que lui avait envoyé le prêtre de Saint-Paul, Arthur comptait beaucoup plus sur la simplicité franche et la bonne foi imperturbable d'Arnold Biederman, et il ne perdit pas un instant pour courir à sa rencontre, afin de lui raconter son histoire déplorable et d'implorer son secours.

Du haut d'une éminence qu'il atteignit quelques minutes après avoir quitté Rodolphe et son avant-garde, il vit le vénérable Landamman et ses collègues, accompagnés du reste des jeunes gens qui les escortaient; car ils ne se dispersaient plus alors de côté et d'autre sur les flancs, mais ils suivaient les députés à quelques pas en bon ordre sous les armes, et en hommes préparés à résister à toute attaque imprévue.

En arrière marchaient les deux mulets chargés des bagages, et Arthur reconnut aussi ceux qu'avaient montés pendant toute la marche Anne de Geierstein et sa suivante. Ils portaient deux femmes comme à l'ordinaire, et autant qu'il lui était possible d'en juger, celle qui marchait la première avait le costume qu'il connaissait parfaitement de la jeune Helvétienne, depuis son grand voile gris jusqu'à la petite plume de héron qu'elle avait portée depuis son entrée en Allemagne, pour se conformer aux usages du pays et annoncer qu'elle était d'un sang noble et d'un rang distingué. Cependant si les yeux d'Arthur ne le trompaient pas en ce moment, comment l'avaient-ils servi il n'y avait guère plus d'une demi-heure, quand il avait vu dans un cachot souterrain de la Férette les mêmes traits qui s'offraient alors à ses regards dans des circonstances si différentes? Ces idées qui se présentèrent à son esprit l'occupèrent fortement, mais un seul instant : ce fut comme l'éclair qui sillonne les nuages pendant la nuit, et qu'on a à peine aperçu qu'il s'évanouit dans les ténèbres; ou pour mieux dire l'étonnement que fit naître en lui cet incident merveilleux ne bannit pas l'inquiétude qu'il éprouvait pour la sûreté de son père, sentiment qui en ce moment l'emportait sur tous les autres.

— S'il existe réellement se dit-il à lui-même, un esprit qui porte ces traits charmans, il doit être aussi bienfaisant qu'aimable; et il ne refusera pas à mon père, qui la mérite mieux que moi, la protection qu'il a accordée à son fils.

Mais avant qu'il eût eu le temps de faire de plus amples réflexions sur ce sujet, il arriva près du Landamman et de son escorte. Sa vue et son extérieur leur causèrent la même surprise qu'à Rodolphe et à l'avant-garde. Le Landamman le questionna sur-le-champ, et il lui répondit en racontant avec brièveté son emprisonnement et sa délivrance dont il laissa toute la gloire au prêtre de Saint-Paul, sans dire un seul mot de l'apparition plus intéressante dont il avait été accompagné en remplissant cette tâche charitable. Arthur garda aussi le silence sur un autre point, il ne crut pas qu'il fût convenable d'informer Arnold Biederman du message dont le prêtre de Saint-Paul l'avait chargé pour Rodolphe, et qui lui était adressé exclusivement. Quel que pût en être le résultat, il regardait le silence comme une obligation sacrée que lui imposait la confiance qu'avait eue en lui un homme qui venait de lui rendre un service si important.

Le Landamman resta un moment muet de surprise et de chagrin en apprenant de pareilles nouvelles. Philipson père avait obtenu son respect par la pureté et la fermeté de ses principes, autant que par l'étendue et la profondeur de ses connaissances. Ce dernier mérite était d'autant plus précieux aux yeux d'Arnold, qu'il sentait que son excellent jugement pouvait être quelquefois égaré, faute de connaître suffisamment les pays étrangers, les mœurs et l'esprit du temps, objets sur lesquels son ami anglais lui donnait quelquefois des renseignemens exacts.

— Marchons en avant, sans perdre un instant, dit-il à ses collègues. Rendons-nous médiateurs entre le tyran Hagenbach et notre ami dont la vie est en danger. Il faudra qu'il nous écoute, car je sais que son maître attend Philipson à sa cour : le vieillard me l'a donné à entendre. Comme nous sommes en possession de ce secret, Archibald n'osera braver notre vengeance, car il nous serait bien facile de faire savoir au duc Charles jusqu'à quel point le gouverneur de la Férette abuse de son pouvoir, non-seulement en ce qui concerne les Suisses, mais même dans des affaires qui regardent le Duc personnellement.

— Avec votre permission, mon digne collègue, répondit le porte-bannière de Berne, nous sommes députés par la Suisse, et nous ne sommes en marche que pour aller faire des représentations sur les injustices dont la Suisse peut se plaindre. Si nous nous mêlons des querelles d'étrangers, nous en trouverons plus de difficulté à obtenir le redressement des griefs de notre propre pays. D'une autre part, si le Duc par cet acte de scélératesse commis à l'ombre de son pouvoir contre des marchands anglais attirait sur lui le ressentiment du roi d'Angleterre, cette rupture ne peut que le forcer à conclure avec les Cantons suisses un traité qui leur soit avantageux.

Il entrait tant de politique dans cet avis qu'Adam Zimmerman, député de Soleure, y donna sur-le-champ son assentiment, en ajoutant pour nouvel argument que leur collègue Biederman, il n'y avait guère que deux heures, lui avait dit que ces marchands anglais, de son avis et de leur propre volonté, s'étaient séparés de la députation pour ne pas l'impliquer dans les querelles que pourraient occasionner les exactions du gouverneur, sous le prétexte de lever des droits sur leurs marchandises.

— Or quel avantage nous aura procuré cette séparation, continua-t-il, si, comme notre collègue semble le proposer, nous devons nous occuper des intérêts de cet Anglais, comme s'il était notre compagnon de voyage et placé sous notre protection spéciale?

Le Landamman se trouva serré de près par cet argument *ad*

hominem ; car bien peu de temps auparavant il avait fait valoir la générosité de Philipson, qui avait préféré s'exposer au danger plutôt que de risquer de nuire à leur négociation en restant en leur compagnie. Ce raisonnement ébranla même le dévouement loyal du député de Schwitz à barbe grise, Nicolas Bonstetten, dont les regards passaient sans cesse de la physionomie de Zimmerman qui exprimait une confiance triomphante dans la solidité de son argument, à celle de son ami Arnold qui semblait plus embarrassé que de coutume.

— Mes frères, dit Biederman d'un ton ferme et animé, j'ai commis une erreur en tirant vanité de la politique mondaine dont je vous ai donné une leçon ce matin. Cet homme n'est pas de notre pays, j'en conviens ; mais il est de notre sang ; il est comme nous une des images de l'être qui nous a tous créés, et d'autant plus digne de porter ce titre qu'il est homme d'honneur et intègre. Nous ne pourrions, sans commettre un péché honteux, le laisser dans le danger, quand même il ne se trouverait que par hasard sur notre chemin ; encore bien moins devons-nous l'abandonner quand il s'est mis en péril pour l'amour de nous, et pour nous empêcher de tomber dans le piége où il est pris. Ne vous découragez donc pas. Nous obéirons à la volonté de Dieu en secourant un homme opprimé. Si nous réussissons par la douceur, comme je l'espère, nous aurons fait une bonne action à peu de frais ; si le contraire arrive, Dieu peut faire triompher la cause de l'humanité par les mains d'une poignée d'hommes, aussi bien que par toute une armée.

— Si telle est votre opinion, répondit le porte-bannière, il n'y a pas ici un seul homme qui ne soit prêt à vous soutenir. Quant à moi je plaidais contre ma propre inclination en vous conseillant d'éviter une rupture avec les Bourguignons. Cependant je dois dire comme soldat que j'aimerais mieux combattre la garnison en rase campagne, fût-elle deux fois plus forte qu'on ne le prétend, que d'entreprendre de m'emparer d'assaut de leurs fortifications.

— Soyez tranquille, dit le Landamman ; j'espère que nous

entrerons dans la ville de la Férette, et que nous en sortirons sans déroger au caractère pacifique dont nous investit la mission que nous avons reçue de la Diète.

CHAPITRE XVI.

> « Mais, quant à Sommerset, que sa tête coupable
> « tombe sur l'échafaud. »
>
> *Troisième partie de Henri VI.*

Le gouverneur de la Férette était sur le faîte de la tour qui commandait l'entrée de la ville du côté de l'orient, et ses regards se dirigeaient sur la route qui conduisait à Bâle, quand on vit au loin d'abord l'avant-garde de la députation suisse, puis le corps du centre, et enfin l'arrière-garde. Bientôt l'avant-garde s'arrêta, le centre la rejoignit, et les mulets qui portaient les deux femmes et les bagages s'y étant aussi réunis, les trois corps n'en formèrent plus qu'un seul.

Un messager s'en détacha, et fit entendre le son d'un de ces cornets énormes, dépouilles des urus ou bœufs sauvages qui sont si nombreux dans le canton d'Uri qu'on suppose qu'ils lui firent donner ce nom.

— Ils demandent à entrer, dit l'écuyer.

— Et ils entreront, répondit Archibald Von Hagenbach; mais, morbleu! comment en sortiront-ils? c'est une autre question, et plus importante.

— Que Votre Excellence y réfléchisse un instant, répondit Kilian; songez que ces Suisses sont des diables dans le combat, et qu'ils ne nous laisseront aucun butin pour nous payer notre victoire, seulement quelques misérables chaînes de bon cuivre ou de mauvais argent; vous avez déjà tiré toute la moelle, ne risquez pas de vous casser les dents en voulant briser les os.

— Tu es un fou, Kilian, répondit Hagenbach, et peut-être un poltron par-dessus le marché. L'approche d'une vingtaine, ou tout au plus d'une trentaine de partisans suisses te fait rentrer les cornes comme celles d'un limaçon que touche le doigt d'un enfant. Les miennes sont aussi dures et aussi fermes que celles de l'urus dont ils parlent tant, et dont ils sonnent si hardiment. Songe donc, timide créature, que si nous laissons passer librement ces députés suisses, comme il leur plaît de s'appeler, ils iront raconter au Duc l'histoire de marchands qui se rendaient à sa cour, et qui portaient des marchandises si précieuses adressées à sa personne. Charles aura donc à subir l'ennui de l'ambassade d'un peuple qui est l'objet de son mépris et de sa haine, et il apprendra que le gouverneur de la Férette, en leur permettant de passer, a cependant osé arrêter des gens qu'il aurait vus avec grand plaisir : car quel prince ne ferait pas un accueil excellent à un collier semblable à celui que nous venons de prendre à ce vagabond de colporteur anglais !

— Je ne vois pas comment une attaque contre ces ambassadeurs vous donnera une meilleure excuse pour avoir dépouillé ces Anglais.

— Tu ne vois pas, Kilian, parce que tu es une taupe, une taupe aveugle. Si le duc de Bourgogne entend parler d'une escarmouche entre ma garnison et les manans montagnards qu'il méprise et qu'il déteste, il ne s'occupera nullement de deux colporteurs qui auront péri dans la mêlée. Mais dans tous les cas, si l'on faisait une enquête à ce sujet par la suite, il ne me faut qu'une heure pour me transporter sur les terres de l'Empire ; et quoique l'empereur soit un fou sans énergie, le riche butin que j'ai fait sur ces insulaires m'y assurera un bon accueil.

— Votre Excellence me trouvera à son côté jusqu'au dernier moment, et vous pourrez juger que si je suis un fou, du moins je ne suis pas un poltron.

— Je ne t'ai jamais regardé comme tel quand il s'agit d'en venir aux mains; mais en fait de politique tu es timide et irrésolu. Mets-moi mon armure, Kilian, et aie soin de bien l'attacher. Les piques et les épées de ces Suisses ne sont pas des aiguillons de guêpe.

— Puisse Votre Excellence la porter avec autant de profit que d'honneur! dit Kilian, et il se mit à remplir ses fonctions officielles en couvrant son maître de l'armure complète d'un chevalier de l'Empire.

— Votre résolution d'attaquer les Suisses est donc bien prise? ajouta-t-il; quel prétexte en donnera Votre Excellence?

— Laisse-moi le soin d'en trouver ou d'en faire naître un. Songe seulement à placer à leurs postes Schonfeldt et les soldats, et souviens-toi que le mot de ralliement sera : *Bourgogne à la rescousse!* Quand j'aurai prononcé ces mots, que les soldats se montrent; quand je les aurai répétés, qu'ils tombent sur les Suisses. Et maintenant que je suis armé, va faire ouvrir la porte à ces paysans.

Kilian salua son maître et se retira.

Les Suisses avaient déjà fait entendre plusieurs fois le son de leur corne, car ils étaient mécontens d'avoir attendu près d'une demi-heure devant la porte sans recevoir aucune réponse, et ce son plus fort et plus prolongé à chaque fois annonçait leur impatience aux échos qui le répétaient. Enfin la herse se leva, le pont-levis se baissa, et ils virent s'avancer Kilian en costume d'homme d'armes prêt à combattre, et monté sur un palefroi marchant à l'amble.

— Il faut que vous soyez bien hardis, messieurs, s'écria-t-il, pour vous présenter à main armée devant la forteresse de la Férette, dont la seigneurie appartient de droit au trois fois noble duc de Bourgogne et de Lorraine, et qui est commandée pour lui et en son nom par Archibald Von Hagenbach, chevalier du Saint-Empire romain!

— Sire écuyer, répondit le Landamman, car d'après la plume que vous portez à votre toque je suppose que tel est votre grade, nous ne sommes point ici avec des intentions hostiles. Si nous sommes armés comme vous le voyez, c'est pour nous défendre pendant un voyage périlleux qui le jour nous offre quelques dangers, et la nuit ne nous permet pas toujours de nous reposer en sûreté. Mais nous n'avons aucun projet offensif; et si nous en avions eu, nous ne serions pas arrivés ici en si petit nombre.

— Quel est donc votre caractère? quels sont vos desseins? demanda Kilian, qui avait appris à prendre en l'absence de son maître un ton aussi impérieux et aussi insolent que le gouverneur lui-même.

— Nous sommes, répondit le Landamman d'une voix calme et tranquille, sans paraître s'offenser de la conduite arrogante de l'écuyer et sans avoir même l'air d'y faire attention, des députés des Cantons libres et confédérés de la Suisse et de la bonne ville de Soleure, chargés par notre Diète législative de nous rendre en présence de Sa Grace le duc de Bourgogne pour une affaire de grande importance pour son pays et pour le nôtre, et dans l'espoir d'établir avec le seigneur de votre maître, je veux dire avec le noble duc de Bourgogne, une paix sûre et durable, à des conditions honorables et avantageuses pour les deux pays, et d'éviter ainsi des querelles qui pourraient conduire à l'effusion du sang chrétien faute de s'être bien entendu.

— Montrez-moi vos lettres de créance.

— Avec votre permission, sire écuyer, il sera assez temps de les montrer quand nous serons en présence de votre maître le gouverneur.

— Ce qui veut dire qu'un homme volontaire n'en agit qu'à sa tête. Fort bien, mes maîtres; et cependant vous pourriez recevoir en bonne part cet avis de Kilian de Kersberg : il est quelquefois plus sage de battre en retraite que de marcher en avant. Mon maître et le maître de mon maître sont des personnes plus difficiles à manier que les marchands de Bâle à qui vous vendez vos fromages. Retournez chez vous, bonnes gens, retournez chez vous; le chemin vous est ouvert, et vous êtes bien avertis.

— Nous vous remercions de votre conseil, répondit le Landamman, coupant la parole au porte-bannière de Berne qui commençait à s'abandonner à son courroux, si ce conseil est amical; s'il ne l'est pas, une plaisanterie incivile est comme un fusil trop chargé qui repousse celui qui le tire. Notre route est par la Férette, nous nous proposons donc d'y passer, et nous y recevrons l'accueil qu'on peut nous préparer.

— Entrez donc, au nom du diable! s'écria Kilian, qui avait eu quelque espoir de leur inspirer assez de crainte pour les décider à retourner chez eux, mais qui se trouva trompé dans son attente.

Les Suisses entrèrent dans la ville, et furent arrêtés à une quarantaine de pas de la porte par la barricade de charriots que le gouverneur avait fait établir dans la rue. Ils rangèrent leur petit corps en ordre militaire et se formèrent sur trois lignes, les deux femmes et les députés étant au centre. Cette petite phalange présentait un double front, un de chaque côté de la rue, tandis que la ligne en face se disposait à marcher en avant dès qu'on aurait écarté l'obstacle qui gênait le passage. En ce moment d'attente un chevalier armé de toutes pièces sortit par une petite porte de la grande tour, sous le passage cintré de laquelle les Suisses avaient passé pour entrer dans la ville. La visière de son casque était levée, et il s'avança le long de la petite ligne formée par les Suisses d'un air hautain et menaçant.

— Qui êtes-vous, s'écria-t-il, vous qui osez avancer ainsi, les armes à la main, dans une ville appartenant à la Bourgogne?

— Avec la permission de Votre Excellence, dit le Landamman, je lui répondrai que nous sommes des hommes chargés d'une mission pacifique, quoique nous soyons armés pour notre défense personnelle. Nous sommes envoyés par les villes de Berne et de Soleure, par les cantons d'Uri, de Schwitz et d'Underwald, pour régler des affaires importantes avec Sa Grace le duc de Bourgogne et de Lorraine.

— Quelles villes, quels cantons? demanda le gouverneur

de la Férette; je n'ai jamais entendu prononcer de pareils noms parmi ceux des villes libres d'Allemagne. Berne, vraiment! et depuis quand Berne est-elle devenue une ville libre?

— Depuis le 21 juin de l'an de grace 1339, répondit le Landamman; depuis le jour de la bataille de Laupen.

— Tais-toi, vieux fanfaron, reprit Hagenbach; crois-tu que de pareilles rodomontades puissent passer ici pour argent comptant? Nous avons bien entendu parler de quelques villages et hameaux qui se sont insurgés au milieu des Alpes; nous savons que révoltés contre l'empereur ils ont, à l'aide de leurs montagnes et de leurs défilés, dressé des embuscades, et assassiné quelques chevaliers et quelques gentilshommes envoyés contre eux par le duc d'Autriche; mais nous étions loin de penser que de si misérables associations, de si méprisables bandes de mutins eussent l'insolence de prendre le titre d'Etats libres, et la présomption de vouloir entrer en négociation avec un prince aussi puissant que le duc de Bourgogne.

— Votre Excellence me permettra de lui faire remarquer, dit le Landamman avec un grand sang-froid, que vos propres lois de chevalerie disent que si le plus fort nuit au plus faible, si le noble insulte le roturier, ce fait seul détruit toute distinction entre eux, et celui qui a commis l'injure est obligé d'en donner satisfaction de telle manière que l'exige la partie injuriée.

— Retourne dans tes montagnes, manant, s'écria Hagenbach avec hauteur, vas-y peigner ta barbe, et faire rôtir tes châtaignes. Quoi! parce que quelques rats et quelques souris trouvent une retraite dans les murs et derrière les boiseries de nos maisons, leur permettrons-nous pour cela de nous insulter par leur dégoûtant aspect, et de se donner devant nous des airs de liberté et d'indépendance? Non: nous les écraserons plutôt sous le talon ferré de nos bottes.

— Nous ne sommes pas des gens qu'on puisse fouler aux pieds, répondit Arnold Biederman avec le même calme; ceux qui l'ont essayé ont trouvé en nous des pierres qui les ont fait trébucher. Oubliez un instant, sire chevalier, ce langage hautain qui ne peut conduire qu'à la guerre, et écoutez des paroles de paix. Rendez la liberté à notre compagnon le marchand anglais Philipson, que vous avez fait arrêter illégalement ce matin, qu'il paie une somme raisonnable pour sa rançon, et nous rendrons au Duc, pour lequel nous avons une mission, un compte favorable de son gouverneur de la Férette.

— Vous serez si généreux! en vérité! s'écria Archibald avec un ton de dérision. Et quelle garantie me donnerez-vous que vous aurez pour moi autant de bonté que vous l'annoncez?

— La parole d'un homme qui n'a jamais manqué à sa promesse, répondit le stoïcien Landamman.

— Drôle insolent! s'écria le gouverneur : oses-tu me faire des conditions? Oses-tu m'offrir ta misérable parole comme une garantie entre le duc de Bourgogne et Archibald Von Hagenbach? Apprends que vous n'irez point en Bourgogne, ou que si vous y allez, ce sera les fers aux mains et la corde au cou. Holà! ho! Bourgogne à la rescousse!

A l'instant même les soldats se montrèrent en avant, en arrière et sur les côtés de l'étroit espace que les Suisses occupaient. Les remparts voisins de la tour étaient garnis d'une ligne d'hommes d'armes, des soldats parurent aux portes des maisons et à toutes les fenêtres, armés de fusils, d'arcs et d'arbalètes, et prêts à tirer ou à tomber sur les Suisses. Ceux qui étaient derrière la barricade se présentèrent, aussi disposés à disputer le passage. La petite troupe entourée d'ennemis bien supérieurs en nombre, ne parut ni effrayée ni découragée, et prit une attitude défensive. Le Landamman se portant au centre de bataille se prépara à forcer la barricade. Les deux autres lignes se mirent dos à dos pour défendre l'entrée de la rue contre les soldats qui voudraient sortir des maisons. Il était évident que ce n'était que par la force et par l'effusion du sang qu'on pouvait subjuguer cette poignée d'hommes déterminés, même avec une troupe cinq fois plus nombreuse. Archibald le sentit peut-être, et ce fut sans doute la cause du délai qu'il mit à donner le signal de l'attaque.

Un soldat couvert de boue arriva en ce moment tout essoufflé devant le gouverneur, et lui dit que tandis qu'il s'efforçait quelque temps auparavant d'arrêter un prisonnier qui s'enfuyait, les bourgeois de la ville l'avaient retenu et presque noyé dans le fossé, et qu'en ce moment les citoyens introduisaient l'ennemi dans la place.

— Kilian! s'écria le gouverneur, prends quarante hommes avec toi, courez à la poterne du nord, et poignardez, égorgez, précipitez du haut des murailles quiconque vous trouverez portant les armes, bourgeois ou étrangers. Laissez-moi le soin de tailler des croupières à ces paysans, de manière ou d'autre.

Mais avant que Kilian eût eu le temps d'obéir aux ordres de son maître, on entendit de loin pousser de grands cris. — Bâle! Bâle! liberté! liberté! victoire!

On vit arriver les jeunes gens de Bâle, qui n'étaient pas assez loin pour que Rodolphe n'eût eu le temps de les faire avertir par des Suisses qui avaient suivi la députation à peu de distance pour être à portée de la secourir si le cas l'exigeait, et enfin les habitans de la Férette, qui, forcés par le gouverneur de prendre les armes et de garder les remparts, avaient profité de cette occasion pour se délivrer de sa tyrannie en ouvrant aux Bâlois la porte par laquelle Arthur s'était échappé.

La garnison déjà un peu découragée par la fermeté des Suisses qui ne paraissaient pas disposés à céder au nombre, fut complètement déconcertée par cette insurrection inattendue et ces nouveaux ennemis. La plupart des soldats se disposèrent à fuir plutôt qu'à combattre, et un grand nombre se jetèrent du haut des murailles dans le fossé, regardant cette ressource comme la meilleure chance de salut. Kilian et quelques autres que l'orgueil empêchait de fuir et le désespoir de demander quartier, se firent tuer sur la place en combattant avec fureur. Au milieu de cette confusion, le Landamman tint sa petite troupe immobile, lui défendant de prendre aucune part à l'action, et lui enjoignant de se borner à se défendre si on l'attaquait.

— Gardez vos rangs! s'écriait-il d'une voix forte, en allant de la ligne droite à la gauche. Où est donc Rodolphe? Défendez votre vie, mais ne tuez personne. Arthur Philipson, ne sortez pas des rangs, vous dis-je.

— Il faut que j'en sorte, répondit Arthur qui avait déjà quitté sa place; il faut que je cherche mon père dans les cachots. Pendant cette confusion, on peut l'assassiner, tandis que je suis ici les bras croisés.

— Par Notre-Dame d'Einsiedlen, vous avez raison, dit Arnold Biederman; comment ai-je pu oublier ainsi mon digne hôte! Je vais vous aider à le chercher, Arthur; d'autant plus que le tumulte paraît tirer à sa fin. Sire porte-bannière, digne Adam Zimmerman, mon ami Nicolas Bonstetten, maintenez nos gens à leurs rangs; qu'ils ne prennent aucune part à cette affaire; que les Bâlois soient responsables de leurs actions. Je reviens dans quelques minutes.

A ces mots il suivit Arthur à qui sa mémoire retraça assez bien les localités pour qu'il pût trouver sans beaucoup de peine l'escalier qui conduisait au cachot. Ils rencontrèrent sur le palier un homme de mauvaise mine, en justaucorps de buffle, et portant à sa ceinture un trousseau de clefs rouillées qui indiquait la nature de ses fonctions.

— Conduis-nous à la prison du marchand anglais, lui dit Arthur, ou tu meurs de ma main.

— Lequel des deux voulez-vous voir? demanda le geôlier; le vieux ou le jeune?

— Le vieux, répondit Arthur; son fils t'a échappé.

— Entrez donc ici, messieurs, dit le geôlier en levant une lourde barre de fer qui fermait une porte épaisse.

A l'extrémité de ce cachot était assis à terre celui qu'ils cherchaient. Ils le relevèrent à l'instant, et le serrèrent dans leurs bras.

— Mon cher père! mon digne hôte! s'écrièrent en même temps son fils et son ami; comment vous trouvez-vous?

— Bien, mon fils, bien, mon digne ami, répondit Philipson, si comme je suis porté à le croire d'après vos armes et votre air, vous arrivez ici libres et vainqueurs; mal, si vous y venez partager ma captivité.

— Ne craignez rien à cet égard, dit le Landamman ; nous avons été en danger, mais nous en avons été délivrés d'une manière remarquable. Appuyez-vous sur mon bras, mon digne hôte ; ce cachot froid et humide vous a engourdi les membres ; souffrez que je vous aide à gagner un endroit où vous serez mieux.

Il fut interrompu par un bruit soudain, semblable à un cliquetis de ferraille, et tout-à-fait différent du tumulte qui régnait encore dans la ville et dont leurs oreilles étaient encore frappées, comme on entend de loin la voix mugissante de l'Océan courroucé.

— Par saint Pierre-ès-Liens ! s'écria Arthur qui avait reconnu sur-le-champ la cause de ce bruit, le geôlier a baissé la barre de la porte, ou elle lui a échappé des mains. Nous sommes sous les verrous, et la porte ne peut s'ouvrir que du dehors. holà ! chien de geôlier ! misérable ! ouvre la porte, ou ta vie répondra…

— Il n'entend probablement pas vos menaces, lui dit son père, et vos cris ne servent à rien. Mais êtes-vous bien sûrs que les Suisses soient en possession de la ville ?

— Nous en sommes les habitans paisibles, répondit le Landamman, mais pas un coup n'a été frappé de notre côté.

— En ce cas, reprit Philipson, vos gens vous retrouveront bientôt. Mon fils et moi nous ne sommes que de pauvres zéros, et l'on pourrait ne pas faire attention à notre absence ; mais vous êtes un chiffre trop important pour qu'on ne remarque pas la vôtre quand on récapitulera votre nombre.

— J'espère que c'est ce qui arrivera, dit le Landamman ; mais il me semble que je fais une assez sotte figure, enfermé ici comme un chat dans le buffet où il est venu voler de la crème. Arthur, mon brave garçon, ne voyez-vous aucun moyen de faire sauter la barre de fer ?

Arthur avait déjà examiné avec soin la porte et la serrure ; il répondit qu'il n'en trouvait aucun, qu'il fallait qu'ils s'armassent de patience et qu'ils attendissent, puisqu'ils ne pouvaient accélérer le moment de leur délivrance.

Arnold Biederman parut pourtant un peu piqué de la négligence de ses enfans et de ses compagnons.

— Tous nos jeunes gens, dit-il, ne sachant si je suis mort ou vivant, profitent sans doute de mon absence pour se livrer à la licence et au pillage. Le politique Rodolphe s'inquiète fort peu, je présume, que je reparaisse ou non. Le porte-bannière Zimmerman, ce fou à barbe grise, Bonstetten, qui se dit mon ami, tous m'ont abandonné, et pourtant ils savent que la sûreté du dernier d'entre eux m'est plus chère que la mienne. De par le ciel! cela m'a l'air d'un stratagème. On dirait que ces jeunes insensés ont voulu se débarrasser d'un homme dont les principes étaient trop réguliers, trop pacifiques pour plaire à des gens qui ne rêvent que guerre et conquêtes.

Pendant que le Landamman à qui un mouvement d'humeur avait fait perdre la sérénité habituelle de son front, et qui craignait que ses concitoyens se conduisissent mal en son absence, parlait ainsi de ses amis et de ses compagnons, le tumulte qu'on avait entendu jusqu'alors fit place au silence le plus profond.

— Que faire maintenant? dit Arthur; j'espère qu'ils profiteront de ce moment de tranquillité pour faire un appel, et s'assurer s'il ne leur manque personne.

On aurait pu croire que le souhait du jeune Anglais avait été exaucé; car à peine avait-il prononcé ces mots qu'ils entendirent lever la barre, et virent la porte entr'ouverte par quelqu'un qui monta ensuite l'escalier si rapidement, que ceux qu'il venait de délivrer de prison ne purent apercevoir leur libérateur.

— C'est sans doute le geôlier, dit le Landamman; il a pu avoir quelque raison pour craindre que nous n'ayons plus de ressentiment de notre détention que de reconnaissance de notre mise en liberté.

Tandis qu'il parlait ainsi, ils montaient l'étroit escalier, et étant sortis de la tour ils entrèrent dans la rue où un spectacle étrange les attendait. Les députés suisses et leur escorte gardaient encore leurs rangs à l'endroit même où Hagenbach avait eu dessein de les attaquer. Quelques soldats de l'ex-gouverneur, désarmés et craignant la fureur d'une foule de citoyens qui remplissaient les rues, s'étaient postés, la tête baissée, derrière la petite phalange de montagnards, comme dans le lieu de refuge le plus sûr qu'ils pussent trouver ; mais ce n'était pas tout.

Les charriots qu'on avait placés pour obstruer le passage dans la rue étaient alors joints ensemble et servaient à soutenir une plate-forme, ou pour mieux dire un échafaud qu'on avait construit à la hâte avec des planches. Sur cet échafaud on voyait une chaise sur laquelle était assis un homme de grande taille, ayant la tête, le cou et les épaules nues, et le reste du corps couvert d'une armure complète. Il avait le visage pâle comme la mort, mais Arthur reconnut au premier coup d'œil le barbare gouverneur Archibald Von Hagenbach qui semblait être lié sur la chaise. A sa droite tout à côté de lui, était le prêtre de Saint-Paul, son bréviaire à la main et murmurant quelques prières. A sa gauche mais un peu en arrière, on voyait un homme robuste, portant un habit rouge, ayant les deux mains appuyées sur la poignée du sabre nu dont la description a été faite dans un des chapitres précédens. A l'instant même où Arnold Biederman arrivait, et avant qu'il eût le temps de demander ce que signifiait ce qu'il voyait, le prêtre fit quelques pas en arrière, l'exécuteur brandit son sabre et d'un seul coup fit tomber sur l'échafaud la tête de la victime. Des acclamations générales et des battemens de mains semblables à ceux qu'on accorde à un acteur qui a bien joué son rôle, applaudirent à cet acte de dextérité. Tandis que les artères du tronc répandaient un torrent de sang qu'absorbait la sciure de bois dont l'échafaud était couvert, l'exécuteur se présenta alternativement aux quatre coins, saluant le peuple avec un air de modestie gracieuse, et de nouveaux applaudissemens lui furent donnés.

— Chevaliers, nobles, gentilshommes de naissance libre, bons citoyens, dit-il, vous tous qui avez assisté à cet acte de haute justice, je vous prie de me rendre le témoignage que le jugement a été exécuté suivant la teneur de la sentence, et que la tête a été séparée du tronc d'un seul coup.

De nouvelles acclamations partirent de toutes parts.

— Vive notre *scherfrichter* Steinernherz, et puisse-t-il exercer ses fonctions sur plus d'un tyran !

— Nobles amis, dit l'exécuteur en saluant profondément les citoyens, j'ai encore un mot à vous dire et je le prononcerai avec fierté : Que Dieu fasse grace à l'ame du brave et noble chevalier Archibald Von Hagenbach ! il a été le patron de ma jeunesse, mon guide dans le chemin de l'honneur. J'ai fait huit pas vers la liberté et la noblesse en faisant tomber par son ordre et son commandement les têtes de huit nobles et chevaliers ; et c'est en tranchant la sienne que je viens de faire le neuvième, qui me conduit à ce but : en reconnaissance de quoi j'emploierai à faire dire des messes pour le repos de son ame l'or contenu dans cette bourse qu'il m'a donnée il n'y a qu'une heure. Gentilshommes, nobles amis, que je puis regarder à présent comme mes égaux, la Férette vient de perdre un noble et d'en gagner un autre. Que Notre-Dame soit favorable au feu chevalier Archibald Von Hagenbach, et qu'elle bénisse et protége l'avancement dans le monde de Francis Steinernherz Von Blutsacker, maintenant libre et noble de droit.

A ces mots, détachant la plume qui décorait la toque du défunt, souillée du sang de celui qui l'avait portée et qui était sur l'échafaud près du corps d'Hagenbach, il la fixa à son bonnet écarlate ; et la foule fit retentir les airs de nouvelles acclamations, les uns pour l'applaudir, les autres pour se moquer de cette ridicule métamorphose.

Arnold Biederman retrouva enfin la parole dont la surprise l'avait d'abord privé. Dans le fait, cette exécution avait eu lieu si rapidement qu'il lui aurait été impossible d'y opposer son intervention.

— Qui a osé ordonner cette scène tragique ? s'écria-t-il avec indignation ; de quel droit a-t-elle eu lieu ?

Un jeune homme en habit bleu, richement décoré, se chargea de lui répondre.

— Les citoyens libres de Bâle ont suivi l'exemple que leur ont donné les pères de la liberté suisse ; et la mort du tyran Hagenbach a été prononcée du même droit que celle du tyran Gessler. Nous avons souffert jusqu'à ce que la coupe fût pleine, mais alors nous ne pouvions plus souffrir.

— Je ne dis pas qu'il n'avait pas mérité la mort, répliqua le Landamman ; mais par égard pour nous et pour vous-même, vous auriez pu l'épargner jusqu'à ce que le bon plaisir du Duc fût connu.

— Que nous parlez-vous du Duc? s'écria le même jeune homme (Lauwrenz Neipperb, qu'Arthur avait vu au rendez-vous secret des Bâlois où Rodolphe l'avait conduit), que nous parlez-vous du duc de Bourgogne? nous ne sommes pas ses sujets. L'empereur, notre seul souverain légitime, n'avait pas le droit de lui donner en gage la ville de la Férette qui est une dépendance de Bâle, au préjudice de notre ville libre. Il pouvait lui en déléguer les revenus, et en supposant qu'il l'ait fait, la dette a été payée deux fois, grace aux exactions de cet oppresseur qui vient de recevoir un châtiment mérité. Mais continuez votre route, Landamman d'Underwald. Si notre conduite vous déplaît, allez la désavouer au pied du trône du duc de Bourgogne, mais ce sera désavouer en même temps Guillaume Tell, Stauffacher, Furst et Melchtal, les pères de la liberté suisse.

— Vous avez raison, répondit Arnold Biederman, mais le moment est malheureux et mal choisi. La patience aurait remédié à tous vos maux ; personne ne les ressentait plus vivement et n'aurait plus ardemment désiré vous en délivrer que celui qui vous parle. Mais, jeune imprudent, vous avez oublié la retenue convenable à votre âge et la soumission que vous devez à vos magistrats. Guillaume Tell et ses collègues étaient des hommes à qui leurs années avaient donné de l'expérience et du jugement ; ils étaient époux et pères ; ils avaient le droit de siéger au conseil et d'être les premiers à agir. Suffit ! je laisse aux magistrats et aux sénateurs de votre ville le soin d'approuver ou de blâmer votre conduite. Mais vous, porte-bannière de Berne, vous Zimmerman, vous Rodolphe, vous surtout, mon camarade et mon ami, Nicolas Bonstetten; pourquoi n'avez-vous pas pris ce misérable sous votre protection? vous auriez par là prouvé au duc de Bourgogne que nous étions calomniés par ceux qui prétendent que nous cherchons une occasion de rupture avec lui et que nous excitons ses sujets à la révolte. Maintenant toutes ces préventions se trouveront confirmées dans l'esprit des gens qui retiennent plus facilement une mauvaise impression qu'ils n'en conçoivent une favorable.

— Aussi vrai que je vis de pain, voisin et compère, répondit Bonstetten, j'avais songé à faire mot à mot tout ce que vous venez de dire, et j'étais sur le point d'avancer au secours du gouverneur quand Rodolphe Donnerhugel m'a rappelé que vous aviez donné ordre qu'aucun Suisse ne quittât ses rangs, et qu'on laissât les habitans de Bâle responsables de leurs actions. A coup sûr, me dis-je alors à moi-même, mon compère Arnold sait mieux qu'aucun de nous ce qu'il convient de faire.

— Ah, Rodolphe! Rodolphe! dit le Landamman en le regardant d'un air mécontent, ne rougissez-vous pas d'avoir ainsi trompé un vieillard?

— Moi l'avoir trompé! c'est une accusation dure à entendre, Landamman, dit Rodolphe avec son ton de déférence ordinaire, mais il n'est rien que je ne puisse supporter de votre part. Je dirai seulement qu'étant membre de cette députation, c'est un devoir pour moi de penser et de donner mon opinion, surtout en l'absence de celui qui est assez sage pour nous conduire et nous diriger tous.

— Vous avez toujours de belles paroles, Rodolphe, répliqua Arnold Biederman, et j'espère que vos intentions sont aussi pures; cependant il y a des instans où je ne puis m'empêcher d'en douter. Quoi qu'il en soit, n'ayons pas de querelles entre nous, et maintenant donnez-moi votre avis, mes amis. Rendons-nous pour cela à l'endroit le plus convenable, dans cette église. Nous remercierons d'abord le ciel de nous avoir protégés contre l'assassinat, et nous tiendrons ensuite conseil sur ce que nous devons faire.

Le Landamman marcha en avant, et ses collègues le suivirent dans l'église de Saint-Paul. Rodolphe, comme le plus jeune, laissa passer les autres avant lui, et saisit cette occasion pour faire signe à Rudiger, l'aîné des fils d'Arnold Biederman, de venir lui parler, et pour lui dire à l'oreille de débarrasser la députation des deux marchands anglais.

— Il faut qu'ils partent, mon cher Rudiger, dit-il, emploie des moyens de douceur s'il est possible, mais il faut qu'ils partent sur-le-champ. Ton père est comme ensorcelé par ces deux colporteurs anglais, et il n'écoutera que leurs conseils. Or tu sais comme moi, mon cher Rudiger, qu'il n'appartient pas à de pareils hommes de faire la loi à des Suisses libres. Tâche de retrouver les marchandises de clinquant qu'on leur a volées, ou du moins ce qui en reste, aussi promptement que tu le pourras, et au nom du ciel, fais-les partir.

Rudiger ne lui répondit que par un signe d'intelligence, et alla offrir ses services à Philipson pour faciliter son départ. Le marchand prudent désirait s'éloigner de la scène de confusion que présentait la ville, autant que le jeune Suisse souhaitait le voir en marche. Il voulait seulement tâcher de recouvrer la petite boîte de sandal dont le gouverneur s'était emparé. Rudiger Biederman s'occupa donc sur-le-champ d'une recherche exacte pour retrouver cet écrin précieux, et il était d'autant plus à espérer qu'elle ne serait pas inutile, que la simplicité des Suisses empêchait qu'ils n'attachassent aux bijoux qui y étaient contenus leur valeur véritable. On fouilla donc avec le plus grand soin non-seulement les poches du feu gouverneur, mais de tous ceux qui avaient approché de lui à l'instant de son exécution, et ceux qu'on supposait avoir joui de sa confiance.

Arthur aurait volontiers dérobé quelques momens pour faire ses adieux à Anne de Geierstein, mais le grand voile gris ne se voyait plus dans les rangs des Suisses ; et il était raisonnable de croire que pendant la confusion qui avait suivi l'exécution d'Archibald Von Hagenbach, et tandis que les membres de la députation étaient réunis dans l'église, elle s'était réfugiée dans quelque maison voisine : car les soldats qui l'entouraient n'étant plus retenus par la présence de leurs chefs, s'étaient dispersés, les uns pour chercher les marchandises dont les Anglais avaient été dépouillés, les autres pour partager les réjouissances des jeunes Bâlois victorieux et des bourgeois de la Férette qui les avaient admis de si bon cœur dans l'intérieur de leur ville.

Le cri général qui s'élevait parmi eux était qu'il fallait que la Férette, qui avait si long-temps été considérée comme le frein des Suisses Confédérés, et comme une barrière contre leur commerce, reçût une garnison pour les protéger contre la tyrannie et les exactions du duc de Bourgogne et de ses officiers. Toute la ville était livrée à des transports de joie désordonnés ; les citoyens se disputaient à qui offrirait des rafraîchissemens aux Suisses, et les jeunes gens qui servaient d'escorte à la députation profitaient gaîment et avec un air de triomphe des circonstances grace auxquelles l'embuscade préparée contre eux par la trahison s'était changée en un accueil hospitalier.

Au milieu de cette scène de confusion il était impossible qu'Arthur quittât son père, même pour céder au mouvement qui lui faisait désirer d'avoir quelques instans à sa disposition. Triste, sombre et pensif, il resta donc près de lui pour l'aider à remettre en ordre et à placer sur leur mule leurs balles et leurs valises ; car les jeunes Suisses avaient réussi à les recouvrer après la mort du gouverneur, et ils s'empressaient à l'envie l'un de l'autre de les rapporter à celui qui en était le propriétaire légitime. C'était même avec difficulté que Philipson, à qui Hagenbach n'avait pas songé à prendre l'argent comptant qu'il portait sur lui, venait à bout de les forcer à accepter la récompense qu'il croyait devoir à ceux qui lui rendaient ses propriétés. Ceux-ci dans leurs idées simples et bornées regardaient cette récompense comme beaucoup au-dessus de la valeur de ce qu'ils lui rapportaient.

Cette scène avait à peine duré dix à quinze minutes, quand Rodolphe Donnerhugel s'approcha de Philipson, et l'invita de la manière la plus polie à se rendre avec lui près du conseil des chefs de la députation des Cantons suisses, qui désiraient, dit-il, avoir les lumières de son expérience sur quelques questions importantes relativement à la conduite qu'ils devaient tenir dans cette circonstance inattendue.

—Veillez à nos affaires, Arthur, et ne bougez pas de l'endroit où je vous laisse, dit Philipson à son fils. Songez surtout au paquet scellé dont j'ai été dépouillé d'une manière si illégale et si infâme : il est de la plus grande importance qu'il se retrouve.

A ces mots, il se prépara à suivre le jeune Bernois ; et celui-ci lui dit à demi-voix, d'un ton confidentiel, tandis qu'ils se rendaient en se tenant par le bras à l'église Saint-Paul :

— Je crois qu'un homme sage comme vous l'êtes ne sera guère porté à nous conseiller de nous rendre devant le duc de Bourgogne, dans un moment où il va être courroucé de la perte de sa forteresse et de l'exécution de son gouverneur. Du moins, je suppose que vous serez trop judicieux pour nous accorder plus long-temps l'avantage de votre compagnie et de votre société, puisque ce ne serait que vous exposer volontairement à partager notre naufrage.

—Je donnerai le meilleur avis qu'il me sera possible, répondit Philipson, quand je saurai plus particulièrement quelles sont les circonstances qui font qu'on me le demande.

Rodolphe proféra à demi-voix un jurement, ou du moins une exclamation d'humeur, et conduisit Philipson à l'église sans lui produire de nouveaux argumens.

Les quatre députés étaient assemblés en conclave dans une petite chapelle de l'église, dédiée à saint Magnus, martyr. Ils étaient devant la statue du saint héros, représenté armé comme lorsqu'il vivait. Le prêtre de Saint-Paul y était aussi présent, et semblait prendre un vif intérêt à la discussion qui avait lieu. Il y eut un instant de silence général quand Philipson arriva, et le Landamman lui adressa ensuite la parole en ces termes :

— Signor Philipson, nous vous regardons comme un homme ayant beaucoup voyagé, au fait des mœurs des pays étrangers, et connaissant le caractère de Charles, duc de Bourgogne; vous n'ignorez pas que nous portons dans cette mission le désir ardent de maintenir la paix avec ce prince ; vous savez aussi ce qui vient de se passer aujourd'hui, et qu'on aura probablement soin de lui peindre sous les couleurs les plus défavorables. Nous conseilleriez-vous, en pareil cas, de nous rendre en présence du Duc, chargés de tout l'odieux de cet événement, ou croyez-vous que nous ferions mieux de retourner en Suisse, et de nous préparer à la guerre contre la Bourgogne?

— Que pensez-vous vous-mêmes à ce sujet? demanda l'Anglais circonspect.

— Nous sommes divisés d'opinions, répondit le député de Berne. Pendant trente ans j'ai porté la bannière de Berne contre ses ennemis, et je suis plus disposé à la porter encore contre les lances des chevaliers du Hainaut et de la Lorraine, qu'à souffrir le traitement insultant auquel nous devons nous attendre au pied du trône du Duc.

— C'est placer notre tête dans la gueule du lion, si nous nous présentons devant lui, dit Zimmerman, le député de Soleure. Mon avis est que nous retournions sur nos pas.

— S'il ne s'agissait que de ma vie, dit Rodolphe Donnerhugel, je ne conseillerais pas la retraite ; mais le Landamman d'Underwald est le père des Cantons-Unis, et ce serait un parricide que de consentir à mettre sa vie en péril. Mon avis est que nous retournions en Suisse, et que la Confédération prenne une attitude défensive.

— Mon opinion est toute différente, dit Arnold Biederman, et je ne pardonnerai à qui que ce soit qui par amitié véritable ou prétendue mettra mon humble existence en balance avec l'avantage des Cantons. Si nous marchons en avant, nous risquons notre tête : soit. Mais si nous retournons en arrière, nous entraînons notre pays dans une guerre contre une des premières puissances de l'Europe. Dignes concitoyens, vous êtes braves quand il s'agit de combattre ; montrez à présent une bravoure non moins intrépide, et n'hésitons pas à nous exposer aux dangers personnels qui peuvent nous menacer, quand ils nous offrent une chance de paix pour notre patrie.

— Je pense et je vote comme mon voisin et mon compère Arnold Biederman, dit le député laconique de Schwitz.

— Vous voyez que nous sommes divisés d'opinions, dit le Landamman à Philipson. Quelle est la vôtre ?

— Je vous demanderai d'abord, répondit Philipson, quelle part vous avez prise à l'assaut d'une ville occupée par les forces du Duc, et à la mort de son gouverneur ?

— J'atteste le ciel, dit le Landamman, que jusqu'au moment où la ville a été prise d'une manière si inattendue, j'ignorais ce projet d'attaque.

— Et quant à l'exécution du gouverneur, dit le prêtre de Saint-Paul, je vous jure, étranger, par mon saint ordre, qu'elle a eu lieu en vertu d'une sentence qui a été rendue par un tribunal compétent, et que Charles, duc de Bourgogne, lui-même est tenu de respecter. Les membres de la députation suisse ne pouvaient ni accélérer ni retarder les suites de ce jugement.

— S'il en est ainsi, dit Philipson, et si vous pouvez prouver que vous n'avez pris aucune part à ces événemens qui doivent nécessairement enflammer de courroux le duc de Bourgogne, l'avis que j'ai à vous donner est certainement de continuer votre voyage : vous pouvez être sûrs que ce prince vous écoutera avec justice et impartialité, et peut-être en obtiendrez-vous une réponse favorable. Je connais Charles de Bourgogne ; je puis même dire, prenant en considération la différence de condition et de rang, que je le connais bien. Son courroux sera terrible quand il apprendra ce qui vient de se passer ici ; et je ne doute pas qu'il ne commence par vous en accuser ; mais si lors de l'examen qu'il fera de toutes les circonstances de ces événemens vous êtes en état de vous justifier de ces fausses accusations, le sentiment intime de sa première injustice fera pencher la balance en votre faveur, et en ce cas, d'un excès de sévérité il tombera peut-être dans une excessive indulgence. Mais il faut que votre cause soit plaidée avec fermeté devant le Duc par quelque bouche qui connaisse mieux que la vôtre le langage des cours. J'aurais pu vous rendre ce service d'ami si je n'eusse été dépouillé d'un paquet précieux que je portais au Duc, et qui devait être la preuve de ma mission auprès de lui.

— C'est un misérable prétexte, dit Donnerhugel à l'oreille du porte-bannière, pour obtenir de nous une indemnité des marchandises qu'on lui a volées.

Le Landamman lui-même eut peut-être un moment la même idée.

— Marchand, dit-il, nous nous regardons comme tenus de vous indemniser, c'est-à-dire si nos moyens peuvent y suffire, des pertes que vous avez pu faire en comptant sur notre protection.

— Et nous le ferons, dit le vieux député de Schwitz, quand même il devrait nous en coûter vingt sequins.

— Je ne puis avoir droit à aucune indemnité, répondit Philipson, puisque je m'étais séparé de vous avant d'avoir souffert aucune perte ; et si je regrette cette perte c'est moins pour l'objet en lui-même, quoiqu'il soit d'une valeur beaucoup plus considérable que vous ne pouvez vous l'imaginer, que parce que c'était un signe de reconnaissance entre une personne de grande importance et le duc de Bourgogne. Maintenant que j'en suis privé, je crains de n'avoir pas auprès de Sa Grace le crédit que je désirerais avoir, tant pour moi que pour vous. Sans cet objet, et ne m'adressant à lui que comme un voyageur, un particulier, je ne puis parler comme je l'aurais fait si j'avais pu employer le nom des personnes qui m'ont chargé de cette mission.

— Le paquet important, dit le Landamman, sera cherché soigneusement, et l'on aura soin de vous le faire rendre. Quant à nous, pas un seul Suisse ne connaît la valeur de ce qu'il contient, et s'il est tombé dans les mains de quelqu'un de nos gens, il le rapportera comme une bagatelle à laquelle il n'attache aucun prix.

Comme il parlait ainsi on frappa à la porte de la chapelle. Rodolphe, qui en était le plus près, entra en pourparlers avec ceux qui étaient en dehors, et dit avec un sourire qu'il réprima sur-le-champ, de peur d'offenser Arnold Biederman : — C'est ce bon jeune homme Sigismond : l'admettrai-je à notre délibération?

— Le pauvre garçon! à quoi bon? dit le Landamman avec un sourire mélancolique.

— Permettez-moi pourtant de lui ouvrir la porte, dit Philipson; il désire entrer, et peut-être a-t-il des nouvelles à nous apprendre. J'ai remarqué, Landamman, que quoiqu'il soit lent à concevoir ses idées et à les expliquer, il en a quelquefois d'heureuses, et qu'il est ferme dans ses principes.

Il fit donc entrer Sigismond, tandis qu'Arnold Biederman, quoique sensible au compliment que Philipson venait de faire à un jeune homme dont l'esprit était certainement le plus lourd de toute sa famille, craignait que son fils ne donnât quelque preuve publique de la pauvreté de son génie ou de son manque total d'intelligence. Sigismond entra pourtant avec un air de confiance, et certainement ce n'était pas sans raison, car pour toute explication il présenta à Philipson le collier de brillans avec la boîte qui le contenait.

— Cette jolie chose est à vous, lui dit-il; du moins c'est ce que je viens d'apprendre de votre fils Arthur, qui m'a dit que vous serez charmé de l'avoir retrouvée.

— Je vous remercie de tout mon cœur, répondit le marchand. Ce collier est certainement à moi, c'est-à-dire le paquet qui le contenait m'a été confié; et il est pour moi en ce moment d'un bien plus grand prix que sa valeur réelle, puisqu'il est le gage et la preuve de la mission importante dont j'ai à m'acquitter. Mais, mon jeune ami, continua-t-il en s'adressant à Sigismond, comment avez-vous été assez heureux pour recouvrer ce que nous avions inutilement cherché jusqu'ici? Recevez tous mes remerciemens, et ne me croyez pas trop curieux si je vous demande comment vous vous en trouvez en possession.

— Quant à cela, répondit Sigismond, l'histoire ne sera pas bien longue; je m'étais planté aussi près de l'échafaud que je l'avais pu, n'ayant jamais vu d'exécution. Je remarquai que l'exécuteur, qui me parut remplir ses fonctions très adroitement, à l'instant où il couvrait d'un drap le corps du défunt, lui prenait dans la poche quelque chose qu'il mit à la hâte dans la sienne : si bien que lorsque j'entendis dire qu'il y avait un objet de valeur qu'on ne pouvait retrouver, je me mis à la recherche du coquin. J'appris qu'il était allé commander des messes jusqu'à concurrence de cent couronnes, au grand autel de Saint-Paul, et je réussis à apprendre qu'il était dans une taverne de la ville, où quelques hommes de mauvaise mine buvaient joyeusement à sa santé, en félicitation de ce qu'il était devenu libre et noble. Je me présentai au milieu d'eux, ma pertuisane à la main, et je sommai monseigneur de me remettre ce dont il s'était emparé, s'il ne voulait sentir le poids de mon arme. Sa seigneurie le bourreau hésita, et il avait envie de me chercher querelle; mais j'insistai de telle sorte qu'il jugea à propos de me remettre le paquet, et j'espère, signor Philipson, que vous y trouverez tout ce qu'on vous a pris. Je les laissai continuer à se divertir, et... et... et voilà toute l'histoire.

— Vous êtes un brave garçon, dit Philipson : et quand le cœur va toujours droit la tête ne peut aller de travers que rarement. Mais l'église ne perdra pas ce qui lui est dû, et avant de quitter la Férette je me charge de payer les messes que cet homme avait demandées pour le repos de l'ame d'Archibald Von Hagenbach, qui a été si brusquement congédié de ce monde.

Sigismond allait répliquer; mais Philipson craignant que la simplicité de ce jeune homme ne lui fît dire quelque chose qui pourrait diminuer le plaisir que le Landamman éprouvait de la conduite de son fils, se hâta d'ajouter :

— Maintenant, mon jeune ami, reprends cette boîte, et porte-la sur-le-champ à mon fils Arthur.

Evidemment satisfait de recevoir des applaudissemens auxquels il était peu habitué, Sigismond partit sur-le-champ, et il ne resta plus dans la chapelle que les membres du conseil.

Il y eut un moment de silence, car le Landamman ne pouvait s'empêcher de se livrer au plaisir dont il jouissait en voyant la sagacité que le pauvre Sigismond avait montrée en cette occasion, quoiqu'on ne dût guère s'y attendre d'après la teneur générale de sa conduite. C'était pourtant un sentiment auquel les circonstances ne lui permettaient pas de s'abandonner publiquement, et il se réserva la satisfaction d'en jouir ensuite en secret, en dédommagement des inquiétudes qu'il avait conçues si souvent sur l'intelligence bornée de ce jeune homme plein de simplicité. Enfin il s'adressa à Philipson avec l'air franc et ouvert qui lui était naturel.

— Signor Philipson, lui dit-il, nous ne vous regarderons pas comme lié par les offres que vous nous avez faites quand ces pierres brillantes n'étaient plus en votre possession, parce que souvent un homme peut croire que s'il était en telle position il pourrait faire des choses qu'il trouve hors de sa portée quand il y est arrivé ; mais à présent que vous avez si heureusement et d'une manière si inattendue recouvré la possession de l'objet que vous disiez devoir vous donner un certain crédit auprès du duc de Bourgogne, je vous demande si vous croyez pouvoir nous servir de médiateur auprès de lui, comme vous nous l'aviez proposé auparavant.

Tous se penchèrent en avant pour mieux entendre la réponse du marchand.

— Landamman, dit Philipson, jamais dans un moment de difficulté je n'ai fait une promesse que je ne fusse prêt à tenir quand cette difficulté n'existe plus. Vous dites que vous n'avez pris aucune part à l'attaque de la Férette, et je vous crois.

Vous dites aussi que l'exécution d'Archibald Von Hagenbach a eu lieu en vertu d'une sentence sur laquelle vous n'avez eu ni pu avoir aucune influence. Rédigez un procès-verbal constatant toutes ces circonstances, avec les preuves, autant que faire se pourra ; confiez-moi cette pièce sous votre sceau, si vous le jugez convenable, et si ces faits sont bien établis je vous donne ma parole de... de... d'honnête homme et d'Anglais né libre, que le duc de Bourgogne ne vous retiendra pas prisonnier, et ne vous fera aucune injure personnelle. J'espère aussi prouver à Charles, par de fortes et puissantes raisons, qu'un traité d'amitié entre la Bourgogne et les Cantons-Unis de l'Helvétie serait de sa part une mesure sage et généreuse. Il est possible que j'échoue à l'égard de ce dernier point, et en ce cas j'en serai profondément affligé. Mais en vous garantissant votre arrivée sans danger à la cour du Duc, et votre paisible retour dans votre pays, je ne crois pas que je risque de me tromper. Si je suis dans l'erreur, ma vie et celle de mon fils unique, de mon fils chéri, paieront la rançon de mon excès de confiance dans l'honneur et dans la justice du Duc.

Les autres députés gardèrent le silence, et restèrent les yeux fixés sur le Landamman ; mais Rodolphe Donnerhugel prit la parole.

— Devons-nous donc, s'écria-t-il, exposer notre vie, et ce qui nous est encore plus cher, celle de notre honorable collègue Arnold Biederman, sur la simple parole d'un marchand étranger ? Nous connaissons tous le caractère du Duc ; nous savons quelle haine l'a toujours animé contre notre patrie et ses intérêts. Il me semble que ce marchand anglais devrait nous expliquer plus clairement sur quoi est fondé son espoir de crédit à la cour de Bourgogne, s'il veut que nous lui accordions une confiance si entière.

— C'est ce que je ne suis pas libre de faire, Rodolphe Donnerhugel, répondit le marchand ; je ne cherche point à connaître vos secrets d'aucune espèce ; les miens sont sacrés. Si je ne consultais que ma propre sûreté, le parti le plus sage que j'aurais à prendre ce serait de me séparer de vous en ce moment. Mais le but de votre mission est la paix ; votre retour immédiat en Suisse après ce qui vient de se passer à la Férette rendrait la guerre inévitable ; or, je crois pouvoir vous garantir une audience où vous parlerez au Duc librement et sans danger ; et quand il s'agit d'assurer la paix de la chrétienté, je suis disposé à braver tous les périls personnels qui pourraient me menacer.

— N'en dites pas davantage, digne Philipson, reprit le Landamman ; nous ne doutons pas de votre bonne foi, et malheur à qui ne peut en lire le caractère gravé sur votre front ! Nous marcherons donc en avant, prêt à hasarder notre sûreté à la cour d'un prince despote, plutôt que de ne pas nous acquitter de la mission dont notre pays nous a chargé. Celui qui ne risque que sa vie sur le champ de bataille n'est brave qu'à demi. Il y a d'autres dangers qu'il est également honorable d'affronter ; et puisque l'intérêt de la Suisse exige que nous nous y exposions, aucun de nous n'hésitera à en courir le risque.

Les autres membres de la députation annoncèrent leur assentiment par un signe de tête ; le conclave se sépara, et l'on ne songea plus qu'à se préparer à entrer en Bourgogne.

CHAPITRE XVII.

« Le soleil, sur le point de finir sa carrière,
« Frappait de ses derniers rayons
« La côte des rochers tapissés de bruyère,
« Et du Rhin dorait les sillons. »
SOUTHEY.

Les députés suisses consultèrent alors le marchand anglais sur tous leurs mouvemens. Il les exhorta à faire leur voyage avec toute la diligence possible, afin d'être les premiers à rendre compte au Duc des événemens qui venaient de se passer à la Férette, et de prévenir ainsi les bruits défavorables qui pourraient arriver jusqu'à lui sur leur conduite en cette occasion. Philipson leur recommanda aussi de congédier leur escorte ; les armes et le nombre de ceux qui la composaient pouvaient donner de l'ombrage et de la défiance, et elle était trop faible pour les défendre. Enfin il leur conseilla de se rendre soit à Dijon, soit en tout autre endroit où le Duc pourrait être alors, à grandes journées et à cheval.

Cette dernière proposition éprouva pourtant une résistance invincible de la part de l'individu qui s'était montré jusqu'alors le plus maniable de tous les députés, et l'écho perpétuel du bon plaisir du Landamman. Quoique Arnold Biederman eût déclaré que l'avis de Philipson était excellent, l'opposition de Nicolas Bonstetten fut absolue et insurmontable, parce que s'étant jusqu'alors fié à ses jambes pour le transporter d'un endroit à un autre, il lui était impossible de se résoudre à se livrer à la discrétion d'un cheval. Comme on le trouva obstiné sur ce point, il fut définitivement résolu que les deux Anglais partiraient d'avance, marcheraient avec toute la célérité possible, et que Philipson informerait le Duc de tout ce qu'il avait vu lui-même de la prise de la Férette. Le Landamman l'assura en outre que les détails relatifs à la mort du gouverneur seraient envoyés au Duc par un homme de confiance dont l'attestation à ce sujet ne pourrait être révoquée en doute.

Cette marche fut adoptée, Philipson assurant qu'il espérait obtenir du Duc une audience particulière aussitôt son arrivée.

— Vous avez droit de compter sur mon intercession, dit-il ; elle s'étendra aussi loin qu'il sera possible, et personne ne peut mieux que moi rendre témoignage de la cruauté et de la rapacité insatiable d'Archibald Von Hagenbach, puisque j'ai été si près d'en être victime. Mais quant à son jugement et à son exécution, je ne sais et ne puis rien dire à ce sujet ; et comme le duc Charles demandera certainement pourquoi l'exécution de son gouverneur a eu lieu sans un appel à son propre tribunal, il est à propos ou que vous m'appreniez les faits que vous avez à alléguer, ou du moins que vous envoyiez le plus promptement possible tous les renseignemens et toutes les preuves que vous avez à lui soumettre sur ce point important.

La proposition du marchand fit naître un embarras visible sur les traits du Landamman ; et ce fut évidemment en hésitant qu'Arnold Biederman l'ayant tiré un peu à l'écart, lui dit à demi-voix :

— Mon digne ami, les mystères sont en général comme les tristes brouillards qui voilent les traits les plus nobles de la nature ; mais de même que ces brouillards, ils surviennent quelquefois quand nous le voudrions le moins et quand nous désirerions montrer le plus de franchise et d'ouverture de cœur. Vous avez vu la manière dont Hagenbach a été mis à mort ; nous aurons soin de faire savoir au Duc en vertu de quelle autorité il y a été condamné. C'est tout ce que je puis dire en ce moment sur ce sujet, et permettez-moi d'ajouter que moins vous en parlerez à qui que ce soit, moins vous serez dans le cas d'en éprouver quelque inconvénient.

— Digne Landamman, dit l'Anglais, de même que vous je déteste les mystères, tant par esprit national que par mon caractère personnel. Cependant j'ai une si ferme confiance dans votre honneur et dans votre franchise, que vous serez mon guide dans ces circonstances obscures et secrètes comme au milieu des brouillards et des rochers de votre pays natal. Dans l'un et dans l'autre cas je suis décidé à accorder une confiance sans bornes à votre sagacité. Permettez-moi seulement de vous recommander que les explications que vous devez donner à Charles lui soient envoyées aussi promptement qu'elles doivent être claires et franches. Les choses étant ainsi, je me flatte que mon humble crédit auprès du Duc pourra mettre un certain poids dans la balance en votre faveur. Et maintenant nous allons nous séparer, mais, comme je l'espère, pour nous rejoindre bientôt.

Philipson alla retrouver son fils, qu'il chargea de louer des chevaux et de chercher un guide pour les conduire en toute diligence en présence du duc de Bourgogne. Ayant questionné divers habitans de la ville et notamment quelques soldats du feu gouverneur, ils apprirent enfin que Charles était occupé depuis quelque temps à prendre possession de la Lorraine, et que soupçonnant à l'empereur d'Allemagne et à Sigismond duc d'Autriche des intentions peu amicales à son égard, il avait rassemblé près de Strasbourg une partie considérable de son armée, afin d'être prêt à réprimer toute tentative que pourraient faire ces princes ou les villes libres de l'Empire pour l'arrêter dans le cours de ses conquêtes. Le duc de Bourgogne à cette époque méritait bien le surnom de Téméraire[1], puisque, entouré d'ennemis comme un des plus nobles animaux que poursuivent les chasseurs, il tenait en respect par son maintien ferme et audacieux, non-seulement les princes et les États dont nous venons de parler, mais même le roi de France, non moins puissant et beaucoup meilleur politique qu'il ne l'était lui-même.

Les deux voyageurs se dirigèrent donc vers le camp du duc de Bourgogne, chacun d'eux étant livré à des réflexions profondes et mélancoliques qui l'empêchaient peut-être de faire beaucoup d'attention à ce qui se passait dans l'esprit de son compagnon; ils marchaient en hommes absorbés dans leurs pensées, et s'entretenaient moins fréquemment qu'ils n'avaient été habitués à le faire dans leurs voyages précédens. Le noble caractère de Philipson, son respect pour la probité du Landamman et sa reconnaissance de l'hospitalité qu'il en avait reçue, l'avaient empêché de séparer sa cause de celle des députés suisses, et il ne se repentait nullement de la générosité qui l'avait déterminé à leur rester attaché. Mais quand il se rappelait la nature et l'importance de l'affaire personnelle dont il avait à traiter avec un prince fier, impérieux et irritable, il ne pouvait s'empêcher de regretter que les circonstances eussent mêlé sa mission particulière, si intéressante pour lui et pour ses amis, avec celle de personnes que le Duc

---

(1) « Charles the bold. » L'épithète anglaise signifie *le hardi*, et peut se prendre en meilleure part que notre épithète de *téméraire*. -- ÉD.

verrait probablement de si mauvais œil qu'Arnold Biederman et ses compagnons ; quelque reconnaissant qu'il fût de l'accueil hospitalier qui lui avait été fait à Geierstein, il était fâché que la nécessité l'eût forcé d'en profiter.

Les idées qui occupaient Arthur n'étaient pas d'un genre plus satisfaisant. Il se trouvait de nouveau séparé de l'objet vers lequel, presque malgré sa propre volonté, ses pensées se reportaient sans cesse ; et cette seconde séparation avait eu lieu après qu'il avait contracté une dette nouvelle de reconnaissance, et lorsque son imagination ardente avait trouvé pour s'en occuper l'attrait de certaines circonstances mystérieuses. Comment pouvait-il concilier le caractère d'Anne de Geierstein, qu'il avait connue si douce, si franche, si pure, si simple, avec celui de la fille d'un sage, d'un esprit élémentaire, pour qui la nuit était comme le jour, à qui un cachot impénétrable était ouvert comme le portique d'un temple? pouvait-il identifier deux êtres si différens, ou, quoique offrant aux yeux la même forme et les mêmes traits, l'un était-il une habitante de la terre, l'autre un fantôme auquel il était permis de se montrer parmi des créatures d'une essence différente de la sienne?.... Ne la reverrait-il plus? Ne recevrait-il jamais de sa propre bouche l'explication des mystères qui se rattachaient d'une manière si étrange à tout ce qu'il se rappelait d'elle? Telles étaient les questions qui occupaient l'esprit du jeune voyageur, et qui l'empêchaient d'interrompre la rêverie dans laquelle son père était plongé, et même d'y faire attention.

Si l'un ou l'autre des deux voyageurs eût été disposé à tirer quelque amusement de la vue du pays traversé par la route qu'ils suivaient, les environs du Rhin étaient bien propres à leur en procurer. La rive gauche de ce noble fleuve offre à la vérité un pays plat et uniforme ; car la chaîne des montagnes d'Alsace qui en suit le cours ne s'en approche pas assez pour varier la surface unie de la vallée qui la sépare de ses rives ; mais ce grand fleuve roulant ses eaux avec impétuosité et se précipitant autour des îles qui veulent en interrompre le cours, est en lui-même un des spectacles les plus majestueux qu'offre la nature ; la rive droite en est ornée et embellie de montagnes nombreuses, couvertes de bois et séparées par des vallées : c'est ce qui forme le pays si connu sous le nom de la Forêt-Noire, dont la superstition crédule rapporte tant de sombres légendes. Ce canton avait aussi de justes et véritables objets de terreur. Les vieux châteaux qu'on voyait de temps en temps sur les bords du Rhin, ou sur ceux des torrens et des rivières qui y portent leurs eaux, n'étaient point alors des ruines pittoresques rendues intéressantes par l'histoire de leurs anciens habitans ; ils étaient encore les forteresses véritables et imprenables en apparence de ces chevaliers-brigands dont nous avons déjà parlé plus d'une fois, et dont nous avons lu tant d'histoires étranges depuis que Goëthe, auteur né pour tirer de son long sommeil la gloire littéraire de l'Allemagne, a mis en forme de drame celle de Goetz de Berlichingen[1]. Les dangers auxquels exposait le voisinage de ces citadelles n'étaient connus que sur la rive droite du Rhin, c'est-à-dire du côté de l'Allemagne ; car la largeur et la profondeur de ce noble fleuve empêchaient ces maraudeurs de faire des excursions en Alsace. Cette rive était en possession des villes libres de l'Empire, et par conséquent la tyrannie féodale des seigneurs germaniques pesait principalement sur leurs propres citoyens qui, irrités de leurs oppressions et épuisés par leurs rapines, étaient obligés d'y opposer des barrières d'une nature aussi extraordinaire que les griefs dont ils cherchaient à se défendre.

Mais la rive gauche du fleuve sur la plus grande partie de laquelle Charles duc de Bourgogne exerçait son autorité à différens titres, était sous la protection régulière des magistrats ordinaires qui, pour s'acquitter de leurs devoirs, étaient soutenus par des troupes nombreuses de soldats stipendiés, dont la solde se payait sur les revenus privés de Charles ; car de même que Louis son rival et d'autres princes de cette époque, il avait reconnu que le système féodal donnait aux vassaux un degré d'indépendance qui pouvait être dangereux, et

---

[1] Sir Walter Scott a traduit lui-même en anglais ce drame romantique. — Éd.

il avait pensé qu'il valait mieux y substituer une armée permanente, composée de compagnies-franches, ou soldats de profession. L'Italie fournissait la plupart de ces bandes qui formaient la force de l'armée de Charles, ou qui du moins en étaient la partie en laquelle il avait le plus de confiance.

Nos voyageurs continuèrent donc leur chemin sur les bords du Rhin avec autant de sécurité qu'on pouvait en espérer dans ce temps de violence et de désordre. Enfin Philipson, après avoir examiné quelque temps le guide qu'Arthur avait loué, demanda tout à coup à son fils qui était cet homme.

Arthur lui répondit qu'il avait mis trop d'empressement à trouver quelqu'un qui connût bien la route et qui fût disposé à leur servir de guide, pour avoir eu le temps de prendre des informations bien exactes sur sa qualité et sa profession; mais que d'après son extérieur, il pensait que c'était un de ces ecclésiastiques qui parcouraient le pays pour vendre des reliques, des chapelets et des agnus, et qui n'obtenaient le respect en général que des classes inférieures qu'on les accusait souvent de tromper en abusant de leur superstition.

Le costume de cet homme annonçait moins un frère mendiant qu'un dévot laïque ou pèlerin allant visiter les tombeaux des saints. Il portait le chapeau, la cédule, le bourdon, et la dalmatique d'étoffe grossière, dont la forme ressemblait assez au manteau d'un hussard moderne, que prenaient alors ceux qui entreprenaient ces excursions religieuses. Les clefs de saint Pierre, grossièrement découpées en drap écarlate, étaient attachées derrière son manteau, placées en sautoir, en termes de blason. Il paraissait âgé au moins de cinquante ans, était bien fait, vigoureux pour son âge, et avait une physionomie qui, sans être repoussante, était loin d'offrir quelque chose qui prévînt en sa faveur. L'expression de ses yeux annonçait de l'astuce, et la vivacité de tous ses mouvemens faisait souvent contraste avec le caractère de sainteté grave qu'il prenait. Cette différence entre le costume et la physionomie se rencontrait assez souvent parmi les gens de sa profession, qu'un grand nombre embrassait plutôt pour satisfaire une habitude de vagabondage et de fainéantise que par vocation religieuse.

— Qui es-tu, brave homme? lui demanda Philipson; quel nom dois-je te donner pendant que nous sommes compagnons de voyage?

— Barthélemi, monsieur, répondit le guide, frère Barthélemi; je pourrais dire Bartholomæus, mais il ne convient pas à un pauvre frère lai comme moi d'aspirer à l'honneur d'un nom savant.

— Et quel est le but de ton voyage, frère Barthélemi?

— Le but de mon voyage sera celui du vôtre, monsieur. J'irai partout où mes services comme guide pourront vous être utiles, supposant toujours que vous m'accorderez le loisir de m'acquitter de mes pratiques de dévotion aux saintes stations que nous trouverons chemin faisant.

— C'est-à-dire que ton voyage n'a ni but fixe ni objet pressant?

— Aucun en particulier, comme vous le dites fort bien, monsieur. Je ferais pourtant mieux de dire que mon voyage embrasse tant d'objets qu'il m'est indifférent de commencer par l'un ou par l'autre. J'ai fait vœu de passer quatre ans à voyager de lieu saint en lieu saint; mais mon vœu ne m'oblige pas à les visiter dans un certain ordre et à tour de rôle.

— C'est-à-dire que ton vœu de pèlerinage ne t'empêche pas de te louer en qualité de guide aux voyageurs?

— Si je puis unir la dévotion pour les bienheureux Saints dont je visite les reliques à un service rendu à un de mes semblables qui est en voyage et qui a besoin d'un conducteur, je pense que ces deux objets peuvent parfaitement se concilier ensemble.

— Surtout parce qu'un peu de profit mondain tend à lier ensemble ces deux devoirs, quand même ils seraient incompatibles sans cela.

— C'est votre bon plaisir de parler ainsi, monsieur; mais vous pourriez vous-même, si vous le vouliez, tirer de ma compagnie quelque profit de plus que la connaissance que j'ai de la route que vous avez à faire. Je puis rendre votre voyage plus édifiant en vous apprenant les légendes des bienheureux Saints dont j'ai visité les reliques sacrées, et plus agréable en vous racontant les choses merveilleuses que j'ai vues et que j'ai apprises dans le cours de mes voyages; je puis vous fournir l'occasion de vous munir d'un pardon de Sa Sainteté pour toutes vos fautes passées, et même d'une indulgence pour vos erreurs futures [1].

— Tout cela est certainement fort utile, frère Barthélemi; mais quand je désire parler d'un pareil sujet, je m'adresse à mon confesseur à qui je confie régulièrement et exclusivement le soin de ma conscience, et qui par conséquent doit connaître mes dispositions, et être en état de me prescrire tout ce qui peut être convenable.

— Je me flatte pourtant que vous avez trop de religion et que vous êtes trop bon catholique pour passer près d'une sainte station sans chercher à obtenir votre part des bienfaits qu'elle répand sur tous ceux qui sont disposés à les mériter; d'autant plus que tous les hommes, quelles que soient leur qualité et leur profession, ont du respect pour le Saint qui est le patron spécial de leur métier. J'espère donc que vous qui êtes un marchand, vous ne passerez pas près de la chapelle de Notre-Dame du Bac sans y faire quelques oraisons convenables.

— Je n'ai jamais entendu parler de la chapelle que vous me recommandez, frère Barthélemi; et comme mon affaire est pressante, il vaudra mieux que j'y fasse un pèlerinage tout exprès dans un moment plus opportun, au lieu de retarder mon voyage en ce moment. C'est ce que je ne manquerai pas de faire, s'il plaît à Dieu, de sorte qu'on peut m'excuser si je diffère cette marque de respect jusqu'à ce que je puisse m'en acquitter plus à loisir.

— Je vous prie de ne pas vous fâcher, monsieur, si je vous

---

[1] On doit regretter de voir sir Walter Scott tomber dans une erreur commune à un grand grand nombre de protestans. Les *indulgences* accordées par le chef de l'Église catholique n'ont jamais eu pour objet la rémission des fautes futures, et quant aux fautes passées, elles ont toujours eu besoin de repentir. Ce sont cependant ces singulières préventions anglicanes qui ont contribué à prolonger jusqu'à nos jours l'ilotisme de l'Irlande. — Éd.

dis que votre conduite en cela ressemble à celle d'un fou, qui trouvant un trésor sur le bord de la route ne le ramasse pas pour l'emporter avec lui, mais se promet de revenir un autre jour et de bien loin tout exprès pour le chercher.

Philipson un peu surpris de l'opiniâtreté de cet homme allait lui répondre avec vivacité et humeur; mais il en fut empêché par l'arrivée de trois personnes qui venaient derrière eux, et qui les joignirent en ce moment.

La première était une jeune femme, mise fort élégamment, et montant un genet d'Espagne qu'elle conduisait avec autant de grace que de dextérité. Elle avait la main droite couverte d'un gant semblable à ceux dont on se servait pour porter un faucon, et un émérillon était perché sur son poing. Sa tête était couverte d'une toque de chasse, et comme c'était souvent l'usage à cette époque, elle portait une espèce de masque en soie noire qui lui cachait tout le visage. Malgré ce déguisement le cœur d'Arthur battit vivement quand il la vit paraître, car il fut certain dès le premier moment qu'il reconnaissait en elle la forme incomparable de la belle Helvétienne. Elle était suivie de deux personnes qui paraissaient être à son service, une femme, et un fauconnier avec son bâton de chasse. Philipson dont les souvenirs en cette occasion n'étaient pas aussi exacts que ceux de son fils, ne vit en cette belle étrangère qu'une dame ou une demoiselle de distinction qui prenait le plaisir de la chasse; et comme elle lui fit une légère inclinaison de tête en passant, il la salua à son tour, et lui demanda avec politesse, comme la circonstance l'exigeait, si elle avait fait une bonne chasse ce matin.

— Pas trop bonne, répondit la dame; je n'ose donner le vol à mon émérillon si près de ce grand fleuve, de peur qu'il ne s'envole de l'autre côté, ce qui m'exposerait à le perdre; mais j'espère que j'aurai meilleure fortune quand nous aurons passé le bac dont nous ne sommes pas bien loin.

— En ce cas, dit Barthélemi, Votre Seigneurie entendra la messe dans la chapelle de Hans, et priera le ciel de lui accorder une bonne chasse.

— Je ne serais pas chrétienne si je passais si près de ce saint lieu sans m'acquitter de ce devoir.

— C'est précisément ce que je disais, noble dame; car il est bon que vous sachiez que je fais de vains efforts pour convaincre ce digne voyageur que le succès de son entreprise dépend entièrement de la bénédiction qu'il obtiendra de Notre-Dame du Bac.

— Ce brave homme, dit la jeune dame d'un ton sérieux et même sévère, ne connaît donc guère le Rhin ? Je vais lui faire sentir combien il est important qu'il suive votre avis.

Elle s'approcha d'Arthur et lui adressa la parole en suisse, car elle avait jusqu'alors parlé allemand.

— Ne montrez pas de surprise, mais écoutez-moi, lui dit-elle; et cette voix était bien celle d'Anne de Geierstein ; ne soyez pas surpris, vous dis-je, ou si vous l'êtes, que personne ne s'en aperçoive. Vous êtes entouré de dangers, on connaît vos affaires sur cette route, et un complot a été formé contre votre vie. Traversez le fleuve au bac de la Chapelle, au bac de Hans, comme on l'appelle ordinairement.

Le guide était alors si près d'eux, qu'il lui fut impossible d'en dire davantage sans être entendue. En ce moment un coq de bruyère partit de quelques broussailles, et la jeune dame donna le vol à son émérillon.

Le fauconnier, pour animer l'oiseau, poussa des cris qui firent retentir tous les environs, et il courut au galop pour suivre le gibier. Philipson et le guide ne songèrent plus qu'à suivre des yeux l'oiseau et sa proie, tant ce genre de chasse avait d'attraits pour les hommes de toute condition ; mais le son de la voix d'Anne était un appât qui aurait détourné l'attention d'Arthur d'objets bien plus intéressans.

— Traversez le Rhin, lui répéta-t-elle, au bac qui conduit à Kirch-Hoff, de l'autre côté du fleuve; prenez votre logement à la Toison-d'Or, et vous y trouverez un guide pour vous conduire à Strasbourg. Je ne puis rester plus long-temps.

A ces mots elle se redressa sur sa selle, frappa légèrement avec les rênes le cou de son coursier, qui déjà impatient d'un si court délai, partit au grand galop, comme s'il avait voulu disputer de vitesse à l'émérillon et à sa proie. La dame, la suivante et le fauconnier avaient déjà disparu aux yeux de nos voyageurs.

Ils restèrent en silence quelques minutes, temps qu'Arthur employa à réfléchir de quelle manière il communiquerait à son père l'avis qu'il venait de recevoir, sans éveiller les soupçons de leur guide; mais Philipson rompit lui-même le silence en disant à celui-ci : — Remettez-vous en marche, s'il vous plaît, et tenez-vous à quelques pas en avant; je désire parler en particulier à mon fils.

Le guide obéit, et comme pour montrer qu'il avait l'esprit trop profondément occupé des choses célestes pour donner une seule pensée aux affaires de ce monde sublunaire, il entonna une hymne en l'honneur de saint Weudelin le berger, d'une voix si discordante, qu'il fit partir jusqu'au dernier oiseau de chaque buisson près duquel ils passaient. Jamais on n'entendit une mélopée sacrée ou profane aussi triste que celle qui permit à Philipson d'avoir avec son fils la conversation suivante :

— Arthur, lui dit-il, je suis convaincu que ce braillard, ce vagabond hypocrite a quelque projet contre nous; et je suis porté à croire que le meilleur moyen de déjouer ses desseins est de consulter mon opinion et non la sienne, tant sur les lieux où nous devons faire halte, que sur la route que nous devons suivre.

— Votre jugement est aussi sûr que de coutume, mon père. Je suis persuadé que cet homme est un traître; et ce qui me le fait croire, c'est que cette jeune dame vient de me dire tout bas qu'elle nous conseillait de prendre la route de Strasbourg par la rive droite du Rhin, en traversant ce fleuve à un endroit nommé Kirch-Hoff, situé de l'autre côté.

— Est-ce aussi votre avis, Arthur?

— Je répondrais sur ma vie de la bonne foi de cette jeune dame.

— Quoi! parce qu'elle se tient bien sur son palefroi, et qu'elle a la taille bien faite? C'est le raisonnement d'un jeune homme; et pourtant mon vieux cœur, avec toute sa circonspection, est fortement tenté d'avoir confiance en elle. Si notre secret est connu en ce pays, il y a sans contredit bien des gens qui peuvent être disposés à croire qu'ils ont intérêt à m'empêcher d'approcher du duc de Bourgogne, et à employer à cet effet les moyens les plus violens : et vous savez parfaitement que je sacrifierais ma vie sans regret pour pouvoir m'acquitter de ma mission. Je vous dirai donc, Arthur, que je me reproche d'avoir pris jusqu'ici trop peu de soin pour m'assurer les moyens de la remplir, par suite du désir bien naturel que j'avais de vous conserver près de moi. Nous avons à choisir entre deux chemins pour nous rendre à la cour du Duc, et tous deux sont dangereux et incertains. Nous pouvons suivre ce guide en comptant sur sa fidélité douteuse, ou passer sur l'autre rive du Rhin, et traverser de nouveau ce fleuve à Strasbourg. Il y a peut-être autant de danger d'un côté que de l'autre; mais je sens qu'il est de mon devoir de diminuer le risque que je cours de ne pouvoir exécuter ma mission, en vous faisant passer sur la rive droite, tandis que je continuerai mon voyage sur la gauche. Par ce moyen s'il arrive quelque accident à l'un de nous, l'autre pourra y échapper et s'acquitter de la mission importante dont nous sommes chargés.

— Hélas! mon père, comment m'est-il possible de vous obéir quand je ne puis le faire qu'en vous laissant seul, exposé à tant de dangers et ayant à lutter contre tant de difficultés dans lesquelles j'aurais du moins la bonne volonté de vous aider, quelque faible que pût être mon secours? Quelque péril qui puisse nous menacer dans ces circonstances délicates et dangereuses, ayons du moins la consolation de les braver ensemble.

— Arthur, mon cher fils, me séparer de toi, c'est me briser le cœur; mais le même devoir qui nous ordonne de nous exposer à la mort, nous enjoint aussi impérieusement de ne pas céder à notre tendre affection.... Il faut que nous nous séparions.

— En ce cas, s'écria vivement son fils, accordez-moi du moins une chose : ce sera vous qui traverserez le Rhin, et vous me laisserez continuer mon voyage par la route que nous avions d'abord dessein de suivre ensemble !

— Et pourquoi, s'il vous plaît, prendrais-je le chemin que vous me proposez de préférence à l'autre ?

— Parce que je garantirais sur ma vie la bonne foi de cette jeune dame, s'écria Arthur avec chaleur.

— Encore, jeune homme ! Et pourquoi tant de confiance dans la bonne foi d'une jeune fille ? Est-ce uniquement cette confiance que la jeunesse accorde à ce qui lui paraît beau et agréable, ou la connaissiez-vous déjà mieux que ne peut le permettre la courte conversation que vous avez eue avec elle ?

— Que puis-je vous répondre, mon père ? Il y a long-temps que nous ne voyons plus la société des chevaliers et des dames ; n'est-il donc pas naturel que nous accordions à tout ce qui nous rappelle les liens honorables de la chevalerie et d'un sang noble, cette confiance d'instinct que nous refusons à des misérables comme ce charlatan vagabond qui gagne sa vie en vendant de fausses reliques et des légendes absurdes aux pauvres paysans dont il parcourt les villages ?

— Une pareille idée, Arthur, pourrait convenir à un aspirant aux honneurs de la chevalerie, qui puise dans les ballades des ménestrels tout ce qu'il se figure de la vie et des événemens dont elle se compose ; mais elle est trop visionnaire pour un jeune homme qui a vu comme vous comment se conduisent les affaires de ce monde. Je vous dis et vous apprendrez à reconnaître que c'est la vérité, qu'autour de la table frugale de notre hôte le Landamman il se trouvait plus de langues sincères, plus de cœurs fidèles que la cour plénière d'un monarque ne pourrait se vanter d'en offrir. Hélas ! l'esprit mâle de la bonne foi et de l'honneur a disparu du cœur des chevaliers et même des rois, où, comme le disait Jean roi de France, il devrait continuer à résider constamment, quand même il aurait été banni de tout le reste de la terre.

— Quoi qu'il en soit, mon père, accordez-moi cette grace, je vous en supplie : s'il faut que nous nous séparions, suivez la rive droite du Rhin ; je suis convaincu que c'est la route la plus sûre.

— Et si c'est la plus sûre, lui dit son père avec un ton de tendre reproche, est-ce une raison pour que je cherche à mettre en sûreté une vie presque épuisée, et que j'expose au danger la tienne dont le cours commence à peine ? Non, mon fils, non.

— Mais, mon père, s'écria Arthur d'une voix animée, en parlant ainsi vous oubliez combien votre vie est plus importante que la mienne pour l'exécution du projet que vous avez conçu depuis si long-temps et qui est maintenant sur le point d'être accompli. Songez que je ne pourrai m'acquitter de notre mission que très imparfaitement, puisque je ne connais pas le Duc et que je n'ai pas de lettre de créance pour obtenir sa confiance. Je pourrais, à la vérité, lui dire les mêmes choses que vous, mais je n'aurais rien de ce qu'il me faudrait pour avoir droit à être cru ; et par conséquent vos projets, au succès desquels vous avez consacré votre vie, pour lesquels vous êtes disposé en ce moment à braver la mort, ne pourraient qu'échouer entre mes mains.

— Mon fils, vous ne pouvez ébranler ma résolution ni me persuader que ma vie est plus importante que la vôtre : vous me rappelez seulement que c'est entre vos mains et non dans les miennes que doit être placé le collier qui est la preuve de ma mission. Si vous réussissez à arriver à la cour ou au camp du duc de Bourgogne, la possession de ce joyau vous sera indispensable pour y obtenir crédit. Moi, j'en ai moins besoin que vous, parce que je puis citer d'autres circonstances qui feront ajouter foi à mes paroles s'il plaisait au ciel de me laisser seul pour m'acquitter de cette importante mission, ce dont Notre-Dame dans sa merci daigne me préserver ! Songez donc bien que s'il se trouve une occasion dont vous puissiez profiter pour passer sur l'autre rive du Rhin, vous devrez diriger votre marche de manière à repasser ce fleuve à Strasbourg. Vous y demanderez de mes nouvelles au Cerf-Ailé, auberge de cette ville qu'il vous sera facile de trouver ; et si vous n'en pouvez obtenir, vous vous rendrez sur-le-champ en présence du Duc et vous lui remettrez ce petit paquet.

En finissant ces mots il glissa entre les mains de son fils, avec les plus grandes précautions pour que le guide n'en vît rien, la petite boîte contenant le collier de brillans.

—Vous savez parfaitement ce que votre devoir vous ordonne de faire ensuite, continua Philipson ; seulement et je vous en conjure, que le désir d'apprendre ce que je suis devenu ne retarde pas un seul instant l'accomplissement de ce devoir. En attendant, préparez-vous à me faire des adieux soudains avec autant de résolution et de confiance que lorsque vous marchiez devant moi sur les rochers et au milieu des orages de la Suisse. Le ciel nous protége aujourd'hui comme il nous protégeait alors. Adieu, mon cher Arthur. Si j'attendais le moment de la séparation, j'aurais à peine le temps de prononcer ce mot fatal, et tes yeux seuls doivent voir la larme que j'essuie.

Le sentiment pénible dont étaient accompagnés ces adieux anticipés était sincère et profond des deux côtés. Arthur ne songea même pas dans le premier moment à puiser une consolation dans l'idée qu'il était vraisemblable qu'il se trouverait sous la conduite de cette femme singulière, dont le souvenir ne le quittait jamais. Il était vrai que la beauté d'Anne de Geierstein et la manière étrange dont elle venait encore de paraître à ses yeux avaient été ce matin même la principale occupation de son esprit ; mais une nouvelle idée excluait alors toutes les autres, celle qu'il allait se séparer dans un moment de danger d'un père qui méritait si bien toute son estime et sa plus tendre affection.

Cependant ce père essuya la larme que son dévouement stoïque n'avait pu arrêter dans ses yeux ; et comme s'il eût craint d'affaiblir sa résolution en s'abandonnant à la tendresse paternelle, il appela le pieux Barthélemi et lui demanda s'ils étaient encore bien loin de la chapelle de Hanz.

— A environ un mille, répondit le guide.

L'Anglais lui demanda ensuite ce qui avait donné lieu à l'érection de cette chapelle, et Barthélemi lui apprit qu'un vieux batelier, pêcheur en même temps, nommé Hanz, avait demeuré long-temps en cet endroit, où il se procurait des moyens de subsistance précaire en faisant passer les marchands et les voyageurs d'une rive du fleuve à l'autre. Le malheur qu'il eut de perdre successivement deux bateaux qui furent submergés dans les eaux profondes et rapides du Rhin, et la crainte qu'inspirèrent aux voyageurs ces accidens répétés, commencèrent pourtant à diminuer considérablement les profits de sa profession. Ce vieillard, étant bon catholique, tourna dans sa détresse toutes ses pensées vers la religion. Il jeta un regard en arrière sur sa vie passée, et chercha par quel crime il avait mérité les infortunes qui obscurcissaient le soir de ses jours. Ses remords furent principalement excités par le souvenir qu'en une certaine occasion, un jour que l'eau du fleuve était particulièrement agitée par un orage, il avait refusé de s'acquitter de ses fonctions comme batelier pour transporter sur l'autre rive un prêtre qui portait avec lui une image de la Sainte Vierge destinée à la petite ville de Kirch-Hoff, sur l'autre rive du Rhin. Pour réparer cette faute Hanz se soumit à une sévère pénitence, car il était porté à se regarder comme coupable d'avoir douté que la Vierge eût assez de pouvoir pour protéger son image, le prêtre et le batelier qui lui aurait rendu service ; le don qu'il fit à l'église de Kirch-Hoff d'une grande partie de ce qu'il possédait prouva la sincérité de son repentir. Le vieillard ne se permit plus à l'avenir de mettre le moindre délai à transporter d'une rive à l'autre quiconque appartenait à la sainte Eglise ; et tous les rangs du clergé, depuis le prélat portant la mitre jusqu'au frère marchant nu-pieds, pouvaient réclamer ses services et ceux de sa barque la nuit comme le jour.

Tandis qu'il menait une vie si édifiante, Hanz trouva un jour sur les bords du Rhin une petite image de la Vierge que les eaux y avaient jetée, et qui lui parut exactement semblable à celle que portait le frère sacristain de Kirch-Hoff lorsqu'il avait eu l'audace de refuser de le passer sur l'autre rive. Il la plaça dans la partie la plus en vue de sa cabane, adressa devant elle ses prières à la Vierge avec dévotion, et la supplia de lui faire connaître par quelque signe s'il devait regarder l'arrivée de sa sainte image comme une preuve que ses péchés lui étaient pardonnés. Sa prière fut exaucée dans une vision nocturne. Notre-Dame, prenant la forme de l'image, parut au pied de son lit, et lui dit pourquoi elle y était venue.

— Mon fidèle serviteur, lui dit-elle, des hommes de Bélial ont brûlé ma demeure à Kirch-Hoff, pillé ma chapelle, et jeté dans les eaux du Rhin la sainte image qui me représente et qui devait suivre le cours du fleuve. Or j'ai résolu de ne pas demeurer plus long-temps dans le voisinage des auteurs impies d'un tel crime, et des lâches vassaux qui n'ont pas eu le courage de s'y opposer. Je suis donc obligée de changer d'habitation; et en dépit du courant contraire, je me suis déterminée à aborder sur cette rive, et à fixer mon séjour chez toi, mon fidèle serviteur, afin d'accorder ma bénédiction au pays que tu habites, ainsi qu'à toi et à ta maison.

Tandis qu'elle parlait ainsi elle semblait exprimer des tresses de ses cheveux l'eau dont elles étaient encore trempées; et ses vêtemens en désordre, ses traits fatigués, lui donnaient l'air d'une personne qui vient de lutter contre les vagues.

Le lendemain matin on apprit que par suite d'une de ces querelles féodales si fréquentes à cette époque, Kirch-Hoff avait été mis à feu et à sang, que l'église avait été incendiée, et que le trésor en avait été pillé.

La vérité de la vision du vieux pêcheur se trouvant prouvée d'une manière si remarquable, Hanz renonça entièrement à sa profession, et laissant à des hommes plus jeunes que lui le soin de s'acquitter en cet endroit des fonctions de batelier, il fit de sa chaumière une chapelle rustique, prit les ordres, et la desservit en qualité d'ermite ou de chapelain. Le bruit se répandit bientôt que cette image de la Vierge opérait des miracles, et ce lieu devint renommé comme étant sous la protection de la sainte image de Notre-Dame du Bac, et sous celle de son bienheureux serviteur.

Barthélemi finissait à peine cette relation, quand nos voyageurs arrivèrent à l'endroit dont il était question.

CHAPITRE XVIII.

> « Rhin, c'est sur ton heureux rivage
> « Qu'on cultive ce fruit divin
> « Dont le jus donne du courage.
> « Vive à jamais, vive le Rhin !
> *Chanson à boire.*

Deux ou trois chaumières sur le bord du fleuve, près desquelles étaient amarrées quelques barques de pêcheurs, prouvaient que le pieux Hanz n'était pas resté sans successeurs dans sa profession de batelier. Le Rhin, qui un peu plus bas était resserré entre ses rives par une chaîne de petites îles, avait en cet endroit plus de largeur, et coulait moins rapidement qu'au-delà de ces chaumières, offrant ainsi aux bateliers une surface plus tranquille et moins de difficultés à surmonter, quoique le courant y fût encore trop impétueux pour qu'il fût possible de le remonter, à moins que le fleuve ne fût dans un état de tranquillité parfaite.

Sur la rive opposée, mais beaucoup plus bas que les cabanes dont nous venons de parler, s'élevait sur une hauteur couvertes d'arbres et de buissons la petite ville de Kirch-Hoff. Un esquif partant de la rive gauche, même dans les momens les plus favorables, ne pouvait couper en ligne droite les eaux profondes et impétueuses du Rhin, et il n'arrivait à Kirch-

Hoff qu'en décrivant une diagonale; d'une autre part, une barque partant de Kirch-Hoff avait besoin d'être favorisée par le vent et munie d'excellens rameurs pour pouvoir débarquer sa cargaison ou conduire ses passagers à la Chapelle du Bac, à moins qu'elle n'éprouvât l'influence miraculeuse qui avait porté de ce côté l'image de la Vierge. La communication de la rive orientale à la rive occidentale n'avait donc lieu qu'en faisant remonter les barques assez haut le long de la rive droite, pour que la déviation qu'elles feraient en traversant le fleuve leur permît d'atteindre avec facilité le point où elles désiraient arriver. Il en résultait naturellement que le passage d'Alsace en Souabe étant le plus facile, le fleuve était plus souvent traversé en cet endroit par les voyageurs qui voulaient entrer en Allemagne que par ceux qui en arrivaient.

Lorsque Philipson jetant un regard autour de lui se fut assuré de la situation du passage, il dit à son fils d'un ton ferme:

— Partez, mon cher Arthur, et faites ce que je vous ai ordonné.

Le cœur déchiré d'inquiétudes causées par l'amour filial, le jeune homme obéit, et s'avança seul vers les chaumières près desquelles étaient amarrées les barques qui servaient tantôt à pêcher, tantôt à conduire des passagers sur l'autre rive.

— Est-ce que votre fils nous quitte? demanda Barthélemi à Philipson.

— Il nous quitte pour le moment. Il a quelques renseignemens à demander aux habitans de ces chaumières.

— Si ces renseignemens ont rapport à votre route, je prends les saints à témoin que je suis plus en état de les donner que ces paysans ignorans qui entendront à peine la langue qu'il leur parlera.

— Si nous trouvons que leurs discours ont besoin d'interprète, répondit Philipson, nous aurons recours à votre aide. En attendant, conduisez-moi à la Chapelle où mon fils viendra nous rejoindre.

Ils en prirent le chemin, mais à pas lents, chacun d'eux je-

tant à tout moment un regard à la dérobée vers les chaumières ;
le guide, comme pour voir si le jeune voyageur revenait vers
eux ; le père, impatient de découvrir une voile déployée sur
le vaste sein du Rhin pour conduire son fils sur la rive qui
pouvait être considérée comme la plus sûre ; mais quoique
leurs yeux se tournassent souvent du côté du fleuve, leurs
pieds les conduisaient vers la Chapelle, que les habitans des
environs, en mémoire du fondateur, appelaient la Chapelle
de Hanz.

Quelques arbres épars tout à l'entour donnaient à ce site
un air champêtre et non sans grace, et la Chapelle qu'on voyait
sur un monticule à quelque distance des chaumières était
construite dans un style simple, en harmonie avec le reste du
paysage. Sa petitesse confirmait la tradition qu'elle avait été
dans l'origine la demeure d'un pêcheur ; et la croix, formée
de troncs de sapins couverts de leur écorce, indiquait sa destination actuelle. La Chapelle et le site d'alentour respiraient
une tranquillité solennelle, et le bruit sourd du grand fleuve
semblait imposer silence aux voix humaines qui auraient eu la
présomption de mêler leurs accens à ces imposans murmures.

Lorsque Philipson et son guide arrivèrent près de la Chapelle, Barthélemi profita du silence que gardait le marchand
anglais pour entonner à haute voix quelques stances en l'honneur de Notre-Dame du Bac et de son fidèle serviteur Hanz ;
après quoi il s'écria avec enthousiasme : — Venez ici, vous qui
craignez les naufrages, voici le port qui vous mettra en sûreté !
Venez ici, vous qui avez soif, voici un puits de merci qui vous
est ouvert ! Venez ici, vous que de longs voyages ont fatigués,
voici le lieu où vous trouverez des rafraîchissemens ! Il aurait
continué ses exclamations, si Philipson ne lui eût imposé silence en l'interrompant brusquement.

— Si ta dévotion était véritable, lui dit-il, elle serait moins
bruyante ; mais il est juste de faire ce qui est bien en soi, même
quand c'est un hypocrite qui nous y invite. Entrons dans cette
sainte Chapelle, et prions le ciel de nous accorder une heureuse fin d'un voyage dangereux.

Le frère lai s'attacha à ces derniers mots.

— J'étais bien sûr, dit-il, que vous seriez trop sage pour passer si près de cette sainte chapelle sans implorer l'influence protectrice de Notre-Dame du Bac. Attendez un instant, je vais chercher le prêtre chargé de la desservir, afin qu'il dise une messe pour vous.

Il n'en put dire davantage, car la porte de la Chapelle s'ouvrant tout à coup, un ecclésiastique se montra sur le seuil. Philipson reconnut à l'instant le prêtre de Saint-Paul, qu'il avait vu le matin même à la Férette. Il parut que Barthélemi le connaissait aussi, car son éloquence hypocrite lui manqua sur-le-champ, et il resta devant lui, les bras croisés sur sa poitrine, en homme qui attend sa sentence de condamnation.

— Misérable! dit le prêtre regardant le guide d'un air sévère, oses-tu bien conduire un étranger dans les lieux saints, pour l'assassiner ensuite et t'emparer de ses dépouilles? Mais le ciel ne permettra pas cette trahison. Retire-toi, scélérat, et va dire aux mécréans tes confrères qui sont en chemin pour venir te joindre, que ta fourberie n'a servi à rien; dis-leur que cet étranger innocent est sous MA protection,... sous MA protection, te dis-je; et quiconque osera la violer en sera récompensé comme Archibald Von Hagenbach.

Le guide resta immobile pendant que le prêtre lui parlait d'un ton aussi impérieux que menaçant; et dès que celui-ci se tut, il n'essaya ni de se justifier, ni de lui répliquer; mais tournant sur ses talons, il s'enfuit à pas précipités par le même chemin qu'il avait pris pour conduire Philipson à la Chapelle.

— Et vous, digne Anglais, continua le prêtre, entrez avec confiance dans cette Chapelle, et prononcez-y en toute sûreté les prières par le moyen desquelles cet hypocrite voulait vous retenir ici jusqu'à l'arrivée de ses compagnons d'iniquité. Mais d'abord, pourquoi êtes-vous seul? J'espère qu'il n'est arrivé aucun accident à votre jeune compagnon?

— Mon fils traverse probablement le Rhin en ce moment,

répondit Philipson, attendu que nous avons des affaires importantes à régler sur l'autre rive.

Comme il parlait ainsi, on vit se détacher du rivage une barque légère, sur laquelle deux ou trois bateliers semblaient occupés depuis quelque temps. Elle fut d'abord obligée de céder à la force du courant, mais une voile ayant été déployée, elle suivit une ligne diagonale, en se dirigeant vers la rive opposée.

— Dieu soit loué! dit Philipson, qui savait que cette barque allait conduire son fils hors de l'atteinte des dangers dont il était lui-même entouré.

— *Amen!* répondit le prêtre à la pieuse exclamation du voyageur. Vous avez de fortes raisons pour rendre graces au ciel.

— C'est ce dont je suis convaincu, dit Philipson; mais j'espère apprendre de vous quelle est la cause du danger auquel je viens d'échapper.

— Le temps et le lieu ne permettent pas une longue explication, répondit le prêtre de Saint-Paul. Il me suffira de vous dire que ce scélérat, connu par son hypocrisie comme par ses crimes, se trouvait présent à l'instant où le jeune Suisse Sigismond força l'exécuteur à vous remettre le joyau précieux dont Hagenbach vous avait dépouillé. Cette vue mit en jeu la cupidité de Barthélemi. Il se chargea de vous conduire à Strasbourg dans l'intention criminelle de vous retenir en chemin jusqu'à ce qu'il eût été joint par un nombre suffisant de complices pour rendre inutile toute résistance. Mais ce projet coupable a été déjoué. Et maintenant, monsieur, avant de vous abandonner à d'autres pensées mondaines, avant de vous livrer soit à la crainte soit à l'espoir, entrez dans la Chapelle, et rendons ensemble d'humbles actions de graces à l'Être tout-puissant qui vous a protégé et à ceux qui ont intercédé près de lui en votre faveur.

Philipson entra dans la Chapelle avec le prêtre, se joignit à lui en prières, et remercia le ciel et la sainte patronne de ce lieu d'avoir permis qu'il échappât à un tel danger.

Après s'être acquitté de ce devoir il annonça l'intention qu'il avait de se remettre en voyage.

— Bien loin de vouloir vous retenir dans un endroit si dangereux, lui dit le prêtre, je vous accompagnerai moi-même une partie du chemin, car je me rends aussi en présence du duc de Bourgogne.

— Vous, mon père, vous! s'écria le marchand avec quelque surprise.

— Pourquoi en êtes-vous étonné? Est-il si étrange qu'un homme de mon ordre se rende à la cour d'un prince? Croyez-moi, on n'y en trouve qu'un trop grand nombre.

— Je ne parle pas eu égard à votre ordre, mais eu égard au rôle que vous avez joué pendant l'exécution du gouverneur de la Férette. Connaissez-vous assez peu l'impétueux duc de Bourgogne pour croire que vous puissiez braver son ressentiment avec plus de sûreté que vous ne tireriez la crinière d'un lion endormi?

— Je connais parfaitement son caractère; mais ce n'est pas pour excuser la mort d'Hagenbach que je me rends devant lui, c'est pour la défendre et la justifier. Le Duc peut rendre des sentences de mort contre ses serfs et ses vassaux au gré de son bon plaisir, mais ma vie est protégée par un talisman qui est à l'épreuve de tout son pouvoir. Mais permettez-moi de rétorquer votre argument: vous connaissez le Duc aussi bien que moi; vous avez été tout récemment l'hôte et le compagnon de voyage de gens dont la visite lui sera souverainement désagréable; vous êtes impliqué, du moins en apparence, dans ce qui vient de se passer à la Férette; quelle chance avez-vous d'échapper à sa vengeance? pourquoi vous livrez-vous volontairement en son pouvoir?

— Permettez, mon digne père, que chacun de nous garde son secret sans offenser l'autre. Il est bien vrai que je n'ai aucun talisman qui puisse me mettre à l'abri du ressentiment du Duc. J'ai des membres qu'on peut soumettre à la torture et à l'emprisonnement, des propriétés qu'on peut saisir et confisquer. Mais j'ai eu autrefois plusieurs affaires avec le Duc; je puis même dire qu'il m'a quelques obligations, et j'espère que mon crédit près de lui pourra suffire non-seulement pour tout ce qui me concerne, mais même pour être de quelque utilité à mon ami le Landamman.

— Mais si vous êtes réellement un marchand vous rendant à la cour de Bourgogne, quelles sont les marchandises dont vous faites commerce? N'en avez-vous pas d'autres que celles que vous pouvez porter sur vous? J'ai entendu parler d'un mulet chargé de votre bagage. Ce scélérat vous l'aurait-il volé?

Cette question était embarrassante pour Philipson, qui au moment de se séparer de son fils et en proie aux inquiétudes causées par cette séparation, n'avait pas songé à dire à Arthur s'il devait lui laisser le bagage ou le transporter avec lui de l'autre côté du Rhin. Il répondit en hésitant : Je crois que mon bagage est dans quelqu'une de ces chaumières; c'est-à-dire à moins que mon fils ne l'ait emporté sur l'autre rive du Rhin.

— C'est ce que nous saurons bientôt, dit le prêtre.

Il appela quelqu'un ; à sa voix un novice sortit de la sacristie de la Chapelle, et reçut ordre d'aller s'informer si les balles et le mulet de Philipson étaient restés dans une des chaumières, ou si son fils les avait fait passer de l'autre côté du Rhin.

Le novice ne fut absent que quelques minutes, et revint avec le mulet chargé des bagages; car Arthur ne voulant pas que son père manquât d'aucune chose qui pourrait lui être nécessaire, avait laissé le tout sur la rive gauche. Le prêtre regarda Philipson avec attention, tandis que celui-ci montant à cheval et prenant d'une main les rênes du mulet, lui faisait ses adieux en ces termes :

— Et à présent, mon père, je vais prendre congé de vous; il faut que je fasse diligence, car il ne serait pas prudent de voyager de nuit avec mes balles ; sans quoi j'aurais bien volontiers ralenti le pas, avec votre permission, pour avoir le plaisir de votre compagnie.

— Si telle est votre intention obligeante, comme j'allais vous le proposer, répondit le prêtre, je ne retarderai nullement votre marche, car j'ai ici un fort bon cheval ; et Melchior qui sans cela aurait dû aller à pied pourra monter votre mulet. Comme il serait dangereux pour vous de voyager pendant la nuit, je vous fais cette proposition d'autant plus volontiers que je puis vous conduire à une auberge qui n'est qu'à cinq milles d'ici, et où nous pouvons encore arriver de jour. Vous y serez logé en sûreté moyennant un écot raisonnable.

Le marchand anglais hésita un moment. Il n'avait nulle envie d'avoir un nouveau compagnon de voyage ; et quoique les traits du prêtre fussent encore beaux pour son âge, le caractère général de sa physionomie n'avait rien qui inspirât la confiance ; au contraire son front armé de hauteur était couvert d'un nuage sombre et mystérieux, et l'expression semblable de ses yeux gris pleins de froideur indiquait une humeur sévère et même dure. Mais malgré ces apparences repoussantes ce prêtre venait de rendre un grand service à Philipson en découvrant la trahison de son guide, et le marchand n'était pas homme à se laisser influencer par des préventions imaginaires fondées sur l'air et les manières d'un autre. Il réfléchit seulement à l'étrange singularité de son destin qui, en l'obligeant de paraître devant le duc de Bourgogne de la manière la plus propre à se concilier les bonnes graces de ce prince, semblait le réduire à se transporter à sa cour en compagnie de gens qui devaient en être vus de mauvais œil ; car il ne pouvait douter que le prêtre de Saint-Paul ne se trouvât dans ce cas. Cependant après un instant de réflexion il accepta poliment l'offre que lui avait faite le prêtre de le conduire à une auberge, car il sentait que son cheval aurait besoin de nourriture et de repos avant d'arriver à Strasbourg, quand même il aurait pu s'en passer lui-même.

Tout étant ainsi arrangé, le novice amena le coursier du prêtre que celui-ci monta avec autant de grace que d'agilité ; et le néophyte qui était probablement celui dont Arthur avait joué le rôle pour s'échapper de la Férette, monta d'après l'ordre de son maître sur le mulet de l'Anglais. Faisant un signe de croix et baissant humblement la tête lorsque le prêtre passa devant lui, il se tint constamment à quelques pas en arrière, et sembla passer le temps, comme le faux frère Barthélemi, à dire son chapelet avec une ferveur de piété qui était peut-être plus affectée que réelle. A en juger par le regard qu'il jeta sur le novice, le prêtre de Saint-Paul paraissait faire peu de cas de la dévotion apparente de ce jeune homme. Il montait un vigoureux cheval noir, ressemblant plutôt au coursier de bataille d'un guerrier qu'au palefroi marchant à l'amble d'un ecclésiastique, et la manière dont il le conduisait ne montrait ni gaucherie ni timidité. Sa fierté, quel qu'en fût le caractère, n'était certainement pas entièrement fondée sur sa profession ; elle prenait sa source dans un autre genre d'orgueil qui se mêlait au sentiment intime de l'importance que s'attribue un ecclésiastique puissant.

Philipson regardait de temps en temps son compagnon comme s'il eût voulu lire dans son ame ; celui-ci ne répondit à ses regards que par un sourire hautain qui semblait dire :
— Vous pouvez examiner mon extérieur et mes traits, mais vous ne pouvez percer le mystère qui me couvre.

Les yeux de Philipson, qui ne s'étaient jamais baissés devant personne, semblaient lui répliquer avec la même hauteur :
— Tu ne sauras pas non plus, prêtre orgueilleux, que tu es avec un homme dont le secret est bien plus important que le tien.

Enfin le prêtre entama la conversation en faisant allusion à l'espèce de réserve qui régnait entre eux comme d'un consentement mutuel.

— Nous voyageons, dit-il, comme deux puissans enchanteurs, chacun connaissant ses grands desseins secrets, chacun porté sur son char de nuages, et ni l'un ni l'autre ne faisant part à son compagnon du motif et du but de son voyage.

— Vous me pardonnerez, mon père, répondit Philipson. Je ne vous ai pas demandé le but de votre voyage, mais je ne vous ai pas caché le but du mien, en tant qu'il peut nous intéresser ; je vous répète que je me rends en présence du duc de Bourgogne, et que mon motif, comme celui de tout autre marchand, est le désir de disposer avantageusement de mes marchandises.

— Rien ne paraît, sans contredit, plus probable, dit le prêtre, d'après l'extrême attention que vous faisiez à vos marchandises il n'y a pas plus d'une demi-heure. Vous ne saviez même pas si votre fils les avait prises avec lui, ou s'il vous en avait laissé le soin. Les marchands anglais font-ils ordinairement le commerce avec autant d'indifférence?

— Quand leur vie est en danger, répondit Philipson, il leur arrive quelquefois de négliger leur fortune.

— C'est bien! répliqua le prêtre. Et il retomba dans ses réflexions solitaires.

Une demi-heure après ils arrivèrent à un *dorf* ou village, et le prêtre informa Philipson que c'était celui où il se proposait de passer la nuit.

— Le novice, ajouta-t-il, vous conduira à l'auberge; elle jouit d'une bonne réputation, et vous pouvez y loger en toute sûreté. Quant à moi, j'ai à visiter en ce village un pénitent qui a besoin de secours spirituels. Je vous reverrai peut-être ce soir; peut-être ne sera-ce que demain matin. Dans tous les cas, adieu quant à présent.

En achevant ces mots le prêtre arrêta son cheval. Le novice approcha de Philipson, lui servit de conducteur dans la rue étroite du village, une lumière qui brillait çà et là à une croisée annonçant que l'heure des ténèbres était arrivée. Enfin il fit passer l'Anglais sous une porte cintrée qui les conduisit dans une grande cour où ils virent une couple de charriots, d'une forme particulière, à l'usage des femmes, et quelques autres voitures de voyage. Là le novice sauta à bas du mulet, en remit les rênes dans la main de Philipson, et disparut dans l'obscurité qui augmentait à chaque instant, après lui avoir montré un grand bâtiment en mauvais état, et dont la façade n'était éclairée par aucune lumière, quoiqu'on pût encore voir qu'elle était percée d'un grand nombre de croisées fort étroites.

CHAPITRE XIX.

PREMIER PORTEUR.

« Hé, palefrenier? — Maudit sois-tu! n'as-tu pas des
« yeux dans la tête? ne peux-tu entendre? Je veux être
« un infâme coquin si ce ne serait pas une aussi bonne
« action de te briser le crâne que de vider un flacon.
« — Viens donc, et puisses-tu être pendu! — N'as-tu pas
« un seul grain de foi? »

GADSHILL.

« Prête-moi ta lanterne, je te prie, pour conduire
« mon cheval dans l'écurie. »

DEUXIÈME PORTEUR.

« Tout doux, s'il vous plaît. — Je connais un tour qui
« en vaut deux comme celui-là. »

GADSHILL.

« Je t'en prie, prête-moi la tienne. »

TROISIÈME PORTEUR.

« Oui, quand? Ne peux-tu le dire? — Te prêter ma
« lanterne, dis-tu? sur ma foi, je te verrai pendu au-
« paravant. »

SHAKSPEARE.

L'ESPRIT social, particulier à la nation française, avait déjà introduit dans les auberges de France cet accueil enjoué et prévenant sur lequel Erasme, à une époque postérieure, appuie si fortement comme faisant contraste avec la réception grave et sombre qui attendait les voyageurs dans une hôtellerie allemande. Philipson s'attendait donc à voir accourir à lui un hôte empressé, civil et bavard, une hôtesse et sa fille pleines de douceur, d'enjouement et de coquetterie, un garçon souple et attentif, une chambrière officieuse et souriante. On trouvait aussi dans les principales auberges de France des chambres séparées où les voyageurs pouvaient changer de linge et d'habits, faire leurs ablutions, et dormir sans avoir quelques étrangers dans leur appartement, et déposer leur bagage en sûreté. Mais tous ces avantages étaient un luxe encore inconnu en Allemagne; et en Alsace, où la scène se passe à présent, on aurait regardé comme des efféminés les voyageurs qui auraient désiré autre chose que les provisions strictement nécessaires, encore ne se trouvaient-elles ni de première qualité ni en abondance, à l'exception du vin.

L'Anglais, voyant que personne ne paraissait à la porte, commença à annoncer sa présence en appelant à haute voix. Enfin il descendit de cheval, et frappa long-temps de toutes ses forces à la porte de l'auberge sans qu'on y fît la moindre attention. Cependant la tête grise d'un vieux serviteur se montra à une petite fenêtre, et lui demanda ce qu'il voulait d'un ton qui indiquait plus de mécontentement d'être interrompu, que de satisfaction de voir arriver une pratique dont on pouvait attendre quelque profit.

— Cette maison est-elle une auberge? reprit Philipson.

— Oui, répondit le domestique d'un ton brusque; et il allait se retirer de la fenêtre, quand le voyageur ajouta :

— En ce cas puis-je y trouver un logement?

— Entrez, répondit le domestique laconiquement et d'un ton sec.

— Envoyez-moi quelqu'un pour prendre soin de mes chevaux, dit Philipson.

— Personne n'en a le temps, répliqua le plus repoussant de tous les garçons d'auberge; prenez-en soin vous-même comme vous l'entendrez.

— Où est l'écurie? demanda le marchand dont la prudence et le sang-froid étaient à peine à l'épreuve de ce flegme allemand.

Le drôle, avare de ses paroles comme si, tel que la princesse des contes de fées, il n'eût pu prononcer un mot sans qu'il tombât de sa bouche une pièce d'or, montra du doigt au voyageur un bâtiment qu'on aurait pris pour un cellier plutôt que pour une écurie; il se retira de la fenêtre et la ferma, comme s'il eût voulu se débarrasser d'un mendiant importun.

Maudissant l'esprit d'indépendance qui abandonnait ainsi les voyageurs à leurs propres ressources, et faisant de nécessité vertu, Philipson conduisit ses deux montures vers la porte qui lui avait été désignée comme celle de l'écurie, et ne fut pas fâché d'y voir briller une faible lumière à travers les fentes. Il entra dans une pièce voûtée qui ressemblait beaucoup au cachot d'un ancien château, et qu'on avait grossièrement garnie de mangeoires et de râteliers; elle était d'une étendue considérable en longueur, et il vit à l'extrémité opposée deux ou trois individus occupés à attacher leurs chevaux, à les étriller et à leur donner leur provende, fournie par le garçon d'écurie.

C'était un vieillard boiteux qui ne touchait jamais ni fouet ni étrille; il était assis tranquillement, pesant le foin qu'il remettait aux voyageurs et mesurant l'avoine avec tant d'attention, à l'aide d'une chandelle placée dans une lanterne de corne, qu'il avait l'air d'en compter chaque grain. Il ne tourna pas même la tête en entendant le bruit que fit l'Anglais en entrant avec ses deux chevaux; encore bien moins parut-il disposé à se donner la moindre peine pour aider cet étranger.

A l'égard de la propreté, cette écurie alsacienne ressemblait beaucoup aux étables d'Augias, et c'eût été un exploit digne d'Hercule que de la mettre dans un état à ne pas blesser les yeux et offenser l'odorat de notre voyageur difficile. Le dégoût qu'il éprouva ne fut pourtant point partagé par ses compagnons, c'est-à-dire les deux chevaux. Paraissant parfaitement comprendre que la règle de cet endroit était que le premier arrivé fût servi le premier, ils se hâtèrent d'occuper deux places vides qui se trouvaient à leur portée, ce qui ne réussit pourtant pas à l'un d'eux, car un palefrenier lui appliqua un grand coup de houssine sur la tête.

— Reçois cela, s'écria le drôle, pour t'apprendre à t'emparer d'une place retenue pour le cheval du baron de Randelsheim!

Jamais, dans toute sa vie, le marchand anglais n'avait eu

plus de peine à conserver son empire sur lui-même : songeant pourtant quelle honte ce serait pour lui d'avoir une querelle avec un pareil homme et pour une telle cause, il se contenta de conduire l'animal chassé avec si peu de cérémonie de la place qu'il avait choisie à celle qui n'était pas occupée de l'autre côté de son compagnon, et à laquelle il paraissait que personne n'avait de prétentions.

Le marchand, malgré la fatigue qu'il avait éprouvée, s'occupa alors à accorder à ses compagnons muets de voyage tous les soins qu'ils ont droit d'attendre de tout voyageur qui a un peu d'humanité. Le degré peu ordinaire d'attention que Philipson donna à ses chevaux, quoique son costume et surtout ses manières semblassent le mettre au-dessus de ce travail servile, parut faire impression même sur le cœur de fer du vieux garçon d'écurie : il montra quelque empressement à fournir à un voyageur qui connaissait si bien tous les détails du métier de palefrenier, l'avoine, le foin et la paille dont il avait besoin, quoique en petite quantité et à un prix exorbitant qu'il se fit payer comptant ; il alla même jusqu'à se lever pour s'avancer jusqu'à la porte, et indiquer à Philipson où était placé le puits, où il fut obligé d'aller puiser de l'eau lui-même. Tous ces arrangemens étant terminés, le marchand crut avoir obtenu assez de crédit auprès du grand-écuyer de cet établissement pour se hasarder à lui demander s'il pouvait laisser sans danger ses balles dans l'écurie.

— Vous pouvez les y laisser si vous le voulez, répondit le garçon d'écurie ; mais pour qu'elles soient en toute sûreté, vous ferez plus sagement de les emporter avec vous : le moyen qu'elles ne donnent aucune tentation à personne, c'est de les garder sous vos yeux.

Après ce peu de mots prononcés comme un oracle, le marchand d'avoine ferma la bouche, et toutes les questions que l'Anglais lui fit encore ne purent le déterminer à l'ouvrir de nouveau.

Pendant cet accueil si froid et si rebutant, Philipson se rappela la nécessité où il était de bien jouer le rôle d'un marchand prudent et circonspect, ce qu'il avait oublié une fois dans le cours de cette journée ; et imitant ce qu'il voyait faire par ceux qui s'étaient occupés comme lui du soin de leurs montures, il prit son bagage et le porta dans l'auberge. On souffrit qu'il entrât plutôt qu'on ne le reçût dans le *stubé*[1] public, ou appartement ouvert à tous les hôtes qui arrivaient. De même que l'arche du Patriarche, tous les êtres de la création, purs et impurs, y étaient admis sans distinction.

Le *stubé* d'une auberge allemande tirait son nom du poêle énorme dans lequel on entretenait constamment un grand feu pour maintenir la chaleur de l'appartement dans lequel il se trouvait. Là se rassemblaient les voyageurs de tout âge et de toute condition ; ils suspendaient leurs manteaux autour du poêle, soit pour les sécher, soit pour les chauffer : on les voyait s'y occuper de divers actes d'ablution et d'arrangémens personnels qui dans les temps modernes se font dans le secret du cabinet de toilette.

Une pareille scène répugnait à la délicatesse plus susceptible du voyageur anglais, et il désirait s'y soustraire : il résolut donc de chercher à parler à l'aubergiste lui-même, se flattant qu'à l'aide de ces argumens qui ont tant de force sur les hommes de sa profession, il pourrait obtenir une chambre séparée et des rafraîchissemens qu'il prendrait tranquillement. Un Ganymède à cheveux gris, à qui il demanda où était son maître, le lui montra presque caché derrière l'énorme poêle, où voilant sa gloire dans un coin obscur et bien chaud, il plaisait au grand homme de se dérober aux regards vulgaires. Une petite taille, des membres robustes, des jambes torses, un air d'importance, tel était son portrait ; et il était à cet égard comme un grand nombre de ses confrères de tous les pays ; mais sa physionomie et surtout ses manières différaient de celles du joyeux aubergiste de France ou d'Angleterre, encore plus que Philipson, malgré toute son expérience, ne s'y attendait. Il connaissait trop bien les mœurs

---

(1) Le *stubé* signifie littéralement un poêle, mais on emploie aussi cette expression pour désigner un appartement où il s'en trouve un. — Ta.

allemandes pour se flatter de trouver dans son hôte la politesse souple et prévenante du maître d'un hôtel de France, ou même les manières franches, quoique plus brusques, d'un aubergiste anglais; mais quoique les maîtres des auberges allemandes où il avait logé fussent absolus et péremptoires en tout ce qui concernait les usages de leur pays, cependant il avait vu que lorsqu'on leur cédait sur ce point, semblables aux tyrans dans leurs momens de bonne humeur, ils traitaient avec bonté les hôtes sur lesquels leur juridiction s'étendait, et ils allégeaient par la plaisanterie et la gaîté le joug pesant de leur autorité despotique. Mais le front de cet homme était sombre comme une tragédie; on aurait trouvé plus de gaîté dans le bréviaire d'un ermite; toutes ses réponses étaient brèves et brusques; son ton et ses manières avaient quelque chose d'aussi dur que les paroles qu'il prononçait. On en jugera par le dialogue suivant qui eut lieu entre lui et le voyageur anglais.

— Mon bon hôte, lui dit Philipson du ton le plus doux qu'il put prendre, je suis fatigué et fort loin de me bien porter. Puis-je vous prier de me donner une chambre particulière, et de m'y faire servir un flacon de vin et quelque nourriture?

— Vous le pouvez, répondit l'hôte, mais d'un ton et d'un air qui n'étaient nullement d'accord avec l'assentiment que ses paroles semblaient indiquer.

— En ce cas, faites-moi conduire dans un autre appartement aussitôt qu'il vous sera possible.

— Tout doux! je vous ai dit que vous pouviez m'en prier, mais non pas que je consentirais à vous l'accorder. Si vous voulez être servi autrement que les autres, il faut aller chercher une autre auberge que la mienne.

— Eh bien! je me passerai de souper ce soir; je consens même à payer comme si j'avais soupé, si vous me faites donner une chambre particulière.

— Monsieur le voyageur, chacun doit être logé ici aussi bien que vous puisque chacun paie de même. Quiconque vient dans cette auberge doit manger ce que mangent les autres, boire ce que les autres boivent, se mettre à table avec le reste de la compagnie, et aller se coucher quand les convives ont fini de boire.

— Tout cela est fort raisonnable, dit Philipson d'un ton d'humilité, puisque celui de la colère eût été ridicule, et je ne m'oppose nullement à l'observation de vos lois et de vos usages. Mais, ajouta-t-il en prenant sa bourse à sa ceinture, un malade peut avoir quelques priviléges, surtout quand il est disposé à les payer ; et il me semble qu'en ce cas la rigueur de vos réglemens peut souffrir quelque modification.

— Je tiens une auberge, monsieur, et non un hôpital. Si vous restez ici, vous serez servi avec la même attention que les autres. Si vous ne voulez pas faire comme eux, vous pouvez sortir de ma maison et chercher une autre auberge.

Après ce refus positif, Philipson renonça à la contestation, et quitta le *sanctum sanctorum* de son hôte peu gracieux pour attendre l'arrivée du souper, enfermé comme un bœuf en fourrière dans un *stubé* peuplé de nombreux habitans. Quelques-uns d'entre eux épuisés de fatigue abrégeaient en ronflant l'intervalle qui séparait l'instant de leur arrivée de celui où l'on servirait le repas qu'ils attendaient. D'autres causaient ensemble des nouvelles du pays. Plusieurs jouaient aux dés ou à d'autres jeux qui pouvaient servir à faire passer le temps. Les voyageurs qui s'y trouvaient étaient de diverses conditions ; on en voyait qui étaient bien mis et qui paraissaient riches, tandis que les vêtemens et les manières de quelques autres annonçaient qu'ils n'étaient que d'un rang peu au-dessus de la pauvreté.

Un frère mendiant, homme d'une humeur joviale et agréable, s'approcha de Philipson et entra en conversation avec lui. L'Anglais avait assez d'expérience du monde pour savoir qu'il ne pouvait mieux voiler ce qu'il ne voulait pas découvrir de ses affaires et de ses projets que sous un extérieur de franchise et de dispositions sociales. Il reçut donc les avances du frère avec cordialité, et causa avec lui de la situation de la Lorraine, et de l'intérêt que paraissait devoir faire naître tant en France qu'en Allemagne la tentative du duc de Bourgogne pour s'emparer de ce fief. Se contentant d'entendre l'opinion de son compagnon sur ce sujet, Philipson s'abstint d'énoncer la sienne, et après avoir écouté les nouvelles qu'il plut au frère de lui communiquer, il lui parla de la géographie du pays, des facilités qu'y trouvait le commerce, et des réglemens qui le gênaient ou qui le favorisaient.

Tandis qu'il était occupé de cet entretien qui semblait naturel à un homme de sa profession, l'hôte entra tout à coup dans la chambre, monta sur un vieux baril, promena lentement ses regards tout autour de l'appartement; après avoir terminé cette revue il donna ce double ordre d'un ton d'autorité : — Qu'on ferme les portes ! qu'on mette la table !

— Que le bon saint Antoine soit loué ! s'écria le frère. Notre hôte a enfin renoncé à l'espoir de voir arriver ce soir de nouveaux voyageurs, sans quoi il aurait continué à nous faire jeûner sans pitié. Oui, voici qu'on apporte la nappe. La vieille porte est maintenant bien verrouillée, et quand Ian Mengs a une fois dit : qu'on ferme la porte ! le voyageur peut y frapper aussi long-temps que bon lui semble, et être bien sûr qu'on ne la lui ouvrira pas.

— *Mein herr* Mengs maintient une stricte discipline dans sa maison, dit l'Anglais.

— Aussi stricte que celle du duc de Bourgogne dans la sienne, répondit le frère. Après dix heures personne n'entre plus. Le *cherchez une autre auberge*, qui jusqu'alors n'est qu'une menace conditionnelle, devient, quand l'horloge a sonné et que les domestiques ont commencé leur ronde, un ordre positif d'exclusion. Celui qui est en dehors doit y rester, et il faut que celui qui est dans l'intérieur y reste de même jusqu'à ce que la porte s'ouvre au point du jour. Jusqu'alors cette maison est comme une citadelle assiégée dont Ian Mengs est le sénéchal.

— Et nous sommes ses prisonniers, mon bon frère ? dit Philipson. Eh bien ! j'y consens. Un voyageur sage doit se soumettre aux volontés des chefs du peuple parmi lequel il se trouve : et j'espère qu'un potentat qui a l'embonpoint du seigneur Mengs nous montrera autant de clémence que son rang et sa dignité le lui permettent.

Pendant qu'ils causaient ainsi le vieux garçon, en poussant de profonds soupirs et des gémissemens, adapta à une table qui était au milieu du *stubé* différentes planches qui servaient à l'allonger, afin de la rendre suffisante pour le nombre de convives qui allaient s'y asseoir, et la couvrit d'une nappe qui n'était remarquable ni par sa blancheur ni par sa finesse. Lorsque cette table eut été arrangée de manière à pouvoir admettre tous les convives qui se trouvaient dans la salle, on plaça devant chacun d'eux une assiette de bois, une cuiller et un verre, personne n'étant supposé voyager sans avoir en poche un couteau pour s'en servir à table. Quant aux fourchettes, elles ne furent connues qu'à une époque bien postérieure, et tous les Européens se servaient alors de leurs doigts pour prendre les morceaux et les porter à leur bouche comme les Asiatiques le font encore aujourd'hui.

Dès que la table fut mise, les convives affamés se hâtèrent d'y prendre place. Les dormeurs s'éveillèrent, les joueurs interrompirent leur partie, les oisifs et les politiques renoncèrent à leurs savantes discussions, afin de s'assurer une bonne place et d'être prêts à jouer leur rôle dans la solennité intéressante qui semblait sur le point de commencer. Mais il peut se passer bien des choses entre la coupe et les lèvres, et il s'écoule quelquefois bien du temps entre le moment où l'on met la nappe et celui où l'on sert le repas. Tous les convives étaient assis autour de la table, chacun tenant en main son couteau, et menaçant déjà les vivres qui étaient encore l'objet des opérations du cuisinier. Ils avaient attendu avec plus ou moins de patience une bonne demi-heure quand enfin le vieux garçon dont il a déjà été parlé arriva avec une grande cruche de vin de la Moselle, si léger et si acide que Philipson remit son verre sur la table dès qu'il y eut goûté, et que toutes ses dents en furent agacées. Cette marque d'insubordination n'échappa point à l'hôte qui avait pris place au haut bout de la table sur un siége un peu plus élevé que les autres, et il ne manqua pas de la réprimer.

— Ce vin ne vous plaît pas, à ce qu'il me semble, mon maître? dit-il au marchand anglais.

— Comme vin, non, répondit Philipson; mais s'il y a quelque chose qui exige du vinaigre, j'en ai rarement trouvé de meilleur.

Cette plaisanterie, quoique faite avec calme et bonne humeur, parut mettre en fureur l'aubergiste.

— Colporteur étranger, s'écria-t-il, qui êtes-vous pour oser trouver à redire à mon vin qui a reçu l'approbation de tant de princes, de ducs, de rhingraves, de comtes, de barons et de chevaliers du Saint-Empire, dont vous n'êtes pas digne de nettoyer les souliers? N'est-ce pas de ce vin que le comte palatin de Nimmersatte a bu six pintes avant de quitter la chaise sur laquelle je suis maintenant assis?

— Je n'en doute pas, mon hôte, et je n'accuserais pas cet honorable seigneur d'avoir manqué aux lois de la sobriété, quand même il en aurait bu le double.

— Silence! mauvais railleur! s'écria l'hôte, et faites-moi amende honorable sur-le-champ, ainsi qu'au vin que vous avez calomnié, ou je vais ordonner qu'on ne serve le souper qu'à minuit.

Cette menace répandit une alarme générale parmi les convives. Tous déclarèrent qu'ils étaient bien loin de partager l'opinion injurieuse de Philipson, et plusieurs proposèrent que Ian Mengs punît le vrai coupable en le mettant sur-le-champ à la porte de sa maison, plutôt que de faire retomber les conséquences de sa faute sur tant de gens innocens qui avaient bon appétit: ils assurèrent que le vin était excellent, et deux ou trois vidèrent même leur verre pour donner une preuve de leur sincérité; enfin ils offrirent, non leur vie et leur fortune, mais l'aide de leurs mains et de leurs pieds pour exécuter contre l'Anglais réfractaire la sentence qui le mettait au ban, non de l'Empire, mais de l'auberge. Tandis que des pétitions et des remontrances assaillaient Mengs de tous côtés, le frère mendiant, en sage conseiller et en ami fidèle, cherchait à calmer cette querelle en invitant Philipson à reconnaître la souveraineté de l'hôte.

— Humiliez-vous, mon fils, lui dit-il, et faites plier l'inflexibilité de votre cœur devant le haut et puissant seigneur du tonneau et de la cannelle. Je parle ainsi pour les autres comme pour moi-même, car le ciel seul peut savoir combien de temps nous serons encore en état d'endurer ce jeûne.

— Mes dignes amis, dit Philipson, je suis fâché d'avoir offensé notre respectable hôte, et je suis si loin de vouloir trouver des défauts à son vin, que je consens à en payer une seconde cruche, qui sera distribuée à toute cette honorable compagnie (pourvu qu'on me dispense d'en boire ma part).

Ces derniers mots furent prononcés tout bas; mais l'Anglais ne manqua pas de s'apercevoir, d'après les grimaces de quelques convives qui avaient le palais plus délicat, qu'ils craignaient autant que lui d'avoir une double ration de ce breuvage acide.

Le frère proposa alors à la compagnie que le marchand étranger qui venait de se condamner lui-même à une amende, au lieu de s'en acquitter par une cruche de vin semblable à celui dont il avait médit, en payât une mesure d'un vin plus généreux qu'on avait coutume de servir quand le repas était terminé. Notre hôte y trouvait son avantage ausi bien que les convives, et comme Philipson n'y fit aucune objection, la proposition fut adoptée à l'unanimité, et Mengs du haut de son siége donna le signal pour qu'on servît le souper.

Ce repas long-temps attendu parut enfin, et l'on employa pour y faire honneur le double du temps qu'on avait passé à l'attendre. Les mets dont se composait le souper, et la manière de les servir, étaient faits pour mettre la patience de la compagnie à une aussi rude épreuve. Des terrines de soupe et des plats de légumes se succédèrent, et des viandes rôties et bouillies firent ensuite le tour de la table. Des boudins, du bœuf fumé, du poisson salé, parurent aussi avec divers assaisonnemens nommés *botargue* et *caviar*, composés d'œufs de poisson et d'épices, et propres à exciter la soif, et par conséquent à faire boire. Des flacons de vins accompagnèrent ces mets recherchés. Mais ce vin était si supérieur en saveur et en force au vin d'ordinaire qui avait occasionné une querelle, qu'on pouvait lui faire le reproche contraire, car il était si fort, si spiritueux si capiteux, que Philipson, en dépit de la mercuriale que sa critique lui avait déjà value, se hasarda de demander de l'eau pour le couper.

— Vous êtes difficile à satisfaire, monsieur ! s'écria l'hôte en le regardant d'un air mécontent et en fronçant le sourcil. Si vous trouvez le vin trop fort chez moi, je vous aprendrai un secret pour en diminuer la force : c'est d'en boire moins. Il nous est indifférent que vous buviez ou que vous ne buviez pas, pourvu que vous payiez l'écot de ceux qui boivent ; et il termina son discours par un grand éclat de rire.

Philipson allait lui répliquer ; mais le frère, conservant son caractère de médiateur, le tira par l'habit et le conjura de n'en rien faire.

— Vous ne connaissez pas les manières de ce pays, lui dit-il, vous n'êtes ici ni dans une auberge d'Angleterre ni dans [une] de France, où chacun demande ce qu'il désire [et paie] ce qu'il a demandé. Nous agissons ici d'après [un princi]pe d'égalité et de fraternité. Personne ne ré[gle] son usage particulier, et chacun prend sa [part de ce que] l'hôte juge suffisans pour tous ceux qui sont [asses]ent à sa table. Il en est de l'écot comme du [repas :] la même somme sans qu'on ait égard au [quantité] de vin qu'il a pu boire. Ainsi le malade, l'in[firme, la fem]me et l'enfant, paient tout autant que le [plus fort bu]veur le lansquenet vagabond.

— [Cette cou]tume ne me paraît pas juste, dit Philipson, [mais nul] ne doit pas s'ériger en juge. Ainsi donc, à [ce que je com]prends, chacun ici paie le même écot quand [vient le mom]ent de compter ?

— [C'est la r]ègle, répondit le frère, excepté peut-être

quelque pauvre frère de notre ordre, que Notre-Dame et saint François envoient dans une auberge comme celle-ci, pour fournir à de bons chrétiens l'occasion de faire un pas vers le ciel, en exerçant envers lui un acte de charité.

Les premiers mots de ce petit discours furent prononcés avec le ton franc et indépendant que le frère avait pris en commençant la conversation ; mais les derniers le furent avec cet accent qui est particulier à la profession de moine mendiant, et ils apprirent sur-le-champ à Philipson quel prix il devait payer pour les conseils et la médiation du bon frère. Après avoir ainsi expliqué les usages du pays, le frère Gratien songea à en donner une démonstration pratique par son exemple, et loin de critiquer la force du vin, il sembla disposé à se signaler parmi les buveurs les plus déterminés, et bien résolu à ne pas avoir un sou à payer pour ce qu'auraient bu les autres. Les libations produisirent peu à peu leur effet ordinaire. L'hôte lui-même perdit quelque chose de son aspect sombre et farouche, et il sourit en voyant l'étincelle électrique que de la gaîté passer rapidement d'un convive à l'autre, à l'exception d'un très petit nombre qui étaient trop amis de la tempérance pour caresser fréquemment la bouteille, ou trop dédaigneux pour prendre part aux discussions qui allaient naître. L'hôte jetait de temps en temps sur ceux-ci un œil mécontent et courroucé.

Philipson était réservé et silencieux, tant parce qu'il s'abstenait de donner de trop fréquentes accolades à la bouteille, que parce qu'il ne se souciait pas d'entrer en conversation avec des étrangers. Mengs le trouvait en défaut sous ces deux rapports, et à mesure que le vin anima son caractère irascible, il commença à lancer des sarcasmes contre les gens moroses, les rabat-joie, des gâte-pâte, des ennemis du plaisir, des hypocrites et autres épithètes semblables clairement dirigées contre l'Anglais. Philipson répondit avec le plus grand calme qu'il sentait parfaitement qu'il n'était pas en état ce soir-là de se rendre un membre agréable d'une compagnie disposée à se livrer à la joie, et qu'avec la permission de leur hôte, se retirerait dans sa chambre, en leur souhaitant à tous le bonsoir et la continuation de leur gaîté.

Mais cette proposition très raisonnable, comme on aurait pu la trouver ailleurs, était un acte de haute trahison contre les lois d'une orgie de buveurs allemands.

— Qui êtes-vous, s'écria Mengs, pour vous permettre de quitter la table avant qu'on ait demandé et payé l'écot? *Sapperment der teufel!* Nous ne sommes pas des gens qu'on puisse insulter ainsi avec impunité! Vous pouvez aller donner des preuves de politesse dans Ram's-Alley, ou dans East-Cheap, ou dans Smithfield, si bon vous semble, mais ce ne sera pas chez Ian Mengs, à l'enseigne de la Toison-d'Or, et je ne souffrirai pas qu'un de mes hôtes aille se coucher pour n'être pas présent au moment de payer l'écot, et me duper, moi et tout le reste de la compagnie.

Philipson regarda autour de lui pour s'assurer de ce que pensaient ses compagnons de table; mais il ne trouva dans leurs yeux rien qui pût l'encourager à en appeler à leur jugement. Dans le fait, un très petit nombre d'entre eux avaient encore la tête un peu saine, et ceux qui étaient en état de faire attention à ce qui se passait étaient de vieux buveurs, hommes tranquilles, qui commençaient déjà à songer à l'écot, et qui étaient disposés à partager l'opinion de l'hôte et à regarder le marchand anglais comme un aigrefin qui voulait éviter d'avoir à payer sa portion du vin qu'on pourrait boire après son départ. Mengs reçut donc les applaudissemens de toute la société, quand il termina sa philippique triomphante en ajoutant :

— Oui, monsieur, vous pouvez vous retirer si bon vous semble; mais, *potz tausand!* ce ne sera plus maintenant pour aller chercher une autre auberge; vous irez dans la cour, et vous coucherez sur la litière de l'écurie. C'est un lit assez bon pour un homme qui veut être le premier à quitter bonne compagnie.

— Bien dit, mon joyeux hôte! s'écria un riche commerçant

de Ratisbonne ; et nous sommes ici une demi-douzaine, plus ou moins, qui vous soutiendrons pour maintenir les bonnes et vieilles coutumes d'Allemagne, et les estimables réglemens de la Toison-d'Or.

— Ne vous fâchez pas, monsieur, dit Philipson ; il en sera tout ce que vous voudrez, vous et vos trois compagnons, que le bon vin a multipliés au nombre de six ; et puisque vous ne voulez pas me permettre d'aller me coucher, j'espère que vous ne vous offenserez pas si je m'endors sur ma chaise.

— Qu'en dites-vous, qu'en pensez-vous, mon hôte ? reprit le bourgeois de Ratisbonne. Monsieur étant ivre, comme vous le voyez, puisqu'il peut dire que trois et un font six ; je dis peut-il, étant ivre, s'endormir sur sa chaise ?

L'hôte répondit à cette question en soutenant que trois et un faisaient quatre, et non pas six. Cette réponse fut suivie d'une réplique par le marchand de Ratisbonne. D'autres clameurs partirent en même temps, et ce ne fut pas sans peine que le silence se rétablit parmi les convives pour écouter des couplets à refrain joyeux que le bon frère, qui commençait alors à oublier la règle de saint François, entonna de meilleur cœur qu'il n'avait jamais chanté un cantique du roi David. Philipson profita de ce moment de tumulte pour se retirer un peu à l'écart, et quoiqu'il lui fût impossible de dormir, comme il se l'était proposé, il put du moins se mettre à l'abri des regards courroucés que Mengs jetait sur ceux qui ne demandaient pas du vin à grands cris, et qui ne vidaient pas de fréquentes rasades. Ses pensées étaient pourtant bien loin de la Toison-d'Or, et dirigées sur des objets qui n'avaient guère de rapport avec les sujets de conversation qui étaient sur le tapis, quand il entendit frapper à grands coups à la porte de l'auberge.

— Qui avons-nous là ? s'écria Mengs dont le nez même rougit d'indignation. Qui diable ose frapper à une pareille heure à la porte de la Toison-d'Or, comme si c'était celle d'un mauvais lieu ? Que quelqu'un aille regarder à la fenêtre de la tourelle ! Geoffroy ! drôle, ou bien toi, vieux Timothée, allez dire à cet impudent que personne n'entre à la Toison-d'Or à une heure indue.

Tous deux partirent pour obéir à leur maître; et on les entendit du *stubé* se disputer à qui affirmerait le plus positivement à l'infortuné voyageur qui demandait à entrer qu'il ne serait pas reçu dans l'auberge. Cependant ils revinrent bientôt annoncer à leur maître qu'ils ne pouvaient vaincre l'obstination de cet étranger, qui refusait opiniâtrément de se retirer avant d'avoir parlé à Mengs en personne.

Cette opiniâtreté de mauvais augure enflamma de courroux le maître de la Toison-d'Or, et avec la rapidité de la flamme, son indignation s'étendit de son nez à ses joues et à son front. Il se leva de table, prit en main un gros gourdin qui semblait être son sceptre ou son bâton de commandement, et sortit en murmurant qu'il savait comment caresser les épaules des fous, et leur rafraîchir les oreilles avec un seau d'eau froide ou d'eau de vaisselle. Il monta à la fenêtre qui donnait sur la rue, et pendant ce temps les convives se faisaient des signes, se jetaient des clins d'œil, et se disaient quelques mots à voix basse, s'attendant à chaque instant à entendre quelques preuves bruyantes de sa colère. Il n'en fut pourtant rien, car à peine Mengs avait-il eu le temps d'échanger avec l'étranger quelques mots que personne ne put entendre distinctement, que toute la compagnie fut au comble de la surprise en entendant tirer les verroux et ouvrir la serrure de la porte de l'auberge, ce qui fut suivi par le bruit des pas de plusieurs personnes montant l'escalier. Enfin l'hôte rentra dans le *stubé*, et avec une apparence de politesse gauche, il pria les convives de faire une place à un respectable voyageur qui venait se joindre à eux, quoiqu'un peu tard. Il était suivi par un homme de grande taille enveloppé d'un manteau de voyage, et dès qu'il s'en fut débarrassé Philipson reconnut en lui son compagnon de voyage, le prêtre de Saint-Paul.

Cette circonstance en elle-même n'offrait rien de bien étonnant. Il était naturel qu'un aubergiste, quelque grossier, quelque impertinent qu'il pût être à l'égard de ses autres hôtes, montrât de la déférence pour un ecclésiastique, soit par suite de son rang dans l'église, soit à cause de sa réputation de sainteté. Mais ce qui parut plus étonnant à Philipson, ce fut l'effet que produisit l'arrivée de ce convive inattendu. Il s'empara sans hésiter de la place d'honneur, où siégeait auparavant le riche commerçant de Ratisbonne que Mengs avait détrôné sans cérémonie, malgré son zèle pour les bonnes et vieilles coutumes allemandes, sa fidélité inébranlable aux louables réglemens de la Toison-d'Or, et son goût prononcé pour les rasades. Le prêtre de Saint-Paul prit sur-le-champ possession sans scrupule de ce siége éminent, après avoir répondu avec un air de négligence aux politesses de son hôte ; et l'on aurait dit que l'effet de sa longue robe noire substituée à l'habit galonné et à taillades de son prédécesseur, et du regard glacial que ses yeux gris laissaient tomber à la ronde sur toute la compagnie ressemblait un peu à celui que produisait, suivant la fable, la vue de la tête de Méduse ; car s'il ne changeait pas littéralement en pierre ceux dont les yeux rencontraient les siens, il y avait quelque chose de pétrifiant dans ce regard fixe que l'on eût dit vouloir lire au fond de l'ame de chacun de ceux qu'il examinait tour à tour, sans daigner leur accorder une plus longue attention.

Philipson fut à son tour l'objet de cet examen momentané ; mais il ne s'y mêla rien qui indiquât que le prêtre eût dessein d'avoir l'air de le connaître. Tout le courage et tout le sang-froid de l'Anglais ne purent l'empêcher de sentir une sorte de malaise quand les yeux de cet homme mystérieux se fixèrent sur lui, et il éprouva du soulagement quand il passèrent à son voisin, qui parut souffrir à son tour de l'effet glacial de ce regard. Le bruit de la joie et de l'ivresse, les discussions produites par le vin, les argumens bruyans, les éclats de rire qui l'étaient encore davantage, tout ce tumulte avait été suspendu à l'instant où le prêtre était entré dans le *stube*. Deux ou trois tentatives pour faire renaître la gaîté échouèrent d'elles-mêmes. On aurait dit que le festin s'était changé tout à coup en funérailles, et que les joyeux convives étaient devenus les personnages lugubres et muets qui escortaient le convoi. Un petit homme à figure bourgeonnée, qu'on apprit ensuite être un tailleur d'Augsbourg, ayant peut-être l'ambition de montrer un degré de courage qu'on ne regarde pas ordinairement comme un attribut de sa profession efféminée[1], fit un effort, et cependant ce fut d'une voix timide et contrainte qu'il invita le frère Gratien à répéter sa chanson. Mais soit qu'il n'osât pas se permettre un passe-temps si peu canonique en présence d'un confrère qui était dans les ordres, soit qu'il eût quelque autre raison pour se refuser à cette invitation, le moine mendiant baissa la tête et la secoua d'un air si mélancolique, que le tailleur parut aussi confus que si on l'eût surpris volant du drap sur une robe de cardinal, ou une aune de galon sur une chasuble ou sur un devant d'autel. En un mot, un profond silence succéda à l'orgie, et les convives étaient si attentifs à tout ce qui pourrait arriver, que lorsque les cloches de l'église sonnèrent une heure après minuit, ils tressaillirent comme si c'eût été le tocsin qui eût annoncé un incendie ou un assaut. Le prêtre, qui avait fait à la hâte un léger repas que Mengs lui avait fait servir sans la moindre difficulté, sembla penser que les cloches qui annonçaient l'heure des laudes, premier service de l'Église après minuit, donnaient un signal pour se lever de table.

— Nous avons pris de la nourriture pour le soutien de notre corps, dit-il : maintenant prions le ciel de nous accorder les dispositions nécessaires pour bien mourir ; car la mort suit la vie aussi infailliblement que la nuit succède au jour, et que l'ombre accompagne un rayon de soleil, quoique nous ne connaissions ni le lieu ni le temps où la mort doit nous frapper.

Tous les convives se découvrirent et baissèrent la tête comme par un mouvement instinctif, pendant qu'il prononçait d'une voix solennelle une prière en latin pour rendre graces au ciel de la protection qu'il leur avait accordée à tous pendant la

---

[1] Un proverbe anglais dit qu'il faut neuf tailleurs pour faire un homme. L'origine en vient, dit-on, de ce qu'il arriva une fois à un homme seul d'en battre neuf de cette profession. — Ta.

journée précédente, et pour le supplier de la leur continuer pendant les heures de ténèbres qui allaient s'écouler avant le retour de la lumière. Quand il eut terminé, tous ses auditeurs baissèrent la tête encore plus profondément comme par signe d'assentiment à la prière du prêtre, et lorsqu'ils la levèrent le prêtre de Saint-Paul avait déjà quitté l'appartement avec l'hôte qui le conduisit probablement dans la chambre où il devait passer la nuit. Quand on eut vu qu'il était sorti on recommença à se faire des signes, des clins d'œil, et même à se dire quelques mots à voix basse, mais personne ne se permit d'élever la voix ni d'avoir une conversation suivie, de sorte que Philipson ne put rien entendre distinctement. Se conformant à ce qui semblait être l'étiquette du moment, il se hasarda lui-même à demander à demi-voix au frère près duquel il était assis, si le digne ecclésiastique qui venait de se retirer n'était pas le prêtre de Saint-Paul qui demeurait dans la ville frontière de la Férette.

— Si vous savez qui il est, pourquoi me le demandez-vous? lui répondit le frère Gratien d'un ton et d'un air qui prouvaient que les fumées que le vin avait pu lui faire monter à la tête s'étaient dissipées tout à coup.

— C'est que je voudrais savoir, répondit le marchand, par quel talisman il a changé tant de joyeux buveurs en hommes graves et sobres, et fait d'une compagnie si bruyante un couvent de Chartreux?

— L'ami, répliqua le frère, vous m'avez bien l'air de demander ce que vous savez parfaitement; mais je ne suis pas de ces sots oiseaux qui se laissent prendre au leurre. Si vous connaissez ce prêtre, vous devez connaître aussi la cause de la terreur qu'inspire sa présence. Il serait plus sûr de se permettre une plaisanterie dans la sainte chapelle de Lorette que devant lui.

A ces mots, et comme s'il eût craint que cette conversation ne se prolongeât, il se retira à quelque distance de Philipson.

L'hôte reparut en ce moment, et ses manières étaient un peu plus qu'auparavant celles d'un aubergiste ordinaire. Il ordonna à son garçon Geoffroy de servir à toute la compagnie ce qu'on appelait le coup de la nuit ou de l'oreiller. C'était une liqueur distillée, mêlée d'épices, et Philipson lui-même fut obligé de reconnaître qu'il n'en avait jamais bu de meilleure. Pendant ce temps, Mengs, avec un peu plus de déférence qu'il n'en avait encore témoigné, dit à ses hôtes qu'il espérait qu'ils étaient satisfaits de la manière dont ils avaient été reçus : cependant il fit cette question d'un ton si négligent qu'il était évident qu'il y entrait fort peu d'humilité, comme s'attendant à la réponse affirmative qui lui fut faite unanimement. Cependant le vieux Timothée inscrivait avec de la craie sur le dessous d'un plat de bois le compte général de l'écot, dont les détails étaient indiqués par des hiéroglyphes de convention ; il fit la division du total par le nombre des convives, fit examiner l'exactitude de son calcul, et alla ensuite demander la part de chacun.

Quand la fatale assiette dans laquelle chacun déposait son argent fut sur le point d'approcher du frère Gratien, sa physionomie parut changer. Il jeta un regard piteux sur Philipson, comme étant le seul individu en la charité duquel il pût avoir quelque espoir ; et notre marchand, quoique mécontent du peu de confiance que le moine mendiant venait de lui montrer, voulant bien se permettre une petite dépense pour se procurer en pays étranger une connaissance que le hasard pouvait rendre utile, paya l'écot du frère et le sien. Frère Gratien lui fit force remerciemens en bon allemand et en mauvais latin ; mais l'hôte ne lui laissa pas le temps de les finir, car s'approchant de Philipson une chandelle à la main, il lui offrit ses services pour le conduire dans sa chambre à coucher, et porta même la condescendance jusqu'à se charger lui-même de son bagage.

— Vous prenez trop de peines, mon bon hôte, dit le marchand un peu surpris du changement subit survenu dans les manières de l'aubergiste qui jusque là l'avait contrarié en tout.

— Je n'en puis trop prendre, répondit Mengs, pour un

hôte que mon vénérable ami le prêtre de Saint-Paul a spécialement recommandé à mes soins.

Il ouvrit alors la porte d'une petite chambre à coucher, où tout était préparé pour la réception du voyageur.

— Vous pouvez vous reposer ici, ajouta-t-il, jusqu'à telle heure de la matinée qu'il vous plaira, et rester chez moi aussi long-temps que vous le jugerez à propos. Cette clef mettra vos marchandises à l'abri du vol et du pillage de toute espèce. Je n'agis pas ainsi à l'égard de tout le monde, car si je donnais un lit séparé à chacun de mes hôtes, la première chose qu'ils me demanderaient ensuite serait une table particulière ; alors, adieu nos bonnes et vieilles coutumes allemandes, et nous deviendrions aussi frivoles et aussi ridicules que nos voisins.

Il plaça les balles sur le plancher, et il semblait sur le point de se retirer, quand se retournant vers Philipson, il commença à lui faire une sorte d'apologie de la grossièreté de sa conduite.

— J'espère qu'il n'y a point de rancune entre nous, mon digne hôte, lui dit-il. Vous pourriez aussi bien vous attendre à voir un de nos ours descendre des montagnes pour faire les mêmes tours qu'un singe, qu'à trouver un de nous autres, vieux et revêches Allemands, révérencieux comme un aubergiste français ou italien. Mais je vous prie de remarquer que si nos manières sont brusques, nos écots sont raisonnables, et que nous ne trompons jamais sur la qualité des denrées que nous fournissons. Nous n'avons pas recours à des révérences et des grimaces afin de faire passer le vin de la Moselle pour du vin du Rhin ; et nous n'empoisonnons pas comme le traître Italien ce que nous vous offrons, tout en vous appelant *Illustrissimo* et *Magnifico*.

Ces mots parurent avoir épuisé toute la rhétorique de Mengs ; car dès qu'il les eut prononcés il se détourna brusquement et sortit de l'appartement.

Philipson perdit ainsi une autre occasion de demander qui était et ce que pouvait être cet ecclésiastique qui exerçait une telle influence sur tout ce qui approchait de lui. Au fond il n'avait aucun désir de prolonger son entretien avec son hôte, quoique Mengs se fût dépouillé en grande partie de son abord sombre et repoussant; et pourtant il aurait bien voulu savoir qui pouvait être cet homme qui n'avait besoin que de prononcer un mot pour détourner les poignards de bandits alsaciens habitués au vol et au pillage, comme l'étaient alors les habitans de tous les pays frontieres, et pour changer en civilité la grossièreté proverbiale d'un aubergiste allemand. Telles étaient les réflexions de Philipson tandis qu'il se débarrassait de ses vêtemens pour goûter un repos dont il avait grand besoin après un jour de fatigue, de dangers et d'embarras, et pour se jeter sur le lit que lui offrait l'hospitalité de la Toison-d'Or dans le Rhein-Thal.

CHAPITRE XVI.

MACBETH.
« Eh bien ! filles de la nuit, noires et mystérieuses
« sorcières, que faites-vous?
LES SORCIÈRES.
— « Une chose qui n'a pas de nom. »
SHAKSPEARE.

Nous avons dit en finissant le chapitre précédent, qu'après une journée de fatigue extraordinaire et d'agitation peu commune, le marchand anglais espérait oublier tant d'incidens étrangers en se livrant à ce profond repos qui est la suite et le remède d'un épuisement extrême; mais à peine s'était-il étendu sur son humble couchette, qu'il sentit que son corps, fatigué par un excès d'exercice, n'était guère disposé à céder aux charmes du sommeil. Son esprit avait été trop agité, ses membres étaient trop tendus de lassitude pour qu'il lui fût possible de goûter le repos qui lui était si nécessaire. Son inquiétude sur la sûreté de son fils, ses conjectures sur le résultat de sa mission auprès du duc de Bourgogne, mille autres pensées qui lui retraçaient des événemens passés ou qui lui peignaient ceux que l'avenir réservait, étaient pour son imagination comme les vagues d'une mer courroucée, et ne lui laissaient aucune disposition à s'endormir.

Il y avait environ une heure qu'il était couché, et le sommeil ne s'était pas encore approché de ses yeux quand il sentit qu'il descendait avec son lit, il ne pouvait dire où. Il entendit un bruit sourd de cordes et de poulies, quoiqu'on eût pris toutes les précautions possibles pour qu'elles n'en fissent point; et notre voyageur en étendant les mains autour de lui reconnut que le lit sur lequel il était couché était placé sur une trappe qu'on pouvait faire descendre à volonté dans les caves ou appartemens situés en dessous.

Philipson ne fut pas exempt de crainte dans des circonstances qui étaient si propres à en inspirer; car comment pouvait-il espérer de voir se terminer heureusement une aventure dont le commencement était si étrange? Mais sa crainte était celle d'un homme ferme et intrépide qui, même dans le plus grand danger, conserve toute sa présence d'esprit. On paraissait le faire descendre avec lenteur et précaution, et il se tint prêt à se mettre sur ses pieds et à se défendre dès qu'il se sentirait sur un terrain ferme. Quoique un peu avancé en âge, il avait encore toute sa vigueur et toute son activité, et à moins qu'on ne l'attaquât à forces trop inégales, ce qu'il avait sans doute à craindre en ce moment, il était en état de faire une résistance courageuse; mais on avait prévu son plan de défense. A peine son lit avait-il touché le plancher de l'appartement dans lequel on l'avait fait descendre, que deux hommes qui semblaient avoir été apostés pour l'attendre le saisirent de chaque côté, le tinrent de manière à l'empêcher de se lever, comme il en avait l'intention, lui lièrent les mains, le garottèrent sur son lit, et le rendirent ainsi tout aussi bien leur prisonnier que s'il eût encore été dans un cachot de la Férette. Il fut donc obligé de se soumettre, et d'attendre la fin de cette aventure formidable; le seul mouvement qu'il pût faire était de tourner la tête à droite et à gauche, et ce fut avec joie qu'il vit enfin briller des lumières, mais elles paraissaient à une grande distance de lui.

D'après la manière singulière dont ces lumières avançaient, tantôt en ligne droite, tantôt en se mêlant ensemble, et en se croisant les unes les autres, il conclut qu'il était dans un vaste souterrain. Le nombre en augmentait peu à peu; et à mesure qu'elles s'approchaient, il reconnut que c'étaient des torches portées par des hommes enveloppés dans de grands manteaux noirs, semblables à ceux qu'on porte en suivant un convoi, ou à ceux des frères noirs de l'ordre de saint François. Le capuchon en était rabattu sur leur tête et cachait entièrement leurs traits. Ces hommes semblaient occupés à mesurer avec soin une partie du souterrain, et tout en s'acquittant de cette fonction ils chantaient dans l'ancienne langue tudesque des vers que Philipson pouvait à peine comprendre, mais dont ceux qui suivent peuvent passer pour une imitation.

> Mesureurs du bien et du mal,
> Apportez vite en ce local
> Le niveau, la toise et l'équerre,
> Elevez l'autel funéraire,
> Et creusez le fossé fatal.
> Le sang coulera sur la pierre,
> La tranchée en regorgera.
> Le banc des juges s'étendra
> Sur deux toises; même distance
> De l'accusé séparera
> Le tribunal dont la sentence
> Sur son destin prononcera.
> Qu'à l'orient la cour s'assemble,
> Qu'à l'occident l'accusé tremble.
> —Maintenant, frères, dites-nous,
> Etes-vous prêts?... Répondez tous.

On répondit en chœur à cette question. Le chœur se composait d'un grand nombre de voix, et ceux qui chantaient paraissaient être, les uns déjà dans l'appartement souterrain,

les autres encore dans les passages ou corridors qui y conduisaient. Philipson put donc juger que la réunion allait être considérable. La réponse fut à peu près ce qui suit :

> Sur notre vie et sur notre ame,
> Sur le sang et les ossemens,
> Nous avons accompli sans blâme
> Ce qu'ordonnent nos réglemens.

Les premières voix se firent entendre de nouveau.

> A quel degré de sa carrière
> La nuit est-elle en ce moment?
> Du matin déjà la lumière
> Orne-t-elle le firmament?
> L'aurore, son avant-courrière,
> Frappe-t-elle les eaux du Rhin?
> Quelle voix flotte sur son sein?
> Des oiseaux la voix *matinière*
> Reproche-t-elle au dieu du jour
> D'être trop long-temps en arrière?
> Examinez bien tour à tour
> Les montagnes et la rivière;
> Et dites-nous précisément
> A quel degré de sa carrière
> La nuit se trouve en ce moment?

Le chœur répondit, mais moins haut que la première fois. Il semblait du moins que ceux qui chantaient la réponse étaient plus éloignés qu'auparavant. Cependant on entendit à une très grande distance ce qui suit :

> La nuit s'avance dans son cours,
> Mais les étoiles, ses compagnes,
> Sur l'eau du Rhin brillent toujours.
> A l'orient, sur les montagnes,
> Nul rayon n'annonce le jour.
> Mais une voix qui nous commande
> Vient du Rhin jusqu'en ce séjour,
> Et c'est du sang qu'elle demande.

Le même chœur ajouta encore ce qui suit, mais beaucoup de nouvelles voix s'y joignirent :

> Obéissons, levons-nous tous!
> Lorsque le soleil se repose,
> Qui veillera, si ce n'est nous!
> Au jugement qu'on se dispose.
> Jamais la vengeance ne dort :
> La nuit avec elle est d'accord.

La nature de ces vers eut bientôt fait comprendre à Philipson qu'il était en présence des Initiés ou des Hommes Sages, noms qu'on donnait alors aux fameux membres du Tribunal Secret qui continuait à subsister alors en Souabe, en Franconie et dans d'autres cantons de la partie orientale de l'Allemagne, qu'on appelait le Pays-Rouge, peut-être à cause des exécutions fréquentes et terribles qui y avaient lieu par ordre de ces juges invisibles. Philipson avait souvent entendu dire qu'un Franc-Comte, c'est-à-dire un des chefs du Tribunal Secret, tenait même quelquefois des séances secrètes sur la rive gauche du Rhin, et que cette cour se maintenait en Alsace avec l'opiniâtreté ordinaire de ces sociétés secrètes, quoique Charles duc de Bourgogne eût manifesté le désir d'en découvrir l'existence et d'en détruire le pouvoir autant qu'il le pourrait, sans s'exposer aux milliers de poignards que ce tribunal mystérieux pouvait faire lever contre lui ; redoutable moyen de défense qui fit que pendant bien long-temps les divers souverains d'Allemagne et les empereurs eux-mêmes n'auraient pu sans un extrême danger détruire ces associations singulières par un coup d'autorité.

Dès que cette explication se fut présentée à l'esprit de Philipson, il y trouva un fil pour pénétrer le mystère qui couvrait le prêtre de Saint-Paul. En le supposant un des présidens ou des principaux officiers de cette association secrète, il n'était pas étonnant qu'il se sentît la hardiesse d'aller justifier la mort d'Hagenbach ; que sa présence en eût imposé à Barthélemi ; qu'il avait le pouvoir de faire juger et exécuter sur la place même ; que son arrivée le soir précédent, pendant le souper, eût frappé de terreur tous les convives ; car quoique tout ce qui avait rapport à ce tribunal, à ses opérations et à ses officiers fût couvert d'une obscurité semblable à celle qui voile encore aujourd'hui la franc-maçonnerie, cependant le secret n'était pas assez bien gardé pour empêcher qu'on ne soupçonnât et qu'on ne désignât même tout bas certaines personnes comme des Initiés investis d'un pouvoir terrible par le *Vehmé-Gericht,* ou Tribunal des Liens. Quand un pareil soupçon s'attachait à un individu, son pouvoir secret et la connaissance qu'on lui supposait de tous les crimes, quelque cachés qu'ils fussent, qui se commettaient dans l'étendue de la juridiction de la société dont il était membre, le rendaient l'objet de la haine et de la terreur de quiconque le voyait; mais il jouissait au plus haut degré de ce respect personnel qu'on aurait accordé à un puissant enchanteur ou à un génie formidable. En conversant avec un tel homme, il était surtout nécessaire de s'abstenir de toute question qui aurait fait la moindre allusion aux fonctions qu'il remplissait dans le secret tribunal. Montrer même quelque curiosité sur un sujet si mystérieux et si solennel, c'était un moyen sûr de s'attirer quelque infortune.

Toutes ces réflexions se présentèrent en même temps à l'esprit de l'Anglais, qui sentit qu'il était tombé entre les mains d'un tribunal qui n'épargnait personne, et dont le pouvoir était tellement redouté par tous ceux qui se trouvaient dans le cercle de sa juridiction, qu'un étranger sans protection n'avait qu'une bien faible chance d'y obtenir justice, quelque sûr qu'il pût être de son innocence. Tout en se livrant à ces tristes pensées, Philipson résolut de s'armer de tout son courage, sachant que ces juges terribles, et qui n'étaient responsables envers personne de leurs jugemens, se gouvernaient pourtant d'après certaines règles qui modéraient la rigueur de leur code extraordinaire.

Il s'occupa donc à chercher les meilleurs moyens d'écarter le danger qui le menaçait, tandis que les individus qu'il entrevoyait dans l'éloignement s'offraient à ses yeux moins comme des formes distinctes que comme des fantômes créés par la fièvre ou par cette fantasmagorie qu'on a vue quelquefois peupler la chambre d'un malade dans certaines affections des nerfs optiques. Enfin ces personnages s'assemblèrent au centre de la salle où ils s'étaient d'abord montrés, et parurent s'y ranger en ordre. Des torches noires furent successivement allumées en grand nombre, et toute la scène devint visible et distincte. Philipson put alors apercevoir au milieu de l'appartement un de ces autels qu'on trouve quelquefois dans les chapelles souterraines. Mais il faut nous arrêter ici un moment pour décrire en peu de mots non-seulement le spectacle qu'offrait cette cour terrible, mais sa nature et sa constitution.

Derrière l'autel qui semblait être le point central sur lequel tous les yeux étaient fixés, étaient placés en lignes parallèles deux bancs tendus de drap noir. Chacun d'eux était occupé par un certain nombre de personnes qui paraissaient remplir les fonctions de juges ; mais ceux qui étaient assis sur le premier étaient en moindre nombre, et en apparence d'un rang supérieur à ceux qui couvraient le banc le plus éloigné de l'autel. Les premiers semblaient tous être des hommes de quelque importance, des prêtres revêtus de hautes dignités dans l'Église, des chevaliers, des nobles, et malgré une apparence d'égalité qui paraissait dans cette singulière institution, leur opinion et leur témoignage avaient un poids plus considérable. On les appelait Francs-Chevaliers, Francs-Comtes, ajoutant le mot franc à telle dignité qu'ils pouvaient avoir. Les juges de la classe inférieure n'avaient que le titre de francs et dignes Bourgeois ; car il est bon de remarquer que le *Vehmé*[1], nom que portait communément cette institution, quoique son pouvoir consistât en un système d'espionnage fort étendu, était pourtant regardé (tant on avait d'étranges idées sur la manière d'assurer la force des lois publiques) comme conférant un privilége au pays où il était reçu, et ce n'était jamais que des hommes de condition libre qui en éprouvaient l'influence. De même les serfs et les paysans ne

---

[1] L'étymologie du mot *Wehmé*, qu'on prononce *Vehmé*, est incertaine ; mais on se servait toujours de ce nom pour désigner cette cour secrète et inquisitoriale. Les membres s'en nommaient *Wissenden* ou Initiés, ce qui répond à l'expression moderne d'Illuminé — AUT.

pouvaient occuper une place parmi les juges, assesseurs ou assistans; car il y avait même dans cette association quelque idée de faire juger l'accusé par ses pairs.

Outre les dignitaires siégeant sur les deux bancs, un grand nombre de personnes placées tout autour semblaient garder les diverses entrées qui conduisaient dans cette salle, ou restaient derrière les bancs sur lesquels leurs supérieurs étaient rangés, prêts à exécuter leurs ordres. Ils étaient membres de l'ordre, quoique non du plus haut rang. On leur donnait en général le nom de *Schœppen*, ce qui signifie officiers ou huissiers de la cour. Ils prêtaient serment d'en mettre à exécution les jugemens, quoi qu'on en pût dire, contre leurs plus proches parens et leurs meilleurs amis, comme s'il s'agissait de malfaiteurs ordinaires.

Les *Schœppen*, ou *Scabini* comme on les appelait en latin, avaient un autre devoir à remplir; c'était de dénoncer au tribunal tout ce qui venait à leur connaissance, et qu'on pouvait regarder comme une offense tombant sous leur juridiction, comme un crime contre le *Vehmé*, comme ils le disaient. Ce devoir s'étendait aux juges aussi bien qu'aux assistans, et devait être rempli sans acception de personnes; de sorte que connaitre et cacher volontairement le crime d'une mère ou d'un frère, soumettait l'officier infidèle aux mêmes peines que s'il eût commis lui-même le crime qu'il avait dissimulé. Une telle institution ne pouvait subsister que dans un temps où le cours ordinaire de la justice était arrêté par la main de la force, et où pour faire subir au crime la punition qui lui était due, il fallait l'influence et l'autorité d'une telle confédération. Ce n'était que dans un pays exposé à toute espèce de tyrannies féodales et privé de tous les moyens ordinaires d'obtenir justice et satisfaction, qu'un pareil système avait pu s'établir et se propager.

Il faut maintenant que nous retournions au brave Anglais qui, quoique sentant tout le danger qu'il courait devant un tribunal si formidable, conservait pourtant tout son sang-froid et un air de dignité.

Le tribunal étant assemblé, une corde roulée en rond et une épée nue, signaux et emblèmes bien connus de l'autorité du *Vehmé*, furent déposées sur l'autel; l'épée dont la lame était droite et la poignée en croix, étant regardée comme représentant le saint emblème de la rédemption des chrétiens, et la corde comme indiquant le droit de juridiction criminelle et de punition capitale. Le président de la cour qui occupait la place du milieu sur le premier banc se leva ensuite, et plaçant la main sur ces symboles, prononça tout haut la formule qui exprimait les devoirs du tribunal, formule qui fut ensuite répétée d'une voix sourde et imposante par tous les autres juges et même par les assistans.

— Je jure, par la Sainte-Trinité, d'aider et de coopérer sans relâche en toute chose concernant le saint *Vehmé*; d'en défendre les doctrines et les institutions contre père et mère, frère et sœur, femme et enfans; contre le feu, l'eau, la terre et l'air; contre tout ce que le soleil éclaire, tout ce que la rosée abreuve, et tout ce qui a été créé dans le ciel, sur la terre et sous les eaux. Je jure de dénoncer à ce saint tribunal tout ce que je saurai être vrai, ou que j'aurai appris de témoins dignes de foi, et qui d'après les réglemens du saint *Vehmé* mérite remontrance ou châtiment; de ne cacher, ni couvrir, ni dissimuler ce que je saurai ainsi, ni par amour, ni par amitié, ni par affection de famille, ni pour or, ni pour argent, ni pour des pierres précieuses; de ne pas faire société avec ceux dont la sentence a été prononcée par ce tribunal sacré; de ne pas donner à entendre à un accusé qu'il est en péril; de ne pas lui conseiller de s'enfuir; de ne lui donner ni des avis pour s'échapper, ni des moyens d'y réussir; de n'accorder à aucun prévenu ni feu, ni vêtemens, ni nourriture, ni abri, quand même mon père me demanderait un verre d'eau dans les plus grandes chaleurs de l'été, ou que mon frère me supplierait de lui donner une place au coin de mon feu pendant la nuit la plus froide de l'hiver. Je fais en outre vœu et promesse d'honorer cette sainte association, et d'en exécuter les ordres avec promptitude, fidélité et résolution, de préférence à ceux de quelque autre tribunal que ce soit. J'en prends à témoin Dieu et ses saints Évangiles.

Après avoir prêté ce serment officiel, le président s'adressant à l'assemblée comme à des gens qui jugeaient et qui punissaient secrètement, demanda pourquoi cet enfant de la corde[1] était devant eux lié et garotté. Un homme placé sur le second banc se leva aussitôt, et d'une voix que Philipson crut reconnaître, quoiqu'elle fût changée et agitée, se déclara l'accusateur, comme son serment l'y obligeait, de l'enfant de la corde ou prisonnier qui était devant eux.

— Amenez le prisonnier, dit le président; qu'on le surveille avec soin, comme c'est l'ordre de nos lois secrètes; mais qu'il ne soit pas traité avec une sévérité qui détourne son attention de ce qui se passera dans ce tribunal, et qui l'empêche d'entendre et de répondre.

Six assistans tirèrent aussitôt en avant la trappe qui soutenait le lit sur lequel était Philipson, et s'arrêtèrent au pied de l'autel. Chacun d'eux tira ensuite son poignard du fourreau. Deux d'entre eux détachèrent les cordes dont le marchand était lié, et il fut averti à voix basse que s'il faisait la moindre tentative pour résister ou pour s'échapper, ce serait un signal pour le poignarder.

— Levez-vous, lui dit le président; écoutez l'accusation qui va être portée contre vous, et croyez que vous trouverez en nous des juges aussi justes qu'inflexibles.

Philipson, évitant avec soin de faire aucun geste qui pût indiquer la volonté de s'échapper, se glissa au bout de son lit, et y resta sur son séant, en caleçon et en gilet de dessous, comme il s'était couché, ayant en face le président de ce tribunal terrible, dont le visage était caché sous son capuchon. Même dans ces circonstances effrayantes, l'intrépide Anglais ne perdit pas son calme, ses paupières ne tressaillirent pas, et son cœur ne battit pas plus vite, quoiqu'il parût, suivant l'expression de l'Écriture, être un voyageur dans la Vallée de

---

[1] On appelait *strick-kind*, c'est-à-dire enfant de la corde, toute personne accusée devant ces tribunaux redoutables. — Aut.

l'ombre de la mort, entouré de piéges nombreux et plongé dans une obscurité complète, quand la lumière aurait été nécessaire à sa sûreté.

Le président lui demanda quels étaient ses noms, son pays, son occupation.

— John Philipson, répondit le prisonnier, Anglais de naissance, et marchand de profession.

— N'avez-vous jamais porté d'autre nom, et suivi une autre profession?

— J'ai été soldat, et comme beaucoup d'autres, je portais alors un nom sous lequel j'étais connu à l'armée.

— Quel était ce nom?

— Je l'ai quitté quand j'ai renoncé aux armes; et je ne désire plus être connu sous ce nom : d'ailleurs je ne l'ai jamais porté dans aucun lieu où vos institutions sont en autorité.

— Savez-vous devant qui vous êtes?

— Je puis du moins le soupçonner.

— Que soupçonnez-vous? Dites-nous qui nous sommes et pourquoi vous êtes devant nous.

— Je crois que je suis devant les Inconnus, ou le Tribunal Secret qu'on appelle *Vehmé-Gericht*.

— En ce cas, vous savez que vous seriez plus en sûreté si vous étiez suspendu par les cheveux au-dessus de l'abîme de Schaffouse, ou que vous eussiez la tête placée sous une hache retenue par un seul fil de soie. Qu'avez-vous fait pour mériter un tel destin?

— Que ceux qui m'y ont soumis répondent à cette question, répliqua Philipson avec le même sang-froid qu'auparavant.

— Parlez, accusateur, dit le président; parlez aux quatre coins du ciel, aux oreilles des Francs-Juges de ce tribunal et des fidèles exécuteurs de leurs sentences; et à la face de cet enfant de la corde, qui nie ou qui cache son crime, prouvez la vérité de votre accusation.

— Très redoutable, répondit l'accusateur en s'adressant au président, cet étranger portant un faux nom est entré dans le territoire sacré qu'on appelle le Pays-Rouge, à l'abri d'une profession qui n'est pas la sienne. Lorsqu'il était encore à l'orient des Alpes, il a parlé de ce saint tribunal à plusieurs reprises en termes de haine et de mépris, et il a déclaré que s'il était duc de Bourgogne, il ne souffrirait pas qu'il s'étendit de Westphalie ou de Souabe jusque dans ses domaines. J'accuse en outre celui qui se trouve devant vous comme enfant de la corde, et qui nourrit de si mauvaises intentions contre ce saint tribunal, d'avoir manifesté l'intention de se rendre à la cour du duc de Bourgogne, et d'employer le crédit qu'il se vante d'avoir auprès de lui pour l'engager à défendre les assemblées du saint *Vehmé* dans ses états, et à faire infliger aux officiers et aux exécuteurs des sentences de cette cour le châtiment dû aux voleurs et aux assassins.

— C'est une accusation grave, mon frère, dit le président quand l'accusateur eut cessé de parler ; comment vous proposez-vous d'en donner la preuve ?

— Conformément à la teneur des statuts secrets dont la lecture n'est permise qu'aux Initiés.

— C'est bien ; mais je vous demande encore une fois quels sont ces moyens de preuve. Vous parlez à des oreilles saintes et initiées.

— Je prouverai mon accusation par l'aveu de l'accusé lui-même, et par mon propre serment sur les saints emblèmes du jugement secret, c'est-à-dire sur le fer et la corde.

— La preuve offerte est légale, dit un des membres placés sur le banc d'honneur, et il importe à la sûreté du système que nous avons si solennellement juré de maintenir, de ce système qui s'est perpétué jusqu'à nous, après avoir été établi par le très chrétien et très saint empereur des Romains Charlemagne, pour la conversion des Sarrasins, et pour le châtiment de ceux d'entre eux qui retombaient dans les pratiques du paganisme, que de tels crimes ne restent pas impunis. Charles, duc de Bourgogne, a déjà rempli son armée d'étrangers qu'il peut aisément employer contre cette sainte cour, et surtout d'Anglais, orgueilleux insulaires, opiniâtrément attachés à leurs usages, et haïssant ceux des autres pays. Nous n'ignorons pas que le Duc a déjà encouragé l'opposition aux officiers de ce tribunal dans plusieurs parties de ses domaines en Allemagne ; et qu'en conséquence on a vu qu'au lieu de se soumettre à leur destin avec une résignation respectueuse, des enfans de la corde ont été assez hardis pour résister aux exécuteurs des sentences du *Vehmé*, et pour frapper, blesser, et même tuer ceux qui avaient reçu la mission de les mettre à mort. Il faut chercher un terme à cet esprit de rébellion, et s'il est prouvé que l'accusé soit un de ces gens qui nourrissent et qui prêchent de telles doctrines, que le fer et la corde fassent leur devoir à son égard. Tel est mon avis.

Un murmure général parut approuver ce que l'orateur venait de dire ; car tous savaient fort bien que le pouvoir du tribunal dépendait plutôt de l'opinion qu'on avait que ce système était profondément enraciné, que de l'estime et du respect que l'on concevait pour une institution dont chacun sentait la sévérité. Il s'ensuivait que ceux de ses membres qui jouissaient de l'importance due au rang qu'ils occupaient dans le *Vehmé* voyaient la nécessité d'en maintenir la terreur, en donnant de temps en temps des exemples de punition sévère, et nulle victime ne pouvait être sacrifiée plus facilement qu'un voyageur étranger et inconnu. Toutes ces idées se présentèrent en un instant à l'esprit de Philipson, mais elles ne l'empêchèrent pas de répondre avec fermeté à l'accusation.

— Messieurs, dit-il, bons citoyens, bourgeois, ou quel que soit le nom que vous désiriez qu'on vous donne, sachez que je me suis déjà trouvé en aussi grand péril qu'aujourd'hui, et que je n'ai jamais tourné le dos pour l'éviter. Ces cordes et ces glaives ne peuvent effrayer ceux qui ont vu devant eux des épées nues et des lances. Ma réponse à l'accusation est que je suis Anglais, né au milieu d'une nation accoutumée à rendre et à recevoir une justice impartiale à la clarté du jour ; cependant je suis voyageur, et je sais qu'un voyageur n'a pas le droit de trouver à redire aux lois et aux coutumes des autres pays parce qu'elles ne ressemblent pas à celles du sien. Mais cette observation n'est applicable que dans les pays où le système des lois dont on parle est en pleine force et en exécution. Si nous parlons des institutions d'Allemagne en France ou en Espagne, nous pouvons, sans offenser le pays où elles sont établies, nous permettre de les discuter comme les écoliers discutent une thèse de logique dans une université. On m'accuse d'avoir critiqué, à Turin ou ailleurs, dans le nord de l'Italie, le tribunal qui va me juger. Je ne nierai pas que je ne me rappelle quelque chose de ce genre ; mais ce fut par suite d'une question à laquelle je fus en quelque sorte forcé de répondre, par deux convives qui étaient à table avec moi : je fus long-temps et vivement sollicité d'énoncer mon opinion avant de la donner.

— Et cette opinion, demanda le président, était-elle favorable ou défavorable au saint et secret *Vehmé-Gericht ?* Que la vérité sorte de votre bouche ; souvenez-vous que la vie est courte et le jugement éternel.

— Je ne voudrais pas racheter ma vie par un mensonge. Mon opinion fut défavorable, et je m'exprimai ainsi qu'il suit : — Aucunes lois, aucunes procédures judiciaires ne peuvent être justes et louables quand elles n'existent et n'opèrent que par le moyen d'une association secrète. J'ajoutai que la justice ne pouvait être justice qu'en plein air, et que lorsqu'elle cessait d'être publique, elle dégénérait en haine et en vengeance. Je dis qu'un système dont vos propres jurisconsultes ont dit :

« Non socer à genero, non hospes ab hospite tutus, » (1)

était trop contraire aux lois de la nature pour se rattacher à celles de la religion et les prendre pour règle.

A peine ces mots étaient-ils prononcés qu'on entendit s'élever des bancs des juges un murmure de mauvais augure pour le prisonnier : — Il blasphème contre le saint *Vehmé !* Que sa bouche soit fermée pour toujours !

— Ecoutez-moi, reprit l'Anglais ; écoutez-moi comme vous désirerez vous-mêmes un jour être écoutés. Je dis que tels

(1) Le beau-père doit redouter jusqu'à son gendre, l'hôte son hôte. — Tr.

étaient mes sentimens, et que je les ai exprimés ainsi. Je dis aussi que j'avais le droit d'exprimer mon opinion, juste ou erronée, dans un pays neutre où ce tribunal n'avait ou ne pouvait réclamer aucune juridiction. Mes sentimens sont encore les mêmes, et je les avouerais quand même la pointe de cette épée serait dirigée contre mon sein et que cette corde me serait passée autour du cou. Mais que j'aie jamais parlé contre l'institution du *Vehmé* dans un pays où il est établi comme une forme de justice nationale, c'est ce que je nie formellement. Je nie encore plus formellement s'il est possible l'absurde calomnie qui me représente, moi, voyageur étranger, comme étant chargé d'aller discuter avec le duc de Bourgogne des affaires si importantes, ou de former une conspiration pour la destruction d'un système auquel tant de personnes paraissent fermement attachées : jamais je n'ai dit une pareille chose, et je n'y ai même jamais songé.

— Accusateur, dit le juge, vous avez entendu l'accusé : que répliquez-vous ?

— Il a avoué en présence de ce haut tribunal la première partie de l'accusation ; il est convenu que sa langue impie a indignement calomnié nos saints mystères, crime pour lequel il mérite qu'on lui arrache cette langue de la gorge. Quant au surplus de l'accusation, c'est-à-dire le chef qui l'accuse d'avoir tramé des complots pour l'anéantissement de l'institution du *Vehmé*, je prouverai par mon serment officiel, suivant nos usages et nos lois, qu'il contient vérité aussi bien que ce qu'il n'a pu s'empêcher d'avouer lui-même.

— En bonne justice, dit l'Anglais, quand une accusation n'est pas appuyée sur des preuves satisfaisantes, le serment devrait être déféré à l'accusé, au lieu de permettre à l'accusateur de s'en servir comme d'un moyen pour couvrir ce qu'il y a de défectueux dans son accusation.

— Etranger, répliqua le président, nous avons permis à ton ignorance de faire une défense plus longue et plus ample que ne l'admettent nos formes ordinaires. Apprends que le droit de siéger parmi ces juges vénérables confère à celui qui en jouit un caractère sacré, auquel les hommes ordinaires ne peuvent prétendre. Le serment d'un Initié doit l'emporter sur le serment le plus solennel de quiconque ne connaît pas nos saints secrets. Tout doit être *vehmique* dans la cour *Vehmique* : la déclaration de l'empereur, n'étant pas Initié, aurait moins de poids dans nos conseils que celle du dernier de ses officiers. Le serment de l'accusateur ne peut être rejeté que d'après le serment d'un membre du même tribunal, de rang supérieur.

— En ce cas, dit l'Anglais avec un accent solennel, que Dieu m'accorde sa grace, car je n'ai de ressource que dans le ciel. Cependant je ne succomberai pas sans un dernier effort. Je t'invoque toi-même, esprit ténébreux qui présides cette assemblée redoutable ; je te somme de déclarer sur ta foi et ton honneur si tu me crois coupable de ce qu'affirme audacieusement cet infâme calomniateur ; je t'en somme par ton caractère, par ton nom de...

— Silence ! s'écria le président. Le nom sous lequel nous sommes connus en plein air ne doit pas se prononcer dans la salle souterraine où nous rendons nos jugemens.

S'adressant alors au prisonnier et à l'assemblée, il ajouta :

— Etant appelé en témoignage, je déclare que l'accusation intentée contre toi est vraie, comme tu l'as reconnu toi-même, en ce qu'elle porte que dans d'autres contrées que le Pays-Rouge[1] tu as parlé indiscrètement de cette sainte Cour de Justice ; mais je crois sur mon ame, et je rends témoignage sur mon honneur, que le surplus de l'accusation est faux et incroyable, et j'en fais serment la main étendue sur la corde et l'épée. Mes frères, quel jugement prononcez-vous sur l'affaire que nous venons d'instruire ?

Un des juges assis sur le premier banc et par conséquent de la première classe, ayant comme tous les autres le visage

---

[1] Les parties de l'Allemagne soumises à la juridiction du tribunal secret s'appelaient le Pays-Rouge, soit à cause du sang que ce tribunal y faisait répandre, soit pour quelque autre raison. La Westphalie, comprise dans les limites qu'elle avait dans le moyen-âge, et qui s'étendaient beaucoup plus loin qu'aujourd'hui, était le principal théâtre des actes du *Vehme*. — Aut.

couvert d'un capuchon, mais que le son de la voix et sa taille voûtée annonçaient comme plus âgé que les deux autres qui avaient déjà parlé, se leva avec quelque difficulté, et dit d'une voix tremblante :

— L'enfant de la corde qui est devant nous a été convaincu d'avoir été coupable de folie et de témérité en parlant en termes injurieux de notre sainte institution ; mais ses paroles s'adressaient à des oreilles qui n'avaient jamais entendu nos lois sacrées. D'une autre part, il a été déclaré par un témoignage irréfragable innocent d'avoir tramé des complots impuissans pour saper notre pouvoir et exciter les princes contre notre sainte association, crime pour lequel la mort serait un châtiment trop léger. Il a donc été coupable de folie, mais il n'a pas commis de crime ; et comme les saintes lois du *Vehmé* ne connaissent d'autre punition que la mort, je propose que cet enfant de la corde soit rendu à la société et au monde supérieur, sans qu'il lui soit fait aucune injure, après qu'il aura été dûment admonesté pour ses erreurs.

— Enfant de la corde, dit le président, tu viens d'entendre la sentence qui t'acquitte ; mais si tu désires être placé un jour dans une tombe qui ne soit pas ensanglantée, profite de l'avis que je vais te donner. Regarde tout ce qui s'est passé cette nuit comme un secret qui ne doit être communiqué ni à père ni à mère, ni à épouse ni à fils ou fille ; qui ne doit être révélé ni à voix haute ni à voix basse ; qu'on ne doit divulguer ni par paroles, ni par écrits, ni par peinture, ni par sculpture, ni par quelque moyen que ce puisse être, soit directement, soit en employant des emblèmes et des paraboles. Obéis à cet ordre et ta vie est en sûreté. Que ton cœur se livre donc à la joie, mais que ce soit avec tremblement. Que ta vanité ne te fasse jamais croire que tu es hors de l'atteinte des juges et des serviteurs du saint *Vehmé*. Quand tu serais à mille lieues du Pays-Rouge, quand tu parlerais dans une contrée où notre pouvoir serait inconnu, quand tu te croirais en sûreté dans ton île natale, et défendu par l'Océan qui l'entoure, je t'avertis de faire le signe de la croix chaque fois que tu penseras seulement à ce saint et invisible tribunal, et à renfermer toutes tes pensées dans ton sein ; car le vengeur pourrait être à côté de toi, et tu périrais dans ta folle présomption. Retire-toi, sois prudent, et que la crainte du saint *Vehmé* soit toujours devant tes yeux.

A ces mots, toutes les lumières s'éteignirent en même temps avec un bruit semblable à un sifflement. Philipson se sentit de nouveau entre les mains des officiers du *Vehmé* auxquels il n'opposa aucune résistance. Ils le replacèrent doucement sur son lit, qu'ils traînèrent de nouveau jusqu'à l'endroit ou il était descendu : il entendit alors le bruit des cordes et des poulies, et sentit qu'il montait avec son lit. Au bout de quelques instans un léger choc l'avertit qu'il se trouvait de niveau avec le plancher de la chambre dans laquelle Mengs l'avait conduit le soir précédent, ou pour mieux dire dans les premières heures de cette journée. Il réfléchit sur tout ce qui venait de se passer, et rendit au ciel les actions de graces qu'il lui devait pour l'avoir tiré d'un si grand danger. La fatigue l'emporta enfin sur son agitation, et il tomba dans un profond sammeil dont nous le laisserons jouir pour retourner auprès de son fils.

CHAPITRE XXI.

> « Eh bien ! n'y pensons plus : salut à la Sagesse
> « Qui créa l'univers ; salut, enchanteresse.
> « O nature ! ô ma mère ! architecte des lieux
> « Où s'avance le Rhin, ton fils majestueux !
> « De ta fécondité combien on voit de gages !
> « C'est là que, varié par mille et mille images,
> « S'offre aux regards d'Harold un spectacle divin ;
> « Le feuillage, le fruit, le rocher, le ravin,
> « Le pampre qui verdit sur ces hautes collines,
> « Et les vieux châteaux forts, imposantes ruines
> « Où brillaient autrefois les armes des barons,
> « Dont le lierre et la mousse ont caché les blasons.
> LORD BYRON. *Childe-Harold.*

Lorsque Arthur Philipson eut quitté son père pour monter dans la barque qui le conduirait de l'autre côté du Rhin, il ne prit que peu de précautions pour pouvoir fournir à ses propres besoins pendant une séparation dont il calculait que la durée ne serait pas bien longue. Un peu de linge et quelques pièces d'or furent tout ce qu'il crut nécessaire d'emporter avec lui, et il laissa le reste des bagages et de l'argent avec le mulet, supposant que son père en aurait besoin pour soutenir son rôle de marchand anglais. La barque de pêcheur à bord de laquelle il se trouvait avec son cheval et sa petite valise dressa son mât sur-le-champ, étendit sa voile, l'attacha à la vergue, et soutenue contre la violence du courant par la force du vent, traversa le fleuve en ligne oblique, se dirigeant vers Kirch-Hoff, qui, comme nous l'avons déjà dit, est situé un peu plus bas que la chapelle de Hanz. La traversée fut si favorable que la barque toucha l'autre rive au bout de quelques minutes, et avant de la quitter, Arthur, dont les yeux et les pensées se portaient vers la rive gauche, vit son père sortir de la chapelle du Bac, accompagné de deux hommes à cheval, qu'il supposa être le guide Barthélemi et quelque voyageur que le hasard lui avait fait rencontrer. Ces deux individus étaient le prêtre de Saint-Paul et un novice, comme nos lecteurs en ont été informés.

Il ne put s'empêcher de penser que cette augmentation de compagnie devait ajouter à la sûreté de son père, car il n'était pas probable que Philipson eût souffert qu'on lui donnât malgré lui un compagnon de voyage ; et s'il l'avait choisi lui-même, et que ce fût un traître, sa présence pouvait être une protection contre lui. Dans tous les cas, il avait à se réjouir d'avoir vu son père partir en sûreté d'un endroit où ils avaient lieu de craindre que quelque danger ne l'attendît. Il résolut donc de ne pas s'arrêter à Kirch-Hoff, et de continuer à presser son voyage dans la direction de Strasbourg, jusqu'à ce que l'obscurité l'obligeât à s'arrêter dans quelqu'un des *Dorffs* ou villages situés sur la rive droite du Rhin. Avec l'ardeur de la jeunesse, qui se flatte toujours, il espérait rejoindre son père, et s'il ne pouvait tout-à-fait écarter les inquiétudes que lui causait leur séparation, il nourrissait du moins l'espoir de le retrouver en sûreté. Après avoir pris quelques rafraîchissemens et donné à son cheval quelques instans pour se reposer, il se remit en marche, et continua sans perdre de temps à suivre la route orientale du grand fleuve.

Il était alors du côté le plus intéressant du Rhin, bordé et en quelque sorte muré sur cette rive par les rochers les plus pittoresques, tantôt tapissés d'une végétation qui offrait les couleurs riches et variées de l'automne, tantôt couronnés de forteresses sur les portes desquelles flottait fièrement la bannière baronniale. Ailleurs on voyait des hameaux où la richesse du sol fournissait au pauvre cultivateur des alimens dont le bras oppresseur de son tyran menaçait de le priver entièrement. Chaque ruisseau qui porte ses eaux au Rhin serpente dans la vallée dont il reçoit les tributs, et chacune de ces vallées a un caractère varié qui lui est propre ; les unes sont enrichies de pâturages, de champs de blé et de vignobles, d'autres sont hérissées de rochers, offrent des précipices, et présentent d'autres beautés pittoresques.

Les principes du goût n'avaient pas encore été alors expliqués et analysés comme ils l'ont été depuis dans des contrées où l'on a eu le loisir de se livrer à cette étude. Mais le sentiment que fait naître la vue d'un paysage aussi riche que celui de la vallée du Rhin doit avoir été le même dans tous les cœurs, depuis le temps où notre jeune Anglais la traversait en voyageur solitaire, jusqu'à celui où Childe-Harold[1] indigné dit un superbe adieu à sa terre natale pour chercher en vain une contrée où son cœur pût battre plus tranquillement.

Arthur jouit de cette scène, quoique le jour qui commençait à baisser lui rappelât que voyageant seul et chargé d'un dépôt précieux, la prudence exigeait qu'il cherchât quelque endroit pour y passer la nuit. Comme il formait la résolution de prendre des informations à la première habitation qu'il rencontrerait sur la route qu'il suivait, il descendit dans un superbe amphithéâtre couvert de grands arbres, dont l'ombre protégeait contre les chaleurs de l'été l'herbe tendre d'un beau pâturage. Une grande rivière y coulait, tributaire du Rhin. A un mille de là, en remontant vers sa source, ses eaux décrivaient un demi-cercle autour d'une hauteur escarpée, couronnée de murs flanqués de tours et de tourelles gothiques qui formaient la défense d'un château féodal du premier ordre. Une partie de la savane dont nous venons de parler avait été irrégulièrement ensemencée en blé qui avait produit une moisson abondante. La récolte en était faite et rentrée, mais le chaume jaune qui restait sur la terre faisait contraste avec la belle verdure du pâturage et avec les feuilles à demi desséchées et rougeâtres des grands chênes qui étendaient leurs bras en dessus. Un jeune homme vêtu en paysan, et aidé d'un épagneul bien dressé, cherchait à prendre au filet une compagnie de perdreaux, et une jeune fille qui avait l'air d'être au service de quelque famille distinguée plutôt qu'une

---

(1) Cette allusion à lord Byron est ici amenée par l'épigraphe du chapitre. — ÉD.

simple villageoise, assise sur le tronc d'un arbre tombé de vieillesse, s'amusait à regarder cette chasse. L'épagneul dont le devoir était de pousser les perdrix sous le filet, fut évidemment distrait par l'approche du voyageur; son attention se partagea, et il était sur le point d'oublier le rôle qu'il avait à jouer et de faire prendre le vol aux perdreaux en aboyant, quand la jeune fille se leva, s'avança vers Philipson, et le pria avec politesse de vouloir bien passer un peu plus loin, pour ne pas nuire à leur amusement.

Le voyageur y consentit sans hésiter.

— Je m'éloignerai à telle distance qu'il vous plaira, belle demoiselle, lui dit-il; mais permettez-moi de vous demander en retour s'il y a dans les environs un couvent, un château, une ferme, où un voyageur fatigué et qui s'est attardé puisse recevoir l'hospitalité pour une nuit.

La jeune fille, dont il n'avait pas encore distinctement vu les traits, sembla contenir une envie de rire. — Croyez-vous qu'il n'y ait pas dans ce château, lui répondit-elle en lui montrant les tours dont nous venons de parler, quelque coin où l'on puisse mettre à l'abri un voyageur réduit à cette extrémité?

— L'espace n'y manque certainement pas, dit Arthur; mais il reste à savoir si la bonne volonté s'y joint.

— Comme je suis moi-même une partie formidable de la garnison, reprit la jeune fille, je me rends responsable de l'accueil que vous y recevrez. Mais comme vous me parlez en termes hostiles, les usages de la guerre veulent que je baisse ma visière.

A ces mots, elle se couvrit le visage d'un de ces masques que les femmes portaient souvent à cette époque lorsqu'elles allaient en voyage, soit pour protéger leur teint, soit pour se mettre à l'abri des regards trop curieux. Mais avant qu'elle eût pu terminer cette opération, Arthur avait reconnu les traits enjoués d'Annette Veilchem, jeune fille qui, quoique simple servante d'Anne de Geierstein, jouissait d'une grande estime dans la maison du Landamman. Hardie, n'ayant aucun égard pour les distinctions de rang que connaissaient peu les simples montagnards suisses, elle était toujours prête à rire et à plaisanter avec les jeunes gens de la famille d'Arnold Biederman. Personne n'y trouvait à redire, les mœurs du pays n'établissaient guère d'autre différence entre la maîtresse et la suivante, si ce n'est que la maîtresse était une jeune personne qui avait besoin d'être servie, et que la suivante en était une autre qui était en position de servir. Ce genre de familiarité aurait pu être dangereux dans d'autres pays; mais la simplicité des mœurs de la Suisse et le caractère particulier d'Annette qui était résolue et sensée, quoique ses manières fussent libres et hardies, en les comparant à celles des contrées plus civilisées, faisaient que tous les rapports qui existaient entre elle et les jeunes gens de la famille se maintenaient toujours dans les limites de l'innocence et de l'honneur.

Arthur lui-même avait fait beaucoup d'attention à Annette; car d'après les sentimens qu'il éprouvait pour la maîtresse il était naturel qu'il désirât gagner les bonnes graces de la suivante. Les attentions d'un beau jeune homme ne pouvaient guère manquer d'y réussir, jointes surtout à la générosité avec laquelle il lui fit quelques petits présens d'objets de parure et de toilette qu'Annette, quoique fidèle à sa maîtresse, n'eut pas le cœur de refuser.

L'assurance qu'il était dans le voisinage d'Anne de Geierstein et qu'il allait probablement passer la nuit sous le même toit qu'elle, ce qu'indiquaient la présence et les discours d'Annette, fit circuler le sang plus rapidement dans les veines d'Arthur. Depuis qu'il avait traversé le Rhin il s'était quelquefois livré à l'espoir de revoir celle qui avait fait une si profonde impression sur son imagination; mais son jugement lui avait représenté en même temps combien la chance de la rencontrer était légère, et même en ce moment il était glacé par la réflexion que son entrevue avec elle serait nécessairement suivie d'une séparation soudaine et éternelle. Il céda pourtant à l'attrait du plaisir qu'il se promettait, sans trop chercher à déterminer quelles devraient en être les conséquences et la durée. En attendant, désirant apprendre dans quelle situation Anne se trouvait alors, autant qu'Annette jugerait à propos de l'en instruire, il résolut de ne pas faire voir à cette jeune fille enjouée qu'il l'avait reconnue, avant qu'il lui plût à elle-même d'écarter d'elle toute apparence de mystère.

Tandis que ces pensées se présentaient rapidement à son imagination, Annette vit le jeune homme faire tomber son filet et lui dit de choisir les deux plus beaux perdreaux, de les porter à la cuisine, et de rendre la liberté aux autres.

— Il faut que je fournisse le souper, dit-elle au voyageur, puisque j'amène au logis compagnie inattendue.

Arthur lui dit qu'il espérait que l'hospitalité qu'il recevrait au château ne causerait aucun embarras à ceux qui l'habitaient, et elle lui répondit d'une manière assez satisfaisante pour calmer tous ses scrupules à ce sujet.

— Je serais bien fâché de gêner le moins du monde votre maîtresse, ajouta le voyageur.

— Voyez cela, s'écria Annette Veilchem; je n'ai parlé ni de maître ni de maîtresse, et ce pauvre voyageur égaré s'imagine déjà qu'il va être reçu dans le boudoir d'une dame !

— Comment ! dit Arthur un peu confus de son indiscrète allusion, ne m'avez-vous pas dit que vous étiez la personne de seconde importance dans ce château? J'ai pensé qu'une demoiselle ne pouvait commander en second que sous un gouverneur de son sexe.

— Je ne vois pas que cette conclusion soit juste : j'ai vu des dames remplir des fonctions importantes dans de grandes familles, et gouverner même le gouverneur.

— Dois-je comprendre, belle demoiselle, que vous occupez une place si élevée dans le château dont nous approchons, et dont je vous prie de m'apprendre le nom?

— Ce château se nomme Arnheim.

— Il faut que vous ayez une garnison très nombreuse, si vous pouvez couvrir de soldats toutes ces tours et toutes ces murailles.

— Je dois avouer que nous sommes en défaut sur ce point. On pourrait dire qu'au lieu d'habiter ce château nous nous y cachons en ce moment : mais il est suffisamment défendu par les bruits qui effraient ceux qui pourraient y troubler notre retraite.

— Et cependant vous osez y demeurer? dit Arthur se rappelant ce que Rodolphe Donnerhugel lui avait dit des barons d'Arnheim, et de la catastrophe qui avait éteint cette famille dans la ligne masculine.

— Peut-être connaissons-nous trop bien la cause de ces craintes pour en recevoir nous-mêmes une forte impression; peut-être avons-nous des moyens particuliers pour pouvoir braver ce qui inspire de la terreur aux autres; peut-être n'avons-nous pas le choix d'un meilleur asile, et ce n'est pas la conjecture la moins vraisemblable. Vous paraissez être dans la même situation en ce moment, monsieur, car le soleil retire peu à peu ses rayons du sommet des montagnes qu'on aperçoit dans le lointain, et si vous ne prenez pas un abri à Arnheim, que vous en soyez satisfait ou non, vous aurez encore plusieurs milles à faire avant de trouver un logement sûr.

En parlant ainsi elle quitta Arthur, et prit avec le jeune homme qui l'accompagnait un sentier très escarpé mais beaucoup plus court, qui montait au château en droite ligne, faisant signe en même temps au jeune Anglais de suivre un autre chemin qui conduisait au même but, mais en tournant et par une montée beaucoup plus douce.

Il arriva bientôt devant la façade méridionale du château d'Arnheim, qui était un bâtiment beaucoup plus considérable qu'il ne l'avait supposé d'après la description que Rodolphe lui en avait faite, et d'après la vue qu'il en avait eue à quelque distance. Ce château avait été construit à différentes époques, et une grande partie de cet édifice était moins dans le goût gothique que dans ce qu'on a appelé le style mauresque, genre d'architecture qui annonce une imagination plus fleurie que celui qu'on adopte ordinairement dans le Nord, et enrichi de minarets, de coupoles et d'autres ornemens qu'on remarque dans les édifices orientaux. Ce château singulier avait en général un air de solitude et de tristesse; mais Rodolphe avait été mal informé lorsqu'il dit qu'il était en ruines; au contraire, il avait été soigneusement entretenu, et quand il était tombé entre ses mains, l'empereur, quoiqu'il n'y eût point placé de garnison, avait eu soin de réparer le bâtiment. Les bruits qui couraient dans le pays faisaient que personne ne se souciait de passer la nuit dans l'enceinte de ces murs redoutés; mais le château était régulièrement visité de temps en temps par quelqu'un qui avait une commission à cet effet de la chancellerie impériale. La jouissance du domaine qui entourait le château était une excellente indemnité des soins dont cet officier était chargé, et il prenait bien garde de ne pas s'exposer à la perdre en négligeant ses devoirs. Les fonctions de cet officier avaient cessé depuis peu, et il paraissait que la jeune baronne d'Arnheim avait alors trouvé un refuge dans les tours désertes de ses ancêtres.

Annette ne laissa pas au jeune voyageur le temps d'examiner en détail l'extérieur du château, et de chercher à s'expliquer ce que signifiaient des emblèmes et des devises qui avaient un caractère oriental. Ces symboles placés sur diverses parties des murs du bâtiment semblaient exprimer de diverses manières, plus ou moins directement, l'attachement que ceux qui l'avaient fait construire avaient eu pour les sciences de l'Orient. Arthur n'avait eu que le temps de jeter un coup d'œil général sur cet édifice quand la voix d'Annette l'appela à un angle du bâtiment, où une longue planche était jetée sur un fossé sans eau, et offrait un moyen d'entrer par une fenêtre à laquelle était alors la jeune suivante.

— Vous avez déjà oublié les leçons que vous avez reçues en Suisse, dit-elle en voyant Arthur passer avec une sorte de timidité sur ce pont provisoire et peu sûr.

La réflexion que Anne de Geierstein pouvait faire la même observation rendit au jeune voyageur le sang-froid dont il avait besoin. Il passa sur la planche avec le même calme qu'il avait montré en bravant le pont bien plus dangereux qui conduisait aux ruines du château de Geierstein. Dès qu'il fut entré par la fenêtre, Annette ôta son masque et lui dit qu'il était le bienvenu en Allemagne, chez d'anciens amis qui portaient de nouveaux noms.

— Anne de Geierstein n'existe plus, ajouta-t-elle, mais vous verrez tout à l'heure la baronne d'Arnheim qui lui ressemble on ne peut davantage ; et moi qui étais en Suisse Annette Veilchem, au service d'une jeune personne qu'on ne regardait pas comme étant beaucoup au-dessus de moi, je suis devenue femme de chambre de la baronne, et je tiens à une distance convenable quiconque est de moindre qualité.

— En de telles circonstances, dit Philipson, si vous jouissez du crédit qui est dû à votre rang, permettez-moi de vous prier de dire à la baronne, puisque nous devons maintenant lui donner ce nom, que si je me présente ainsi devant elle, c'est parce que j'ignorais qu'elle habitât ce château.

— Laissez, laissez ! répondit Annette en riant ; je sais mieux que vous ce que je dois dire en votre faveur. Vous n'êtes pas le premier pauvre marchand qui ait gagné les bonnes graces d'une grande dame, mais le moyen d'y réussir n'est pas de faire d'humbles apologies et de chercher à s'excuser de se présenter devant elle. Je lui parlerai d'un amour que toute l'eau du Rhin ne pourrait éteindre, et qui vous a conduit ici ne vous laissant d'autre alternative que d'y venir ou de périr.

— Mais Annette, Annette...

— Fi donc ! êtes-vous fou ? Racourcissez ce nom, criez, Anne ! Anne ! et il est plus probable qu'on vous répondra.

A ces mots la jeune étourdie s'enfuit précipitamment, charmée, comme devait l'être une montagnarde de son caractère, d'avoir fait pour les autres ce qu'elle aurait voulu qu'on fît pour elle-même, en cherchant obligeamment à procurer une entrevue à deux amans qui étaient à la veille d'une séparation inévitable.

Dans cette disposition à être satisfaite d'elle-même, Annette monta un étroit escalier tournant qui conduisait à un cabinet de toilette où sa jeune maîtresse était assise. Elle s'écria en arrivant : — Anne de Gei... je veux dire madame la baronne, ils sont arrivés ! ils sont arrivés !

— Les Philipson ? demanda sa maîtresse respirant à peine.

— Oui, non, c'est-à-dire oui ! car le meilleur des deux est arrivé, et c'est Arthur.

— Que veux-tu dire, Annette ? le signor Philipson n'est-il pas avec son fils ?

— Non, vraiment, et je n'ai pas même pensé à faire une question à son égard. Ce n'était ni mon ami, ni celui de personne, à l'exception du vieux Landamman ; et ils étaient bien faits l'un pour l'autre, avec leur bouche remplie de vieux proverbes et leur front chargé de soucis.

— Folle, inconsidérée que tu es ! ne t'avais-je pas chargée de les conduire ici tous deux ? Et tu amènes un jeune homme seul dans un endroit où nous sommes presque dans une solitude complète ! Que pensera-t-il de moi, que peut-il en penser ?

— Et que pouvais-je donc faire ? demanda Annette tenant fortement à son opinion. Il était seul ; fallait-il que je l'envoyasse dans le dorff pour qu'il y fût assassiné par les lansquenets du Rhingrave ? Chacun sait qu'ils prennent pour poisson tout ce qui tombe dans leurs filets. Et comment pourrait-il traverser un pays comme celui-ci, rempli de soldats errans, de barons brigands : pardon, madame la baronne ! et de pillards italiens, qui courent se ranger en foule sous l'étendard du duc de Bourgogne ? pour ne rien dire de ce qui est plus que tout autre chose l'objet d'une terreur encore plus grande, et qui sous une forme ou une autre est toujours présent aux yeux et aux pensées de chacun.

— Chut, Annette ! chut ! n'ajoute pas une démence complète à cet excès de folie ; songeons plutôt à ce que nous devons faire. Par égard pour nous, par égard pour lui-même, il faut que ce malheureux jeune homme quitte ce château à l'instant.

— En ce cas, vous lui porterez votre message vous-même, Anne de Geier..... pardon, noble baronne ! Il peut être fort convenable à une dame du haut rang d'envoyer de pareils ordres, et j'en ai vu de semblables exemples dans les romances des *Minne-singers*, mais je suis sûre qu'il ne le serait ni à moi ni à aucune jeune montagnarde de la Suisse, à cœur franc, de consentir à s'en charger. Plus de folie: souvenez-vous que si vous êtes née baronne d'Arnheim, vous avez été élevée dans le sein des montagnes de la Suisse, et que par conséquent vous devez vous conduire en demoiselle ayant de bonnes et honnêtes intentions.

— Et en quoi votre sagesse me trouve-t-elle coupable de folie, mademoiselle Annette?

— En quoi! voyez comme notre noble sang s'agite dans nos veines! Souvenez-vous, noble baronne, que lorsque j'ai quitté nos belles montagnes et que j'ai renoncé à l'air libre qu'on y respire pour venir me claquemurer dans ce pays de prisons et d'esclaves, il a été convenu que je vous dirais ma façon de penser tout aussi librement que lorsque nos têtes reposaient sur le même oreiller.

— Parlez donc, dit Anne, qui en se préparant à l'écouter détourna un peu la tête; mais songez à ne dire rien qu'il ne me convienne pas d'entendre.

— Je vous dirai ce que la nature et le bon sens m'inspireront; et si vos nobles oreilles ne sont pas en état de m'entendre et de me comprendre ce sera votre faute, et non celle de ma langue. Ecoutez bien. Vous avez sauvé ce jeune homme de deux grands dangers : une fois, lors de l'éboulement de ce rocher à Geierstein; une autre, aujourd'hui même quand sa vie était menacée. C'est un beau jeune homme, bien fait, parlant bien, et ayant tout ce qu'il faut pour gagner les bonnes graces d'une dame. Avant que vous l'eussiez vu, nos jeunes Suisses ne vous déplaisaient pas ; du moins vous dansiez avec eux, vous plaisantiez avec eux, vous étiez pour eux l'objet d'une admiration générale, et comme vous le savez vous auriez pu choisir dans tous les Cantons ; je crois même qu'en vous pressant un peu, on aurait pu vous déterminer à prendre pour mari Rodolphe Donnerhugel.

— Jamais, Annette, jamais!

— Ne parlez pas en termes si positifs. S'il avait d'abord obtenu les bonnes graces de l'oncle, mon humble opinion est que dans quelque heureux moment il aurait bien pu aussi gagner la nièce. Mais depuis que vous avez connu ce jeune Anglais, il s'en est fallu de bien peu que vous n'ayez dédaigné, méprisé, je dirais presque haï tous les jeunes gens que vous enduriez assez bien auparavant.

— Eh bien! eh bien! je te haïrai et te détesterai encore plus qu'aucun d'eux, si tu ne finis bientôt ton discours.

— Tout doux, noble baronne! Qui va doucement, peut aller loin. Tout cela prouve que vous aimez ce jeune homme; et je permets à ceux qui y trouveront quelque chose d'étonnant, de dire que vous avez tort. Il y a beaucoup de choses à dire pour vous justifier, et pas un mot que je sache pour vous blâmer.

— Tu es folle, Annette; souviens-toi de mon rang et de ma condition, qui me défendent d'aimer un homme sans naissance et sans fortune. Songe que je désobéirais à mon père en aimant quelqu'un qui me ferait la cour sans son consentement. N'oublie pas surtout que la fierté de mon sexe ne me permet pas d'accorder mon affection à un jeune homme qui ne songe pas à moi, à qui les apparences ont peut-être même inspiré des préventions contre moi.

— Voilà une superbe homélie! Mais je puis répondre à chaque point aussi facilement que le père Francis suit son texte dans ses sermons. Votre naissance est une absurde vision dont vous n'avez appris à faire cas que depuis deux ou trois jours, lorsqu'ayant mis le pied sur le territoire d'Allemagne une mauvaise herbe allemande, qu'on appelle orgueil de famille, a commencé à germer dans votre cœur. Pensez de cette folie ce que vous en pensiez quand vous demeuriez à Geierstein, c'est-à-dire pendant toute la partie raisonnable de votre vie, et ce grand et terrible préjugé ne sera plus rien à vos yeux. Vient ensuite l'article de la fortune; mais Philipson, qui est le plus généreux des hommes, donnera sûrement à son fils assez de sequins pour monter une ferme sur nos montagnes. Le bois ne vous coûtera que la peine de le couper, et la terre celle de la cultiver, car vous avez sûrement droit à une partie du domaine de Geierstein, et votre oncle vous en mettra bien volontiers en possession. Vous êtes en état d'avoir soin de la basse-cour; Arthur pourra chasser, pêcher, labourer, herser, moissonner...

Anne de Geierstein secoua la tête comme si elle eût grandement douté que son amant possédât ces derniers talens.

— Eh bien ! eh bien ! reprit Annette Veilchem, il est encore assez jeune pour apprendre. D'ailleurs Sigismond Biederman l'aidera de tout son cœur, et Sigismond est un vrai cheval pour le travail. Je connais aussi quelqu'un qui est...

— Un ami d'Annette Veilchem, j'en réponds.

— Sans doute; mon pauvre ami Louis Sprenger. Je n'aurai jamais le cœur assez faux pour renier mon amoureux.

— Mais à quoi tout cela doit-il aboutir? s'écria la baronne avec quelque impatience.

— A une chose toute simple suivant moi, répondit Annette. Il y a des prêtres et des missels à un mille d'ici. Allez trouver votre amant, dites-lui votre façon de penser, ou écoutez-le vous dire la sienne ; joignez vos mains, retournez tranquillement à Geierstein comme mari et femme, et mettez-y tout en bon ordre pour le retour de votre oncle. Voilà comment une fille élevée en Suisse doit terminer le roman d'une baronne allemande...

— Et briser le cœur de son père, dit Anne en soupirant.

— Il est d'un métal plus dur que vous ne pensez. Après vous avoir laissée si long-temps loin de lui, il lui sera plus facile de se passer de vous le reste de sa vie, qu'il ne vous le serait, malgré toutes vos nouvelles idées de noblesse, d'endurer ses projets de fortune et d'ambition, qui tendront à vous donner pour mari quelque illustre comte comme Hagenbach dont nous avons vu il n'y a pas long-temps la fin édifiante, faite pour donner une leçon à tous les chevaliers-brigands des bords du Rhin.

— Ton plan ne vaut rien, Annette ; c'est la vision puérile

d'une jeune fille qui n'a jamais connu le monde que par ce qu'elle en a entendu dire pendant qu'elle était à traire ses vaches. Souviens-toi que mon oncle a des idées très sévères sur la soumission filiale, et qu'agir contre la volonté de mon père, ce serait me perdre dans son esprit. Pourquoi suis-je ici? Pourquoi a-t-il cessé d'agir comme mon tuteur? Pourquoi suis-je contrainte de quitter des habitudes qui me sont chères, et de prendre les manières d'un peuple étranger qui par conséquent me sont désagréables?

—Votre oncle est Landamman du canton d'Underwald, répondit Annette avec fermeté; il en respecte la liberté, et il a fait serment d'en défendre les lois; et quand vous, fille adoptive de la Confédération, vous en réclamerez la protection, il ne peut vous la refuser.

—En ce cas même, répliqua la jeune baronne, je perdrais son estime et son affection plus que paternelle. Mais il est inutile d'insister sur ce point. Quand même j'aurais pu aimer ce jeune homme, et je ne nierai pas qu'il ne soit aussi aimable que ta partialité le représente, jamais..., elle hésita un instant; jamais il ne m'a dit un seul mot sur le sujet dont tu persistes à vouloir m'entretenir sans connaître ni ses sentimens ni les miens.

—Est-il possible! s'écria Annette. Je pensais, je croyais, quoique je ne vous aie jamais pressée de me faire aucune confidence, que vous deviez, attachés l'un à l'autre comme vous l'étiez, vous être déjà parlé en véritables et fidèles amans. J'ai donc mal agi quand je croyais faire pour le mieux. Est-il possible! Oui, on a entendu parler de pareilles choses, même dans notre canton. Est-il possible qu'il ait conçu d'aussi indignes projets que Martin de Brisach qui faisait l'amour à Adèle du Sundgau, qui lui fit faire un faux pas (cela n'est que trop vrai, quoique presque incroyable), qui l'abandonna ensuite, qui quitta le pays, et qui alla se vanter partout de sa scélératesse? Mais Raymond, le cousin d'Adèle, lui imposa silence pour toujours en lui brisant le crâne d'un coup de bâton en pleine rue, dans la ville même où l'infâme brigand était né. Par la Sainte Vierge d'Einsiedlen! si je pouvais croire cet Anglais capable de méditer une telle trahison, je scierais la planche placée sur le fossé de manière que le poids d'une mouche suffirait pour la rompre; et ce serait à six toises de profondeur qu'il expierait le crime d'avoir osé former des projets perfides contre l'honneur d'une fille adoptive de la Suisse.

Tandis qu'Annette Veilchem parlait ainsi, tout le feu du courage qu'elle avait puisé dans le sein de ses montagnes brillait dans ses yeux; et ce fut presque à contre-cœur qu'elle écouta Anne de Geierstein, qui chercha à effacer l'impression défavorable que les derniers mots qu'elle avait prononcés avaient faite sur l'esprit de sa simple mais fidèle servante.

— Sur mon ame, lui dit-elle, vous faites injure à Arthur Philipson, vous lui faites une injure criante en vous livrant à de tels soupçons. Sa conduite à mon égard a toujours été pleine de droiture et d'honneur, celle d'un ami envers une amie, d'un frère envers une sœur. Dans tous ses discours, dans toutes ses actions, il n'aurait pu montrer plus de respect, d'affection, de franchise et de sincérité. Dans nos entrevues et dans nos promenades fréquentes, il est vrai qu'il paraissait me voir avec plaisir, m'être attaché; si j'avais été disposée, et je l'ai peut-être quelquefois été trop, à l'écouter avec indulgence, peut-être.... Anne appuya sa main sur son front, et quelques larmes coulèrent à travers ses jolis doigts... mais jamais il ne m'a parlé d'aucun sentiment de préférence, d'amour. S'il en nourrit quelqu'un, quelque obstacle insurmontable de son côté l'a empêché d'en faire l'aveu.

— Quelque obstacle! répliqua Annette. Sans doute une timidité puérile, de sottes idées sur ce que votre naissance est tellement au-dessus de la sienne, un rêve de modestie portée à l'excès qui lui fait croire qu'il est impossible de briser la glace formée par une gelée de printemps. Quelques mots d'encouragement suffiront pour dissiper cette illusion; et je me chargerai de cette tâche, ma chère Anne, pour vous épargner l'embarras de rougir.

— Pour l'amour du ciel, n'en fais rien, Veilchem! s'écria la jeune baronne dont Annette était depuis long-temps la confidente et la compagne plutôt que la suivante ; tu ne peux deviner quelle est la nature des obstacles qui peuvent l'empêcher de s'expliquer comme tu désires tellement l'y engager. Ecoute-moi : ma première éducation et les instructions de mon bon oncle m'ont appris sur les étrangers et leurs manières quelque chose de plus que je n'aurais jamais pu en savoir dans notre heureuse retraite de Geierstein. D'après ce que j'ai vu et ce que je sais, je suis presque convaincue que ces Philipson sont d'un rang fort supérieur à la profession qu'ils paraissent exercer. Le père est un homme profond, observateur, réfléchi, généreux, et il fait des présens dont la valeur est fort au-dessus de toute la libéralité qu'on peut supposer à un marchand.

— C'est la vérité; et quant à moi, je dirai que la chaîne d'argent qu'il m'a donnée pèse dix couronnes; et la croix qu'Arthur y ajouta le lendemain du jour de la longue promenade que nous fîmes du côté du mont Pilate ne vaut pas moins, à ce qu'on m'assure : il n'y en a pas une semblable dans tous les Cantons. Eh bien ! qu'en résulte-t-il ? ils sont riches, vous l'êtes aussi : c'est tant mieux.

— Hélas! Annette, non-seulement ils sont riches, mais ils sont nobles; j'en suis persuadée. J'ai souvent remarqué que le père prenait un air de mépris plein de dignité pour se dispenser d'entrer dans quelque discussion que Donnerhugel ou quelque autre cherchait à entamer pour avoir une occasion de querelle. Et quand le fils était l'objet d'une observation peu civile ou d'une plaisanterie trop forte, l'œil d'Arthur étincelait, ses joues devenaient pourpres, et ce n'était qu'un regard de son père qui retenait la réplique courroucée prête à s'échapper de ses lèvres.

—Vous les avez observés de bien près, dit Annette. Tout cela peut être vrai; quant à moi, je n'y ai fait aucune attention. Mais, je le répète, qu'importe ? si Arthur porte quelque beau nom qui soit noble dans son pays, n'êtes-vous pas vous-même baronne d'Arnheim? Et j'avouerai franchement que ce titre a quelque valeur, s'il peut aplanir les voies à un mariage qui ferait, je crois, votre félicité ; je l'espère, du moins, sans quoi je n'y donnerais pas d'encouragement.

— Je vous crois, ma fidèle Veilchem ; mais, hélas ! élevée comme vous l'avez été dans un état de liberté naturelle, comment pourriez-vous connaître, ou même vous figurer l'état de contrainte que cette chaîne d'or ou dorée du rang et de la noblesse impose à ceux qui, comme je le crains, en sont chargés plutôt que décorés? Dans tous les pays les distinctions de rang obligent les hommes à de certains devoirs : elles peuvent leur défendre de contracter des alliances en pays étranger, et même les empêcher de consulter leur inclination quand ils se marient dans leur pays ; elles conduisent à des mariages dans lesquels le cœur n'est jamais consulté, à des unions projetées et arrêtées quand les deux parties sont encore au berceau ou conduites à la lisière, mais que l'honneur et la bonne foi n'en rendent pas moins obligatoires. Qui sait s'il n'existe pas quelque obstacle de cette nature dans le cas dont nous parlons? La politique d'État entre souvent aussi pour beaucoup dans ces alliances ; et si l'intérêt véritable ou supposé de l'Angleterre a déterminé Philipson à contracter un pareil engagement pour son fils, Arthur mourrait de chagrin, il laisserait mourir de chagrin n'importe qui, plutôt que de ne pas tenir la parole donnée par son père.

— Ceux qui prennent de pareils engagemens pour leurs enfans n'en ont que plus à rougir, dit Annette. On parle de l'Angleterre comme d'un pays libre ; mais si l'on y prive les jeunes gens des deux sexes du droit naturel de disposer de leur cœur et de leur main, j'aimerais mieux être un serf d'Allemagne. Eh bien ! vous savez beaucoup de choses, et je ne suis qu'une ignorante ; qu'allons-nous faire? J'ai amené ce jeune homme ici dans l'espoir, comme Dieu le sait, que votre entrevue aurait un plus heureux résultat; mais il est bien clair que vous ne pouvez l'épouser sans qu'il vous le demande. J'avoue que si je croyais qu'il fût disposé à perdre la main de la plus belle fille des Cantons, faute d'être assez hardi pour la demander, ou par égard pour quelque sot engagement pris par son père avec quelque autre noble de leur île de noblesse, dans l'un comme dans l'autre cas je lui ferais bien volontiers faire le plongeon dans le fossé. Mais une autre question est de savoir si nous le renverrons d'ici pour aller se faire assassiner par ces coupe-jarrets du Rhingrave ; et à moins de prendre ce parti, je ne sais comment nous en débarrasser.

— Dis à Williams de le servir, et veille à ce qu'il ne lui manque rien. Il vaut mieux que nous ne nous voyions pas.

— Cela est fort aisé ; mais que lui dirai-je de votre part ? Malheureusement je lui ai appris que vous êtes ici.

— Quelle imprudence, Annette! mais pourquoi te blâmerais-je quand j'ai le même reproche à me faire? C'est moi qui, en permettant à mon imagination de trop s'occuper de ce jeune homme et de ses bonnes qualités, me suis jetée dans cet embarras ; mais je te ferai voir que je puis me montrer supérieure à cette folie, et je ne chercherai pas dans ma propre erreur un motif pour éviter de remplir les devoirs de l'hospitalité. Va, Veilchem, va faire préparer des rafraîchissemens ; tu souperas avec nous, et tu auras soin de ne pas nous quitter ; tu me verras me conduire comme il convient à une baronne allemande et à une fille de la Suisse. Donne-moi d'abord une lumière, Annette, et de l'eau fraîche, car mes yeux en ont besoin, ils déposeraient contre moi ; il faut aussi que je fasse un peu de toilette.

Toute cette explication avait bien étonné Annette. Les idées qu'elle avait prises dans les montagnes de la Suisse sur la manière de faire l'amour et sur l'amour même avaient tant de simplicité, qu'elle s'était imaginé que les deux amans saisiraient la première occasion que leur fournirait l'absence de ceux qui devaient naturellement diriger leur conduite pour s'unir par un nœud indissoluble ; elle avait même arrangé un petit plan secondaire, d'après lequel son fidèle Sprenger et elle devaient rester avec le jeune couple en qualité d'amis et de serviteurs. Réduite au silence, mais non convaincue par les objections de sa maîtresse, Annette toujours zélée sortit pour lui obéir, en se disant à elle-même :

— Ce petit mot sur sa toilette est la seule chose que je l'aie entendue dire qui soit naturelle et sensée. S'il plaît à Dieu, je reviendrai dans un clin d'œil pour l'aider. Habiller ma maîtresse est la seule partie des fonctions d'une femme de chambre pour laquelle j'aie du goût. Il semble si naturel à une jolie fille d'en parer une autre ! Sur ma foi, ce n'est qu'apprendre à se parer soi-même.

Et en finissant cette sage remarque Annette Veilchem descendit l'escalier.

CHAPITRE XXII.

« N'en parlez pas ! — Jamais je ne pourrai souffrir
« Cette civilité qui n'est que momerie.
« De grace, asseyez-vous, monsieur, je vous en prie.
« Vous prononcez ces mots en pliant les genoux,
« Et l'on vous y répond d'un ton tout aussi doux :
« Moi, monsieur, devant vous! ce sera donc par terre? »
« Au diable ce jargon ! Quand, de cette manière,
« L'orgueil veut se cacher sous un dehors trompeur,
« A peine un mendiant l'admettrait dans son cœur. »
Ancienne Comédie.

Annette Veilchem monta et descendit tous les escaliers qui se trouvaient dans la seule partie qui fût habitable de l'immense château d'Arnheim, où elle était l'ame de tout. Sa surveillance n'oubliait rien. Elle avança la tête dans l'écurie pour s'assurer que William avait eu soin du cheval d'Arthur ; fit une apparition dans la cuisine pour recommander à la vieille cuisinière que les deux perdreaux fussent rôtis en temps convenable, attention qui ne lui valut aucun remerciement ; alla prendre dans le cellier une bouteille ou deux de vin du Rhin, et entra enfin dans l'appartement où elle avait laissé Arthur, afin de voir ce qu'il devenait. Ayant eu la satisfaction de voir qu'il avait employé le temps de son absence à mettre quelque ordre dans ses vêtemens, elle lui dit qu'il ne tarderait pas à voir sa maîtresse qui était un peu indisposée, mais qui ne pourrait s'empêcher de descendre pour voir un ami dont elle faisait tant de cas.

Arthur rougit de plaisir en l'entendant parler ainsi, et ses traits animés plurent tellement aux yeux de la jeune femme de chambre, qu'elle se dit à elle-même en remontant chez sa maîtresse : — Eh bien ! si l'amour ne peut arranger les choses de manière à ce que ce jeune couple soit uni en dépit des obstacles qui les arrêtent je ne sais pourquoi, je ne croirai jamais qu'il existe un amour véritable dans le monde, quoi qu'en puisse dire Martin Sprenger, et quand il le jurerait sur l'Évangile.

En entrant dans la chambre de la jeune baronne elle vit, à sa grande surprise, que sa maîtresse, au lieu de quelqu'une des parures qu'elle possédait, avait mis la robe blanche qu'elle portait le jour où Arthur était arrivé à Geierstein. Annette parut d'abord surprise et embarrassée ; mais tout à coup elle rendit justice au goût qui avait présidé au choix de ce costume, et s'écria :

— Vous avez raison, vous avez raison, il vaut mieux aller le trouver comme une montagnarde dont le cœur est franc et ouvert.

— Mais en même temps, dit Anne en souriant, je dois dans les murs d'Arnheim me montrer à quelques égards comme la fille de mon père. Aide-moi à placer cette aigrette sur le ruban qui retient mes cheveux.

C'était un panache composé de deux plumes de vautour, attachées par une agrafe enrichie d'une superbe opale, dont la couleur changeant à chaque reflet de la lumière ravit d'admiration la jeune suivante, qui n'avait jamais rien vu de semblable dans toute sa vie.

— Eh bien ! baronne Anne, dit-elle, si ce joli joyau est réellement porté comme un signe de votre rang, c'est la seule chose appartenant à votre dignité qui me paraisse digne d'envie ; car il change de couleur à chaque instant d'une manière merveilleuse, précisément comme nos joues quand nous sommes émues.

— Hélas! Annette, dit la baronne en passant une main sur ses yeux, de tous les bijoux qu'ont possédés les femmes de ma famille c'est peut-être celui qui a été le plus fatal à celle qui le porta la première.

— En ce cas pourquoi le portez-vous? et surtout pourquoi le portez-vous aujourd'hui de préférence à tout autre jour?

— Parce qu'il me rappelle ce que je dois à mon père ; et maintenant, Annette, songe que tu dois te mettre à table avec nous et ne pas quitter l'appartement. Ne va pas te lever et courir çà et là pour servir les autres ou prendre ce dont tu auras besoin toi-même ; reste assise et tranquille, et laisse William s'acquitter de tous ces soins.

— C'est une mode qui me plaît assez ; et William nous sert de si bon cœur que c'est un plaisir de le voir. Cependant il me semble de temps en temps que je ne suis plus Annette Veilchem, mais seulement son portrait ; car je ne puis ni me lever, ni m'asseoir, ni courir, ni rester en repos, sans courir le risque de violer quelqu'une de vos règles d'étiquette ; j'ose dire qu'il n'en est pas de même de vous, qui avez toujours des manières de cour.

— Elles me sont moins naturelles que tu ne sembles le penser, Annette ; mais la contrainte qu'elles imposent me paraît plus pénible sur le gazon et en plein air que dans les murs d'un appartement.

— Ah! c'est bien vrai! La danse! — C'est une chose qui vaut bien qu'on la regrette.

— Mais ce que je regrette davantage, Annette, c'est de ne pouvoir me dire précisément si je fais bien ou mal de voir ce jeune homme, quoique ce doive être pour la dernière fois. Si mon père arrivait ! Si Ital Schreckenwald revenait !

— Votre père est trop sérieusement occupé de ses projets profonds et mystérieux, répondit la soubrette avec un ton de légèreté. Il a pris son vol vers les montagnes de Brocken-Berg, où les sorcières font le sabbat, ou bien il suit une partie de chasse avec le *Chasseur Sauvage*[1].

— Fi, Annette! Comment oses-tu parler ainsi de mon père?

— Sur ma foi, je le connais personnellement fort peu; et vous-même vous ne le connaissez guère davantage. Et comment ce que tout le monde dit être vrai se trouverait-il faux?

— Que veux-tu dire, folle? Que dit tout le monde?

— Que le comte est un sorcier, que votre grand'mère était un farfadet, et que le vieux Ital Schreckenwald est un diable incarné; mais quant à ce dernier point, il s'y trouve quelque vérité, quoi qu'il en puisse être du reste.

— Où est-il en ce moment?

— Il est allé passer la nuit dans le village pour y mettre les soldats en logement, et pour tâcher de maintenir l'ordre parmi eux; car ils sont mécontens de ne pas avoir reçu la paye qui leur avait été promise, et quand cela arrive, rien ne ressemble à un ours en colère comme un lansquenet.

— Allons, descendons, Annette. Cette soirée est peut-être la dernière que nous passerons, d'ici à bien des années, avec un reste de liberté.

Je n'entreprendrai pas de décrire l'embarras marqué avec lequel Arthur Philipson et Anne de Geierstein s'abordèrent. En se saluant, ils ne levèrent pas les yeux, et ne prononcèrent que des paroles inintelligibles; la rougeur qui couvrit les joues de la jeune baronne ne fut pas plus vive que celle de son amant timide. Pendant ce temps, la jeune et enjouée suivante, dont les idées qu'elle se faisait de l'amour se ressentaient davantage de la liberté des coutumes d'un pays qui avait quelque chose de l'antique Arcadie, regardait avec un air d'étonnement auquel il se mêlait quelque peu de mépris un couple qui, comme elle le pensait, agissait avec une réserve si peu naturelle. Arthur salua profondément la jeune baronne en lui

---

[1] Allusion à une tradition populaire d'Allemagne, relativement à un fantôme-chasseur. Dans ses premiers essais poétiques, sir Walter Scott a imité une ballade allemande, de Burger, sur ce sujet. — Éd.

présentant la main, et sa rougeur redoubla ; Anne de Geierstein, en répondant à cette politesse, ne montra pas moins de timidité, d'agitation et d'embarras. En un mot, sans qu'il se passât rien ou presque rien d'intelligible entre ce couple aimable, l'entrevue n'en eut pas moins d'intérêt. Arthur donna la main à la belle baronne, comme c'était le devoir d'un galant à cette époque, pour la conduire dans une salle voisine où le souper était servi ; et Annette, qui examinait avec une attention toute particulière tout ce qui se passait, éprouva avec surprise que les formes et le cérémonial des premières classes de la société avaient autant d'influence, même sur son esprit nourri d'idées de liberté, que les rites des Druides en avaient eu sur celui du général romain quand il s'écria :

— « Je les méprise,
« Mais ils sont imposans. »

— Pourquoi sont-ils si changés ? se demanda Annette. Quand ils étaient à Geierstein, ils ressemblaient aux autres garçons et aux autres filles, si ce n'est qu'Anne était plus jolie ; et maintenant ils marchent en mesure comme s'ils allaient danser un grave pavin, et se traitent avec autant de respect que s'il était Landamman d'Underwald, et qu'elle fût la première dame de Berne. Tout cela est sans doute fort beau, mais ce n'est pas ainsi que Martin Sprenger fait l'amour.

Les circonstances dans lesquelles se trouvaient ces deux jeunes gens leur rappelaient évidemment les habitudes de courtoisie cérémonieuse auxquelles chacun d'eux pouvait avoir été accoutumé dans sa première jeunesse. Tandis que la baronne jugeait nécessaire d'observer le plus strict décorum pour justifier à ses yeux l'admission d'Arthur dans l'intérieur de sa retraite, celui-ci, de son côté, s'efforçait de montrer par la profondeur de son respect qu'il était incapable d'abuser de la bonté qu'elle lui témoignait. Ils se mirent à table à une telle distance l'un de l'autre, que la vertu la plus scrupuleuse n'aurait pu y trouver rien à redire. William les servit avec adresse et intelligence, en jeune laquais habitué à remplir cette fonction ; et Annette se plaçant entre eux deux et s'efforçant d'imiter aussi bien qu'elle le pouvait tout ce qu'elle les voyait faire, montra toute la civilité qu'on devait attendre de la suivante d'une baronne. Cependant elle commit quelques méprises. En général elle se conduisit comme un lévrier en lesse qui est prêt à s'élancer à chaque instant, et elle n'était retenue que par la réflexion qu'elle devait demander ce qu'elle aurait préféré aller prendre elle-même.

Elle enfreignit encore plusieurs autres règles d'étiquette après le souper, quand William se fut retiré. Elle prenait part à la conversation avec trop peu de cérémonie. Souvent il lui arrivait de ne donner à sa maîtresse que le nom d'Anne, et elle oubliait même quelquefois le décorum au point de lui parler ainsi qu'à Arthur par *tu* et par *toi*; ce qui était alors et ce qui est encore aujourd'hui en Allemagne un solécisme épouvantable en politesse. Ses inadvertances produisirent du moins un bon effet. Elles fournirent aux deux jeunes gens un sujet de réflexion étranger à leur situation respective, elles diminuèrent un peu leur embarras, et leur permirent d'échanger un sourire aux dépens de la pauvre Annette. Elle ne fut pas long-temps sans s'en apercevoir ; et à demi piquée, à demi charmée de trouver une excuse pour dire ce qui se passait dans son esprit, elle s'écria avec hardiesse :

— Vous vous êtes tous deux bien amusés à mes dépens sans contredit, parce que pendant le souper j'avais envie de me lever pour aller chercher ce dont j'avais besoin, au lieu d'attendre que ce pauvre garçon, qui ne faisait que courir du buffet à la table et de la table au buffet, eût le temps de me le donner. Et à présent vous riez de moi, parce que je vous donne les noms que vous avez reçus de la sainte Église lors de votre baptême, et que je dis *tu* et *toi* en m'adressant à un *Iungster* et à une *Yungfrau*[1], comme je le ferais si j'étais à genoux pour prier le ciel. Mais en dépit de vos nouvelles fantaisies, je vous dirai que vous n'êtes que deux enfans qui ne savent pas ce qu'ils veulent, et que vous perdrez à plaisanter

(1) Jeune homme et jeune fille. — Tr.

le seul moment qui vous est accordé pour assurer votre propre bonheur. Ne froncez pas ainsi le sourcil, ma douce maîtresse, madame la baronne; j'ai vu trop souvent le mont Pilate pour avoir peur d'un front sourcilleux.

— Silence, Annette, lui dit sa maîtresse, ou sortez de l'appartement.

— Si je n'étais pas votre amie plus que la mienne, répondit l'opiniâtre Annette sans se laisser intimider, j'en sortirais sur-le-champ, et du château aussi; je vous laisserais ici tenir votre maison avec votre aimable sénéchal, Ital Schreckenwald.

— Si ce n'est par amitié, que ce soit par honte ou par charité, Annette, taisez-vous, ou quittez cette chambre!

— Ma foi, mon trait est parti; mais au bout du compte, je n'ai fait que donner à entendre ce que tout le monde disait sur la pelouse à Geierstein, le soir que l'arc de Buttisholz a été tendu. Vous savez que l'ancienne prophétie dit...

— Silence, pour l'amour du ciel, dit la jeune baronne, ou il faudra que ce soit moi qui m'envole d'ici.

— Ah! dit Annette changeant de ton, comme si elle eût craint que sa maîtresse ne se retirât véritablement; s'il faut que vous vous *envoliez*[1], on ne peut résister à la nécessité; et je ne connais personne en état de vous suivre. Savez-vous, monsieur Arthur, que ma maîtresse aurait besoin d'avoir pour femme de chambre, non une bonne jeune fille de chair et de sang, comme vous me voyez, mais un être dont la substance fût aussi déliée que le fil de la Vierge, et qui ne respirât que les particules les plus subtiles de l'air? M'en croirez-vous? bien des gens pensent qu'elle est alliée à la race des esprits élémentaires, et c'est ce qui la rend plus timide que les autres filles de ce monde.

Anne de Geierstein parut charmée de trouver une occasion de détourner la conversation à laquelle avait donné lieu l'esprit un peu volontaire de sa suivante, et de la faire tomber sur des sujets plus indifférens, quoique ayant encore personnellement rapport à elle-même.

(1) Le mot anglais signifie à la fois *voler* et *fuir*. — Tr.

— Le signor Arthur, dit-elle, croit peut-être avoir quelque raison pour concevoir les soupçons étranges auxquels votre extravagance vient de faire allusion, et que quelques personnes, tant en Allemagne qu'en Suisse, sont assez folles pour croire véritables. Avouez, signor Arthur, que vous avez eu sur moi des idées bien singulières quand vous m'avez vue passer près de vous pendant que vous étiez de garde sur le pont de Graff's-Lust, la nuit dernière.

Les souvenir de toutes les circonstances qui l'avaient alors tellement surpris produisit un tel effet sur l'esprit d'Arthur, qu'il lui fallut quelques instans pour pouvoir faire une réponse, encore cette réponse ne fut-elle composée que de quelques mots sans liaison.

— J'avoue que j'ai entendu dire..., c'est-à-dire Rodolphe Donnerhugel m'a raconté...; mais que j'aie pu croire que vous fussiez autre chose qu'une chrétienne...

— Ah! s'écria Annette, si c'est de Rodolphe que vous tenez vos informations, vous avez entendu tout ce qu'on peut dire de pire sur ma maîtresse et sa famille. Rodolphe est un de ces personnages prudens qui trouvent des défauts aux marchandises qu'ils ont dessein d'acheter, et qui cherchent à les déprécier afin d'en dégoûter les autres. Oui, il vous a raconté une belle histoire de lutin en vous parlant de la grand'mère de la baronne; et véritablement il est arrivé, j'ose le dire, que les circonstances ont donné à vos yeux quelque apparence de réalité à...

— Point du tout, Annette, s'écria Arthur; j'ai regardé comme ne méritant aucune foi tout ce que j'ai jamais entendu dire d'étrange et d'incompréhensible relativement à votre maîtresse.

— Pas tout-à-fait, je crois, reprit Annette, sans faire attention aux signes de mécontentement de sa maîtresse, et je suppçonne fortement que j'aurais eu beaucoup plus de peine à vous attirer en ce château, si vous aviez su que vous approchiez d'un lieu hanté par la Nymphe du Feu, la Salamandre, comme on appelle sa grand'mère, pour ne rien dire du sentiment que vous aurait fait éprouver l'idée de revoir la descente de la Fille au Manteau de Fer.

— Encore une fois, Annette, silence, dit la jeune baronne. Puisque le hasard a permis cette entrevue, je ne veux pas laisser échapper cette occasion de désabuser notre ami des bruits absurdes qu'il a écoutés avec doute et surprise peut-être, sinon avec une incrédulité absolue.

« Signor Arthur, continua-t-elle, il est très vrai que mon grand-père maternel le baron d'Arnheim était un homme qui avait de grandes connaissances dans les sciences abstraites. Il était aussi président d'un tribunal dont vous pouvez avoir entendu parler, et qu'on appelle le saint *Vehmé*. Un soir, un étranger poursuivi par les agens de cette cour, qu'il n'est pas prudent même de nommer, arriva au château de mon aïeul, réclama sa protection, et invoqua les droits de l'hospitalité. Le baron voyant que cet étranger était parvenu au grade d'adepte lui accorda sa demande, et garantit qu'il se présenterait pour répondre à l'accusation portée contre lui dans un an et un jour, délai qu'il paraît avoir eu le droit d'exiger en faveur de son protégé. Ils étudièrent ensemble pendant tout ce temps, et poussèrent leurs recherches dans les mystères de la nature probablement aussi loin qu'il est possible à l'homme de le faire. A l'approche du jour fatal où l'étranger devait se séparer de son hôte, il demanda la permission de faire venir sa fille au château pour lui faire ses derniers adieux. Elle y fut introduite secrètement, et après qu'elle y eut passé quelques jours, le sort futur de son père paraissant fort incertain, le baron proposa de donner à la fille un asile chez lui, dans l'espoir de faire de nouveaux progrès avec elle dans les langues et les sciences de l'Orient. Danischemend son père y consentit, et il partit du château pour se rendre devant le *Vehmé-Gericht*, séant à Fulde. Ce qui s'ensuivit est inconnu : peut-être fut-il sauvé par le témoignage du baron d'Arnheim, peut-être fut-il abandonné au fer et à la corde. Qui ose parler de pareilles choses ?

« La belle Persane devint l'épouse de son tuteur, de son

protecteur. A un grand nombre de bonnes qualités elle joignait quelque imprudence. Elle profita de son costume et de ses manières étrangères, de sa beauté qu'on dit avoir été merveilleuse et d'une agilité qui était sans égale pour étonner et effrayer d'ignorantes dames allemandes, qui en l'entendant parler en persan et en arabe étaient disposées à la regarder comme étant en rapport avec le monde surnaturel. Son imagination était vive et fantasque, et elle aimait à se placer dans des situations qui semblaient confirmer les soupçons absurdes dont elle se faisait un amusement. Il n'y avait pas de fin aux histoires auxquelles elle donnait lieu. Sa première apparition au château avait formé une scène pittoresque, et qui tenait presque du merveilleux. A la légèreté d'un enfant elle joignait quelques fantaisies puériles; et tandis qu'elle encourageait la circulation des légendes les plus extraordinaires, elle avait avec les dames de sa condition des querelles sur le rang et la préséance, objet auquel les dames de Westphalie ont attaché en tout temps une grande importance. Cela lui coûta la vie, car le jour du baptême de ma pauvre mère, la baronne d'Arnheim mourut subitement pendant qu'une compagnie brillante était réunie dans la chapelle du château pour assister à cette cérémonie. On crut qu'elle était morte empoisonnée par la baronne de Steinfeldt avec qui elle avait eu une violente querelle, principalement occasionnée parce qu'elle avait pris le parti de la comtesse Waldstetten, son amie et sa compagne. »

— Mais l'opale, l'eau qu'on lui jeta au front? dit Arthur.

— Ah! répondit la baronne, je vois que vous désirez connaître l'histoire véritable de ma famille, dont on ne vous a appris que la légende fabuleuse. Quand mon aïeule perdit connaissance, il était tout naturel qu'on lui jetât de l'eau au visage; quant à l'opale, j'ai entendu dire qu'elle perdit son lustre en ce moment, mais on assure que c'est une propriété de cette noble pierre lorsqu'un poison quelconque en approche. Une partie de la querelle avec la baronne de Steinfeldt venait de ce que cette dame prétendait que la belle

Persane ne devait pas porter cette pierre, dont un de mes ancêtres avait dépouillé sur le champ de bataille un soudan de Trébizonde. Toutes ces circonstances se sont confondues dans la tradition, et les faits réels sont devenus un conte de fée.

— Mais vous ne m'avez rien dit sur... sur...
— Sur quoi?
— Sur votre apparition de la nuit dernière.
— Est-il possible qu'un homme de bon sens, un Anglais, ne puisse deviner l'explication que j'ai à lui donner, quoique peut-être un peu obscure? Mon père, comme vous pouvez le savoir, a joué le rôle d'un homme important dans un pays rempli de troubles, et il a encouru la haine de plusieurs puissans personnages; il est donc obligé d'user de secret dans tous ses mouvemens, et de ne pas se mettre en évidence sans nécessité. D'ailleurs il avait de la répugnance à se trouver en face de son frère le Landamman. Il me fit donc avertir quand nous entrâmes en Allemagne, que j'eusse à aller le joindre au premier signal que j'en recevrais; et ce signal devait être un petit crucifix de bronze qui avait appartenu à ma pauvre mère. Je le trouvai dans ma chambre à Graff's-Lust, avec une lettre de mon père qui m'indiquait un passage secret pour en sortir. Ce passage avait l'air d'être solidement bouché avec des pierres, mais il était facile de les déranger. Je devais sortir par là de mon appartement, gagner la porte du château, et entrer dans le bois pour y aller trouver mon père.

— C'était une entreprise étrange et dangereuse.
— Je n'ai jamais été plus consternée qu'en recevant cet ordre qui m'obligeait à quitter en secret un oncle aussi bon qu'affectionné, pour aller je ne sais où; mais je ne pouvais me dispenser d'obéir. Le lieu du rendez-vous m'était clairement expliqué. Une promenade à minuit dans les environs d'un endroit où j'étais sûre de trouver protection n'était rien pour moi, mais la précaution qu'on avait prise de placer des sentinelles à la porte gênait mes projets. Je fus obligée d'en faire confidence à quelques-uns de mes cousins Bieder-

man, qui me promirent de me laisser passer et repasser sans me faire aucune question. Vous connaissez mes cousins, ils ont un cœur excellent, mais leurs idées sont bornées, et ils sont aussi incapables d'un sentiment de délicatesse généreuse que... que certaines autres personnes. Ici elle jeta un regard sur Annette Veilchem. Ils exigèrent que je cachasse mon dessein à Sigismond, et comme ils cherchent toujours à rire aux dépens de ce bon et simple jeune homme, ils insistèrent pour que je passasse près de lui de manière à lui persuader que j'étais un esprit, dans l'espoir de s'amuser de la terreur que lui causerait la vue d'un être surnaturel. Je fus obligée de m'assurer de leur discrétion en consentant à tout ce qu'ils me demandaient; et dans le fait, j'avais trop de regret de me dérober ainsi à mon oncle pour songer beaucoup à autre chose. Mais je fus bien surprise quand, contre mon attente, je vous trouvai de garde sur le pont au lieu de Sigismond. Je ne vous demande pas quelles furent vos idées en ce moment.

— Les idées d'un fou, d'un triple fou. Si je ne l'avais pas été, je vous aurais offert de vous escorter, et mes armes...

— Je n'aurais pas accepté votre protection. Le but de mon excursion devait, sous tous les rapports, rester un secret. Je trouvai mon père. Une entrevue qu'il avait eue avec Donnerhugel avait changé la résolution qu'il avait formée de m'emmener avec lui cette nuit même. Cependant je le rejoignis ce matin de bonne heure, tandis qu'Annette jouait mon rôle et tenait ma place à la suite de la députation suisse, mon père ne voulant pas qu'on sût quand et avec qui j'avais quitté mon oncle et son escorte. Je n'ai pas besoin de vous rappeler que je vous ai vu dans votre prison.

— Et que vous m'avez sauvé la vie, rendu la liberté.

— Ne me demandez pas la raison de mon silence. J'agissais alors d'après les ordres des autres, et non d'après ma propre volonté. On favorisa votre fuite pour établir une communication entre les Suisses qui étaient hors de la ville, et les soldats qui se trouvaient dans l'intérieur. Après votre départ de la Férette, j'appris de Sigismond Biederman qu'un parti de bandits vous poursuivait vous et votre père dans le dessein de vous dépouiller. Mon père m'avait fourni le moyen de métamorphoser Anne de Geierstein en baronne allemande. Je partis sur-le-champ, et je m'applaudis de vous avoir donné un avis qui a pu vous être utile.

— Mais mon père? dit Arthur.

— J'ai tout lieu d'espérer qu'il est en sûreté. D'autres que moi désirent le protéger ainsi que vous, surtout le pauvre Sigismond. Et maintenant que vous avez entendu l'explication de tous ces mystères, Arthur, il est temps que nous nous séparions, et pour toujours.

— Que nous nous séparions! et pour toujours! répéta Arthur d'une voix qui semblait être un écho éloigné.

— Le destin le veut ainsi. J'en appelle à vous-même. N'est-ce pas votre devoir? c'est aussi le mien. Vous partirez pour Strasbourg au lever du soleil, et... et... nous ne nous reverrons plus.

Cédant à une passion ardente qu'il ne put réprimer, Arthur se jeta aux pieds d'Anne de Geierstein, dont la voix défaillante en prononçant ces derniers mots prouvait clairement les sentimens qui l'agitaient. Elle chercha des yeux Annette, mais Annette avait disparu en ce moment très critique; et pendant quelques secondes sa maîtresse n'en fut peut-être pas fâchée.

— Levez-vous, Arthur, levez-vous, dit-elle; il ne faut pas vous abandonner à des sentimens qui pourraient nous être funestes à tous deux.

— Écoutez-moi avant que je vous dise adieu.... adieu pour toujours. On écoute la voix d'un accusé, quelque mauvaise que puisse en être la cause. Je suis chevalier, fils et héritier d'un comte dont le nom s'est fait connaître en Angleterre, en France, et partout où la valeur peut procurer de la renommée.

— Hélas! dit Anne d'une voix faible, je ne soupçonnais que depuis trop long-temps ce que vous m'apprenez. Mais levez-vous, levez-vous, de grace!

— Pas avant que vous ne m'ayez entendu, répondit Arthur en lui saisissant une main qui tremblait, mais qui cherchait à peine à se dérober aux siennes. Écoutez-moi, ajouta-t-il avec la chaleur d'un premier amour qui a renversé les obstacles que lui opposaient la timidité et la défiance de soi-même ; je conviens que mon père et moi nous sommes chargés d'une mission très dangereuse et dont le succès est douteux. Vous en apprendrez bientôt le résultat ; s'il est favorable, vous entendrez parler de moi sous mon véritable nom : si je succombe, je dois.... je puis.... oui, je réclame une larme d'Anne de Geierstein. Mais si j'échappe au danger, j'ai encore un cheval, une lance, une épée, et vous entendrez parler noblement de celui que vous avez protégé trois fois contre des périls imminens.

— Levez-vous, levez-vous, répéta la jeune baronne, dont les larmes commençaient à couler et tombaient sur la tête de son amant tandis qu'elle cherchait à le relever. J'en ai assez entendu ; vous écouter serait le comble de la démence, et pour vous et pour moi.

— Un seul mot de plus. Tant qu'Arthur aura un cœur il battra pour vous ; tant qu'il pourra lever un bras, ce bras sera prêt à vous défendre et à vous protéger.

En ce moment, Annette rentra précipitamment.

— Partez ! partez ! s'écria-t-elle. Schreckenwald est de retour ; il apporte quelques nouvelles terribles, et je crois qu'il vient de ce côté.

Arthur s'était relevé au premier signal d'alarme.

— Si votre maîtresse court quelque danger, Annette, dit-il, elle a du moins près d'elle un ami sincère.

Annette regarda la baronne avec un air d'inquiétude.

— Mais Schreckenwald ! s'écria-t-elle ; Schreckenwald, l'intendant de votre père, son confident ! Réfléchissez-y bien ! Je puis cacher Arthur quelque part.

Anne de Geierstein avait déjà recouvré tout son calme, et elle répondit avec dignité :

— Je n'ai rien fait qui doive offenser mon père. Si Schreckenwald est l'intendant de mon père, il est mon vassal. Je n'ai pas besoin de lui cacher qui je reçois ici. Asseyez-vous, signor Arthur, et recevons cet homme. Qu'il vienne sur-le-champ, Annette; qu'il nous fasse part des nouvelles qu'il apporte; et dis-lui qu'en me parlant il se souvienne qu'il parle à sa maîtresse.

Arthur se rassit, rendu encore plus fier du choix qu'il avait fait par la noble intrépidité d'une jeune personne qui venait de prouver un instant auparavant qu'elle était susceptible des sentimens les plus doux de son sexe.

Annette, puisant un nouveau courage dans la fermeté de sa maîtresse, sortit en battant des mains et en disant à demi-voix : — Après tout, je vois que c'est quelque chose que d'être baronne quand on peut soutenir sa dignité de cette manière. Comment se fait-il que cet homme grossier m'ait fait une telle frayeur ?

CHAPITRE XXIII.

« L'affaire dont il faut traiter à petit bruit,
« Qui comme les esprits marche pendant la nuit,
« Est tout autre que celle ayant pour caractère
« D'aller droit à son but sans craindre la lumière. »
SHAKSPEARE.

La petite compagnie attendit alors hardiment la présence de l'intendant. Arthur flatté et encouragé par la fermeté qu'Anne avait montrée lorsque l'arrivée de cet individu avait été annoncée, réfléchit à la hâte sur le rôle qu'il devait jouer dans la scène qui allait avoir lieu, et il résolut prudemment de n'y prendre une part active et personnelle qu'autant qu'il verrait, d'après la conduite d'Anne de Geierstein, que cela pourrait lui être utile ou agréable. Il s'assit donc à quelque distance d'elle, près de la table sur laquelle leur souper venait de leur être servi, déterminé à agir de la manière que les regards d'Anne lui feraient présumer la plus sage et la plus convenable. Il chercha en même temps à voiler la vive inquiétude qu'il éprouvait sous l'apparence de ce calme respectueux que prend un homme d'un rang inférieur quand il est admis en présence d'une personne bien au-dessus de lui. De son côté, la jeune baronne parut se préparer à une entrevue importante. Un air de dignité succéda à l'extrême agitation qu'elle avait montrée si récemment, et s'occupant à travailler à quelque ouvrage de son sexe, elle sembla aussi attendre avec tranquillité la visite qui avait disposé sa suivante à concevoir tant d'alarmes.

On entendit quelqu'un monter l'escalier d'un pas précipité et inégal, comme s'il eût été pressé et agité en même temps. La porte s'ouvrit, et Ital Schreckenwald entra dans l'appartement.

Les détails donnés à Philipson par le Landamman d'Underwald ont déjà fait connaître en partie cet individu à nos lecteurs. C'était un homme de grande taille, bien fait, et avec un air militaire. Son habit, semblable à celui que portaient alors en Allemagne les hommes d'un rang distingué, était festonné, taillé, et en général plus orné que celui qui était adopté en France et en Angleterre. La plume de faucon qui décorait sa toque, suivant l'usage universel, était attachée par un médaillon d'or qui lui servait d'agrafe. Il portait un pourpoint de peau de buffle, comme armure défensive, mais, en phrase de tailleur, galonné sur toutes les coutures ; et l'on voyait sur sa poitrine une chaîne d'or, emblème du rang qu'il occupait dans la maison du baron. Il entra à la hâte, d'un air mécontent et affairé, et dit d'un ton assez grossier : — Comment, jeune dame ! Que veut dire ceci ? Des étrangers dans le château à une pareille heure de la nuit !

Anne de Geierstein, quoiqu'elle eût été long-temps absente de son pays natal, en connaissait parfaitement les habitudes et les usages ; et elle savait avec quelle hauteur les nobles faisaient sentir leur autorité à tout ce qui dépendait d'eux.

— Êtes-vous un vassal d'Arnheim, Ital Schreckenwald? lui dit-elle, et osez-vous parler à la baronne d'Arnheim, dans son propre château, en élevant la voix avec un air insolent et la tête couverte? Songez à ce que vous êtes; et quand vous m'aurez demandé pardon de votre impertinence, je pourrai écouter ce que vous avez à me dire, pourvu que vous vous expliquiez en termes convenables à votre condition et à la mienne.

La main de Schreckenwald se porta à sa toque en dépit de lui-même, et découvrit son front hautain.

— Pardon, noble baronne, dit-il d'un ton un peu plus doux, si ma précipitation m'a fait parler trop brusquement, mais le cas est urgent. Les soldats du Rhingrave viennent de se mutiner. Ils ont déchiré le drapeau de leur maître, et se sont ralliés autour d'une bannière indépendante qu'ils appellent l'enseigne de Saint-Nicolas. Ils déclarent qu'ils maintiendront la paix avec Dieu, mais qu'ils feront la guerre à tout le monde. Ce château ne peut leur échapper, car ils disent que la première chose qu'ils aient à faire est de s'emparer d'une place forte pour s'y maintenir. Il faut donc que vous partiez d'ici au point du jour. En ce moment ils s'occupent à boire le vin des paysans; ils s'endormiront ensuite, mais en s'éveillant ils marcheront indubitablement vers ce château, et vous pourriez tomber entre les mains de gens qui ne s'inquiéteront pas plus de la terreur qu'inspire Arnheim que des fictions d'un conte de fée, et qui ne feront que rire des prétentions de la maîtresse du château à être honorée et respectée.

— Est-il donc possible de leur résister? Ce château est fort, et il me répugne d'abandonner la demeure de mes pères sans essayer de la défendre.

— Cinq cents hommes de garnison pourraient suffire pour en défendre les tours et les murailles; mais l'entreprendre avec un moindre nombre, ce serait le comble de la folie; et je ne sais comment m'y prendre pour rassembler une vingtaine de soldats. Et maintenant que vous savez toute l'histoire, permettez-moi de vous prier de congédier cet étranger, bien jeune à ce qu'il me paraît pour être admis chez une dame comme vous. Je lui montrerai le chemin le plus court pour sortir du château ; car dans le cas urgent où nous nous trouvons, nous devons nous contenter de songer à notre propre sûreté.

— Et où vous proposez-vous d'aller? demanda la baronne, conservant toujours à l'égard de Schreckenwald cet air d'autorité absolue auquel il cédait avec quelques marques d'impatience, comme un cheval fougueux trépigne sous un cavalier en état de le maîtriser.

— J'ai dessein d'aller à Strasbourg, c'est-à-dire si vous le trouvez bon, avec telle escorte que je pourrai rassembler d'ici au point du jour. J'espère que nous pourrons passer sans être aperçus par les mutins ; et si nous en rencontrons quelque détachement, je crois qu'il ne nous sera pas difficile de forcer le passage.

— Et pourquoi préférez-vous chercher un asile à Strasbourg plutôt qu'ailleurs?

— Parce que je crois que nous y trouverons le père de Votre Excellence, le noble comte Albert de Geierstein.

— C'est bien, répondit la jeune baronne. Signor Philipson, je crois que vous parliez aussi de vous rendre à Strasbourg. Si cela vous convient, vous pourrez profiter de la protection de mon escorte pour gagner cette ville où vous devez rejoindre votre père.

On croira aisément qu'Arthur accepta avec grand plaisir une offre qui devait prolonger le temps qu'il avait à passer dans la compagnie d'Anne de Geierstein, et qui pouvait, comme sa vive imagination le lui suggéra, lui fournir l'occasion de lui rendre quelque important service sur une route pleine de dangers.

Ital Schreckenwald voulut faire des représentations.

— Noble baronne, dit-il en donnant de nouvelles marques d'impatience...

— Respirez à loisir, Schreckenwald, dit Anne, et vous serez en état de vous exprimer distinctement et avec le respect convenable.

Le vassal insolent jura entre ses dents, mais répondit avec une civilité contrainte :

— Permettez-moi de vous faire observer que notre situation exige que nous n'ayons à songer qu'à vous seule. Nous ne serons pas en trop grand nombre pour vous défendre, et je ne puis permettre à aucun étranger de voyager avec nous.

— Si je croyais que ma présence dût être nuisible ou même inutile à la retraite de cette dame, dit Arthur, rien au monde, sire écuyer, ne pourrait me déterminer à accepter son offre obligeante. Mais je ne suis ni une femme ni un enfant ; je suis dans toute la force de l'âge, et disposé à payer de ma personne pour la défense de votre maîtresse.

— Si nous ne devons pas douter de votre courage et de votre savoir-faire, jeune homme, répliqua Schreckenwald, qui nous répondra de votre fidélité?

— En tout autre lieu, s'écria Arthur, il pourrait être dangereux d'en douter.

Anne se hâta de les interrompre. — Puisque nous devons partir de si grand matin, dit-elle, il est temps d'aller prendre quelque repos ; et cependant il faut nous tenir sur nos gardes en cas d'alarme. Schreckenwald, je compte sur vos soins pour placer quelques sentinelles sur les murailles. Je présume que vous avez assez de monde pour cela ; et écoutez-moi bien: mon bon plaisir, ma volonté est que cet étranger loge ici cette nuit, et qu'il voyage demain avec nous. Votre devoir est d'obéir à mes ordres, et j'en serai responsable à mon père. J'ai eu l'occasion de connaître ce jeune homme et son père, qui ont passé quelque temps chez mon oncle le Landamman. Vous le placerez à votre côté pendant le voyage, et je vous ordonne d'avoir pour lui autant de politesse que le permettra la rudesse de votre caractère.

Ital Schreckenwald la salua avec respect, mais en lui adressant un regard plein d'amertume qu'il serait difficile de décrire ; car il exprimait le dépit, un orgueil humilié et une soumission forcée. Il obéit pourtant, et il conduisit Arthur dans une chambre où il trouva un bon lit, qui après l'agitation et les fatigues qu'il avait éprouvées la journée précédente ne lui fut nullement désagréable.

Malgré l'impatience avec laquelle il attendait le point du jour, l'excès de la fatigue le plongea dans un profond sommeil qui durait encore quand il fut éveillé, à l'instant où le firmament se teignait d'une couleur de rose du côté de l'orient, par la voix de Schreckenwald, qui criait : — Debout, sire Anglais, debout, si vous voulez payer de votre personne comme vous vous en êtes vanté. Nous devrions déjà être en selle, et nous n'attendrons pas les paresseux.

Se lever et s'habiller furent pour Arthur l'affaire d'un instant : il n'oublia pas de mettre sa cotte de mailles, et de se munir des armes nécessaires pour jouer un rôle actif dans l'escorte s'il était nécessaire. Il courut ensuite à l'écurie pour faire seller son cheval ; et comme il traversait les corridors du rez-de-chaussée pour se rendre dans la cour, il entendit Annette Veilchem lui dire à demi-voix :

— Par ici, signor Philipson ; j'ai besoin de vous parler. Et en même temps la jeune suivante lui fit signe d'entrer dans une petite chambre où il se trouva seul avec elle.

— N'avez-vous pas été surpris, lui dit-elle, de voir ma maîtresse se faire si bien obéir par Ital Schreckenwald, qui frappe de terreur tous les autres avec son air farouche et son ton bourru ? Il semble qu'il lui soit si naturel de commander, qu'au lieu d'être baronne elle devrait être impératrice. Il faut que cela soit dû à sa naissance après tout ; car hier soir j'ai essayé de prendre un air imposant comme ma maîtresse, et le croiriez-vous ? cette brute de Schreckenwald m'a menacée de me jeter par la fenêtre ; mais si jamais je revois Martin Sprenger, je saurai si le bras d'un Suisse a de la force, et s'il est en état de jouer du bâton. Mais je m'amuse ici à jaser tandis que je devrais vous dire que ma maîtresse désire vous voir un instant avant que nous montions à cheval.

— Votre maîtresse ! s'écria Arthur en tressaillant ; pourquoi avez-vous perdu ainsi du temps? Que ne me l'avez-vous dit plus tôt?

— Parce que je n'étais chargée que de vous retenir ici jusqu'à ce qu'elle vînt, et... et la voilà.

Anne de Geierstein entra en costume de voyage. Annette, toujours disposée à faire pour les autres ce qu'elle aurait voulu qu'on fît pour elle, fit un mouvement pour sortir de l'appartement; mais sa maîtresse, qui avait évidemment pris son parti sur ce qu'elle avait à dire ou à faire, lui ordonna positivement de rester.

— Je suis sûre, dit-elle, que le signor Philipson interprétera convenablement le sentiment d'hospitalité, je puis dire d'amitié, qui m'a empêchée de souffrir qu'on le congédiât de mon château, et qui m'a déterminée à lui permettre de m'accompagner sur la route un peu dangereuse de Strasbourg. A la porte de cette ville nous nous séparerons, moi pour aller joindre mon père, vous pour vous mettre sous les ordres du vôtre. A compter de ce moment tout rapport finit entre nous, et nous ne devons nous souvenir l'un de l'autre que comme nous pensons aux amis dont la mort nous a privés.

— Il est de tendres souvenirs, dit Arthur d'un ton passionné, qui sont plus chers à nos cœurs que tous ceux que le tombeau peut nous offrir.

— Pas un mot sur ce ton, reprit la baronne. Toute illusion doit finir avec la nuit, et la raison doit s'éveiller avec l'aurore. Encore un mot. Ne m'adressez pas la parole sur la route; en le faisant vous pourriez m'exposer à des soupçons désagréables et injurieux, vous attirer des querelles, et courir des dangers. Adieu, notre escorte est prête à monter à cheval.

Elle sortit de l'appartement, et y laissa Arthur en proie au désappointement et à la tristesse. La patience, il osait même dire la manière favorable avec laquelle Anne de Geierstein avait écouté la veille l'aveu de sa passion, ne l'avait pas préparé à l'air de réserve et de retenue qu'elle lui montrait maintenant. Il ignorait qu'un cœur noble, quand la sensibilité et la passion l'ont écarté un instant du sentier des principes et du devoir, s'efforce de réparer cette faute en y rentrant sur-le-champ et en suivant plus exactement la ligne droite qu'il a un moment quittée. Il jeta un regard douloureux sur Annette qui, de même qu'elle était entrée dans cette chambre avant sa maîtresse, avait pris la liberté d'y rester une minute après son départ; mais il ne trouva aucune consolation dans les yeux de la suivante qui semblait aussi déconcertée qu'il l'était lui-même.

— Je ne puis concevoir ce qui lui est arrivé, dit Annette : elle me témoigne autant de bonté que jamais; mais à l'égard de tout autre elle est baronne et comtesse jusqu'au bout des doigts. Et maintenant voilà qu'elle commence à tyranniser ses propres sentimens qui sont si naturels! Si c'est là de la grandeur, Annette Veilchem espère bien rester toujours une simple montagnarde ne possédant pas un sou : elle est maîtresse d'elle-même du moins; elle est libre de causer avec son amoureux quand bon lui semble, pourvu que la religion et la modestie n'aient point à se plaindre de cette conversation. Oh! une marguerite placée dans mes cheveux me paraît au-dessus de toutes les opales de l'Inde, si ces joyaux nous obligent à faire notre tourment et celui des autres, et nous empêchent de dire ce que nous pensons quand nous avons le cœur sur les lèvres. Mais ne craignez rien, Arthur; si elle a la cruauté de vouloir vous oublier, vous pouvez compter sur une amie qui, tant qu'elle aura une langue et que Anne pourra l'entendre, la mettra dans l'impossibilité d'y réussir.

A ces mots Annette se retira après avoir indiqué à Arthur un corridor par lequel il pourrait arriver à la cour des écuries. Il y trouva son cheval sellé et harnaché, ainsi qu'une vingtaine d'autres. Douze étaient couverts d'une armure défensive, étant destinés à un pareil nombre d'hommes d'armes, vassaux de la famille d'Arnheim, que le sénéchal avait réussi à réunir pour ce service. Deux palefrois distingués par la magnificence de leurs harnais attendaient Anne de Geierstein et sa suivante favorite. Les autres chevaux étaient pour les domestiques et les servantes. Au signal qui fut donné, les soldats prirent leurs lances et se placèrent chacun près de sa monture où ils restèrent jusqu'à ce que la baronne fût à cheval ainsi que ses domestiques. Ils se mirent alors en selle et commencèrent à marcher à pas lents et avec précaution. Schreckenwald était en avant, ayant à son côté Arthur Philipson. Anne et sa suivante marchaient au centre de l'escorte, suivies par la troupe peu belliqueuse des domestiques, et deux ou trois cavaliers expérimentés formaient l'arrière-garde, avec ordre de prendre les mesures nécessaires pour être à l'abri de toute surprise.

Lorsqu'on fut en marche, la première chose qui surprit Arthur fut de ne pas entendre le son aigu et retentissant que rendent les pieds des chevaux lorsque leurs fers sont en contact avec la pierre; mais quand le jour commença à paraître il s'aperçut qu'on leur avait soigneusement entouré les pieds de laine. C'était une chose singulière que de voir cette petite troupe descendre le chemin rocailleux qui conduisait du château dans la plaine, sans faire entendre ce bruit que nous sommes disposés à considérer comme inséparable des mouvemens de la cavalerie, et dont l'absence semblait donner un caractère particulier et presque surnaturel à cette cavalcade.

Ils suivirent ainsi le sentier sinueux du château d'Arnheim au village voisin qui, conformément à l'ancienne coutume féodale, était situé si près de la forteresse que ceux qui l'habitaient, lorsqu'ils en étaient requis par leur seigneur, pouvaient en quelques instans accourir à sa défense; mais il avait alors des habitans tout différens, étant occupé par les soldats révoltés du Rhingrave. Quand l'escorte approcha de l'entrée du village, Schreckenwald fit un signe, et l'on fit halte à l'instant. Il marcha alors en avant accompagné d'Arthur, pour faire une reconnaissance, tous deux s'avançant avec mesure et circonspection. Le plus profond silence régnait dans les rues désertes. On y voyait çà et là un soldat qui paraissait avoir été mis en sentinelle, mais tous étaient profondément endormis.

—Les pourceaux de mutins! dit Schreckenwald. Quelle bonne garde ils font et quel joli réveil-matin je leur donne-

rais, si mon premier objet ne devait pas être de protéger cette
péronnelle acariâtre ! Étranger, restez ici tandis que je vais
retourner pour faire avancer l'escorte. Il n'y a aucun danger.

A ces mots Schreckenwald quitta Arthur qui, resté seul
dans la rue d'un village rempli de bandits quoique endormis
en ce moment, n'avait pas lieu de se regarder comme en parfaite sûreté. Quelques rimes de chanson à boire que quelque
ivrogne répétait en rêvant, ou le grondement de quelque
chien de village, semblait pouvoir servir de signal à cent brigands pour se lever et se montrer à lui. Mais au bout de deux
ou trois minutes la cavalcade silencieuse conduite par Ital
Schreckenwald le rejoignit, et suivit son chef en prenant les
plus grandes précautions pour ne donner aucune alarme. Tout
alla bien jusqu'à ce qu'ils arrivassent à l'autre bout du village ;
mais alors, quoique le *baaren-hauter*[1] qui y était de garde
fût aussi ivre et aussi assoupi que ses compagnons, un gros
chien couché près de lui fut plus vigilant. Dès que la petite
troupe approcha, l'animal poussa des hurlemens furieux, capables d'éveiller les Sept-Dormans[2], et qui interrompirent
effectivement le sommeil de son maître. Le soldat prit sa ca-
rabine et lâcha son coup sans savoir ni pourquoi ni contre
qui. La balle frappa pourtant le cheval d'Arthur ; l'animal
tomba, et la sentinelle se précipita sur le cavalier renversé,
soit pour le tuer, soit pour le faire prisonnier.

— En avant, soldats d'Arnheim ! s'écria Schreckenwald ; ne
songez qu'à la sûreté de votre maîtresse !

— Arrêtez ! je vous l'ordonne ; secourez l'étranger ! sur
votre vie ! s'écria Anne d'une voix qui, quoique naturellement

---

(1) Littéralement, « celui qui porte une peau d'ours, » sobriquet qu'on donne
aux soldats allemands. — Aut. — C'est un terme de mépris. — Tr.

(2) Cette allusion aux *Sept-Dormans* revient souvent dans les romans de Walter
Scott. C'est une légende chrétienne qui a passé dans le *merveilleux* oriental. Sous le
règne de Décius, des jeunes gens d'Éphèse se réfugièrent, pour éviter la persécution,
dans une caverne où ils dormirent plusieurs années. Un chien les avait suivis, et
lorsqu'ils tentèrent de le chasser, l'animal leur dit : « J'aime ceux qui sont chers à
« Dieu ; dormez, je vous garderai. » Ce chien est avec l'âne de Balaam dans le paradis de Mahomet. — Éd.

douce, se fit entendre, comme le son d'un clairon d'argent, de tous ceux qui l'entouraient. Je ne ferai pas un seul pas qu'il ne soit hors de danger.

Schreckenwald avait déjà fait sentir l'aiguillon à son coursier; mais voyant qu'Anne refusait d'avancer, il revint sur ses pas, saisit un cheval sellé et bridé qui était attaché à un piquet, en jeta les rênes à Arthur, et poussant le sien en même temps entre l'Anglais et le soldat, il força celui-ci à lâcher prise. A l'instant même Philipson se mit en selle, et le lansquenet se précipitant encore sur lui pour le saisir, il prit une hache d'armes qui était suspendue à l'arçon de la selle de sa nouvelle monture, et lui en porta un coup qui le renversa. Toute la troupe partit alors au galop, car l'alarme commençait à se répandre dans le village, et l'on voyait quelques soldats sortir des maisons et se disposer à monter à cheval. Avant que Schreckenwald et le cortége eussent fait un mille, ils entendirent plus d'une fois le son des cors, et étant arrivés sur le haut d'une éminence dominant le village, le chef, qui pendant cette retraite s'était placé à l'arrière-garde, fit halte pour reconnaître l'ennemi laissé en arrière. Tout était en confusion et en tumulte dans la rue, mais on ne paraissait pas se disposer à les poursuivre. Schreckenwald continua donc sa route le long de la rivière, sans pourtant aller assez vite pour mettre hors de service le plus mauvais cheval de toute la troupe.

Après plus de deux heures de marche, Schreckenwald reprit assez de confiance pour ordonner une halte derrière un petit bois qui couvrait sa troupe, afin que les chevaux et les cavaliers pussent se reposer et prendre quelque nourriture; car il avait eu soin de se munir de fourrage et de provisions. Après avoir eu une courte conversation avec la baronne, il revint trouver son compagnon de voyage, qu'il continuait à traiter avec une civilité grossière. Il l'invita même à partager les rafraîchissemens dont il était pourvu, et qui n'étaient pas plus recherchés que ceux des simples cavaliers, mais qui étaient accompagnés d'un flacon de vin plus choisi.

— A votre santé, mon frère, dit-il à Arthur; si vous racontez avec vérité l'histoire de notre voyage, vous conviendrez que je me suis conduit à votre égard en bon camarade, il y a deux heures, en traversant le village d'Arnheim.

— Je ne le nierai jamais, monsieur, répondit Arthur Philipson, et je vous remercie de m'avoir secouru fort à propos ; n'importe que vous l'ayez fait par ordre de votre maîtresse, ou de votre propre volonté.

— Oh! oh! l'ami! s'écria Schreckenwald en riant, vous êtes un philosophe, et vous pouvez faire des distinctions pendant que votre cheval est abattu sur vous et qu'un *baarenhauter* vous tient le sabre sur la gorge! Eh bien! puisque votre esprit a fait cette découverte, je me soucie peu que vous sachiez que je ne me serais fait aucun scrupule de sacrifier vingt figures imberbes comme la vôtre, plutôt que de laisser courir le moindre danger à la jeune baronne d'Arnheim.

— Ce sentiment est si juste que je l'approuve, répondit Philipson, quoique vous eussiez pu l'exprimer d'une manière moins grossière.

En faisant cette réponse, Arthur, piqué de l'insolence de Schreckenwald, éleva un peu la voix. Cette circonstance fut remarquée, car au même instant Annette Veilchem arriva près d'eux et leur ordonna à tous deux, de la part de sa maîtresse, de parler plus bas ou plutôt de garder tout-à-fait le silence.

— Dites à votre maîtresse que je vais être muet, répondit Arthur.

— Notre maîtresse la baronne, continua Annette en appuyant sur ce titre, auquel elle commençait à attribuer l'influence d'un talisman ; la baronne, vous dis-je, prétend que le silence est très important à notre sûreté : car il serait dangereux d'attirer sur cette petite troupe fugitive l'attention des voyageurs qui peuvent passer sur la route pendant que nous faisons cette halte indispensable. Les ordres de la baronne sont donc que vous continuiez à fournir de l'occupation à vos dents le plus vite possible, mais que vous vous absteniez de donner de l'exercice à vos langues jusqu'à ce que nous soyons en lieu de sûreté.

— La baronne est prudente, dit Ital Schreckenwald, et sa suivante a de l'esprit. Annette, je bois un verre de vin de Rudersheimer à la continuation de sa sagacité, et à celle de votre aimable vivacité. Vous plaira-t-il de m'en faire raison, en buvant avec moi?

— Fi donc, tonneau allemand! fi! flacon de vin éternel! Avez-vous jamais vu une fille modeste boire du vin avant le dîner?

— Eh bien! tu n'en éprouveras pas les inspirations généreuses; contente-toi de nourrir ton humeur satirique avec du cidre acide ou du petit-lait aigre.

Après avoir pris quelques instans pour se rafraîchir, les voyageurs remontèrent à cheval, et ils marchèrent avec une telle célérité, que long-temps avant midi ils arrivèrent à la petite ville fortifiée de Kehl, située en face de Strasbourg sur la rive droite du Rhin.

C'est aux antiquaires du pays qu'il appartient de découvrir si nos voyageurs firent la traversée de Kehl à Strasbourg par le célèbre pont de bateaux qui sert aujourd'hui de moyen de communication entre les deux rives, ou s'ils passèrent le Rhin de quelque autre manière; il nous suffira de dire qu'ils le traversèrent en sûreté. Dès qu'ils furent sur l'autre rive, soit que la baronne craignît qu'Arthur n'oubliât l'avis qu'elle lui avait donné qu'ils devaient se séparer en cet endroit, soit qu'elle crût pouvoir lui dire encore quelques mots à l'instant de le quitter, avant de remonter à cheval, elle s'approcha du jeune Anglais qui ne prévoyait que trop ce qu'il allait entendre.

— Jeune étranger, lui dit-elle, je dois maintenant vous faire mes adieux. Mais permettez-moi d'abord de vous demander si vous savez où vous devez chercher votre père?

— Il m'a donné rendez-vous dans une auberge à l'enseigne du Cerf-Ailé, répondit Arthur avec un ton d'accablement, mais je ne sais pas dans quelle partie de cette grande ville elle se trouve.

— Connaissez-vous cette auberge, Ital Schreckenwald?

— Moi, noble baronne! non. Je ne connais ni Strasbourg ni les auberges de cette ville; et je crois qu'aucun de nos gens n'est plus savant que moi.

— Du moins vous parlez allemand ainsi qu'eux, reprit la baronne d'un ton sec, et vous pouvez prendre des renseignemens plus facilement qu'un étranger. Chargez-vous-en, monsieur, et n'oubliez pas que l'humanité pour un étranger est un devoir religieux.

En levant les épaules de manière à prouver que cette mission ne lui plaisait guère, Ital alla faire quelques enquêtes; et quelque courte que fût son absence, elle fournit à Anne de Geierstein l'occasion de dire en secret à Arthur : — Adieu! adieu! Acceptez ce gage d'amitié et portez-le pour l'amour de moi. Puissiez-vous être heureux !

Ses doigts déliés lui glissèrent dans la main un très petit paquet. Il se retourna pour la remercier, mais elle était déjà à quelque distance, et Schreckenwald, qui venait de reprendre sa place à son côté, lui dit avec le ton dur qui lui était ordinaire: — Allons, venez! j'ai trouvé votre lieu de rendez-vous, et je n'ai pas le loisir de jouer long-temps le rôle de chambellan.

Il précéda Arthur qui, monté sur son coursier, le suivit en silence jusqu'à un endroit où une grande rue coupait à angles droits celle qu'ils avaient prise en quittant le quai où ils avaient débarqué.

— Voilà le Cerf-Ailé, lui dit alors Ital en lui montrant une grande enseigne attachée à une énorme charpente en bois, et qui s'étendait presque sur toute la largeur de la rue. Je crois que votre intelligence pourra vous suffire pour guide, avec une telle enseigne devant les yeux.

A ces mots il fit retourner son cheval sans faire d'autres adieux au jeune étranger, et retourna joindre sa maîtresse et son escorte.

Les yeux d'Arthur s'arrêtèrent un instant sur le même

groupe, mais presque aussitôt le souvenir de son père se présenta à son esprit, et pressant la marche de son cheval fatigué il arriva à l'auberge du Cerf-Ailé.

CHAPITRE XXIV.

> « Lorsque de soie et d'or mes jours étaient filés,
> « Je régnais, il est vrai, sur la belle Angleterre ;
> « Mais mon front aujourd'hui, courbé dans la poussière,
> « Ne s'offre plus à vous ceint du bandeau des rois.
> « Contre moi le destin se déclare, et je dois
> « Me montrer résignée à mon humble fortune. »
>
> SHAKSPEARE.

Les voyageurs qui allaient loger à l'hôtellerie du Cerf-Ailé à Strasbourg n'y trouvaient guère plus de politesse et plus d'attention pour leurs besoins et leurs aises que chez Mengs et dans toutes les autres auberges de l'Empire germanique à cette époque ; mais la jeunesse et la bonne mine d'Arthur Philipson, circonstances qui ne manquent jamais ou qui manquent rarement de produire quelque effet sur le beau sexe, eurent assez d'influence sur une petite *yung frau* dont les joues vermeilles étaient embellies d'une double fossette et dont les yeux étaient bleus et la peau blanche. C'était la fille de l'aubergiste du Cerf-Ailé, vieillard que son embonpoint retenait sur sa chaise de chêne dans le *stubé*. Elle montra au jeune Anglais une condescendance qui était presque une dégradation pour la race privilégiée à laquelle elle appartenait. Non-seulement elle mit ses légers brodequins et le bas d'une jambe bien tournée en danger de se salir en traversant la cour pour lui montrer une écurie disponible, mais Arthur lui ayant demandé des nouvelles de son père, elle daigna se rappeler qu'un voyageur semblable à celui dont il lui faisait la description était venu loger le soir précédent au Cerf-Ailé, et avait dit qu'il y attendait un jeune homme, son compagnon de voyage.

— Je vais vous l'envoyer, beau sire, répondit la petite *yung frau* avec un sourire qui, si l'on doit juger du prix d'un sourire par sa rareté, devait passer pour inestimable.

Elle tint sa parole. Au bout de quelques instans Philipson entra dans l'écurie et serra son fils dans ses bras.

— Mon fils! mon cher fils! s'écria l'Anglais dont le stoïcisme céda à sa sensibilité naturelle et à sa tendresse paternelle, vous êtes pour moi le bienvenu en tout temps; mais vous l'êtes doublement dans un moment d'inquiétude et de danger, et encore davantage dans un instant qui amène précisément la crise de notre destinée. Dans quelques heures je saurai ce que nous pouvons attendre du duc de Bourgogne. Avez-vous le gage important que vous savez?

La main d'Arthur chercha d'abord ce qui dans les deux sens lui touchait le cœur de plus près, le gage d'amitié qu'Anne lui avait donné en le quittant; mais il retrouva sa présence d'esprit sur-le-champ, et il remit à son père la petite boîte qui avait été perdue et recouvrée d'une manière si étrange à la Férette.

— Depuis que vous ne l'avez vu, lui dit-il, il a couru des risques ainsi que moi. J'ai reçu l'hospitalité dans un château la nuit dernière, et ce matin un corps de lansquenets des environs s'est insurgé parce qu'il ne recevait pas sa paye. Les habitans du château ont pris la fuite pour échapper à leur violence, et comme nous passions au point du jour près de ces mutins, un *baaren-hauter* ivre a tué sous moi mon pauvre cheval, et j'ai été obligé, par voie d'échange, de me contenter de cette lourde monture flamande, avec sa selle d'acier et son mauvais chanfrein.

— Notre route est parsemée d'écueils, et j'en ai aussi rencontré ma part, car j'ai couru un grand danger, lui répondit son père sans lui en expliquer la nature, dans une auberge où j'ai passé la nuit dernière; mais j'en suis parti ce matin, et je suis arrivé ici en sûreté. J'ai enfin obtenu une escorte pour me conduire au camp du Duc, près de Dijon, et j'espère avoir une audience de lui ce soir. Alors si notre dernier espoir nous est ravi, nous nous rendrons à Marseille; nous nous y embarquerons pour l'île de Candie ou pour celle de Rhodes, et nous exposerons notre vie pour la défense de la chrétienté, puisque nous ne pouvons plus combattre pour l'Angleterre.

Arthur entendit ce discours de mauvais augure sans y rien répondre; mais il fit sur son cœur une impression aussi profonde que celle que produit sur l'esprit d'un criminel la sentence d'un juge qui le condamne à passer en prison le reste de son existence. Les cloches de la cathédrale commencèrent à sonner en ce moment, et rappelèrent à Philipson le devoir qui lui prescrivait d'entendre la messe qu'on célébrait à toute heure dans quelqu'une des chapelles de ce magnifique édifice. Il annonça son intention à son fils, et Arthur le suivit.

En approchant de la cathédrale nos voyageurs trouvèrent leur chemin obstrué, comme c'est l'usage dans les pays catholiques[1], par une foule de mendians des deux sexes, attroupés autour du portail pour fournir aux fidèles l'occasion de s'acquitter du devoir de l'aumône, devoir si positivement enjoint par les préceptes de leur Église. Les deux Anglais se débarrassèrent de leurs importunités en donnant, comme c'est la coutume en pareille occasion, quelques pièces de petite monnaie à ceux qui semblaient être dans le plus grand besoin et mériter davantage leur charité. Une grande femme qui était debout sur la dernière marche du perron près du portail tendit la main à Philipson, et celui-ci, frappé de son extérieur, lui présenta une pièce d'argent au lieu de la monnaie de cuivre qu'il avait distribuée aux autres.

— Quelle merveille! s'écria-t-elle, mais de manière à n'être entendue que de lui, quoique Arthur l'entendît également;

---

[1] A cette époque il y avait peu de pays non-catholiques. Depuis la réforme, *la taxe des pauvres* explique comment les mendians sont moins nombreux en Angleterre. — ÉD.

oui, c'est un miracle! Un Anglais avoir encore une pièce d'argent et être en état de la donner aux pauvres!

Arthur remarqua que le son de la voix de cette femme ou les paroles qu'elle venait de prononcer faisaient tressaillir son père; et dans le fait il trouvait lui-même dans ce discours quelque chose qui était au-dessus de la portée d'une mendiante ordinaire. Mais après avoir jeté un coup d'œil sur celle qui venait de parler ainsi, Philipson entra dans l'église, et donna toute son attention à la messe qu'un prêtre célébrait dans une chapelle d'une des ailes de ce splendide édifice, et qui d'après le tableau placé au-dessus de l'autel était dédiée à saint George, ce saint militaire dont la véritable histoire est si obscure, quoique sa légende populaire l'ait rendu un objet de vénération toute particulière pendant les siècles de la féodalité. La cérémonie commença et finit avec toutes les formes d'usage. Le prêtre officiant se retira avec les enfans de chœur qui avaient servi la messe, et quoique quelques-uns des fidèles qui avaient assisté à cette solennité restassent encore occupés à finir leur chapelet ou à faire quelques prières particulières, la plupart sortirent de la chapelle, soit pour passer dans une autre, soit pour aller s'occuper de leurs affaires.

Mais Arthur remarqua que tandis qu'ils s'en allaient les uns après les autres, la grande femme à qui son père avait donné une pièce d'argent continuait de rester à genoux devant l'autel, et il fut encore plus surpris que son père, qui comme il le savait avait de fortes raisons pour ne donner alors à la dévotion que le temps nécessaire pour s'acquitter des devoirs prescrits par la religion, restât également agenouillé, les yeux fixés sur cette mendiante qui avait la tête couverte d'un grand voile, et dont on aurait dit que les mouvemens devaient déterminer les siens; mais il ne se présenta à son esprit aucune idée qui pût le mettre en état de former la moindre conjecture sur les motifs que pouvait avoir son père pour agir ainsi. Il savait seulement qu'il était occupé d'une négociation critique et dangereuse qui pouvait éprouver de l'influence ou quelque interruption de différens côtés; il savait aussi que la méfiance politique avait tellement pris l'éveil en France, en Italie et dans la Flandre, que les agens les plus importans étaient souvent obligés de prendre les déguisemens les plus impénétrables, afin de s'introduire sans donner lieu à aucun soupçon dans les pays où leurs services étaient nécessaires. Louis XI surtout, dont la politique singulière semblait jusqu'à un certain point imprimer un caractère particulier à ce siècle, était connu pour avoir déguisé ses principaux émissaires sous les divers costumes de moines mendians, de ménestrels, d'Égyptiens, et d'autres voyageurs privilégiés du plus bas étage.

Arthur en conclut donc qu'il n'était pas invraisemblable que cette femme fût, comme son père et lui, quelque chose de plus que ses vêtemens ne l'indiquaient, et il résolut de bien observer la conduite de son père et de régler la sienne en conséquence. Enfin une cloche annonça qu'une grand'messe allait être célébrée au grand autel, et ce son fit sortir de la chapelle de Saint-George tous ceux qui y restaient encore, à l'exception du père et du fils, et de la femme qui était toujours agenouillée en face d'eux. Quand tous les autres en furent partis la mendiante se leva, et s'avança vers Philipson. Celui-ci croisant les bras sur sa poitrine et baissant la tête dans une attitude humble et respectueuse que son fils ne l'avait jamais vu prendre, parut attendre ce qu'elle avait à lui dire plutôt que se disposer à lui adresser la parole.

Elle s'arrêta un instant. Quatre lampes allumées devant l'image du saint jetaient une faible clarté sur son coursier et sur son armure, car il était représenté transperçant le dragon dont les ailes étendues et le cou gonflé de fureur étaient à peine visibles sous leurs rayons; le peu de jour qui régnait dans le reste de la chapelle était dû au soleil d'automne qui pouvait à peine pénétrer à travers les vitraux peints de la fenêtre longue et étroite qui en formait la seule ouverture extérieure. La lumière sombre et incertaine qu'il produisait, chargée des diverses couleurs des vitraux, tombait sur la taille majestueuse de cette femme qui semblait pourtant abattue et accablée, sur les traits mélancoliques et inquiets de Philipson, et sur ceux d'Arthur qui, avec l'intérêt ardent de la jeunesse, soupçonnait et prévoyait des suites extraordinaires d'une semblable entrevue.

Enfin elle s'approcha du côté de la chapelle où Arthur était avec son père, comme pour pouvoir s'en faire entendre plus distinctement sans être obligée d'élever la voix plus qu'elle ne l'avait fait en parlant à Philipson d'un ton grave et solennel à la porte de l'église.

— Vénérez-vous ici, lui demanda-t-elle, le saint George de Bourgogne ou le saint George de la joyeuse Angleterre, la fleur de la chevalerie?

— Je vénère, répondit Philipson les mains toujours humblement croisées sur son cœur, le saint auquel cette chapelle est dédiée, et le Dieu près duquel j'espère en son intercession, soit ici, soit dans mon pays natal.

— Oui, vous-même, vous qui avez fait partie du miroir de la chevalerie, vous pouvez oublier ce que vous avez vénéré dans la chapelle royale de Windsor; vous pouvez vous-même oublier que vous y avez fléchi un genou entouré de la jarretière, dans un lieu où des rois et des princes étaient agenouillés autour de vous, vous pouvez l'oublier, et offrir vos oraisons dans une chapelle étrangère, sans avoir le cœur troublé par la pensée de ce que vous avez été; prier comme un pauvre paysan pour avoir du pain et conserver l'existence pendant le jour qui passe sur votre tête!

— Madame, à l'époque où je pouvais avoir le plus de fierté, je n'étais devant l'Être auquel j'offrais mes prières que comme un vermisseau couvert de poussière. Aujourd'hui je ne suis ni plus ni moins à ses yeux, quelque dégradé que je puisse paraître à ceux de mes semblables.

— Comment peux-tu penser ainsi? et pourtant il est heureux pour toi que tu le puisses. Mais que sont tes pertes, comparées aux miennes?

Elle porta la main à son front, et parut un instant livrée à des souvenirs accablans.

Arthur s'approcha de son père et lui demanda à voix basse,

mais avec un ton d'intérêt irrésistible : — Mon père, qui est cette dame? serait-ce ma mère?

— Non, mon fils, répondit Philipson; silence, pour l'amour de tout ce qui vous est cher, de tout ce que vous regardez comme sacré.

La question et la réponse avaient été faites à demi-voix, cependant cette femme singulière avait entendu l'une et l'autre.

— Oui, jeune homme, dit-elle, je suis, j'ai été devrais-je dire, votre mère, la mère, la protectrice de tout ce qui était noble en Angleterre : je suis Marguerite d'Anjou.

Arthur fléchit le genou devant la veuve intrépide d'Henry VI, qui avait si long-temps, et dans des circonstances désespérées, soutenu par un courage déterminé et par une politique profonde la cause chancelante de son faible époux; et qui, si elle avait quelquefois abusé de la victoire en se livrant à la vengeance et à la cruauté, avait expié cette faute en partie par la résolution indomptable avec laquelle elle avait bravé les plus terribles orages de l'adversité. Arthur avait été élevé dans les sentiments du plus entier dévouement pour la maison alors détrônée de Lancastre, dont son père avait été un des plus nobles appuis; et ses premiers exploits, qui quoique si malheureux n'avaient été ni obscurs ni méprisables, avaient eu lieu pour cette cause. Avec un enthousiasme appartenant à son âge, et qui était aussi la suite de son éducation, il jeta sa toque par terre au même instant et se précipita aux pieds de son infortunée souveraine.

Marguerite rejeta en arrière le voile qui cachait ses traits nobles et majestueux. Elle avait encore des restes de cette beauté célébrée autrefois comme sans égale en Europe, malgré les torrens de larmes qui avaient sillonné ses joues, malgré l'inquiétude, les chagrins domestiques et l'orgueil humilié qui avaient en partie éteint le feu de ses yeux et privé son front de son caractère de dignité. La froide apathie qu'une longue suite d'infortunes et d'espérances trompées avait fait naître dans le cœur de cette malheureuse princesse céda un instant à la vue de l'enthousiasme de ce beau jeune homme. Elle lui tendit une main qu'il baisa en l'arrosant de larmes, et elle passa l'autre avec la tendresse d'une mère sur les boucles de ses cheveux, tout en cherchant à le relever. Pendant ce temps son père ferma la porte de la chapelle, s'y appuya, s'éloignant de ce groupe intéressant pour empêcher qu'aucun étranger ne vînt à entrer pendant une scène si extraordinaire.

— Ainsi donc, beau jeune homme, dit Marguerite d'une voix dans laquelle on pouvait remarquer la tendresse d'une femme combattant d'une manière étrange contre la fierté naturelle du rang et contre l'indifférence calme et stoïque causée par tant de malheurs; ainsi donc tu es le dernier rejeton de ce noble tronc, dont tant de belles branches sont tombées pour notre malheureuse cause! Hélas! que puis-je faire pour toi? Marguerite n'a pas même une bénédiction à donner! Son destin est si cruel qu'elle maudit en bénissant; elle n'a qu'à te regarder et te souhaiter du bonheur pour rendre ta perte prompte et sûre. C'est moi, moi, qui ai été le fatal arbre à poison dont l'influence a détruit toutes les belles plantes qui croissaient autour de moi et à mes côtés! j'ai causé la mort de tous mes amis, et cependant la mort ne peut me frapper moi-même!

— Ma noble et royale maîtresse, dit le père d'Arthur, que votre cœur qui a supporté tant de malheurs ne se décourage pas maintenant qu'ils sont passés, et que nous avons du moins l'espoir de voir arriver un temps plus heureux pour vous et pour l'Angleterre.

— Pour l'Angleterre! pour moi! noble Oxford, dit la reine désolée; si le soleil pouvait me revoir demain assise sur le trône d'Angleterre, qui pourrait me rendre ce que j'ai perdu? Je ne parle ni de richesse, ni de puissance, elles ne sont rien dans la balance; je ne parle pas de cette armée de nobles amis qui ont péri pour me défendre moi et les miens, les Somersets, les Percys, les Straffords, les Cliffords, la renommée leur a assigné une place dans les annales de leur pays; je ne parle pas de mon époux, il a échangé la situation d'un saint souffrant sur la terre pour celle d'un saint glorifié dans le ciel. Mais, ô Oxford, mon fils, mon Edouard! m'est-il possible de jeter les yeux sur ce jeune homme sans me rappeler que votre épouse et moi nous leur avons donné la naissance une même nuit? Combien de fois n'avons-nous pas cherché, elle et moi, à prévoir leur fortune future, et à nous persuader que la même constellation qui avait présidé à leur naissance verserait une influence propice et bienfaitrice sur toute leur vie jusqu'à ce qu'ils pussent recueillir une riche moisson d'honneurs et de félicité! Hélas! ton Arthur vit; mais mon Edouard, né sous les mêmes auspices, repose dans une tombe ensanglantée!

Elle se couvrit la tête de sa mante, comme pour étouffer les cris et les gémissemens que ces cruels souvenirs arrachaient à sa tendresse maternelle. Philipson, ou le comte d'Oxford exilé, distingué, comme on peut le dire dans un temps où l'on avait vu tant de personnes changer de parti, par un attachement fidèle et loyal à la maison de Lancastre, vit qu'il était imprudent de laisser sa souveraine s'abandonner à cette faiblesse.

— Madame, lui dit-il, le voyage de la vie est celui d'une courte journée d'hiver; et soit que nous profitions ou non de sa durée, il n'en faut pas moins qu'elle se termine. Ma souveraine est, j'espère, trop maîtresse d'elle-même pour souffrir que le regret du passé l'empêche de pouvoir tirer parti du présent. Je suis ici par obéissance à vos ordres; je dois voir avant peu le duc de Bourgogne; s'il se prête aux impressions que nous désirons lui donner, il peut arriver des événemens qui changeront notre tristesse en joie. Mais il faut saisir l'occasion avec autant de promptitude que de zèle. Informez-moi donc, madame, pourquoi Votre Majesté est venue ici déguisée, et au risque de plus d'un danger. Sûrement ce n'était pas seulement pour pleurer sur ce jeune homme que la noble reine Marguerite a quitté la cour de son père sous ce vil costume, et, laissant un lieu où elle était en sûreté, est venue dans un pays où elle court du moins quelques risques, si elle n'est pas positivement en péril.

— Vous vous jouez de moi, Oxford, répondit la malheureuse reine, ou vous vous trompez vous-même si vous croyez revoir encore cette Marguerite qui ne prononçait jamais un mot sans quelque raison, et dont la moindre action était déterminée par un motif. Hélas! je ne suis plus la même!!! La fièvre du chagrin, en me faisant haïr le lieu où je me trouve, me chasse vers un autre par une irrésistible impatience d'esprit. Je suis en sûreté, dites-vous, à la cour de mon père; mais est-elle supportable pour une ame comme la mienne? Une femme qui a été privée du plus noble et du plus riche royaume de l'Europe, qui a perdu des armées de nobles amis, qui est épouse sans mari et mère sans enfans, sur qui le ciel a versé les dernières gouttes de son courroux, peut-elle s'abaisser à être la compagne d'un faible vieillard qui trouve dans les sonnets et la musique, dans des folies et des futilités, dans le son de la harpe et dans la cadence des vers, une consolation non-seulement de tout ce que la pauvreté a d'humiliant, mais, ce qui est encore pire, du ridicule et du mépris?

— Avec votre permission, madame, ne blâmez pas le bon roi René, parce que persécuté par la fortune il a su s'ouvrir des sources plus humbles de consolation que votre esprit plus fier est disposé à dédaigner. Un défi entre ses ménestrels a pour lui tout l'attrait d'un combat chevaleresque, et une couronne de fleurs tressée par ses troubadours et chantée dans leurs sonnets lui paraît une compensation suffisante pour les diadèmes de Naples et des Deux-Siciles dont il ne possède que le vain titre.

— Ne me parlez pas de ce vieillard digne de pitié, tombé au-dessous de la haine de ses plus mortels ennemis qui ne l'ont jamais jugé digne que de mépris. Je te dis, noble Oxford, que mon séjour à Aix au milieu de ce misérable cercle qu'il appelle sa cour m'a presque fait perdre la raison. Mes oreilles, quoiqu'elles ne s'ouvrent volontiers maintenant que pour des paroles d'affliction, ne sont pas si importunées du bruit éternel des harpes, des castagnettes et des autres instrumens; mes yeux ne sont pas si fatigués de la vue de la sotte affectation d'un cérémonial de cour qui n'imprime le respect que lorsqu'il indique la richesse et qu'il annonce le pouvoir, que mon cœur est dégoûté de la misérable ambition qui peut trouver du plaisir dans un vain clinquant quand tout ce qui est grand et noble a disparu! Non, Oxford, si je suis destinée à perdre la dernière chance que la fortune inconstante semble m'offrir, je me retirerai dans le couvent le plus obscur des Pyrénées, et j'éviterai du moins le spectacle de la gaîté idiote de mon père. Qu'il s'efface de notre mémoire comme des pages de l'histoire dans lesquelles son nom ne se trouvera jamais! J'ai à vous dire et à apprendre de vous des choses plus importantes. Et maintenant, mon cher Oxford, quelles nouvelles d'Italie? Le duc de Milan nous aidera-t-il de ses conseils ou de ses trésors?

— De ses conseils! madame, très volontiers; mais je ne sais s'ils vous plairont, car il nous recommande la soumission à notre malheureux destin, et la résignation aux volontés de la Providence.

— L'astucieux Italien! Galéas n'avancera donc aucune partie des trésors qu'il a amassés? il n'assistera pas une amie à qui il a si souvent juré sa foi?

— Les diamans que je lui ai offert de déposer entre ses mains n'ont pas même pu le déterminer à ouvrir son trésor pour nous fournir des ducats pour notre entreprise. Cependant il m'a dit que si le duc Charles pensait sérieusement à faire un effort en notre faveur, il avait tant de considération pour ce grand prince, et il prenait une part si vive aux infortunes de Votre Majesté, qu'il verrait ce que l'état de ses finances, quoique épuisées, et la situation de ses sujets, quoique appauvris par les impôts et la taille, pourraient lui permettre de vous avancer.

— L'hypocrite à double visage! Ainsi donc, si l'aide du duc de Bourgogne nous offre une chance de regagner ce qui nous appartient, il nous avancera quelque méprisable argent pour que notre prospérité renaissante puisse oublier l'indifférence avec laquelle il a vu notre adversité! Mais parlons du duc de Bourgogne. Je me suis hasardée ici pour vous dire ce que j'ai appris, et pour être informée des résultats de vos démarches. Des gens de confiance veillent à ce que notre entrevue reste secrète. Mon impatience de vous voir m'a amenée ici sous ce déguisement; et j'ai une petite suite dans un couvent à un mille de la ville. J'ai fait épier votre arrivée par le fidèle Lambert; et maintenant je viens pour connaître vos espérances et vos craintes, et pour vous faire part des miennes.

— Je n'ai pas encore vu le Duc, madame. Vous connaissez son caractère; il est volontaire, vif, hautain, opiniâtre. S'il peut adopter la politique calme et soutenue que les circonstances exigent, je ne doute guère qu'il n'obtienne toute satisfaction de Louis son ennemi juré, et même d'Édouard son ambitieux beau-frère. Mais s'il s'abandonne à des accès de colère extravagante, sans provocation, ou même avec de justes motifs, il peut se précipiter dans une querelle avec les Suisses, nation pauvre mais intrépide; il se trouvera probablement engagé dans une lutte dangereuse dans laquelle il ne peut espérer de gagner le moindre avantage, tandis qu'il court le risque de faire les pertes les plus sérieuses.

— Il ne se fiera sûrement pas à l'usurpateur Edouard, dans le moment même où celui-ci lui donne la plus grande preuve de trahison?

— Sous quel rapport, madame? La nouvelle dont vous me parlez n'est pas encore arrivée jusqu'à moi.

— Comment, milord! suis-je donc la première à vous annoncer qu'Édouard d'York a traversé la mer avec une armée telle que l'illustre Henry V mon beau-père n'en a peut-être jamais fait passer de France en Italie!

— J'avais entendu dire qu'on s'attendait à cet événement, et je prévoyais que le résultat en serait fatal à notre cause.

— Oui, Édouard est arrivé. Ce traître, cet usurpateur a bravé le roi Louis en le faisant sommer de lui remettre comme lui appartenant de droit la couronne de France, cette couronne qui fut placée sur la tête de mon malheureux époux lorsqu'il était encore au berceau,

— La chose est donc décidée! les Anglais sont en France! dit le comte d'Oxford avec le ton de la plus vive inquiétude. Et qui Édouard amène-t-il avec lui pour cette expédition?

— Tous les plus cruels ennemis de notre maison et de notre cause. Cet homme sans foi et sans honneur, ce traître George, qu'il appelle duc de Clarence, le buveur de sang Richard, le licencieux Hastings, Howard, Stanley; en un mot les chefs de tous ces traîtres que je ne voudrais nommer qu'autant que ma malédiction pourrait les balayer de la surface de la terre.

— Et je tremble en vous faisant cette question : le duc de Bourgogne se prépare-t-il à les joindre dans cette guerre, et à faire cause commune avec cette armée de la maison d'York contre le roi de France?

— D'après les avis privés que j'ai reçus, ils sont sûrs, et le bruit général les confirme, non, mon bon Oxford, non.

— Que tous les saints en soient loués! Édouard d'York, car je rends justice même à un ennemi, est un chef audacieux et intrépide; mais ce n'est ni Édouard III, ni le prince Noir, ce héros renommé; ce n'est pas même cet Henry V de Lancastre sous lequel j'ai gagné mes éperons, et au lignage duquel le souvenir de sa glorieuse mémoire aurait suffi pour me rendre fidèle, quand même mon serment d'allégeance m'aurait permis de concevoir une seule pensée de défection. Qu'Édouard fasse la guerre à Louis sans le secours de la Bourgogne sur lequel il a compté. Sans doute Louis n'est pas un héros, mais c'est un général prudent et habile, et plus à redouter peut-être dans ce siècle politique qu'un Charlemagne qui pourrait encore lever l'oriflamme, entouré de Roland et de tous ses paladins. Louis ne risquera pas des batailles comme celles de Crécy, de Poitiers et d'Azincourt. Ayons mille lances du Hainaut et vingt mille écus de la Bourgogne, et Édouard pourra perdre l'Angleterre pendant qu'il s'occupera d'une guerre prolongée pour recouvrer la Normandie et la Guienne. Mais que fait à présent le duc de Bourgogne?

— Il menace l'Allemagne, et ses troupes parcourent la Lorraine dont il occupe les principales villes et les châteaux forts.

— Où est Réné de Vaudemont? c'est un jeune homme entreprenant et courageux, dit-on; il réclame la Lorraine du chef de sa mère Yolande d'Anjou, sœur de Votre Majesté.

— Il s'est réfugié en Allemagne ou en Suisse.

— Que le Duc prenne garde à lui. Si ce jeune homme dépouillé trouve des confédérés en Allemagne et obtient l'alliance des intrépides Suisses, Charles peut trouver en lui un ennemi plus formidable qu'il ne s'y attend. C'est la force du Duc qui fait toute la nôtre en ce moment, et s'il l'épuise en efforts frivoles et inutiles, nos espérances, hélas! s'évanouissent avec son pouvoir, quand même il aurait la volonté décidée de nous aider. Mes amis, en Angleterre, sont résolus à ne pas faire un mouvement sans avoir reçu de la Bourgogne des secours d'hommes et d'argent.

— C'est un motif de crainte, Oxford, mais ce n'est pas le plus urgent. Je redoute bien davantage la politique de Louis qui, à moins que mes espions ne m'aient grossièrement trompée, a déjà proposé secrètement la paix à Edouard, une trêve de sept ans, et une somme considérable pour le mettre à portée d'assurer l'Angleterre à la maison d'York.

— Impossible, madame; nul Anglais, à la tête d'une armée semblable à celle que commande Édouard, n'oserait sans honte se retirer de la France sans avoir fait une noble tentative pour recouvrer les provinces que l'Angleterre a perdues.

— Tels seraient les sentimens d'un prince légitime qui aurait laissé derrière lui un royaume fidèle et obéissant; mais tels ne peuvent être ceux de cet Edouard, dont l'esprit est peut-être aussi bas que son sang est vil, puisqu'on prétend que son véritable père est un nommé Blackburn, archer de Middleham[1], et qui, s'il n'est point un bâtard, est du moins un usurpateur. Non, tels ne peuvent être ses sentimens; chaque brise arrivant d'Angleterre lui apportera des craintes de la défection des sujets sur lesquels il jouit d'une autorité usurpée. Il ne dormira pas en paix jusqu'à ce qu'il soit de retour en Angle-

---

[1] Le parti de Lancastre prétendait qu'Édouard était bâtard, ce qui était sans fondement. — Tr.

terre avec ses coupe-jarrets sur lesquels il compte pour défendre la couronne dont il s'est emparé. Il ne fera pas la guerre à Louis, car Louis n'hésitera pas à flatter son orgueil en s'humiliant devant lui, et à assouvir sa cupidité en lui prodiguant l'or pour fournir à ses profusions voluptueuses. Je crains donc que nous n'apprenions bientôt son départ de France avec son armée, n'emportant que la vaine gloriole d'avoir déployé ses étendards pendant une quinzaine de jours dans les provinces qui autrefois appartenaient à l'Angleterre.

— Il n'en est que plus important de presser la décision du duc de Bourgogne; et je vais partir pour Dijon afin d'y travailler. Il faut à une armée comme celle d'Édouard plusieurs semaines pour traverser le détroit. Il est probable qu'elle passera l'hiver en France, quand même il y aurait une trêve avec le roi Louis. Avec mille lances du Hainaut tirées de la partie orientale de la Flandre, je serai bientôt dans le Nord où nous comptons un grand nombre d'amis, outre l'assurance que nous avons d'obtenir les secours de l'Écosse. Les comtés de l'ouest nous sont fidèles et s'insurgeront au premier signal. On pourra trouver un Clifford, quoique les brouillards des montagnes l'aient dérobé aux recherches de Richard. Le nom de Tudor sera le premier cri de ralliement des Gallois. La Rose Rouge se redressera sur sa tige, et l'on entendra partout: — Vive le roi Henry!

— Hélas! Oxford, ce n'est ni mon mari, ni mon ami; il n'est que le fils de ma belle-mère et d'un Chef gallois; un prince froid et astucieux, dit-on. Mais n'importe; que je voie la maison de Lancastre triompher, que je sois vengée de celle d'York, et je mourrai contente!

— Votre bon plaisir est donc que je fasse les offres contenues dans la dernière lettre de Votre Majesté, pour décider le Duc à faire quelque mouvement en notre faveur? S'il apprend la proposition d'une trêve entre la France et l'Angleterre, ce sera pour lui un aiguillon plus puissant que tout ce que je pourrais lui offrir.

— N'importe, offrez-lui tout; je le connais jusqu'au fond

de l'ame; il n'a d'autre but que d'étendre de tous côtés les domaines de sa maison. C'est pour cela qu'il s'est emparé du pays de Gueldre, c'est pour cela qu'il occupe en ce moment la Lorraine; c'est pour cela qu'il envie à mon père les pauvres restes de la Provence qu'il possède encore. Après une telle augmentation de territoire, il aspire à changer son diadème ducal contre une couronne de monarque indépendant. Dites au Duc que Marguerite peut l'aider dans ses projets. Dites-lui que mon père René désavouera la protestation faite contre l'occupation de la Lorraine par le Duc; qu'il fera plus; que de mon plein consentement, il reconnaîtra Charles pour héritier de la Provence. Dites-lui que le vieillard lui cédera ses domaines le jour même où les troupes du Hainaut s'embarqueront pour l'Angleterre, si on lui assure de quoi payer un concert de musiciens et une troupe de danseurs; le roi René n'a pas d'autres besoins sur la terre. Les miens sont encore moins nombreux : vengeance de la maison d'York, et une prompte mort! Vous avez des joyaux à remettre en garantie du misérable or qu'il nous faut : quant aux autres conditions, donnez toutes celles qui seront exigées.

— Indépendamment de votre parole royale, madame, j'en garantirai l'exécution sur mon honneur comme chevalier; et si l'on en demande davantage, mon fils restera comme otage entre les mains du duc de Bourgogne.

— Oh! non, non, s'écria la reine détrônée, émue peut-être par ce seul genre de sensibilité qu'une longue suite d'infortunes extraordinaires n'eût peut-être pas émoussée, ne hasardez pas la vie de ce noble jeune homme! songez qu'il est le seul reste de la royale maison de Vère. Il aurait été le frère d'armes de mon cher Édouard, qu'il a été si près de suivre dans une tombe sanglante et prématurée; ne lui faites prendre aucune part dans ces fatales intrigues qui ont causé la ruine de sa famille. Qu'il vienne avec moi, lui, du moins je le mettrai à l'abri de tous dangers tant que j'existerai, et j'aurai soin qu'il ne lui manque rien après ma mort.

— Pardon, madame, répondit Oxford avec la fermeté qui

le caractérisait: mon fils est un de Vère, comme vous avez la bonté de vous en souvenir; il peut se faire qu'il soit destiné à être le dernier qui porte ce nom; il est possible qu'il périsse, mais ce ne doit pas être sans honneur. A quelques dangers que son devoir et sa loyauté puissent l'exposer, l'épée ou la lance, la hache ou le gibet, il doit les braver hardiment pour donner des preuves de sa fidélité. Ses ancêtres lui ont tracé le chemin qu'il doit suivre.

— Cela est vrai, dit la malheureuse reine en levant les bras d'un air égaré; il faut que tout périsse, tout ce qui a servi la maison de Lancastre, tout ce qui a aimé Marguerite, tout ce qu'elle a aimé! la destruction doit être universelle. Il faut que le jeune homme tombe avec le vieillard. Pas un agneau du troupeau dispersé ne pourra échapper!

— Pour l'amour du ciel, madame, calmez-vous! s'écria Oxford; j'entends frapper à la porte de la chapelle!

— C'est le signal qui m'annonce qu'il faut nous séparer, dit la reine exilée, d'un air plus tranquille. Ne craignez rien, noble Oxford; il m'arrive rarement d'être agitée comme je viens de l'être, car il est bien rare que je voie des amis dont la voix, dont les traits puissent troubler le calme de mon désespoir. Laissez-moi vous attacher cette relique autour du cou, jeune homme. Ne craignez pas qu'elle ait une influence fatale, quoique vous la receviez d'une main qui pourrait la rendre de mauvais augure. Elle a appartenu à mon époux; elle a été bénite par bien des prières, sanctifiée par bien des larmes, et mes mains, toute infortunée que je suis, ne peuvent la priver de son saint caractère. Je me proposais de la placer sur le sein d'Édouard dans la matinée terrible de la bataille de Tewkesbury, mais il s'arma de bonne heure, partit sans me voir, et je ne pus exécuter mon projet.

En parlant ainsi, elle passa autour du cou d'Arthur une chaîne d'or à laquelle était suspendu un petit crucifix d'or massif, d'un travail précieux mais barbare. Suivant la tradition, il avait appartenu à Édouard-le-Confesseur. En ce moment on frappa une seconde fois à la porte de la chapelle,

— Il ne faut pas tarder davantage, dit Marguerite ; séparons-nous. Vous allez partir pour Dijon, et je vais me rendre à Aix pour y habiter avec mes inquiétudes. Adieu ; peut-être nous reverrons-nous dans un temps plus heureux. Cependant comment puis-je l'espérer ? J'en disais autant avant le combat de Saint-Albans, avant celui de Towton, avant la bataille encore plus sanglante de Tewkesbury, et qu'en est-il résulté ? Mais l'espérance est une plante qu'on ne peut arracher d'un cœur noble qu'avec la vie.

A ces mots elle sortit de la chapelle, et se perdit dans la foule de personnes de toutes conditions qui faisaient leurs prières, qui satisfaisaient leur curiosité, ou qui passaient quelques instans de loisir dans les ailes de la cathédrale.

Le comte d'Oxford et son fils, sur lesquels l'entrevue singulière qui venait d'avoir lieu avait fait une impression profonde, retournèrent à leur auberge, où ils trouvèrent un poursuivant d'armes portant les couleurs et la livrée du duc de Bourgogne qui les informa que s'ils étaient les Anglais qui apportaient des marchandises précieuses à la cour du Duc, il avait ordre de les y escorter, et de les placer sous la protection de son caractère inviolable. Mais il régnait une telle incertitude dans tous les mouvemens du duc de Bourgogne, et ils rencontrèrent des obstacles si nombreux qui retardèrent leur marche, dans un pays où il y avait un passage continuel de troupes et où des préparatifs de guerre se faisaient avec activité, que ce ne fut que dans la seconde soirée qui suivit leur départ qu'ils arrivèrent dans la grande plaine voisine de Dijon, où était campée la totalité ou du moins la plus grande partie des forces de ce prince.

CHAPITRE XXV.

« Ainsi parla le duc. — »
SHAKSPEARE.

Les yeux du père d'Arthur étaient accoutumés au spectacle d'une pompe martiale; ils furent cependant éblouis par l'aspect splendide du camp des Bourguignons, dans lequel, sous les murs de Dijon, Charles, le prince le plus riche de l'Europe, avait déployé tout le luxe de son orgueil, et avait aussi encouragé ceux qui formaient sa suite à de semblables profusions. Les pavillons de ses moindres officiers étaient de soie et de samit [1], tandis que ceux de la noblesse et des principaux chefs brillaient de drap d'or et d'argent, de magnifiques tapis, et autres étoffes précieuses qui dans aucune autre occasion n'auraient été exposées aux injures du temps. Les détachemens de cavalerie et d'infanterie qui montaient la garde étincelaient de riches armures. Un train d'artillerie aussi beau que nombreux était rangé à l'entrée du camp, et Philipson pour donner au comte le nom de voyage auquel nos lecteurs sont habitués, reconnut dans l'officier qui commandait Henry Colvin, Anglais de naissance inférieure, mais distingué par son habileté dans l'art de se servir de ces redoutables bouches de bronze qui depuis peu étaient devenues d'un usage général dans la guerre. Les bannières et les pennons déployés par les chevaliers, les barons et tous les hommes d'un rang distingué flottaient devant leur tente, et les habitans de ces demeures guerrières étaient assis devant leur porte à demi armés,

---

(1) Samit ou samis, étoffe vénitienne de soie et d'argent. — Éd.

regardant les soldats qui s'amusaient à la lutte, au palet et à d'autres exercices militaires.

On voyait attachées au piquet de longues rangées de superbes chevaux, frappant la terre du pied et agitant la tête en hennissant, comme s'ils eussent été fatigués de l'inaction dans laquelle on les tenait, tandis que leur provende était étalée abondamment devant eux. Les soldats se formaient en groupes joyeux autour de ménestrels et de jongleurs ambulans, ou étaient à boire sous les tentes des cantiniers ; d'autres se promenaient les bras croisés, jetant les yeux de temps en temps vers le soleil couchant, comme s'ils eussent attendu avec impatience l'heure qui terminerait une journée passée dans l'oisiveté, et par conséquent dans l'ennui.

Enfin, au milieu de l'éclat varié de ce spectacle militaire, nos voyageurs arrivèrent au pavillon du Duc, devant lequel flottait au gré de la brise du soir la large et riche bannière où l'on voyait briller les armoiries d'un prince, duc de six provinces et comte de quinze comtés, qui d'après sa puissance, son caractère et le succès dont semblaient suivies toutes ses entreprises, était la terreur de toute l'Europe. Le poursuivant se fit connaître à quelques personnes de la maison du Duc, et les Anglais furent accueillis avec politesse, mais non de manière à attirer l'attention sur eux. On les conduisit ensuite sous une tente voisine, celle d'un officier-général, qui, leur dit-on, était destinée à leur servir de logement, on y déposa leurs bagages, et on leur servit des rafraîchissemens.

— Comme le camp est rempli de soldats de différentes nations aux dispositions desquels on ne peut pas tout-à-fait se fier, leur dit le domestique qui les servait, le Duc a ordonné qu'on plaçât une sentinelle à la porte de cette tente pour la sûreté de vos marchandises ; cependant tenez-vous prêts, car vous pouvez compter que vous serez mandés incessamment auprès de Son Altesse.

Effectivement Philipson ne tarda pas à recevoir l'ordre de se rendre en présence du Duc. On le fit entrer dans le pavillon de ce prince par une porte de derrière, et on l'introduisit dans la partie qui, séparée du reste par des barricades en bois et des rideaux bien fermés, composait l'appartement privé de Charles. La simplicité de l'ameublement et l'appareil négligé du Duc formaient un contraste frappant avec l'extérieur splendide du pavillon; car Charles, qui sur ce point comme sur beaucoup d'autres était fort loin d'être toujours d'accord avec lui-même, affichait pendant la guerre une sorte d'austérité ou plutôt de grossièreté dans son costume et quelquefois même dans ses manières, qui ressemblait à la rudesse d'un lansquenet allemand plutôt qu'à la dignité d'un prince d'un rang si élevé, tandis qu'en même temps il encourageait et enjoignait même une splendeur coûteuse parmi ses vassaux et ses courtisans; comme si porter des vêtemens grossiers, mépriser toute contrainte, se dispenser des cérémonies les plus ordinaires, eût été un privilége qui n'appartenait qu'au souverain. Cependant quand il lui plaisait de donner un air de majesté à sa personne et à ses manières, personne ne savait mieux que Charles duc de Bourgogne comment il devait se costumer et agir.

On voyait sur sa toilette des brosses et des peignes qui auraient pu réclamer leur réforme attendu leurs longs services, des chapeaux et des justaucorps usés, des baudriers de cuir, des laisses de chiens, et d'autres objets de même nature, parmi lesquels étaient jetés comme au hasard le gros diamant nommé Sanci, les trois rubis nommés les Trois-Frères d'Anvers, un autre beau diamant nommé la Lampe de Flandre, et divers joyaux presque aussi précieux et aussi rares. Ce mélange extraordinaire avait quelque ressemblance avec le caractère du Duc, qui joignait la cruauté à la justice, la magnanimité à la bassesse, l'économie à la prodigalité, et la libéralité à l'avarice; en un mot, Charles n'était d'accord en rien avec lui-même, si ce n'est dans son opiniâtreté à suivre le plan qu'il avait une fois adopté, quelle que fût la situation des choses, et quelques risques qu'il eût à courir.

Au milieu des bijoux inestimables et des autres objets sans valeur étalés sur sa toilette et dans sa garde-robe, le duc de

Bourgogne s'écria en voyant entrer le voyageur anglais : — Soyez le bienvenu, *herr* Philipson; soyez le bienvenu, vous qui êtes d'une nation où les commerçans sont des princes, et les marchands des grands de la terre. Quelles nouvelles marchandises apportez-vous pour nous amorcer? Par saint George! vous autres marchands, vous êtes une génération rusée.

— Sur ma foi, monseigneur, je ne vous apporte pas de nouvelles marchandises; je n'ai que celles que j'ai déjà montrées à Votre Altesse la dernière fois que j'ai eu l'honneur de vous voir, et je viens vous les mettre encore sous les yeux, avec l'espoir d'un pauvre marchand qu'elles pourront vous être plus agréables que la première fois.

— Fort bien, sir.... Philipville, je crois qu'on vous nomme. — Vous êtes un marchand bien simple, ou vous me prenez pour une pratique bien sotte, si vous croyez pouvoir me tenter par la vue de marchandises que j'ai déjà rebutées. Le changement, la nouveauté, voilà la devise du commerce. Vos marchandises de Lancastre ont eu leur temps; j'en ai acheté comme un autre, et je les ai probablement payées assez cher; mais aujourd'hui ce sont celles d'York qui sont à la mode.

— Cela peut être pour le vulgaire, monseigneur; mais pour des ames comme la vôtre, la bonne foi, l'honneur et la loyauté sont des joyaux qu'aucun changement d'idées ou de goût ne peut mettre hors de mode.

— Sur ma foi, noble Oxford, il est possible que je conserve en secret quelque vénération pour ces vertus du vieux temps; autrement pourquoi aurais-je tant d'estime pour vous qui les avez toujours possédées à un degré si éminent? Mais je suis dans une situation cruelle et urgente; si je faisais un faux pas dans ce moment de crise, je pourrais manquer le but vers lequel a tendu toute ma vie. Faites bien attention, sire marchand; vous connaissez votre ancien compétiteur Blackburn, autrement appelé Edouard d'York ou de Londres; il vient d'arriver avec une cargaison d'arcs et de lances, telle qu'il n'en est jamais entré dans les ports de France depuis le temps du roi Arthur, et il m'offre une part dans son commerce. Pour parler clairement, il me propose de faire cause commune avec la Bourgogne pour enfumer dans ses terriers le vieux renard Louis, l'en faire sortir, et clouer sa peau à la porte de ses écuries. En un mot, le roi d'Angleterre m'invite à une alliance avec lui contre le plus astucieux et le plus invétéré de mes ennemis, à briser la chaîne du vasselage, et à m'élever au rang des princes indépendans. Comment croyez-vous, noble comte, que je puisse résister à cette tentation séduisante?

— Il faut adresser cette question, monseigneur, à quelqu'un de vos conseillers bourguignons; elle comprend la ruine de ma cause, et mon opinion ne pourrait être impartiale.

— Mais je vous demande, comme à un homme d'honneur, quelle objection vous trouvez à ce que j'accepte la proposition qui m'est faite; je désire savoir quelle est votre opinion, et dites-la-moi franchement.

— Monseigneur, je sais qu'il est dans le caractère de Votre Altesse de ne concevoir aucun doute sur la facilité d'exécuter une résolution que vous avez une fois prise; mais quoique cette disposition d'esprit puisse être digne d'un prince, et même préparer quelquefois le succès de ses entreprises, il est aussi des circonstances dans lesquelles si nous persistons dans nos résolutions uniquement parce que nous les avons prises, cette fermeté d'ame, au lieu de nous conduire au succès, peut nous entraîner à notre ruine. Regardez donc cette armée anglaise; l'hiver s'approche, où trouvera-t-elle des logemens? comment sera-t-elle approvisionnée? qui la paiera? Votre Altesse est-elle disposée à se charger de tous les frais nécessaires pour la mettre en état d'entrer en campagne l'été prochain? car, soyez-en bien convaincu, jamais une armée anglaise n'a été ni ne sera propre au service militaire avant d'avoir passé hors de notre île un temps suffisant pour s'habituer aux devoirs qu'il impose. On ne trouverait pas dans le monde entier des hommes plus propres à faire d'excellens soldats; mais ils ne le sont pas encore, et il faudra que Votre Altesse fasse les frais de leur apprentissage.

— Soit! Je crois que les Pays-Bas pourront fournir de la nourriture à vos mangeurs de bœuf pendant quelques semaines, des villages pour les loger, des officiers pour endurcir leurs membres vigoureux à la discipline militaire, et des grands prévôts pour y soumettre leur esprit réfractaire.

— Et qu'arrivera-t-il ensuite? Vous marchez à Paris, vous ajoutez un second royaume à celui qu'Edouard à usurpé; vous lui rendez toutes les possessions que l'Angleterre a jamais eues en France, la Normandie, le Maine, l'Anjou, la Gascogne; vous lui assurez même le reste de ce royaume. Eh bien! pouvez-vous avoir pleine confiance en cet Edouard, quand vous aurez ainsi augmenté sa force, et que vous l'aurez rendu bien plus redoutable que ce Louis que vos armes réunies auront renversé du trône?

— Par saint George! je ne dissimulerai pas avec vous: c'est précisément sur ce point que j'ai des doutes qui me tourmentent. Edouard est mon beau-frère; mais je ne suis pas homme à placer ma tête sous le cotillon de ma femme.

— Et l'expérience a démontré bien souvent que les alliances de famille ont bien peu d'efficacité pour prévenir les violations de foi les plus grossières.

— Vous avez raison, comte. Clarence a trahi son beau-père; Louis a empoisonné son frère. Les affections privées! ah! elles peuvent parler au cœur d'un particulier assis au coin de son feu, mais on ne les trouve ni sur le champ de bataille ni à la cour des princes. Non, mon alliance par mariage avec Edouard ne me serait pas de grand secours en cas de besoin. Y compter, ce serait monter un cheval indompté sans autre bride que la jarretière d'une femme. Mais qu'en résulte-t-il? Edouard fait la guerre à Louis; peu m'importe qui sera victorieux, je ne puis qu'y gagner, car ils s'affaibliront, et leur faiblesse fait ma force. Les Anglais abattront les Français avec leurs longues flèches; ceux-ci affaibliront, détruiront, anéantiront l'armée anglaise à force d'escarmouches. Au printemps je me mets en campagne avec des forces supérieures à leurs deux armées; et alors, saint George et la Bourgogne!

— Et si, en attendant, Votre Altesse daigne aider le moins du monde la cause la plus honorable pour laquelle un chevalier ait jamais levé la lance, une modique somme d'argent et un petit corps de lanciers du Hainaut, qui pourront gagner à ce service gloire et richesses, peuvent remettre l'héritier dépouillé de la maison de Lancastre en possession des domaines auxquels sa naissance lui donne un droit légitime.

— Sur ma foi, sire comte, vous en venez à votre point de but en blanc; mais nous avons vu, en partie de nos propres yeux, tant de retours de fortune entre les maisons d'York et de Lancastre, que nous ne savons trop à laquelle des deux le ciel a donné le bon droit, et l'inclination du peuple accordé le pouvoir effectif. Tant d'extraordinaires révolutions de fortune qui ont eu lieu en Angleterre nous ont réellement causé de véritables vertiges.

— C'est une preuve, monseigneur, que ces changemens ne sont pas encore à leur fin, et que votre généreux secours peut assurer l'avantage et le succès de la bonne cause.

— Quoi! que je prête à ma cousine Marguerite d'Anjou l'aide de mon bras pour détrôner mon beau-frère? Ce n'est peut-être pas qu'il mérite de moi de grands égards, puisque lui et ses nobles insolens m'ont assailli de remontrances et même de menaces pour que je laisse de côté mes importantes affaires personnelles, et que je me joigne à Édouard dans son expédition de chevalier errant contre Louis. Je marcherai contre Louis quand je le jugerai convenable, et pas plus tôt. Par saint George! ni roi insulaire, ni noble insulaire ne dicteront des ordres à Charles de Bourgogne. Vous avez une bonne provision d'amour-propre, vous autres Anglais des deux partis, qui vous imaginez que les affaires de votre île de fous sont aussi intéressantes pour le monde entier que pour vous-mêmes. Mais ni York, ni Lancastre, ni le frère Blackburn, ni la cousine Marguerite, même appuyée sur John de Vère ne réussiront à m'en faire accroire. Le fauconnier qui rappelle son oiseau ne doit pas avoir les mains vides.

Oxford connaissant parfaitement le caractère du Duc, le

laissa donner un libre cours à l'humeur que lui causait l'idée que quelqu'un prétendît lui dicter ce qu'il avait à faire ; et quand ce prince garda enfin le silence il lui répondit d'un ton calme :

— Est-il bien vrai que j'entende le noble duc de Bourgogne, le miroir de la chevalerie d'Europe, dire qu'on ne lui a donné aucune bonne raison pour le décider à une entreprise qui a pour objet de rendre justice à une malheureuse reine, et de relever de la poussière une maison royale ? N'offre-t-elle pas une moisson immortelle de los et d'honneur ? La trompette de la renommée ne proclamera-t-elle pas le nom du souverain qui, seul dans un siècle dégénéré, a réuni les devoirs d'un prince et ceux d'un chevalier généreux ?

Le duc l'interrompit en lui donnant un coup sur l'épaule :
— Et n'oubliez pas les cinq cents ménestrels du roi René, râclant de leurs instrumens en chantant mes louanges, et le roi René lui-même les écoutant et s'écriant : Bien combattu, Duc ! bien joué, ménestrels ! Je te dis, John Oxford, que lorsque toi et moi nous portions une armure encore vierge, des mots comme ceux-ci, renommée, los, honneur, gloire chevaleresque, amour des dames, étaient d'excellentes devises à graver sur nos écus blancs comme la neige, et un assez bon argument pour rompre quelques lances. Oui, et dans une joute, quoique je commence à devenir un peu vieux pour de pareilles folies, je paierais encore de ma personne dans de semblables querelles comme doit le faire un chevalier. Mais quand il s'agit de débourser des sommes considérables, et de mettre en mer de fortes escadres, il faut que nous ayons à alléguer à nos sujets quelque excuse plus palpable pour les plonger dans une guerre ; que nous puissions leur montrer un objet tendant au bien public, ou par saint George ! à notre avantage privé, ce qui est la même chose. C'est ainsi que va le monde, Oxford ; et pour te dire la pure vérité, j'ai dessein de suivre la même marche.

— A Dieu ne plaise que j'engage Votre Altesse à agir autrement que dans la vue du bien de ses sujets, c'est-à-dire, comme Votre Altesse l'a exprimé heureusement, dans la vue de l'agrandissement de votre pouvoir et de vos domaines! L'argent que nous demandons n'est pas en pur don, c'est par forme de prêt. Marguerite est disposée à laisser en dépôt ses joyaux dont je crois que Votre Altesse connaît la valeur, jusqu'à ce qu'elle puisse rendre la somme que votre amitié peut lui avancer dans ses besoins.

— Ah! ah! notre cousine veut donc faire de nous un prêteur sur gage : elle veut que nous agissions envers elle comme un usurier, comme un juif? Cependant, Oxford, de bonne foi, il est possible que ces diamans nous soient nécessaires, car si je me déterminais à entrer dans vos vues, il pourrait se faire que je fusse moi-même obligé d'emprunter pour fournir aux besoins de ma cousine. Je me suis adressé aux États du Duché qui sont assemblés en ce moment, et j'en attends, comme cela est juste, un octroi considérable. Mais il s'y trouve des têtes remuantes et des mains serrées, et je puis rencontrer de la lésinerie. Ainsi en attendant laissez ces joyaux sur cette table. Eh bien! supposons que je n'aie rien à perdre du côté de la bourse par cet acte de chevalerie errante que vous me proposez; cependant les princes ne font pas la guerre sans avoir en vue quelque avantage.

— Écoutez-moi, noble souverain. Votre but　　　　 ment de réunir les vastes domaines de votre père　　 vos armes y ont ajoutés, pour en former un　　　

— Dites un royaume, Oxford; ce mot　　　

— Un royaume, dis-je, dont la couronne　　 tant de grace et de majesté sur le front de Votre　 sur celui de Louis, roi de France, aujourd'hui　

— Il ne faut pas toute votre pénétration pour　 tel est mon dessein; sans cela, pourquoi suis-je　 tête et l'épée au côté? Pourquoi mes troupes　 des forteresses de la Lorraine, et chassent　 mendiant de Vaudemont[1], qui a l'inso　

---

(1) Le roi René avait marié sa fille Yolande à　　　 ce mariage naquit René II, duc de Lorraine. C'est　　 de Bourgogne, en le désignant par le nom de son père

comme son héritage? Oui, mon ami, l'agrandissement de la Bourgogne est une cause pour laquelle le duc de cette belle province est tenu de combattre tant qu'il peut mettre le pied à l'étrier.

— Mais ne croyez-vous pas, puisque Votre Altesse me permet de lui parler librement et d'après les priviléges d'une ancienne connaissance, ne croyez-vous pas que sur cette carte de vos domaines, déjà si bien arrondis, il se trouve du côté des frontières du midi quelque chose qui pourrait être plus avantageusement arrangé pour un roi de Bourgogne?

— Je ne puis deviner où vous voulez en venir, répondit le Duc en jetant un regard sur une carte de son duché et de ses autres possessions, vers laquelle un geste du comte d'Oxford avait dirigé son attention, et en fixant ensuite sur lui ses grands yeux perçans.

— Je veux dire que pour un prince aussi puissant que Votre Altesse, il n'existe aucune frontière aussi sûre que la mer. Voici la Provence, qui est placée entre vous et la Méditerranée; la Provence avec ses ports superbes, ses champs fertiles, ses beaux vignobles. Ne serait-il pas à propos de la comprendre dans la carte de votre souveraineté, de manière que vous puissiez toucher d'une main les bords de la Méditerranée, et de l'autre ceux de l'Océan du nord sur les côtes de

.... dites-vous? répliqua le Duc avec vivacité.
.... de la Provence. Je ne puis sentir l'odeur
.... qu'elle me rappelle les bois et les bosquets
.... province, ses citrons, ses olives, ses gre-
.... élever des prétentions? Ce serait une
.... les derniers instans du bon vieux René, et
.... pas à un proche parent. Ensuite, il est
.... probable qu'à défaut de sa fille Mar-
.... même de préférence à elle, il a déjà
.... son héritier.
.... opposer de meilleures prétentions en
.... monseigneur, si vous consentez à accorder à

Marguerite d'Anjou les secours qu'elle sollicite par ma voix.

— Prends tout ce que tu demandes, s'écria Charles en respirant avec force et en changeant de couleur ; prends-en le double en hommes et en argent ! Fournis-moi seulement une prétention sur la Provence, fût-elle aussi faible qu'un des cheveux de ta reine Marguerite, et laisse-moi le soin d'en faire un câble ! Mais je suis fou d'écouter les rêves d'un homme qui, ruiné lui-même, n'a rien à perdre en présentant aux autres les espérances les plus extravagantes.

— Je ne suis point homme à agir ainsi, monseigneur. Ecoutez-moi, je vous prie. René est accablé sous le poids des années ; il aime le repos, il est trop pauvre pour soutenir son rang avec la dignité convenable, trop bon ou trop faible pour établir de nouveaux impôts sur ses sujets ; il est las de lutter contre la mauvaise fortune, et il désire abdiquer sa souveraineté.

— Sa souveraineté !

— Oui, la souveraineté des domaines qu'il possède de fait, et des domaines bien plus étendus auxquels il a des droits, mais qui ne sont plus en sa puissance.

— Vous me coupez la respiration, comte ! René abdique la souveraineté de la Provence ! Et que dit à cela Marguerite, la fière, l'ambitieuse Marguerite ? Consentira-t-elle à une démarche si humiliante ?

— Pour avoir seulement une chance de voir la maison de Lancastre triompher en Angleterre, elle renoncerait non-seulement à tous ces domaines, mais à la vie même. Et dans le fait, ce sacrifice est moindre qu'il ne le paraît. Il est certain qu'à la mort du vieux roi René, le roi de France réclamera le comté de Provence, comme étant un fief dans la ligne masculine, et il n'existe personne capable de faire valoir le droit de Marguerite à cet héritage, quelque juste qu'il puisse être.

— Il est juste et inattaquable, s'écria Charles, et je ne souffrirai pas qu'on y porte atteinte, ou qu'on le mette même en question, c'est-à-dire quand il sera établi en ma personne. Le vrai principe de la guerre, du bien public, est de ne pas souffrir qu'aucun des grands fiefs se réunisse à la couronne de France, et surtout tant qu'elle sera placée sur le front d'un monarque aussi fourbe, aussi dépourvu de principes que Louis. La Provence jointe à la Bourgogne ! Un domaine qui s'étendra depuis l'Océan Germanique jusqu'à la Méditerranée ! Oxford, tu es mon bon ange !

— Votre Altesse doit pourtant réfléchir qu'il faut assurer une existence honorable au roi René.

— Certainement, très certainement; il aura des ménestrels et des jongleurs par douzaines, pour jouer, chanter et beugler devant lui du matin au soir. Il aura une cour de troubadours qui ne seront occupés qu'à boire, à faire des vers, et à prononcer des arrêts d'amour, dont on appellera à René même, et qu'il confirmera ou cassera, comme suprême roi d'amour. Et Marguerite aussi sera traitée de la manière la plus honorable, et comme vous l'indiquerez vous-même.

— Ce point sera facile à régler, monseigneur. Si nos efforts réussissent en Angleterre, Marguerite n'aura pas besoin des secours de la Bourgogne. Si nous échouons, elle se retire dans un cloître, où probablement elle ne jouira pas bien longtemps du traitement honorable que la générosité de Votre Altesse est sans doute disposée à lui accorder.

— Sans contredit, et ce traitement sera digne d'elle et de moi. Mais, par Notre-Dame ! John de Vère, l'abbesse du couvent où se retirera Marguerite aura affaire à une pénitente indomptable. Je la connais bien, sire comte, et je ne prolongerai pas inutilement cet entretien en exprimant des doutes qu'elle ne puisse forcer son père à abdiquer ses domaines en faveur de quiconque elle voudra lui indiquer. Elle ressemble à ma braque Gorgone, qui, n'importe avec quel chien elle soit en laisse, l'oblige à marcher du côté qu'elle le veut, ou l'étrangle s'il résiste. C'est ainsi que Marguerite a agi avec son mari simple et débonnaire; et je sais que son père, fou d'une autre espèce, doit nécessairement se montrer aussi maniable. Si nous avions été attelés ensemble, je crois qu'elle aurait trouvé son maître; mais le cou me fait mal quand je songe combien j'aurais eu à tirer pour la faire marcher à mon gré. Vous avez l'air grave, parce que je plaisante sur le caractère opiniâtre de ma malheureuse cousine.

— Monseigneur, quels que puissent être ou avoir été les défauts de la reine ma maîtresse, elle est dans le malheur et presque dans le désespoir, elle est ma souveraine, et la cousine de Votre Altesse.

— Il suffit, sire comte; parlons sérieusement. Quoique nous puissions croire à l'abdication du roi René, je pense qu'il sera difficile d'engager le roi Louis à envisager cette affaire sous un point de vue aussi favorable que nous le faisons. Il soutiendra que le comté de Provence est un fief passant de mâle en mâle, et que ni l'abdication de René ni le consentement de sa fille ne peuvent l'empêcher de retourner à la couronne de France, puisque le roi de Sicile, comme on appelle René, n'a pas d'enfant dans la ligne masculine.

— En ce cas, s'il plaît à Votre Altesse, ce sera une question à décider sur le champ de bataille, et vous avez plus d'une fois bravé Louis avec succès pour des objets beaucoup moins importans. Tout ce que je puis vous dire, c'est que si les secours de Votre Altesse mettent le jeune comte de Richemond en état de réussir dans son entreprise, vous aurez l'aide de trois mille archers anglais, quand le vieux John d'Oxford, faute d'un meilleur chef, devrait vous les amener lui-même.

— C'est un aide qui ne serait pas à dédaigner, et qui acquerrait un nouveau prix par la présence de celui qui me promet de me l'amener. Votre secours, noble Oxford, me serait précieux, quand vous n'arriveriez qu'avec une épée à votre côté et un seul page à votre suite. Je vous connais bien, je connais votre tête et votre cœur. Mais revenons à notre affaire. Les exilés, même les plus sages, ont un privilége pour faire des promesses; mais quelquefois, vous m'excuserez, noble Oxford, ils se trompent eux-mêmes aussi bien que les autres. Quelle espérance avez-vous de réussir, quand vous me pressez de m'embarquer sur un océan aussi orageux que celui de vos dissensions civiles?

Le comte d'Oxford tira de sa poche le plan qu'il avait tracé de son expédition, l'expliqua au Duc, et ajouta qu'il devait être secondé par une insurrection des partisans de la maison de Lancastre. Nous nous bornerons à dire que ce projet était d'une audace qui allait jusqu'à la témérité ; mais il était si bien conçu, il y régnait un tel ensemble, que sous un chef comme Oxford, dont on connaissait les talens militaires et la sagacité politique, il présentait une apparence de succès probable.

Tandis que le duc Charles examinait les détails d'une entreprise qui avait d'autant plus d'attraits pour lui qu'elle était parfaitement d'accord avec son propre caractère ; pendant qu'il s'appesantissait sur les affronts qu'il avait reçus de son beau-frère Édouard IV ; qu'il songeait à l'occasion qui se présentait d'en tirer une vengeance signalée, et qu'il réfléchissait sur la riche acquisition qu'il espérait faire en Provence par suite de l'abdication que feraient en sa faveur le roi René et sa fille, le noble Anglais ne manqua pas d'insister sur la nécessité urgente de ne pas perdre un seul instant.

—L'accomplissement de ce projet, dit-il, exige la plus grande promptitude. Pour avoir une chance de succès, il faut que je sois en Angleterre avec vos forces auxiliaires, avant qu'Édouard d'York y revienne de France avec son armée.

— Puisqu'il est venu ici, répondit le Duc, notre digne frère ne sera pas très pressé de s'en retourner : il trouvera des Françaises aux yeux noirs, du vin de France couleur de rubis ; et notre frère Blackburn n'est pas un homme à quitter de si bonnes choses avec précipitation.

—Monseigneur, je parlerai de mon ennemi avec vérité. Édouard est indolent et voluptueux quand tout est calme autour de lui ; mais qu'il sente l'aiguillon de la nécessité, et il reprend toute l'ardeur d'un coursier bien nourri. D'une autre part, Louis, qui manque rarement de trouver des moyens pour arriver à son but, est décidé à mettre tout en œuvre pour le déterminer à repasser la mer ; ainsi donc la célérité, noble prince, la célérité est l'ame de votre entreprise.

—La célérité ! répéta le duc de Bourgogne. Quoi ! J'irai

avec vous ; je verrai moi-même l'embarquement; et vous aurez des soldats braves et éprouvés, tels qu'on n'en trouve nulle part, si ce n'est en Artois et dans le Hainaut!

— Pardonnez encore, noble Duc, l'impatience d'un malheureux qui se noie et qui implore du secours. Quand partirons-nous pour les côtes de Flandre, afin d'exécuter cette mesure importante?

— Mais... dans une quinzaine de jours, peut-être dans une semaine ; en un mot, dès que j'aurai convenablement châtié une bande de voleurs et de brigands qui, comme l'écume qui monte toujours au haut du chaudron, se sont établis sur les hauteurs des Alpes, et de là infestent nos frontières par un trafic de contrebande, par le vol et par des brigandages de toute espèce.

— Votre Altesse veut parler des confédérés suisses?

— Oui, tel est le nom que se donnent ces manans. C'est une sorte de serfs affranchis de l'Autriche; et de même qu'un chien de basse-cour qui a rompu sa chaîne, ils profitent de leur liberté pour attaquer et déchirer tout ce qui se trouve sur leur chemin.

— J'ai traversé leur pays en revenant d'Italie, et j'y ai appris que l'intention des Cantons était d'envoyer des députés à Votre Altesse pour solliciter la paix.

— La paix! leurs ambassadeurs se sont conduits d'une manière étrangement pacifique. Profitant d'une mutinerie des bourgeois de la Férette, première ville de garnison où ils sont entrés, ils ont pris la place d'assaut, se sont emparés d'Archibald Von Hagenbach, et l'ont mis à mort sur la place du marché. Une telle insulte doit être punie, noble John de Vère, et si vous ne me voyez pas en proie à la fureur qu'elle doit exciter, c'est parce que j'ai déjà donné ordre de conduire au gibet ces misérables qui prennent le titre d'ambassadeurs.

— Pour l'amour du ciel, noble Duc, s'écria Oxford en se jetant aux pieds de Charles, par égard pour votre gloire et pour la paix de la chrétienté, révoquez cet ordre si vous l'avez véritablement donné!

— Que signifient de telles instances? quel intérêt prenez-vous à la vie de pareils êtres? Ce ne peut être qu'à cause du délai de quelques jours que cette guerre peut occasionner à votre expédition.

— Elle peut, elle doit la faire échouer. Écoutez-moi, monseigneur : j'ai accompagné ces envoyés pendant une partie de leur voyage.

— Vous! vous! avoir accompagné de misérables paysans suisses! le malheur a cruellement abaissé la fierté des nobles anglais, puisqu'ils choisissent de tels compagnons.

— Le hasard m'a jeté parmi eux. Quelques-uns d'entre eux sont de sang noble, et je connais si bien leurs intentions pacifiques, que j'ose me rendre leur garant.

— Sur ma foi, milord, vous leur faites beaucoup d'honneur ainsi qu'à moi, en vous établissant médiateur entre les Suisses et nous. Permettez-moi de vous dire que c'est un acte de condescendance, quand en considération d'une ancienne amitié je vous permets de me parler de vos affaires d'Angleterre; il me semble que vous pourriez vous dispenser de me donner votre opinion sur des sujets qui n'ont aucun rapport direct à vos intérêts.

— Duc de Bourgogne, répondit Oxford, j'ai suivi votre bannière à Paris, et j'ai eu la bonne fortune de vous secourir à la bataille de Montlhéri, quand vous étiez entouré par des hommes d'armes français...

— Nous ne l'avons pas oublié, et la preuve que nous nous souvenons de ce service, c'est que nous souffrons que vous restiez si long-temps devant nous à plaider la cause de ces misérables, que nous sommes invité à dérober à l'échafaud qui les réclame parce qu'ils ont été les compagnons de voyage du comte d'Oxford.

— Non, monseigneur; si je demande leur vie, c'est parce qu'ils sont chargés d'une mission pacifique, et que leurs chefs du moins n'ont pris aucune part au crime dont vous vous plaignez.

Le Duc se promena dans l'appartement d'un pas inégal,

ayant l'air fort agité, fronçant ses gros sourcils de manière à cacher presque ses yeux, fermant les poings et grinçant les dents. Enfin il parut avoir pris son parti, et il agita fortement une sonnette d'argent qui était sur sa table.

— Contay, dit-il au gentilhomme de sa chambre qui se présenta sur-le-champ, ces coquins de montagnards sont-ils exécutés?

— Non, monseigneur; mais l'exécuteur attend seulement que le prêtre les ait confessés!

— Qu'ils vivent. Nous entendrons demain ce qu'ils ont à dire pour justifier leur conduite envers nous.

Contay salua et se retira.

Le duc de Bourgogne, le front calme et l'air tranquille, se tourna vers l'Anglais et lui dit d'un ton qui offrait un mélange inexprimable de hauteur, de familiarité et même de bonté:

— Nous sommes maintenant déchargé de toute obligation, milord : vous avez obtenu vie pour vie; et pour compenser quelque différence qui pourrait se trouver entre les marchandises échangées, vous en avez obtenu six pour une. Je ne ferai donc plus aucune attention à ce que vous pourrez me dire si vous me parlez encore de ma chute de cheval à Montlhéri, et de vos exploits en cette occasion. Bien des princes se contentent de haïr secrètement ceux qui leur ont rendu de pareils services : autre est mon caractère ; je déteste seulement qu'on me rappelle que j'en ai eu besoin. Sur ma foi, j'étouffe presque par l'effort que j'ai dû faire pour renoncer à une résolution arrêtée. — Holà, quelqu'un! qu'on m'apporte à boire!

Un huissier entra, apportant un flacon d'argent qui contenait au lieu de vin, une tisane d'herbes aromatiques.

— Mon tempérament est si ardent et si impétueux, dit le Duc, que les médecins me défendent de boire du vin. Mais vous n'êtes pas astreint à un pareil régime, Oxford. Retournez sous la tente de votre compatriote Colvin, notre général d'artillerie. Nous vous confions à ses soins et à son hospitalité jusqu'à demain. Ce sera un jour d'affaires, car je m'attends à recevoir la réponse de ces oisons de l'assemblée des États de Dijon, et j'aurai aussi à entendre, grace à l'intervention de Votre Seigneurie, ces misérables envoyés suisses comme ils s'appellent. Soit! n'y pensons plus. Au revoir. Vous pouvez parler librement à Colvin, qui est comme vous un ancien partisan de la maison de Lancastre. Mais attention! pas un mot sur la Provence; pas même un rêve. Contay, conduisez cet Anglais à la tente de Colvin; il connait mon bon plaisir à cet égard.

— Monseigneur, dit Contay, j'y ai déjà laissé le fils de monsieur.

— Quoi! votre fils, Oxford? il est ici avec vous? Pourquoi ne m'en avez-vous rien dit? Est-ce un digne rejeton du vieux tronc?

— Je suis fier de pouvoir le croire, monseigneur; il a été le fidèle compagnon de tous mes voyages et de tous mes dangers.

— Heureux mortel! dit le Duc en soupirant, vous avez un fils pour partager votre pauvreté et votre détresse, Oxford; je n'en ai point pour partager ma grandeur et me succéder.

— Vous avez une fille, monseigneur, et l'on doit espérer qu'elle épousera un jour quelque prince puissant qui sera le soutien de la maison de Votre Altesse.

— Jamais! par saint George! jamais! s'écria le Duc d'un ton bref et décidé. Je ne veux pas un gendre qui puisse faire du lit de la fille un marche-pied pour atteindre à la couronne du père. Oxford, je vous ai parlé plus librement que je n'y suis accoutumé, que je ne le devrais peut-être; mais il existe quelques personnes que je crois dignes de confiance, et je vous regarde comme étant de ce nombre, John de Vère.

Le comte anglais salua, et il se retirait quand le Duc le rappela.

— Encore un mot, Oxford. La cession de la Provence n'est pas tout-à-fait assez. Il faut que le roi René et Marguerite désavouent cet écervelé de René[1] de Vaudemont, qui prétend

---

(1) Sir Walter Scott, dans les premières éditions, appelait René Ferrand ou Ferry, du nom de son père. — Ép.

avoir des droits sur la Lorraine du chef de sa mère Yolande, et qui m'y oppose une sotte résistance.

— Monseigneur, René est petit-fils du roi René, neveu de la reine Marguerite ; cependant...

— Cependant il faut que les droits qu'il prétend avoir sur la Lorraine soient positivement désavoués. Vous me parlez d'affection de famille tandis que vous me pressez de faire la guerre à mon beau-frère !

— La meilleure excuse que puisse avoir René pour abandonner son petit-fils, c'est l'impossibilité absolue où il se trouve de l'aider et de le soutenir. Je lui ferai part de la condition que nous impose Votre Altesse, quelque dure qu'elle soit.

Et à ces mots le comte d'Oxford sortit du pavillon.

CHAPITRE XXVI.

« Je remercie humblement Votre Altesse,
« Et j'ai bien du plaisir, en cette occasion,
« A la voir séparer ma farine du son. »
SHAKSPEARE.

La tente assignée pour le logement du comte d'Oxford était celle de Colvin, l'officier anglais à qui le duc de Bourgogne avait confié le soin de son artillerie en lui accordant de riches appointemens. Il reçut son hôte avec tout le respect dû à son rang, et conformément aux ordres spéciaux que le Duc lui avait donnés. Il avait lui-même combattu pour la maison de Lancastre, et par conséquent il était favorablement disposé à l'égard du petit nombre d'hommes de distinction qu'il avait connus personnellement, et qui avaient été constamment fidèles à cette famille pendant la longue suite d'infortunes qui semblaient l'avoir à jamais accablée. Il avait déjà offert des rafraîchissemens à Arthur, et il fit alors servir au comte un repas pendant lequel il n'oublia pas de lui recommander par son exemple autant que par ses conseils le bon vin de Bourgogne, dont le souverain de cette province était obligé de s'abstenir lui-même.

— Le Duc montre en cela qu'il a de l'empire sur lui-même, dit Colvin, car pour dire la vérité entre amis, son caractère est trop fougueux pour supporter la fermentation qu'occasionne dans le sang ce breuvage cordial; aussi est-il assez sage pour se borner à des boissons propres à calmer le feu naturel de son tempérament, au lieu de l'enflammer encore davantage.

— C'est ce dont je puis m'apercevoir, répondit le comte; quand j'ai commencé à connaître le noble Duc, qui était alors comte de Charolais, son caractère, quoique toujours suffisamment impétueux, était l'image d'un calme parfait auprès de la violence à laquelle il s'emporte maintenant à la moindre contradiction. Tel est le résultat d'une suite non interrompue de prospérités. Il s'est élevé par son propre courage, et graces à d'heureuses circonstances, du rang précaire de prince feudataire et tributaire au rang des plus puissans souverains de l'Europe, et il a pris un caractère de majesté indépendant. Mais je me flatte que ces nobles traits de générosité qui compensaient les actes d'une volonté arbitraire et fantasque ne sont pas devenus plus rares qu'ils ne l'étaient autrefois.

— Je puis lui rendre justice à cet égard, dit le soldat de fortune, qui attacha au mot de générosité le sens moins étendu de libéralité; le Duc est un maître noble, et dont la main est toujours prête à s'ouvrir.

— Je désire qu'il accorde ses bontés à des hommes aussi fermes et aussi fidèles dans leur service que vous l'avez toujours été, Colvin. Mais je remarque un changement dans votre armée. Je connais les bannières de la plupart des anciennes maisons de Bourgogne; comment se fait-il que j'en voie si peu dans le camp du Duc? je vois comme autrefois des drapeaux, des étendards, des pennons; mais quoique je connaisse depuis tant d'années la noblesse de France et de Flandre, leurs armoiries me sont inconnues.

— Noble comte d'Oxford, il convient mal à un homme qui est à la solde du Duc de critiquer sa conduite; mais il est vrai de dire que depuis quelque temps le Duc, à ce qu'il me semble, accorde trop de confiance aux soldats de l'étranger. Il aime mieux prendre à sa solde des troupes nombreuses d'Allemands et d'Italiens, que de réunir autour de sa bannière les chevaliers et les écuyers qui lui sont attachés par les liens de l'allégeance féodale. Il n'a recours à ses sujets que pour en tirer les sommes dont il a besoin pour solder ces mercenaires. Les Allemands sont des drôles assez honnêtes quand ils sont payés régulièrement; mais que le ciel me préserve des bandes italiennes du Duc, et de ce Campo-Basso, le chef, qui n'attend qu'un prix capable de le tenter pour vendre Son Altesse, comme un mouton destiné à la tuerie!

— Pensez-vous si mal de lui?

— J'en pense si mal que je crois qu'il n'existe aucune sorte de trahison que l'esprit puisse imaginer et que le bras puisse exécuter, pour laquelle son ame et sa main ne soient prêtes. Il est pénible, milord, pour un Anglais, pour un homme d'honneur comme moi, de servir dans une armée où de pareils traîtres ont un commandement. Mais que puis-je faire, à moins que je ne trouve de nouveau l'occasion de porter les armes dans mon pays natal? J'espère encore qu'il plaira à la merci du ciel de rallumer dans notre chère Angleterre ces bonnes guerres civiles où l'on se battait de franc jeu, où l'on n'entendait point parler de trahisons.

Lord Oxford donna à entendre à son hôte qu'il ne devait peut-être pas désespérer de voir s'accomplir le pieux désir qu'il formait de vivre et de mourir dans sa patrie, et dans l'exercice de sa profession. Il lui demanda ensuite de lui procurer le lendemain de bonne heure un passeport et une escorte pour son fils qu'il était obligé de dépêcher sur-le-champ à Aix, résidence du roi René.

— Quoi! dit Colvin, le jeune lord Oxford va-t-il prendre

ses degrés dans la cour d'Amour? On ne s'occupe dans la capitale du roi René d'autre affaire que d'amour et de poésie.

— Je n'ambitionne pas pour lui une pareille distinction, mon bon hôte; mais la reine Marguerite est avec son père, et il convient que ce jeune homme aille lui baiser la main.

— J'entends, dit le vétéran lancastrien; quoique nous touchions à l'hiver, je me flatte que nous pourrons voir la Rose-Rouge fleurir au printemps.

Il fit alors entrer le comte d'Oxford dans la partie de la tente qu'il devait occuper, et où il se trouvait aussi un lit pour Arthur. Leur hôte, comme nous pouvons appeler Colvin, les assura en se retirant qu'au point du jour des chevaux et des hommes d'armes sur qui il pourrait compter seraient prêts à conduire le jeune homme à Aix.

— Et maintenant, Arthur, lui dit son père, il faut nous séparer encore une fois. Dans ce pays où règnent tant de dangers je n'ose vous donner aucune lettre pour la reine Marguerite ma maîtresse; dites-lui que j'ai trouvé le duc de Bourgogne tenant fortement aux vues de ses intérêts personnels, mais assez disposé à les allier avec ceux de la maison de Lancastre. Dites-lui que je ne doute guère qu'il ne nous accorde les secours que nous lui demandons, mais non pas sans une abdication en sa faveur par le roi René et par elle-même. Dites-lui que je ne lui aurais jamais conseillé de faire un pareil sacrifice pour la chance précaire de renverser du trône la maison d'York, si je n'étais bien convaincu que le roi de France et le duc de Bourgogne sont comme deux vautours planant sur la Provence, et que l'un ou l'autre de ces princes, peut-être tous deux, sont prêts, à l'instant de la mort de son père, à fondre sur les domaines qu'ils lui ont laissés à regret pendant sa vie. Un arrangement avec le duc de Bourgogne peut donc d'une part nous assurer sa coopération active dans notre entreprise en Angleterre; et de l'autre, si notre noble maîtresse ne consent pas à la demande du Duc la justice de sa cause ne mettra pas plus en sûreté ses droits héréditaires aux domaines de son père. Invitez donc la reine Marguerite, à moins que ses projets ne soient changés, à obtenir du roi René l'acte formel de la cession de ses domaines au duc de Bourgogne avec le consentement exprès de Sa Majesté. Le revenu à assurer au roi et à elle-même sera réglé comme elle le désirera. On peut même laisser cet article en blanc, car je puis me fier à la générosité du duc Bourgogne pour le remplir convenablement. Toute ma crainte c'est que Son Altesse ne s'embarque...

— Dans quelque sot exploit nécessaire à son honneur et à la sûreté de ses domaines, ajouta une voix en dehors de la tente, et ne fasse ainsi plus d'attention à ses affaires qu'aux nôtres. N'est-ce pas cela, sire comte?

Le rideau qui formait de ce côté la porte de la tente se leva en même temps, et on vit entrer un homme portant le costume et la toque du soldat de la garde wallone, mais en qui Oxford reconnut sur-le-champ les traits durs du duc de Bourgogne, et son œil fier qui étincelait sous la fourrure et la plume dont sa toque était ornée.

Arthur qui n'avait jamais vu ce prince tressaillit en voyant entrer un inconnu, et porta la main sur son poignard. Mais son père lui fit un signe qui lui fit baisser le bras, et il vit avec surprise le respect solennel avec lequel le comte reçut le prétendu soldat. Les premiers mots qui furent prononcés lui expliquèrent ce mystère.

— Si ce déguisement a été pris pour mettre ma foi à l'épreuve, noble Duc, dit le comte, permettez-moi de vous dire qu'il était inutile.

— Convenez, Oxford, répondit Charles, que je suis un espion courtois; car j'ai cessé de jouer le rôle d'écouteur aux portes à l'instant même où j'avais lieu de penser que vous alliez dire quelque chose qui exciterait mon courroux.

— Sur ma parole de chevalier, monseigneur, si vous étiez resté derrière la tente, vous n'auriez entendu que les mêmes vérités que je suis prêt à dire en présence de Votre Altesse, quoiqu'elles eussent été peut-être exprimées un peu plus librement.

— Eh bien! dites-les donc, et de la manière qu'il vous

plaira. Ils en ont menti par la gorge ceux qui disent que Charles de Bourgogne s'est jamais offensé des avis donnés par un ami dont il connaît les bonnes intentions.

— J'aurais donc dit que tout ce que Marguerite d'Anjou avait à craindre, c'était que le duc de Bourgogne, à l'instant de prendre son armure pour gagner la Provence pour lui-même, et pour aider de son bras puissant ma maîtresse à faire valoir ses droits en Angleterre, ne se laissât détourner d'objets si importans par le désir imprudent de se venger d'affronts imaginaires qui lui ont été faits comme il le suppose par certaines confédérations de montagnards des Alpes contre lesquels il est impossible de remporter un avantage important ou d'acquérir de la gloire, et au risque de perdre l'un et l'autre. Ces hommes, monseigneur, demeurent au milieu de rochers et de déserts presque inaccessibles ; ils se contentent de si peu de chose pour leur nourriture que le plus pauvre de vos sujets mourrait de faim s'il était assujéti au même régime. Ils sont formés par la nature de manière à servir de garnison aux montagnes au milieu desquelles elle les a placés, et qui sont autant de forteresses. Pour l'amour du ciel ! ne vous mettez pas en guerre avec eux, mais marchez vers un but plus noble et plus important, sans mettre en mouvement un nid de guêpes dont les piqûres sont capables de mettre en fureur ceux qu'elles attaquent.

Le Duc avait promis de la patience, et il s'efforça de tenir parole ; mais les muscles gonflés de son visage et ses yeux étincelans annonçaient combien il lui en coûtait pour retenir son courroux.

— Vous êtes mal informé, milord, répondit-il ; ces hommes ne sont pas les bergers et les paysans paisibles qu'il vous plaît de les supposer. S'ils n'étaient que cela, il me serait possible de les mépriser. Mais fiers de quelques victoires qu'ils ont remportées sur les indolens Autrichiens, ils ont secoué tout respect pour l'autorité ; ils se donnent des airs d'indépendance, forment des ligues, font des invasions, prennent des villes d'assaut, jugent et font exécuter des hommes de noble naissance au gré de leur bon plaisir. Tu as l'esprit obtus, Oxford, car tu as l'air de ne pas me comprendre. Pour agiter ton sang anglais, et te faire entrer dans mes sentimens à l'égard de ces montagnards, apprends que ces Suisses sont de véritables Ecossais pour les parties de mes domaines dont ils sont voisins; pauvres, fiers, féroces, s'offensant aisément, parce qu'ils gagnent à la guerre; difficiles à apaiser, parce qu'ils nourrissent un esprit de vengeance; toujours prêts à saisir l'occasion favorable pour attaquer un voisin quand il est occupé d'autres affaires. Oui, les Suisses sont pour la Bourgogne et pour ses alliés des ennemis aussi remuans, aussi perfides, aussi invétérés que les Ecossais pour l'Angleterre. Que diras-tu maintenant? Puis-je songer à aucune entreprise importante avant d'avoir terrassé l'orgueil d'un tel peuple? Ce ne sera l'affaire que de quelques jours. Je saisirai le porc-épic des montagnes avec mon gantelet d'acier.

— Ils donneront donc moins de besogne à Votre Altesse que nos rois d'Angleterre n'en ont eu avec les Écossais. Nos guerres avec eux ont duré si long-temps et ont été si sanglantes, que les hommes sages regrettent encore qu'on les ait jamais entreprises.

— Je n'entends pas faire aux Écossais l'affront de les comparer sous tous les rapports à ces manans des montagnes de Suisse. La noblesse du sang et le courage se trouvent en Ecosse, et nous en avons vu bien des exemples. Ces Suisses, au contraire, ne sont qu'une race de paysans; et si quelques-uns d'entre eux peuvent se vanter d'une naissance plus distinguée, il faut qu'ils la cachent sous le costume et les manières de ces rustres. Je ne crois pas qu'ils soutiennent une charge de cavalerie du Hainaut.

— Non, si la cavalerie peut trouver un terrain propre à une charge. Mais...

— Pour réduire vos scrupules au silence, dit le Duc en l'interrompant, apprenez que ces manans encouragent par leur protection et leur aide la formation des conspirations les plus dangereuses dans mes domaines. Je vous ai dit que mon gouverneur, sir Archibald Von Hagenbach, a été assassiné après la prise de la ville de la Férette par ces traîtres, vos bons Suisses. Et voici un chiffon de parchemin qui m'annonce que mon serviteur a été mis à mort en vertu d'une sentence du Vehmé-Gericht, bande d'assassins secrets, dont je ne souffrirai jamais les attroupemens dans aucune partie de mes domaines. Que ne puis-je les trouver sur la face de la terre aussi aisément qu'ils se rassemblent dans ses entrailles! Voyez l'insolence de cet écrit.

Cet écrit portait, avec la date du jour et du mois, que la sentence de mort avait été rendue contre Archibald Von Hagenbach par le saint Vehmé, et qu'elle avait été mise à exécution par ses officiers, qui n'étaient responsables de leur conduite qu'à leur tribunal; cet écrit était contresigné en encre rouge, et scellé du sceau de la société secrète, un rouleau de cordes et un poignard.

— J'ai trouvé cette pièce clouée sur ma toilette avec un poignard, reprit le Duc. C'est un autre de leurs tours, pour ajouter le mystère à leurs jongleries homicides.

Le souvenir du danger auquel il avait été exposé dans l'auberge de Mengs, et les réflexions qu'il fit en ce moment sur l'étendue et le pouvoir des associations secrètes, firent frémir involontairement le brave Anglais.

— Pour l'amour de tous les saints qui sont dans le ciel, monseigneur, dit-il, prenez garde à la manière dont vous parlez de ces redoutables sociétés, dont les agens nous entourent, et sont sur notre tête et sous nos pieds. Personne n'est sûr de sa vie, quelque bien gardée qu'elle soit, si un homme prêt à sacrifier la sienne veut la lui ravir. Vous êtes environné d'Allemands, d'Italiens et d'autres étrangers. Combien s'en peut-il trouver parmi eux qui soient chargés de ces chaînes secrètes qui dégagent les hommes de tout autre lien social pour les unir en une confédération terrible dont ils ne peuvent plus sortir? Songez, noble prince, à la situation dans laquelle votre trône est placé, quoiqu'il brille de toute la splendeur de la puissance, quoiqu'il repose sur une base solide et digne d'un édifice si auguste. Je dois vous dire, moi, ami de votre maison, quand ce devraient être mes dernières paroles, que ces Suisses sont une avalanche suspendue sur votre tête, et que ces associations secrètes travaillent sous vos pieds pour produire les premières secousses d'un tremblement de terre. Ne provoquez pas une lutte dangereuse, et la neige restera immobile sur la cime de la montagne; la fermentation des vapeurs souterraines s'apaisera. Mais une parole de menace, un regard d'indignation ou de mépris, peuvent être le signal pour faire éclater ces deux fléaux.

— Vous semblez témoigner plus de crainte pour une troupe de manans à demi nus et pour une bande d'assassins nocturnes, que je ne vous en ai vu montrer pour des dangers réels. Cependant je ne dédaigne pas votre avis. J'écouterai avec patience les envoyés suisses, et je m'abstiendrai, si cela m'est possible, de leur faire voir le mépris avec lequel je ne puis m'empêcher de regarder leurs prétentions à traiter comme État indépendant. Je garderai le silence sur les associations secrètes jusqu'à ce que le temps me fournisse les moyens d'agir de concert avec l'Empereur, la diète et les princes de l'Empire, pour les chasser en même temps de tous leurs terriers. Eh bien! sire comte, est-ce bien parler?

— C'est bien penser, monseigneur; mais c'est peut-être parler imprudemment. Vous êtes dans une situation où un seul mot entendu par un traître peut être une cause de ruine et de mort.

— Je n'ai pas de traîtres autour de moi, comte. Si je croyais qu'il en existât dans mon camp, j'aimerais mieux périr sur-le-champ par leur main, que de vivre perpétuellement en proie à la terreur et au soupçon.

— Les anciens serviteurs de Votre Altesse ne parlent pas favorablement du comte de Campo-Basso, qui occupe un rang si élevé dans votre confiance.

— Oui, répliqua le Duc d'un ton calme, il est facile à la haine unanime de tous les courtisans de dénigrer le plus fidèle serviteur d'une cour. Je réponds que Colvin, votre concitoyen à tête de taureau, l'a noirci dans votre esprit comme tous les autres. Mais pourquoi ? C'est que Campo-Basso prend soin de m'avertir, sans crainte et sans espoir de faveur, de tout ce qui va mal dans mon duché. Ensuite ses pensées sont jetées dans le même moule que les miennes, de sorte que je puis à peine le décider à s'expliquer sur ce qu'il entend le mieux, quand nous différons tant soit peu sous quelque rapport. Ajoutez à cela un extérieur plein de noblesse, de la grace, de la gaîté, une adresse parfaite dans tous les exercices de la guerre et dans tous les arts de la paix qui conviennent à une cour. Tel est Campo-Basso. N'est-ce donc pas un joyau pour le cabinet d'un prince ?

— Je vois qu'il possède tout ce qui est nécessaire pour former un favori ; mais toutes ces qualités ne sont pas aussi propres à faire un fidèle conseiller.

— Fou soupçonneux ! s'écria le Duc ; faut-il donc te dire mon grand secret sur ce Campo-Basso ? N'est-il que ce moyen de te guérir des soupçons chimériques que ton nouveau métier de marchand ambulant t'a probablement disposé à concevoir si légèrement ?

— Si Votre Altesse m'honore de sa confiance, tout ce que je puis dire, c'est que ma fidélité y répondra.

— Sache donc, le plus méfiant des mortels, que mon bon ami, mon cher frère Louis, roi de France, m'a fait donner avis en secret par un personnage qui n'était rien moins que son fameux barbier Olivier le Diable, que Campo-Basso lui avait offert pour une certaine somme d'argent de me livrer à lui mort ou vif. — Vous tressaillez ?

— Et ce n'est pas sans raison, me rappelant que votre usage constant, monseigneur, est d'être légèrement armé et mal accompagné quand vous allez faire des reconnaissances ou visiter vos avant-postes, et songeant par conséquent combien il serait facile de mettre à exécution un tel projet de trahison.

— Bon, bon ! tu vois le danger comme s'il était réel ; mais rien ne peut être plus certain que si mon cher cousin le roi de France eût reçu une pareille offre, il eût été le dernier homme du monde à me prévenir de me tenir en garde contre cette perfidie. Non, non, il sait quel prix j'attache aux services de Campo-Basso, et il a imaginé cette accusation pour m'en priver.

— Et cependant, monseigneur, si Votre Altesse veut suivre mon conseil, vous ne quitterez pas sans nécessité votre armure à l'épreuve du fer, et vous ne marcherez qu'avec une bonne escorte de vos fidèles Wallons.

— Tu voudrais donc, à l'aide du soleil et de l'acier, faire une carbonnade d'un malheureux comme moi, toujours consumé par une fièvre brûlante? Mais quoique je plaisante ainsi, je serai prudent. Quant à vous, jeune homme, vous pouvez assurer ma cousine Marguerite d'Anjou que je regarderai ses affaires comme les miennes; mais souvenez-vous aussi que les secrets des princes sont des présens dangereux, si ceux à qui ils sont confiés manquent de discrétion, mais qu'ils font la fortune de ceux qui savent les garder fidèlement. Vous en aurez la preuve si vous me rapportez d'Aix l'acte d'abdication dont votre père vous a parlé. Adieu, adieu!

— Vous venez de voir, dit le comte d'Oxford à son fils, le portrait de ce prince extraordinaire tracé par lui-même. Il est facile d'exciter son ambition et sa soif de pouvoir, mais il est presque impossible de lui faire prendre le chemin direct qui pourrait le conduire au point désiré. Il est toujours comme l'archer novice dont l'œil est distrait du but par une hirondelle qui vole pendant qu'il tire la corde de son arc. Tantôt méfiant sans cause et injustement, tantôt s'abandonnant à une confiance sans bornes; naguère ennemi de la maison de Lancastre et allié de celle d'York, maintenant le dernier espoir et le seul appui de cette maison détrônée. Il est pénible d'avoir à regarder les joueurs, de voir comment on peut gagner la partie, et de se trouver par le caprice des autres privé de jouer comme il le faudrait. Que de grands intérêts dépendent de la détermination que prendra demain le duc Charles! et combien est faible mon influence pour le décider à agir comme l'exigent sa sûreté et notre avantage! Bonsoir, mon fils; laissons le soin des événemens à celui qui peut seul en diriger le cours.

CHAPITRE XXVII.

> « Oui, mon sang est trop froid, puisque j'ai supporté
> « Ces indignes propos sans qu'il ait fermenté.
> « Vous le saviez fort bien, et votre impertinence
> « Veut voir jusqu'à quel point ira ma patience. »
> SHAKSPEARE.

L'AURORE éveilla le comte d'Oxford et son fils, et ses premiers rayons venaient à peine d'éclairer l'horizon du côté de l'orient, quand leur hôte Colvin entra avec un domestique portant quelques paquets qu'il déposa par terre, et qui se retira ensuite. Le général d'artillerie du Duc leur annonça alors qu'il était chargé d'un message de la part de Charles de Bourgogne.

— Le Duc, dit-il, envoie à mon jeune maître d'Oxford quatre lanciers robustes pour l'escorter; une bourse d'or bien remplie pour fournir à ses dépenses à Aix tant que ses affaires l'y retiendront; des lettres de créance pour le roi René afin de lui assurer un bon accueil; et deux habits complets, convenables à un gentilhomme anglais qui désire être témoin des solennelles de la Provence et à la sûreté duquel le Duc daigne prendre un grand intérêt. S'il a quelques autres affaires dans ce pays, Son Altesse lui recommande de les conduire avec prudence et discrétion. Le Duc lui envoie aussi deux chevaux pour son usage, un genêt marchant à l'amble pour la route, et un vigoureux cheval de Flandre, couvert de son armure, dans le cas où il en aurait besoin. Il est à propos que mon jeune maître change de vêtemens et prenne un costume qui se rapproche un peu plus de son véritable rang. Ceux qui doivent le suivre connaissent la route ; et ils sont autorisés, si les circonstances l'exigent, à requérir au nom du Duc l'assistance de tout fidèle Bourguignon. Il ne me reste qu'à ajouter que plus tôt que mon jeune maître partira, plus on en tirera un augure favorable du succès de son voyage.

— Je suis prêt à monter à cheval dès que j'aurai changé d'habit, répondit Arthur.

— Et moi, dit son père, je n'ai nulle envie d'apporter le moindre délai au service dont il est chargé. Ni lui ni moi nous n'avons à nous dire autre chose que : Dieu soit avec vous ! Qui peut savoir quand et où nous nous reverrons ?

— Je crois, dit Colvin, que cela doit dépendre des mouvemens du Duc qui peut-être ne sont pas encore déterminés ; mais Charles compte que vous resterez avec lui, milord, jusqu'à ce que les affaires qui vous ont conduit ici soient définitivement arrangées. J'ai quelque chose de plus à vous dire en particulier, après le départ de votre fils.

Tandis que Colvin parlait ainsi avec le comte, Arthur, qui n'était qu'à demi habillé quand il était arrivé, profita de l'obscurité qui régnait dans un coin de la tente pour changer les simples vêtemens qui convenaient à son état supposé de marchand, contre un habit de voyage pouvant être porté par un jeune homme de condition attaché à la cour de Bourgogne. Naturellement ce ne fut pas sans quelque sensation de plaisir qu'Arthur reprit un costume digne de sa naissance, et que les graces de son extérieur le rendaient plus digne que personne de porter ; mais ce fut avec encore plus de joie qu'il jeta autour de son cou le plus secrètement possible, et qu'il cacha sous le collet et les plis de son beau pourpoint une petite chaîne d'or élégamment fabriquée à la manière mauresque, comme on appelait alors ce genre de travail. C'était ce qu'il avait trouvé dans le petit paquet qu'Anne de Geierstein, cédant peut-être à ses propres sentimens autant qu'à ceux d'Arthur, lui avait remis entre les mains quand il l'avait quittée. Les deux bouts de la chaîne s'attachaient par le moyen d'un petit médaillon en or, sur un côté duquel on avait tracé avec la pointe d'une aiguille ou d'un couteau, en caractères très petits mais très lisibles, les mots : Adieu pour toujours! tandis que de l'autre on pouvait lire, quoique peu distinctement : Noubliez pas A. de G.

Tous mes lecteurs ont été, sont, ou seront amans; il n'en est aucun qui ne puisse comprendre pourquoi Arthur suspendit soigneusement à son cou ce gage d'affection, de manière à ce que cette dernière inscription reposât immédiatement contre son cœur dont chaque battement devait agiter le médaillon chéri.

Ayant achevé sa toilette, il fléchit un genou devant son père pour lui demander sa bénédiction et ses derniers ordres pour Aix.

Le comte le bénit d'une voix presque inarticulée, et lui dit d'un ton encore mal assuré qu'il avait déjà tout ce qui était nécessaire pour le succès de sa mission.

— Quand vous pourrez m'apporter les actes dont nous avons besoin, lui ajouta-t-il à voix basse en reprenant sa fermeté, vous me trouverez près de la personne du duc de Bourgogne.

Ils sortirent de la tente en silence, et virent à la porte les quatre lanciers bourguignons, hommes de grande taille et actifs, déjà en selle, et tenant deux chevaux sellés et bridés; le premier était un coursier caparaçonné comme pour la guerre, l'autre un genêt plein d'ardeur pour servir pendant le voyage; un des soldats tenait en laisse un cheval de somme chargé des bagages, parmi lesquels Colvin informa Arthur qu'il trouverait les vêtemens qui lui seraient nécessaires en arrivant à Aix, et en même temps il lui remit une bourse pleine d'or.

— Thiébault, continua-t-il en lui montrant le plus âgé des hommes de l'escorte, mérite toute confiance; je garantis son intelligence et sa fidélité. Les trois autres sont hommes d'élite, et ils ne sont pas gens à craindre que leur peau soit entamée.

Arthur sauta en selle avec une sensation de plaisir bien naturelle à un jeune cavalier qui depuis plusieurs mois n'avait pas senti sous lui un cheval plein d'ardeur. Le genêt impatient trépignait et se cabrait. Arthur, ferme sur la selle, comme s'il eût fait partie de l'animal, dit seulement : — Avant que nous ayons fait une longue connaissance, mon beau Rouan, ton ardeur apprendra à se modérer un peu.

— Encore un mot, mon fils, lui dit son père, qui ajouta, en lui parlant à l'oreille tandis qu'Arthur se baissait pour l'écouter : Si vous recevez une lettre de moi, ne vous croyez bien instruit de son contenu qu'après avoir exposé le papier à la chaleur du feu.

Arthur salua, et fit un signe au plus âgé des soldats de marcher en avant ; et tous, lâchant la bride de leurs chevaux, traversèrent le camp au grand trot, le jeune homme faisant un dernier signe d'adieu à son père et à Colvin.

Le comte resta comme un homme occupé d'un songe, suivant son fils des yeux, dans une sorte de rêverie qui ne fut interrompue que lorsque Colvin lui dit :

— Je ne suis pas surpris, milord, que mon jeune maître vous inspire tant de sollicitude ; c'est un galant jeune homme, méritant bien tout l'intérêt d'un père, et nous vivons dans un siècle de trahison et de sang.

— Je prends Dieu et sainte Marie à témoin, répondit Oxford, que si je suis dans le chagrin, ce n'est pas seulement pour ma maison ; que si j'ai de l'inquiétude, ce n'est pas mon fils seul qui la cause ; mais il est pénible de risquer un dernier enjeu dans une cause si dangereuse. Eh bien ! quels ordres m'apportez-vous de la part du Duc ?

— Son Altesse montera à cheval après avoir déjeuné. Le Duc vous envoie des vêtemens qui, s'ils ne sont pas ceux qu'exigerait votre rang, vous conviennent pourtant mieux que ceux que vous portez maintenant. Il désire que gardant toujours votre incognito et la qualité de riche marchand anglais, vous fassiez partie de la cavalcade qui va le conduire à Dijon, où il doit recevoir la réponse des États de Bourgogne sur des objets soumis à leur examen, et où il donnera ensuite une audience publique aux députés de la Suisse. Il m'a chargé de vous placer de manière que vous puissiez voir à votre aise ces deux cérémonies, auxquelles il suppose que comme étranger vous serez charmé d'assister. Mais il vous a probablement dit tout cela lui-même, car je crois que vous l'avez vu déguisé la nuit dernière. N'ayez pas l'air si surpris. Le Duc joue ce tour trop souvent pour qu'il puisse le faire en secret. Il n'y a pas un palefrenier qui ne le reconnaisse quand il traverse les tentes des soldats; et les vivandières le nomment l'espion espionné. Si l'honnête Henry Colvin était le seul qui en fût instruit, il se garderait bien d'en ouvrir la bouche; mais personne ne l'ignore. Allons, milord, quoique ma langue doive oublier de vous donner ce titre, voulez-vous venir déjeuner?

Le déjeuner, suivant l'usage du temps, était un repas substantiel, et un officier favori du duc de Bourgogne avait tous les moyens de recevoir avec une hospitalité distinguée un hôte qui avait droit à son respect. Mais avant qu'il fût fini, un son bruyant de trompettes annonça que le Duc et son cortége allaient monter à cheval. On présenta, de la part du Duc, un magnifique coursier à Philipson, nom que le comte d'Oxford continuait à porter; et il se joignit avec son hôte à la brillante réunion qui commençait à se former en face du pavillon du Duc. Ce prince en sortit au bout de quelques minutes, portant le superbe costume de l'ordre de la Toison-d'Or, dont son père avait été le fondateur, et dont Charles était lui-même le protecteur et le chef. Plusieurs de ses courtisans en étaient aussi revêtus, et ils déployaient ainsi que leur suite tant d'éclat, tant de splendeur, qu'ils justifiaient ce qu'on disait généralement, que la cour du duc de Bourgogne était la plus magnifique de toute la chrétienté. Les officiers de sa maison étaient tous à leur place, ainsi que les hérauts et les poursuivans d'armes, dont le costume aussi riche que grotesque produisait un effet singulier auprès des aubes et des dalmatiques du clergé, et des armures reluisantes des chevaliers et des vassaux. Le comte d'Oxford était placé parmi ces derniers, qui étaient équipés de diverses manières, suivant la nature du service dont ils étaient chargés. Il ne portait aucun uniforme militaire, et son costume n'était ni assez simple pour paraître déplacé au milieu de tant de splendeur, ni assez riche pour attirer sur lui l'attention. Il était à côté de Colvin, et sa grande taille, ses muscles et ses traits fortement prononcés faisaient un contraste frappant avec l'embonpoint et la physionomie insouciante de l'officier de fortune.

Le Duc sortit du camp, et se dirigea vers la ville de Dijon, qui était alors la capitale de toute la Bourgogne ; sa suite formait un grand cortége, dont l'arrière-garde était composée de deux cents arquebusiers d'élite, genre de soldats qui commençaient alors à être appréciés, et d'un pareil nombre d'hommes d'armes à cheval.

La ville de Dijon était défendue par de grands murs, et par des fossés dont l'eau était fournie par une petite rivière nommée l'Ouche, et par le torrent de Suzon. Quatre portes fortifiées, flanquées de redoutes et auxquelles conduisaient des ponts-levis, correspondaient presque aux quatre points cardinaux. Trente-trois tours s'élevaient au-dessus des murailles, et étaient placées à différens angles pour les protéger. Les murailles elles-mêmes, qui avaient plus de trente pieds de hauteur, en beaucoup d'endroits étaient d'une épaisseur considérable, et construites en grosses pierres carrées. Cette belle cité était entourée de montagnes couvertes de vignobles, et dans son sein s'élevaient les tours d'un grand nombre d'édifices publics et d'habitations particulières, qui, avec les cloches des églises et des monastères, attestaient la richesse et la dévotion de la maison de Bourgogne.

Quand les trompettes du cortége eurent averti la garde bourgeoise qui était à la porte de Saint-Nicolas, le pont-levis se baissa, la herse se leva, le peuple poussa de grands cris de joie, et Charles, placé au milieu de ses principaux officiers, entra dans la ville dont toutes les maisons étaient ornées de tapisseries. Il était monté sur un coursier blanc comme le lait, et suivi de six pages, dont le plus âgé n'avait pas quatorze ans, et dont chacun tenait en main une pertuisane dorée. Les acclamations générales avec lesquelles il fut salué prouvaient que si quelques actes de pouvoir arbitraire avaient diminué sa popularité, il lui en restait assez pour qu'il fût accueilli dans sa capitale avec joie, sinon avec enthousiasme. Il est probable que la vénération conservée pour la mémoire de son père arrêta long-temps le mauvais effet qu'une partie de sa conduite devait produire sur l'esprit public.

Le cortége s'arrêta devant un grand édifice gothique situé au centre même de Dijon. On l'appelait alors la Maison du Duc; et après la réunion de la Bourgogne à la France, on la nomma la Maison du Roi. Le maire de Dijon attendait Charles sur les degrés conduisant à ce palais.

Il était accompagné de tout le corps municipal et escorté par un corps de cent bourgeois en habits de velours noir, tenant en main une demi-pique. Le maire s'agenouilla pour baiser l'étrier du Duc, et à l'instant où Charles descendit de cheval, toutes les cloches de la ville commencèrent à sonner d'un carillon capable d'éveiller tous les morts qui reposaient dans le voisinage des clochers.

Pendant cet accueil assourdissant le Duc entra dans la grande salle du palais. A l'extrémité supérieure on voyait un trône pour le souverain, des siéges pour les principaux officiers et pour ses vassaux les plus distingués, avec des bancs par derrière pour les personnes de moindre considération. Ce fut là que Colvin fit asseoir le noble Anglais; mais il eut soin de lui choisir une place d'où il pût voir facilement toute l'assemblée et le Duc lui-même; et Charles, dont l'œil vif et perçant parcourut tous les rangs dès qu'on fut assis, sembla indiquer par un léger signe de tête, marque imperceptible pour ceux qui l'entouraient, qu'il approuvait cet arrangement.

Quand le Duc et sa suite furent assis, le maire s'approchant de nouveau de la manière la plus humble, et s'agenouillant sur le plus bas degré du trône ducal, supplia le Duc de lui permettre de lui demander s'il avait le loisir d'entendre les habitans de sa capitale lui exprimer leur zèle et leur dévouement pour sa personne, et s'il daignerait accepter leur tribut d'affection sous la forme d'une coupe d'argent remplie de pièces d'or, qu'il avait l'honneur de déposer à ses pieds au nom des citoyens et du corps municipal de Dijon.

Charles qui n'affectait jamais beaucoup de courtoisie, répondit d'un ton bref et d'une voix naturellement dure et rauque : — Chaque chose à son tour, maître maire ; nous entendrons d'abord ce que les États de Bourgogne ont à nous dire, après quoi nous écouterons les bourgeois de Dijon.

Le maire se releva et se retira, emportant sa coupe, aussi surpris que piqué, probablement que ce qu'elle contenait n'eût pas été accepté sur-le-champ et ne lui eût pas valu un accueil plus gracieux.

— Je m'attendais, dit Charles, à trouver en ce lieu et à cette heure nos États du duché de Bourgogne, ou une députation pour m'apporter une réponse au message que nous leur avons envoyé il y a trois jours par notre chancelier. N'y a-t-il personne ici de leur part ?

Personne n'osant répondre, le maire dit que les membres des États avaient été en délibération sérieuse toute la matinée, et qu'ils se rendraient sans doute sur-le-champ devant Son Altesse, dès qu'ils apprendraient que la ville était honorée de sa présence.

— Toison-d'Or, dit le Duc au premier héraut de cet ordre, allez annoncer à ces messieurs que nous désirons connaître le résultat de leurs délibérations, et que ni la courtoisie ni la loyauté ne leur permettent de nous faire attendre long-temps. Parlez-leur clairement, sire héraut ; ou sinon je vous parlerai clairement à vous-même.

Pendant que le héraut s'acquitte de sa mission, nous profiterons de son absence pour rappeler à nos lecteurs que pendant le moyen-âge la constitution de tous les pays de féodalité, c'est-à-dire de presque toute l'Europe, respirait un esprit ardent de liberté pour laquelle les grands vassaux combattaient, ne s'étendait pas jusqu'aux classes inférieures de la société, et n'accordait aucune protection à ceux qui étaient dans le cas d'en avoir le plus grand besoin. Les deux premiers ordres de l'État, la noblesse et le clergé, jouissaient de grands priviléges, et même le tiers-état ou la bourgeoisie avait le droit particulier de ne pouvoir être soumis à aucuns nouveaux droits ou impôts d'aucune espèce, sans qu'il y eût donné son consentement.

La mémoire du duc Philippe était chère aux Bourguignons; car pendant vingt ans ce prince avait maintenu son rang avec dignité parmi les souverains de l'Europe, et il avait accumulé des trésors sans exiger et sans recevoir aucune augmentation de revenu des riches pays qu'il gouvernait. Mais les projets extravagans et les dépenses excessives de Charles avaient déjà excité le mécontentement de ses États, et la bonne intelligence qui avait régné entre le prince et les sujets commençait à faire place d'une part au soupçon et à la méfiance, et de l'autre à une fierté hautaine qui méprisait l'opinion publique. L'esprit de résistance des États s'était irrité depuis peu, car ils avaient désapprouvé hautement différentes guerres que le Duc avait entreprises sans nécessité; et les levées qu'il avait faites de corps nombreux de troupes mercenaires leur faisaient soupçonner qu'il pouvait finir par se servir des octrois que ses sujets lui accordaient pour étendre au-delà des justes bornes les prérogatives du souverain, et anéantir les droits et la liberté du peuple.

D'une autre part cependant le succès constant que le Duc avait obtenu dans des entreprises qui paraissaient non-seulement difficiles, mais impossibles à exécuter; l'estime qu'inspirait la noble franchise de son caractère; la crainte que faisait naître un naturel ardent, obstiné et téméraire, presque inaccessible à la persuasion et ne souffrant jamais d'être contredit, entouraient encore le trône d'une terreur respectueuse, qu'augmentait aussi l'attachement de la populace pour la personne du duc Charles et pour la mémoire de son père. On avait prévu que dans l'occasion présente il s'élèverait dans les États une forte opposition aux nouvelles contributions que le Duc leur avait fait proposer d'établir, et le résultat de leurs délibérations était attendu avec beaucoup d'inquiétude par les conseillers du Duc, et avec impatience par le souverain lui-même.

Environ dix minutes s'étaient passées quand le chancelier de Bourgogne, prélat de haut rang qui était archevêque de Vienne, entra dans la salle avec sa suite. En passant derrière le trône du Duc pour aller prendre une des places les plus honorables qui lui était réservée, il s'arrêta un instant pour engager son maître à recevoir la réponse des Etats en audience privée, lui donnant à entendre en même temps que le résultat de leurs délibérations n'était nullement satisfaisant.

— Par saint George de Bourgogne ! monseigneur l'archevêque, s'écria Charles à voix haute et d'un ton ferme, nous ne sommes pas un prince dont l'esprit soit assez bas pour craindre l'humeur d'une faction mécontente et insolente. Si les Etats de Bourgogne envoient une réponse désobéissante et déloyale à notre message paternel, qu'elle soit prononcée en pleine cour, afin que le peuple assemblé puisse apprendre à juger entre son Duc et ces petits esprits intrigans qui voudraient empiéter sur notre autorité.

Le chancelier le salua gravement et s'assit à sa place. Pendant ce temps le comte d'Oxford remarqua que la plupart des membres de l'assemblée, du moins ceux qui étaient à l'abri des yeux pénétrans de Charles, murmurèrent quelques mots à l'oreille de leurs voisins, dont quelques-uns ne répondirent que par un clin d'œil, un mouvement de la tête et des épaules, comme on le fait souvent quand il s'agit d'une affaire sur laquelle on regarde comme dangereux de s'expliquer. En ce moment Toison-d'Or qui remplissait les fonctions de maître des cérémonies, rentra dans la salle à la tête d'une députation des Etats composée de douze membres, quatre de chaque ordre, qui furent annoncés comme étant chargés d'apporter au duc de Bourgogne la réponse de cette assemblée.

Lorsque la députation entra dans la salle Charles se leva, suivant une ancienne étiquette, et dit en ôtant sa toque ornée d'un grand panache : — Salut et bienvenue à mes féaux sujets des Etats. Tous ses courtisans se levèrent et se découvrirent la tête avec le même cérémonial. Les membres des Etats fléchirent alors un genou; les quatre ecclésiastiques, parmi lesquels Oxford reconnut le prêtre de Saint-Paul, étant les plus près de la personne du souverain, les nobles au second rang, et les quatre bourgeois en arrière.

— Noble Duc, dit le prêtre de Saint-Paul, vous plaît-il d'entendre la réponse de vos fidèles et loyaux Etats de Bourgogne par la voix d'un seul membre parlant au nom de tous, ou par trois personnes, dont chacune vous fera connaître l'opinion de l'ordre dont il fait partie?

— Comme il vous plaira, répondit le Duc.

— En ce cas, reprit le prêtre de Saint-Paul, un prêtre, un noble, et un bourgeois de condition libre, adresseront successivement la parole à Votre Altesse; car quoique les trois ordres soient d'accord sur la réponse à vous faire, graces en soient rendues au Dieu qui répand parmi des frères un esprit d'unanimité, chacun d'eux a eu des motifs différens qui ont influé sur sa détermination.

— Nous vous entendrons l'un après l'autre, dit le Duc en remettant sa toque sur sa tête; et s'asseyant au même instant, il s'appuya nonchalamment sur le dossier de son fauteuil. Alors tous ceux qui étaient de sang noble, soit dans la députation, soit parmi les spectateurs, firent preuve de leur droit à être regardés comme pairs du souverain en remettant aussi leurs toques, et un nuage de plumes ondoyantes donna tout à coup une nouvelle grace et une nouvelle dignité à l'assemblée.

Quand le Duc se fut assis la députation se releva, et le prêtre de Saint-Paul, faisant un pas en avant, lui adressa la parole en ces termes:

— Monseigneur, votre loyal et fidèle clergé a pris en considération votre proposition d'imposer un droit de taille sur votre peuple pour vous mettre en état de faire la guerre aux Cantons confédérés au milieu des Alpes. Cette guerre, monseigneur, paraît à votre clergé injuste et oppressive de la part de Votre Altesse; il ne peut espérer que Dieu bénisse ceux qui porteront les armes pour la soutenir. Il est donc obligé de refuser la demande de Votre Altesse.

Les yeux du Duc se fixèrent d'un air sombre sur le porteur d'un message si désagréable. Il secoua la tête avec un de ces regards fiers et menaçans qui étaient parfaitement d'accord avec ses traits naturellement durs.

— Vous avez parlé, sire prêtre, fut la seule réponse qu'il daigna faire.

Un des quatre nobles, le sire Mirebeau, prit alors la parole.

— Votre Altesse a demandé à sa fidèle noblesse, dit-il, qu'elle consentît qu'il fût levé de nouveaux impôts dans toute la Bourgogne afin de soudoyer de nouvelles troupes d'étrangers pour soutenir les querelles de l'État. Monseigneur, les épées des nobles, des chevaliers et des gentilshommes bourguignons ont toujours été aux ordres de Votre Altesse, comme celles de nos ancêtres sont sorties du fourreau pour vos prédécesseurs. Pour soutenir toute juste querelle de Votre Altesse, nous irons plus loin et nous combattrons mieux que toutes l[es] bandes mercenaires que vous pourriez lever en France, [en] Allemagne et en Italie. Nous ne pouvons donc consentir q[ue] le peuple soit chargé d'une taxe dont le produit est destin[é à] soudoyer des étrangers pour s'acquitter de devoirs militai[res] qu'il est de notre honneur et que nous avons le privilége [ex]clusif de remplir.

— Vous avez parlé, sire de Mirebeau, fut encore tout[e la] réponse du Duc. Il la prononça lentement et d'un ton ré[flé]chi, comme s'il eût craint que quelque mot imprudent arraché par la colère ne lui échappât avec ce qu'il voulait dire. Oxford crut le voir jeter un regard sur lui avant de parler ainsi, comme si sa présence eût imposé un frein de plus à son courroux.

— Fasse le ciel, se dit-il à lui-même, que cette opposition produise l'effet qu'on devait en attendre, et qu'elle décide le Duc à renoncer à un projet imprudent, si hasardeux et si inutile !

Pendant qu'il fait ces réflexions le Duc fit signe aux députés du tiers-état de parler à leur tour. Celui d'entre eux qui obéit à cet ordre muet se nommait Martin Blok, riche boucher de Dijon.

— Noble prince, dit-il, nos pères ont été les sujets fidèles de vos prédécesseurs; nous professons les mêmes sentimens pour Votre Altesse, et nos enfans en feront autant à l'égard de vos successeurs. Mais quant à la requête que votre chancelier nous a faite, c'en est une que nos ancêtres n'ont jamais accordée, que nous sommes déterminés à refuser, et que les États de Bourgogne n'octroieront jamais à quelque prince que ce soit jusqu'à la fin des siècles.

Charles avait supporté avec un silence impatient les discours des deux premiers orateurs, mais la réponse ferme et hardie du député du tiers-état fut pour lui plus qu'il ne lui était possible d'endurer. Il s'abandonna à toute l'impétuosité de son caractère, frappa du pied de manière à ébranler son trône à faire retentir la voûte de la salle, et accabla d'invectives [l'au]dacieux bourgeois.

— Ane bâté, s'écria-t-il, faut-il donc aussi que je t'entende [br]aire? Le noble peut réclamer le droit de parler parce qu'il [peut] combattre; le prêtre peut se servir de sa langue, c'est son [mét]ier; mais toi, toi qui n'as jamais versé que le sang de [tes] bestiaux aussi stupides que toi-même, tu oses venir ici [com]me un être privilégié, pour beugler devant le marche[pie]d du trône d'un prince? Sache, brute que tu es, que les [anim]aux n'entrent jamais dans un temple que pour être sa[c]rifiés, et que des bouchers et des artisans ne peuvent être admis en présence de leurs souverains que pour avoir l'honneur de tirer de leurs trésors accumulés de quoi fournir aux besoins publics!

Un murmure de mécontentement que la crainte du courroux du Duc ne put même réprimer se fit entendre dans toute l'assemblée à ces paroles, et le boucher de Dijon, plébéien résolu, répliqua sans beaucoup de respect: — Nos bourses sont à nous, monseigneur, et nous n'en mettrons pas les cordons entre les mains de Votre Altesse, à moins que nous ne soyons satisfaits de l'usage auquel notre argent doit être employé. Du reste, nous savons comment protéger nos personnes et nos biens contre des pillards et des maraudeurs étrangers.

Charles était sur le point d'ordonner qu'on arrêtât le député; cependant un regard qu'il jeta sur le comte d'Oxford dont la présence, en dépit de lui-même, lui imposait quelque contrainte, lui fit changer de résolution, mais ce fut pour commettre un autre acte d'imprudence.

— Je vois, dit-il en s'adressant à la députation des États, que vous êtes tous ligués pour contrarier mes projets, et sans doute pour me priver de tout le pouvoir de la souveraineté, sauf le droit de porter une couronne ducale et d'être servi à genoux comme un second Charles-le-Simple, tandis que les États de mes domaines se partageront la réalité du pouvoir. Mais vous apprendrez que vous avez affaire à Charles de Bourgogne, à un prince qui, quoiqu'il ait daigné vous consulter, est en état de livrer des batailles sans le secours de ses nobles, puisqu'ils lui refusent l'aide de leurs épées; de faire face aux dépenses d'une guerre sans l'assistance de ses sordides bourgeois; et peut-être de trouver le chemin du ciel sans les prières d'un ingrat clergé. Je prouverai à tous ceux qui sont ici présens combien la réponse séditieuse que vous venez de faire au message dont je vous avais honorés a fait peu d'impression sur mon esprit, et a peu changé mes résolutions. Toison-d'Or, faites venir en notre présence ces députés, comme ils se disent, des villes et Cantons confédérés de la Suisse.

Oxford et tous ceux qui prenaient un véritable intérêt à la prospérité du Duc l'entendirent avec la plus vive inquiétude annoncer sa résolution de donner audience aux envoyés suisses, prévenu comme il l'était déjà contre eux, dans un moment où il était courroucé au plus haut degré par le refus des États de lui accorder un octroi. Ils savaient que les obstacles que rencontrait sa colère étaient comme des rochers dans le lit d'un fleuve qui ne peuvent en arrêter le cours, mais qui en font bouillonner et écumer les flots. Chacun sentait que le dé était jeté, mais il aurait fallu être doué d'une prescience qui n'appartient pas aux mortels pour se figurer toutes les conséquences qui pouvaient en résulter. Oxford, en particulier, concevait que l'exécution de son plan de descente en Angleterre était le principal objet qui se trouvait compromis par l'obstination téméraire de Charles; mais il ne se doutait pas, il aurait cru rêver s'il avait pu le supposer, que la vie de ce prince lui-même et l'existence de la Bourgogne comme royaume indépendant étaient dans le même bassin de la balance.

CHAPITRE XXVIII.

> « C'est un style cruel, un style peu chrétien,
> « Le style d'un défi que ferait un païen.
> « Oser nous défier! »
> SHAKSPEARE.

Les portes de la salle furent alors ouvertes aux députés suisses, qui depuis une heure faisaient le pied de grue en dehors du palais, sans recevoir la moindre de ces attentions que les nations civilisées accordent universellement aux représentans d'un État étranger. Dans le fait, leur apparition en habit de gros drap gris comme des chasseurs ou des bergers montagnards, au milieu d'une assemblée où les yeux étaient éblouis par de superbes vêtemens de toutes couleurs, des galons d'or et d'argent, des broderies magnifiques et des pierres précieuses, servait à confirmer l'idée qu'ils ne pouvaient se présenter que comme très humbles pétitionnaires.

Cependant Oxford, qui épiait la contenance de ses anciens compagnons de voyage, remarqua que chacun d'eux conservait le caractère de fermeté et d'indifférence qui les avait distingués jusqu'alors. Rodolphe Donnerhugel avait toujours son air audacieux et hautain ; le porte-bannière montrait son insouciance militaire qui faisait qu'il regardait avec apathie tout ce qui l'entourait ; le bourgeois de Soleure avait un air aussi solennel et aussi important que jamais ; aucun des trois ne semblait frappé le moins du monde de la splendeur de la scène qui les environnait, ni embarrassé par la comparaison qu'il pouvait faire de l'infériorité de son costume. Mais le noble Landamman, sur qui Oxford fixait principalement son attention, semblait accablé par la conviction de la position précaire dans laquelle son pays se trouvait. Le comte vit qu'il craignait, d'après la manière peu honorable et même grossière avec laquelle ils avaient été reçus, que la guerre ne fût inévitable ; tandis qu'en même temps il déplorait, en ami de son pays, la perte de sa liberté que pouvait entraîner une défaite, ou celle de sa simplicité vertueuse et de son mépris pour les richesses qui pouvait être le résultat de la victoire, par suite de l'introduction d'un luxe étranger et de tous les maux qui en sont la conséquence.

Connaissant parfaitement les sentimens d'Arnold Biederman, Oxford pouvait aisément expliquer l'air mélancolique du Landamman, tandis que le camarade de celui-ci, Bonstetten, moins en état de comprendre les pensées qui occupaient son ami, le regardait avec cette expression qu'on peut remarquer dans les yeux d'un chien fidèle qui annonce qu'il partage la tristesse de son maître, quoiqu'il ne puisse en connaître ni en apprécier la cause. De temps en temps un membre de ce groupe jetait un regard de surprise vers cette brillante assemblée ; mais ni Donnerhugel ni le Landamman ne lui accordaient cette légère marque d'attention ; car l'orgueil indomptable de l'un et le patriotisme constant de l'autre empêchaient tout objet extérieur de les distraire de leurs profondes et sérieuses réflexions.

Après un silence d'environ cinq minutes, le Duc prit la parole avec ce ton dur et hautain qu'il croyait sans doute convenir à son rang, mais qui convenait certainement à son caractère.

— Habitans de Berne, de Schwitz, ou de quelque hameau et de quelque désert que vous puissiez représenter, sachez que nous ne vous aurions pas honorés d'une audience, rebelles comme vous l'êtes à l'autorité de vos maîtres légitimes, sans l'intercession d'un estimable ami qui a séjourné quelque temps dans vos montagnes, et que vous pouvez connaître sous le nom de Philipson, marchand anglais, chargé de marchandises précieuses pour notre cour. Cédant à ses prières, nous avons daigné, au lieu de vous envoyer au gibet et à la roue comme vous le méritez, sur la place de Morimont, vous admettre en notre présence, siégeant en cour plénière, pour recevoir de vous les excuses que vous pourrez nous offrir pour avoir poussé l'audace au point de prendre d'assaut notre ville de la Férette, de massacrer un grand nombre de nos sujets, et d'assassiner de sang-froid le noble chevalier Archibald Von Hagenbach, qui a été exécuté en votre présence, de votre aveu, et avec votre appui. Parlez, si vous avez quelque chose à dire en défense de votre félonie et de votre trahison, ou pour implorer une merci que vous ne méritez pas et éviter un juste châtiment.

Le Landamman semblait s'apprêter à répondre ; mais Rodolphe Donnerhugel, avec la hardiesse effrontée qui le caractérisait, se chargea lui-même de la réplique. Il soutint le regard de fierté du Duc avec un œil intrépide et un visage aussi hautain que le sien.

— Nous ne sommes pas venus ici, dit-il, pour compromettre notre honneur ou la dignité du peuple libre que nous représentons, en nous déclarant coupables de crimes dont nous sommes innocens. Quand vous nous appelez rebelles, vous devez vous souvenir qu'une longue suite de victoires, dont l'histoire est écrite avec le sang le plus noble de l'Autriche, a rendu à notre Confédération la liberté dont une injuste tyrannie a essayé en vain de nous priver. Tant que l'Autriche a été pour nous une maîtresse juste et bienfaisante, nous l'avons servie aux dépens de notre vie ; quand elle est devenue oppressive et tyrannique, nous nous en sommes rendus indépendans. Si elle a encore quelque chose à réclamer de nous, les descendans de Tell, de Faust, de Stauffenbach sont aussi disposés à défendre leur liberté que leurs pères l'ont été à la conquérir. — Votre Grace, si tel est votre titre, n'a point à se mêler des querelles entre nous et l'Autriche. Quant à vos menaces du gibet et de la roue, nous sommes ici des hommes sans défense, sur le sort desquels vous pouvez prononcer au gré de votre bon plaisir ; mais nous savons mourir, et nos concitoyens sauront nous venger.

Le Duc irrité n'aurait répondu qu'en ordonnant d'arrêter à l'instant tous les députés, et probablement de les conduire à l'échafaud ; mais son chancelier profitant du privilége que lui donnait sa place se leva, ôta sa toque, salua profondément le Duc, et lui demanda la permission de répondre à un jeune homme égaré par une fierté déplacée, et qui avait si mal compris le but du discours de Son Altesse.

Charles, se sentant peut-être trop courroucé en ce moment pour pouvoir prendre une détermination calme, s'enfonça dans son fauteuil avec un air d'impatience et de colère, et fit un signe à son chancelier pour lui accorder la permission de parler.

—Jeune homme, dit ce grand-officier, vous avez mal compris ce que vient de vous dire le haut et puissant souverain en présence duquel vous vous trouvez. Quels que soient les droits de l'Autriche sur les villages révoltés qui ont secoué le joug de leur maître légitime, nous ne sommes pas appelés à discuter cet argument. Mais voici l'objet sur lequel Son Altesse vous demande une réponse : Pourquoi, venant ici en qualité et avec le caractère d'envoyés de paix pour traiter d'affaires concernant vos villages et les droits des sujets du duc de Bourgogne, avez-vous porté la guerre dans le sein de nos domaines tranquilles, pris d'assaut une forteresse, massacré la garnison qui la défendait, et mis à mort un noble chevalier qui en était le gouverneur? Toutes ces actions sont contraires à la loi des nations et méritent certes le châtiment dont vous avez été justement menacés, mais dont j'espère que notre gracieux souverain vous fera grace, si vous exprimez votre regret de cet insolent outrage en lui offrant une réparation convenable pour une telle injure.

—Vous êtes prêtre, grave sire, répondit Rodolphe Donnerhugel au chancelier de Bourgogne ; mais s'il existe dans cette assemblée un soldat qui veuille soutenir votre accusation, je le défie au combat singulier. Nous n'avons pas pris d'assaut la ville de la Férette ; les portes nous en ont été ouvertes avec des démonstrations de paix ; mais dès que nous avons été entrés dans la ville, nous nous sommes vus entourés par les soldats de feu Archibald Von Hagenbach, dans le dessein évident de nous attaquer et de nous assassiner, tandis que nous allions nous acquitter d'une mission pacifique. En ce moment les habitans de la ville se sont insurgés et ont été aidés, je crois, par des voisins qui ne pouvaient souffrir plus long-temps l'insolence et l'oppression qui avaient rendu Archibald Von Hagenbach si odieux. Nous ne leur avons donné aucun secours, et j'espère qu'on ne pouvait attendre de nous que nous prissions parti en faveur de ceux qui se préparaient à nous assassiner. Mais pas une pique, pas une épée appartenant à nous-mêmes ou à notre escorte n'ont été trempées dans le sang bourguignon. Il est vrai qu'Archibald Von Hagenbach a péri sur un échafaud, et c'est avec plaisir que je l'ai vu mourir en vertu d'une sentence rendue par une cour reconnue compétente dans la Westphalie et dans toutes ses dépendances, même de ce côté du Rhin. Je ne suis pas obligé d'en justifier les procédés ; mais je déclare que le Duc a reçu des preuves complètes de cette sentence régulière, et qu'elle était amplement méritée par les actes d'oppression et de tyrannie du défunt, ainsi que par l'abus infâme de son autorité. Telle est la vérité : je la soutiendrai les armes à la main contre tout contradicteur, et voici mon gant.

A ces mots, et avec un geste conforme au ton dont il venait de parler, le fier Suisse jeta son gant droit sur le plancher de la salle. D'après l'esprit belliqueux de ce siècle, le désir de se distinguer par de brillans faits d'armes, et peut-être celui de gagner les bonnes graces du Duc, il y eut un mouvement général parmi les jeunes Bourguignons pour accepter ce défi, et sept à huit gants furent jetés à l'instant par les jeunes chevaliers présens à cette scène; ceux qui étaient en arrière les jetant par-dessus la tête des autres, et chacun d'eux proclamant son nom et son titre en offrant le gage du combat.

—Je les relève tous, dit l'audacieux jeune Suisse, ramassant les gants à mesure qu'ils tombaient; encore quelques-uns, messieurs, un gant pour chaque doigt de mes deux mains! Arrivez l'un après l'autre, une lice égale, des juges impartiaux, le combat à pied, l'épée à deux mains pour arme, et une vingtaine des vôtres ne me feront pas reculer.

—Arrêtez, messieurs, arrêtez, je vous l'ordonne! s'écria le Duc satisfait du zèle qui éclatait pour sa cause, un peu calmé par cette démonstration de loyauté, et ému par le ton de bravoure intrépide d'un jeune champion dont le caractère avait tant de rapport avec le sien, peut-être aussi n'étant pas fâché d'afficher aux yeux de sa cour plénière plus de modération qu'il n'avait d'abord pu prendre sur lui d'en montrer.

—Toison-d'Or, continua-t-il, ramassez ces gantelets, et rendez-les à ceux à qui ils appartiennent. A Dieu et à saint George ne plaise que nous exposions la vie du dernier de nos nobles bourguignons contre celle d'un vil paysan suisse qui n'a jamais monté un coursier, et qui ne connaît ni la courtoisie chevaleresque ni les graces de la chevalerie! Portez ailleurs vos rodomontades grossières, jeune homme, et sachez qu'en la présente occasion la seule lice qui vous convienne serait la place de Morimont, avec le bourreau pour antagoniste. Et vous, messieurs, vous ses compagnons qui, en souffrant que ce rodomont prenne le dé sur vous, semblez prouver que les lois de la nature sont renversées chez vous aussi bien que celles de la société, et que la jeunesse y a le pas sur l'âge mûr comme les paysans sur la noblesse; vous autres barbes grises, dis-je, n'y a-t-il personne parmi vous qui soit en état de nous expliquer votre mission en termes qu'il convienne à un prince souverain d'entendre?

— Noble Duc, dit le Landamman en s'avançant et en imposant silence à Rodolphe Donnerhugel qui ouvrait la bouche pour répondre avec courroux ; à Dieu ne plaise que nous ne puissions nous exprimer d'une manière convenable devant Votre Altesse, puisque, comme je l'espère, nous ne lui adresserons que des paroles de vérité, de paix et de justice ! Si l'humilité peut disposer Votre Altesse à nous écouter plus favorablement, je suis prêt à m'humilier plutôt que de vous voir refuser de nous entendre. Je puis pourtant dire avec vérité que quoique par suite d'un choix libre j'aie vécu jusqu'ici en cultivateur et en chasseur des Alpes d'Underwald, et que je sois décidé à mourir de même, je puis réclamer en vertu de ma naissance le droit héréditaire de parler devant les Ducs, les Rois et l'Empereur même. Il n'y a personne dans cette illustre assemblée, monseigneur, dont le sang sorte d'une source plus pure que celui de Geierstein.

— Nous avons entendu parler de vous, dit le Duc ; c'est vous qu'on appelle le comte paysan. Votre naissance fait votre honte ou celle de votre mère, si par hasard votre père avait un garçon de charrue de bonne mine digne d'avoir donné le jour à un homme qui s'est rendu volontairement serf.

— Non pas serf, monseigneur, mais homme libre qui ne veut ni opprimer les autres ni se laisser tyranniser. Mon père était un noble seigneur, et ma mère une dame pleine de vertu. Mais une plaisanterie méprisante ne m'empêchera pas de m'acquitter avec calme de la mission dont mon pays m'a chargé. Les habitans des contrées peu fertiles des Alpes désirent, monseigneur, vivre en paix avec tous leurs voisins, et jouir du gouvernement qu'ils ont choisi comme celui qui convenait le mieux à leur situation et à leurs habitudes, en laissant à tous autres États et pays la même liberté à cet égard. Ils désirent surtout rester en paix et en amitié avec la maison souveraine de Bourgogne dont les domaines touchent leurs possessions sur tant de points. Ils le désirent, monseigneur ; ils vous le demandent ; ils vont même jusqu'à vous en prier. On nous a appelés des gens intraitables et opiniâtres, méprisant insolemment toute autorité ; des fauteurs de sédition et de rébellion : en preuve du contraire, monseigneur, moi qui ne me suis jamais agenouillé que pour prier le ciel, je ne trouve nulle honte à fléchir le genou devant Votre Altesse comme devant un souverain tenant sa cour plénière, où il a droit d'exiger l'hommage de ses sujets comme un devoir, et celui des étrangers comme un acte de courtoisie. Un vain orgueil, ajouta le vieillard les yeux humides en posant un genou en terre devant le trône, ne m'empêchera jamais de m'humilier personnellement, quand la paix, cette heureuse paix, si chère à Dieu et d'un prix si inappréciable pour l'homme, est en danger d'être rompue.

Toute l'assemblée et le Duc lui-même furent émus par la manière noble et majestueuse dont l'intrépide vieillard fit une génuflexion qui n'était évidemment dictée ni par la peur ni par la bassesse.

— Relevez-vous, monsieur, lui dit le Duc. Si nous avons dit quelque chose qui ait pu blesser votre sensibilité personnelle, nous le rétractons aussi publiquement que nous l'avons énoncé, et nous sommes prêt à vous entendre comme un envoyé ayant de bonnes intentions.

— Je vous en remercie, noble prince, et je regarderai ce jour comme heureux si je puis trouver des expressions dignes de la cause que j'ai à plaider. Monseigneur, un placet qui a été remis entre les mains de Votre Altesse contient l'énumération des griefs nombreux que nous avons soufferts de la part de vos officiers, et de celle de Romont comte de Savoie, votre allié et votre conseiller, agissant comme nous avons le droit de le supposer sous la protection de Votre Altesse. Quant au comte Romont, il a déjà appris à qui il a affaire ; mais nous n'avons encore pris aucunes mesures en représailles des injures, des affronts et des interruptions apportées à notre commerce que nous avons à reprocher à ceux qui se sont prévalus de votre autorité pour arrêter nos compatriotes dans leurs voyages, pour piller leurs marchandises, les jeter en prison, et même en quelques occasions les mettre à mort.

Quant à l'affaire de la Férette, je puis rendre témoignage de ce que j'ai vu; nous n'y avons pas donné lieu, et nous n'y avons pris aucune part. Cependant il est impossible qu'une nation indépendante souffre plusieurs fois de pareilles injures, et nous sommes déterminés à rester libres et indépendans, ou à mourir pour la défense de nos droits. Que doit-il donc en résulter, à moins que Votre Altesse n'écoute les propositions que je suis chargé de lui faire? La guerre, une guerre d'extermination; car si cette lutte fatale commence une fois, il y aura guerre entre les Etats puissans et fertiles de Votre Altesse et nos pauvres et stériles cantons, tant qu'un homme de notre Confédération sera en état de manier une hallebarde. Et que peut gagner le noble duc de Bourgogne à une telle lutte? A-t-il en vue la richesse? Hélas! monseigneur, il y a plus d'or et d'argent sur les brides des cavaliers de votre maison qu'on n'en trouverait dans le trésor public et chez tous les particuliers de notre Confédération. Aspirez-vous à la gloire, à la renommée? il y a peu d'honneur à acquérir par une nombreuse armée opposée à quelques troupes d'hommes dispersés; par des soldats couverts de fer, combattant des laboureurs et des bergers à demi armés : une telle victoire serait peu glorieuse. Mais si comme tous les chrétiens le croient, comme le souvenir de ce qui s'est passé du temps de nos pères porte mes concitoyens à l'espérer avec confiance, le Dieu des armées accordait le triomphe au parti le moins nombreux, aux soldats les plus mal armés, je laisse à Votre Altesse le soin de juger ce que souffriraient en pareil cas votre honneur et votre réputation. Désirez-vous avoir un plus grand nombre de sujets, des domaines plus étendus, en faisant la guerre aux montagnards voisins? sachez que s'il plaît à Dieu que vous vous empariez de nos montagnes escarpées, nous nous retirerons comme nos ancêtres dans des solitudes plus sauvages et plus lointaines, et qu'après avoir opposé la dernière résistance, nous mourrons au milieu des neiges de nos glaciers. Oui, hommes, femmes, enfans, nous y serons tous anéantis avant qu'un seul Suisse libre reconnaisse un maître étranger.

Le discours du Landamman fit une impression visible. Le Duc s'en aperçut, et son obstination naturelle fut encore irritée par les dispositions favorables à l'ambassadeur qu'il voyait régner généralement dans l'assemblée; ce mauvais principe, inné en lui, effaça quelque impression qu'avait produite sur son esprit le noble discours de Biederman; il fronça le sourcil et interrompit le vieillard, qui se préparait à continuer son discours.

— Vous partez d'une base fausse, sire comte, sire Landamman, ou quel que soit le titre que vous vous donnez, lui dit-il, si vous vous imaginez que nous voulions vous faire la guerre pour obtenir des dépouilles ou acquérir de la gloire. Nous savons, sans que vous ayez besoin de nous le dire, qu'il n'y a ni profit ni honneur à vous vaincre; mais les souverains à qui Dieu a confié le pouvoir doivent détruire les hordes de brigands, quoiqu'on ait à rougir de mesurer son épée contre les leurs; et nous faisons une chasse à mort à une troupe de loups, quoique leur chair ne soit que charogne et que leur peau ne soit bonne à rien.

Le Landamman secoua sa tête grise, et répliqua, sans montrer aucune émotion, et même avec une espèce de sourire :

— Je suis un plus vieux chasseur que vous, monseigneur, et j'ai peut-être plus d'expérience en ce genre. Le chasseur le plus hardi n'attaque pas sans danger le loup dans son antre. J'ai démontré à Votre Altesse combien peu vous pouvez gagner, et combien vous risquez de perdre, puissant comme vous l'êtes, en hasardant une guerre contre des hommes déterminés et désespérés. Permettez-moi de vous dire maintenant ce que nous sommes disposés à faire pour nous assurer une paix sincère et durable avec notre puissant voisin le duc de Bourgogne. Votre Altesse est occupée à envahir la Lorraine, et il semble probable, sous un prince si entreprenant, que votre autorité pourra s'étendre jusqu'aux côtes de la Méditerranée. Soyez notre noble ami et notre allié sincère, et nos montagnes, défendues par des guerriers familiarisés avec la victoire, vous serviront de barrières contre l'Allemagne et l'Italie. Par égard pour vous, nous ferons la paix avec le comte de Savoie, et nous lui rendrons nos conquêtes aux conditions que Votre Altesse jugera raisonnables. Nous garderons le silence sur les plaintes que nous aurions à faire pour le passé contre vos lieutenans et vos gouverneurs sur la frontière, pourvu que nous soyons assurés que de pareils actes d'agression n'auront plus lieu à l'avenir. Enfin, c'est ma dernière offre, celle que je suis le plus fier de pouvoir vous faire, nous vous enverrons trois mille de nos jeunes gens pour aider Votre Altesse dans toute guerre que vous auriez à faire au roi de France ou à l'empereur d'Allemagne. C'est une race d'hommes, je puis le dire avec orgueil, toute différente de cette écume d'Allemagne et d'Italie qui se forme en bandes de soldats mercenaires; et si le ciel détermine Votre Altesse à accepter cette offre, vous aurez dans votre armée un corps dont chaque soldat perdra la vie sur le champ de bataille avant qu'un seul d'entre eux manque à la foi qu'il vous aura jurée.

Un homme dont le teint était basané, mais grand et bien fait, portant un corselet richement travaillé à l'arabesque, se leva comme emporté par un mouvement auquel il lui était impossible de résister. C'était le comte de Campo-Basso, commandant les troupes italiennes soudoyées de Charles, qui, comme nous l'avons déjà dit, possédait sur l'esprit du Duc une grande influence, qu'il devait principalement à l'adresse avec laquelle il savait se prêter aux opinions et aux préjugés de son maître, et lui fournir des argumens spécieux pour justifier son opiniâtreté dans ses projets.

—Son Altesse doit m'excuser, dit-il, si je parle pour défendre mon honneur et celui de mes bonnes lances qui, s'attachant à ma fortune, ont quitté l'Italie pour venir servir le prince le plus brave de toute la chrétienté. J'aurais pu sans doute écouter sans ressentiment le langage outrageant de ce manant à cheveux gris, dont les paroles ne peuvent faire plus d'impression sur un noble chevalier que les aboiemens du chien d'un paysan. Mais quand je l'entends proposer d'unir ces bandes de misérables mutins indisciplinés aux troupes de

Votre Altesse, je dois lui faire savoir qu'il n'existe pas dans mes rangs un seul palefrenier qui voulût combattre en pareille compagnie. Moi-même, chargé comme je le suis de mille liens de gratitude, je ne pourrais me résoudre à me trouver près de tels camarades. Je plierais ma bannière et je conduirais cinq mille hommes, non pas sous la bannière d'un plus noble maître, car l'univers n'en a pas un semblable, mais à des guerres où nous ne serions pas forcés d'avoir à rougir de nos compagnons d'armes.

— Silence, Campo-Basso, dit le Duc, et soyez assuré que vous servez un prince qui connaît trop bien votre mérite pour renoncer à des services qu'il a su apprécier, et pour accepter en place les secours peu sûrs de gens qu'il n'a connus que comme des voisins malfaisants et importuns.

Se tournant alors vers Arnold Biederman, il lui dit d'un ton froid et sévère :

— Sire Landamman, nous vous avons écouté avec calme ; nous vous avons écouté, quoique vous vous présentiez devant nous les mains encore teintes du sang de notre serviteur sire Archibald Von Hagenbach ; car en supposant qu'il ait été assassiné par ordre d'une infâme association qui, par saint George ! ne lèvera jamais sa tête venimeuse de ce côté du Rhin, il n'en est pas moins incontestable, et vous n'avez pas cherché à le nier, que vous avez été témoin de ce crime, que vous aviez des armes en main, et que votre présence a servi d'encouragement aux meurtriers. Retournez dans vos montagnes, et remerciez le ciel de pouvoir y retourner en vie. Dites à ceux qui vous ont envoyé que je serai bientôt sur leurs frontières. Une députation des plus notables de vos bourgeois se présentant devant moi, une corde autour du cou, une torche à la main gauche, et tenant de la droite l'épée par la pointe pourra apprendre à quelles conditions nous vous accorderons la paix.

— En ce cas, adieu la paix et salut à la guerre ! dit le Landamman ; et puissent ses fléaux et ses malédictions retomber sur la tête de ceux qui préfèrent une lutte sanglante à une union pacifique ! Vous nous trouverez sur nos frontières, l'épée nue à la main, mais nous la tiendrons par la poignée et non par la pointe. Charles de Bourgogne, de Flandre et de Lorraine, duc de sept duchés, comte de dix-sept comtés, je vous défie et vous déclare la guerre au nom des Cantons Confédérés et autres qui s'uniront à leur ligue. Voici l'acte de déclaration.

Le héraut reçut cette pièce fatale des mains d'Arnold Biederman.

— Ne lis pas ce misérable écrit, Toison-d'Or ! dit le Duc avec hauteur. Que l'exécuteur des hautes œuvres l'attache à la queue de son cheval, le traîne dans les rues de Dijon et le cloue au gibet, afin de montrer quel cas nous en faisons, ainsi que de ceux qui l'ont envoyé. — Partez, messieurs, ajouta-t-il en s'adressant aux Suisses ; retournez dans vos déserts aussi vite que vos jambes pourront vous y conduire. Quand nous nous reverrons, vous saurez mieux qui vous avez offensé. Qu'on m'apprête mon cheval : la cour plénière est levée.

Le maire de Dijon, tandis que chacun était en mouvement pour sortir de la salle, s'approcha de nouveau de Charles, et lui exprima avec timidité l'espoir qu'il accepterait un banquet que le corps municipal avait fait préparer pour Son Altesse.

— Non, par saint George de Bourgogne ! sire maire, s'écria le Duc en lui lançant un de ces regards foudroyans par lesquels il avait coutume d'exprimer une indignation mêlée de mépris. Le déjeuner qui nous a été servi ne nous a pas assez plu pour que nous jugions à propos de confier le soin de notre dîner à notre bonne ville de Dijon.

A ces mots il tourna brusquement le dos au magistrat, monta à cheval et se rendit à son camp, causant avec vivacité chemin faisant avec le comte de Campo-Basso.

— Je vous offrirais à dîner, milord, dit Colvin au comte d'Oxford quand ils furent rentrés sous sa tente, si je ne prévoyais qu'avant que vous eussiez le temps de vous mettre à table, vous serez mandé en présence du Duc ; car c'est l'usage invariable de Charles quand il a pris un mauvais parti, de ne pas se donner de repos jusqu'à ce qu'il ait prouvé à ses amis et à ses conseillers qu'il a eu raison de le prendre. Morbleu ! il ne manque jamais de convertir à son opinion ce souple Italien.

L'augure de Colvin ne tarda pas à se réaliser ; car un page arriva presque au même instant pour avertir le marchand anglais Philipson de se rendre près du Duc. Sans attendre un moment Charles se répandit en reproches et en invectives contre les États de son duché, pour lui avoir refusé en cette circonstance un mince octroi qu'il leur demandait. Il s'égara ensuite dans de longues explications sur la nécessité où il prétendait se trouver de châtier l'audace des Suisses ; et il finit par ajouter : — Et toi aussi, Oxford, tu es un fou assez impatient pour vouloir que je m'engage dans une guerre lointaine contre l'Angleterre, et que je transporte des troupes outremer, quand j'ai à châtier sur mes propres frontières des mutins si insolens !

Quand il eut enfin cessé de parler, le comte lui représenta avec autant de force que de respect les dangers auxquels il paraissait s'exposer en attaquant un peuple, pauvre à la vérité, mais universellement redouté par son courage et sa discipline, et cela sous les yeux d'un rival aussi dangereux que Louis roi de France, qui ne manquerait pas de soutenir sous main les ennemis du Duc, s'il ne se joignait pas à eux ouvertement : mais sur ce point il trouva la résolution de Charles inébranlable.

— Jamais il ne sera dit, s'écria-t-il, que j'aie fait des menaces sans oser les exécuter. Ces paysans m'ont déclaré la guerre, et il faut qu'ils apprennent quel est le prince dont ils ont inconsidérément provoqué le courroux. Je ne renonce pourtant pas à ton projet, mon bon Oxford. Si tu peux procurer la cession de la Provence, et engager le vieux René à abandonner la cause de son petit-fils en Lorraine, tu me feras penser que cela vaut la peine que je te donne de bons secours contre mon frère Blackburn qui, tandis qu'il boit des rasades en France, pourra bien perdre ses domaines en Angleterre. Mais ne t'impatiente pas si je ne puis envoyer des troupes outre-mer à l'instant-même. La marche que je vais faire sur Neufchâtel, qui est, je crois, le point le plus voisin où je trouverai ces manans, ne sera qu'une excursion d'un matin. J'espère que vous nous accompagnerez, mon vieux compagnon. Je serai charmé de voir si pendant votre séjour dans ces montagnes, vous n'avez pas oublié de vous tenir ferme en selle, et de mettre une lance en arrêt.

— Je suivrai Votre Altesse, comme c'est mon devoir, car tous mes mouvemens doivent dépendre de votre bon plaisir; mais je ne porterai pas les armes contre les habitans de l'Helvétie, chez qui j'ai reçu l'hospitalité, à moins que ce ne soit pour ma défense personnelle.

— Soit! j'y consens. Nous aurons en vous un excellent juge pour nous dire qui fera le mieux son devoir contre ces rustres montagnards.

La conversation fut interrompue en ce moment par quelqu'un qui frappa à la porte du pavillon du Duc; et au même instant le chancelier de Bourgogne entra avec un air empressé et affairé.

— Je vous apporte des nouvelles, monseigneur, des nouvelles de France et d'Angleterre, dit le prélat; mais apercevant un étranger, il regarda le Duc et garda le silence.

— C'est un ami digne de confiance, lui dit le Duc; vous pouvez m'apprendre vos nouvelles en sa présence.

— Elles seront bientôt publiques, reprit le prélat. Louis et Edouard sont pleinement d'accord.

Le Duc et le comte anglais tressaillirent.

— Je m'y attendais, dit Charles; mais je ne croyais pas que cela dût arriver si tôt.

— Les deux rois se sont rencontrés, continua le ministre.

— Comment! sur le champ de bataille? demanda Oxford, s'oubliant un instant, dans son empressement d'être mieux instruit.

Le chancelier parut surpris; mais le Duc ayant l'air d'attendre qu'il répondît à cette question : — Non, sire étranger, dit-il, non sur le champ de bataille, mais en rendez-vous paisible et amical.

— Ce spectacle aurait mérité d'être vu, s'écria le Duc. Le vieux renard Louis et mon frère Black..., je veux dire mon frère Edouard, avoir une entrevue amicale! Et où ce rendez-vous a-t-il eu lieu?

— Sur un pont sur la Seine à Péquigny.

— Je voudrais que tu y eusses été, dit le Duc en se tournant vers Oxford, et que tu y eusses frappé un bon coup de hache d'armes pour l'Angleterre et un autre pour la Bourgogne. Ce fut précisément à une semblable entrevue que mon grand-père fut traîtreusement assassiné sur le pont de Montereau-sur-Yonne !

— Pour prévenir une pareille chance, dit le prélat, on avait établi au milieu du pont une forte barricade, semblable à celle qui ferme les cages dans lesquelles on enferme des bêtes sauvages, et qui ne leur laissait pas même la possibilité de se toucher la main.

— Ah! ah! par saint George! cela sent la méfiance et la circonspection de Louis; car l'Anglais, pour lui rendre ce qui lui est dû, ne connaît pas plus la crainte que la politique. Mais de quoi sont-ils convenus? Où l'armée anglaise prendra-t-elle ses quartiers d'hiver? Quelles villes, quelles forteresses, quels châteaux Louis remet-il en gage ou à perpétuité à Edouard?

— Il ne lui remet rien, monseigneur. L'armée anglaise retourne en Angleterre aussitôt qu'elle pourra se procurer des bâtimens pour l'y transporter; et Louis lui prêtera jusqu'à la dernière voile et la dernière rame de son royaume pour en débarrasser plus tôt la France.

— Et par quelles concessions Louis a-t-il acheté une paix si indispensable à ses affaires?

— Par de belles paroles, par des présens, et à l'aide de cinq à six cents tonneaux de vin.

— De vin! As-tu jamais entendu pareille chose, signor Philipson ? Sur ma foi, vos compatriotes ne valent pas mieux qu'Esaü qui vendit son droit d'aînesse pour un plat de lentilles. En vérité, je dois avouer que je n'ai jamais vu un Anglais qui aimât à conclure un marché les lèvres sèches.

— J'ai peine à croire cette nouvelle, dit le comte d'Oxford. Quand même cet Edouard consentirait à repasser la mer avec cinquante mille Anglais, il y a dans son camp des nobles assez fiers et des soldats assez courageux pour résister à ce projet honteux.

— L'argent de Louis, répondit le chancelier, a trouvé de nobles mains disposées à s'ouvrir pour le recevoir, et le vin de France a inondé tous les gosiers de l'armée anglaise. Le tumulte et le désordre n'y connaissaient plus aucunes bornes. Il fut un moment où la ville d'Amiens où Louis lui-même résidait était tellement remplie d'archers anglais qui s'enivraient, que la personne du roi de France était presque en leur pouvoir. C'est une orgie universelle qui a fait perdre aux Anglais toute idée d'honneur national. Ceux d'entre eux qui veulent conserver un air de dignité et jouer le rôle de politiques sages, disent qu'étant venus en France de concert avec le Duc de Bourgogne, et ce prince n'ayant pas tenu sa parole de joindre ses forces aux leurs, ils agissent avec sagesse et prudence, vu la saison de l'année et l'impossibilité de trouver de bons quartiers d'hiver, en recevant un tribut de France et en retournant chez eux en triomphe.

— Et en laissant à Louis, ajouta Oxford, pleine liberté d'attaquer la Bourgogne avec toutes ses forces.

— Pas du tout, l'ami Philipson, dit le duc Charles ; sache qu'il existe une trêve de sept ans entre la France et la Bourgogne ; et si elle n'eût été convenue et signée, il est probable que nous aurions pu trouver des moyens de susciter quelque obstacle à ce traité entre Louis et Edouard, eussions-nous dû gorger à nos frais ces voraces insulaires de bœuf et de bière pendant quelques mois d'hiver. Sire chancelier, vous pouvez vous retirer ; mais ne vous éloignez pas, il est possible que je vous fasse rappeler.

Quand son ministre fut sorti du pavillon, le Duc, qui à son caractère brusque et impérieux joignait beaucoup de bonté, sinon une générosité naturelle, s'avança alors vers le lord Lancastrien, qui était comme un homme aux pieds duquel vient de tomber la foudre.

— Mon pauvre Oxford, lui dit-il, tu es désolé par cette nouvelle, car tu ne peux douter qu'elle ne produise un fatal effet pour le projet que ton cœur loyal nourrit avec tant de dévouement et de fidélité. Je voudrais, pour l'amour de toi, avoir pu retenir les Anglais plus long-temps en France ; mais si je l'avais essayé, adieu ma trêve avec Louis, et par conséquent adieu la possibilité de châtier ces misérables Cantons, et d'envoyer une expédition en Angleterre. Dans l'état où sont les choses, accorde-moi seulement une semaine pour punir ces montagnards, et je te donnerai alors pour ton entreprise des forces plus considérables que celles que tu m'as modestement demandées. En attendant j'aurai soin que Blackburn et ses cousins les archers ne puissent trouver un seul bâtiment dans toute la Flandre. Courage, te dis-je, tu seras en Angleterre long-temps avant eux, et je te le répète, compte sur mon assistance, la cession de la Provence, bien entendu, étant effectuée, comme de raison. Il faudra que les diamans de notre cousine Marguerite nous restent quelque temps entre les mains, et peut-être serviront-ils avec quelques-uns des autres à faire voir le jour aux anges d'or que tiennent à l'ombre nos usuriers flamands, qui ne veulent prêter, même à leur souverain, que sur d'excellens gages et avec toute sûreté. Voilà à quelle extrémité l'avarice désobéissante de nos Etats nous réduit pour le moment.

— Helas ! monseigneur, répondit le comte accablé de chagrin, je serais un ingrat si je pouvais douter de la sincérité de vos bonnes intentions. Mais qui peut compter sur les chances de la guerre, surtout quand les circonstances exigent une prompte décision ! Vous avez la bonté d'avoir quelque confiance en moi, portez-la plus loin encore. Permettez-moi de monter à cheval et de courir après le Landamman, s'il est déjà parti. Je ne doute pas que je ne fasse avec lui un arrangement qui vous donne toute sûreté pour vos frontières à l'est et au midi. Vous pourrez alors exécuter sans danger vos projets sur la Lorraine et sur la Provence.

— Ne m'en parlez pas ! s'écria le Duc avec vivacité. Vous vous oubliez, et vous oubliez également qui je suis, en supposant qu'un prince qui a donné sa parole à son peuple puisse la révoquer comme un marchand qui a surfait ses marchandises. Soyez tranquille, nous vous aiderons, mais nous jugerons nous-même quand et comment nous devons vous aider. Cependant, comme nous nous intéressons à notre malheureuse cousine d'Anjou, et étant votre ami, nous n'attendrons pas trop long-temps. Notre armée a ordre de se mettre en marche ce soir sur Neufchâtel, et ces Suisses orgueilleux commenceront à y apprendre ce que c'est que d'avoir provoqué le fer et le feu.

Oxford poussa un profond soupir, mais il ne fit plus aucune remontrance, et il agit sagement en cela, car il était probable que de nouvelles représentations n'auraient fait qu'irriter le caractère impétueux du souverain auquel il les aurait adressées, et il était certain qu'il n'aurait pas réussi à le faire changer de résolution.

Il prit congé du Duc, et retourna chez Colvin qu'il trouva tout occupé des affaires de son département, et se préparant à faire mettre en marche le train d'artillerie ; opération que la mauvaise construction des affûts et l'état détestable des roues rendaient à cette époque beaucoup plus difficile qu'elle ne l'est aujourd'hui, quoique ce soit encore un des mouvemens les plus pénibles qui accompagnent la marche d'une armée. Le général d'artillerie salua Oxford avec un air de grand plaisir, lui dit qu'il se félicitait de l'honneur qu'il aurait de jouir de sa compagnie pendant la campagne, et l'informa que d'après l'ordre spécial du Duc, il avait pris toutes les dispositions nécessaires pour qu'il ne lui manquât rien de ce qu'on pouvait désirer dans un camp, mais de manière à ce qu'il pût toujours garder le même incognito.

CHAPITRE XXIX.

> « C'était un bon vivant, et les neiges de l'âge
> « Blanchissaient ses cheveux, sans glacer son courage.
> « A l'instant où ses jours approchaient de leur fin,
> « Il savait encore être un joyeux boute-en-train ;
> « Et sa gaîté, trouvant des nuances nouvelles,
> « Pouvait se comparer aux glaces éternelles
> « Qui de mille couleurs éblouissent les yeux,
> « Au sommet des glaciers, quand, faisant ses adieux,
> « Le soleil va finir sa course journalière. »
> *Ancienne comédie.*

Laissant le comte d'Oxford suivre l'opiniâtre duc de Bourgogne dans une expédition que celui-ci représentait comme une courte excursion ressemblant plutôt à une partie de chasse qu'à une campagne, et que le premier considérait sous un point de vue plus grave et plus dangereux, nous retournerons près d'Arthur de Vère, ou du jeune Philipson comme on continuait à l'appeler, qui s'avançait vers la Provence, et que son guide conduisait avec autant de succès que de fidélité, mais certainement aussi avec beaucoup de lenteur.

La Bourgogne étant comme la Lorraine couverte par l'armée de Charles, était infestée en même temps par différentes bandes éparses qui tenaient la campagne ou occupaient les châteaux forts, au nom, comme elles le prétendaient, du comte René de Vaudemont. Cet état du pays exposait un voyageur à tant de dangers qu'il était souvent nécessaire de quitter la grande route et de prendre des chemins détournés pour éviter des rencontres peu amicales.

Arthur avait appris par l'expérience à se méfier des guides étrangers ; cependant, durant ce voyage périlleux, il se trouva disposé à accorder beaucoup de confiance à son nouveau conducteur. Thiébault, Provençal de naissance, connaissait parfaitement la route, et autant qu'Arthur pouvait en juger il s'acquittait de ses devoirs avec fidélité. L'habitude de prudence qu'il avait contractée en voyageant, et le rôle de marchand qu'il continuait à jouer, l'engagèrent à mettre de côté cette morgue ou cet air de supériorité hautaine qu'un noble et un chevalier pouvaient alors se permettre à l'égard d'un individu de condition fort inférieure. D'ailleurs il présuma avec raison qu'une sorte de familiarité avec cet homme qui semblait rempli d'intelligence, le mettrait probablement plus à portée d'apprécier ses opinions et ses dispositions à son égard. En retour de sa condescendance, il obtint de lui divers renseignemens sur la province dont ils s'approchaient.

Lorsqu'ils furent sur les frontières de la Provence, la conversation de Thiébault devint encore plus intéressante. Non-seulement il pouvait dire le nom et l'histoire de tous les châteaux qu'ils rencontraient sur la route souvent détournée qu'ils suivaient, mais il avait gravé dans sa mémoire la chronique chevaleresque des nobles chevaliers et barons qui en étaient alors propriétaires, ou à qui ils avaient autrefois appartenu ; il racontait à Arthur les exploits par lesquels ils s'étaient illustrés en repoussant les attaques des Sarrasins contre la chrétienté, ou les efforts qu'ils avaient faits pour arracher le saint Sépulcre aux païens. Tout en faisant de pareils récits, Thiébault trouva l'occasion de parler des troubadours, race de poètes d'origine provençale, tout différens des ménestrels de Normandie et des provinces adjacentes ; et Arthur, comme la plupart des jeunes nobles de son pays, connaissait parfaitement les romans de chevalerie, des versions nombreuses en ayant été faites en français-normand et en anglais. Thiébault tirait vanité de ce que son grand-père, d'humble naissance à la vérité mais doué de talens distingués, avait fait partie de cette race inspirée par les Muses, dont les ouvrages produisirent tant d'effet sur le caractère et les mœurs de leur siècle et de leur pays. Il était cependant à regretter qu'en inculquant comme le premier devoir de la vie un esprit fantasque de galanterie qui dépassait quelquefois les règles platoniques prescrites, les poésies des troubadours servissent trop souvent à amollir, à séduire et à corrompre le cœur.

Arthur eut occasion de faire cette remarque lorsque Thiébault lui eut chanté, ce qu'il pouvait faire très agréablement, l'histoire d'un troubadour nommé Guillaume Cabestaing qui aimait par amour une noble et belle dame, Marguerite, épouse du baron Raymond de Roussillon. Le mari jaloux eut la preuve de son déshonneur, et ayant tué Cabestaing il lui arracha le cœur, le fit apprêter comme celui d'un animal, et le fit servir à sa femme. Lorsqu'elle eut mangé de cet horrible mets, il lui apprit de quoi il était composé. Elle lui répondit que puisqu'elle avait pris une nourriture si précieuse, ses lèvres ne toucheraient jamais d'autres alimens. Elle persista dans sa résolution, et se laissa mourir de faim. Le troubadour qui avait célébré cette histoire tragique avait déployé dans son ouvrage beaucoup d'art et de talent pour mettre la faute des amans sur le compte de la destinée; il avait appuyé sur leur sort déplorable avec encore plus de pathétique, et avait fini par déclamer contre la fureur aveugle du mari avec toute la ferveur d'une indignation poétique, ajoutant avec un plaisir vindicatif, que tous les braves chevaliers, tous les vrais amans du midi de la France s'étaient réunis pour attaquer le château du baron, l'avaient pris d'assaut, n'y avaient pas laissé pierre sur pierre, et avaient fait subir au tyran une mort ignominieuse. Arthur prit quelque intérêt à cette histoire tragique, qui lui arracha même quelques larmes; mais quand il porta plus loin ses pensées, ses yeux se séchèrent, et il dit avec quelque sévérité :

—Thiébault, ne me chantez plus de pareils lais; j'ai entendu mon père dire que rien n'est plus propre à corrompre le cœur d'un chrétien que d'accorder au vice la pitié et les éloges qu'on ne doit qu'à la vertu. Votre baron de Roussillon est un monstre de cruauté, mais vos infortunés amans n'en étaient pas moins coupables. C'est en donnant de beaux noms à de mauvaises actions, que ceux que le vice mis à nu effraierait d'abord apprennent à en pratiquer les leçons sous le masque de la vertu.

— Je vous prie de faire attention, Signor, répondit Thiébault, que ce lai de Cabestaing et de la belle Marguerite de Roussillon est regardé comme un chef-d'œuvre de la gaie science. Fi donc! Signor, vous êtes trop jeune pour être un censeur si rigide des mœurs. Que ferez-vous quand votre tête sera grise, si vous êtes si scrupuleux pendant qu'elle est couverte de cheveux bruns?

— Une tête qui écoute des folies pendant sa jeunesse, répondit Arthur, sera difficilement respectable à un âge plus avancé.

Thiébault n'avait pas envie de continuer cette discussion.

— Je n'ai pas dessein d'entrer en contestation avec vous, Signor, dit-il à Arthur; je pense seulement, comme tout véritable enfant de la chevalerie et des Muses, qu'un chevalier sans maîtresse est comme un firmament sans étoile.

— Ne le sais-je pas? répondit Arthur; mais il vaut mieux rester dans les ténèbres que de suivre une lumière trompeuse qui conduit dans les abîmes du vice.

— Il peut se faire que vous ayez raison, dit le guide; il est certain que même ici, en Provence, nous ne savons plus si bien juger les affaires d'amour, ses difficultés, ses embarras, ses erreurs, depuis qu'on ne regarde plus les troubadours comme on le faisait autrefois, et que la haute et noble cour d'amour a cessé de tenir ses séances. Mais depuis quelque temps les princes souverains, les ducs, les rois, au lieu d'être les premiers et les plus fidèles vassaux de la cour de Cupidon, sont devenus eux-mêmes les esclaves de l'égoïsme et de la cupidité. Au lieu de gagner des cœurs en rompant des lances dans la lice, ils désespèrent leurs vassaux appauvris, en commettant les plus cruelles exactions. Au lieu de chercher à mériter les sourires et les faveurs des dames, ils ne pensent qu'à voler à leurs voisins leurs châteaux, leurs villes et leurs provinces. Longue vie au bon et vénérable roi René! tant qu'il lui restera un arpent de terre, sa résidence sera le rendez-vous des vaillans chevaliers qui n'ont en vue que la gloire des armes, des vrais amans que la fortune persécute, et des poètes et des musiciens qui savent célébrer l'amour et la valeur.

Arthur, qui désirait savoir sur ce prince quelque chose de plus que ce que le bruit commun lui en avait appris, engagea aisément le Provençal communicatif à lui parler de son vieux souverain, que Thiébault lui peignit comme étant juste, joyeux et débonnaire, ami des nobles exercices de la chasse et de la joute, et encore plus de la joyeuse science de la poésie et de la musique; dépensant plus qu'il n'avait de revenu pour faire des largesses aux chevaliers errans et aux musiciens ambulans dont sa cour était toujours remplie, comme étant du petit nombre de celles où l'on retrouvait encore l'ancienne hospitalité.

Tel fut le portrait que Thiébault traça du dernier roi ménestrel; et quoique l'éloge fût exagéré, les faits ne l'étaient peut-être pas.

Né de sang royal, René à aucune époque de sa vie n'avait pu rendre sa fortune égale à ses droits. Des royaumes sur lesquels il avait des prétentions il ne lui restait que le comté de Provence, belle et paisible principauté, mais considérablement diminuée, d'une part parce que la France avait acquis des droits sur diverses portions de ce territoire en avançant à René les sommes dont il avait eu besoin pour ses dépenses personnelles; et d'une autre parce qu'ayant été fait prisonnier par le duc de Bourgogne, il lui en avait engagé d'autres portions pour sa rançon. Dans sa jeunesse il avait entrepris plus d'une expédition militaire, dans l'espoir de regagner quelque partie des domaines dont on l'appelait encore le souverain. On ne fit aucun reproche à son courage, mais la fortune ne sourit jamais à ses tentatives, et il parut reconnaître enfin qu'admirer et célébrer les qualités guerrières n'était pas les posséder. Dans le fait, René était un prince de talens très médiocres, doué d'un amour enthousiaste pour les beaux-arts, et d'une humeur calme et enjouée qui ne lui permettait jamais de se dépiter contre la mauvaise fortune et qui le rendait heureux, quand un prince ayant des sensations plus vives serait mort de désespoir. Ce caractère doux, léger, gai, inconsidéré et insouciant, mit René à l'abri de toutes les passions qui remplissent la vie d'amertume et qui souvent en abrègent le cours, et le conduisit à une vieillesse accompagnée de santé et de joie. Les chagrins domestiques qui affectent souvent ceux mêmes qui sont à l'épreuve des simples revers de fortune, ne firent pas une impression bien profonde sur le cœur de ce vieux monarque. Plusieurs de ses enfans moururent jeunes; René supporta cette perte avec une résignation parfaite. Le mariage de sa fille Marguerite avec le puissant Henry roi d'Angleterre fut regardé comme une alliance beaucoup au-dessus de ce que pouvait espérer le roi des troubadours. Mais au résultat, bien loin que cette union fît rejaillir quelque splendeur sur René, il se trouva enveloppé dans les infortunes de sa fille, et fut souvent obligé de s'appauvrir pour lui fournir une rançon. Peut-être le vieux roi au fond du cœur ne trouva-t-il pas ces pertes aussi mortifiantes que la nécessité où il fut ensuite de recevoir Marguerite à sa cour et dans sa famille. Enflammée de fureur quand elle songeait aux pertes qu'elle avait faites, pleurant les amis que la mort lui avait enlevés et les royaumes qu'elle avait perdus, la plus fière et la plus impétueuse des princesses n'était pas faite pour demeurer avec le plus gai et le plus insouciant des souverains dont elle méprisait les goûts, et à qui elle ne pouvait pardonner la légèreté d'esprit qui trouvait de la consolation dans des occupations frivoles, indignes d'un monarque. La gêne qu'inspirait sa présence, les souvenirs vindicatifs auxquels elle se livrait, embarrassaient le vieux souverain, mais ne pouvaient lui faire perdre sa bonne humeur et son égalité d'ame.

Une autre infortune pesait sur lui encore davantage. Yolande, fille qu'il avait eue de sa première femme Isabelle, avait transmis ses droits sur le duché de la Lorraine à son fils René comte de Vaudemont, jeune homme plein d'ardeur et de courage, occupé alors de faire valoir ses prétentions contre celles du duc de Bourgogne qui, avec moins de droits mais beaucoup plus de pouvoir, s'emparait de ce riche Duché, le couvrait de ses troupes, et le réclamait comme un fief devant rester dans la ligne masculine. Enfin tandis que ce vieux roi voyait d'un côté sa fille détrônée plongée dans un désespoir qui ne connaissait pas de remède, et de l'autre son petit-fils privé de son héritage, faisant tous deux de vains efforts pour recouvrer une partie de leurs droits, il avait encore le malheur de savoir que son neveu Louis, roi de France, et son cousin Charles, duc de Bourgogne, se disputaient secrètement à qui succéderait à la portion de la Provence qui était encore en sa possession, et que ce n'était que la jalousie qu'ils nourrissaient l'un contre l'autre qui empêchait qu'il ne fût dépouillé de ce dernier reste de ses domaines. Cependant au milieu d'une telle détresse René donnait des festins, réunissait des convives, dansait, chantait, composait des vers, maniait le crayon et le pinceau avec une adresse peu commune, dressait des plans de fêtes et de processions, les faisait exécuter, et cherchait à entretenir autant qu'il le pouvait la gaîté et la bonne humeur de ses sujets, s'il ne pouvait assurer matériellement leur prospérité permanente ; aussi ne l'appelaient-ils jamais autrement que « le bon roi René, » titre qui lui est encore accordé aujourd'hui, et auquel les qualités de son cœur, sinon celles de sa tête, lui donnent un droit incontestable.

Tandis qu'Arthur recevait de son guide un compte détaillé du caractère particulier du roi René, ils entraient sur le territoire de ce joyeux monarque. L'automne était avancée, et l'on était à l'époque où les contrées du sud-est de la France se montrent avec le moins d'avantage. L'olivier est l'arbre qui domine en Provence ; et comme la couleur cendrée de ses feuilles ressemble à celle du sol brûlé par le soleil, surtout dans cette saison où elles commencent à se flétrir, elles donnent à tout le paysage une teinte pâle et aride. Cependant, dans les régions montagneuses et agrestes on trouvait des paysages plus frais, grace à une foule d'arbres verts. En général tout le pays avait une apparence qui lui était particulière.

A chaque pas les voyageurs trouvaient quelques marques du caractère singulier du roi. La Provence étant la première partie des Gaules qui reçut des Romains le bienfait de la civilisation, et ayant été encore plus long-temps la résidence de la colonie grecque qui fonda Marseille, est plus remplie de restes splendides d'ancienne architecture qu'aucune autre partie de l'Europe, à l'exception de l'Italie et de la Grèce. Le bon goût du roi René lui avait inspiré quelques efforts pour conserver ces souvenirs de l'antiquité et leur rendre une partie de leur ancien éclat. S'il existait un arc de triomphe ou un ancien temple, on faisait disparaître de son voisinage les huttes et les chaumières, et l'on prenait des mesures pour retarder du moins l'approche de leur ruine. — La fontaine de marbre que la superstition avait consacrée à quelque Naïade solitaire était entourée d'oliviers, d'amandiers et d'orangers; le bassin en était réparé, et il pouvait encore retenir dans son sein ses trésors de cristal. — Les vastes amphithéâtres, les colonnes gigantesques étaient l'objet des mêmes soins, et attestaient l'amour du roi René pour les beaux-arts, même dans le cours de cette période qu'on appelle les siècles d'ignorance et de barbarie.

On pouvait aussi remarquer un changement dans les manières générales du peuple en sortant de la Bourgogne, où la société se ressentait encore de la rudesse allemande, pour entrer dans les contrées pastorales de la Provence, où l'influence d'un beau climat et d'un langage mélodieux jointe aux goûts un peu romanesques du vieux monarque, et à un amour universel pour la musique et la poésie, avaient introduit une civilisation de mœurs qui approchait de l'affectation. Le berger conduisait le matin ses moutons au pâturage en leur chantant quelque sonnet amoureux composé par un troubadour bien épris, et quelquefois plus sensible que dans les climats du Nord; et son troupeau semblait éprouver l'influence de la musique. Arthur remarqua aussi que les moutons provençaux, au lieu d'être chassés devant le berger, le suivaient régulièrement, et ne se dispersaient pour commencer à paître que lorsque s'arrêtant et se tournant vers eux il exécutait quelques variations sur l'air qu'il jouait, comme pour leur en donner le signal. Tandis qu'il marchait, son gros chien, d'une espèce dressée à combattre le loup, et que les moutons respectent comme leur protecteur sans le craindre comme leur tyran, suivait son maître, les oreilles dressées, comme premier critique et principal juge d'une musique dont il manquait rarement de désapprouver en jappant certains sons, tandis que le troupeau, comme la majorité d'un auditoire, donnait par son silence la seule espèce d'applaudissement unanime qu'il pouvait accorder. Vers midi les auditeurs du berger devenaient quelquefois plus nombreux, grace à l'arrivée d'une matrone ou d'une jeune fille aux joues fleuries avec qui il avait rendez-vous sur les bords de quelque fontaine du genre de celles dont nous avons parlé, et qui écoutait les sons du chalumeau de son mari ou de son amant, ou chantait avec lui quelques-uns de ces duos dont les poésies des troubadours nous ont laissé tant d'exemples. Pendant la fraîcheur du soir, la danse des villageois sur le gazon, le concert rustique devant la porte de la cabane, et le petit repas composé de fruits, de laitage et de pain que le voyageur était invité à partager, prêtaient de nouveaux charmes à l'illusion, et semblaient véritablement indiquer la Provence comme l'Arcadie de la France.

Mais la plus grande singularité qu'offrit aux yeux d'Arthur ce pays pacifique, c'était l'absence complète de soldats et d'hommes armés. En Angleterre personne ne sortait de chez soi sans son arbalète, son épée et son bouclier; en France le laboureur portait une armure même en conduisant sa charrue; en Allemagne on ne pouvait pas faire un mille sur la grand'route sans que l'œil rencontrât des nuages de poussière au milieu desquels on voyait de temps en temps des panaches ondoyer et des armes étinceler; même en Suisse, le paysan, s'il avait seulement deux milles à faire, ne se souciait pas de se mettre en chemin sans sa hallebarde et son épée à deux mains. Mais en Provence tout paraissait tranquille et paisible, comme si le génie de la musique y avait apaisé toutes les passions violentes. De temps en temps nos voyageurs pouvaient rencontrer un cavalier ; mais la harpe suspendue à l'arçon de la selle ou portée par un homme qui le suivait indiquait la profession de troubadour, qui était exercée par des hommes de tous les rangs ; et un petit couteau de chasse, fixé contre sa cuisse gauche plutôt comme un ornement que pour s'en servir, ne semblait être qu'un inutile accessoire de son équipement.

— La paix, dit Arthur en regardant autour de lui, est un joyau inestimable, mais dont il sera bien facile de priver ceux dont le cœur et le bras ne sont pas prêts à le défendre.

La vue de l'ancienne et intéressante ville d'Aix où le roi René tenait sa cour dissipa ses réflexions vagues, et fixa les idées du jeune Anglais sur la mission particulière dont il était chargé.

Il demanda à Thiébault si ses instructions étaient de le quitter, maintenant qu'il était arrivé au but de son voyage.

— J'ai ordre de rester à Aix, répondit le Provençal, tant que vous y demeurerez, pour vous y rendre tous les services qui pourront être en mon pouvoir, comme votre guide et votre serviteur, et de tenir ces trois hommes à vos ordres pour vous servir de messagers ou d'escorte. Si vous le trouvez bon, je vais leur procurer un logement convenable, et je viendrai recevoir de vous mes instructions ultérieures en tel endroit qu'il vous plaira de m'indiquer. Je vous propose cette séparation parce que je sais que vous désirez être seul.

— Il faut que j'aille à la cour sans aucun délai. Attendez-moi, dans une demi-heure, dans cette rue, près de cette fontaine d'où jaillit un jet d'eau si magnifique, entouré d'une vapeur qu'on jurerait produite par l'eau bouillante et qui semble lui servir de voile.

— Ce jet est ainsi entouré parce que l'eau qui le forme est fournie par une source d'eau chaude qui sort des entrailles de la terre ; et la gelée blanche de cette matinée d'automne rend la vapeur plus distincte qu'elle ne l'est ordinairement. Mais si c'est le bon roi René que vous cherchez, vous le trouverez en ce moment se promenant dans sa cheminée. Ne craignez pas de vous en approcher ; jamais monarque n'a eu l'accès si facile, et surtout pour des étrangers de bonne mine comme vous, signor.

— Mais les chambellans m'admettront-ils dans son salon ?

— Son salon ! Quel salon ?

— Le salon du Roi René, je suppose. S'il se promène dans une cheminée, ce doit être dans celle de son salon, et il faut que ce soit une cheminée d'une belle taille pour qu'il puisse y prendre un tel exercice.

— Vous ne m'avez pas bien compris, dit le guide en souriant ; ce que nous appelons la cheminée du roi René est l'étroit parapet que vous voyez. Il s'étend entre ces deux tours, et par son exposition au midi est abrité des trois autres côtés. Le plaisir du roi est de s'y promener, et de jouir des premiers rayons du soleil dans les matinées fraîches comme celle-ci. Il nourrit, dit-il, sa veine poétique. Si vous vous approchez de sa promenade, il vous parlera volontiers, à moins qu'il ne soit dans le feu de la composition.

Arthur ne put s'empêcher de sourire à l'idée d'un roi âgé de quatre-vingts ans, accablé d'infortunes, menacé de mille dangers, et s'amusant pourtant à se promener sur un parapet en plein air, et à composer des vers en présence de tous ceux de ses fidèles sujets à qui il plaisait de le regarder.

— Si vous faites quelques pas de ce côté, dit Thiébault, vous pourrez voir le bon roi, et juger si vous devez ou non l'aborder en ce moment. Je vais pourvoir au logement de nos gens, et j'irai attendre vos ordres près de la fontaine, sur le Cours.

Arthur ne trouva aucune objection à faire à la proposition de son guide, et il ne fut pas fâché d'avoir l'occasion d'examiner un peu le bon roi René avant de se présenter devant lui,

CHAPITRE XXX.

« Oui, c'est lui dont le front est ceint d'un diadème,
« Ouvrage des neuf sœurs et d'Apollon lui-même,
« Et qui de Jupiter ne craint pas les carreaux.
« Il le préfère au casque, aux plus brillans joyaux ;
« Couronné de lauriers, emblème du génie,
« Il est roi des amans, roi de la poésie. »

ANONYME.

En s'approchant avec précaution de la cheminée, c'est-à-dire de la promenade favorite de ce roi que Shakspeare décrit comme portant le titre de roi de Naples, des Deux-Siciles et de Jérusalem, et n'étant pourtant pas aussi riche qu'un bon fermier d'Angleterre, Arthur put examiner à son aise la personne de Sa Majesté. Il vit un vieillard dont la barbe égalait presque en blancheur et en ampleur celle de l'envoyé de Schwitz, et dont les cheveux avaient la même couleur. Cependant il avait encore les joues fraîches et vermeilles, et l'œil plein de vivacité. La richesse de son costume convenait peut-être peu à son âge ; mais on eût pu oublier ses cheveux blancs, à voir son pas encore ferme et même leste. Tandis qu'il marchait sur le petit parapet qu'il avait choisi pour sa promenade, plutôt à cause de sa situation abritée que pour se dérober aux yeux, tout son extérieur montrait la vigueur de la jeunesse continuant à animer un corps chargé d'années. Le vieux roi tenait en main ses tablettes et un crayon, paraissant exclusivement occupé de ses propres pensées, sans faire attention à plusieurs individus qui placés plus bas tenaient les yeux fixés sur lui.

Quelques-uns de ces curieux, à leurs manières et à leur costume, semblaient être eux-mêmes des troubadours, car ils tenaient en main des rebecks, des rotes, de petites harpes et d'autres symboles de leur profession. Ils restaient immobiles, comme s'ils eussent été occupés à faire des remarques sur les méditations de leur prince. Les autres étaient des passans qui, occupés d'affaires plus sérieuses, jetaient un coup d'œil sur le roi comme sur quelqu'un qu'ils étaient habitués à voir tous les jours; mais ils ne passaient jamais sans ôter leur bonnet et sans témoigner par un salut convenable l'amour et la vénération qu'ils avaient pour sa personne, et leur air de cordialité sincère semblait suppléer à ce qui pouvait y manquer du côté du respect.

Cependant René semblait ne pas savoir qu'il était le but auquel s'adressaient les regards de ceux qui s'étaient arrêtés pour l'examiner, et des saluts que faisaient tous les passans, son esprit paraissant exclusivement occupé de quelque tâche difficile qu'il s'était imposée en poésie ou en musique. Il marchait vite ou lentement, d'accord sans doute avec les progrès de sa composition. Tantôt il s'arrêtait pour écrire à la hâte quelque idée qu'il ne voulait pas laisser échapper; tantôt il effaçait avec dépit ce qu'il avait écrit, et jetait par terre ses tablettes et son crayon dans une sorte de désespoir. Ces feuilles sibyllines étaient toujours soigneusement ramassées par un beau page qui était seul à sa suite, et qui attendait respectueusement la première occasion favorable pour les remettre dans la main du roi. Ce même jeune homme portait une viole, dont à un signal de son maître il faisait entendre quelques sons que le vieux roi écoutait, tantôt d'un air satisfait et adouci, tantôt le front mécontent et soucieux. Quelquefois son enthousiasme s'élevait au point qu'il sautait et bondissait avec une activité qu'on n'aurait pas dû attendre de son âge; dans d'autres instans tous ses mouvemens étaient excessivement lents; et il lui arrivait aussi de rester immobile, dans l'attitude d'un homme livré aux plus profondes méditations. Quand par hasard il jetait un coup d'œil sur le groupe qui semblait l'épier, et qui de temps en temps se permettait même de faire entendre un murmure d'approbation, ce n'était que pour faire une inclination de tête d'un air amical et de bonne humeur, faveur qu'il ne manquait jamais d'accorder à ceux qui le saluaient en passant, quand l'attention sérieuse qu'il donnait à sa tâche, quelle qu'elle pût être, lui permettait de s'en apercevoir.

Les yeux du roi tombèrent enfin sur Arthur, que son air distingué et son attitude d'observation silencieuse lui firent reconnaître comme étranger. René fit un signe à son page, qui ayant reçu les ordres que son maître lui donna à voix basse, descendit du haut de la cheminée sur la plate-forme qui régnait en dessous, et qui était ouverte au public. S'approchant d'Arthur avec courtoisie, il l'informa que le roi désirait lui parler. Le jeune Anglais n'avait d'autre parti à prendre que celui d'obéir à cet ordre, mais il ne savait trop comment il devrait se comporter avec un roi d'une espèce aussi bizarre.

Quand il fut près du roi, René lui adressa la parole avec un ton de courtoisie qui n'était pas sans dignité ; et Arthur, en se trouvant devant lui, fut frappé de plus de respect qu'il n'aurait pu se l'imaginer d'après l'idée qu'il avait conçue du caractère du roi.

—Votre extérieur annonce, beau sire, lui dit le roi René, que vous êtes étranger dans ce pays. Quel nom devons-nous vous donner, et à quelle affaire devons-nous attribuer le plaisir de vous voir à notre cour?

Arthur ne répondant pas sur-le-champ, le bon vieillard crut qu'il gardait le silence par respect et par timidité, et il continua à lui parler d'un ton encourageant.

—La modestie est toujours louable dans la jeunesse, lui dit-il ; vous êtes sans doute un néophyte dans la noble et joyeuse science des ménestrels et de la musique, attiré ici par l'accueil favorable que nous nous plaisons à faire à ceux qui professent ces arts, dans lesquels, graces en soient rendues à Notre-Dame et à tous les saints, on veut bien croire que nous avons fait nous-même quelques progrès.

—Je n'aspire pas à l'honneur d'être un troubadour, répondit Arthur.

— Je vous crois, car vous avez l'accent septentrional du français-normand, tel qu'on le parle en Angleterre et dans d'autres pays où le goût n'est pas encore épuré. Mais vous êtes peut-être un ménestrel de ces contrées ultramontaines. Soyez assuré que nous ne méprisons pas leurs efforts; car nous avons écouté, non sans y trouver plaisir et instruction, plusieurs de leurs romances hardies et sauvages qui, quoique dépourvues d'invention, péchant par le style et par conséquent bien inférieures aux poésies régulières de nos troubadours, offrent pourtant dans leur rhythme énergique et brut quelque chose qui fait quelquefois palpiter le cœur comme le son de la trompette.

— J'ai reconnu la vérité de l'observation de Votre Majesté en entendant chanter les ballades de mon pays; mais je n'ai ni assez de talent ni assez d'audace pour vouloir imiter ce que j'admire. J'arrive en ce moment d'Italie.

— Peut-être donc êtes-vous habile en peinture? C'est un art qui parle aux yeux, comme la poésie et la musique s'adressent aux oreilles, et dont nous ne faisons guère moins de cas. Si vous avez des talens en ce genre, vous êtes devant un monarque qui estime cet art et qui aime le pays où on le cultive.

— La simple vérité, Sire, c'est que je suis Anglais, et ma main a été trop endurcie par l'usage de l'arc, de la lance et de l'épée pour pouvoir pincer la harpe ou manier le crayon.

— Anglais! répéta René d'un ton évidemment plus froid; et que venez-vous faire ici? Il y a long-temps qu'il ne règne guère d'amitié entre l'Angleterre et moi.

— C'est précisément pour cette raison que vous m'y voyez, Sire. Je viens pour y rendre hommage à la fille de Votre Majesté, la princesse Marguerite d'Anjou, que moi et beaucoup de fidèles Anglais nous reconnaissons encore pour notre reine, quoique la trahison l'ait dépouillée de ce titre.

— Hélas! bon jeune homme, je dois en être fâché pour vous, tout en respectant votre loyauté et votre fidélité. Si ma fille Marguerite avait écouté mes avis, elle aurait renoncé depuis long-temps à des prétentions qui ont répandu par flots le sang des plus nobles et des plus braves de ses serviteurs.

Le roi semblait vouloir en dire davantage ; mais il se retint.

— Rends-toi à mon palais, reprit-il ; demande le sénéchal Hugues de Saint-Cyr ; il te donnera les moyens de voir Marguerite, c'est-à-dire si c'est son bon plaisir de te voir. Dans le cas contraire, bon jeune Anglais, retourne à mon palais, et tu y recevras un accueil hospitalier ; car un roi qui aime la poésie, la musique et la peinture ne peut manquer d'être sensible aux droits de l'honneur, de la vertu et de la loyauté, et je vois dans ta physionomie que tu possèdes toutes ces qualités. J'aime à croire même que dans un temps plus tranquille tu pourras aspirer aux honneurs de la gaie science. Mais si tu as un cœur qui soit susceptible d'être touché par la beauté et les belles proportions, il bondira d'aise à la première vue de mon palais, dont la grace majestueuse peut se comparer au port imposant et enchanteur d'une noble dame, ou aux modulations savantes quoique simples en apparence, d'un air tel que celui que nous composions en ce moment.

Le roi semblait disposé à prendre son instrument et à régaler les oreilles du jeune Anglais de l'air qu'il venait de composer ; mais Arthur éprouvait intérieurement la sensation pénible de cette espèce particulière de honte que ressent un cœur bien né quand il voit quelqu'un prendre un ton d'importance, dans l'idée qu'il excite l'admiration, quand il ne fait que s'exposer au ridicule. En un mot Arthur, dominé par cette sorte de honte, prit congé du roi de Naples, des Deux-Siciles et de Jérusalem, un peu plus brusquement que l'étiquette ne l'aurait exigé. Pendant qu'il s'éloignait, le roi le regarda d'un air surpris ; mais il attribua ce manque de savoir-vivre à l'éducation que ce jeune homme avait reçue dans son île ; et prenant sa viole, il se mit à en jouer.

— Le vieux fou! dit Arthur ; sa fille est détrônée, ses domaines sont démembrés, sa famille est à la veille de s'éteindre, son petit-fils est chassé de retraite en retraite et dépouillé de l'héritage de sa mère, et il peut trouver de l'amusement dans de pareilles frivolités! En voyant sa longue barbe blanche, je le supposais semblable à Nicolas Bonstetten; mais comparé à lui, le vieux Suisse est un Salomon.

Tandis que ces réflexions et quelques autres qui n'étaient pas plus honorables pour le roi René se présentaient à l'imagination d'Arthur, il arriva au rendez-vous qu'il avait donné à Thiébault. Il le trouva près du jet d'eau qui s'élançait avec force d'une de ces sources d'eau chaude qui avaient fait autrefois les délices des Romains. Thiébault lui ayant rendu compte que son escorte, hommes et chevaux, était placée de manière à être prête au premier signal, se chargea de le conduire au palais du roi René qui, d'après la singularité et l'on peut même dire la beauté de son architecture, méritait certainement l'éloge que le vieux monarque en avait fait. La façade consistait en trois tours d'architecture romaine; deux étant placées aux angles du palais, et la troisième qui servait de mausolée, faisant partie du groupe, quoique détachée des autres bâtimens. Rien de plus beau que les proportions de cette dernière tour. La partie inférieure en était carrée, et servait comme de piédestal à la partie supérieure, dont la forme était circulaire, et qui était entourée de colonnes massives de granit. Les deux autres tours aux angles du palais étaient rondes, décorées aussi de colonnes, et avaient deux étages de croisées. En face de ces restes des travaux des Romains dont on faisait remonter l'origine au cinquième ou au sixième siècle, s'élevait l'ancien palais des comtes de Provence, construit un siècle ou deux plus tard, et dont la belle façade gothique ou moresque faisait contraste, mais sans manquer d'harmonie, avec l'architecture plus régulière et plus massive des maîtres du monde. Il n'y a pas plus de trente à quarante ans que ces restes curieux d'antiquité ont été démolis, pour faire place à de nouveaux édifices publics qui n'ont jamais été élevés.

Arthur éprouva réellement une sensation qui réalisa la prédiction du vieux roi, quand il s'arrêta avec surprise devant la porte toujours ouverte de ce palais où des personnes de toute condition semblaient entrer librement. Après avoir contemplé pendant quelques minutes ce bel édifice, le jeune Anglais monta les degrés d'un noble portique, et demanda à un portier aussi vieux, aussi gros et aussi indolent que devait l'être un serviteur du roi René, le sénéchal dont le roi lui avait appris le nom. Le gros portier, avec beaucoup de politesse, donna pour guide à l'étranger un page qui le conduisit dans une chambre où il trouva un fonctionnaire de plus haut rang, mais à peu près du même âge que le portier, ayant une physionomie avenante, un œil calme et un front sur lequel la gravité n'avait pas creusé une ride ; signes qui indiquaient que le sénéchal d'Aix professait la philosophie de son auguste maître. Sans avoir jamais vu Arthur, il le reconnut à l'instant même où il arriva.

—Vous parlez le français-normand, beau sire, lui dit-il ; vous avez les cheveux plus blonds et le teint plus blanc que les habitans de ce pays : vous demandez la reine Marguerite ; à toutes ces marques je vois que vous êtes Anglais. Sa Majesté s'acquitte en ce moment d'un vœu au couvent de Mont-Sainte-Victoire, et si vous vous nommez Arthur Philipson, j'ai ordre de vous faire conduire sur-le-champ en sa présence, c'est-à-dire après que vous aurez déjeuné.

Arthur allait le prier de l'en dispenser, mais le sénéchal ne lui en laissa pas le loisir.

—Messe et repas n'ont jamais nui aux affaires, dit-il, et d'ailleurs il est dangereux pour un jeune homme de faire beaucoup de chemin l'estomac vide. Je mangerai moi-même un morceau avec vous, et je vous ferai raison avec un flacon de vieil Ermitage.

La table fut couverte avec une promptitude qui prouvait que l'hospitalité était une vertu habituellement pratiquée dans les domaines du roi René. Des pâtés, du gibier, la noble hure de sanglier et d'autres mets délicats furent placés sur la table. Le sénéchal joua parfaitement le rôle d'un hôte joyeux, et fit à Arthur de fréquentes excuses, sans beaucoup de nécessité, de ne pas mieux prêcher d'exemple, attendu qu'il était chargé de remplir les fonctions d'écuyer tranchant à la table du roi René, et que le bon roi n'était satisfait qu'autant que son appétit égalait son adresse à découper.

— Quant à vous, beau sire, ajouta-t-il, vous n'avez pas les mêmes raisons pour vous ménager, car vous ne verrez peut-être point un autre repas d'ici au coucher du soleil. La reine Marguerite prend ses infortunes tellement à cœur, que les soupirs sont sa seule nourriture et les larmes son breuvage, comme dit le Psalmiste. Mais je crois que vous aurez besoin de chevaux pour vous et pour vos gens, pour vous rendre à Mont-Sainte-Victoire qui est à sept milles d'Aix.

Arthur lui répondit qu'il avait un guide et des chevaux qui l'attendaient, et lui demanda la permission de lui faire ses adieux. Le digne sénéchal dont le ventre arrondi était décoré d'une chaîne d'or, l'accompagna jusqu'à la porte d'un pas qu'un léger accès de goutte rendait un peu traînant; mais il assura Arthur que grace aux sources d'eau chaude, il n'en serait plus question dans trois jours. Thiébault était devant la porte, non avec les chevaux fatigués dont ils étaient descendus une heure auparavant, mais avec des coursiers frais tirés des écuries du roi.

— Ils sont à vous du moment que vous aurez mis le pied sur l'étrier, dit le sénéchal : le bon roi René ne reçoit jamais comme lui appartenant un cheval qu'il a prêté à un de ses hôtes. C'est peut-être une des raisons qui font que Sa Majesté, et nous autres qui composons sa maison, nous sommes si souvent obligés d'aller à pied.

Le sénéchal prit alors congé du jeune Anglais qui partit pour aller trouver la reine Marguerite au célèbre monastère de Sainte-Victoire. Il demanda à son guide de quel côté il était situé, et celui-ci lui montra avec un air de triomphe une montagne qui s'élevait à environ deux lieues de la ville, à la hauteur de trois mille pieds, et que sa cime aride et escarpée rendait l'objet le plus remarquable qu'on aperçût dans les environs. Thiébault en parla avec un feu et une énergie extraordinaires, et Arthur fut porté à en conclure que son fidèle écuyer n'avait pas négligé de profiter de l'hospitalité du bon roi René. Thiébault continua long-temps à s'étendre sur la renommée de la montagne et du monastère ; leur nom leur avait été donné, dit-il, par suite d'une grande victoire qu'un général romain nommé Caio Mario avait remportée sur deux grandes armées de Sarrasins portant des noms ultramontains, probablement les Teutons et les Cimbres. En reconnaissance de cette victoire, Caio Mario fit vœu de bâtir un monastère sur cette montagne, et de le dédier à la Vierge Marie, en l'honneur de laquelle il avait été baptisé. Thiébault, avec le ton d'importance d'un homme au fait des localités, se mit à prouver son assertion générale par des faits particuliers.

—Là-bas, dit-il, était le camp des Sarrasins. Quand la bataille parut décidée les femmes en sortirent les cheveux épars, en poussant des cris horribles, et comme autant de furies, elles réussirent à arrêter quelque temps dans leur fuite leurs pères, leurs frères, leurs maris et leurs fils. Il montra aussi la rivière dont les manœuvres supérieures des Romains leur avaient défendu l'accès, et c'était pour en regagner les bords que les Barbares, qu'il nommait Sarrasins, hasardèrent cette bataille et en teignirent les eaux de leur sang. En un mot il mentionna diverses circonstances qui prouvaient avec quelle exactitude la tradition conserve les détails des anciens événemens, alors même qu'elle oublie et qu'elle confond les dates et les personnes.

S'apercevant qu'Arthur l'écoutait avec plaisir, car on peut bien supposer que l'éducation d'un jeune homme élevé au milieu de la fureur des guerres civiles ne le rendait pas très propre à critiquer une relation de guerres qui avaient eu lieu à une époque si éloignée, le Provençal, après avoir épuisé ce sujet, s'approcha davantage de son maître, et lui demanda s'il connaissait ou s'il désirait connaître les motifs qu'avait eus la reine Marguerite pour quitter Aix et aller s'établir dans le monastère de Sainte-Victoire.

—C'est pour accomplir un vœu qu'elle a fait, répondit Arthur ; tout le monde le sait.

— Tout Aix sait le contraire, signor, et je pourrais vous apprendre la vérité si j'étais sûr de ne pas vous offenser.

— La vérité ne peut offenser un homme raisonnable, pourvu qu'elle soit exprimée en termes qui puissent être employés à l'égard de la reine Marguerite en parlant devant un Anglais.

Arthur, en faisant cette réponse, désirait recevoir tous les renseignemens possibles, et voulait en même temps empêcher le Provençal de se permettre trop de liberté.

— Je n'ai rien à dire au désavantage de la noble reine, signor; son seul malheur, c'est que, comme le roi son père, elle a plus de titres que de villes; d'ailleurs je sais fort bien que vous autres Anglais, tout en parlant vous-mêmes fort librement de vos souverains, vous ne souffrez pas que les autres leur manquent de respect.

— En ce cas, parlez.

— Il faut donc que vous sachiez, signor, que le bon roi René, touché de la mélancolie profonde qui s'est emparée de la reine Marguerite, a fait tout ce qui était en son pouvoir pour lui inspirer une humeur plus gaie. Il a donné des fêtes, il a réuni des ménestrels et des troubadours dont la musique et les poésies auraient arraché un sourire à un malade sur son lit de mort. Tout le pays retentissait de cris de joie et de plaisir, et la reine ne pouvait sortir dans le plus strict incognito sans tomber, avant d'avoir fait une centaine de pas, dans une embuscade consistant en quelque spectacle joyeux, quelque mascarade divertissante, qui était souvent le fruit de l'imagination du bon roi lui-même, et qui interrompait sa solitude pour dissiper ses pensées mélancoliques. Mais la tristesse profonde de la reine ne se prêtait à aucun de ces moyens de distraction; enfin elle se renferma entièrement dans ses appartemens, refusant même de voir le roi son père, parce qu'il amenait ordinairement avec lui des gens dont il croyait que les talens pourraient calmer son affliction. Mais elle semblait entendre avec dégoût tous les joueurs d'instrumens, et à l'exception d'un musicien ambulant anglais, qui en chantant une ballade lugubre lui fit présent d'une chaîne de grand prix, elle ne faisait attention à aucun autre, et ne semblait pas même s'apercevoir de sa présence. Enfin, comme j'ai déjà eu l'honneur de vous le dire, signor, elle refusa même de voir le roi son père, à moins qu'il ne vînt seul, et il n'en avait pas le courage.

— Je ne suis pas surpris qu'elle ait pris ce parti, dit Arthur. Par le Cygne Blanc! je suis étonné que les folies de son père n'aient pas jeté la reine dans une véritable démence.

— Il y eut bien quelque chose de cette nature, signor, et je vais vous dire comment cela arriva. Il est à propos que vous sachiez que le bon roi René, ne voulant pas abandonner sa fille au démon de la mélancolie, résolut de faire un grand effort. Il faut que vous sachiez en outre que le roi, habile dans la science des troubadours et des jongleurs, est aussi regardé comme ayant un talent particulier pour arranger des mystères, des processions, et ces autres divertissemens que notre sainte Église permet pour diversifier et égayer ses cérémonies plus graves, et faire épanouir les cœurs de tous les vrais enfans de la religion. Il est reconnu que personne n'a jamais approché de notre bon roi pour son talent d'ordonner la procession de la Fête-Dieu; et l'air sur lequel les diables donnent la bastonnade au roi Hérode, à la grande édification de tous les spectateurs chrétiens, est de sa composition. Il a figuré lui-même à Tarascon dans le ballet de sainte Marthe et du Dragon, et il a prouvé qu'il était le seul acteur qui fût en état de danser la Tarasque. Sa Majesté a aussi imaginé de nouveaux rites pour la consécration de l'enfant-évêque, et a composé une musique grotesque entièrement nouvelle pour la fête des Anes. En un mot, le mérite du roi se montre dans ces fêtes agréables qui parsèment de fleurs le chemin de l'édification, et qui envoient les fidèles au ciel en chantant et en dansant.

Or le bon roi René, sentant son génie pour ce genre de composition récréative, résolut de le déployer tout entier, dans l'espoir de soulager la mélancolie de sa fille qui répandait une sorte de contagion sur tout ce qui approchait d'elle.

Il n'y a pas bien long-temps que la reine s'absenta quelques jours, je ne sais pour quelle affaire ni pour aller où ; mais son absence donna au bon roi le temps de faire tous ses préparatifs. Lorsque sa fille fut de retour, il obtint d'elle, à force d'instances, qu'elle ferait partie d'une procession religieuse qui se rendrait à Saint-Sauveur, la principale église d'Aix. La reine ignorant les desseins de son père, se para solennellement pour être témoin de ce qu'elle regardait comme devant être une grave cérémonie de piété, et y prendre part elle-même. Mais dès qu'elle parut sur l'esplanade en face du palais, plus d'une centaine de masques déguisés en Turcs, en Sarrasins, en Juifs, en Maures et en je ne sais quels autres païens, s'attroupèrent autour d'elle pour lui rendre hommage comme à la reine de Saba, qu'on supposait qu'elle représentait. Ensuite, au son d'une musique burlesque, ils s'arrangèrent pour danser un ballet grotesque pendant lequel ils s'adressèrent à la reine de la manière la plus plaisante, en faisant des gestes extravagans. La reine étourdie par ce bruit et mécontente de ce qu'elle appelait une insolence inattendue, voulut rentrer dans le palais ; mais les portes en avaient été fermées par ordre du roi à l'instant même où elle en était sortie, de sorte que la retraite lui était coupée de ce côté. Alors la reine revint devant la facade, et chercha par ses gestes et par ses paroles à faire cesser le tumulte ; mais les masques, qui avaient reçu leurs instructions, ne lui répondirent que par des chants joyeux, le son de leurs instrumens et des acclamations répétées.

— J'aurais voulu, dit Arthur, qu'il se fût trouvé là une vingtaine de paysans anglais armés seulement de bâtons, pour apprendre à ces misérables braillards à respecter une femme qui a porté la couronne d'Angleterre.

— Mais tout ce bruit, continua Thiébault, était presque du silence en comparaison de celui qui se fit entendre quand le bon roi arriva lui-même, grotesquement vêtu, et jouant le rôle du roi Salomon.

— Celui de tous les princes auquel il ressemble le moins, dit Arthur.

— Il s'avança vers la reine de Saba pour l'assurer qu'elle était la bienvenue dans ses états, et avec des cabrioles si plaisantes, comme me l'ont dit tous ceux qui en ont été témoins, qu'elles auraient pu rappeler un mort à la vie et faire mourir de rire un homme vivant. Comme partie de son costume, il tenait en main une espèce de bâton de commandement, taillé à peu près comme une marotte...

— Sceptre bien digne d'un pareil souverain, dit Arthur.

— Et dont un bout était surmonté d'un petit modèle du temple de Jérusalem, découpé artistement en carton doré. Il le maniait avec la meilleure grace, et sa gaîté et sa dextérité enchantaient tous les spectateurs, à l'exception de la reine. Plus il dansait, plus il sautait, plus elle semblait furieuse. Enfin quand il s'approcha d'elle pour la conduire à la procession, elle fut saisie d'une sorte de frénésie, lui arracha des mains le bâton qu'elle jeta par terre avec force, et traversant la foule qui s'écarta comme si c'eût été une tigresse qui se fût élancée de son repaire, elle s'enfuit dans la cour des écuries du palais. Avant qu'on eût eu le temps de rétablir l'ordre du spectacle que sa violence avait interrompu, on l'en vit sortir à cheval, accompagnée de deux ou trois cavaliers anglais qui font partie de la suite de Sa Majesté. Elle se fraya un chemin à travers la foule, sans faire attention à sa propre sûreté ni à celle des autres, traversa les rues avec la rapidité de l'éclair, et continua à courir de même jusqu'à ce qu'elle fût arrivée au pied du mont Sainte-Victoire. Elle fut alors reçue dans le couvent, et elle y est restée jusqu'à ce jour. Le vœu dont on vous a parlé est un prétexte pour couvrir la querelle entre son père et elle.

— Combien y a-t-il de temps que tout cela est arrivé? demanda Arthur.

— Il n'y a que trois jours que la reine Marguerite a quitté Aix de la manière dont je viens de vous le dire. Mais nous ne saurions aller plus haut sur la montagne sans descendre de cheval. Vous voyez là-bas le monastère qui s'élève entre deux énormes rochers qui forment le sommet du mont Sainte-Victoire. Il ne s'y trouve d'autre terrain uni que ce qui est contenu dans le défilé, où est en quelque sorte niché le monastère de Sainte-Marie de la Victoire, et l'accès en est défendu par les précipices les plus dangereux. Pour en gagner la cime, il faut que vous suiviez cet étroit sentier qui, tournant autour de la montagne, conduit enfin au sommet et à la porte du couvent.

— Et que deviendrez-vous avec les chevaux?

— Nous nous reposerons dans l'hospice construit par les bons pères au pied de la montagne pour y recevoir ceux qui vont au monastère en qualité de pèlerins, car je vous assure qu'on y vient en pèlerinage de très loin, et l'on ne fait pas ce voyage à pied. Ne vous inquiétez pas de moi, je serai bientôt à couvert; mais je vois se rassembler du côté de l'ouest des nuages menaçans, et vous pourrez bien en souffrir quelques inconvéniens si vous n'arrivez pas à temps au couvent. Je vous donne une heure pour cela, et je vous dirai que vous êtes aussi léger qu'un chasseur de chamois si ce temps vous suffit.

Arthur jeta un coup d'œil autour de lui, et vit effectivement s'amonceler dans le lointain du côté de l'occident des nuages qui menaçaient de changer la face du jour, naguère si pur et si serein qu'on aurait entendu la chute d'une feuille. Il s'engagea donc dans le sentier raide et rocailleux qui conduisait au haut de la montagne, tantôt en escaladant des rochers presque escarpés, tantôt en faisant un circuit pour en atteindre le sommet. Ce sentier serpentait à travers des touffes de buis et d'autres arbres aromatiques qui fournissaient quelque nourriture aux chèvres de la montagne, mais qui offraient des obstacles désagréables au voyageur. Ces obstacles étaient si fréquens, que l'heure que Thiébault lui avait donnée était écoulée quand Arthur arriva sur le sommet du mont Sainte-Victoire, en face du singulier couvent qui portait le même nom.

Nous avons déjà dit que le sommet de la montagne se terminait par un rocher à double pic, formant le vide d'une espèce de défilé où avait été construit le couvent, qui occupait tout l'espace intermédiaire. La façade de ce bâtiment était du genre gothique le plus ancien et le plus sombre, ou peut-être comme on l'a appelé, du style saxon. Elle répondait parfaitement à cet égard à la forme sauvage des rochers, dont l'édifice semblait faire partie et dont il était entouré. Il restait seulement un petit espace de terrain uni et découvert, sur lequel à force de travail et en ramassant sur toute la montagne le peu de terre qu'on y pouvait trouver en différens endroits, les bons pères avaient réussi à former un jardin.

Le son d'une cloche fit arriver un frère lai, portier de ce couvent si singulièrement situé, à qui Arthur s'annonça comme un marchand anglais nommé Philipson, qui venait présenter son hommage à la reine Marguerite. Le portier l'accueillit avec respect, le fit entrer dans le monastère, et le conduisit dans un parloir dont les fenêtres donnaient du côté d'Aix, et offraient une vue magnifique des parties méridionales et occidentales de la Provence. C'était de ce côté qu'Arthur s'était approché de la montagne; mais le sentier circulaire qu'il avait suivi lui en avait fait décrire toute la circonférence. Les croisées percées du côté de l'occident commandaient la vue dont nous venons de parler, et il semblait que c'était pour pouvoir en jouir qu'on avait construit tout le long du bâtiment un grand balcon de quinze à vingt pieds, allant d'un pic à l'autre. Une fenêtre du parloir permettait d'entrer sur ce balcon, et Arthur s'y étant avancé, remarqua que le mur du parapet s'élevait sur le bord d'un précipice à cinq cents pieds au-dessous des fondations du couvent. Surpris de se trouver si près d'un tel abîme, Arthur tressaillit et détourna les yeux pour admirer le paysage plus éloigné ; le soleil descendant alors vers l'occident répandait le sinistre éclat de ses rayons rougeâtres sur des vallées et des collines, sur des plaines et des bosquets, sur des villes, des églises et des châteaux, dont quelques-uns s'élevaient du milieu des arbres; d'autres étaient placés sur des éminences rocailleuses, et plusieurs ornaient les bords de lacs et de rivières, voisinage recherché dans un climat brûlant comme celui de la Provence.

Le reste du paysage présentait à la vue des objets semblables quand le temps était serein, mais les traits en étaient effacés par l'ombre épaisse des nuages qui, couvrant déjà une grande partie de l'horizon, menaçaient d'éclipser bientôt le soleil, quoique ce roi des astres luttât encore comme un héros mourant qui brille de plus de gloire au moment même de sa défaite. Des sons étrangers qu'on aurait pu prendre pour des gémissemens et des hurlemens, et que le vent produisait dans les nombreuses cavernes des rochers, prêtaient à cette scène un caractère de terreur et semblaient annoncer la fureur de quelque tempête encore éloignée, quoiqu'un calme surnaturel régnât dans l'air, sur le haut du rocher. Arthur rendit justice aux moines qui avaient choisi cette situation sauvage et pittoresque, d'où ils pouvaient voir les plus grandes et les plus imposantes luttes de la nature, et comparer le néant de l'humanité avec ces redoutables convulsions.

Arthur était tellement occupé du spectacle qui s'offrait à ses regards, qu'il avait presque oublié l'importante affaire qui l'avait amené en ce lieu, quand il fut tout à coup rappelé à lui en se trouvant en présence de Marguerite d'Anjou qui, ne le voyant pas dans le parloir, s'était avancée sur le balcon pour lui parler plus tôt.

La reine était vêtue de noir et n'avait d'autre ornement qu'un étroit bandeau d'or qui retenait ses longs cheveux noirs, dont les années et les infortunes avaient changé en partie la couleur. Dans cette espèce de couronne étaient passées une plume noire et une rose rouge, la dernière de la saison, que le frère jardinier lui avait présentée le matin comme le symbole de la maison de son époux. Les soucis, les fatigues, les chagrins semblaient gravés sur son front et sur tous ses traits. Elle aurait probablement fait une verte semonce à tout autre messager qui n'aurait pas été prêt à s'acquitter de son devoir à l'instant même de son arrivée ; mais Arthur avait le même âge, le même extérieur que le fils qu'elle avait perdu; Marguerite avait aimé sa mère presque comme une sœur; et la reine détrônée se rappela le sentiment de tendresse maternelle qu'elle avait éprouvé lorsqu'elle l'avait vu pour la première fois dans la cathédrale de Strasbourg. Elle le releva quand il fléchit le genou devant elle, lui parla avec la plus grande bonté, en l'engageant à lui rendre compte du message dont son père l'avait chargé, et à l'informer des autres nouvelles qu'il avait pu apprendre pendant son court séjour à Dijon.

Elle lui demanda ensuite de quel côté le duc Charles avait fait marcher son armée.

—Vers le lac de Neufchâtel, répondit Arthur; du moins à ce que m'a donné à entendre le général de l'artillerie. C'est de ce côté que le Duc se propose de diriger sa première attaque contre la Suisse.

—L'insensé! s'écria la reine Marguerite. Il ressemble au malheureux qui gravit le sommet d'une montagne pour rencontrer la pluie à mi-chemin. Et ton père me conseille-t-il donc encore d'abandonner les derniers restes des domaines autrefois si étendus de notre maison royale; et pour quelques milliers de couronnes, pour le misérable secours de quelques centaines de lances, de céder ce qui nous reste de patrimoine à notre orgueilleux et égoïste cousin, ce duc de Bourgogne qui convoite tout ce que nous possédons, et qui nous paie de la promesse d'un si chétif secours?

—Je m'acquitterais mal de la mission que mon père m'a donnée, répondit Arthur, si je laissais croire qu'il recommande à Votre Majesté de faire un si grand sacrifice. Il connaît parfaitement l'ambition insatiable du duc de Bourgogne. Cependant il croit que la Provence, à la mort du roi René, peut-être même plus tôt, tombera en partage au duc Charles ou à Louis roi de France, quelque résistance que puisse y opposer Votre Majesté, et il peut se faire, comme chevalier, comme soldat, qu'il se livre à de grandes espérances s'il obtient les moyens de faire une tentative en Angleterre. Mais c'est à Votre Majesté qu'il appartient d'en décider.

— Jeune homme, dit la reine, à peine si je conserve l'usage de ma raison en écoutant une proposition semblable.

En parlant ainsi, elle s'assit, comme si les jambes lui eussent manqué, sur un banc de pierre placé sur le bord même du balcon, sans faire attention à l'orage qui commençait alors et qui était accompagné d'un ouragan furieux, dont la direction était interrompue et changée par les rochers autour desquels il sifflait. On aurait dit que Borée, Eurus et Caurus déchaînaient les vents rivaux du ciel autour du couvent de Sainte-Marie de la Victoire. Au milieu de ce tumulte des tourbillons de poussière qui cachaient le fond du précipice, et des masses de nuages noirs qui roulaient sur leurs têtes, le bruit des torrens de pluie ressemblait à celui d'une cataracte, plutôt qu'à celui de l'eau descendant du ciel. Le banc sur lequel Marguerite était assise était à peu près abrité contre l'orage; mais les coups de vent, dont la direction changeait à chaque instant, faisaient souvent voltiger ses cheveux épars, et il serait difficile de décrire ses traits nobles et beaux, quoique pâles et flétris, agités par le doute, l'inquiétude et mille pensées contraires. Pour en avoir une idée, il faut avoir vu notre inimitable Siddons représenter une femme placée dans la même situation. Arthur, au comble de l'inquiétude et presque de la terreur, ne put que supplier la reine de se mettre plus à l'abri de l'orage, en rentrant dans l'intérieur du couvent.

— Non, répondit-elle avec fermeté; les plafonds et les murailles ont des oreilles; et quoique les moines aient renoncé au monde, ils n'en sont pas moins curieux de savoir ce qui se passe hors de leurs cellules. C'est ici qu'il faut que vous entendiez ce que j'ai à vous dire. Vous êtes soldat, et par conséquent vous pouvez braver un coup de vent et quelques gouttes de pluie; quant à moi qui ai souvent tenu conseil au son des trompettes et du cliquetis des armes au moment de livrer une bataille, la guerre des élémens m'inquiète peu. Je vous dis, Arthur de Vere, comme je le dirais à votre père, comme je le dirais à mon fils si le ciel avait laissé une telle consolation à la plus misérable des femmes...

Elle s'interrompit un instant et continua ainsi qu'il suit :

— Je vous dis, comme je l'aurais dit à mon cher Edouard, que cette Marguerite dont les résolutions étaient autrefois fermes et immuables comme les rochers au milieu desquels nous nous trouvons, est maintenant aussi variable dans ses projets que ces nuages livrés au caprice du vent. J'ai parlé à votre père, dans la joie que m'inspirait la vue d'un sujet si loyal, des sacrifices que je ferais pour vous assurer l'aide du duc de Bourgogne dans une entreprise aussi glorieuse que celle qui lui a été proposée par le fidèle Oxford ; mais depuis ce temps j'ai eu lieu de faire de profondes réflexions. Je n'ai revu mon vieux père que pour l'offenser, et je le dis à ma honte, pour insulter ce vieillard au milieu de son peuple. Nos caractères sont aussi opposés l'un à l'autre que les rayons du soleil qui doraient il y a une heure ce superbe paysage différent de la tempête qui le dévaste en ce moment. J'ai rejeté avec dédain et mépris les consolations qu'il avait cru devoir m'offrir dans son affection maladroite. Dégoûtée par les vaines folies qu'il avait imaginées pour guérir la mélancolie d'une reine détrônée, de la veuve d'un roi, d'une mère sans enfans, je me suis retirée ici, loin d'une gaîté folle et bruyante qui n'était qu'une nouvelle amertume ajoutée à mes chagrins. Le caractère de René est si bon, si doux, que ma conduite peu filiale ne diminuera pas mon influence sur lui ; et si votre père m'avait annoncé que le duc de Bourgogne voulait coopérer noblement, cordialement, en chevalier et en souverain, au plan du loyal Oxford, mon cœur aurait pu s'armer de la force nécessaire pour obtenir la cession de territoire qu'exige sa froide et ambitieuse politique, en retour d'un secours différé maintenant jusqu'à ce qu'il ait satisfait son humeur hautaine et belliqueuse. Depuis que je suis ici le calme de la solitude m'a donné le temps de réfléchir, et j'ai songé à ma conduite blâmable envers un bon vieillard, et au tort que j'étais sur le point de lui faire. Mon père, car je dois lui rendre justice, est aussi le père de ses sujets. Ils ont vécu sous leurs vignes et leurs figuiers dans une aisance peut-être peu noble, mais à l'abri de toute oppression, de toute exaction, et leur bonheur a fait celui de leur bon roi. Faut-il que je change tout cela? Faut-il que j'aide à livrer ce peuple satisfait à un prince violent, téméraire et despote? Et si je réussis à y déterminer mon pauvre vieux père, n'est-ce pas risquer de briser son cœur sensible, quoique inconsidéré? Telles sont les questions que je frémis de m'adresser à moi-même. D'une autre part, rendre inutiles tous les travaux de votre père, tromper ses espérances, perdre la seule occasion que je ne trouverai peut-être jamais de me venger de la maison perfide d'York, et de rétablir sur le trône celle de Lancastre! Arthur! le paysage qui nous entoure n'est pas si agité par ce terrible ouragan, que mon cœur l'est par le doute et l'incertitude.

— Hélas! répondit Arthur, je suis trop jeune et j'ai trop peu d'expérience pour donner des conseils à Votre Majesté. Plût au ciel que mon père se trouvât lui-même en votre présence!

— Je sais ce qu'il me dirait; mais sachant tout, je n'espère aucune aide des conseils des hommes. J'ai cherché d'autres conseillers, mais ils ont été sourds à mes prières. Oui, Arthur, les infortunes de Marguerite l'ont rendue superstitieuse. Apprends que sous ces rochers, sous les fondations de ce couvent il se trouve une caverne dans laquelle on entre par un passage secret et bien défendu, un peu à l'ouest du sommet de la montagne, et qui a une ouverture vers le sud, d'où, aussi bien que de ce balcon, on peut voir le beau paysage que vous aviez tout à l'heure sous les yeux, comme à présent la lutte des élémens. Au milieu de cette caverne ou de ce passage souterrain est un puits creusé par la nature, et dont la profondeur est inconnue. Quand on y jette une pierre on l'entend frapper contre les côtés, et le bruit qu'elle fait en tombant, d'abord retentissant comme le tonnerre, finit par être aussi faible que celui de la clochette d'un mouton entendue à un mille de distance. Le peuple, dans son jargon, appelle ce gouffre effrayant *lou Garagoule;* et les traditions du monastère attachent des souvenirs étranges à un lieu déjà assez terrible par lui-même. Des oracles, dit-on, y étaient rendus du temps des païens par des voix souterraines qui sortaient de l'abîme, et l'on dit qu'elles annoncèrent au général romain par des vers rudes et grossiers la victoire qui a donné un nom à cette montagne. On assure que ces oracles peuvent encore être consultés après avoir accompli des rites étranges, dans lesquels des cérémonies païennes sont mêlées à des actes de dévotion chrétienne. Les abbés de Mont-Sainte-Victoire ont déclaré que c'est un péché que de consulter l'oracle de *lou Garagoule* et les esprits qui y résident; mais comme ce péché peut s'expier par des présens faits à l'Église, par des messes et par la pénitence, les bons pères ont quelquefois la complaisance d'en ouvrir la porte à ceux qu'une curiosité audacieuse porte à vouloir, à quelque risque et par quelque moyen que ce soit, pénétrer dans la nuit de l'avenir. Arthur, j'en ai fait l'épreuve, et je sors en ce moment même de cette caverne, où conformément aux rites mentionnés par la tradition j'ai passé six heures sur le bord de ce gouffre si affreux, qu'en comparaison des horreurs qu'il offre, cette tempête terrible est un spectacle agréable.

La reine se tut, et Arthur, d'autant plus frappé de ce récit étrange qu'il lui rappelait le lieu de son emprisonnement à la Férette, lui demanda avec empressement si elle avait obtenu quelque réponse.

— Aucune, répondit la malheureuse princesse. Les démons de *lou Garagoule*, s'il y en existe, sont sourds aux prières d'une infortunée comme moi, qui ne peut obtenir conseil et secours ni dans ce monde visible ni dans l'autre. Ce sont les circonstances dans lesquelles mon père se trouve qui m'empêchent de prendre à l'instant une forte résolution. S'il ne s'agissait que de mes prétentions personnelles sur ce peuple chantant de troubadours, j'y renoncerais pour la seule chance de mettre encore une fois le pied en Angleterre aussi volontiers, aussi aisément que j'abandonne à la tempête ce vain emblème du rang royal que j'ai perdu.

A ces mots elle arracha de ses cheveux la plume noire et la rose rouge que l'ouragan avait déjà détachées du cercle d'or qui les retenait, et les jeta du haut du balcon avec un geste dont l'énergie avait quelque chose de sauvage. Le vent s'en empara. Un tourbillon fit monter la plume si haut et l'emporta si loin, qu'elle échappa aux regards en un instant. Mais tandis que les yeux d'Arthur cherchaient involontairement à la suivre, un coup de vent contraire repoussa la rose rouge sur le balcon et la porta contre sa poitrine ; la saisissant à la hâte, il s'écria en remettant à la reine cette fleur emblématique :

— Joie ! joie et douleur, madame ! La tempête rend le symbole de la maison de Lancastre à celle qui en est légitimement propriétaire.

— J'en accepte l'augure, noble jeune homme, répondit Marguerite, mais ce n'est pas à moi, c'est à vous qu'il s'adresse. La plume emportée par l'ouragan est l'emblème de Marguerite. Mes yeux ne verront jamais la restauration de la maison de Lancastre ; mais vous vivrez pour la voir, et vous y contribuerez. Vous donnerez à notre rose rouge une teinte encore plus foncée en la plongeant dans le sang des traîtres et des tyrans. Hélas ! il ne faut qu'une plume, une fleur pour troubler ma pauvre tête ! J'éprouve déjà des vertiges, et le cœur me manque. Demain vous verrez une autre Marguerite, et jusqu'alors adieu.

Il était temps qu'elle se retirât, car le vent commençait à pousser des torrens de pluie contre la croisée. Lorsqu'ils rentrèrent dans le parloir, la reine frappa des mains, et deux femmes se présentèrent.

— Faites savoir au Père Abbé, leur dit-elle, que nous désirons que ce jeune étranger reçoive ici l'hospitalité cette nuit, d'une manière digne d'un ami que nous estimons. — A demain, monsieur, au revoir.

Déjà le calme était revenu sur son front, et avec une courtoisie majestueuse qui lui aurait convenu quand elle brillait dans les salons de Windsor, elle présenta une main à Arthur, qui la baisa respectueusement. Quelques instants après qu'elle fut sortie du parloir, l'abbé y entra, et l'attention qu'il eut de faire servir à Arthur un bon repas et de le placer dans une cellule commode, prouva le désir qu'il avait de se conformer aux ordres de la reine Marguerite.

CHAPITRE XXXI.

> « Vous faut-il un gaillard connaissant bien le monde ?
> « Celui que vous voyez est taillé tout exprès ;
> « C'est un moine, et partant il a dû pour jamais
> « Renoncer pour le froc aux vanités humaines :
> « Mais il a vu le monde, il en porta les chaines ;
> « Il en connaît le bon et le mauvais côté. »
> *Ancienne Comédie.*

L'AURORE commençait à peine à paraître quand Arthur s'éveilla en entendant sonner avec force à la porte du couvent. Quelques instants après le portier entra dans sa cellule, et lui dit que s'il se nommait Arthur Philipson un frère de leur ordre lui apportait des dépêches de son père. Le jeune homme tressaillit, s'habilla à la hâte, et descendit dans le parloir où il trouva un moine du même ordre que ceux du couvent du mont Sainte-Victoire, c'est-à-dire un carme.

— J'ai fait bien du chemin, jeune homme, pour vous apporter cette lettre, dit le moine, ayant promis à votre père qu'elle vous serait remise sans délai. Je suis arrivé hier soir à Aix pendant l'orage, et ayant appris au palais que vous étiez venu ici, je suis monté à cheval dès que la tempête a été moins violente, et me voici.

— Je vous remercie, mon père, répondit Arthur, et si je

pouvais vous indemniser de votre peine par une petite donation pour votre couvent...

— Non, non, dit le moine en l'interrompant ; je me suis personnellement chargé de cette commission par amitié pour votre père, et d'ailleurs j'avais à me rendre de ce côté. On a amplement pourvu aux frais de mon long voyage. — Mais lisez votre lettre ; je pourrai répondre à loisir à vos questions.

Arthur se retira dans l'embrasure d'une croisée, et lut ce qui suit :

— Mon fils Arthur, il est bon que vous sachiez que la situation du pays est très précaire relativement à la sûreté des voyageurs. Le Duc a pris les villes de Brie et de Granson, a fait prisonniers cinq cents hommes qui y étaient en garnison, et les a fait mettre à mort. Mais les Confédérés s'approchent avec une force considérable, et Dieu jugera à qui est le droit. De quelque manière que l'affaire se décide, cette guerre se poursuit vivement, et il n'est guère question de quartier d'un côté ni de l'autre. Par conséquent il n'y a pas de sûreté pour les gens de notre profession jusqu'à ce qu'il arrive quelque chose de décisif. En attendant vous pouvez assurer la dame veuve que notre correspondant continue à être dans l'intention d'acheter les marchandises dont elle peut disposer, mais il ne sera guère en état d'en payer le prix avant que ses affaires soient terminées. J'espère qu'elles le seront à temps pour nous permettre d'employer les fonds dans l'entreprise profitable dont j'ai parlé à notre amie. J'ai chargé un frère qui se rend en Provence de vous remettre cette lettre, et j'espère qu'elle vous arrivera en sûreté. Vous pouvez avoir confiance dans le porteur.

Votre affectionné père,
John Philipson.

Arthur comprit aisément la dernière partie de cette épître, et il fut charmé de l'avoir reçue dans un moment si critique. Il demanda au carme si l'armée du Duc était nombreuse, et le moine lui dit qu'elle consistait en soixante mille hommes, tandis que les Confédérés, quoique faisant les plus grands efforts, n'en avaient pas encore pu réunir le tiers de ce nombre. Le jeune René de Vaudemont était avec leur armée, et il avait reçu à ce qu'on pensait quelques secours secrets de la France; mais comme il était peu connu dans la carrière des armes, et qu'il n'avait qu'un petit nombre d'adhérens, son vain titre de général ajoutait peu de chose à la force de la Confédération. Au total toutes les chances, d'après le rapport du moine, paraissaient en faveur de Charles; et Arthur regardant le succès de ce prince comme le seul événement qui pût favoriser les projets de son père, ne fut pas peu charmé de les trouver assurés, autant que cela pouvait dépendre d'une grande supériorité de forces. Il n'eut pas le loisir de faire d'autres questions, car la reine entra en ce moment dans le parloir, et le carme apprenant son rang se retira avec un profond respect.

La pâleur de son teint annonçait encore ses fatigues de la veille; mais lorsqu'elle salua Arthur d'un air et d'un ton gracieux, elle avait la physionomie, la voix et les yeux armés de fermeté. — Vous me voyez, lui dit-elle, non comme je vous ai quittée hier soir, mais ayant pris ma résolution. Je suis convaincue que si René ne cède pas volontairement son trône de Provence, par quelque mesure semblable à celle que nous proposons, il en sera renversé par la violence; et en ce cas, il est possible que sa vie même soit en danger. Nous nous mettrons donc à l'œuvre sans perdre un instant. Le plus fâcheux, c'est que je ne puis quitter ce couvent avant d'avoir fait convenablement pénitence pour avoir visité *lou Garagoule;* sans cela je ne serais pas digne du nom de chrétienne. Quand vous serez de retour à Aix, demandez mon secrétaire, pour qui je vous remets cette lettre de créance. Avant même que je visse s'ouvrir cette porte à l'espérance, j'ai cherché à me faire une idée de la situation du roi René, et je me suis procuré toutes les pièces qui me sont nécessaires. Dites-lui de m'envoyer, bien scellée et par un homme sûr, ma petite cassette entourée de cercles d'argent. Les heures de pénitence pour des erreurs passées peuvent être employées à en prévenir d'autres. D'après les papiers qui y sont contenus, je verrai si dans cette affaire importante je sacrifie les vrais intérêts de mon père à des espérances presque chimériques. Mais il ne me reste que bien peu de doutes à cet égard. Je puis faire préparer ici sous mes yeux les actes d'abdication et de cession, et je prendrai des mesures pour les mettre à exécution dès que je serai de retour à Aix, ce qui sera aussitôt que j'aurai terminé ma pénitence.

— Et cette lettre, madame, dit Arthur, apprendra à Votre Majesté les événemens qui s'approchent, et vous fera voir combien il est important de saisir l'occasion. Mettez-moi en possession de ces actes, et je marcherai jour et nuit jusqu'à ce que j'arrive au camp du Duc. Je le trouverai probablement dans le moment de la victoire, et il aura le cœur trop joyeux pour refuser une demande à une princesse sa parente qui lui abandonne tout. Oui, dans un pareil instant nous en obtiendrons, nous devons en obtenir des secours dignes d'un prince si puissant. Nous verrons bientôt si le silencieux Édouard d'York, le sauvage Richard, le traître et parjure Clarence doivent continuer à être maîtres de l'Angleterre, ou faire place à un souverain plus légitime et plus vertueux. Mais, madame, tout dépend de la promptitude.

— Sans doute! Cependant quelques jours peuvent, doivent même décider entre Charles et ses ennemis; et avant de faire un si grand abandon, il serait bon d'être bien sûrs que celui que nous voulons nous rendre propice est en état de nous aider. Tous les événemens tragiques et variés de ma vie m'ont appris qu'il n'existe pas d'ennemis qui soient à mépriser. Je me hâterai pourtant; et en attendant, nous pourrons recevoir de bonnes nouvelles des bords du lac de Neufchâtel.

— Mais qui sera chargé de rédiger des actes si importans? demanda Arthur.

Marguerite ne répondit pas sur-le-champ. — Le père Gardien est complaisant, et je le crois fidèle, dit-elle enfin; mais je ne donnerais pas volontiers ma confiance à un de ces moines provençaux. Attendez, laissez-moi le temps de réfléchir. Votre père dit que le carme qui a apporté sa lettre mérite toute confiance. Je l'en chargerai. Il est étranger, et quelque argent nous assurera de sa discrétion. — Adieu, Arthur de Vere. — Mon père vous recevra avec hospitalité. S'il vous arrive d'autres nouvelles, ayez soin de m'en faire part ; et si j'ai d'autres instructions à vous donner, je ne manquerai pas de vous les transmettre. — Adieu.

Arthur descendit la montagne beaucoup plus vite qu'il ne l'avait montée la veille. Le ciel était serein, le soleil dans tout son éclat, et les beautés de la végétation dans un pays où elle ne sommeille jamais tout-à-fait offraient un spectacle délicieux. Passant des pics du mont Sainte-Victoire aux montagnes du canton d'Underwald, l'imagination d'Arthur lui retraçait l'instant où il se promenait au milieu d'un paysage du même genre que celui qu'il avait sous les yeux, non en solitaire, mais avec une compagne dont la beauté simple était gravée dans sa mémoire. Ces pensées étaient de nature à l'occuper exclusivement, et nous regrettons d'avoir à dire qu'elles lui firent oublier l'avis mystérieux que lui avait donné son père de ne croire bien connaître le contenu de ses lettres qu'après les avoir exposées devant le feu.

La première chose qui lui rappela cet avis singulier fut la vue d'un brasier de charbon allumé dans la cuisine de l'hospice situé au bas de la montagne, et où il trouva Thiébault et ses chevaux. C'était la premiere fois qu'il voyait du feu depuis qu'il avait reçu la lettre de son père, et cette circonstance lui rappela tout naturellement ce que le comte lui avait recommandé. Quelle fut sa surprise quand, après en avoir approché le papier comme pour le sécher, il y vit paraître un nouveau mot qui changeait totalement le sens d'un passage très important. C'était dans la dernière phrase qui disait alors : Vous *ne* pouvez avoir confiance dans le porteur. Accablé de honte et de dépit, Arthur crut n'avoir rien de mieux à faire que de retourner tout de suite au couvent pour informer la reine de cette découverte, et il espéra y arriver encore assez à temps pour prévenir le risque d'une trahison de la part du carme.

Courroucé contre lui-même, et impatient de réparer sa faute, il gravit la montagne escarpée, et il en gagna le sommet en moins de temps qu'on ne l'avait jamais fait avant lui, car quarante minutes s'étaient à peine écoulées depuis qu'il avait quitté le pied de la montagne, quand il arriva épuisé et hors d'haleine en présence de la reine Marguerite, qui fut aussi surprise de l'état dans lequel elle le voyait que de son prompt retour.

— Ne vous fiez pas au carme! s'écria-t-il. Vous êtes trahie, noble reine, et vous l'êtes par ma négligence. Voici mon poignard; ordonnez-moi de me l'enfoncer dans le cœur!

Marguerite lui demanda et en obtint une plus ample explication, et après l'avoir entendue, elle lui dit : — C'est un accident malheureux; mais votre père aurait dû vous donner des instructions plus précises. J'ai parlé à ce carme des actes dont il s'agit, et je l'ai chargé de les rédiger. Il sait donc tout et la chose est irréparable! Mais il vient seulement de me quitter pour assister à l'office dans le chœur, et j'obtiendrai aisément du père Gardien de le retenir tant que le secret nous sera nécessaire. C'est le meilleur moyen de nous assurer de sa discrétion, et nous aurons soin de l'indemniser des inconvéniens que sa détention pourra lui occasionner. — Mais assieds-toi, bon Arthur, repose-toi, et desserre le collet de ton manteau. Pauvre jeune homme! tu es venu avec une hâte qui t'a épuisé.

Arthur obéit et s'assit sur une chaise dans un coin du parloir, car la vitesse avec laquelle il avait couru lui laissait à peine la force de se soutenir sur ses jambes.

— Si je pouvais voir un instant ce moine perfide, dit-il, je trouverais un moyen de le forcer au silence.

— Vous ferez mieux de m'en laisser le soin, dit la reine. En un mot je vous défends de vous mêler de cette affaire. La coiffe est plus en état que le casque de traiter avec le capuchon. Ne me parlez plus de lui. — Je suis charmée de voir que vous portez autour du cou la sainte relique que je vous ai donnée. — Mais quel bijou moresque portez-vous aussi? Hélas! je n'ai pas besoin de vous faire cette question. Votre rougeur, presque aussi vive que lorsque vous êtes arrivé il y a un quart d'heure, avoue que c'est un gage d'amour. Ah! mon pauvre enfant!

n'as-tu pas une part assez forte à supporter dans les chagrins de ton pays, et faut-il que tu sois aussi chargé du poids de tes propres afflictions ! Le temps te prouvera combien elles sont imaginaires, mais elles ne t'en paraissent pas moins pénibles en ce moment. Jadis Marguerite d'Anjou aurait pu te servir en quelque lieu que ton affection fût placée ; mais aujourd'hui elle ne peut que contribuer à la ruine de ses amis et jamais à leur bonheur. — Et cette dame de tes pensées, Arthur, est-elle belle ? est-elle sage et vertueuse ? est-elle de noble naissance ? t'aime-t-elle ?

En l'interrogeant ainsi elle fixait sur lui le regard perçant de l'aigle.

— Je le vois, continua-t-elle, tu répondrais oui à toutes mes questions, si la timidité te le permettait. Eh bien ! aime-la en retour, car de l'amour naissent les belles actions. — Va, mon noble jeune homme, avec la naissance, la loyauté, la valeur, la vertu, l'amour et la jeunesse, à quoi ne peux-tu pas t'élever ? L'esprit de la chevalerie de l'ancienne Europe ne vit que dans les cœurs semblables au tien. Va, que les éloges des reines enflamment ton cœur d'amour pour l'honneur et la gloire ! — Dans trois jours nous nous reverrons à Aix.

Arthur se retira vivement touché de la condescendance et de la bonté de la reine. Il descendit la montagne plus facilement mais moins vite qu'il ne l'avait montée, et il retrouva dans l'hospice son écuyer provençal qui était resté fort surpris en voyant la précipitation avec laquelle son maître en était reparti tout troublé, presqu'à l'instant où il venait d'y arriver d'un air calme et tranquille. Arthur en allégua pour cause qu'il avait oublié sa bourse au couvent. — Votre bourse oubliée chez les moines ! dit Thiébault, je ne suis plus surpris de votre hâte ; mais je prends Notre-Dame à témoin que je n'ai jamais vu une créature vivante, si ce n'est une chèvre ayant un loup sur ses talons, gravir les rochers et courir à travers les ronces comme vous venez de le faire !

Ils arrivèrent à Aix après une heure de marche environ, et Arthur ne perdit pas de temps pour se rendre près du roi

René, qui lui fit le meilleur accueil, autant par suite de la lettre du duc de Bourgogne qu'à son titre d'Anglais, sujet fidèle et avoué de l'infortuné Marguerite. Le bon monarque eut facilement oublié le manque de déférence qu'avait montré son jeune hôte en disparaissant brusquement à l'instant où il aurait dû écouter un air de sa composition, et Arthur vit bientôt que s'excuser de cette impolitesse, ce serait s'exposer au risque d'être tenté plus d'une fois de retomber dans la même faute, car il ne put détourner le roi de lui réciter ses poésies et de lui faire entendre sa musique, qu'en l'engageant à parler de sa fille Marguerite. Arthur avait été quelquefois tenté de douter de l'influence que la reine prétendait avoir sur son vieux père; mais quand il le connut personnellement, il resta convaincu que l'intelligence supérieure de Marguerite et son énergique caractère, tout en rendant René fier d'une telle fille, donnait à celle-ci un irrésistible ascendant sur son faible père.

Quoiqu'elle ne l'eût quitté que depuis un jour ou deux et d'une manière si peu gracieuse, René montra autant de joie de la probabilité de son prochain retour, que le père le plus passionné aurait pu en éprouver à la perspective d'être bientôt réuni à la fille la plus soumise dont il aurait été séparé plusieurs années. Le roi attendait le jour de son arrivée avec toute l'impatience d'un enfant; et continuant à se faire une étrange illusion sur la différence qui existait entre les goûts de sa fille et les siens, ce ne fut qu'avec difficulté qu'il se laissa détourner du projet qu'il avait formé de la recevoir déguisé en Palémon, le prince et l'orgueil des bergers, à la tête d'un cortège de nymphes et de pasteurs arcadiens dont les danses et les chants seraient animés par le son de toutes les musettes et de tous les tambourins de la contrée mis en réquisition. Cependant le vieux sénéchal lui-même intima sa désapprobation de cette espèce de *joyeuse entrée;* et René se laissa enfin persuader que la reine était encore trop pénétrée des impressions religieuses qu'elle avait reçues pendant sa retraite, pour que des spectacles et des sons profanes pussent produire en elle une sensation agréable. Le roi céda à ces raisons en soupirant de regret; mais Marguerite échappa à la contrariété d'une réception qui l'aurait peut-être renvoyée avec impatience au couvent de Sainte-Victoire et dans la sombre caverne de *lou Garagoule*.

Pendant son absence, les jours se passaient à la cour de Provence en jeux et divertissemens de toute espèce; des joutes avec des lances à fer émoussé, le jeu de bagues, des parties de chasse avec des chiens et des faucons occupaient les jeunes gens des deux sexes, dans la compagnie desquels le vieux roi se plaisait; et les soirées étaient consacrées à la danse et à la musique.

Arthur ne pouvait s'empêcher de s'avouer que quelque temps auparavant un tel genre de vie l'aurait rendu complètement heureux; mais les derniers mois de son existence avaient développé son intelligence et ses passions. Il était alors initié aux devoirs sérieux de la vie, et il en regardait les amusemens avec une sorte de mépris, de sorte que parmi la jeune et élégante noblesse qui composait cette cour joyeuse il fut surnommé le jeune philosophe, et l'on peut bien le supposer, ce surnom n'était pas un compliment.

Le quatrième jour, un exprès vint annoncer que la reine Marguerite arriverait à Aix avant midi, pour faire de nouveau sa résidence dans le palais de son père. Lorsque ce moment approcha, le bon roi René sembla craindre une entrevue avec sa fille autant qu'il l'avait désirée auparavant, et tout ce qui l'entourait se ressentit de son inquiète impatience. Il tourmenta son maître-d'hôtel et ses cuisiniers pour qu'ils se rappelassent les différens mets qui avaient obtenu l'approbation de Marguerite; il pressa les musiciens de préparer les airs qu'elle préférait, et l'un d'eux ayant été assez hardi pour lui répondre qu'il ne se souvenait pas d'avoir jamais vu Sa Majesté en écouter aucun avec plaisir, le vieux monarque le menaça de le chasser de son service pour avoir calomnié le goût de sa fille. Il ordonna que le banquet fût prêt à onze heures et demie, comme si en l'avançant il accélérerait l'arrivée des convives qu'il attendait. Alors le bon roi René, sa serviette sur le bras, se promena dans son salon, et alla de croisée en croisée demandant à chacun s'il n'apercevait pas encore la reine d'Angleterre. A l'instant où les cloches sonnaient midi, Marguerite entra dans la ville d'Aix avec un cortége peu nombreux, principalement composé d'Anglais, tous en habits de deuil comme elle. Le roi René, à la tête de sa cour, ne manqua pas de descendre du péristyle de son superbe palais, et il s'avança dans la rue pour aller au-devant de sa fille. Fière, hautaine, et craignant le ridicule, Marguerite ne fut pas charmée de cette entrevue publique ; mais elle désirait en ce moment faire une sorte d'amende honorable de son emportement, et elle s'empressa de descendre de son palefroi. Elle fut choquée de voir son père une serviette sur le bras ; cependant elle s'humilia en fléchissant un genou devant lui, et lui demanda sa bénédiction et son pardon.

— Tu as ma bénédiction, tu l'as, ma colombe souffrante, dit le plus simple des rois à la plus fière et à la plus impatiente princesse qui ait jamais perdu une couronne ; et quant à mon pardon, comment peux-tu me le demander, toi qui ne m'as jamais offensé depuis que Dieu m'a fait la grace de m'accorder une fille comme toi ? Lève-toi, lève-toi, dis-je ; ce serait à moi à te demander pardon. Il est vrai que je m'étais dit dans mon ignorance que mon cœur avait imaginé une excellente scène ; mais elle t'a chagrinée : c'est donc à toi à me pardonner. Le bon roi René se mit à son tour à genoux devant sa fille, et le peuple qui aime ordinairement tout ce qui fait spectacle applaudit à grand bruit, et non sans quelque rire étouffé, une situation qui semblait être une répétition du tableau de « la charité romaine. »

Marguerite sensible à la honte du ridicule, et comprenant que cette situation avait quelque chose de burlesque, du moins par sa publicité, fit signe à Arthur qu'elle vit à la suite du roi, de s'approcher d'elle, et s'appuyant sur son bras pour se relever, elle lui dit en anglais : — A quel saint me vouerai-je pour en obtenir la patience dont j'ai si grand besoin ?

— Par pitié, madame, rappelez votre sang-froid et votre

fermeté d'ame, lui dit à demi-voix son nouvel écuyer, plus embarrassé qu'honoré par les fonctions qu'il remplissait, car il sentait la reine trembler de dépit et d'impatience.

Enfin ils se remirent en marche vers le palais, le père et la fille se tenant par le bras, situation très agréable pour Marguerite, qui pouvait se résoudre à supporter les effusions de tendresse de son père et le ton ordinaire de sa conversation, pourvu que ce ne fût pas devant témoins. Elle souffrit de même les attentions fatigantes qu'il eut pour elle à table, dit quelques mots à ses principaux courtisans, demanda des nouvelles de quelques autres, fit elle-même tomber la conversation sur ses sujets favoris, la poésie, la musique et la peinture, au point que le bon roi fut aussi enchanté de la civilité extraordinaire de sa fille que jamais amant le fut du tendre aveu qu'il reçoit d'une maîtresse après plusieurs années d'une timide assiduité. Il en coûta à la hautaine Marguerite plus d'un effort pour se plier à jouer ce rôle, et son orgueil lui reprochait de s'abaisser à flatter les faibles de son père, afin d'obtenir de lui l'abdication de ses domaines; mais ayant déjà tant hasardé sur cette seule chance de succès pour une entreprise en Angleterre, elle ne vit ou ne voulut voir aucune autre alternative.

Entre le banquet et le bal dont il devait être suivi la reine chercha l'occasion de parler à Arthur.

— Mauvaises nouvelles, mon jeune conseiller, lui dit-elle : le carme n'est pas rentré dans le cloître après l'office. Ayant appris que vous étiez revenu en grande hâte, il en a probablement conclu qu'il pouvait être soupçonné, et il a quitté le couvent du mont Sainte-Victoire.

— Il faut donc accélérer les mesures que Votre Majesté a résolu d'adopter, répondit Arthur.

— Je parlerai à mon père demain, dit Marguerite. En attendant jouissez des plaisirs de la soirée, car ils peuvent être pour vous des plaisirs. Mademoiselle de Boisgelin, je vous donne ce soir ce cavalier pour partenaire.

La jolie Provençale aux yeux noirs fit une révérence avec tout le décorum convenable, et jeta un coup d'œil d'approbation sur le jeune et bel Anglais. Mais soit qu'elle craignît sa réputation de philosophe, soit qu'elle eût des doutes sur son rang, elle ajouta cette clause : — Si ma mère y consent.

— Votre mère, mademoiselle, dit la reine avec fierté, ne peut, je crois, désapprouver que vous acceptiez un partenaire qui vous est offert par Marguerite d'Anjou. Heureux privilége de la jeunesse! ajouta-t-elle en soupirant, pendant que le jeune couple s'éloignait pour commencer un branle ; elle peut encore cueillir une fleur dans le sentier le plus aride.

Arthur se comporta si bien pendant toute la soirée que la jeune comtesse n'éprouva peut-être d'autre regret que de voir un jeune homme si bien fait et si accompli borner ses complimens et ses attentions à cette politesse un peu froide que prescrivent les règles de la cérémonie.

CHAPITRE XXXII.

> « C'en est fait, j'ai donné mon plein consentement.
> « En moi la majesté n'est plus qu'abaissement :
> « Ma gloire est éclipsée et se change en bassesse,
> « Mon pouvoir en néant et ma force en faiblesse.
> « Le monarque n'est plus qu'un sujet, un manant. »
> SHAKSPEARE.

Le jour suivant fut temoin d'une scène plus grave. Le roi René n'avait pas oublié de dresser un plan des plaisirs de la journée ; mais à sa grande surprise et à son regret encore plus grand, Marguerite lui demanda un entretien pour affaires sérieuses. S'il y avait au monde une proposition que René détestât au fond du cœur, c'était celle de s'occuper d'affaires.

— Que désirait sa chère enfant? lui demanda-t-il. Etait-ce de l'argent? il lui donnerait tout ce qu'il en avait, quoique son trésor fût presque vide ; cependant il venait de recevoir une portion de son revenu : dix mille couronnes. Combien en voulait-elle? la moitié? les trois quarts? le tout était à sa disposition.

— Hélas! mon père, répondit Marguerite, ce n'est pas de mes affaires que je désire vous parler; c'est des vôtres.

— Des miennes! répéta René; en ce cas je suis sûrement le maître de les remettre à un autre jour, à quelque jour de pluie qui ne peut être bon à rien de mieux. Vois, ma chère enfant, les fauconniers sont déjà à cheval; nos coursiers hennissent et trépignent; nos jeunes gens des deux sexes ont le faucon sur le poing; les épagneuls sont accouplés en laisse. Ce serait un péché, avec le temps et le vent qu'il fait, de perdre une si belle journée.

— Laissez-les partir et s'amuser, mon père; car dans l'affaire dont j'ai à vous parler, il s'agit de l'honneur et de la vie.

— Mais j'ai à juger un défi entre Calezon et Jean d'Aigues-Mortes, nos deux plus célèbres troubadours, et il faut que je les entende.

— Remettez cette affaire à demain, et consacrez aujourd'hui une heure ou deux à celles qui sont plus importantes.

— Si vous l'exigez absolument, ma chère enfant, vous savez que je ne puis vous dire non.

Et le roi René, fort à contre-cœur, donna ordre qu'on partît sans lui pour la chasse.

Semblable à un lévrier que retient le chasseur, le vieux roi se laissa alors conduire dans un appartement particulier. Pour s'assurer de ne pas être interrompue, la reine plaça dans l'antichambre son secrétaire Mordaunt et Arthur, en leur donnant la consigne de ne laisser entrer personne.

— Quant à ce qui me concerne, Marguerite, dit le bon vieillard, je consens à être tenu au secret; mais pourquoi empêcher le vieux Mordaunt de faire une promenade par une si belle matinée, et le jeune Arthur de s'amuser comme les autres? Quoiqu'on l'appelle philosophe, je vous réponds qu'en dansant hier soir avec la jeune comtesse de Boisgelin, il a prouvé qu'il a le pied aussi léger qu'aucun galant de la Provence.

— Ils sont nés dans un pays, répondit Marguerite, où les hommes apprennent dès l'enfance à préférer leurs devoirs à leurs plaisirs.

Le pauvre roi conduit dans ce que nous pouvons appeler le cabinet du conseil, vit en frémissant intérieurement la fatale cassette à cercles d'argent, qui ne s'était jamais ouverte en sa présence que pour l'accabler d'ennui, et il calcula douloureusement combien de bâillemens il aurait à étouffer avant d'avoir pris en considération tout ce qui s'y trouvait. Cependant quand le contenu fut mis sous ses yeux, il reconnut qu'il était d'un genre à lui inspirer à lui-même de l'intérêt, quoique d'une nature pénible.

Sa fille lui présenta un aperçu clair et précis des dettes assurées sur diverses parties de ses domaines qui en étaient le gage, et un état exact des sommes considérables dont le paiement était exigible à l'instant même, et pour l'acquit desquelles il n'existait aucuns fonds disponibles. Le roi se défendit comme le font les débiteurs qui se trouvent dans la même situation. A chaque demande de six, sept ou huit mille ducats, il répondait qu'il avait dix mille écus dans son trésor, et il montra la plus grande répugnance à se laisser convaincre que cette somme ne pouvait suffire pour en acquitter trente fois autant.

— En ce cas, dit le roi avec quelque impatience, pourquoi ne pas payer ceux qui sont le plus pressans et faire attendre les autres jusqu'à ce que nous ayons fait quelque autre recette?

— C'est à quoi l'on a eu trop souvent recours, répondit la reine; on ne peut agir honorablement sans payer des créanciers qui ont avancé tout ce qu'ils possèdent pour le service de Votre Majesté.

— Mais ne suis-je pas roi des Deux-Siciles, de Naples, d'Aragon et de Jérusalem? Le monarque de si beaux royaumes doit-il être poussé à la muraille, comme un banqueroutier, pour quelques misérables sacs d'écus?

— Vous êtes sans doute monarque de ces royaumes; mais est-il nécessaire de rappeler à Votre Majesté que vous ne l'êtes que comme je suis reine d'Angleterre, sans posséder un seul arpent de territoire, et sans tirer un sou de revenu? Vous n'avez d'autres domaines que ceux qui sont énoncés sur cet autre papier, avec la liste exacte du revenu qu'ils rapportent..... Vous voyez qu'il est bien loin de pouvoir suffire pour maintenir votre dignité, et pour payer les sommes considérables que vous devez à divers créanciers.

— Il est cruel de me presser ainsi, Marguerite. Que puis-je faire? Si je suis pauvre, ce n'est pas ma faute. Bien certainement je paierais avec grand plaisir les dettes dont vous parlez, si j'en avais le moyen.

— Je vais vous l'indiquer, mon père. — Renoncez à votre dignité inutile, et qui avec les prétentions dont elle est accompagnée ne sert qu'à jeter du ridicule sur vos infortunes. Abdiquez vos droits comme souverain, et le revenu qui est insuffisant pour fournir aux vaines dépenses d'une ombre de cour vous mettra en état, comme simple baron, de jouir dans le sein de l'opulence de tous les plaisirs que vous aimez.

— Vous parlez follement, Marguerite, répondit René avec un peu d'humeur. Les nœuds qui attachent un roi et son peuple ne peuvent être rompus sans crime. Mes sujets sont mon troupeau; le ciel les a confiés à mes soins, et je n'ose renoncer au devoir de les protéger.

— Si vous étiez en état de le faire, Marguerite vous conseillerait de combattre jusqu'à la mort. Mais endossez votre armure, que vous n'avez pas portée depuis si long-temps; — montez sur votre cheval de bataille, poussez le cri de guerre: — René et la Provence! et vous verrez si cent hommes se rassembleront autour de votre étendard. Vos forteresses sont entre les mains d'étrangers; vous n'avez pas d'armée; vos vassaux peuvent avoir de la bonne volonté, mais il leur manque la science militaire et la discipline, qui font les soldats. Votre monarchie n'est qu'un squelette que la France ou la Bourgogne peut renverser à l'instant où il plaira à l'une de ces puissances d'étendre le bras contre elle.

Les larmes coulèrent en abondance le long des joues du

vieux roi quand ce fâcheux tableau lui fut mis sous les yeux ; et il ne put s'empêcher de convenir qu'il n'avait le moyen ni de se défendre lui-même ni de protéger ses domaines, et d'avouer même qu'il avait souvent songé à la nécessité de traiter de ses possessions avec l'un de ses puissans voisins.

— C'est votre intérêt, dure et cruelle Marguerite, ajouta-t-il, qui m'a empêché jusqu'à présent de prendre des mesures pénibles à ma sensibilité, mais peut-être plus convenables à mon avantage particulier. J'avais espéré que l'état actuel des choses pourrait durer autant que moi et que vous, ma fille ; avec les talens que le ciel vous a donnés, vous auriez trouvé quelque moyen pour remédier à des malheurs auxquels je ne puis échapper qu'en évitant d'y songer.

— Si c'est tout de bon que vous parlez de mon intérêt, sachez qu'en abdiquant la souveraineté de la Provence vous satisferez le désir le plus ardent, presque le seul désir que mon cœur puisse former ; mais je prends le ciel à témoin, mon père, que c'est pour vous autant que pour moi que je vous y engage.

— Ne m'en dites pas davantage, ma chère enfant ; donnez-moi l'acte d'abdication et je le signerai ; car je vois que vous l'avez déjà préparé. Signons-le et nous irons rejoindre la chasse. Il faut savoir supporter le malheur : à quoi sert de s'en laisser accabler et de pleurer ?

— Ne me demandez-vous pas, dit Marguerite surprise de son apathie, à qui vous cédez vos domaines ?

— Que m'importe, puisqu'ils ne doivent plus m'appartenir ? Ce doit être ou à Charles de Bourgogne, ou à mon neveu Louis, deux princes puissans et politiques. Dieu veuille que mes pauvres sujets n'aient pas lieu de regretter leur vieux roi, dont le seul plaisir était de les voir heureux et joyeux.

— C'est au duc de Bourgogne que vous cédez la Provence ?

— C'est celui que j'aurais préféré. Il est fier, mais il n'est pas méchant. Un mot de plus : les droits et priviléges de mes sujets sont-ils bien assurés ?

— Pleinement ; et il a été pourvu honorablement à tous

vos besoins. Je n'ai pas voulu laisser en blanc les stipulations à cet égard, quoique j'eusse peut-être pu me fier à la générosité de Charles de Bourgogne quand il n'est question que d'argent.

— Je ne demande rien pour moi. Avec sa viole et son crayon, René le troubadour sera aussi heureux que l'a jamais été le roi René.

En achevant ces mots il siffla très philosophiquement le refrain du dernier air qu'il avait composé, et signa l'abandon des possessions royales qui lui restaient, sans ôter son gant et sans même lire l'acte d'abdication.

— Et qu'est ceci? demanda-t-il en regardant un morceau de parchemin de moindre dimension. Faut-il que notre parent Charles ait les Deux-Siciles, la Catalogne, Naples et Jérusalem, aussi bien que les pauvres restes de notre Provence? Il me semble que par décence on aurait dû choisir une plus grande feuille de parchemin pour une cession si considérable.

— Cet acte, répondit Marguerite, désavoue seulement les efforts téméraires de René de Vaudemont en Lorraine, abandonne sa cause et renonce à toute querelle à ce sujet avec Charles de Bourgogne.

Pour cette fois seulement Marguerite avait trop compté sur le caractère facile de son père. René tressaillit, ses joues devinrent pourpres ; il l'interrompit et s'écria en bégayant de colère :

— Quoi ! désavoue seulement, — abandonne seulement, — renonce seulement! Et il s'agit de la cause de mon petit-fils, du fils de ma chère Yolande, de ses droits légitimes sur l'héritage de sa mère ! Marguerite, j'en rougis pour toi. Ton orgueil est une excuse pour ton mauvais caractère ; mais qu'est-ce que l'orgueil qui peut s'abaisser jusqu'à commettre un acte déshonorant? Abandonner, désavouer ma chair et mon sang, parce que ce jeune homme lève le bouclier en brave chevalier, et est disposé à défendre ses droits par les armes ! — Je mériterais que les sons de cette harpe ne fissent retentir que ma honte, si j'étais capable de t'écouter.

Marguerite fut presque étourdie par l'opposition inattendue du vieillard. Elle chercha pourtant à lui prouver que le point d'honneur n'exigeait pas que René épousât la cause d'un jeune aventurier dont les droits, fussent-ils meilleurs qu'ils ne l'étaient, ne se trouvaient soutenus que par quelques misérables secours d'argent qu'il recevait sous main de la France, et par les armes de quelques-unes de ces troupes de bandits qui infestent les frontières de tous les pays. Mais avant que le roi René eût pu lui répondre, on entendit parler à haute voix dans l'antichambre, la porte s'entr'ouvrit avec violence, et l'on vit entrer un chevalier armé, couvert de poussière, et dont l'extérieur annonçait qu'il venait de faire un long voyage.

— Me voici, père de ma mère, dit-il : voyez votre petit-fils René de Vaudemont, le fils de votre Yolande, s'agenouiller à vos pieds pour vous demander votre bénédiction.

— Je te la donne, répondit le roi René, et puisse-t-elle te porter bonheur, brave jeune homme, image de ta sainte mère ! Mes bénédictions, mes prières et mes espérances sont pour toi !

— Et vous, belle tante d'Angleterre, dit le jeune chevalier en se tournant vers Marguerite, vous qui avez vous-même été dépouillée par des traîtres, n'avouerez-vous pas la cause d'un parent qui fait les derniers efforts pour défendre son héritage ?

— Je vous souhaite tout le bonheur possible, beau neveu, répondit la reine d'Angleterre, quoique vos traits me soient étrangers. Mais conseiller à ce vieillard d'embrasser votre cause quand elle est désespérée aux yeux de tous les hommes sages, ce serait une folie, une impiété.

— Ma cause est-elle donc si désespérée ? dit le jeune René. Pardonnez-moi si je l'ignorais. Est-ce ma tante Marguerite qui parle ainsi ? elle dont le courage a soutenu si long-temps la cause de la maison de Lancastre, quand les défaites avaient abattu ses guerriers ? Quoi ! pardon encore une fois, mais je dois plaider ma cause.— Qu'auriez-vous dit si ma mère Yolande avait été capable de conseiller à son père de désavouer votre époux Édouard, si le ciel lui avait permis d'arriver en Provence en sûreté ?

— Édouard, répondit Marguerite en pleurant, était incapable d'engager ses amis à embrasser une cause qui n'était plus soutenable. Mais c'en était une pour laquelle des pairs et des princes puissans avaient levé la lance.

— Cependant le ciel ne l'a pas bénie, dit Vaudemont.

— La vôtre, continua Marguerite, n'est appuyée que par les barons brigands d'Allemagne, les bourgeois parvenus des cités du Rhin, et les misérables paysans confédérés des Cantons.

— Mais le ciel l'a bénie, répliqua Vaudemont. Apprenez, femme orgueilleuse, que je viens ici pour mettre fin à vos intrigues perfides, et que je n'y arrive pas en aventurier inconnu, faisant la guerre et subsistant plutôt par subterfuge que par la force, mais en vainqueur quittant un champ de bataille sanglant sur lequel le ciel a humilié l'orgueil du tyran de la Bourgogne.

— Cela est faux ! s'écria la reine en tressaillant ; je ne le crois pas.

— Cela est vrai, dit le jeune René, aussi vrai qu'il l'est que le ciel nous couvre. — Il n'y a que quatre jours que j'ai quitté le champ de bataille de Granson couvert des cadavres des soldats mercenaires de Charles. — Ses richesses, ses joyaux, son argenterie, ses brillantes décorations, sont devenus la proie des Suisses, qui peuvent à peine en apprécier la valeur. — Connaissez-vous ceci, reine Marguerite ? ajouta-t-il en lui montrant le joyau bien connu qui décorait le cordon de l'ordre de la Toison-d'Or que portait le Duc ; croyez-vous que le lion n'était pas chassé de bien près quand il a laissé de telles dépouilles à ceux qui le poursuivaient ?

Marguerite fixa des yeux hagards sur une preuve qui confirmait la défaite du Duc, et qui lui annonçait la perte de ses dernières espérances. Son père, au contraire, fut frappé de l'héroïsme du jeune guerrier, qualité qu'il croyait éteinte dans sa famille, à l'exception de ce qui en restait dans le sein de sa fille Marguerite. Admirant au fond du cœur ce jeune homme qui s'exposait à tant de dangers pour acquérir de la gloire, presque autant que les poètes qui rendent immortelle la renommée des guerriers, il serra son petit-fils contre son cœur, lui dit de ceindre son épée avec confiance, et l'assura que si l'argent pouvait être utile à ses affaires, il avait dans son trésor dix mille écus qui étaient en partie ou en totalité à sa disposition, prouvant ainsi la vérité de ce qu'on a dit de lui, que sa tête était incapable de contenir deux idées à la fois.

Nous retournerons maintenant près d'Arthur qui, ainsi que Mordaunt le secrétaire de la reine d'Angleterre, n'avait pas été peu surpris de voir le comte de Vaudemont, se qualifiant duc de Lorraine, entrer dans l'antichambre où ils étaient en quelque sorte en faction, suivi d'un grand et vigoureux Suisse portant une énorme hallebarde appuyée sur son épaule. Le prince s'étant nommé, Arthur ne jugea pas convenable de s'opposer à ce qu'il se présentât devant son aïeul et sa tante, d'autant plus qu'il aurait fallu avoir recours à la force pour l'arrêter. Dans le robuste hallebardier qui eut assez de bon sens pour s'arrêter dans l'antichambre, Arthur, à son grand étonnement, reconnut Sigismond Biederman, qui après avoir regardé un instant Arthur en ouvrant de grands yeux, comme un chien qui reconnaît tout à coup un de ses favoris, courut à lui en poussant un cri de joie, et lui dit précipitamment combien il était charmé de l'avoir rencontré, attendu qu'il avait des choses importantes à lui raconter. Jamais il n'était facile à Sigismond de mettre de l'ordre dans ses idées, et il y régnait en ce moment tant de confusion, par suite de la joie que lui inspirait la victoire que ses concitoyens venaient de remporter sur le duc de Bourgogne, que ce fut avec une nouvelle surprise qu'Arthur entendit son récit un peu obscur, quoique fidèle.

—Voyez-vous, roi Arthur, dit Sigismond, le Duc était arrivé avec une armée immense jusqu'à Granson, qui est situé près des bords du grand lac de Neufchâtel : il y avait cinq à six cents Confédérés dans cette place, et ils tinrent bon tant qu'ils eurent des vivres, après quoi vous sentez qu'ils furent obligés de se rendre. Mais quoique la faim soit difficile à supporter, ils auraient mieux fait de la souffrir un jour ou deux de plus, car Charles, ce boucher, les fit pendre tous aux arbres qui sont tout autour de la ville ; et après une pareille opération vous jugez bien qu'ils n'avaient plus d'appétit. Pendant ce temps chacun se mettait en mouvement sur nos montagnes, et quiconque avait une épée ou une pique s'en armait. Nous nous réunîmes à Neufchâtel, et quelques Allemands se joignirent à nous avec le noble duc de Lorraine. Ah ! roi Arthur, voilà un chef ! Nous le regardons tous comme ne le cédant qu'à Rodolphe Donnerhugel. Vous venez de le voir ; c'est lui qui vient d'entrer dans cette chambre. Mais vous l'aviez vu auparavant ; c'est lui qui était le chevalier bleu de Bâle. Nous le nommions alors Laurenz, parce que Rodolphe disait qu'il ne fallait pas que mon père sût qu'il était avec nous ; et quant à moi, je ne savais réellement pas qui il était. Eh bien ! quand nous arrivâmes à Neufchâtel nous étions en assez bon nombre, environ quinze mille robustes Confédérés, et je vous garantis qu'il pouvait y avoir en outre cinq mille Allemands ou Lorrains. Là nous apprîmes que le Duc avait soixante mille hommes en campagne ; mais on nous dit aussi que Charles avait fait pendre nos frères comme des chiens ; et il n'y avait point parmi nous, j'entends parmi les Confédérés, un seul homme qui voulût s'amuser à compter combien nous étions quand il s'agissait de les venger. Je voudrais que vous eussiez entendu les cris terribles de quinze mille Suisses demandant à marcher contre le boucher de leurs frères ! Mon père lui-même, qui comme vous le savez est ordinairement si ami de la paix, fut le premier à donner sa voix pour qu'on livrât bataille. Ainsi donc, au point du jour nous descendîmes le long du lac du côté de Granson, les larmes aux yeux, les armes à la main et ne respirant que mort ou vengeance. Nous arrivâmes à une sorte de défilé entre Vieux-Moreux et le lac ; il y avait de la cavalerie sur la petite plaine entre la montagne et le lac, et un corps nombreux d'infanterie occupait la montagne. Nous la gravîmes pour l'en chasser, tandis que le duc de Lorraine et ses troupes attaquaient la cavalerie. Notre attaque fut l'affaire d'un moment. Chacun de nous était comme chez lui sur les rochers, et les soldats du Duc y étaient aussi embarrassés que vous l'avez été, Arthur, le jour de votre arrivée à Geierstein; mais ils ne trouvèrent pas de jolies filles pour leur donner la main et les aider à descendre. Non, non, il n'y avait que des piques, des pertuisanes, des hallebardes, et en bon nombre, pour les pousser et les précipiter de ces lieux où ils auraient à peine pu tenir pied s'il n'y avait eu personne pour les en déloger. Les cavaliers pressés par les Lorrains, et nous voyant sur leurs flancs, s'enfuirent aussi vite que leurs chevaux purent les porter. Alors nous nous réunîmes de nouveau sur la plaine en *buon campagna* comme disent les Italiens, dans un endroit où les montagnes s'éloignent du lac. Mais à peine avions-nous formé nos rangs que nous entendîmes un carillon d'instrumens, un bruit de chevaux, des cris assourdissans, comme si toute la cavalerie, tous les soldats et tous les ménestrels de France et d'Allemagne se fussent disputés à qui ferait plus de tapage. Nous vîmes s'approcher un épais nuage de poussière; et nous commençâmes à penser qu'il fallait vaincre ou mourir, car Charles avançait avec toute son armée pour soutenir son avant-garde. Un coup de vent venant des montagnes dissipa la poussière, car ils avaient fait halte pour se ranger en bataille. O Arthur! vous auriez donné dix ans de votre vie pour voir ce spectacle! Il y avait des milliers de chevaux dont les harnais superbes brillaient au soleil; des chevaliers par centaines, ayant sur leurs casques des couronnes d'or ou d'argent; des masses de lanciers, à pied et des canons comme on les appelle. Je ne savais ce qu'étaient ces machines que des bœufs traînaient lourdement et qu'ils placèrent en avant de leur armée, mais j'appris à les connaître mieux avant la fin de la matinée. Eh bien! on nous ordonna de nous former en bataillon carré comme si nous avions fait l'exercice; et avant de marcher en avant, on nous commanda, suivant notre pieux et bon usage, de nous mettre à genoux pour invoquer l'aide de Dieu;

de Notre-Dame et des saints. Nous apprîmes ensuite que Charles, dans son arrogance, s'imagina que c'était pour implorer sa merci. Ha! ha! ha! excellente plaisanterie! Si mon père s'est agenouillé devant lui, c'était pour épargner le sang chrétien et obtenir la paix; mais sur le champ de bataille Arnold Biederman ne fléchirait pas un genou devant lui et toute sa chevalerie, quand il ne serait entouré que de son fils. — Eh bien! Charles supposant que nous lui demandions grace, voulut nous prouver que c'était inutilement, car il s'écria: Tirez le canon sur ces lâches paysans; c'est toute la merci qu'ils ont à attendre de moi! Et à l'instant même, bom! — bom! — bom! les machines dont je viens de parler vomirent la foudre et les éclairs et nous firent quelque mal, mais moins qu'elles ne nous en auraient fait si nous n'eussions pas été à genoux; les saints dont nous implorions la merci, et non celle de créatures mortelles, donnèrent sans doute un coup de main aux boulets pour les faire passer par-dessus nos têtes. Après cette décharge on nous fit le signal de nous relever et de marcher en avant, et je vous promets que personne ne fut paresseux. Chacun de nous se sentait la force de dix hommes. Ma hallebarde n'est pas un jouet d'enfant, la voilà, si vous l'avez oubliée, et cependant elle tremblait dans ma main comme si c'eût été une baguette de saule pour chasser les vaches. Au bruit du canon il en succéda un autre qui fit trembler la terre pendant que nous avancions : c'étaient les hommes d'armes qui accouraient au galop pour nous charger. Mais nos chefs connaissaient leur métier, et ce n'était pas la première fois qu'ils se trouvaient à pareille fête. Nous les entendîmes crier: Halte! A genoux, le premier rang! Le second, le corps penché en avant! épaule contre épaule comme des frères! toutes les piques en avant! offrez-leur un mur de fer! Ils arrivèrent et ils brisèrent assez de lances pour que les fragmens en eussent pu fournir aux vieilles femmes de tout l'Underwald assez de bois pour allumer leur feu pendant une année. Mais nos piques firent leur besogne; les chevaux percés furent renversés; on vit tomber les hommes d'armes, les chevaliers, les bannières, les bottes à longue pointe et les casques à couronne ; et de tous ceux qui tombèrent ainsi pas un ne se releva vivant. Les autres se retirèrent en désordre ; et avant qu'ils eussent eu le temps de se rallier pour revenir à la charge, le duc René les chargea à son tour avec sa cavalerie, et nous marchâmes pour le soutenir. L'infanterie du Duc, voyant les cavaliers si maltraités, lâcha le pied et nous donna à peine le temps d'arriver. Alors, si vous aviez vu les nuages de poussière et entendu le bruit des coups! cent mille batteurs en grange faisant voler la paille autour d'eux vous en donneraient à peine une idée. Sur ma parole, j'étais presque honteux de frapper de ma hallebarde des gens qui ne songeaient plus à résister. Nous tuâmes des centaines de fuyards, et toute l'armée fut en déroute complète.

— Et mon père, mon père! s'écria Arthur, que peut-il être devenu dans un tel désastre?

— Il est en sûreté ; il s'est enfui avec Charles.

— Il a dû être versé bien du sang avant qu'il prît la fuite.

— Il n'a pris aucune part au combat ; il était resté seulement près de Charles, et des prisonniers nous dirent que cela n'était pas malheureux pour nous, parce que c'est un homme de bon conseil et d'une grande intrépidité dans une bataille. Quant à prendre la fuite, il faut bien en pareille occasion qu'un homme recule quand il ne peut avancer, et il n'y a aucune honte à cela, surtout quand on ne combat point personnellement.

Leur conversation fut interrompue en ce moment par Mordaunt, qui s'écria, quoique à voix basse : Chut! silence!

— Le roi et la reine!

— Que dois-je faire? demanda Sigismond avec quelque alarme : je m'inquiète peu du duc de Lorraine ; mais que faut-il que je fasse quand des rois et des reines arrivent?

— Vous lever, ôter votre toque, et garder le silence, répondit Arthur ; rien de plus.

Sigismond suivit ponctuellement cet avis.

Le roi René traversa l'antichambre, appuyé sur le bras

de son petit-fils, Marguerite les suivait, le chagrin et le dépit gravés sur son front. En passant, elle fit signe à Arthur de s'approcher, et lui dit : — Assure-toi de la vérité d'une nouvelle si inattendue, et apporte-m'en les détails : Mordaunt te fera entrer.

Elle jeta un coup d'œil sur le jeune Suisse, et répondit avec courtoisie au salut qu'il lui fit d'un air gauche. Le roi et la reine eurent bientôt quitté l'antichambre ; René déterminé à conduire son petit-fils à la partie de chasse qu'il n'avait pu suivre, et Marguerite empressée de regagner la solitude de son appartement, pour y attendre la confirmation de ce qu'elle regardait comme une mauvaise nouvelle.

Dès qu'ils furent sortis, Sigismond s'écria : — Ainsi donc, voilà ce que c'est qu'un roi et une reine ! Peste ! le roi ressemble au vieux Jacomo, joueur de viole, qui avait coutume de nous en râcler quand ses rondes l'amenaient à Geierstein. Mais la reine est une créature imposante : la première vache du troupeau, celle qui porte les bouquets et les guirlandes et qui reconduit les autres au châlet, n'a point le pas plus majestueux. — Et comme vous vous êtes approché d'elle ! comme vous lui avez parlé ! Je n'aurais jamais pu le faire avec autant de grace. Mais il est probable que vous avez fait votre apprentissage dans le métier de la cour.

— Laissons cela quant à présent, mon bon Sigismond, et parlez-moi encore de cette bataille.

— Par Sainte Marie ! il me faut d'abord de quoi boire et manger, si votre crédit va jusque là dans cette belle maison

— N'en doutez pas, Sigismond, répondit Arthur ; et par l'intervention de Mordaunt, il se procura aisément dans une chambre plus retirée, des rafraîchissemens auxquels le jeune Biederman fit grand honneur, rendant toute justice au bon vin qu'on lui avait servi ; car en dépit des préceptes ascétiques de son père, son palais commençait à s'y habituer, et il devenait connaisseur. Quand il eut satisfait son appétit et qu'il se trouva seul avec Arthur, ayant devant lui un flacon de Côte-

Rôtie et une assiette de biscuits d'Aix, il ne se fit pas presser pour continuer son récit.

— Où en étais-je? oh!..... à la déroute de leur infanterie. Eh bien! elle ne se rallia jamais, et la confusion augmenta parmi les fuyards à chaque pas. Nous aurions pu en massacrer la moitié, si nous ne nous étions arrêtés pour examiner le camp de Charles. Ah! roi Arthur, quel spectacle! Chaque pavillon était rempli de riches vêtemens, d'armures brillantes, de larges plats et de flacons que bien des gens prétendaient être d'argent; mais je savais que dans le monde entier il ne pouvait exister tant d'argent; et j'étais sûr que ce ne pouvait être que de l'étain bien luisant. Il s'y trouvait des armées de serviteurs en habits galonnés, de palefreniers, de pages; en un mot, il y avait autant de domestiques que de soldats dans l'armée, et des jeunes et jolies filles par milliers, je crois. Elles étaient de même que les autres à la disposition des vainqueurs, mais je vous promets que mon père a été très sévère à l'égard de ceux qui voulaient abuser des droits de la guerre. Quelques-uns de nos jeunes gens ne l'écoutaient pas trop, mais il leur inculqua l'esprit d'obéissance avec le bois de sa hallebarde. Eh bien! Arthur, il y eut un joli pillage; car les Allemands et les Lorrains qui étaient avec nous pillaient tout ce qu'ils trouvaient, et quelques-uns de nos gens suivirent cet exemple, car il est contagieux. Si bien donc que j'entrai moi-même dans le pavillon de Charles; Rodolphe et quelques-uns de ses amis y étaient déjà, et cherchaient à en écarter tous les autres afin de piller plus à leur aise, ce que je pense. Mais ni lui ni aucun de ses Bernois n'osa seulement lever un doigt sur moi, de sorte que j'entrai sur-le-champ, et je les vis occupés à entasser dans des caisses et des malles des piles d'assiettes reluisantes. J'avançai dans l'appartement intérieur du pavillon où était le lit de Charles; et il faut que je lui rende justice, il n'y en avait pas un plus dur dans tout le camp. J'y vis sur une table de petits cailloux brillans, de toutes couleurs, jetés au hasard au milieu des gantelets, des bottes, des peignes, etc. Cela me fit penser à votre père et à vous; et tandis que je regardais ces petites pierres pour en choisir quelqu'une, que croyez-vous que j'aperçus? rien de moins que mon ancien ami que voici. Et à ces mots, Sigismond tira de son sein le collier de la reine Marguerite. — Ho! ho! mon camarade, m'écriai-je, vous ne serez pas bourguignon plus long-temps, et vous irez revoir mes braves amis anglais. — Je le reconnus sur-le-champ, parce que vous savez que je l'avais déjà tiré des mains du *Sherfrichter* de la Férette; et par conséquent...

— Il est d'une valeur immense, dit Arthur, mais il n'appartient ni à mon père ni à moi; il est à la reine que vous venez de voir.

— Elle est digne de le porter, reprit Sigismond; si elle avait vingt à trente ans de moins, ce serait une excellente femme pour un fermier suisse. Je réponds qu'elle tiendrait sa maison en bon ordre.

— Elle vous récompensera libéralement de lui avoir rendu ce joyau, dit Arthur pouvant à peine retenir un sourire à l'idée de la fière Marguerite devenant la femme d'un berger de la Suisse.

— Comment, elle me récompensera! s'écria le jeune Helvétien; oubliez-vous que je suis Sigismond Biederman, fils du Landamman d'Underwald? Je ne suis pas un vil Lansquenet à qui l'on paie une politesse avec des piastres. Qu'elle m'adresse quelques mots obligeans de remerciemens, ou qu'elle me donne quelque chose comme un baiser, à la bonne heure!

— Peut-être vous permettra-t-elle de lui baiser la main, dit Arthur souriant encore de la simplicité de son ami.

— La main! dit Sigismond. Eh bien! cela peut suffire pour une reine qui a passé la cinquantaine; mais ce serait un pauvre hommage à rendre à une reine du premier mai.

Arthur fit de nouveau retomber la conversation sur le sujet de la bataille, et il apprit que le massacre des troupes du Duc pendant la déroute n'avait pas été proportionné à l'importance de l'action.

— Un grand nombre avaient des chevaux pour s'enfuir,

dit Sigismond, et nos *reiters*[1] allemands s'occupaient du butin au lieu de poursuivre les fugards. D'ailleurs, pour dire la vérité, le camp de Charles nous arrêta nous-mêmes dans la poursuite; mais si nous avions été à un demi-mille plus loin, et que nous eussions vu nos amis encore pendus aux arbres, pas un Confédéré ne se serait arrêté tant qu'il aurait eu des jambes pour le porter.

— Et qu'est devenu le Duc?

— Charles s'est retiré en Bourgogne, comme un sanglier qui a senti la pointe de l'épieu, et qui est plus enragé que blessé; mais on dit qu'il est sombre et mélancolique. D'autres prétendent qu'il a rallié son armée éparse, qu'il y a réuni de nouvelles forces, et qu'il a extorqué de l'argent de ses sujets; de sorte que nous pouvons nous attendre à avoir encore à en découdre. Mais après une telle victoire toute la Suisse se joindra à nous.

— Et mon père est avec Charles?

— Sans contredit; et il a fait franchement tout ce qui était en lui pour conclure un traité de paix avec mon père; mais il aura peine à réussir. Charles est aussi obstiné que jamais; nos gens sont fiers de leur victoire, et ce n'est pas sans raison. Cependant mon père est toujours à prêcher que de telles victoires et de tels monceaux de richesses changeront nos anciennes manières, et que le laboureur quittera sa charrue pour se faire soldat. Il dit bien des choses à ce sujet. Mais pourquoi de beaux habits, de l'argent, de bonne nourriture, et du vin de choix nous feraient-ils tant de mal? c'est ce que ma pauvre tête ne peut comprendre, et il y en a de meilleures que la mienne qui ne sont pas moins embarrassées. A votre santé, l'ami Arthur. Ce vin est excellent!

— Et pourquoi êtes-vous venu ici si promptement, vous et votre général le prince René?

— Sur ma foi, c'est vous qui en êtes cause.

— Moi! comment cela se peut-il?

— On dit que vous et la reine Marguerite, vous pressez ce

(1) Cavaliers.

vieux roi des violes de céder ses domaines à Charles, et de désavouer les prétentions du duc René sur la Lorraine. Et le duc de Lorraine a envoyé un homme que vous connaissez bien ; c'est-à-dire vous ne le connaissez pas, lui, mais vous connaissez quelques personnes de sa famille, et il vous connaît mieux que vous ne vous en doutez, pour enrayer vos roues, et empêcher que vous n'obteniez pour Charles le comté de Provence, et que le duc René ne soit troublé et contrarié dans ses droits naturels sur la Lorraine.

—Sur ma parole, Sigismond, je ne vous comprends pas.

—Il faut que j'aie du malheur ! Tout le monde dit à la maison que je ne comprends rien, et l'on dira bientôt que je ne puis me faire comprendre de personne. Eh bien! en un mot comme en cent, je veux parler de mon oncle, le comte Albert de Geierstein, comme il se nomme, le frère de mon père.

—Le père d'Anne de Geierstein! s'écria Arthur.

—Oui, lui-même. Je pensais bien que je trouverais un moyen de vous le faire reconnaître.

—Mais je ne l'ai jamais vu.

—Pardonnez-moi. C'est un habile homme, et qui connaît mieux les affaires de chacun que chacun ne les connaît soi-même. Oh! ce n'est pas pour rien qu'il a épousé la fille d'une salamandre !

—Allons donc, Sigismond! comment pouvez-vous croire à de telles sottises?

—Rodolphe m'a dit que vous n'étiez guère moins embarrassé que moi une certaine nuit à Graff's-Lust.

—En ce cas, je n'en étais que plus âne.

—Eh bien! cet oncle dont je vous parle a quelques-uns des vieux livres de conjuration de la bibliothèque d'Arnheim. On dit qu'il peut se transporter d'un lieu dans un autre avec la célérité d'un esprit, et qu'il est aidé dans ses desseins par des conseillers qui ont plus que la puissance de l'homme. Cependant malgré tous ses talens et tous les secours qu'il reçoit, n'importe qu'ils lui viennent du bon ou du mauvais côté, il n'en est guère plus avancé ; car il est toujours plongé dans les embarras et les dangers.

— Je ne connais que peu de détails de sa vie, dit Arthur, déguisant aussi bien qu'il le pouvait le désir qu'il avait d'en apprendre davantage ; j'ai seulement entendu dire qu'il avait quitté la Suisse pour se rendre près de l'empereur.

— C'est la vérité : et ce fut alors qu'il épousa la jeune baronne d'Arnheim. Mais ensuite il encourut la disgrace de l'empereur Ferdinand et celle du duc d'Autriche. On dit que vous ne pouvez vivre à Rome si vous êtes en querelle avec le pape ; de sorte que mon oncle jugea à propos de passer le Rhin, et de se réfugier à la cour de Charles qui faisait toujours bon accueil aux étrangers de tous les pays, pourvu qu'ils fussent annoncés sous quelque nom bien ronflant, comme comte, marquis ou baron. Mon oncle en fut donc parfaitement reçu ; mais depuis un an ou deux cette amitié s'est évanouie. Mon oncle Albert avait obtenu un grand ascendant dans quelques sociétés mystérieuses qui n'avaient pas à beaucoup près l'approbation du duc Charles ; et celui-ci devint si courroucé contre mon pauvre oncle, qu'il fut obligé de prendre les ordres et de se faire tondre de crainte qu'on ne lui coupât le cou. Mais quoiqu'il ait perdu ses cheveux, il n'a pas perdu son caractère remuant ; et quoique le duc lui eût laissé la liberté, il lui suscita tant de tracasseries et d'embarras, que tout le monde croyait que Charles n'attendait qu'un prétexte pour le faire arrêter et le faire mettre à mort. Mais mon oncle persiste à dire qu'il ne craint pas Charles, et que tout duc qu'il est c'est Charles qui doit le redouter. Et vous avez vu avec quelle hardiesse il a joué son rôle à la Férette.

— Par saint George de Windsor ! s'écria Arthur, c'est le prêtre de Saint-Paul.

— Oh ! oh ! vous me comprenez à présent. Eh bien ! il prit sur lui de dire que Charles n'oserait le punir de la part qu'il avait prise à la mort du gouverneur ; et ce fut ce qui arriva, quoique mon oncle Albert eût siégé et voté dans les états de Bourgogne, et qu'il les eût excités de tout son pouvoir à refuser au Duc l'argent qu'il leur demandait. Mais quand la guerre contre la Suisse commença, mon oncle Albert apprit que sa tonsure ne le protégerait plus, et que Charles avait dessein de l'accuser d'avoir des correspondances avec son frère et ses compatriotes ; et tout à coup il parut dans le camp de René de Vaudemont à Neufchâtel, d'où, pour le braver, il lui envoya dire qu'il renonçait à son allégeance.

— Cette histoire est singulière, dit le jeune Anglais, et elle annonce un homme dont le corps est aussi actif que son esprit est versatile.

— Vous chercheriez en vain dans le monde entier un homme comme mon oncle Albert. Ensuite, comme il n'ignore rien, il a dit au duc René ce que vous faisiez ici, et il lui a offert de s'y rendre pour y obtenir des informations plus certaines. Oui, quoiqu'il n'ait quitté notre camp que cinq à six jours avant la bataille, et qu'il y ait quatre cent milles bien comptés entre Aix et Neufchâtel, nous l'avons rencontré qui en revenait, quand le duc René et moi qui l'accompagnais pour lui montrer le chemin, nous venions ici après avoir quitté le champ de bataille.

— Rencontré ! répéta Arthur ; rencontré qui ? le prêtre de Saint-Paul ?

— Oui, c'est lui que je veux dire ; mais il était déguisé en carme.

— En carme ! s'écria Arthur frappé comme d'un trait de lumière ; et j'ai été assez aveugle pour recommander ses services à la reine ! Je me souviens fort bien qu'il se tenait le visage caché sous son capuchon. Et moi qui suis tombé si grossièrement dans le piége ! Au surplus, ce n'est peut-être pas un grand malheur que l'affaire projetée ait été interrompue ; car quand même elle eût été terminée comme nous le désirions, il est à craindre que cette inconcevable défaite n'eût dérangé tous nos plans.

La conversation en était là quand Mordaunt vint annoncer à Arthur que la reine désirait le voir. Un sombre appartement dont les fenêtres donnaient sur les ruines de l'édifice construit par les Romains, et d'où l'on ne pouvait voir que des débris de murailles et des fragmens de colonnes, était la retraite que Marguerite avait choisie dans ce brillant palais. Elle reçut Arthur avec une bonté d'autant plus touchante qu'elle partait d'un cœur fier et impérieux, assailli par mille infortunes, et qui les sentait vivement.

— Hélas! pauvre Arthur! lui dit-elle, ta vie commence comme celle de ton père menace de finir, par des travaux inutiles pour sauver un navire qui coule à fond. La voie d'eau y laisse entrer l'onde amère plus vite que toutes les pompes ne peuvent l'en faire sortir. Toute entreprise échoue, pour peu qu'elle se rattache à notre cause. La force se change en faiblesse, la sagesse en folie, le courage en lâcheté. Le duc de Bourgogne, victorieux jusqu'ici dans toutes ses entreprises les plus audacieuses, n'a qu'à concevoir un instant la pensée de donner quelque secours à la maison de Lancastre pour voir son glaive brisé par le fléau d'un paysan; son armée bien disciplinée, regardée comme la première du monde, se dissiper comme la paille emportée par le vent, et ses dépouilles se partager entre de vils soldats mercenaires allemands et des bergers, des barbares des Alpes! Qu'as-tu appris de nouveau de cette étrange histoire?

— Presque rien de plus que ce que vous savez déjà, madame. Le plus fâcheux, c'est que la bataille n'a été disputée qu'avec une lâcheté honteuse de la part des Bourguignons, et qu'elle a été perdue quand on avait tous les avantages possibles pour la gagner. Le plus heureux, c'est que l'armée du Duc a été dispersée plutôt que détruite, et que le Duc lui-même a échappé, et rallie maintenant ses forces dans la haute Bourgogne.

— Pour éprouver une nouvelle défaite ou s'engager dans une lutte douteuse et prolongée, non moins fatale à sa réputation. Et où est ton père?

— On m'a assuré qu'il est avec le Duc, madame.

— Va le rejoindre, et dis-lui de ma part qu'il songe à sa sûreté et qu'il ne s'occupe plus de mes intérêts. Ce dernier coup m'a anéantie. Je suis sans un allié, sans un ami, sans argent...

— Pardonnez-moi, madame ; un heureux hasard remet entre les mains de Votre Majesté ce reste inestimable de votre prospérité, dit Arthur ; et lui présentant le précieux collier, il lui raconta comment il avait été retrouvé.

— Je suis charmée du hasard qui nous a rendu ces brillans ; grace à eux, du moins, je mourrai sans faire banqueroute du côté de la reconnaissance. Portez-les à votre père ; dites-lui que je renonce à tous mes projets, et que les ressorts de mon cœur, ces ressorts dont l'espérance seule soutenait l'action, viennent d'être brisés : dites-lui que ces bijoux lui appartiennent, et que je veux qu'il les emploie à son usage. Ce ne sera qu'une pauvre indemnité du riche comté d'Oxford, qu'il a perdu pour la cause de celle qui les lui envoie.

— Soyez bien sûre, madame, que mon père aimerait mieux gagner sa vie en servant comme *schwartz-reiter*[1] que de vous devenir à charge dans vos infortunes.

— Il n'a jamais désobéi à aucun de mes ordres, et celui-ci est le dernier que je lui donnerai. S'il est trop riche ou trop fier pour vouloir profiter d'un don que lui fait sa reine, il ne trouvera que trop de malheureux Lancastriens qui seront plus pauvres ou moins scrupuleux.

— Il me reste une circonstance à communiquer à Votre Majesté, dit Arthur.

Il lui raconta l'histoire d'Albert de Geierstein, et lui apprit son déguisement en carme.

—Êtes-vous assez fou, lui demanda la reine, pour supposer que cet homme soit aidé par quelques puissances surnaturelles dans les projets de son ambition et dans la célérité de ses voyages ?

—Non, madame ; mais on dit tout bas que ce comte Albert de Geierstein ou ce prêtre de Saint-Paul est un des chefs des associations secrètes d'Allemagne, aussi redoutées que détestées même par les princes ; car l'homme qui peut disposer de

---

(1) Cavalier noir : nom d'une des compagnies franches. — Tr.

cent poignards doit être craint même par ceux qui ont à leurs ordres des milliers d'épées.

— Mais cet homme étant maintenant dans les ordres, peut-il conserver de l'autorité parmi ceux qui prononcent sur la vie et la mort? Cela est contraire aux canons.

— On devrait le croire, madame; mais tout ce qui se passe dans ces institutions obscures est différent de ce qui se fait à la lumière du jour. Des prélats sont souvent à la tête d'une cour de *Vehmé*, et l'archevêque de Cologne est chef général de ces terribles tribunaux secrets comme duc de Westphalie, pays où ces sociétés sont surtout florissantes. Les membres les plus importans de ces sociétés ténébreuses ont des priviléges qui leur donnent secrètement une telle influence, qu'elle peut paraître surnaturelle aux hommes qui ne connaissent pas les circonstances dont personne n'ose parler tout haut.

— Que ce soit un sorcier ou un assassin, dit la reine, je le remercie d'avoir contribué à déranger le plan que j'avais formé de déterminer mon vieux père à consommer la cession de la Provence; ce qui, d'après les événemens qui viennent d'arriver, aurait dépouillé René de ses domaines sans favoriser notre projet d'invasion en Angleterre. Je vous le dis encore une fois, partez demain au point du jour, et allez rejoindre votre père. Ordonnez-lui de ma part de songer à lui et de ne plus penser à moi. La Bretagne, où réside l'héritier de la maison de Lancastre, sera l'asile le plus sûr pour ceux qui en ont été les plus braves défenseurs. Le tribunal invisible, à ce qu'il paraît, est tout-puissant sur les deux rives du Rhin, et l'innocence n'est pas un titre pour être à l'abri de tout danger. Même ici, le traité projeté avec la Bourgogne peut devenir connu, et les Provençaux portent des poignards aussi bien que des chalumeaux et des houlettes. Mais j'entends les chevaux des chasseurs qui rentrent, et mon vieux père insouciant, ne songeant plus aux événemens importans de cette journée, qui siffle en montant les degrés du péristyle. Nous nous séparerons bientôt, et je crois que cette séparation sera un soulagement pour lui. Allez vous préparer pour le banquet et pour le bal, pour le bruit et pour la folie; mais surtout soyez prêt à partir au point du jour.

Après avoir quitté la reine, le premier soin d'Arthur fut d'avertir Thiébault de tout préparer pour son départ, et ensuite il se disposa à jouir des plaisirs de la soirée. Le chagrin d'avoir vu échouer sa négociation n'était peut-être pas assez vif pour le rendre incapable de trouver quelque consolation dans une pareille scène, car la vérité était que son cœur se révoltait secrètement contre l'idée de voir le bon vieux roi se dépouiller de ses domaines pour favoriser une invasion en Angleterre, qui, quelque intérêt qu'il pût prendre aux droits de sa fille, n'offrait qu'une bien faible chance de succès.

Si de tels sentimens étaient blâmables, ils reçurent leur punition. Quoique bien peu de gens sussent jusqu'à quel point l'arrivée du duc de Lorraine et les nouvelles qu'il avait apportées avaient déconcerté les plans de la reine Marguerite, on savait parfaitement qu'il n'avait jamais régné beaucoup d'amitié entre Yolande et Marguerite d'Anjou. Le jeune prince se trouva donc, à la cour de son aïeul, à la tête d'un parti nombreux auquel les manières hautaines de sa tante déplaisaient, et qui était fatigué de son air de mélancolie éternelle, de sa conversation grave et sérieuse, et de son mépris avoué pour toutes les frivolités dont elle était entourée. René d'ailleurs était jeune, bien fait; il arrivait d'une bataille où il avait combattu glorieusement, et qui avait été gagnée contre toutes les probabilités. Qu'il réunît sur lui tous les regards, en ravissant à Arthur tous ceux que l'influence de la reine lui avaient procurés la soirée précédente, c'était une conséquence naturelle de leur situation respective. Mais ce qui piqua surtout l'amour-propre d'Arthur fut de voir la gloire du duc de Lorraine rayonner jusque sur son ami Sigismond-le-Simple, comme ses frères l'appelaient; car René de Vaudemont présenta le jeune et brave Suisse à toutes les dames, sous le titre de comte Sigismond de Geierstein, et il avait eu soin de lui procurer des vêtemens plus convenables à une cour si splendide que le costume de montagnard d'Underwald sous lequel était arrivé le comte, autrement dit Sigismond Biederman.

Tout ce qui est nouveau est sûr de plaire pendant un certain temps, quand même la nouveauté en serait le seul mérite. Les Suisses n'étaient guère personnellement connus au-delà de leurs montagnes, mais on en parlait beaucoup, et c'était une recommandation d'être de ce pays. Les manières de Sigismond avaient quelque chose de brusque; elles offraient un mélange de gaucherie et de rudesse qu'on appela franchise pendant le moment de faveur dont il jouit. Il parlait mal le français, et l'italien encore plus mal, mais son jargon, disait-on, donnait un caractère de naïveté à tout ce qu'il disait. Ses membres étaient trop massifs et trop robustes pour avoir de la grace; sa danse, car le comte Sigismond ne manqua pas de danser, ressemblait aux bonds d'un jeune éléphant. Cependant tout cela parut préférable aux belles proportions et aux mouvemens gracieux du jeune Anglais, même à la belle comtesse aux yeux noirs, dans les bonnes graces de laquelle Arthur avait fait quelques progrès la soirée précédente. Arthur, jeté ainsi dans l'ombre, se trouva dans la situation où fut par la suite M. Pepys quand il déchira son manteau de camelot; le dommage n'était pas grand, mais cela suffit pour troubler son égalité d'ame.

Cependant la soirée ne se passa pas sans lui procurer une petite vengeance. Les arts produisent quelques ouvrages dont on n'aperçoit les défauts que lorsqu'on a assez peu de jugement pour les exposer au grand jour : ce fut ce qui arriva à Sigismond-le-Simple. Les Provençaux, dont l'esprit est vif quoique capricieux, eurent bientôt découvert son peu d'intelligence et sa bonhomie; ils s'amusèrent donc à ses dépens par des complimens ironiques, et par des railleries détournées. Il est même probable qu'ils y auraient mis moins de délicatesse et de retenue, si le Suisse n'eût apporté jusque dans la salle de bal sa compagne inséparable, sa hallebarde, dont la taille, le poids et la grosseur ne promettaient rien de bon à quiconque laisserait apercevoir à son maître qu'il voulait rire à ses dépens. Cependant la seule gaucherie bien prononcée que fit Sigismond cette soirée, fut qu'en exécutant un superbe entrechat, il retomba de tout son poids sur le pied de sa jolie danseuse qu'il mit presque en capilotade.

Jusqu'alors Arthur avait évité pendant toute la soirée de jeter les yeux sur la reine Marguerite, de peur de détourner ses pensées du cours qu'elles avaient probablement pris, en ayant l'air de réclamer sa protection. Mais il y avait quelque chose de si plaisant dans la gaucherie avec laquelle le Suisse maladroit exprimait son regret, et dans la physionomie courroucée de la jeune beauté privée pour quelque temps de l'usage d'un pied, qu'il ne put s'empêcher de jeter un coup d'œil vers l'endroit où était placé le fauteuil d'apparat de Marguerite, pour voir si elle avait remarqué cet incident. Ce qu'il vit était de nature à fixer son attention. La tête de Marguerite était penchée sur sa poitrine; ses yeux étaient à demi fermés, ses traits décomposés, ses mains contractées avec effort. La dame d'honneur qui était debout derrière elle, vieille Anglaise qui était sourde et qui avait la vue courte, n'avait aperçu dans la position de sa maîtresse que l'attitude d'indifférence et de distraction avec laquelle Marguerite assistait habituellement aux fêtes de la cour de Provence. Mais lorsque Arthur alarmé vint derrière le fauteuil l'inviter à faire attention à l'état dans lequel se trouvait la reine, elle s'écria après l'avoir bien examinée : — Mère du Ciel! la reine est morte! Le fait était vrai; il semblait que la dernière étincelle de la vie, dans cette ame fière et ambitieuse, se fût éteinte en même temps que la dernière lueur de ses espérances politiques, comme elle l'avait prédit elle-même.

CHAPITRE XXXIII.

« De la grandeur, cloches, sonnez la chute!
« Annoncez la fin de la lutte
« D'un cœur brisé par l'excès de ses maux.
« La vie est un spectacle : il dure une minute ;
« Le rideau tombe et l'on est en repos. »

Ancien poème.

La commotion occasionnée par un événement si singulier et si déplorable, et les cris de surprise et de terreur qu'il fit pousser aux dames de la cour, avaient commencé à se calmer, et l'on put alors entendre les soupirs plus sérieux, quoique moins bruyans, du petit nombre d'Anglais que la reine avait à sa suite, et les gémissemens du vieux roi René, dont les émotions étaient aussi vives que peu durables. Après que les médecins eurent tenu une longue et inutile consultation, le corps, naguère celui d'une reine, fut remis aux prêtres de Saint-Sauveur, cette belle église dans laquelle les dépouilles des temples païens ont contribué à la magnificence d'un édifice chrétien. La nef, le chœur et les ailes en furent magnifiquement illuminés, et les funérailles furent célébrées avec pompe. Quand on examina les papiers de la reine, on vit qu'en disposant de quelques joyaux, et en vivant avec économie, elle avait trouvé le moyen d'assurer une existence décente au petit nombre d'Anglais qui étaient à sa suite. Dans son testament elle disait que son collier de brillans était entre les mains d'un marchand anglais nommé John Philipson et de son fils Arthur, et elle le leur léguait, ou le prix qu'ils en avaient tiré s'ils l'avaient vendu ou mis en gage pour le faire servir aux desseins qu'elle avait formés et qu'ils connaissaient ; ou si l'exécution en devenait impossible, pour l'employer à leurs propres besoins et affaires. Elle chargeait exclusivement Arthur Philipson du soin de ses funérailles, et demandait qu'elles eussent lieu d'après les formes usitées en Angleterre. Cette dernière disposition était contenue dans un codicille daté du jour même de sa mort.

Arthur sans perdre de temps dépêcha Thiébault à son père avec une lettre qui lui apprenait, en termes qu'il savait que le comte comprendrait aisément, tout ce qui s'était passé depuis son arrivée à Aix, et surtout la mort de la reine Marguerite. Enfin il lui demandait des instructions sur ce qu'il devait faire, puisque le délai nécessairement occasionné par les préparatifs des obsèques d'une personne de ce rang le retiendrait à Aix assez long-temps pour qu'il pût y recevoir sa réponse.

Le vieux roi supporta si bien la mort de sa fille, que le second jour après cet événement il s'occupait à arranger une procession pompeuse pour les funérailles, et à composer une élégie qui devait être chantée sur un air également de sa composition en l'honneur de la reine défunte, qui y était comparée aux déesses de la mythologie païenne, à Judith, à Débora et autres héroïnes de l'ancien Testament, pour ne point parler des saintes du martyrologe. Nous ne pouvons nous dispenser d'avouer que lorsque la première violence de son chagrin fut passée, le roi René ne put s'empêcher de sentir que la mort de Marguerite tranchait un nœud politique qu'il aurait trouvé sans cela difficile à dénouer, et lui permettait de prendre ouvertement le parti de son petit-fils, c'est-à-dire de l'aider d'une partie considérable des sommes contenues dans le trésor public de la Provence, et qui, comme nous l'avons dit, ne montaient en ce moment qu'à dix mille écus. René, ayant ainsi reçu la bénédiction de son aïeul sous une forme importante à ses affaires, alla rejoindre les hommes déterminés qu'il commandait; et le jeune et brave Suisse Sigismond Biederman, dit le Simple, partit avec lui après avoir fait à Arthur des adieux pleins d'affection.

La petite cour d'Aix fut alors laissée à son deuil. Le roi René pour qui toute cérémonie d'apparat, qu'elle eût pour cause la tristesse ou la joie, était toujours une grande affaire, aurait volontiers dépensé pour célébrer les obsèques de sa fille Marguerite tout ce qui lui restait de son revenu, mais il en fut empêché en partie par les remontrances de ses ministres, et en partie par l'opposition qu'il rencontra de la part d'Arthur, qui agissant d'après la volonté présumée de la défunte, ne voulut pas souffrir qu'on introduisît dans les funérailles de la reine aucune de ces frivolités pompeuses qui avaient été l'objet de son mépris pendant sa vie.

Après plusieurs jours passés en prières publiques et en actes de dévotion, les obsèques furent donc célébrées avec la magnificence lugubre que réclamait la haute naissance de la défunte, et que l'Église romaine sait si bien employer pour parler aux yeux, aux oreilles et aux cœurs.

Parmi les divers nobles qui assistèrent à cette cérémonie solennelle, il en fut un qui n'arriva à Aix qu'à l'instant où le son des grosses cloches de Saint-Sauveur annonçait que le cortége funèbre était déjà en chemin vers la cathédrale.

Il quitta à la hâte son costume de voyage pour prendre des habits de deuil faits à la mode anglaise. Ainsi vêtu, il se rendit à la cathédrale, et le noble maintien du cavalier étranger en imposa tellement aux spectateurs, que chacun lui fit place pour lui permettre de s'avancer tout à côté du catafalque. Ce fut là, et par-dessus le cercueil d'une reine qu'il avait si fidèlement servie et pour laquelle il avait tant souffert, que le vaillant comte d'Oxford échangea un regard mélancolique avec son fils. Tous ceux qui assistaient aux funérailles, et surtout le petit nombre des serviteurs anglais de Marguerite, les regardaient tous deux avec surprise et respect; le comte surtout leur paraissait un digne représentant des sujets anglais restés fidèles à la maison de Lancastre, et rendant les derniers devoirs à la mémoire d'une reine qui avait si long-temps porté le sceptre, sinon sans commettre des fautes, du moins d'une main toujours hardie et résolue.

Les derniers sons des antiennes funéraires avaient cessé de se faire entendre, et presque tous les spectateurs s'étaient déjà retirés, mais le père et le fils étaient encore dans un silence mélancolique près des restes de leur souveraine. Les prêtres s'approchèrent d'eux et leur annoncèrent qu'ils allaient accomplir les derniers rites en livrant le corps de la défunte, ce corps qui naguère avait été animé par un esprit si inquiet et si hautain, à la poussière, au silence et à l'obscurité du caveau qui depuis bien long-temps servait à la sépulture des comtes de Provence. Six prêtres chargèrent le cerceuil sur leurs épaules, d'autres le précédaient ou marchaient à la suite, tenant de gros cierges de cire; ils descendirent tous les degrés qui conduisaient dans le caveau souterrain. Lorsque les sons du *Requiem* qu'ils chantaient eurent cessé de s'élever dans l'église et d'en faire retentir les voûtes, lorsque la lueur des cierges qui brûlaient encore dans le caveau ne put plus se répandre à l'extérieur, le comte d'Oxford prit le bras de son fils et se rendit en silence avec lui dans une petite cour en forme de cloître, située derrière cet édifice religieux. Ils s'y trouvèrent seuls, et ils restèrent quelques minutes sans se parler, car ils étaient tous deux, et surtout le père, profondément affectés. Enfin le comte prit la parole :

— Et voilà donc quelle est ta fin, noble princesse! dit-il : ici s'écroulent avec toi tous les projets que tu avais formés, et que nous devions exécuter au risque de notre vie ! Ce cœur si résolu a cessé de battre ! Cette tête si entreprenante a cessé de méditer ! Qu'importe que les membres qui devaient contribuer à ton entreprise aient encore la vie et le mouvement ! Helas ! Marguerite d'Anjou, puisse le ciel t'accorder la récompense de tes vertus et le pardon de tes erreurs ! Les unes et les autres appartenaient à ton rang : et si dans la prospérité tu as élevé la tête un peu trop haut, jamais princesse n'a su braver comme toi les tempêtes de l'adversité, et y opposer une si noble détermination. Cet événement est le dénouement du drame, mon fils, et notre rôle est joué.

— En ce cas, mon père, nous allons porter les armes contre les infidèles, dit Arthur avec un soupir qui se fit à peine entendre.

— Il faut d'abord que je sache si Henry de Richemond, héritier incontestable de la maison de Lancastre, n'a pas besoin de nos services. Ce collier, si étrangement perdu et si étrangement recouvré, comme vous me l'avez mandé, peut lui fournir des ressources encore plus utiles que vos services et les miens. Mais je ne retourne plus désormais au camp du duc de Bourgogne, car il n'y a aucun secours à en espérer.

— Est-il possible qu'une seule bataille ait anéanti le pouvoir d'un souverain si puissant !

— Non certes ! Il a fait une grande perte à la journée de Granson ; mais pour la Bourgogne ce n'est qu'une égratignure sur l'épaule d'un géant. C'est son esprit, sa sagesse, sa prévoyance qui ont cédé à la mortification d'une défaite, en se voyant vaincu par des ennemis qu'il méprisait et qu'il croyait que quelques escadrons de ses hommes d'armes suffiraient pour terrasser. Son caractère est devenu plus volontaire, plus obstiné, plus absolu que jamais. N'écoutant plus que ceux qui le flattent et qui le trahissent, comme il n'y a que trop de raisons pour le croire, il soupçonne les conseillers qui lui donnent des avis salutaires. J'ai eu moi-même ma part de sa méfiance. J'ai refusé de porter les armes contre nos anciens hôtes les Suisses, et Charles n'y avait trouvé aucun motif pour m'empêcher de l'accompagner dans cette expédition. Mais depuis sa défaite à Granson, j'ai remarqué en lui un changement aussi considérable que soudain, qu'il faut attribuer en grande partie aux insinuations de Campo-Basso, et un peu aussi à l'orgueil humilié de Charles, qui n'aimait pas qu'un homme impartial placé dans ma situation et pensant comme je pense eût été témoin de l'affront qu'ont reçu ses armes. Il parla en ma présence d'amis tièdes et froids prétendant rester neutres, et ajouta que quiconque n'était pas pour lui était contre lui. Oui, Arthur de Vere, le Duc a dit des choses qui touchaient mon honneur de si près, que si les ordres de la reine Marguerite et les intérêts de la maison de Lancastre ne m'en eussent fait un devoir, je ne serais pas resté un instant de plus dans son camp. Tout est maintenant fini.

Ma souveraine n'a plus besoin de mes humbles services. Le
Duc n'est plus en état de nous accorder aucun secours, et
quand il le pourrait, nous n'avons plus à notre disposition le
prix qui pourrait seul l'y déterminer ; car nous avons perdu
avec Marguerite d'Anjou tous les moyens de seconder ses vues
sur la Provence.

— Et quels sont donc vos projets, mon père?

— Mon projet est de rester à la cour du roi René jusqu'à ce
que j'aie reçu des nouvelles du comte de Richemond, comme
nous devons encore l'appeler. Je sais que les exilés sont rarement bien accueillis à la cour d'un prince étranger ; mais
René songera que j'ai été le constant et fidèle serviteur de sa
fille Marguerite. D'ailleurs j'entends rester ici déguisé ; je ne
lui demande ni secours ni attention d'aucune espèce ; je présume donc qu'il ne me refusera pas la permission de respirer
l'air de ses domaines jusqu'à ce que je sache de quel côté
m'appellera la fortune ou mon devoir.

— N'en doutez pas, répondit Arthur, le roi René est incapable d'une pensée basse ou ignoble. S'il savait mépriser les
frivolités comme il déteste le déshonneur, il pourrait être
placé bien haut au rang des monarques.

Cette résolution ayant été adoptée, Arthur présenta son
père à la cour de René, en informant secrètement le roi qu'il
était homme de qualité et partisan distingué de la maison de
Lancastre. Le bon roi, au fond du cœur, aurait préféré un
homme doué de talens d'un autre genre et d'un caractère
plus gai, à un homme d'Etat, à un guerrier dont la physionomie était toujours grave et mélancolique. Le comte le comprit, et rarement troubla-t-il par sa présence les frivoles loisirs
de son hôte bienveillant. Il trouva pourtant l'occasion de rendre au vieux roi un service important en amenant à fin un
traité entre lui et son neveu Louis, roi de France. Ce fut définitivement à ce monarque astucieux que René assura la possession de la Provence ; car la nécessité d'une mesure de ce
genre était alors devenue évidente même à ses yeux, et toute
pensée favorable à Charles duc de Bourgogne était morte

avec la reine Marguerite. La politique et la sagesse du comte anglais, qui fut presque seul chargé de négocier cette affaire secrète et délicate, furent de la plus grande utilité au bon roi René, qui sortit ainsi de tout embarras personnel et pécuniaire, et qui se trouva en état de descendre au tombeau en composant des vers et en jouant de la viole. Louis ne manqua pas de chercher à se rendre propice le plénipotentiaire en lui faisant entrevoir l'espoir éloigné de recevoir de lui des secours pour aider la maison de Lancastre en Angleterre, et il y eut même un faible commencement de négociations à ce sujet. Ces affaires qui obligèrent le comte d'Oxford et son fils à faire deux voyages à Paris pendant le printemps et l'été de 1476, les occupèrent les six premiers mois de cette année.

Cependant la guerre continuait avec fureur entre le duc de Bourgogne d'une part, et les Cantons suisses et Ferrand de Lorraine de l'autre. Avant le milieu de l'été de la même année Charles avait mis sur pied une nouvelle armée de plus de soixante mille hommes, soutenue par un parc d'artillerie de cent cinquante pièces de canon, dans le dessein d'envahir la Suisse. De leur côté les belliqueux montagnards levèrent aisément une armée de trente mille Suisses qui se regardaient alors presque comme invincibles, et requirent leurs confédérés, les villes libres du Rhin, de leur fournir un corps considérable de cavalerie. Les premiers efforts de Charles lui réussirent. Il couvrit de ses troupes le pays de Vaud, et reprit la plupart des places qu'il avait perdues après la bataille de Granson. Mais au lieu de chercher à s'assurer d'une frontière bien défendue, ou ce qui aurait été encore plus sage, de faire la paix à des conditions équitables avec ses redoutables voisins, le plus obstiné des princes conçut de nouveau le dessein de pénétrer dans le cœur même des Alpes, et de châtier les montagnards au milieu de leurs forteresses naturelles, quoique l'expérience eût dû lui apprendre le danger de cette entreprise, et même le faire désespérer du succès.

Le comte d'Oxford et son fils à leur retour à Aix, au milieu de l'été, apprirent que Charles s'était avancé jusqu'à Morat ou Murten, place située sur les bords d'un lac portant le même nom, à l'entrée de la Suisse. Le bruit public disait qu'Adrien de Bubemberg, vieux chevalier de Berne, commandait en cet endroit, et qu'il y faisait la plus vigoureuse résistance en attendant les secours que ses concitoyens se préparaient à la hâte à lui envoyer.

— Hélas, mon ancien frère d'armes! s'écria le comte en apprenant cette nouvelle, cette ville assiégée, ces assauts repoussés, ce voisinage du pays ennemi, ce lac profond, ces rochers inaccessibles vous menacent d'une seconde représentation de la tragédie de Granson, et peut-être encore plus désastreuse que la première!

Pendant la dernière semaine de juillet, la capitale de la Provence fut agitée par un de ces bruits qui ne paraissent fondés sur rien mais qui sont généralement accueillis, et qui transmettent les grands événemens avec une célérité incroyable, comme une orange jetée de main en main par des gens placés de distance en distance, parcourra un espace donné infiniment plus vite que si elle était portée successivement par les courriers les plus agiles. Ce bruit annonçait une seconde défaite des Bourguignons en termes si exagérés, que le comte d'Oxford regardait la nouvelle comme fausse, au moins en grande partie.

CHAPITRE XXXIV.

« Quoi! les ennemis sont venus!
« Ils ont remporté la victoire!
« Des flots de sang ont été répandus,
« S'il est vrai qu'en fuyant Darwent ternit sa gloire.»
Le Berger d'Ettrick.

Le sommeil ne ferma les yeux ni du comte d'Oxford ni de son fils; car quoique les succès ou les défaites du duc de Bourgogne ne pussent désormais être d'aucune importance pour leurs affaires privées ou la situation de l'Angleterre, le père ne pouvait cesser de prendre intérêt au sort de son ancien compagnon d'armes, et le fils, avec le feu de la jeunesse toujours portée à désirer de voir quelque chose de nouveau, s'attendait à trouver de quoi avancer ou retarder ses progrès dans le monde dans chaque événement remarquable qui l'agitait.

Arthur venait de se lever, et il était occupé à s'habiller, quand le bruit de la marche d'un cheval attira son attention. Dès qu'il se fut approché d'une fenêtre, il s'écria : — Des nouvelles, mon père ! des nouvelles de l'armée ! Et courant à la hâte dans la rue, il y trouva un cavalier qui demandait où il pourrait trouver John Philipson et son fils. Il ne lui fut pas difficile de reconnaître Colvin, général d'artillerie du duc Charles. Son air effaré annonçait le trouble de son esprit ; son armure en désordre, brisée en partie, et rouillée par la pluie ou par le sang, proclamait la nouvelle qu'il avait récemment pris part à quelque affaire dans laquelle il avait probablement eu le dessous ; et son coursier était tellement épuisé que c'était avec difficulté que l'animal se soutenait sur ses jambes ; le cavalier n'était guère en meilleur état. Quand il descendit de cheval pour saluer Arthur, il chancela tellement qu'il serait tombé si son jeune compatriote ne se fût hâté de le soutenir. Ses yeux semblaient avoir perdu la faculté de voir ; ses membres ne possédaient plus qu'un pouvoir imparfait de mouvement, et ce fut d'une voix presque étouffée qu'il bégaya : — Ce n'est que la fatigue, le manque de nourriture et de repos.

Arthur le fit entrer dans la maison, et on lui fit servir des rafraîchissemens ; mais il ne voulut accepter qu'un verre de vin, et après y avoir goûté il le remit sur la table, et regardant le comte d'Oxford avec l'air de la plus profonde affliction, il dit douloureusement : — Le duc de Bourgogne !

— Tué ! s'écria le comte ; j'espère le contraire.

— Il vaudrait mieux qu'il le fût, répondit Colvin ; mais la honte est arrivée pour lui avant la mort.

— Il a donc été défait? dit le comte.

— D'une manière si complète et si terrible, que toutes les défaites que j'ai vues jusqu'ici ne sont rien en comparaison.

— Mais où? comment? Vous étiez supérieurs en nombre, à ce qu'on nous a dit.

— Deux contre un, au moins; et en vous parlant de cette affaire en ce moment, je me sens prêt à me déchirer moi-même de rage d'avoir à vous faire un récit si honteux. Depuis huit jours nous étions arrêtés à faire le siége d'une bicoque nommée Murten, Morat, ou tout ce qu'on voudra. Nous fûmes bravés par le gouverneur, un de ces ours opiniâtres des montagnes de Berne; il ne nous fit pas même l'honneur d'en faire fermer les portes, et quand nous lui fîmes une sommation de rendre la ville, il nous répondit que nous pouvions y entrer si nous le voulions, et que nous y serions convenablement reçus. J'aurais voulu essayer de lui faire entendre raison par le moyen d'une couple de salves d'artillerie; mais le Duc était trop courroucé pour écouter un bon conseil. Excité par ce misérable traître Campo-Basso, il jugea plus à propos de donner un assaut avec toutes ses forces à une place dont j'aurais pu faire tomber les murailles sur les oreilles de ceux qui la défendaient, mais qui était trop forte pour qu'on pût la prendre avec des épées et des lances. Nous fûmes repoussés avec grande perte, et le découragement se mit parmi nos soldats. Nous nous mîmes alors à l'œuvre d'une manière plus régulière, et mes batteries auraient rendu l'usage de leurs sens à ces enragés Suisses. Les murs et les remparts s'écroulaient sous les boulets des braves canonniers de Bourgogne; nous étions protégés par d'excellens retranchemens contre l'armée qu'on disait s'avancer pour nous forcer à lever le siége; mais dans la soirée du 20 de ce mois nous apprîmes qu'elle n'était plus qu'à peu de distance de nous; et Charles ne consultant que son esprit audacieux, marcha à leur rencontre, abandonnant l'avantage de nos batteries et de notre bonne position. Par son ordre, quoique contre mon propre jugement, je l'accompagnai avec vingt excellentes pièces d'artillerie et la fleur de mes gens. Nous levâmes le camp le lendemain matin, et nous n'avions pas fait beaucoup de chemin quand nous vîmes une montagne hérissée de piques, de hallebardes et d'épées à deux mains. Le ciel lui-même y ajouta ses terreurs : une tempête armée de toute la fureur de ce climat orageux éclata sur les deux armées, mais fit beaucoup plus de mal à la nôtre, car nos soldats, et surtout les Italiens, étaient moins habitués à recevoir un pareil déluge ; et ensuite tous les ruisseaux qui descendaient des montagnes, gonflés et changés en torrens par la pluie, nous inondaient et mettaient le désordre dans nos rangs. Le Duc vit en un instant qu'il était nécessaire de revenir sur la résolution qu'il avait prise de livrer bataille sur-le-champ ; il accourut à moi, et m'ordonna de couvrir avec mon artillerie la retraite qu'il allait commencer, ajoutant qu'il me soutiendrait en personne avec les hommes d'armes. L'ordre fut donné de battre en retraite ; mais ce mouvement inspira une nouvelle ardeur à un ennemi déjà assez audacieux. A l'instant même toute l'armée suisse se mit à genoux pour prier. Je tournai en ridicule cette pratique de piété sur le champ de bataille ; mais cela ne m'arrivera plus. Au bout de cinq minutes les Suisses se relevèrent et commencèrent à s'avancer rapidement en sonnant de leurs cornets à bouquin, et en poussant leur cri de guerre avec leur férocité ordinaire. Tout à coup, milord, les nuages crevèrent, le soleil jeta des torrens de lumière sur les confédérés, tandis qu'un véritable déluge continuait à tomber sur nos rangs. Mes gens furent découragés. L'armée était en retraite derrière eux, et le vif éclat du soleil brillant sur les Suisses qui avançaient montrait sur la montagne une profusion de bannières et d'armes étincelantes qui faisaient paraître l'ennemi en nombre double de ce qu'il avait paru d'abord. J'exhortai mes gens à tenir ferme, mais en le faisant j'eus une pensée qui était un péché, et je prononçai un mot qui en était un autre : Tenez bon, mes braves canonniers, leur dis-je, et nous leur ferons voir des éclairs et entendre un tonnerre dont toutes leurs prières ne pourront les garantir. Mes gens poussèrent des acclamations,

Mais c'était une pensée impie, un blasphème, et il nous en arriva malheur. Nous pointâmes nos canons contre les masses qui avançaient, aussi bien que canons aient jamais été pointés ; je puis en répondre, car je pointai moi-même la Grande-Duchesse de Bourgogne. Hélas ! pauvre Duchesse ! en quelles mains ignorantes te trouves-tu maintenant ! La volée partit, et avant que la fumée eût eu le temps de se répandre, je pus voir tomber bien des hommes et des bannières. Il était naturel de croire qu'une pareille décharge aurait ralenti l'impétuosité de l'attaque, et pendant que la fumée nous cachait les Suisses je donnai ordre de recharger nos canons, et je fis tous mes efforts pour tâcher de les reconnaître à travers la fumée ; mais avant qu'elle se fût dissipée et que nos pièces eussent été rechargées, les Suisses tombèrent sur nous comme la grêle ; piétons et cavaliers, vieillards et jeunes gens, chevaliers et varlets, nous chargeant à la bouche même du canon, avec le mépris le plus complet de leur vie. Mes braves canonniers furent taillés en pièces ou foulés aux pieds, pendant qu'ils s'occupaient encore à charger leurs canons, et je ne crois pas qu'une seule pièce ait tiré un second coup.

— Et le Duc ne vous soutint-il pas ? demanda Oxford.

— Il nous soutint avec autant de bravoure que de loyauté, à la tête de ses gardes wallones et bourguignonnes. Mais un millier de mercenaires italiens tournèrent le dos, et ne se remontrèrent plus. D'ailleurs nous étions dans un défilé étroit par lui-même et encombré d'artillerie, bordé d'un côté par des montagnes et des rochers, et de l'autre par un lac profond. En un mot nous étions dans un lieu qui ne convenait nullement aux manœuvres de la cavalerie. En dépit des derniers efforts du Duc et de ceux des braves Flamands qui combattaient autour de lui, tout fut repoussé en désordre complet. J'étais à pied, combattant comme je le pouvais, sans espoir de sauver ma vie et n'y songeant même pas, quand je vis mes canons pris et mes fidèles canonniers massacrés. Mais en ce moment j'aperçus le duc Charles qui était serré de près, et je pris mon cheval des mains de mon page qui le tenait. Et toi aussi tu as péri, pauvre orphelin! Je me joignis alors à M. de Croye et à quelques autres pour dégager le Duc, et notre retraite devint une déroute complète. En arrivant près de notre arrière-garde que nous avions laissée campée dans une forte position, nous vîmes les bannières suisses flotter sur nos batteries. Une forte division de leur armée, qui avait fait un circuit à travers les montagnes en passant par des défilés qui ne sont connus que d'eux, était tombée sur notre camp, et elle avait été vigoureusement secondée par ce maudit Adrien de Bubemberg qui avait fait une sortie au même instant, de manière que le camp s'était trouvé attaqué de deux côtés à la fois. J'ai de plus à vous dire qu'ayant couru nuit et jour pour vous apporter ces mauvaises nouvelles, ma langue est collée contre mon palais, et que je sens que je ne puis plus parler. Tout le reste n'est que fuite, massacre, honteuse déroute pour tous ceux qui étaient sur le champ de bataille. Quant à moi, je confesse que j'ai à me reprocher ma confiance en moi-même, mon insolence à l'égard de l'ennemi, et mon blasphème envers le ciel. Si je survis à cette honte, ce sera pour cacher ma tête déshonorée sous un capuchon, et expier ainsi les nombreux péchés d'une vie licencieuse.

A peine fut-il possible de déterminer le guerrier accablé de chagrin à prendre quelque nourriture, et à aller se livrer au repos après avoir avalé une potion calmante qui fut ordonnée par le médecin du roi René, qui la jugea nécessaire pour maintenir la raison dans un corps épuisé par les fatigues d'une bataille et d'une course forcée.

Le comte d'Oxford et son fils restèrent alternativement près du lit de Colvin, et ils ne voulurent partager ce soin avec personne. Malgré la potion qui lui avait été administrée, il tarda long-temps à jouir du repos. Des tressaillemens soudains, la sueur qui lui couvrait le front, les contractions des muscles de son visage, l'agitation convulsive de tous ses membres, la manière dont il serrait les poings, tout prouvait que ses rêves le transportaient de nouveau sur la scène d'un combat sanglant et désespéré. Cet état dura plusieurs heures. Ce ne fut que vers midi que la fatigue et l'influence du breuvage qu'il avait pris l'emportèrent sur cette agitation nerveuse, et le guerrier vaincu tomba alors dans un sommeil paisible qui dura sans interruption jusqu'au soir. Le soleil allait se coucher quand Colvin s'éveilla; et après avoir appris où il était et avec qui il se trouvait, il prit quelques rafraîchissemens, et leur raconta de nouveau tous les détails de la bataille de Murten, sans avoir l'air de se souvenir qu'il les en avait déjà informés.

— Sans trop s'écarter de la vérité, ajouta-t-il, on peut calculer que la moitié de l'armée du Duc a péri par le fer ou a été poussée dans le lac. Ceux qui ont évité la mort sont dispersés de tous côtés, et ne se réuniront plus. Jamais on n'a vu une défaite si irréparable. Nous avons pris la fuite comme des daims, comme des moutons ou d'autres animaux timides qui ne restent ensemble que parce qu'ils craignent de se séparer, mais qui ne songent jamais à se mettre en ordre ou en défense.

— Et le Duc? demanda le comte d'Oxford.

— Nous l'entraînâmes avec nous, plutôt par instinct que par loyauté, comme des hommes qui s'enfuient d'une maison incendiée prennent leurs effets les plus précieux sans songer à ce qu'ils font. Chevaliers et varlets, officiers et soldats, tout partagea la même terreur panique, et chaque son que le cornet d'Uri faisait entendre derrière nous semblait nous attacher des ailes aux talons.

— Et le Duc? répéta Oxford.

— D'abord il résistait à nos efforts, et voulait retourner à l'ennemi; mais quand la fuite devint générale, il galopa comme nous, sans prononcer un seul mot, sans donner un seul ordre. D'abord nous crûmes que son silence et son impassibilité, si extraordinaires dans un caractère si impétueux, étaient un symptôme heureux, puisqu'il nous permettait de veiller à sa sûreté personnelle; mais quand nous eûmes couru toute la journée, sans pouvoir en obtenir une réponse à nos questions; quand nous le vîmes refuser toute espèce de rafraîchissemens, quoiqu'il n'eût pris aucune nourriture pendant toute la durée de ce jour désastreux; quand tous les caprices de son humeur altière et impérieuse firent place à un désespoir sombre et silencieux, nous tînmes conseil sur ce que nous devions faire; et comme on sait que vous êtes le seul homme pour les avis duquel Charles ait montré de temps en temps quelque déférence, la voix générale me chargea de venir vous inviter à aller le trouver sur-le-champ dans la retraite où il est en ce moment, et à déployer toute votre influence pour le tirer de cette apathie léthargique qui sans cela peut terminer son existence.

— Et quel remède puis-je y apporter? dit Oxford; vous savez qu'il a négligé mes avis, quand en les suivant il aurait pu servir mes intérêts comme les siens. Vous savez que ma vie n'était pas même en sûreté parmi les mécréans qui entouraient le Duc et qui avaient de l'influence sur son esprit.

— C'est la vérité, répondit Colvin; mais je sais aussi qu'il est votre ancien compagnon d'armes, et il me conviendrait mal de vouloir apprendre au noble comte d'Oxford ce que les lois de la chevalerie exigent. Quant à la sûreté de Votre Seigneurie, tout homme d'honneur qui se trouve dans notre armée est prêt à la garantir.

— C'est ce qui m'inquiète le moins, dit Oxford avec un ton d'indifférence; si ma présence pouvait être utile au Duc, si je pouvais croire qu'il désirât me voir...

— Il le désire, milord; il le désire, s'écria le fidèle soldat les larmes aux yeux. Nous l'avons entendu vous nommer, comme si votre nom lui échappait dans un songe pénible.

— Cela étant, j'irai le joindre, reprit Oxford; et j'irai sur-le-champ. Où avait-il dessein d'établir son quartier-général?

— Il n'a rien décidé sur ce point ni sur aucun autre; mais M. de Contay a désigné la Rivière, près de Salins, dans la haute Bourgogne, comme devant être le lieu de sa retraite.

— C'est donc là que je me rendrai en toute hâte avec mon fils. Quant à vous, Colvin, vous ferez mieux de rester ici et de voir quelque saint homme pour en obtenir l'absolution du péché que vous avez commis en parlant comme vous l'avez fait sur le champ de bataille de Morat. C'en était un sans doute, mais ce serait le mal réparer que de quitter un maître généreux quand il a le plus grand besoin de vos bons services. C'est un acte de lâcheté que de se retirer dans le cloître tant qu'on a des devoirs plus actifs à remplir dans le monde.

—Vous avez raison, milord, car il est vrai que si je quittais le Duc à présent, il ne resterait peut-être pas dans son armée un homme en état de manœuvrer convenablement une pièce de canon. La vue de Votre Seigneurie ne peut qu'opérer un effet favorable sur mon noble maître, puisqu'elle a réveillé en moi les sentimens d'un vieux soldat. Si vous pouvez retarder votre départ jusqu'à demain, j'aurai le temps de mettre ordre aux affaires de ma conscience, et ma santé de corps sera suffisamment rétablie pour me permettre de vous servir de guide. Quant au cloître, j'y songerai quand j'aurai regagné l'honneur que j'ai perdu à Murten. Mais je ferai dire des messes, et des messes solennelles, pour les ames de mes pauvres canonniers.

La proposition de Colvin fut adoptée; Oxford et son fils passèrent le reste de la journée à se préparer à leur départ, sauf le temps nécessaire pour aller prendre congé du roi René qui eut l'air de les voir partir avec regret. Accompagnés du général d'artillerie du duc de Bourgogne, ils traversèrent les provinces qui se trouvent entre la ville d'Aix et la place dans laquelle Charles s'était retiré. Mais la distance et les inconvéniens d'une si longue route les retinrent en chemin plus de quinze jours, et le mois de juillet 1476 était commencé quand nos voyageurs arrivèrent dans la haute Bourgogne au château de la Rivière, situé à environ vingt milles au sud de Salins. Ce château, édifice peu considérable, était entouré d'un grand nombre de tentes placées confusément et en désordre, et d'une manière fort éloignée de la discipline qui régnait ordinairement dans le camp de Charles. Cependant la présence du Duc était annoncée par sa grande bannière décorée de toutes ses armoiries, qui flottait sur les fortifications. Une garde en sortit pour reconnaître les étrangers, mais avec si peu d'ordre que le comte jeta un regard sur Colvin comme pour lui en demander l'explication. Le général d'artillerie leva les épaules, et garda le silence.

Colvin ayant envoyé avis de son arrivée et de celle du comte anglais, M. de Contay les reçut à l'instant même, et montra beaucoup de joie de les voir.

— Quelques fidèles serviteurs du Duc sont en ce moment à tenir conseil, leur dit-il, et vos avis, noble lord Oxford, nous seront de la plus grande importance. MM. de Croye, de Craon, de Rubempré et d'autres nobles bourguignons sont assemblés pour la défense du pays dans ce moment critique.

Tous témoignèrent au comte d'Oxford le plus grand plaisir de le revoir, et ils lui dirent que s'ils s'étaient abstenus de lui donner des marques d'attention pendant le dernier séjour qu'il avait fait dans le camp du Duc, c'était parce qu'ils savaient qu'il désirait garder l'incognito.

— Son Altesse vous a demandé deux fois, dit de Craon, et toujours sous votre nom supposé de Philipson.

— Je n'en suis pas surpris, répondit le comte; l'origine de ce nom remonte assez loin, au temps où j'étais à la cour de Bourgogne pendant mon premier exil. On dit alors que nous autres, pauvres nobles Lancastriens, nous devions changer de nom, et le bon duc Philippe ajouta que comme j'étais frère d'armes de son fils Charles, je devais prendre le sien et m'appeler Philipson[1]. En mémoire de ce bon souverain je pris ce nom quand je fus obligé de quitter le mien; et je vois que le Duc, en m'appelant ainsi, se rappelle notre ancienne intimité. Comment se trouve Son Altesse?

Les Bourguignons se regardèrent l'un l'autre et restèrent silencieux.

— Comme un homme étourdi, brave Oxford, dit enfin de Contay. — Sire d'Argenton, vous pouvez mieux que personne répondre à la question du noble comte.

— Il est comme un homme qui a perdu la raison, dit le futur historien de ce temps de troubles. Depuis la bataille de Granson, il n'a jamais montré, à mon avis, un jugement

---

(1) *Son*, en anglais, signifie *fils*, par conséquent, *Philipson*, fils de Philippe. — Tr.

aussi sain qu'auparavant. Mais après cette bataille, il était capricieux, déraisonnable, absolu, inconséquent; il se fâchait des conseils qu'on lui donnait, comme si l'on eût voulu l'insulter, et il se piquait du moindre manque de cérémonial, comme si c'eût été une marque de mépris : maintenant il s'est opéré en lui un changement total, comme si ce second coup l'eût étourdi et eût calmé les passions violentes que le premier avait excitées. Il est silencieux comme un chartreux, solitaire comme un ermite; il ne prend intérêt à rien, et moins qu'à toute autre chose, à la conduite de l'armée. Vous savez qu'il donnait quelque attention à son costume, il y avait même une sorte d'affectation dans le négligé qu'il adoptait souvent; mais sur ma foi, vous le trouverez bien changé à cet égard. Il ne veut pas même souffrir qu'on lui coupe les ongles et qu'on lui peigne les cheveux ; il n'a ni soin ni égard pour lui-même ; il prend peu de nourriture, quelquefois même il la refuse, et il boit les vins les plus capiteux, qui cependant ne paraissent pas lui monter au cerveau. Il ne veut entendre parler ni de guerre et d'affaires d'État, ni de chasse et de divertissemens. Supposez un anachorète tiré de sa cellule pour gouverner un royaume, et vous aurez, à la dévotion près, un portrait parfait du fier et impétueux Charles de Bourgogne.

— Vous parlez d'un esprit qui a reçu une profonde blessure, dit le comte anglais. Jugez-vous à propos que je me présente devant le Duc?

— Je vais m'en assurer, répondit Contay. Il sortit un instant, rentra sur-le-champ, et fit signe au comte de le suivre.

Il trouva le malheureux Charles dans son cabinet, les jambes nonchalamment étendues sur un tabouret, mais tellement changé qu'il aurait pu croire qu'au lieu de la personne du Duc il voyait son esprit. Ses longs cheveux tombant en désordre le long de ses joues et se mêlant avec sa barbe, ses yeux creux et égarés, sa poitrine renfoncée, ses épaules saillantes, lui donnaient l'air lugubre d'un être à peine échappé aux dernières angoisses, qui ôtent à l'homme tout signe de vie et d'énergie. Son costume même, qui n'était qu'un manteau jeté au hasard sur ses épaules, augmentait encore cette ressemblance avec un spectre couvert d'un linceul. De Contay nomma le comte d'Oxford. Le Duc fixa sur lui des yeux qui avaient perdu tout leur éclat, et ne dit pas un mot.

— Parlez-lui, brave Oxford, lui dit Contay à voix basse; il est encore plus mal que de coutume; mais peut-être reconnaîtra-t-il votre voix.

Jamais, quand le duc de Bourgogne était au plus haut point de sa prospérité, le noble anglais n'avait fléchi le genou devant lui avec un respect si sincère. Il honorait en lui, non-seulement l'ami affligé, mais encore le souverain humilié, aux yeux de qui la foudre venait de frapper la tour qui faisait sa force et sa confiance. Ce fut probablement une larme tombée sur la main de Charles qui éveilla son attention, car il leva de nouveau les yeux sur le comte, et lui dit: — Oxford, Philipson, mon ancien, mon seul ami! m'as-tu donc découvert dans cette retraite de honte et de douleur?

— Je ne suis pas votre seul ami, monseigneur, dit Oxford. Le ciel vous a donné un grand nombre d'amis affectionnés et fidèles parmi vos sujets naturels. Mais quoique étranger, et sauf l'allégeance que je dois à mon souverain légitime, je ne le céderai à aucun d'eux par les sentimens de respect et de déférence que j'avais pour vous dans le temps de votre prospérité, et dont je viens vous assurer de nouveau dans l'adversité.

— Adversité! dit le Duc; oui vraiment, adversité irréparable! — J'étais naguère Charles de Bourgogne, surnommé le Hardi, et maintenant j'ai été battu deux fois par l'écume des paysans de l'Allemagne; j'ai vu mon étendard pris, mes hommes d'armes mis en déroute, mon camp pillé à deux reprises, et ce qui s'y trouvait chaque fois était d'un prix supérieur à ce que vaut toute la Suisse; moi-même j'ai été poursuivi, chassé comme une chèvre ou un chamois! — Toutes les fureurs de l'enfer n'auraient pu accumuler plus de honte sur la tête d'un souverain.

— Au contraire, monseigneur, c'est une épreuve du ciel qui exige de la patience et de la force d'ame. Le plus brave et le meilleur chevalier peut perdre les arçons, mais c'est un chevalier couard que celui qui reste étendu sur le sable de la lice, quand cet accident lui est arrivé.

— Ah! couard, dis-tu? s'écria le Duc, cette expression hardie lui rendant une partie de son ancien esprit. Sortez de ma présence, monsieur, et ne vous présentez plus devant moi sans en avoir reçu l'ordre.

— Et j'espère ne l'attendre, dit le comte avec beaucoup de sang-froid, que jusqu'à ce que Votre Altesse ait quitté son déshabillé, et se soit disposée à recevoir ses vassaux et ses amis d'une manière digne d'eux et du duc de Bourgogne.

— Que voulez-vous dire, sire comte? vous me manquez de respect.

— Si cela est, monseigneur, ce sont les circonstances qui m'ont fait oublier mon savoir-vivre. Je puis pleurer sur la grandeur déchue, mais je ne puis honorer celui qui se déshonore lui-même en se courbant comme un faible enfant sous les coups de l'infortune.

— Et qui suis-je pour que vous me parliez ainsi? s'écria Charles reprenant tout l'orgueil et toute la fierté de son caractère. N'êtes-vous pas un malheureux exilé? Comment osez-vous vous présenter devant moi sans y être mandé, et me manquer de respect en m'adressant de pareils reproches?

— Quant à moi, répondit Oxford, je suis, comme Votre Altesse le dit, un misérable exilé; cependant je n'ai pas à rougir d'un sort que je dois à ma constante fidélité pour mon roi légitime et ses héritiers. Mais quant à vous, monseigneur, puis-je reconnaître le duc de Bourgogne dans un sombre ermite, n'ayant d'autre garde qu'une soldatesque en désordre qui n'est à craindre que pour ses amis; — dans un prince dont les conseils sont livrés à la confusion, parce qu'il refuse d'y paraître; qui semblable à un loup blessé dans son antre, s'enferme dans un château obscur dont les portes s'ouvriraient au premier son des cornets suisses, puisqu'il ne s'y trouve personne pour la défendre; qui ne porte pas une épée pour se protéger en chevalier; qui ne peut même mourir noblement comme un cerf aux abois, et préfère se laisser enfumer comme un renard dans sa tanière.

— Mort et enfer! traître calomniateur! s'écria le Duc d'une voix de tonnerre en jetant un coup d'œil à son côté, et s'apercevant qu'il était sans armes : il est heureux pour toi que je n'aie pas d'épée, déjà ton insolence aurait reçu son châtiment. — Avance, Contay, et confonds ce traître. — Dis-moi, mes soldats ne sont-ils pas en bon ordre, bien disciplinés?

— Monseigneur, répondit Contay tremblant, malgré sa bravoure, de la fureur à laquelle il voyait Charles se livrer, vous avez encore à vos ordres de nombreux soldats; mais je dois avouer qu'ils sont plus en désordre et moins soumis à la discipline qu'ils n'y étaient habitués.

— Je le vois, je le vois, dit le Duc; vous êtes tous des fainéans et de mauvais conseillers. — Écoutez-moi, monsieur de Contay : à quoi donc êtes-vous bons, vous et tous les autres qui tenez de moi de grands fiefs et de vastes domaines, si je ne puis étendre mes membres sur mon lit quand je suis malade et que j'ai le cœur à demi brisé, sans que mes troupes tombent dans un désordre assez scandaleux pour m'exposer aux reproches et au mépris du premier mendiant étranger?

— Monseigneur, répondit Contay avec plus de fermeté, nous avons fait tout ce que nous avons pu. Mais vous avez habitué vos généraux mercenaires et les chefs de vos compagnies franches à ne recevoir d'ordres que de Votre Altesse. Ils poussent les hauts cris pour obtenir leur paye, et votre trésorier refuse de la leur compter sans votre ordre, alléguant qu'il pourrait lui en coûter la tête; et ces chefs, ces généraux ne veulent écouter ni les ordres ni les avis de ceux qui composent votre conseil.

Le Duc sourit amèrement; mais il était évident que cette réponse ne lui déplaisait pas.

— Ah, ah! dit-il, il n'y a que Charles de Bourgogne qui puisse monter ses chevaux indomptés et tenir sous le joug ses soldats. Ecoutez, Contay : demain je passerai mes troupes en revue. J'oublierai les désordres qui ont eu lieu. La paye sera comptée. Mais malheur à quiconque m'aura offensé! Dites à mes chambellans de m'apporter des vêtemens convenables et des armes. J'ai reçu une leçon, ajouta-t-il en jetant un regard sombre sur le comte anglais, et je ne veux pas être insulté une seconde fois sans avoir les moyens de m'en venger. Retirez-vous tous deux. Contay, dites à mon trésorier de m'apporter ses comptes, et malheur à lui si je trouve quelque chose à y redire. Partez, et envoyez-le-moi sur-le-champ.

Tous deux sortirent de l'appartement en le saluant avec respect. Comme ils se retiraient, le Duc s'écria tout à coup : — Comte d'Oxford, un mot! Où avez-vous étudié la médecine? dans votre célèbre université, je suppose? Hé bien! docteur Philipson, vous avez fait une cure merveilleuse, mais elle aurait pu vous coûter la vie.

— J'ai toujours compté la vie pour peu de chose, monseigneur, quand il s'agit de servir un ami.

— Tu es véritablement un ami, et un ami intrépide. Mais retire-toi; j'ai eu l'esprit cruellement troublé, et tu viens de me mettre à une rude épreuve. Demain nous reprendrons cet entretien; en attendant je te pardonne et je t'honore.

Le comte d'Oxford retourna dans la chambre du conseil, où tous les nobles bourguignons qui avaient appris de Contay ce qui venait de se passer se groupèrent autour de lui pour l'accabler de remerciemens, de complimens et de félicitations. Il s'ensuivit un mouvement général, et des ordres furent envoyés partout. Les officiers qui avaient négligé leur devoir prirent des mesures à la hâte pour cacher leur négligence ou pour la réparer. Il y eut dans le camp un tumulte général, mais c'était un tumulte de joie; car les soldats sont toujours charmés d'être rendus au service militaire; et quoique la licence et l'inaction puissent leur plaire un moment, la continuation ne leur en est pas aussi agréable que la discipline et la perspective d'être plus sérieusement occupés.

Le trésorier, qui heureusement pour lui était un homme

doué de bon sens et exact dans ses fonctions, après avoir passé deux heures tête à tête avec le Duc, revint avec un air de surprise, et déclara que jamais dans les jours les plus prospères de ce prince, il ne l'avait vu montrer des connaissances plus profondes en finances, quoique le matin même il eût paru totalement incapable de s'en occuper. On en attribua universellement le mérite à la visite du comte d'Oxford, dont la réprimande faite à propos avait tiré le Duc de sa mélancolie noire, comme un coup de canon disperse d'épaisses vapeurs.

Le lendemain Charles passa ses troupes en revue avec son attention ordinaire, ordonna de nouvelles levées, fit diverses dispositions pour le placement de ses forces, et remédia au manque de discipline par des ordres sévères qui furent accompagnés de quelques châtimens bien mérités dont les troupes italiennes mercenaires de Campo-Basso reçurent leur bonne part sans qu'elles en murmurassent trop, grace à la paye libérale qui leur fut comptée, et qui était faite pour les attacher à la bannière sous laquelle elles servaient.

De son côté le Duc, après avoir consulté son conseil, consentit à convoquer les assemblées des Etats de ses différentes provinces, à faire droit à certaines plaintes qui s'étaient élevées de toutes parts, et à accorder à ses sujets quelques faveurs qu'il leur avait refusées jusqu'alors, cherchant ainsi à se procurer dans leur cœur une nouvelle source de popularité en remplacement de celle que son imprudence avait épuisée.

CHAPITRE XXXV.

> — « J'ai maintenant une arme
> « Pour frapper sous sa tente un général vainqueur,
> « Un prince sur un trône entouré de splendeur,
> « Un prélat révéré, fût-il à l'autel même. »
> *Ancienne pièce.*

A compter de ce moment l'activité régna à la cour du duc de Bourgogne et dans son camp. Il se procura de l'argent, leva des soldats, et il n'attendait que des nouvelles certaines des mouvemens des Confédérés pour se mettre en campagne. Mais quoique Charles parût à l'extérieur aussi actif que jamais, ceux qui approchaient le plus près de sa personne étaient d'avis qu'il n'avait plus le jugement aussi sain ni la même énergie qui avaient été un sujet d'admiration générale avant ses revers. Il était encore sujet à des accès de sombre mélancolie semblables à ceux qui s'emparaient de Saül, et il était violent et furieux quand il en sortait. Le comte d'Oxford lui-même semblait avoir perdu l'influence qu'il avait d'abord exercée sur le prince. Dans le fait, quoique Charles eût encore pour lui de l'affection et de la reconnaissance, ce seigneur anglais l'avait vu dans son état d'impuissance morale, et ce souvenir l'humiliait. Il craignait même tellement qu'on ne crût qu'il agissait d'après les conseils du comte d'Oxford, qu'il rejetait souvent ses avis uniquement, à ce qu'il paraissait, pour prouver son indépendance d'esprit.

Campo-Basso entretenait le Duc dans cette humeur pétulante et fantasque. Ce traître astucieux voyait alors que la puissance de son maître chancelait, et il avait résolu de servir de levier pour la faire écrouler, afin d'avoir droit à une part de ses dépouilles. Il regardait Oxford comme un des amis et des conseillers les plus habiles de ce prince ; il croyait voir dans ses yeux qu'il avait pénétré ses projets perfides, et par conséquent il le haïssait autant qu'il le craignait. D'ailleurs, peut-être pour colorer même à ses propres yeux son abominable perfidie, il affectait d'être courroucé du châtiment que le duc avait fait subir récemment à quelques maraudeurs de ses bandes italiennes. Il croyait que ce châtiment leur avait été infligé par l'avis d'Oxford, et il soupçonnait que cette mesure avait été prise dans l'espoir de découvrir que ces Italiens avaient pillé non-seulement pour leur propre compte, mais pour le profit de leur commandant. Croyant Oxford son ennemi, Campo-Basso aurait bientôt trouvé le moyen de s'en débarrasser, si le comte lui-même n'eût jugé à propos de prendre quelques précautions, et si les seigneurs flamands et bourguignons qui l'aimaient pour les raisons qui portaient l'Italien à le détester n'eussent veillé à sa sûreté avec un soin dont le comte ne se doutait nullement, mais qui contribua certainement à lui sauver la vie.

Il n'était pas à supposer que René de Lorraine eût été si long-temps sans chercher à profiter de sa victoire, mais les Confédérés suisses qui formaient la principale partie de ses forces insistèrent pour que les premières opérations de la guerre eussent lieu en Savoie et dans le pays de Vaud, où les Bourguignons étaient maîtres de plusieurs places qu'on ne pouvait réduire ni promptement ni facilement, quoiqu'elles ne reçussent aucun secours. D'ailleurs les Suisses, comme la plupart des soldats de chaque nation à cette époque, étaient une espèce de milice ; la plupart retournaient chez eux, soit pour faire leur moisson, soit pour y déposer leur butin. Le duc René, quoique brûlant de l'ardeur d'un jeune chevalier pour poursuivre les avantages qu'il avait obtenus, ne put faire aucun mouvement jusqu'au mois de décembre 1476. Pendant cet intervalle les forces du duc de Bourgogne, pour être moins à charge au pays, furent cantonnées en différens endroits, et l'on n'y négligea rien pour discipliner les nouvelles levées. Le Duc, s'il eût été abandonné à lui-même, aurait accéléré la lutte en réunissant ses forces et en entrant de nouveau sur le territoire helvétique; mais quoique sa fureur s'allumât au souvenir de Granson et de Murten, ces désastres étaient trop récens pour permettre un pareil plan de campagne.

Cependant les semaines s'écoulèrent, et le mois de décembre était déjà avancé quand un matin, tandis que le Duc tenait son conseil, Campo-Basso entra tout à coup avec un air de joyeux transport tout différent de l'expression uniformément froide de sa physionomie, et avec ce sourire malicieux qui indiquait ses plus grands accès de gaîté : — *Guantes*[1], dit-il, *guantes*, s'il plaît à Votre Altesse, pour la bonne nouvelle que je viens lui annoncer.

— Et quel bonheur la fortune nous apporte-t-elle donc? demanda le Duc. Je croyais qu'elle avait oublié le chemin qui autrefois nous l'amenait.

— Elle est revenue, monseigneur; elle est revenue, tenant en main sa corne d'abondance remplie de ses dons les plus choisis, prête à répandre ses fleurs, ses fruits et ses trésors sur la tête du souverain de l'Europe qui en est le plus digne.

— Que signifie tout cela? dit Charles. Ce n'est qu'aux enfans qu'on propose des énigmes.

— Cet écervelé, ce jeune fou, ce René qui se donne le titre de duc de Lorraine, est descendu des montagnes à la tête d'une armée mal en ordre, composée de vauriens comme lui; et le croiriez-vous? ha, ha, ha! il est entré en Lorraine et a pris Nanci! ha, ha, ha!

— Sur ma foi, sire comte, dit Contay étonné de la gaîté avec laquelle l'Italien parlait d'une affaire si sérieuse, j'ai rarement entendu nn fou rire de meilleur cœur d'une mauvaise plaisanterie, que vous ne le faites de la perte de la principale ville de la province pour laquelle nous combattons.

— Je ris au milieu des lances, répondit Campo-Basso, comme mon cheval de bataille hennit au son des trompettes.

---

(1) Mot espagnol signifiant littéralement *des gants*, et dont on se sert dans le même sens qu'on emploie ceux de pour-boire et d'étrennes en français. — AUT.

Je ris en songeant à la destruction des ennemis, au partage de leurs dépouilles, comme l'aigle pousse des cris de joie en fondant sur sa proie. Je ris...

— Vous riez tout seul, s'écria Contay impatienté, comme vous avez ri après nos pertes à Granson et à Murten.

— Silence! monsieur, dit le Duc. Le comte de Campo-Basso a envisagé cette affaire sous le même jour que je la vois. Ce jeune chevalier errant se hasarde à quitter la protection de ses montagnes, et que le ciel me punisse si je ne tiens pas le serment que je fais que le premier champ de bataille sur lequel nous nous rencontrerons verra sa mort ou la mienne. Nous sommes dans la dernière semaine de l'année, et avant le jour des Rois nous verrons qui de lui ou de moi trouvera la fève dans le gâteau. Aux armes, messieurs! que le camp soit levé sur-le-champ, et que nos troupes se dirigent sur la Lorraine. Qu'on fasse marcher en avant la cavalerie légère italienne et albanaise, et les Stradiotes pour balayer le pays. Oxford, ne porteras-tu pas les armes dans cette expédition?

— Certainement, monseigneur, répondit le comte. Je mange le pain de Votre Altesse; et quand un ennemi vous attaque, il est de mon honneur de combattre pour vous comme si j'étais né votre sujet. Avec votre permission, je chargerai un poursuivant d'une lettre pour mon ancien et bon hôte le Landamman d'Underwald, pour l'informer de ma résolution.

Le Duc y ayant consenti, un poursuivant fut chargé de ce message, et revint au bout de quelques heures, tant les deux armées étaient à peu de distance l'une de l'autre. Il rapportait au comte une réponse du Landamman, qui lui exprimait dans les termes les plus polis et les plus affectueux le regret qu'il éprouvait d'être dans la nécessité de porter les armes contre un ancien hôte pour qui il conservait la plus sincère estime. Il était aussi chargé de présenter à Arthur les amitiés de tous les fils d'Arnold Biederman, et de lui remettre une lettre qui contenait ce qui suit :

« Rodolphe Donnerhugel désire fournir au jeune marchand

Arthur Philipson l'occasion de conclure le marché qui n'a pu se terminer dans la cour du château de Geierstein. Il le désire d'autant plus qu'il sait que ledit Arthur lui a nui en s'emparant de l'affection d'une jeune personne de qualité pour qui ledit Philipson n'est et ne peut être qu'une connaissance ordinaire. Rodolphe Donnerhugel fera savoir à Arthur Philipson quand ils pourront se rencontrer à armes égales sur un terrain neutre. En attendant il sera toujours, autant qu'il le pourra, au premier rang dans toutes les escarmouches. »

Le cœur d'Arthur battit vivement en lisant ce défi; le ton piqué qui y régnait, en lui révélant quels étaient les sentimens de Rodolphe, prouvait suffisamment que ce jeune Suisse avait perdu tout espoir de réussir dans ses projets sur Anne de Geierstein, et qu'il la soupçonnait d'avoir donné son affection au jeune étranger. Arthur fit remettre à Donnerhugel une réponse à son cartel, et il l'assura du plaisir avec lequel il se trouverait en face de lui, soit au premier rang de la ligne, soit en tout autre lieu que Rodolphe désirerait.

Cependant les deux armées s'approchèrent, et les troupes légères avaient même quelquefois des affaires d'avant-postes. Les Stradiotes, espèce de cavalerie venue du territoire de Venise et ressemblant à celle des Turcs, rendaient en ces occasions à l'armée du duc de Bourgogne un genre de services pour lequel ils étaient admirablement propres, si l'on avait pu compter sur leur fidélité. Le comte d'Oxford remarqua que ces hommes, qui étaient sous les ordres de Campo-Basso, rapportaient toujours la nouvelle que les ennemis étaient en mauvais ordre et en pleine retraite. Ce fut aussi par leur moyen qu'on apprit que certains individus contre lesquels le duc de Bourgogne avait conçu une haine personnelle, et qu'il désirait particulièrement avoir entre les mains, s'étaient réfugiés dans les murs de Nanci. Cette circonstance stimula encore davantage l'envie qu'avait Charles de reprendre cette place, et il lui fut impossible d'y résister quand il apprit que le duc René et les Suisses ses alliés avaient pris position, à la nouvelle de son arrivée, dans un endroit nommé Saint-Nicolas. La plupart de ses conseillers bourguignons auxquels se joignit le comte d'Oxford cherchèrent à le détourner du projet d'attaquer une place forte tandis que des ennemis pleins d'activité se trouvaient à peu de distance pour la secourir. Ils lui représentèrent qu'ayant forcé l'ennemi à faire un mouvement rétrograde, il devait suspendre toute opération décisive jusqu'au printemps. Charles essaya d'abord de discuter et d'opposer des argumens aux argumens; mais quand ses conseillers lui remontrèrent qu'il allait placer sa personne et son armée dans la même position qu'à Granson et à Murten, ce souvenir le rendit furieux; il écuma de rage, et répondit, en jurant et en vomissant des imprécations, qu'il serait maître de Nanci avant le jour des Rois.

En conséquence l'armée bourguignonne se présenta devant Nanci, et y prit une forte position protégée par le lit d'une rivière et couverte par trente pièces de canon qui étaient sous la direction de Colvin.

Ayant satisfait son obstination en arrangeant ainsi son plan de campagne, le duc de Bourgogne montra un peu plus de déférence aux prières que lui firent ses conseillers de veiller davantage à la sûreté de sa personne, et il permit au comte d'Oxford, à son fils, et à deux ou trois officiers de sa maison, d'une fidélité à toute épreuve, de coucher dans son pavillon, indépendamment de sa garde ordinaire.

Trois jours avant Noël, le Duc étant toujours devant Nanci, il arriva pendant la nuit un tumulte qui parut vérifier les alarmes qu'on avait conçues pour sa sûreté personnelle. A minuit, tandis que tout reposait dans le pavillon du Duc, le cri trahison! se fit entendre. Le comte d'Oxford tira son épée, et prenant une lumière qui brûlait sur une table, il se précipita dans l'appartement du Duc; il le trouva déshabillé, debout, l'épée à la main, et s'escrimant avec tant de fureur que ce fut avec peine qu'Oxford put en éviter les coups. Ses autres officiers arrivèrent presque en même temps, l'épée nue et le bras gauche enveloppé de leur manteau. Quand le Duc se vit entouré de ses amis, il se calma un peu, et il les informa d'un ton fort agité qu'en dépit de toutes les précautions qu'on avait prises, les émissaires du tribunal secret avaient trouvé le moyen de s'introduire dans sa chambre, et l'avaient sommé sous peine de mort de comparaître devant le *Saint Vehmé* la nuit de Noël.

Les amis du Duc entendirent ce récit avec une grande surprise, et quelques-uns même ne savaient trop s'ils devaient le considérer comme une réalité ou comme un rêve de l'imagination irritable de Charles. Mais la sommation se trouva sur la toilette du Duc, et elle était suivant l'usage écrite sur parchemin, signée de trois croix et clouée sur la table avec un poignard. Un morceau de bois avait aussi été coupé de la table. Oxford lut cette pièce avec attention. Elle désignait, comme c'était la coutume, le lieu où le duc était sommé de se rendre, sans armes et sans suite, et d'où l'on disait qu'il serait conduit devant la cour.

Charles, après avoir regardé quelque temps cet écrit, exprima enfin les idées qui l'occupaient.

— Je sais de quel carquois part cette flèche, dit-il. Elle m'a été lancée par ce noble dégénéré, ce prêtre apostat, ce complice de sorciers, Albert de Geierstein. Nous avons appris qu'il fait partie de la horde de meurtriers et de proscrits rassemblés par le petit-fils du vieux joueur de viole de Provence. Mais par saint George de Bourgogne! ni le capuchon d'un moine, ni le casque d'un soldat, ni le bonnet d'un sorcier, ne sauveront sa tête après une insulte semblable. Je le dégraderai de l'ordre de la chevalerie et je le ferai pendre au plus haut clocher de Nanci. Sa fille n'aura d'autre alternative que d'épouser le plus vil goujat de mon armée ou d'entrer dans le couvent des Filles-Repenties.

— Quels que soient vos projets, monseigneur, dit Contay, il serait certainement plus prudent de garder le silence, car d'après cette espèce d'apparition, il serait possible que vous fussiez entendu par plus de témoins que vous ne pensez.

Cet avis parut faire quelque impression sur l'esprit du Duc. Il garda le silence, ou du moins il se borna à jurer et à menacer entre ses dents. On fit les perquisitions les plus exactes pour découvrir celui qui avait ainsi troublé son repos, mais ce fut inutilement.

Charles continua ses recherches, courroucé d'un trait d'audace qui surpassait tout ce qu'avaient osé se permettre jusqu'alors ces sociétés secrètes ; car malgré la terreur qu'elles inspiraient, elles n'avaient pas encore été jusqu'à s'attaquer aux souverains. Un détachement de fidèles Bourguignons fut chargé la nuit de Noël de surveiller le lieu indiqué, qui était un endroit où quatre routes se croisaient, et de s'emparer de tous ceux qui s'y montreraient ; mais personne n'y parut, ni dans les environs. Le Duc n'en continua pas moins à attribuer à Albert de Geierstein l'affront qu'il avait reçu. Il mit sa tête à prix ; et Campo-Basso, toujours disposé à flatter l'humeur de son maître, lui promit que quelques-uns de ses Italiens qui ne manquaient pas d'expérience en fait de pareils exploits lui amèneraient bientôt, mort ou vif, le baron qui était l'objet de sa haine et de son ressentiment. Colvin, Contay et plusieurs autres sourirent secrètement des promesses de l'Italien présomptueux.

— Quelle que soit sa dextérité, dit Colvin, il fera descendre sur son poing le vautour sauvage avant de mettre la main sur Albert de Geierstein.

Arthur, à qui les discours du Duc n'avaient pas donné peu d'inquiétude pour Anne de Geierstein et pour son père, pour l'amour d'elle, respira plus librement en entendant parler ainsi de ses menaces.

Le surlendemain de cette alarme Oxford désira de connaître lui-même le camp de René de Lorraine, ayant quelque doute qu'on eût fait au Duc des rapports exacts sur sa force et sa position. Le Duc lui en accorda la permission, et il lui fit présent en même temps, ainsi qu'à son fils, de deux nobles coursiers d'une légèreté sans égale et dont il faisait un cas particulier.

Dès que la volonté du Duc eût été signifiée au comte italien, il témoigna la plus grande joie d'avoir pour faire une reconnaissance l'aide d'un homme ayant l'âge et l'expérience du comte d'Oxford, et choisit pour ce service un détachement de cent Stradiotes d'élite qu'il avait plusieurs fois, dit-il, envoyé faire des escarmouches à la barbe même de l'armée suisse. Le comte d'Oxford se montra fort satisfait de l'intelligence et de l'activité que mirent ces soldats à s'acquitter de leur devoir ; ils chassèrent même devant eux et dispersèrent quelques détachemens de la cavalerie de René. A l'entrée d'un défilé Campo-Basso dit à Oxford qu'en avançant à l'autre extrémité ils auraient une vue complète de la position de l'ennemi. Quelques Stradiotes furent chargés de reconnaître les lieux, et à leur retour ils rendirent compte de leur mission à leur maître en leur propre langue. Celui-ci déclara qu'on pouvait passer en sûreté, et invita le comte à l'accompagner. Ils avancèrent sans voir un seul ennemi ; mais en arrivant dans la plaine à laquelle aboutissait le défilé au point indiqué par Campo-Basso, Arthur qui était à l'avant-garde des Stradiotes, et par conséquent séparé de son père, vit non-seulement le camp du duc René qui était à un demi-mille de distance, mais un corps nombreux de cavalerie qui venait d'en sortir et qui courait à toute bride vers l'entrée du défilé qu'il avait quitté quelques instans auparavant. Il était sur le point de retourner sur ses pas pour y rentrer ; mais comptant sur la vitesse de son cheval, il crut pouvoir attendre un moment pour mieux examiner le camp ennemi. Les Stradiotes qui l'accompagnaient n'attendirent pas ses ordres pour se retirer, mais ils partirent sur-le-champ, comme dans le fait c'était leur devoir, étant attaqués par une force supérieure.

Cependant Arthur remarqua que le chevalier qui semblait à la tête de l'escadron qui s'avançait, monté sur un vigoureux cheval dont les pieds faisaient trembler la terre, portait sur son écu l'Ours de Berne, et avait la tournure robuste de Rodolphe Donnerhugel. Il fut convaincu que c'était lui quand il le vit faire faire halte à son détachement et s'avancer vers lui, seul, la lance en arrêt et au pas, comme pour lui donner le temps de se préparer à le recevoir. Accepter ce défi dans un pareil moment était dangereux, mais le refuser eût été déshonorant ; et tandis que le sang d'Arthur fermentait à l'idée de châtier un rival insolent, il n'était pas très fâché que leur rencontre eût lieu à cheval, l'expérience qu'il avait acquise dans les tournois devant lui donner un avantage sur le Suisse, qu'il devait croire encore novice dans cette science.

Ils se rencontrèrent, suivant l'expression du temps, en hommes sous le bouclier. La lance du Suisse glissa sur le casque de l'Anglais, qui avait été son point de mire ; mais celle d'Arthur, dirigée contre la poitrine de son adversaire, fut poussée avec une telle force et si bien secondée par le galop rapide de son coursier, qu'elle perça non-seulement le bouclier suspendu au cou du malheureux guerrier, mais sa cuirasse et une cotte de mailles qu'il portait ; et lui traversant le corps, la pointe n'en fut arrêtée que par la plaque de fer qui lui couvrait le dos. L'infortuné cavalier fut renversé, roula deux ou trois fois sur le terrain, en déchirant la terre avec ses mains, et expira à l'instant même.

Un cri de rage et de désespoir s'éleva parmi les hommes d'armes dont Rodolphe venait de quitter les rangs, et plusieurs d'entre eux couchaient déjà leur lance pour le venger. Mais René de Lorraine, qui était lui-même avec eux, leur ordonna de se borner à faire prisonnier le champion vainqueur, et leur défendit de lui faire aucun mal. Cet ordre fut facile à exécuter ; car la retraite était coupée à Arthur, et la résistance eût été une folie.

Lorsqu'il fut amené devant René, il leva la visière de son casque et il lui dit : — Est-il juste, monseigneur, de faire captif un chevalier qui n'a fait que s'acquitter de son devoir en acceptant le défi d'un ennemi personnel ?

— Arthur d'Oxford, répondit le duc René, ne vous plaignez pas d'une injustice avant de l'avoir éprouvée. Vous êtes libre, sire chevalier. Votre père et vous, vous avez été fidèles à la reine Marguerite ma tante ; et quoiqu'elle fût mon ennemie, je rends justice à votre fidélité pour elle. C'est par respect pour la mémoire d'une femme dépouillée de ses droits comme moi, et pour plaire à mon aïeul qui, je crois, avait quelque estime pour vous, que je vous rends la liberté. Mais je dois aussi veiller à ce que vous puissiez regagner en sûreté le camp du duc de Bourgogne. De ce côté de la montagne nous sommes francs et loyaux; mais de l'autre il se trouve des traîtres et des meurtriers. Comte, je crois que vous vous chargerez volontiers d'escorter notre prisonnier jusqu'à ce qu'il soit hors de tout danger.

Le chevalier à qui René parlait ainsi était un homme de grande taille et d'une tournure imposante, et il s'approcha sur-le-champ pour accompagner Arthur, pendant que celui-ci exprimait au jeune duc de Lorraine combien il était sensible à sa courtoisie chevaleresque. — Adieu, sir Arthur de Vere, dit René : vous avez donné la mort à un noble champion, à un ami qui m'était fidèle et utile; mais vous l'avez fait noblement, à armes égales, en face de nos lignes, et la faute en est à celui qui a cherché la querelle. Arthur le salua profondément. René lui rendit son salut, et ils se séparèrent.

Arthur n'avait encore fait que quelques pas avec son nouveau compagnon, quand celui-ci lui adressa la parole.

— Nous avons déjà été compagnons de voyage, jeune homme, et cependant vous ne vous souvenez pas de moi.

Arthur leva les yeux sur le cavalier qui lui parlait ainsi, et remarquant que le cimier de son casque était en forme de vautour, il commença à concevoir d'étranges soupçons qui se trouvèrent confirmés quand le chevalier, levant la visière de son casque, lui montra les traits sombres et sévères du prêtre de Saint-Paul.

— Le comte Albert de Geierstein! s'écria Arthur.

— Lui-même, répondit le comte, quoique vous l'ayez vu sous un costume bien différent. Mais la tyrannie force tous les hommes à s'armer; j'ai repris, avec la permission de mes supérieurs, et même par leur ordre, la profession que j'avais quittée. Une guerre contre la cruauté et l'oppression est aussi sainte qu'une croisade en Palestine, où les prêtres portent les armes.

— Comte Albert, dit Arthur avec vivacité, je ne puis vous supplier trop tôt d'aller rejoindre le détachement de René de Lorraine. Vous êtes ici en danger, et ni le courage ni la force ne pourraient vous en préserver. Le Duc a mis votre tête à prix, et d'ici à Nanci tout le pays est couvert de Stradiotes et de détachemens de cavalerie légère italienne.

— Je ne les crains pas, répondit le comte. Je n'ai pas vécu si long-temps au milieu des orages du monde et des intrigues de la guerre et de la politique, pour tomber sous les coups de si vils ennemis. D'ailleurs vous êtes avec moi, et je viens de voir ce que vous êtes en état de faire.

— Pour votre défense, comte Albert dit Arthur, qui ne pensait en ce moment à son compagnon que comme père d'Anne de Geierstein, je ferais certainement de mon mieux.

— Quoi, jeune homme! répliqua le comte avec un sourire ironique qui était particulier à sa physionomie, aideriez-vous l'ennemi du maître sous la bannière duquel vous servez contre les soldats qu'il soudoie?

Arthur fut un instant étourdi par la tournure inattendue donnée à son offre d'assistance, dont il espérait du moins un remerciement. Mais il reprit sur-le-champ sa présence d'esprit, et répondit : — Vous avez bien voulu vous mettre en danger pour me protéger contre les gens de votre parti; c'est également un devoir pour moi de vous défendre contre les soldats du mien.

— La réponse est heureusement trouvée, dit le comte; mais je crois qu'il existe un petit partisan aveugle dont parlent les troubadours et les ménestrels, à l'influence duquel je pourrais en cas de besoin être redevable du grand zèle de mon protecteur.

Arthur était un peu embarrassé, mais le comte ne lui donna pas le temps de répondre. — Écoutez-moi, jeune homme, continua-t-il; votre lance a rendu aujourd'hui un mauvais service à la Suisse, à Berne et au duc René, en les privant de leur plus brave champion. Mais pour moi, la mort de Rodolphe Donnerhugel est un événement heureux. Apprends que présumant de ses services, il avait par ses importunités obtenu du duc René qu'il favoriserait ses prétentions à la main de ma fille. Oui, le Duc, fils d'une princesse, n'a pas rougi de me solliciter d'accorder le seul reste de ma maison, car la famille de mon frère est une race dégénérée, à un jeune présomptueux dont l'oncle remplissait des fonctions de domesticité dans la maison du père de ma femme, quoiqu'il prétendît à quelque parenté dont l'origine était, je crois, illégitime, mais dont Rodolphe cherchait à se prévaloir parce qu'elle favorisait ses prétentions.

— Certainement, dit Arthur, un mariage si disproportionné du côté de la naissance, et qui l'était encore davantage sous tous les autres rapports, était une chose trop monstrueuse pour qu'on y pût songer.

— Jamais cette union n'aurait eu lieu tant que j'aurais vécu, reprit le comte Albert, si mon poignard enfoncé dans le sein de ma fille et dans celui de son amant présomptueux avait pu prévenir cette souillure à l'honneur de ma maison. Mais quand je n'existerai plus, moi dont les jours, dont les mouvemens sont comptés, qui aurait pu empêcher un jeune homme ardent et déterminé, favorisé par le duc René, appuyé par l'approbation unanime de son pays, et soutenu peut-être par la malheureuse prédilection de mon frère Arnold, d'arriver à son but malgré la résistance et les scrupules d'une jeune fille isolée?

— Rodolphe est mort, dit Arthur, et puisse le ciel lui pardonner ses fautes! mais s'il vivait et qu'il osât prétendre à la main d'Anne de Geierstein, il aurait d'abord à soutenir un combat....

— Qui a déjà été décidé, ajouta le comte Albert. Maintenant écoutez-moi bien, Arthur de Vere. Ma fille m'a appris tout ce qui s'est passé entre vous. Vos sentimens et votre conduite sont dignes de la noble maison dont vous descendez, car je sais qu'on doit la compter parmi les plus illustres de l'Europe. Vous avez été dépouillé de vos biens; mais il en est de même de ma fille, à qui il ne reste que ce que son oncle pourra lui donner de ce qui était autrefois le domaine de son père. Si vous voulez partager avec elle ces faibles débris, jusqu'à ce qu'il arrive des jours plus heureux, en supposant que votre noble père consente à cette union, car ma fille n'entrera jamais dans une famille contre la volonté de celui qui en est le chef, elle sait déjà qu'elle a mon consentement et ma bénédiction. Mon frère connaîtra aussi mes intentions et il les approuvera ; car quoique toute idée d'honneur et de chevalerie soit éteinte en lui, il tient aux relations sociales ; il aime sa nièce et il a de l'amitié pour vous et pour votre père. Qu'en dites-vous, jeune homme ? voulez-vous prendre une comtesse indigente pour la compagne du pèlerinage de vos jours ? Je crois, je prédis même, car je suis si près du tombeau qu'il me semble que ma vue peut s'étendre au-delà, que lorsque j'aurai terminé une vie agitée et orageuse, un jour viendra où un nouveau lustre brillera sur les noms de de Vere et de Geierstein.

Arthur descendit précipitamment de son cheval, saisit la main du comte Albert, et il allait s'épuiser en remerciemens quand le comte lui imposa silence.

— Nous sommes sur le point de nous séparer, lui dit-il ; le temps que nous avons à passer ensemble est court, et le lieu de notre entrevue est dangereux. J'ose vous l'avouer, vous êtes pour moi moins que rien. Si j'avais réussi dans un seul des projets d'ambition qui ont occupé toute ma vie, le fils d'un comte exilé n'aurait pas été le gendre que j'aurais choisi. Remontez à cheval, les remerciemens ne sont pas agréables quand ils ne sont pas mérités.

Arthur se releva, remonta à cheval, et chercha à donner à ses transports une forme qui les fît accueillir. Il eût voulu exprimer combien son amour pour Anne et ses efforts pour la rendre heureuse prouveraient sa reconnaissance pour le père de celle qui avait toute son affection ; s'apercevant que le comte écoutait avec une sorte de plaisir le tableau qu'il traçait de leur vie future, il ne put s'empêcher de s'écrier :—
Et vous, comte Albert, vous qui aurez été l'auteur de tout ce

bonheur, ne voudrez-vous pas en être le témoin et le partager? Croyez-moi, nous ferons tous nos efforts pour adoucir le souvenir des coups que vous a portés la fortune trop cruelle; et si des jours plus heureux viennent à luire sur nous, nous en jouirons doublement en vous en voyant jouir avec nous.

— Ne vous livrez pas à de pareilles chimères, dit le comte. Je sais que la dernière scène de ma vie approche; écoutez et tremblez! Le duc de Bourgogne est condamné à mort, et les juges invisibles qui jugent et condamnent en secret comme la Divinité, ont remis entre mes mains la corde et le poignard.

— Jetez loin de vous ces infâmes emblèmes, s'écria Arthur avec enthousiasme; qu'ils cherchent des bouchers et des assassins pour exécuter de pareils ordres, et ne déshonorez pas le noble nom de Geierstein.

— Silence, jeune insensé! répondit le comte. Le serment que j'ai prêté est monté plus haut que ces nuages qui nous cachent le ciel, et il est plus profondément enraciné que les montagnes que nous voyons dans le lointain. Ne croyez pas que ce que je me propose soit l'acte d'un assassin, quoique je pusse alléguer l'exemple du Duc lui-même pour me justifier. Non, je n'envoie pas des brigands soudoyés comme ces vils Stradiotes, pour lui arracher la vie sans mettre la leur en danger. Je ne donne pas à sa fille, innocente de ses crimes, l'alternative d'un mariage déshonorant ou d'une retraite honteuse. Non, Arthur de Vere, je poursuis Charles avec l'esprit déterminé d'un homme qui, pour ôter la vie à son adversaire, s'expose lui-même à une mort certaine.

— Je vous conjure de ne plus me parler ainsi, s'écria Arthur d'une voix agitée; faites attention que je sers en ce moment le prince que vous menacez, et....

— Et que votre devoir est de l'informer de ce que je vous dis, ajouta le comte: c'est précisément ce que je désire. Quoique le Duc ait déjà négligé d'obéir à une sommation du tribunal, je suis charmé d'avoir cette occasion de lui envoyer un défi personnel. Dites donc à Charles de Bourgogne qu'il a été injuste à l'égard d'Albert de Geierstein. Celui dont l'honneur a été outragé ne tient plus à la vie, et quiconque la méprise est maître de celle de son ennemi. Qu'il se tienne donc sur ses gardes ; car s'il voit le soleil se lever deux fois pendant l'année qui va commencer, Albert de Geierstein aura manqué à son serment. Maintenant je vous quitte, car je vois s'approcher un détachement suivant une bannière bourguignonne. Sa présence devient pour vous une sauvegarde ; mais elle pourrait nuire à ma sûreté si je restais plus longtemps.

A ces mots le comte Albert quitta Arthur et s'éloigna au galop.

CHAPITRE XXXVI.

« On entendait au loin le bruit de la bataille ;
« La guerre et la fureur, marchant au premier rang,
« Ne laissaient sur leurs pas que la mort et le sang. »
JULIUS MICKLE.

ARTHUR, resté seul, et désirant peut-être couvrir la retraite du comte Albert, s'avança vers le corps de cavalerie bourguignonne qui s'approchait sous la bannière de Contay.

— Soyez le bienvenu, le bienvenu ! dit Contay en doublant le pas pour aller à la rencontre du jeune chevalier. Le duc de Bourgogne est à un mille d'ici avec un corps de cavalerie pour nous soutenir pendant que nous faisons cette reconnaissance. Il n'y a pas une demi-heure que votre père est revenu au camp au grand galop, en disant que la trahison des Stradiotes vous avait conduit dans une embuscade, et que vous aviez été fait prisonnier. Il a accusé Campo-Basso de trahison, et l'a défié au combat. Tous deux ont été renvoyés au camp sous la garde du grand-maréchal pour empêcher qu'ils n'en vinssent aux mains sur-le-champ, quoiqu'il me semble que l'Italien n'en avait pas grande envie. Le Duc garde lui-même les gages du combat qui doit avoir lieu le jour des Rois.

— Je crains que ce jour n'arrive jamais pour quelques-uns de ceux qui l'attendent, répondit Arthur ; mais si je le vois, ce sera certainement moi, avec la permission de mon père, qui réclamerai le combat.

Il suivit Contay, et ils ne tardèrent pas à rencontrer un corps plus nombreux de cavalerie, au milieu duquel flottait la grande bannière du duc de Bourgogne. Arthur fut conduit devant lui. Charles entendit avec quelque impatience le jeune Anglais appuyer l'accusation portée par son père contre le comte italien, en faveur duquel il était si fortement prévenu. Quand il fut assuré que les Stradiotes avaient traversé le défilé, et avaient rendu compte de leur reconnaissance à leur chef à l'instant même où celui-ci avait encouragé Arthur à avancer, comme l'avait prouvé l'événement, au milieu d'une embuscade, le Duc secoua la tête, fronça les sourcils, et murmura comme s'il se fût parlé à lui-même : — Quelque malveillance contre Oxford peut-être, car les Italiens sont vindicatifs. Levant alors la tête, il ordonna à Arthur de continuer son récit.

Il apprit avec une sorte de ravissement la mort de Rodolphe Donnerhugel, et prenant une chaîne d'or massif qu'il avait autour du cou, il la jeta sur celui d'Arthur.

— Tu t'es emparé d'avance de tout l'honneur, jeune homme, lui dit-il ; de tous les ours, c'était le plus redoutable : les autres ne sont que des oursons en comparaison. J'ai trouvé un jeune David à opposer à leur Goliath au crâne épais. L'idiot ! s'imaginer que la main d'un paysan pouvait manier la lance ! Fort bien ! brave Arthur ! Qu'as-tu de plus à nous dire ? Comment t'es-tu sauvé ? par quelque ruse, quelque adroit stratagème sans doute ?

— Pardonnez-moi, monseigneur, j'ai été protégé par leur chef, René de Vaudemont. Regardant ma rencontre avec Rodolphe Donnerhugel comme une affaire personnelle, et désirant comme il me l'a dit faire la guerre loyalement, il m'a renvoyé honorablement en me laissant mon cheval et mes armes

— Oui-dà! dit Charles reprenant sa mauvaise humeur; votre prince aventurier veut jouer la générosité! Vraiment! cela peut être dans son rôle; mais sa conduite ne servira pas de règle pour la mienne. Continuez votre histoire, sir Arthur de Vere.

Lorsque Arthur lui dit de quelle manière et dans quelles circonstances le comte Albert de Geierstein s'était fait connaître à lui, le Duc fixa sur lui des yeux ardens, tressaillit d'impatience, et l'interrompit en lui demandant avec force :

— Et vous ne lui avez pas enfoncé votre poignard sous la cinquième côte?

— Non, monseigneur; une bonne foi mutelle nous liait l'un à l'autre.

— Vous saviez pourtant qu'il est mon ennemi mortel. Allez, jeune homme, votre tiédeur vous fait perdre tout le mérite de votre exploit. La vie laissée à Albert de Geierstein contrebalance la mort donnée à Donnerhugel.

— Soit, monseigneur, répondit Arthur avec hardiesse; je ne vous demande ni de m'accorder vos éloges ni de m'épargner votre censure. Dans l'un et l'autre cas, j'avais des motifs qui m'étaient personnels pour agir comme je l'ai fait. Donnerhugel était mon ennemi, et je devais quelques égards au comte Albert.

Les nobles bourguignons qui entouraient le Duc attendaient avec crainte l'effet que produirait ce discours audacieux. Mais il n'était jamais possible de deviner exactement comment Charles prendrait les choses. Il jeta un coup d'œil autour de lui, et s'écria en riant : — Entendez-vous ce jeune coq anglais, messieurs? Quel bruit ne fera-t-il pas quelque jour, puisqu'il chante déjà si haut en présence d'un prince?

Quelques cavaliers arrivant de différens côtés annoncèrent alors que René de Vaudemont était rentré dans son camp avec son détachement, et que nul ennemi n'était dans la plaine.

— Retirons-nous donc aussi, dit Charles, puisqu'il n'y a aucune chance de rompre des lances aujourd'hui. Arthur de Vere, tu me suivras.

Arrivé dans le pavillon du Duc, Arthur subit un nouvel interrogatoire ; il ne parla pas d'Anne de Geierstein, ni de ce que le comte Albert lui avait dit relativement à sa fille, car il pensa que Charles n'avait nul besoin d'en être instruit ; mais il lui rendit compte avec franchise des discours et des menaces du comte. Le Duc l'écouta avec plus de modération ; mais quand il entendit la phrase, « quiconque méprise la vie est maître de celle de son ennemi », il s'écria : — Mais il existe une vie au-delà de celle-ci, une vie dans laquelle celui qui est traitreusement assassiné, et son vil et perfide assassin, seront jugés suivant leurs mérites. Il tira alors de son sein une petite croix d'or, et la baisant avec toutes les apparences d'une grande dévotion, il ajouta : — C'est dans ce signe que je placerai ma confiance ; si je suis victime dans ce monde, puissé-je trouver grace dans l'autre ! — Ho ! sire maréchal ! — Amenez-nous vos prisonniers.

Le grand-maréchal de Bourgogne entra avec le comte d'Oxford, et dit que son autre prisonnier, Campo-Basso, avait demandé si instamment la permission d'aller poster les sentinelles dans la partie du camp qui était confiée à la garde de ses troupes, qu'il avait cru devoir la lui accorder.

— C'est bien, dit le Duc, sans ajouter à ce peu de mots aucune observation ; et se tournant vers Oxford, il ajouta : — J'aurais voulu vous présenter votre fils, milord, si vous ne l'aviez déjà serré dans vos bras. Il s'est acquis los et honneur, et m'a rendu un bon service. Il y a dans l'année une époque où tous les gens de bien pardonnent à leurs ennemis, je ne sais pourquoi. — Mon esprit était peu accoutumé à s'occuper de pareils objets ; mais j'éprouve un désir irrésistible de prévenir le combat convenu entre vous et Campo-Basso. — Pour l'amour de moi, consentez à être amis et à reprendre votre gage de combat. Laissez-moi terminer cette année, qui peut être ma dernière, par un acte de paix.

— Vous me demandez bien peu de chose, monseigneur, répondit Oxford, puisque vous ne faites que me presser d'accomplir le devoir d'un chrétien. J'étais désespéré d'avoir perdu mon fils; il m'est rendu, et j'en rends graces au ciel et à Votre Altesse. Être ami de Campo-Basso est pour moi la chose impossible. On verrait aussi bien la loyauté et la trahison, la vérité et le mensonge se donner la main et s'embrasser. Il ne peut être pour moi que ce qu'il était avant cette rupture : rien. Mais je place mon honneur entre les mains de Votre Altesse. Si cet Italien consent à reprendre son gage, je consens à recevoir le mien. John de Vere n'a pas à redouter que le monde suppose qu'il craint Campo-Basso.

Le Duc lui fit des remerciemens sincères, et il retint le comte, son fils et quelques-uns de ses principaux officiers, pour passer la soirée avec lui. Ses manières parurent à Arthur plus affables qu'il ne les avait jamais vues, et elles rappelèrent au comte d'Oxford les premiers jours de leur intimité, avant que le pouvoir absolu et l'habitude du succès eussent changé le caractère de Charles, naturellement impétueux, mais non dénué de générosité. Le Duc ordonna qu'on fît à ses soldats une distribution abondante de vivres et de vin. Il demanda s'ils étaient passablement logés dans le camp, comment allaient les blessés, et si la santé régnait en général dans l'armée. A toutes ces questions il ne reçut que des réponses peu satisfaisantes; et il dit à demi-voix à quelques-uns de ses conseillers : — Sans le serment que nous avons fait, nous renoncerions à notre projet jusqu'au printemps; à cette époque, nos pauvres soldats auraient moins à souffrir pour se mettre en campagne.

Du reste la conduite du Duc n'offrit rien de remarquable, si ce n'est qu'il demanda plusieurs fois Campo-Basso. Enfin on lui dit qu'il était indisposé, et que son médecin lui ayant ordonné le repos, il s'était couché afin d'être prêt à remplir ses devoirs au point du jour, la sûreté du camp dépendant en grande partie de sa vigilance.

Le Duc ne fit aucune observation sur cette excuse, qu'il regarda comme indiquant dans l'Italien le désir secret d'éviter la présence d'Oxford. Les seigneurs rassemblés dans le pavillon de Charles n'en sortirent qu'une heure avant minuit.

Lorsque le comte d'Oxford fut rentré dans sa tente avec son fils, il tomba dans une profonde rêverie qui dura environ dix minutes. Il en sortit enfin, et tressaillant : — Mon fils, dit-il à Arthur, donnez ordre à Thiébault et à ses gens d'amener nos chevaux devant notre tente au point du jour et même un peu plus tôt. J'ai dessein d'aller visiter les avant-postes au lever de l'aurore, et je ne serais pas fâché que vous allassiez engager notre voisin Colvin à nous accompagner.

— C'est une résolution bien soudaine, mon père.

— Et cependant elle peut être prise trop tard ; s'il avait fait clair de lune, j'aurais fait cette ronde sur-le-champ.

— Il fait noir comme dans un four ; mais pourquoi avez-vous cette nuit des craintes particulières?

— Vous trouverez peut-être votre père superstitieux, Arthur ; mais ma nourrice, Marthe Dixon, née dans le nord de l'Angleterre, était pleine de superstition. Je me souviens de l'avoir entendue dire, entre autres choses, qu'un changement survenu tout à coup et sans cause dans le caractère d'un homme, comme celui de l'ivrognerie en sobriété, de l'avarice en prodigalité, de la cupidité en désintéressement, annonçait infailliblement un changement immédiat en mieux ou en pire, mais plus probablement en pire, puisque nous vivons dans un monde pervers, dans la fortune ou la situation de celui en qui on le remarquait. Cette idée de la bonne femme s'est représentée si vivement à mon esprit, que j'ai résolu de vérifier de mes propres yeux avant le jour si nos gardes et nos patrouilles autour du camp font leur devoir.

Arthur alla avertir Colvin et Thiébault, et rentra dans la tente de son père pour prendre quelque repos.

Ce fut le 1er janvier 1477 avant l'aurore, jour à jamais mémorable par les événemens dont il fut témoin, que le comte d'Oxford, Colvin et Arthur, suivis seulement par Thiébault et deux autres soldats, commencèrent leur ronde autour du camp du duc de Bourgogne. La matinée était extrêmement froide. La terre était couverte d'une neige en partie fondue par un dégel qui avait eu lieu pendant deux jours, et tout à coup changée en glace pendant la nuit par une forte gelée. Tout était sombre autour d'eux.

Pendant la plus grande partie de leur ronde, ils trouvèrent partout les sentinelles et les gardes à leur poste et sur le qui-vive. Mais quelles furent la surprise et les alarmes du comte d'Oxford et de ses compagnons quand ils arrivèrent à la partie du camp occupée la veille par Campo-Basso et ses Italiens, qui en comptant ses hommes d'armes et ses Stradiotes, formaient environ deux mille hommes! Nulle sentinelle ne leur demanda le mot d'ordre; ils n'entendirent pas un cheval au piquet; nulle garde ne veillait sur le camp. Ils entrèrent dans plusieurs tentes, elles étaient vides.

— Retournons au camp pour y donner l'alarme, dit le comte d'Oxford; il y a ici de la trahison.

— Un instant, milord, dit Colvin, n'y portons pas une nouvelle incomplète. J'ai à deux cents pas en avant une batterie qui défend l'approche de ce chemin creux; voyons si mes canonniers allemands sont à leur poste, et je crois pouvoir répondre que nous les y trouverons. Cette batterie commande un défilé, seul chemin par lequel on puisse approcher du camp, et si mes gens sont à leur poste, je garantis que nous défendrons le passage jusqu'à ce que vous nous ameniez des renforts du corps d'armée.

— En avant donc, au nom du ciel! dit le comte d'Oxford.

Ils coururent au galop, au risque de tomber à chaque pas sur un terrain inégal, couvert de neige en certains endroits, et rendu glissant par la glace en quelques autres. Ils arrivèrent à la batterie, qui avait été placée très judicieusement de manière à pouvoir balayer le défilé, qui allait en montant jusqu'à l'endroit où étaient les canons, et qui ensuite descendait en avançant vers le camp. La faible clarté d'une lune d'hiver sur son déclin, se mêlant aux premiers rayons de l'aurore, leur fit voir que toutes les pièces d'artillerie étaient à leur place, mais ils n'aperçurent aucune sentinelle.

— Il est impossible que ces misérables aient déserté! s'écria Colvin avec surprise. Ah! je vois de la lumière dans une tente! Oh! cette malheureuse distribution de vin! Les drôles se sont livrés à leur péché favori. Mais j'aurai bientôt mis fin à leur débauche.

Il mit pied à terre, et courut sous la tente où l'on voyait de la lumière. Ses canonniers, ou du moins la plupart d'entre eux, y étaient encore, mais étendus par terre, entre les coupes et les pots, et si complètement ivres que Colvin, à force de menaces et de prières, put à peine en éveiller deux ou trois, qui, obéissant par instinct plutôt que par un sentiment de devoir, s'avancèrent en chancelant vers la batterie. En ce moment un bruit sourd, semblable au bruit produit par une troupe nombreuse marchant au grand pas, se fit entendre à l'extrémité du défilé.

— C'est comme le mugissement d'une avalanche qu'on entend dans le lointain, Arthur.

— C'est une avalanche de Suisses, et non pas de neige, s'écria Colvin. Oh! ces misérables ivrognes! Mais ces canons sont bien chargés, bien pointés, une salve doit les arrêter, quand ce serait des diables incarnés, et le bruit de la détonation donnera l'alarme au camp plus vite que nous ne pourrions le faire nous-mêmes. Mais ces maudits ivrognes!

— Ne comptez pas sur leur aide, dit le comte; mon fils et moi nous prendrons chacun une mèche, et pour une fois nous nous ferons canonniers.

Ils mirent pied à terre; le comte d'Oxford et son fils prirent une mèche qu'ils allumèrent, et parmi ces canonniers ivres il s'en trouvait trois qui pouvaient encore à peu près se tenir sur leurs jambes et servir leur pièce.

— Bravo! s'écria le brave Colvin; jamais batterie n'a été si noblement garnie. Maintenant, camarades, pardon milord, mais ce n'est pas le moment de faire des cérémonies, et vous, chiens d'ivrognes, songez bien à ne faire feu que lorsque j'en donnerai l'ordre. Quand les côtes de ces Suisses auraient été faites avec les rochers de leurs Alpes, ils apprendront comment le vieux Colvin charge ses canons.

Ils restèrent silencieux et immobiles, chacun près de sa

pièce. Le bruit redouté s'approchait de plus en plus; enfin, au peu de clarté qu'il faisait encore, ils virent s'avancer une colonne serrée de soldats portant des piques, des haches et d'autres armes, et sur laquelle flottaient quelques bannières. Colvin les laissa s'approcher jusqu'à la distance d'environ quatre-vingts pas, et s'écria alors : Feu! Mais il ne partit qu'un seul coup, celui de sa propre pièce; une légère flamme sortit seulement de la lumière des autres, qui avaient été enclouées par les déserteurs italiens, et par conséquent mises hors de service, quoique rien ne l'annonçât à l'extérieur. Si tous les canons avaient été en aussi bon état que celui de Colvin, ils auraient probablement vérifié sa prophétie, car le seul coup qu'il tira produisit un effet terrible, et fit une longue trouée dans la colonne de Suisses, où l'on vit tomber un grand nombre de morts et de blessés, et notamment le soldat portant la bannière, qui marchait en avant.

— Tenez bon! s'écria Colvin, et aidez-moi s'il est possible à recharger ma pièce.

On ne leur en laissa pas le temps. Un guerrier d'une taille imposante, qui était au premier rang de la colonne presque rompue, ramassa la bannière tombée avec celui qui la portait, et s'écria d'une voix semblable à celle d'un géant : — Quoi! citoyens, avez-vous vu Granson et Murten, et vous laisserez-vous effrayer par un seul coup de canon? Berne, Uri, Schwitz, vos bannières en avant! Underwald, voici votre étendard! Poussez des cris de guerre; sonnez de vos cornets! Underwald, suivez votre Landamman!

Les Suisses se précipitèrent comme les vagues d'une mer en fureur, avec un bruit aussi effrayant et une course aussi rapide. Un coup de hache terrassa Colvin qui s'occupait à recharger son canon; Oxford et son fils furent renversés par le torrent de soldats dont les rangs étaient trop serrés et la marche trop précipitée pour qu'ils pussent porter aucun coup. Arthur eut le bonheur de pouvoir se glisser sous l'affût du canon près duquel il était, mais son père fut moins heureux; il fut foulé aux pieds, et il aurait été écrasé s'il n'avait été couvert d'une excellente armure. Ce déluge d'hommes, au nombre de plus de quatre mille, se précipita alors, en continuant à pousser des cris terribles, sur le camp bourguignon, d'où l'on entendit bientôt partir des gémissemens et des cris d'alarme.

Une lumière vive et rougeâtre se montrant à la suite de la marche des Suisses dans le camp, et faisant honte à la pâle lueur d'un matin d'hiver, rappela Arthur au sentiment de sa situation. Le camp était en feu derrière lui, et les cris de victoire d'une part et de terreur de l'autre, qui se font entendre dans une ville prise d'assaut, y retentissaient de toutes parts. S'étant relevé à la hâte, il chercha son père des yeux, et il le vit étendu près de lui, ainsi que les canonniers à qui leur ivresse n'avait pas permis de prendre la fuite. Il leva la visière du casque du comte, et fut transporté de joie en le voyant reprendre rapidement l'usage de ses sens.

—Les chevaux! les chevaux! s'écria Arthur. Thiébault, où êtes-vous?

—Me voici, répondit le fidèle Provençal, qui s'était prudemment réfugié, avec les chevaux dont il avait la garde, au milieu d'un gros buisson que les Suisses, dans leur marche, avaient évité pour ne pas rompre leurs rangs.

—Où est le brave Colvin? demanda le comte, qui venait de se relever; donnez-lui un cheval; je ne le laisserai pas dans cet embarras.

—Ses guerres sont terminées, milord, répondit Thiébault; vous ne le verrez plus à cheval.

Un regard et un soupir, quand il vit Colvin étendu par terre devant la bouche de son canon, la tête fendue d'un coup de hache, et tenant encore en main un fouloir de canonnier, furent tout ce que le moment permettait.

—Où allons-nous maintenant? demanda Arthur à son père.

—Rejoindre le Duc, répondit Oxford. Ce n'est pas en une telle journée que je le quitterai.

—J'ai vu le Duc, dit Thiébault, accompagné d'une dizaine de ses gardes, traverser cette rivière et courir au grand galop pour gagner la plaine du côté du nord. Je crois pouvoir vous conduire sur ses traces.

— En ce cas, dit Oxford, montons à cheval et suivons-le. Je vois que le camp a été attaqué de plusieurs côtés à la fois, et tout doit être perdu puisque Charles a pris la fuite.

Arthur et Thiébault aidèrent le Comte à monter à cheval, car il était froissé de sa chute, et ils coururent aussi vite que le permirent les forces qu'il recouvrait peu à peu, du côté indiqué par le Provençal. Les soldats qui les avaient accompagnés avaient été tués ou avaient pris la fuite.

Plus d'une fois ils tournèrent la tête du côté du camp, qui offrait alors une vaste scène de conflagration, dont la lumière vive et rougeâtre les aidait à reconnaître sur le terrain les traces du passage de Charles et de sa petite suite.

A environ trois milles du camp, d'où ils entendaient encore partir des cris qui se mêlaient au carillon de victoire de toutes les cloches de Nanci, ils arrivèrent près d'une mare d'eau à demi gelée sur les bords de laquelle il trouvèrent plusieurs corps morts. Le premier qu'ils reconnurent était celui du duc de Bourgogne, de ce Charles possédant naguère un pouvoir si absolu, et tant de richesses. Son corps, dépouillé en partie ainsi que ceux qui étaient étendus près de lui, était couvert de blessures faites par différentes armes. Son épée était encore dans sa main, et l'air de férocité singulière qui animait ses traits pendant le combat contractait encore les traits de son visage. Près de lui, et comme s'ils avaient succombé tous deux en se combattant, était le corps inanimé du comte Albert de Geierstein, et à quelque pas de distance celui d'Ital Schreckenwald, son fidèle quoique peu scrupuleux serviteur. Tous deux portaient l'uniforme des hommes de la garde du corps du Duc, déguisement qu'ils avaient sans doute pris pour mettre à exécution la fatale sentence du tribunal secret. On supposa que Charles avait été attaqué par un détachement de soldats du traître Campo-Basso, car on en trouva six ou sept, et un pareil nombre de gardes du Duc, tués dans le même endroit.

Le comte d'Oxford descendit de cheval et examina les restes de son ancien frère d'armes avec tout le chagrin que lui inspirait le souvenir d'une vieille amitié. Mais tandis qu'il se livrait aux réflexions que faisait naître naturellement un exemple si mémorable de la chute soudaine de la grandeur humaine, Thiébault qui avait l'œil aux aguets s'écria vivement :
— A cheval, milord, à cheval! ce n'est pas le moment de pleurer les morts; à peine aurons-nous le temps de sauver les vivans. Voilà les Suisses qui arrivent.

— Prends la fuite, brave homme, dit le comte, et toi aussi, Arthur; réserve ta jeunesse pour des temps plus heureux. Moi, je ne puis ni ne veux aller plus loin. Je me rendrai aux ennemis. S'ils m'accordent quartier, tant mieux; s'ils me refusent, j'obtiendrai peut-être la merci d'un être qui est au-dessus d'eux et de moi.

— Je ne fuirai pas, répondit Arthur, je ne vous laisserai pas sans défense; je veux partager votre destin.

— Je resterai aussi, ajouta Thiébault. Les Suisses font la guerre loyalement quand ils n'ont pas le sang échauffé par trop de résistance, et je crois qu'ils n'en ont guère rencontré aujourd'hui.

Le détachement suisse qui arriva presque au même instant était composé de jeunes gens d'Underwald, à la tête desquels se trouvait Sigismond Biederman et son frère Ernest. Sigismond leur accorda quartier sur-le-champ avec la plus grande joie, et rendit ainsi pour la troisième fois un important service à Arthur, en reconnaissance de l'amitié que celui-ci lui avait toujours témoignée.

— Je vous conduirai près de mon père, dit Sigismond; il sera très charmé de vous voir; seulement il est dans le chagrin en ce moment, à cause de la mort de mon frère Rudiger, qui a été tué pendant qu'il portait la bannière d'Underwald, par ce seul coup de canon qui a été tiré de toute la matinée. Les autres n'ont pas pu aboyer, car Campo-Basso avait muselé les mâtins de Colvin, sans quoi un bien plus grand nombre de nous auraient eu le sort du pauvre Rudiger. Mais Colvin a été tué.

— Vous étiez donc d'intelligence avec Campo-Basso? demanda Arthur.

— Non pas nous, nous méprisons trop de pareils coquins; mais il y avait eu quelque correspondance entre l'Italien et le duc René; de sorte qu'après avoir encloué les canons, et avoir donné aux canonniers allemands de quoi s'enivrer proprement, il est arrivé dans notre camp à la tête de plus de quinze cents cavaliers, et nous a offert de prendre parti pour nous. Mais non, non, dit mon père, des traîtres ne combattent pas dans les rangs des Suisses! Ainsi nous avons profité de la porte qu'il avait laissée ouverte, mais nous n'avons pas voulu de sa compagnie. Alors il est allé trouver le duc René, et il a attaqué avec lui l'autre côté du camp, où il a fait entrer sans difficulté les troupes lorraines en se mettant à leur tête et en s'annonçant comme revenant de faire une reconnaissance.

— Jamais on n'a donc vu un traître si accompli, dit Arthur; un homme qui sût jeter ses filets avec tant de dextérité!

— C'est la vérité, répondit le jeune Suisse. On dit que le Duc ne sera jamais en état de lever une autre armée.

— Jamais, jeune homme, dit le comte, car le voilà mort devant vos yeux.

Sigismond tressaillit, car le nom redouté de Charles le Téméraire lui avait inspiré un respect et même une sorte de crainte dont il ne pouvait se défendre; et il avait peine à se persuader que ce corps ensanglanté qu'il avait sous les yeux fût naguère le prince puissant qui faisait tout trembler devant lui. Mais sa surprise fut mêlée de chagrin quand il reconnut le corps de son oncle, le comte Albert de Geierstein.

— O mon oncle! s'écria-t-il, mon pauvre oncle Albert! Toute votre grandeur, toute votre sagesse, n'ont-elles donc abouti qu'à vous faire mourir sur le bord d'une mare comme un misérable mendiant! Allons, il faut annoncer cette mauvaise nouvelle à mon père, qui sera bien fâché d'apprendre la mort de son frère; ce sera une nouvelle amertume ajoutée à celle dont l'a déjà abreuvé la mort du pauvre Rudiger. Cependant c'est une consolation de penser que mon oncle et mon père n'ont jamais pu tirer du même côté.

Ce ne fut pas sans difficulté qu'on put remettre en selle le comte d'Oxford, et ils allaient partir quand le comte dit à Sigismond : — J'espère que vous placerez une garde ici pour veiller sur ces corps, afin qu'ils ne soient pas exposés à quelques nouvelles indignités, et qu'on puisse les ensevelir avec la solennité convenable.

— Par Notre-Dame d'Einsiedlen, répondit Sigismond, je vous remercie de m'y avoir fait penser. Sans doute nous devons faire pour mon oncle Albert tout ce qu'il est possible à l'Église de faire. J'espère qu'il n'a pas perdu son ame d'avance en jouant avec Satan à pair ou non. Je voudrais que nous eussions sous la main un prêtre qui pût rester près de son corps; mais peu importe : on n'a jamais entendu dire qu'un démon soit apparu à l'heure du déjeuner.

Ils se rendirent au quartier-général du Landamman d'Underwald, et chemin faisant ils eurent sous les yeux un spectacle qu'Arthur, et même son père, quoique accoutumé depuis long-temps aux horreurs de la guerre, ne purent voir sans frémir. Mais Sigismond, qui marchait à côté d'Arthur, entama un sujet de conversation si intéressant pour le jeune Anglais, que le sentiment pénible qu'il éprouvait se dissipa peu à peu.

—Avez-vous quelque autre affaire en Bourgogne, lui demanda-t-il, à présent que votre Duc n'existe plus?

— C'est à mon père à en juger; mais je ne le crois pas. La duchesse de Bourgogne, qui doit maintenant avoir quelque autorité sur les domaines de feu son mari, est sœur d'Édouard d'York, et par conséquent ennemie mortelle de la maison de Lancastre et de tous ceux qui lui sont restés fidèles. Il ne serait ni sûr ni prudent à nous de rester dans aucun lieu où elle ait de l'influence.

— En ce cas, mon plan va tout seul. Vous reviendrez à Geierstein, et vous y demeurerez avec nous. Votre père sera un frère pour mon père, et un meilleur frère que mon oncle

Albert qu'il voyait si rarement et à qui il ne parlait presque jamais ; au lieu qu'il causera avec votre père du matin au soir, et il nous laissera toute la besogne de la ferme. Et vous, Arthur, vous serez pour nous tous un frère, en place du pauvre Rudiger, qui était certainement mon frère véritable, ce que vous ne pouvez être, et cependant je crois que je ne l'aimais pas autant que vous, parce qu'il n'avait pas votre bon naturel. Et puis Anne, ma cousine Anne, elle est maintenant à Geierstein, et tout-à-fait sous la tutelle de mon père. Vous savez, roi Arthur, que nous avions coutume de l'appeler la reine Genèvre.

— Quelle folie ! dit Arthur.

— Mais c'est une grande vérité. Car, voyez-vous, j'aimais à parler à Anne de nos chasses et d'autres choses semblables, mais elle ne m'écoutait pas, à moins que je n'eusse quelque chose à lui dire du roi Arthur. Alors elle était aussi attentive qu'une poule qui a ses poussins sous ses ailes et qui voit planer l'épervier. A présent que Donnerhugel est mort, vous pouvez épouser ma cousine quand vous le voudrez tous les deux, car personne n'a intérêt à l'empêcher.

Arthur rougit de plaisir sous son casque, et oublia presque tous les désastres dont avait été témoin cette première matinée de l'année.

— Vous ne songez pas, dit-il à Sigismond avec autant d'indifférence qu'il put en montrer, que je puis être vu de mauvais œil dans votre pays à cause de la mort de Rodolphe.

— Pas du tout, pas le moins du monde. Nous n'avons pas de rancune pour ce qui se fait loyalement sous le bouclier. C'est la même chose que si vous l'aviez battu à la lutte ou au palet ; seulement, c'est une partie dont il ne peut pas prendre sa revanche.

Ils entrèrent alors dans la ville de Nanci, dont toutes les murailles étaient tendues de tapisseries, et dont les rues étaient remplies d'une foule immense qui poussait de grands cris de joie ; car la nouvelle de la défaite signalée du duc de Bourgogne délivrait les habitans de la crainte d'éprouver la vengeance redoutable de ce prince.

Le Landamman fit le meilleur accueil aux prisonniers, et les assura de sa protection et de son amitié. Il parut supporter avec résignation la perte de son fils Rudiger.

— Il vaut mieux, dit-il, l'avoir vu périr noblement les armes à la main que de le voir vivre pour mépriser l'ancienne simplicité de son pays, et pour croire que le but de la guerre était de faire du butin. L'or du duc de Bourgogne, ajouta-t-il, pourra être plus funeste aux Suisses, en corrompant leurs mœurs, que son épée ne l'a jamais été.

Il apprit la mort de son frère sans surprise, mais avec une émotion évidente.

— Telle est la fin, dit-il, d'une longue suite d'entreprises ambitieuses qui finirent toujours par tromper ses espérances.

Le Landamman apprit ensuite au comte que son frère lui avait mandé qu'il était engagé dans une affaire si dangereuse, qu'il était presque sûr qu'elle lui coûterait la vie ; qu'il lui avait légué le soin de sa fille, et qu'il lui avait même donné des instructions particulières à ce sujet.

Leur première entrevue se borna à ce peu de mots ; mais bientôt après le Landamman demanda au comte d'Oxford ce qu'il se proposait de faire, et en quoi il pourrait le servir.

— Mon projet, répondit le comte, est de choisir pour retraite la Bretagne, où ma femme réside depuis que la bataille de Tewkesbury nous a bannis d'Angleterre.

— N'en faites rien, dit le bon Arnold. Venez à Geierstein avec la comtesse ; et si elle peut, comme vous, s'habituer aux manières et à la vie de nos montagnes, vous serez les bienvenus dans la maison d'un frère et sur un sol qui n'a jamais nourri ni trahisons ni conspirations. Songez que le duc de Bretagne est un prince faible, entièrement gouverné par un ministre corrompu, Pierre Landais. Il est capable, je parle du ministre, de vendre le sang des hommes braves comme un boucher vend la chair de ses bœufs ; et vous savez qu'il y a des gens, tant en France qu'en Bourgogne, qui ont soif du vôtre.

Le comte d'Oxford lui fit ses remerciemens de cette offre, et lui dit qu'il l'accepterait s'il obtenait l'approbation d'Henri de Lancastre, comte de Richmond, qu'il regardait alors comme son souverain.

Pour terminer cette histoire, nous dirons qu'environ trois mois après la bataille de Nanci le comte d'Oxford, exilé, reprit le nom emprunté de Philipson et revint en Suisse avec son épouse et quelque débris de leur ancienne fortune, qui les mirent en état de se procurer une habitation commode près de Geierstein. Le crédit du Landamman ne tarda même pas à leur obtenir les droits de citoyens suisses. La haute naissance, la modique fortune et l'amour mutuel d'Anne de Geierstein et d'Arthur de Vere rendaient leur mariage parfaitement assorti sous tous les rapports, et Annette avec — son amoureux — allèrent résider avec le jeune couple, non comme domestiques, mais pour s'occuper de tous les détails de la ferme et des travaux qui exigeaient de la surveillance, car Arthur préférait toujours la chasse au labourage, et il pouvait se livrer à ce goût, car le revenu modique dont il jouissait était presque de l'opulence dans ce pauvre pays.

Cependant le temps s'écoula, et il y avait cinq ans que la famille anglaise résidait en Suisse, lorsqu'en 1482 Arnold Biederman mourut de la mort des justes. Il fut universellement regretté comme étant une parfaite image des chefs sages et vaillans, pleins de franchise et de sagacité, qui avaient avant lui gouverné les Suisses pendant la paix, et qui les avaient conduits au combat en temps de guerre. Dans le cours de la même année le comte d'Oxford perdit son épouse.

Mais à cette époque l'astre de la maison de Lancastre commença à reprendre son ascendant, et fit sortir de leur retraite le comte d'Oxford et son fils, qui jouèrent de nouveau un rôle actif dans les affaires politiques. Le collier de Marguerite d'Anjou, toujours conservé avec soin, reçut alors sa destination, et le produit en fut employé à lever des troupes qui livrèrent bientôt après la célèbre bataille de Bosworth, dans laquelle les armes d'Oxford et de son fils contribuèrent au succès de Henri VII. Cet événement changea la destinée d'Arthur de Vere et de son épouse. Ils firent présent à Annette et à son mari de leur ferme en Suisse ; et les graces et la beauté d'Anne de Geierstein furent admirées à la cour d'Angleterre comme elles l'avaient été dans le châlet où elle avait jusqu'alors résidé.

FIN DE CHARLES LE TÉMÉRAIRE.

NOTE DE L'EDITEUR.

Sir Walter Scott a publié cet ouvrage sous le titre modeste de *Anne de Geierstein*. L'importance du rôle qu'y joue le duc de Bourgogne nous a fait préférer, comme plus approprié au sujet, celui de *Charles le Téméraire*. Quelques critiques ont reproché à l'auteur de s'être écarté de l'histoire dans le dénouement de son roman, lorsqu'il fait mourir Charles le Téméraire sous la sentence du Tribunal secret; il nous semble d'abord que les romans de sir Walter Scott sont avant tout des *romans;* mais la mort du duc de Bourgogne ayant donné lieu dans le temps à plusieurs traditions fabuleuses sans doute, mais dont celle-ci pourrait bien en être une, le romancier était bien libre de choisir.

www.ingramcontent.com/pod-product-compliance
Lightning Source LLC
Chambersburg PA
CBHW070410230426
43665CB00012B/1316